OFFICE
2000

Karen Heidl
Caroline Butz

M&T *tempo*

Schneller finden!
Schneller können!

OFFICE 2000

Markt&Technik
Buch- und Software-
Verlag GmbH

Die Deutsche Bibliothek – CIP-Einheitsaufnahme

Heidl, Karen:
Office 2000 : schneller finden! ; schneller können! / Karen Heidl ;
Caroline Butz. – München : Markt und Technik, Buch- und Software-Verl., 1999
(M&T tempo)
ISBN 3-8272-5535-X

Die Informationen in diesem Produkt werden ohne Rücksicht auf einen
eventuellen Patentschutz veröffentlicht.
Warennamen werden ohne Gewährleistung der freien Verwendbarkeit benutzt.
Bei der Zusammenstellung von Texten und Abbildungen wurde mit größter
Sorgfalt vorgegangen.
Trotzdem können Fehler nicht vollständig ausgeschlossen werden.
Verlag, Herausgeber und Autoren können für fehlerhafte Angaben
und deren Folgen weder eine juristische Verantwortung noch
irgendeine Haftung übernehmen.
Für Verbesserungsvorschläge und Hinweise auf Fehler sind Verlag und
Herausgeber dankbar.

Fast alle Hardware- und Softwarebezeichnungen, die in diesem Buch erwähnt werden,
sind gleichzeitig auch eingetragene Warenzeichen oder sollten als solche betrachtet werden.

Umwelthinweis:
Dieses Buch wurde auf chlorfrei gebleichtem Papier gedruckt.
Die Einschrumpffolie – zum Schutz vor Verschmutzung – ist aus
umweltverträglichem und recyclingfähigem PE-Material.

10   9   8   7   6   5   4   3   2

03   02   01   00

ISBN 3-8272-5535-X

© 1999 by Markt&Technik Buch- und Software-Verlag GmbH,
A PEARSON EDUCATION COMPANY
Martin-Kollar-Straße 10–12, D-81829 München/Germany
Alle Rechte vorbehalten
Einbandgestaltung: Grafikdesign Heinz H. Rauner, München
Titelbild: Masterfile / Bavaria
Lektorat: Birgit Ellissen, bellissen@pearson.de
Herstellung: Elisabeth Egger, eegger@pearson.de
Satz: Heidl UND Butz, München
Druck und Verarbeitung: Media-Print, Paderborn
Printed in Germany

tempo

Neues in Office 2000 schnell finden

Office 2000 überfährt den Anwender nicht mit revolutionären Neuerungen. Das Neue liegt unter der Oberfläche: bei der allgemeinen Webfunktionalität der Office-Programme. Hier gibt es spannende neue Features. Im Bereich der »klassischen« Office-Anwendung – Schreiben, Kalkulation, Präsentation, Datenverwaltung – finden sich ganz verstreut praktische Verbesserungen im Detail. Wer Office 97 kennt, wird sich in Office 2000 locker zurechtfinden – oder auch nicht, angesichts der überquellenden Fülle von Möglichkeiten. Ob nun Office 97 oder Office 2000 – es gibt immer wieder etwas Neues zu entdecken.

Und wenn Sie es ganz genau wissen wollen, ein kleiner Tip: Fragen Sie einmal einen der sympathischen neuen Office-Assistenten nach »Neues«, und Sie erhalten eine ausführliche Information über die Entwicklungen in den letzten drei Office-Versionen.

In diesem Buch sind im Inhaltsverzeichnis und im Stichwortverzeichnis Neuerungen und Verbesserungen mit diesem Symbol ausgezeichnet. Aber auf eines müssen Sie sich gefaßt machen: Office-2000-Menüs basieren auf der »neuen« deutschen Rechtschreibung. Einige Bezeichnungen für Befehle und Einstellungen wurden darüber hinaus durch andere ersetzt. Und weil das eigentlich nicht richtig als Neuerung zählt, ist so etwas auch nicht mit diesem Symbol ausgezeichnet.

Office 2000

Word 2000

Access 2000

Outlook 2000

Office 2000

Publisher 2000

Anhang

1 KAPITEL

Starten, speichern und drucken

temp

Office-Dokument starten

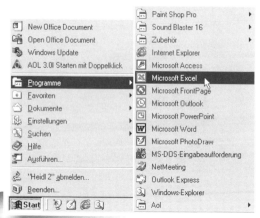

WO? WOMIT?

▶ Klicken Sie mit der linken Maustaste auf die Start-Schalt-fläche von Windows.

▶ Fahren Sie mit der Maus auf den Eintrag *Programme*. Nach rechts klappt ein weiteres Menü aus.

▶ Fahren Sie mit dem Mauszeiger auf den Programmein-trag, dessen Anwendung Sie starten möchten.

▶ Mit einem Mausklick öffnet sich die entsprechende An-wendung. Je nach gestartetem Office-Programm sehen Sie einen anderen Startbildschirm.

Microsoft Access 2000, Publisher und PowerPoint 2000

INFO
Word
➜ 35

INFO
PowerPoint
➜ 463

INFO
Access
➜ 293

INFO
Excel
➜ 209

INFO
Publisher
➜ 649

INFO
Outlook
➜ 405

INFO
Diese Office-Komponenten bieten Ihnen diese Auswahl-dialoge, in denen Sie aus-suchen können, ob Sie ein leeres Dokument, eine bereits vorhandene Datei oder eine Office-Datei mit Hilfe des Assistenten starten möchten.

Word 2000, Excel 2000, Outlook 2000

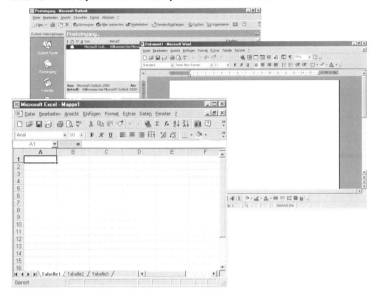

→ 149

INFO

Diese Office-Programme starten sofort mit einem leeren Dokument. Über den Menübefehl Datei/Neu *gelangen Sie zu einem Dialog, in dem Sie Assistenten oder Vorlagen auswählen können.*

→ 769

INFO

Die Office-Pakete: Je nachdem, welches Office-Paket Sie erworben haben, befinden sich die jeweiligen Programme auf Ihrem Rechner. Falls Sie etwas vermissen, schauen Sie noch einmal auf Ihrer Installations-CD nach, ob etwas nachinstalliert werden kann.
Small Business: Word, Excel, Outlook, Publisher und die sogenannten Small Business-Komponenten. Auf vielen Computern beim Kauf bereits vorinstalliert.
Standard: Word, Excel, Outlook, PowerPoint.
Professional: Word, Excel, Outlook, Publisher, Access, Small Business-Komponenten.
Premium: Word, Excel, Outlook, PowerPoint, Publisher, PhotoDraw, Access, FrontPage.
Developer: Neben der Premium-Ausstattung spezielle Werkzeuge für die Administration und Programmierung.

Wozu welches Programm?

Word	Briefe und Serienbriefe – Tabellen – Einfache Formulare – Lange Dokumente mit Fußnoten, Kopfzeilen und Index – Einfache Zeichnungen und Flußdiagramme – Diagramme
Excel	Tabellen – Berechnungen – Analyseberechnungen – Einfache Datenbanken – Diagramme – Organigramme
PowerPoint	Präsentationen auf Folien – Automatische Präsentationen zur Vorführung am Computer – Diagramme – Organigramme – Einfache Zeichnungen
Access	Datenbanken – Formulare – Datenbankauswertungen über Abfragen – Auswertungspräsentation über Berichte – Serienbrief-Datenbanken für Word
Outlook	Adreßverwaltung – Terminorganisation – E-Mails – Verwaltung von Newsgroups
Publisher	Druckreife Publikationen mit anspruchsvollem Layout
PhotoDraw*	Bildbearbeitung – Montagen – Webgrafiken – Grafik für Präsentationen und Printprodukte
FrontPage*	Erstellen von Webseiten – Verwalten komplexer Webseiten

*Nicht Thema dieses Buches

Schneller starten

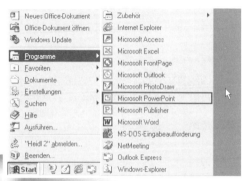

WO? WOMIT?

▶ Minimieren oder schließen Sie alle geöffneten Fenster, damit Sie einen freien Bereich des Desktop sehen können.

▶ Öffnen Sie das Menü *Programme* über *Start/Programme*.

▶ Stellen Sie den Mauszeiger auf den einen Programmnamen, und drücken Sie die linke Maustaste. Ein schwarzer Rahmen erscheint um den Eintrag.

▶ Schieben Sie den Rahmen auf eine freie Desktop-Fläche.

▶ Lassen Sie ihn an der Zielposition fallen.

▶ Das Programm-Symbol erscheint auf dem Desktop, zum Beispiel hier PowerPoint.

▶ Ein Doppelklick auf das Symbol öffnet des Programm. Sein Symbol erscheint unten in der Taskleiste.

Drag&Drop mit rechter oder linker Maustaste?

▶ Wenn Sie die obige Aktion mit der rechten Maustaste durchführen, erscheint beim Fallenlassen des Objekts auf dem Desktop ein Menü.

▶ *Hierher verschieben:* Entfernt den Eintrag aus dem Startmenü und verschiebt ihn auf den Desktop. Dies passiert automatisch ohne Nachfrage beim Drag&Drop mit der linken Maustaste.

▶ *Hierher kopieren:* Erstellt eine Kopie des Eintrages auf dem Desktop, während der Eintrag im Start-Menü erhalten bleibt.

▶ *Verknüpfung(en) hier erstellen:* Es wird lediglich ein Link erstellt. Ein Doppelklick auf die Verknüpfung startet es.

BEGRIFFE

Drag&Drop: *Ein Objekt – das kann ein Ordner- oder Dateisymbol, ein markierter Textabschnitt oder ein markierter Bereich eines Bildes etc. sein – mit der rechten oder linken Maustaste anklicken und mit gedrückter Taste an eine Zielposition ziehen (drag). An der Zielposition wird die Maustaste losgelassen und das Objekt »fallengelassen« (drop).*

INFO

Eine Verknüpfung erkennen Sie an dem kleinen Pfeil am Programm-, Dokument- oder Ordnersymbol.

Die kleinen Symbole ganz links sind Office-Programmsymbole in der Schnellstartleiste. Rechts die geöffneten Programme PhotoDraw und Outlook in der Taskleiste. Die Leisten können auch andersherum liegen.

NOCH SCHNELLER

Start aus Schnellstartleiste: Ziehen Sie den Programmeintrag in die Schnellstartleiste statt auf den Desktop. Einfacher Klick startet des Programm. Die Schnellstartleiste liegt neben der Taskleiste.

Schnellstart über das Start-Menü

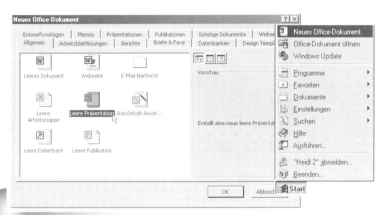

WO? WOMIT?

Neues Dokument aus dem Start-Menü
▶ Klicken Sie auf die Windows-*Start*-Schaltfläche.
▶ Wählen Sie *Neues Office-Dokument* aus dem Menü.
▶ Der Dialog *Neues Office-Dokument* hält jede Menge Register bereit. Im Register *Allgemein* können Sie auswählen, ob Sie eine leere Präsentation, ein leeres Dokument, eine leere Datenbank usw. öffnen möchten. Markieren Sie das Gewünschte mit der Maus, und klicken Sie auf *OK*.
▶ Um zwar eine Datei ohne konkreten Inhalt, **→ 472** aber gleich mit einer Vorlage zu starten, wechseln Sie zu den Registern *Entwurfsvorlagen*, *Datenbanken*, *Briefe&Faxe* usw.
▶ Alle Vorlagen, auf die die Office-Anwendungen zurückgreifen, sind aufgeführt. Wenn Sie eine Vorlage markieren, sehen Sie rechts im Dialog eine Vorschau oder eine illustrierende Grafik.
▶ Bestätigen Sie Ihre Auswahl mit Klick auf *OK*.
▶ Das zugehörige Office-Programm startet je nach Vorlage entweder mit einem Assistenten oder direkt mit einem vorgelayouteten Dokument, in dem Sie nur noch Ihre persönlichen Eintragungen vornehmen müssen.

Dokument schließen
▶ Schließen Sie ein Dokument mit Klick auf dieses Symbol.

Programm beenden
▶ Beenden Sie das Office-Programm mit Klick auf dieses Symbol.

TIP
Ziehen Sie sich das Symbol Neues Office-Dokument *auf den Desktop. Dann greifen Sie noch bequemer darauf zu.*

INFO
Office-Dokument öffnen: Im Start-Menü steht außerdem noch der Befehl Office-Dokument öffnen *zur Verfügung. Sie gelangen in einen Dialog* Office-Dokument öffnen. *Wenn Sie hier auf das Symbol* Verlauf *in der linken Leiste klicken, sehen Sie die zu letzt aufgerufenen Ordner und Dokumente. Markieren Sie das gewünschte, und klicken Sie auf* Öffnen. *Die Anwendung startet mit dem Dokument.*

INFO
Dokument und Datei: In Office wird hauptsächlich von Dokumenten gesprochen. Gemeint sind Briefe, Tabellen, Präsentationen usw. Es handelt sich dabei immer auch um Dateien.

Dokument speichern

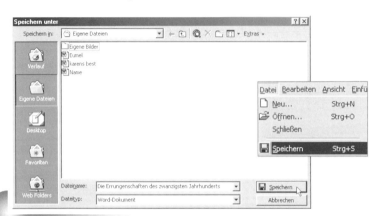

NOCH SCHNELLER
Speichern: Klicken Sie auf das Speichern*-Symbol in der Standardsymbolleiste.*

WO? WOMIT?

▶ Wählen Sie den Menübefehl *Datei/Speichern*. Wenn Sie die Datei zum ersten Mal speichern, erscheint der Dialog *Speichern unter*. Bei wiederholtem Speichern über diesen Menübefehl erscheint **➔ 25** kein Dialog.

▶ Im Feld *Speichern in:* suchen Sie den Ordner heraus, in dem Sie das Office-Dokument speichern wollen. Klicken Sie dazu auf den Pfeil neben dem Feld, und suchen Sie das gewünschte Laufwerk heraus. Im Feld darunter werden die dort befindlichen Ordner aufgelistet. Doppelklicken Sie auf den gewünschten, bis Sie am Zielordner angekommen sind.

INFO
Dateinamen: Dateinamen können bis zu 256 Zeichen umfassen, aber sie dürfen diese Zeichen nicht enthalten: ? \ / ; : " Leerstellen und Punkte sind erlaubt.

BEGRIFFE
Speichern: *Das Dokument erhält einen Namen und ist unter diesem Namen wieder auffindbar. Dabei wird die Datei auf der Festplatte oder einem anderen Speichermedium – wie zum Beispiel Diskette – »verewigt«. Solange Sie nicht explizit die Datei gespeichert haben, ist sie nur als flüchtige Datei im Arbeitsspeicher vorhanden. Wenn Sie Pech haben und der Computer stürzt zwischendurch ab oder Sie schalten ihn einfach aus, haben Sie keine Möglichkeit, nach einem Neustart die Datei wieder aufzurufen. Deshalb ist auch frühzeitiges oder mehrmaliges Zwischenspeichern des aktuellen Arbeitsstandes einer Datei wichtig. Speichern Sie also am besten gleich nach Beginn der Arbeit an dem Dokument.*

▶ Geben Sie in das Feld *Dateiname:* einen Dateinamen ein. Sie sehen in dem großen Feld darüber die Dokumente gleichen Typs, die bereits in diesem Ordner liegen. Falls Sie einen vorhandenen Dateinamen noch einmal eingeben, wird diese bereits vorhandene Datei überschrieben. Allerdings werden Sie vorher gefragt, ob Sie das wollen.

▶ Im Feld *Dateityp:* stehen Ihnen verschiedene Formate zur Verfügung. Das Standardformat ist das des Office-Programms, mit dem Sie das Dokument erstellt haben.

▶ Klicken Sie auf die Schaltfläche *Speichern*, um den Speichervorgang abzuschließen.

▶ Der Dateiname erscheint im Titelbalken des Dokumentfensters. **Microsoft PowerPoint - [Verkaufszahlen der Hugo Produktpalette+]**

Kopie speichern

→ 585

WO? WOMIT?

▶ Wählen Sie den Menübefehl *Datei/Speichern unter...*
▶ Der Dialog *Speichern unter* erscheint.
▶ Suchen Sie im Feld *Speichern in:* den Zielordner für die Datei aus. Der Dateiname wird markiert im Feld *Dateiname:* angezeigt. Sie können ihn ohne weitere Aktion mit dem neuen Namen überschreiben. Die Ursprungsdatei bleibt in dem Zustand erhalten, in dem Sie vor der Speicheraktion war.
▶ Lassen Sie den Dateityp unangetastet, und klicken Sie auf *Speichern*.

In frühere Versionen speichern

▶ *Version: Office 97*: Dies ist die unmittelbare Vorgängerversion von Office 2000. Hier wählen Sie den voreingestellten Dateityp. Office 97 übernimmt alle »Extras« wie Makros, Sounddateien, Visual-Basic-Codes reibungslos.
▶ *Office 95*: Die vorletzte Vorgängerversion. Wählen Sie als Dateityp: *PowerPoint 95, Word 6.0/95* oder *Excel 5.0/95-Arbeitsmappe*. Sound und Video kommen mit, nicht aber Hyperlinks, Makros und VB-Routinen.
▶ *Office 4.0*: Wählen Sie als Dateityp: *PowerPoint 4.0 bzw. Word 6.0/95* oder *Microsoft Excel 4.0 - Tabelle* (Office 4.0 enthielt ein Versionsgewirr bei den einzelnen Komponenten). Hyperlinks, Makros und VB-Routinen gehen auch hier verloren. Excel-Arbeitsmappen müssen als einzelne Tabellen gespeichert werden.
▶ *»Kombiformat«*: Wählen Sie als Dateityp *Word 97-2000&6-0/95-RTF* oder analog *Microsoft Excel 97-2000 & 5.0/95 Arbeitsmappe* usw.: Hyperlinks, Makros, Routinen und Medien stehen nach dem Öffnen in einer Vorgängerversion zur Verfügung.

ACHTUNG
Wenn Sie bereits eine Datei gleichen Namens aus demselben Ordner geöffnet haben, können Sie nicht speichern. Sie müssen diese Datei erst schließen, um sie zu überschreiben.

INFO
Diagramme konvertieren: Klappt eigentlich ganz gut, allerdings müssen Sie im Dialog Optionen *(Extras/ Optionen...), Register* Speichern, *die Option* Diagramm konvertieren, *wenn in vorheriger Version gespeichert wird* aktivieren – was *sie allerdings standardmäßig bereits ist.*

ACHTUNG
Ausnahme Access 2000: In Access liegen die Dinge etwas komplizierter. Hier können Sie nicht über diesen Weg eine Kopie speichern. Sie müssen die Datenbank im Windows-Explorer duplizieren. Die Konvertierung in die Access-Vorgängerversion funktioniert über ein spezielles Datenbankdienstprogramm im Menü Extras.

→ 501

ACHTUNG
Sound- und Videodateien, die Sie eingefügt haben, müssen Sie zusammen mit der Office-Datei mitreichen, da sie nicht eingebettet, sondern verknüpft werden.

Voreinstellungen zum Speichern

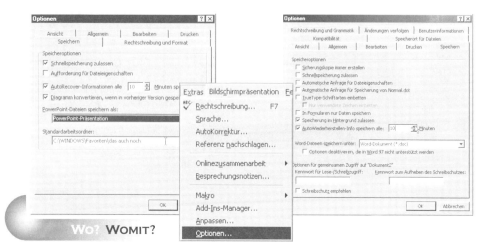

Automatisches Zwischenspeichern in Word oder PowerPoint

▶ Wählen Sie den Menübefehl *Extras/Optionen*...

▶ Wechseln Sie in das Register *Speichern*.

▶ Aktivieren Sie die Option *AutoRecover-Informationen alle ?? Minuten speichern* oder *AutoWiederherstellen-Info speichern alle ?? Minuten* (Microsoft sagt's mal so, mal anders – je nach Anwendung, in der Sie sich befinden).

▶ Stellen Sie über die Listenpfeile die Minuten ein.

▶ Bestätigen Sie mit Klick auf *OK*.

Automatisches Speichern in Excel

▶ Wählen Sie den Menübefehl *Extras*.

▶ Wenn der Eintrag *Automatisches Speichern* nicht vorhanden ist, klicken Sie auf *Add-Ins-Manager*...

▶ Aktivieren Sie *Autosave Add-In*, legen Sie die Office-Installations-CD ins Laufwerk, und klicken Sie auf *OK*.

▶ Das Add-In wird automatisch installiert. Anschließend steht der Befehl *Automatisches Speichern* im Menü *Extras* zur Verfügung. Sie können ihn mit Mausklick aktivieren.

Standard-Speicherort ändern

▶ Öffnen Sie über *Extras/Optionen*... den Dialog *Optionen*.

▶ In PowerPoint klicken Sie auf das Register *Speichern*.

▶ Im Feld *Standardarbeitsordner:* müssen Sie den neuen Arbeitsordner manuell eintragen. Ordner und Laufwerke werden durch einen Backslash (AltGr + ⎯) abgetrennt. Hinter dem Laufwerksbuchstaben befindet sich noch ein Doppelpunkt.

INFO

Nach einem Programmabsturz ist ein Office-Programm in der Lage, einen Stand der Bearbeitung des zuletzt geöffneten Dokuments wieder herzustellen. Die Minuten geben das Zeitintervall an, in dem automatisch zwischengespeichert wird.

INFO

Standardmäßig zeigt eine Office-Anwendung beim ersten Speichern in einer Arbeitssitzung immer den Ordner Eigene Dateien *als Speicherort an. Dies ist nicht unbedingt der aktuelle Arbeitsordner.*

Ein Beispiel für einen neuen Arbeitsordner-Eintrag.

INFO

Speicherort ändern in Word, Excel und Access: In Word steht das Register Speicherort für Dateien *bereit. Klicken Sie auf* Ändern. *In Excel und Access finden Sie die Option im Register* Allgemein.

Informationen über die Datei festlegen

Eigenschaften-Dialog während der Bearbeitung aufrufen

▶ Öffnen Sie die Datei, zu der Sie bestimmte Informationen speichern wollen.

▶ Wählen Sie den Menübefehl *Datei/Eigenschaften* bzw. *Datenbankeigenschaften* bei Access.

▶ Bestätigen Sie mit Klick auf *OK*.

Datei-Eigenschaften im Windows-Explorer abrufen

▶ Klicken Sie mit der rechten Maustaste auf die *Start*-Schaltfläche von Windows.

▶ Wählen Sie *Explorer* aus dem Kontextmenü.

▶ Öffnen Sie den Ordner, in dem sich das Office-Dokument befindet.

▶ Klicken Sie das Symbol vor dem Dateisymbol mit der rechten Maustaste an.

▶ Wählen Sie *Eigenschaften* aus dem Kontextmenü. Der *Eigenschaften*-Dialog öffnet sich und steht zur Bearbeitung bereit.

Informationen über eine Datei abrufen

▶ Öffnen Sie im Windows-Explorer oder im Office-Programm den *Eigenschaften*-Dialog zur Präsentation.

▶ Wechseln Sie in das Register *Allgemein*.

ACHTUNG

Allerdings sind die Register und Optionen, je nachdem wo die Dateieigenschaften aufgerufen werden, unterschiedlich beschriftet, zum Beispiel:
Zusammenfassung = Datei-Info, Inhalt = Dokumentinhalt, Anpassen = Benutzerdefiniert.

→ 748

INFO

Einführung in den Windows-Explorer

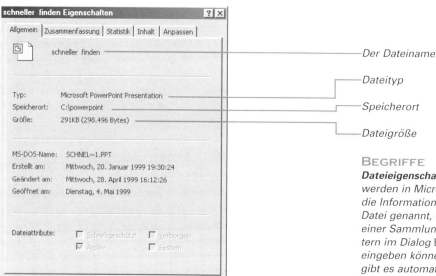

Der Dateiname

Dateityp

Speicherort

Dateigröße

→ 755

BEGRIFFE

Dateieigenschaften: So werden in Microsoft Office die Informationen über eine Datei genannt, die Sie in einer Sammlung von Registern im Dialog Eigenschaften eingeben können. Daneben gibt es automatisch angebotene Informationen, zum Beispiel zu verwendende Schriftarten, Erstellungsdatum etc.

▶ Wechseln Sie zum Register *Statistik*.

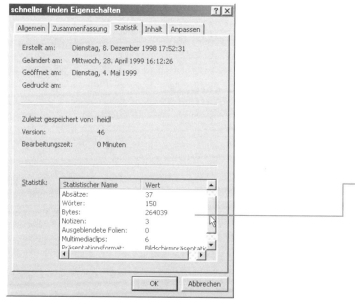

INFO

Der MS-DOS-Name folgt den älteren Konventionen für DOS-Namen: 8 Zeichen für den Namen, 3 Zeichen Erweiterung zur Kennzeichnung des Dateityps. Dies ist wichtig, wenn Sie auf DOS-Ebene Dateien kopieren oder komprimieren.

Nur in Word und PowerPoint: Statistische Werte

INFO

Erstellungs- und Änderungsdatum sind auch im Reigister Allgemein zu finden. Im mittleren Block des Dialogs erhalten Sie Informationen zur »Entstehungsgeschichte« der Datei, wer zuletzt gespeichert hat, wie viele Versionen es gab und wie lange die Bearbeitung insgesamt in Anspruch genommen hat.

▶ Blättern Sie mit dem vertikalen Rollbalken durch das Feld *Statistik*, um Informationen über die Anzahl der Folien, Absätze, Wörter, Notizen, ausgeblendeten Folien und enthaltenen Multimedia-Clips – alles je nach Office-Anwendung aufgeschlüsselt. Auch die Angaben, wie viele Bytes die Datei umfaßt, können Sie dieser Auflistung entnehmen.

▶ Wechseln Sie zum Register *Inhalt*.

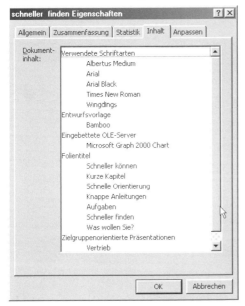

→ 766

ACHTUNG

Fehlende Schriften: Wenn auf dem Rechner, auf dem die Datei geöffnet wird, die verwendeten Schriften nicht installiert sind, werden diese mit Ersatzschriften, die vorhanden sind, angezeigt. Das kann zu Veränderungen in den Formatierungen und in der optischen Wirkung der Präsentation führen. Achten Sie darauf, daß Sie TrueType-Schriften verwenden, die mit einem vorangestellten TT in der Schriftenliste gekennzeichnet sind.

▶ Blättern Sie mit dem Rollbalken durch das Feld *Dokumentinhalt:* Sie erhalten Informationen über alle in der Datei verwendeten Schriftarten, über die eingesetzte Entwurfsvorlage, über eingebettete OLE-Server – das sind die Anwendungen, in denen eingebettete Objekte erstellt worden sind –, über die Objekte einer Datenbank usw.

▶ Mit Klick auf *OK* schließen Sie den Dialog.

Informationen zur Datei eingeben

▶ Öffnen Sie den *Eigenschaften*-Dialog.

▶ Wechseln Sie auf das Register *Zusammenfassung*.

▶ Die Felder *Autor:* und *Firma:* sind bereits ausgefüllt, da Sie diese bereits während der Installation von Microsoft-Office-Komponenten abgefragt und eingesetzt werden. Darüber hinaus können Sie in die Felder *Titel:, Thema:, Manager:, Kategorie:, Stichwörter:, Kommentar:* und *Hyperlinkbasis:* weitere Informationen eingeben. Das kann bei einer großen Anzahl von Präsentationen auf dem Computer oder Server helfen, diese nach bestimmten Kategorien voneinander zu unterscheiden.

▶ Wechseln Sie zum Register *Anpassen*.

▶ Hier definieren Sie selbst Kategorien, nach denen Sie später Ihre Präsentationen – oder andere Office-Dokumente

– suchen können. Wählen Sie im Feld *Name:* einen Namen für eine Eigenschaft aus der Liste. Oder Sie schreiben einen selbstgewählten Begriff in dieses Feld.

▶ Im Feld *Typ:* stellen Sie ein, wie der *Wert:* beschaffen sein soll: Handelt es sich um Text, um ein Datum, um eine Anzahl, oder wollen Sie mit *Ja oder Nein* kategorisieren?

▶ Geben Sie bei *Wert:* die Information ein, und zwar in dem Format, das Sie bei *Typ*: spezifiziert haben.

▶ Klicken Sie auf *Hinzufügen*, um diese Einstellungen in das Feld *Eigenschaften...* zu übernehmen.

▶ Bestätigen Sie Ihre Festlegungen mit Klick auf die Schaltfläche *OK*.

Eine Verknüpfung zum Inhalt in PowerPoint

▶ Markieren Sie im Dokument die Verknüpfungsstelle zum Dokument, bevor Sie den Menübefehl *Datei/Eigenschaften* anklicken.

▶ Ignorieren Sie das Feld *Typ:*. Aktivieren Sie statt dessen die Option *Verknüpfung zum Inhalt*.

▶ Es erscheint ein Feld *Quelle:* mit dem Text *Verknüpfen 1* (oder *2* oder *3...*)

▶ Geben Sie in das Feld *Name:* einen Titel für die Verknüpfung ein.

▶ Klicken Sie auf *Hinzufügen*. Im *Eigenschaften*-Feld erscheint die Verknüpfung mit einem Kettensymbol und der Angabe der verknüpften Stelle im Dokument.

▶ Zum Anlegen einer weiteren Verknüpfung müssen Sie erst mit Klick auf *OK* den Dialog schließen, um ihn dann wieder aufzurufen und diese Aktion erneut durchzuführen.

Position in einer PowerPoint-Folie »anspringen«

▶ Wählen Sie im geöffneten Dokument den Menübefehl *Bearbeiten/Gehe zu Eigenschaft...*

▶ Es erscheint ein Fenster, in dem alle Verknüpfungen mit ihrem Namen aufgelistet sind. Markieren Sie die gewünschte.

▶ Klicken Sie auf *Gehe zu*. Die verknüpfte Textstelle wird auf dem Bildschirm angezeigt.

INFO

Eigenschaftsspezifikation löschen: Markieren Sie im Feld Eigenschaften*: eine Festlegung, und klicken Sie auf die Schaltfläche* Löschen. *Die Eigenschaft wird ohne Bestätigung gelöscht.*

ACHTUNG

Nach diesen von Ihnen definierten Eigenschaften können Sie keine Dateisuche starten. Dafür aber nach den anderen Dateieigenschaften, die Sie in den Registern Allgemein, Zusammenfassung, Statistik *und* Inhalt *zur Verfügung haben. Diese Anpassungen dienen mehr der internen Verwaltung.*

INFO

Diese Funktion erfüllt nur in PowerPoint einen sinnvollen Zweck. In Word und Excel arbeiten Sie besser mit Textmarken und benannten Zellen, um schnell eine Stelle im Dokument anzusteuern.

Dokumente drucken

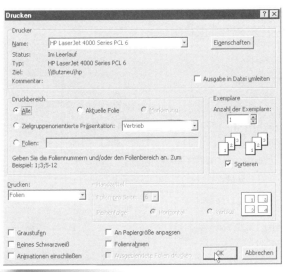

WO? WOMIT?

Drucken über Dialog

▶ Wählen Sie den Menübefehl *Datei/Drucken*... → **33**

▶ Im obersten Feld *Name:* ist der Standarddrucker eingetragen. Falls dies nicht der Fall ist, müssen Sie einen installieren. Falls Sie in einem Netzwerk arbeiten, werden mehrere Drucker installiert sein. Klicken Sie dann auf den Listenpfeil, und markieren Sie den gewünschten Drucker.

▶ Mit Klick auf *OK* starten Sie den Druckvorgang.

Nur Teile des Dokuments drucken

▶ Rufen Sie den Dialog *Drucken* auf.

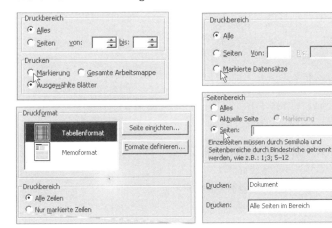

INFO

Die Schaltfläche Eigenschaften *führt Sie zu den Druckereinstellungen, deren Dialoge je nach installiertem Drucker sehr unterschiedlich sein können.*

INFO

Der Druckdialog sieht in jeder Office-Anwendung leicht unterschiedlich aus. Sie finden aber alles Notwendige immer über den Menübefehl Datei/Drucken *und in den jeweiligen Registern des* Drucken*-Dialogs.*

NOCH SCHNELLER

Drucken: Einen Druckvorgang ohne weitere Voreinstellungen können Sie auch über dieses Symbol starten.

▶ Je nach Anwendung, aus der Sie drucken, können Sie entscheiden, ob Sie einzelne Seiten oder Folien, bestimmte Datensätze, die gesamte Excel-Arbeitsmappe oder nur einzelne Dateien drucken wollen. Stellen Sie die gewünschten Optionen ein.

▶ Starten Sie den Druckvorgang mit Klick auf *OK*.

Mehrere Kopien gleichzeitig drucken

▶ Öffnen Sie den Dialog *Drucken*.

▶ Im Feld *Exemplare* geben Sie bei *Anzahl der Exemplare:* ein, wie viele Sets Sie ausgedruckt haben möchten.

▶ Damit diese auch sortiert aus dem Drucker kommen und nicht zum Beispiel erst dreimal die erste Seite, dann dreimal die zweite Seite usw., aktivieren Sie die Option *Sortieren*.

▶ Starten Sie den Druckvorgang mit Klick auf OK.

Papiergröße, Hoch- und Querformat einrichten

▶ Wählen Sie den Menübefehl *Datei/Seite einrichten...*

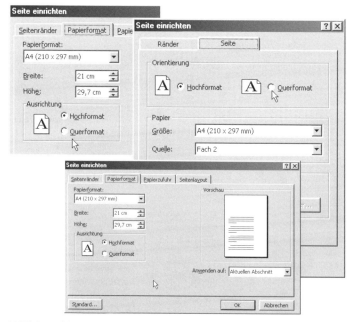

INFO

Auch die Möglichkeiten, die im Dialog Seite einrichten *angeboten werden, unterscheiden sich ein wenig je nach Office-Anwendung.*

→ 92

INFO
Drucken in Word im Detail

▶ Wählen Sie im Feld *Papierformat:* eines aus.

▶ Bestimmen Sie, ob Sie Hoch- oder Querformat wünschen.

▶ Je nach Anwendung können Sie weitere Einstellungen vornehmen.

▶ Bestätigen Sie Ihre Einstellungen mit Klick auf die Schaltfläche *OK*.

Drucker eines anderen Netzwerkteilnehmers benutzen

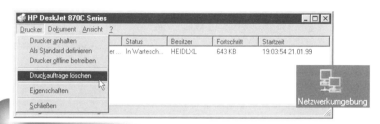

WO? WOMIT?

▶ Wechseln Sie auf den Windows-Desktop.

▶ Doppelklicken Sie auf das Symbol *Netzwerkumgebung*. Der Ordner öffnet sich und zeigt alle Teilnehmer der Arbeitsgruppe.

▶ Doppelklicken Sie auf den Teilnehmer, an dessen Computer der ersehnte Drucker hängt. Sie sehen die freigegebenen Laufwerke und auch den Drucker. Doppelklicken Sie auf das Druckersymbol.

▶ Sie werden darauf hingewiesen, daß Sie erst mit dem Drucker arbeiten können, wenn Sie ihn eingerichtet haben. Bestätigen Sie dies mit Klick auf *Ja*.

▶ Der Assistent für die Druckerinstallation startet und fragt Sie, ob Sie auch MS-DOS-Dateien drucken wollen. Klicken Sie auf *Ja* oder *Nein*, und fahren Sie über *Weiter* fort.

▶ Bestimmen Sie im folgenden Dialog, ob Sie diesen Drucker als Standarddrucker einsetzen wollen. Klicken Sie auf *Weiter*.

▶ Lassen Sie eine Testseite drucken – dazu muß der Drucker natürlich eingeschaltet sein –, und klicken Sie auf *Fertig stellen*.

▶ Windows besorgt sich die Treiberdateien von Ihrem Kollegen im Netz. Sie müssen keine Disketten oder CDs einlegen. Danach wird der Drucker in der Druckerliste des Dialogs *Drucken* angezeigt. 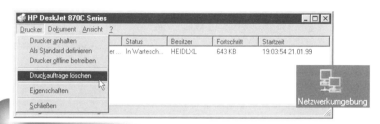 **→ 31**

Druckauftrag löschen

▶ Doppelklicken Sie am unteren Bildschirmrand neben der Uhr auf das Druckersymbol, das immer dann auftaucht, wenn Sie einen Druckauftrag abgeschickt haben.

▶ Es öffnet sich ein Fenster, dem Sie den Status in der Warteschlange entnehmen können: Wer einen Druckauftrag wann abgeschickt hat, wie groß dieser ist und welche Fortschritte er macht. Markieren Sie Ihren Druckauftrag mit der Maus.

▶ Wählen Sie *Drucker/Druckauftrag löschen*. **→ 95**

ACHTUNG
Der Drucker muß freigegeben sein. Wenn der Benutzer des Druckers sehr geizig ist mit seinen Ressourcen, kann es sein, daß der Drucker nicht freigegeben ist für andere Benutzer im Netzwerk. Der Besitzer muß die Freigabe erst nachholen: Druckerordner im Ordner *Arbeitsplatz* öffnen, rechter Mausklick auf den Drucker, Kontextmenübefehl *Freigabe...* Erst dann sehen andere Teilnehmer den Drucker in ihrem Ordner *Netzwerkumgebung*.

INFO
Das Drucken wird von Windows erledigt. Das Office-Programm schickt den Druckauftrag an Windows.

INFO **→ 92**
Infos zum Drucken in Word

INFO **→ 249**
Drucken in Excel

INFO
Drucker/Drucker anhalten wirkt sich auf die gesamte Warteschlange aus.

| Hierher verschieben |
| Hierher kopieren |
| Verknüpfung(en) hier erstellen |
| Abbrechen |

Speichern

▶ Menübefehl *Datei/Speichern* oder *Datei/Speichern unter...*
  ▶ Dateinamen angeben.
  ▶ Speicherort aussuchen (Ordner).
  ▶ Mit Klick auf *OK* wird gespeichert.

Automatisches Zwischenspeichern für den Notfall

▶ Den Menübefehl *Extras/Optionen...* aufrufen.
▶ In das Register *Speichern* oder in das Register *Allgemein* wechseln.
  ▶ Aktivieren Sie die Option *AutoRecover-Informationen alle ?? Minuten speichern* bzw. *AutoWiederherstellen-Info speichern alle ?? Minuten.*
▶ Stellen Sie über die Listenpfeil die Minuten ein.
▶ Bestätigen Sie mit Klick auf *OK*.

Datei-Eigenschaften aufrufen

▶ In der aktuell geöffneten Datei: Menübefehl *Datei/Eigenschaften.*
▶ Im Windows-Explorer: rechter Mausklick auf das Dateisymbol, Menüeintrag *Eigenschaften.*

Drucken

▶ Menübefehl *Datei/Drucken...* aufrufen.

Beim Drag&Drop verknüpfen oder kopieren?

▶ Wenn Sie Drag&Drop mit der rechten Maustaste durchführen, erscheint beim Fallenlassen des Objekts auf dem Desktop ein Menü.
▶ *Hierher verschieben:* Entfernt ein Objekt von seiner Ursprungsposition und plaziert es an der neuen.
▶ *Hierher kopieren:* Erstellt eine Kopie des Objekts an der Zielposition
▶ *Verknüpfung(en) hier erstellen:* Legt an der Zielposition eine Verknüpfung an, ohne das Objekt an der Ursprungsposition zu verändern.

Standard-Speicherort ändern

▶ Den Menübefehl *Extras/Optionen...* aufrufen.
▶ Auf das Register *Speicherort für Dateien* (Word), *Speichern* (PowerPoint) oder *Allgemein* (Access, Excel) wechseln.
▶ Im Feld *Standardarbeitsordner:* müssen Sie den neuen Arbeitsordner manuell eintragen.
▶ Die Einstellung mit Klick auf *OK* bestätigen.

| Standardarbeitsordner: |
| d:\powerpoint |

Ein Beispiel für einen neuen Arbeitsordner-Eintrag.

2 KAPITEL

Text eingeben und bearbeiten

tempo

Text eingeben

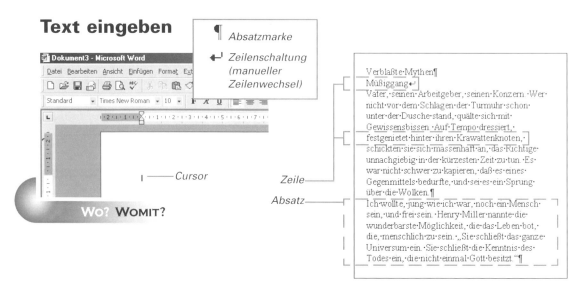

¶ Absatzmarke
↵ Zeilenschaltung (manueller Zeilenwechsel)

Cursor

Zeile

Absatz

WO? WOMIT?

Verblaßte·Mythen¶
Müßiggang↵
Vater,·seinen·Arbeitgeber,·seinen·Konzern.·Wer·
nicht·vor·dem·Schlagen·der·Turmuhr·schon·
unter·der·Dusche·stand,·quälte·sich·mit·
Gewissensbissen.·Auf·Tempo·dressiert,·
festgenietet·hinter·ihren·Krawattenknoten,·
schickten·sie·sich·massenhaft·an,·das·Richtige·
unnachgiebig·in·der·kürzesten·Zeit·zu·tun.·Es·
war·nicht·schwer·zu·kapieren,·daß·es·eines·
Gegenmittels·bedurfte,·und·sei·es·ein·Sprung·
über·die·Wolken.¶
Ich·wollte,·jung·wie·ich·war,·noch·ein·Mensch·
sein,·und·frei·sein.·Henry·Miller·nannte·die·
wunderbarste·Möglichkeit,·die·das·Leben·bot,·
die,·menschlich·zu·sein.·„Sie·schließt·das·ganze·
Universum·ein.·Sie·schließt·die·Kenntnis·des·
Todes·ein,·die·nicht·einmal·Gott·besitzt."¶

Eingabe von Text

➔ 20

▶ Beginnen Sie nach dem Start von Word sofort mit der Eingabe des Textes. Der Cursor blinkt am linken oberen Blattrand. Tippen Sie den gewünschten Text ein. Der Text erscheint immer an der Cursor-Position.

Automatischer Zeilenumbruch

▶ Schreiben Sie am Zeilenende einfach weiter. Word umbricht den Text automatisch.

Absatz erzeugen

▶ Schreiben Sie den Text, bis Sie mit einem inhaltlichen Absatz fertig sind. Drücken Sie die ⏎-Taste.

➔ 56

Manueller Zeilenumbruch

▶ Tippen Sie den gewünschten Text ein.
▶ Drücken Sie die ⇧- und die ⏎-Taste gleichzeitig.
▶ Sie haben eine Zeilenschaltung eingefügt. Der Absatz endet nicht hier. Er endet nach wie vor mit der Absatzmarke.

Rückgängig und Wiederherstellen

▶ Klicken Sie so oft Sie wollen auf das Symbol *Rückgängig*, um die letzen Arbeitsschritte rückgängig zu machen.
▶ Klicken Sie auf *Wiederherstellen*. Die rückgängig gemachten Arbeitsschritte werden wiederhergestellt.

INFO
Per Klick auf eine beliebige Stelle der Seite läßt sich die Schreibposition beeinflussen. Doppelklicken + Schreiben.

INFO
Ist die Zeile zu Ende, schreibt Word selbständig in der nächsten Zeile weiter (Zeilenumbruch). Die ⏎-Taste wird nur am Ende eines Absatzes gedrückt.

TIP ¶

➔ 55

Schalten Sie die Formatierungszeichen *in der* Standard-Symbolleiste *ein. Unter* Extras/Optionen/Ansicht *können Sie einstellen, welche Formatierungszeichen angezeigt werden sollen.*

Text korrigieren

Überschreibmodus

| Seite 1 | Ab 1 | 1/1 | Bei 2,5cm | Ze 1 | Sp 37 | MAK | AND | ERW | ÜB | Deutsch (De | |

WO? WOMIT?

Normalerweise wird neu geschriebener Text an der entsprechenden Cursorpositon eingefügt. Der Text rechts neben dem Cursor wird zeichenweise weitergeschoben. Mit eingeschaltetem Überschreibmodus werden die Zeichen beim Schreiben verschluckt.

Tippfehler mit der ⟵-Taste korrigieren
▶ Klicken Sie hinter den Buchstaben, den Sie korrigieren möchten.
▶ Drücken Sie einmal die ⟵-Taste. Der Buchstabe wird gelöscht.
▶ Tippen Sie den richtigen Buchstaben ein.

Tippfehler mit der Entf-Taste korrigieren
▶ Klicken Sie vor den Buchstaben, den Sie korrigieren möchten.
▶ Drücken Sie die Entf-Taste.
▶ Tippen Sie den richtigen Buchstaben ein.

Ganzes Wort links neben dem Cursor löschen
▶ Drücken Sie die Tastenkombination Strg+⟵.

Ganzes Wort rechts neben dem Cursor löschen
▶ Drücken Sie die Tastenkombination Strg+Entf.

Den Überschreibmodus aktivieren
▶ Wählen Sie aus dem Menü *Extras/Optionen* die Registerkarte *Bearbeiten*.
▶ Aktivieren Sie das Kontrollfeld *Überschreibmodus*.

Den Überschreibmodus deaktivieren
▶ Doppelklicken Sie in der Statuszeile auf *ÜB* (Überschreibmodus). Wenn *ÜB* grau erscheint, ist der Überschreibmodus deaktiviert. Erscheint *ÜB* schwarz, ist er aktiv.

TIP → 55
Schalten Sie die Formatierungszeichen beim Korrigieren von Text ein.

INFO
Der Überschreibmodus kann auch mit der Einfg-Taste aktiviert bzw. deaktiviert werden. Unter Extras/ Optionen/Bearbeiten können Sie weitere Einstellungen vornehmen.

INFO
Wenn Sie zweimal hintereinander auf die ⟵-Taste drücken, haben Sie einen Leerabsatz erzeugt. Dieser wird beim Löschen genauso behandelt wie einzelne Zeichen.

ACHTUNG
Wenn der Text beim Korrigieren immer verschluckt wird, werfen Sie einen Blick in die Statuszeile, ob der Überschreibmodus aktiv ist. Schalten Sie ihn gegebenenfalls mit Doppelklick auf ÜB aus.

Geschriebenen Text wieder öffnen

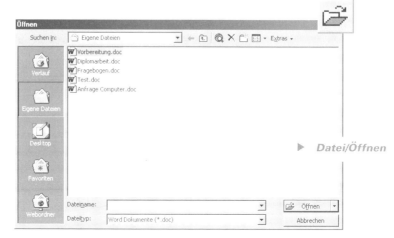

▶ *Datei/Öffnen*

Wo? Womit?

Datei öffnen

▶ Klicken Sie auf das Menü *Datei/Öffnen*.
▶ Es öffnet sich das Dialogfenster *Öffnen*.

Ordner und Laufwerk auswählen

▶ Klicken Sie auf den Listenpfeil neben dem Feld *Suchen in:*
▶ Wählen Sie das richtige Laufwerk und den richtigen Ordner aus.

Datei auswählen

▶ Wählen Sie aus der Liste der angezeigten Dokumente den gewünschten Dateinamen aus.

Text öffnen

▶ Klicken Sie im Dialogfenster *Öffnen* auf die Schaltfläche *Öffnen*. Der Text in der gewählten Datei erscheint auf dem Bildschirm.

Den zuletzt bearbeiteten Text öffnen

▶ Klicken Sie auf das Menü *Datei*. Die unteren Menüpunkte sind die zuletzt geöffneten Dokumente.
▶ Wählen Sie den gewünschten Dateinamen aus. Das Dokument wird sofort geöffnet.

Die Liste der zuletzt geöffneten Dokumente kann verlängert werden. Normalerweise zeigt Word die letzten *vier* Dokumente an.

▶ Wählen Sie *Extras/Optionen/Allgemein*.
▶ Aktivieren Sie die Listen der zuletzt geöffneten Dateien.
▶ Geben Sie den gewünschten Wert in das Eingabefeld *Einträge* ein.

→ 24

INFO
Das Dialogfenster Öffnen *entspricht in der Auswahl der Ordner und Laufwerke dem Dialogfenster* Speichern unter.

INFO
Sie können mehrere Dokumente gleichzeitig öffnen. Word öffnet für jedes Dokument ein eigenes Fenster.

NOCH SCHNELLER
Öffnen Sie die Datei mit der Tastenkombination Strg + O.

ACHTUNG
Ist ein Dokument schon geöffnet und Sie öffnen es aus Versehen wieder, bringt Word eine Programmeldung: Soll das Dokument 'Sowieso' wiederhergestellt werden? Klicken Sie auf die Schaltfläche Nein.

Text markieren

Müßiggang

Vater, seinen Arbeitgeber, seinen Konzern. Wer nicht vor dem Schlagen der Turmuhr schon unter der Dusche stand, quälte sich mit Gewissensbissen. Auf Tempo dressiert, festgenietet hinter ihren Krawattenknoten, schickten sie sich massenhaft an, das Richtige unnachgiebig in der kürzesten Zeit zu tun. Es war nicht schwer zu kapieren, daß es eines Gegenmittels bedurfte, und sei es ein Sprung über die Wolken.

Müßiggang

Vater, seinen Arbeitgeber, seinen Konzern. Wer nicht vor dem Schlagen der Turmuhr schon unter der Dusche stand, quälte sich mit Gewissensbissen. Auf Tempo dressiert, festgenietet hinter ihren Krawattenknoten, schickten sie sich massenhaft an, das Richtige unnachgiebig in der kürzesten Zeit zu tun. Es war nicht schwer zu kapieren, daß es eines Gegenmittels bedurfte, und sei es ein Sprung über die Wolken.

Müßiggang

Vater, seinen Arbeitgeber, seinen Konzern. Wer nicht vor dem Schlagen der Turmuhr schon unter der Dusche stand, quälte sich mit Gewissensbissen. Auf Tempo dressiert, festgenietet hinter ihren Krawattenknoten, schickten sie sich massenhaft an, das Richtige unnachgiebig in der kürzesten Zeit zu tun. Es war nicht schwer zu kapieren, daß es eines Gegenmittels bedurfte, und sei es ein Sprung über die Wolken.

Mauszeiger

Müßiggang

Vater, seinen Arbeitgeber, seinen Konzern. Wer nicht vor dem Schlagen der Turmuhr schon unter der Dusche stand, quälte sich mit Gewissensbissen. Auf Tempo dressiert, festgenietet hinter ihren Krawattenknoten, schickten sie sich massenhaft an, das Richtige unnachgiebig in der kürzesten Zeit zu tun. Es war nicht schwer zu kapieren, daß es eines Gegenmittels bedurfte, und sei es ein Sprung über die Wolken.

Müßiggang

Vater, seinen Arbeitgeber, seinen Konzern. Wer nicht vor dem Schlagen der Turmuhr schon unter der Dusche stand, quälte sich mit Gewissensbissen. Auf Tempo dressiert, festgenietet hinter ihren Krawattenknoten, schickten sie sich massenhaft an, das Richtige unnachgiebig in der kürzesten Zeit zu tun. Es war nicht schwer zu kapieren, daß es eines Gegenmittels bedurfte, und sei es ein Sprung über die Wolken.

Müßiggang

Vater, seinen Arbeitgeber, seinen Konzern. Wer nicht vor dem Schlagen der Turmuhr schon unter der Dusche stand, quälte sich mit Gewissensbissen. Auf Tempo dressiert, festgenietet hinter ihren Krawattenknoten, schickten sie sich massenhaft an, das Richtige unnachgiebig in der kürzesten Zeit zu tun. Es war nicht schwer zu kapieren, daß es eines Gegenmittels bedurfte, und sei es ein Sprung über die Wolken.

Textcursor

WO? WOMIT?

Mit gedrückter Maustaste markieren
▶ Bewegen Sie die Maus an den Beginn der Markierung. Der Mauszeiger wird zu einem Textcursor.
▶ Halten Sie die linke Maustaste gedrückt, und ziehen Sie in die gewünschte Richtung.
▶ Lassen Sie die Maustaste am Ende der Markierung los.

Wort markieren
▶ Doppelklicken Sie auf das gewünschte Wort.

Zeichenweise markieren
▶ Halten Sie die ⇧-Taste gedrückt, und markieren Sie zeichenweise mit den beiden Richtungstasten (→, ←).

Satz markieren
▶ Drücken Sie die Strg-Taste, und klicken Sie in den zu markierenden Satz.
▶ Der komplette Satz wird markiert, auch wenn er über zwei oder mehr Zeilen läuft.

Zeile markieren
▶ Bewegen Sie die Maus links neben den Text. Die Maus wird zu einem Mauszeiger.
▶ Klicken Sie in der gewünschten Höhe.

Absatz markieren
▶ Klicken Sie dreimal kurz hintereinander in den gewünschten Absatz.

Alles markieren
▶ Bewegen Sie die Maus links neben den Text. Klicken Sie bei gedrückter Strg-Taste.

TIP
Bewegen Sie die Maus links neben den Text, um ihn zu markieren (so daß der Mauszeiger erscheint):
1 x klicken: eine Zeile
2 x klicken: ein Absatz
3 x klicken: gesamter Text

INFO
Eine Markierung können Sie mit einem einfachen Mausklick aufheben.

→ 56

BEGRIFF
Absatz: *Ein Absatz beginnt nach einer Absatzmarke (beim nächsten Zeilenanfang) und endet dort, wo Sie die ⏎-Taste drücken.*
Absatzmarke: *Das Drücken der ⏎-Taste können Sie sichtbar machen. Dieses Zeichen wird Absatzmarke genannt.*

Markieren im Erweiterungs- und Spaltenmodus

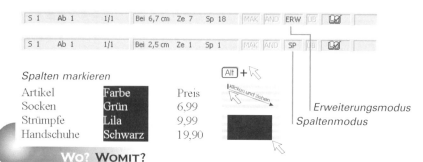

Erweiterungsmodus aktivieren

▶ Drücken Sie die ▣-Taste. Der Erweiterungsmodus wird eingeschaltet.

▶ In der Statuszeile sehen Sie, daß ERW aktiviert ist.

Wort markieren

▶ Drücken Sie 2 x die ▣-Taste. Das Wort, in dem der Cursor blinkt, wird markiert.

Satz markieren

▶ Drücken Sie 3 x die ▣-Taste. Der Satz, in dem der Cursor blinkt, wird markiert.

Absatz markieren

▶ Drücken Sie 4 x die ▣-Taste. Der Absatz, in dem der Cursor blinkt, wird markiert.

Alles markieren

▶ Drücken Sie 5 x die ▣-Taste. Der gesamte Text, auch wenn er über mehrere Seiten hinwegläuft, wird markiert.

Erweiterungsmodus deaktivieren

▶ Schalten Sie den Erweiterungsmodus mit der ▣sc▣-Taste aus.

Spaltenmodus aktivieren

▶ Drücken Sie die Tastenkombination ▣Strg▣+▣⇧▣+▣F8▣.

▶ Der Spaltenmodus ist aktiviert. In der Statuszeile erscheint SP.

Im Spaltenmodus markieren

▶ Bewegen Sie den Cursor mit den Richtungstasten, um untereinanderliegenden Text zu markieren.

TIP
Bei aktiviertem Erweiterungsmodus können Sie mit den Richtungstasten markieren.

TIP
Mit der Tastenkombination ⇧+▣ wird die Markierung schrittweise aufgehoben.

TIP
Der Erweiterungsmodus kann auch mit einem Doppelklick auf ERW in der Statusleiste ein- und ausgeschaltet werden.

INFO
Der Spaltenmodus kann mit einem Doppelklick auf SP in der Statusleiste ausgeschaltet werden.

Text ausschneiden, kopieren und einfügen

WO? WOMIT?

Ausgeschnittene oder kopierte Objekte oder Texte werden in die Zwischenablage gelegt. Bis zu zwölf Elemente können in der Zwischenablage gesammelt werden.

Ausschneiden
▶ Markieren Sie einen Textabschnitt.
▶ Klicken Sie auf das Symbol *Ausschneiden.*
▶ Der markierte Text wird gelöscht und landet in der Zwischenablage.

Kopieren
▶ Markieren Sie den gewünschten Textabschnitt.
▶ Klicken Sie auf das Symbol *Kopieren.*
▶ Eine Kopie des markierten Textes wird in die Zwischenablage gelegt.

Einfügen
▶ Klicken Sie mit der Maus an die Stelle, an der der ausgeschnittene bzw. kopierte Text in die Zwischenablage eingefügt werden soll.
▶ Klicken Sie auf das Symbol *Einfügen,* so wird der zuletzt ausgeschnittene oder kopierte Text aus der Windows-Zwischenablage eingefügt.

Text aus der Zwischenablage einfügen
▶ Sobald Sie Text kopieren oder ausschneiden, erscheint die Zwischenablage auf dem Bildschirm.
▶ Bewegen Sie die Maus zu den Word-Symbolen.
▶ Anhand der QuickInfo können Sie die abgelegten Texte identifizieren.
▶ Klicken Sie auf das Symbol des einzufügenden Elements.
▶ Der Text wird an der Cursor-Position eingefügt.

NOCH SCHNELLER
Ausschneiden: Strg + X

NOCH SCHNELLER
Kopieren: Strg + C

NOCH SCHNELLER
Einfügen: Strg + V

→ 636

INFO
Sollten Sie die Zwischenablage nicht sehen, holen Sie sie über Ansicht/Symbolleisten/Zwischenablage *auf den•Bildschirm.*

INFO
Mit Zwischenablage löschen *können alle Elemente aus der Zwischenablage entfernt werden.*

Text umstellen

Wohin verschieben?

WO? WOMIT?

Markierten Text umstellen

▶ Markieren Sie den Text, der verschoben werden soll.
▶ Drücken Sie die F2-Taste.
▶ In der Statuszeile steht folgende Frage: *Wohin verschieben?*
▶ Bewegen Sie den Cursor an die Position, an der Sie den markierten Text verschieben wollen.
▶ Drücken Sie die ↵-Taste. Der Text wird an der neuen Position eingefügt.

Absätze umstellen

▶ Setzen Sie den Cursor in den Absatz, der verschoben werden soll.
▶ Halten Sie die Tastenkombination ⇧+Alt gedrückt. Bewegen Sie sich mit den Richtungstasten (⬆ oder ⬇) nach oben oder unten.
▶ Der Absatz wird nach oben bzw. nach unten ➜ 158 verschoben.

Text verschieben – Maus

▶ Markieren Sie den gewünschten Textabschnitt.
▶ Bewegen Sie die Maus auf die Markierung. Die Maus verwandelt sich vom Textcursor (Strich) zum Mauszeiger.
▶ Ziehen Sie mit gedrückter linker Maustaste den Textabschnitt an seine neue Position.
▶ Beim Verschieben erscheint ein heller grauer Rasterbalken. Lassen Sie die Maus los, wird der Text an diesem Rasterbalken eingefügt.

Text kopieren – Maus

▶ Markieren Sie den gewünschten Textabschnitt.
▶ Bewegen Sie die Maus auf die Markierung. Die Maus verwandelt sich vom Textcursor (Strich) zum Mauszeiger.
▶ Halten Sie die Strg-Taste beim Verschieben gedrückt. Der Mauszeiger ist mit einem Pluszeichen versehen.
▶ Lassen Sie die Maus los, eine Kopie des markierten Textes wird am Rasterbalken eingefügt.

Text verschieben (Maus)

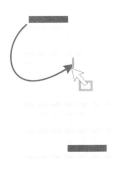

BEGRIFF
Das Ziehen mit der Maus wird Drag&Drop genannt.

Text kopieren (Maus + Strg)

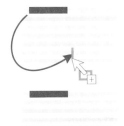

Zwischen den Ansichten hin- und herschalten

Normalansicht

In der *Normalansicht* wird das Dokument als fortlaufender Fließtext ohne Spalten dargestellt. Sollten Sie beispielsweise ein Dokument mehrspaltig angelegt haben, so werden die Spalten in dieser Ansicht nicht angezeigt.

Normal-Ansicht

In der Normalansicht sind sichtbar:

▶ Das waagerechte Lineal
▶ Beide Bildlaufleisten

In der Normalansicht sind nicht sichtbar:

▶ Das senkrechte Lineal
▶ Kopf- und Fußzeilen
▶ Fußnoten

Die Zeilen in der Normalansicht komplett anzeigen lassen

▶ Wählen Sie *Extras/Optionen/Ansicht*.
▶ Aktivieren Sie die Option *Auf Fensterbreite umbrechen*. Jetzt können Sie den Text vollständig von links nach rechts lesen.
▶ Mit eingeschalteter Option *Auf Fensterbreite umbrechen* stimmt der Zeilenumbruch mit dem Ausdruck allerdings nicht überein.

INFO → 686

Weblayout-Ansicht: Sie wird erst interessant, wenn Sie mit HTML-Dokumenten arbeiten. Verlassen Sie diese Ansicht über den Menübefehl Ansicht/Normal.

Weblayout-Ansicht

Layout-Details anzeigen

Der Text entspricht dem Ausdruck, sofern Sie nicht die beiden Kontrollkästchen *Ausgeblendeter Text* oder *Feldfunktionen* aktiviert haben. Beide Funktionen lassen sich unter *Extras/Optionen/Ansicht* ein- bzw. ausblenden.

Seiten-layout-Ansicht

▶ Das horizontale und vertikale Lineal sind sichtbar.
▶ Wenn mehrspaltiger Text eingerichtet ist, werden die Spalten in der *Seitenlayout-Ansicht* angezeigt.
▶ Eingerichtete Kopf- und Fußzeilen sind sichtbar. → 76
▶ Formatierungszeichen können ein- oder ausgeblendet werden. → 55
▶ Seitenränder können über das Menü *Extras/Optionen/Ansicht* mit *Textbegrenzungen* ein- und ausgeblendet werden.
▶ Eingefügte Fußnoten erscheinen ebenfalls am Bildschirm und können hier bearbeitet werden.

INFO
In der Seitenlayout-Ansicht können Sie Kopf- und Fußzeilen sehen und mit einem Doppelklick bearbeiten.

INFO
Wählen Sie Ansicht/Lineal, *um das Lineal ein- bzw. auszublenden.*

Die Gliederungsansicht

In der Gliederungsansicht kann die Dokumentstruktur langer Texte leicht überarbeitet werden.

→ 158

Gliederungs-ansicht

Die Seitenansicht

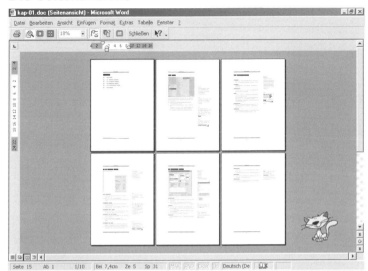

In der Seitenansicht wird Ihr Dokument so dargestellt, wie es aus dem Drucker kommt. Textbegrenzungen und Formatierungszeichen werden ausgeblendet. Eine spezielle Symbolleiste wird eingeblendet.

Dokument drucken
▶ Mit einem Klick auf das Symbol *Drucken* werden alle Seiten Ihres Dokuments ausgedruckt. → 31

Mit der Lupe vergrößern und verkleinern
▶ Die *Lupe* vergrößert den Ausschnitt im Text, auf den Sie klicken.
▶ Wenn Sie ein zweites Mal in den Text klicken, wird wieder die ganze Seite dargestellt (verkleinert).

Text bearbeiten
▶ Klicken Sie auf das bereits aktivierte Symbol *Lupe*. Der Mauszeiger wandelt sich in einen Textcursor um.
▶ Bearbeiten Sie den Text, als ob Sie sich in der Normal- oder Seitenlayout-Ansicht befänden.

Eine Seite anzeigen lassen
▶ Klicken Sie auf das Symbol *Eine Seite*. Word stellt Ihnen eine Seite größtmöglich dar.

Mehrere Seiten im Überblick
▶ Klicken Sie auf das Symbol *Mehrere Seiten,* es erscheint ein Pop-up-Menü.
▶ Bewegen Sie die Maus nach rechts unten, bis Sie die gewünschte Anordnung und Seitenzahl sehen.

Seitenansicht

Drucken

Lupe

Eine Seite

Mehrere Seiten

19% ▾ *Zoom*

Lineal

Größe anpassen

Ganzer Bildschirm

Schließen *Vorschau schließen*

Kontextsensitive Hilfe

INFO
Bevor Sie Ihr Dokument ausdrucken, kontrollieren Sie den Aufbau Ihrer Seiten in der Seitenansicht.

▶ Klicken Sie einmal mit der Maus.

▶ Word zeigt die von Ihnen gewählte Anordnung und Seitenzahl an.

Bildschirmdarstellung vergrößern und verkleinern

▶ Vergrößern oder verkleinern Sie mit dem *Zoom* Ihre Bildschirmdarstellung.

▶ Wählen Sie einen Wert aus dem Listenfeld 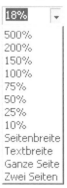 *Zoom* aus.

▶ Die Bildschirmdarstellung wird angepaßt.

Lineal ein- und ausblenden

▶ Klicken Sie auf das Symbol *Lineal,* um es ein- bzw. auszublenden.

Dokument reduzieren

▶ Das Symbol *Größe anpassen* reduziert beispielsweise ein Dokument mit ursprünglich drei Seiten auf zwei Seiten. Word verändert dabei Schriftgröße und Abstände.

Arbeitsbereich vergrößern

▶ Mit der Schaltfläche *Ganzer Bildschirm* blenden Sie alle überflüssigen Menü- und Symbolleisten aus. Die Symbolleiste der Seitenansicht bleibt eingeblendet.

▶ Mit der Schaltfläche *Ganzer Bildschirm schließen* werden die Menü- und Symbolleisten wieder eingeblendet.

Hilfe anfordern

▶ Klicken Sie auf *Kontextsensitive Hilfe.*

▶ Zeigen Sie mit der Maus auf den Text, und klicken Sie einmal mit der linken Maustaste.

▶ Word zeigt Ihnen die Zeichen- und Absatzformatierungen in einem Pop-up-Fenster an.

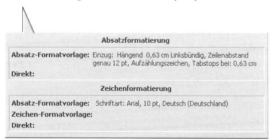

Die Seitenansicht verlassen

▶ Klicken Sie in der Seitenansichts-Symbolleiste auf die Schaltfläche *Schließen*.

▶ Sie landen in der zuletzt gewählten Ansicht.

INFO
In einer starken Verkleinerung werden statt Text graue Rasterbalken dargestellt.

→ 47

→ 88

TIP
Die Einstellung Seitenbreite *stellt Ihr Blatt Papier vom linken bis zum rechten Papierrand größtmöglich dar. Sie sparen sich das Hin- und Herscrollen mit der horizontalen Bildlaufleiste.*

INFO
Sind Ihre Menü- und Symbolleisten verschwunden, klicken Sie auf Ganzer Bildschirm schließen, *und sie werden wieder eingeblendet.*

ACHTUNG
Verwenden Sie das Symbol Größe anpassen *nicht bei fertig gestalteten Dokumenten. Unter Umständen kann das gesamte Erscheinungsbild zerstört werden.*

→ 56

Die Bildschirmdarstellung verändern

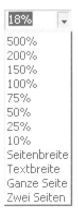

WO? WOMIT?

Sie finden die Zoom-Funktion über den Menübefehl *Ansicht/ Zoom* oder in der Standardsymbolleiste.

Ansicht verkleinern
▶ Wählen Sie einen Wert zwischen 10% und 75% aus. Die Bildschirmdarstellung wird verkleinert.

Ansicht vergrößern
▶ Wählen Sie einen Wert zwischen 150% und 500% aus. Die Bildschirmdarstellung wird vergrößert.

Originalansicht
▶ Mit dem Wert 100% stellen Sie die Grundeinstellung Ihrer Bildschirmdarstellung wieder her.

Selbstgewählte Ansicht
▶ Klicken Sie im Dialogfenster *Zoom* in das Eingabefeld *Prozent,* und geben Sie einen eigenen Wert, z. B. *115%,* ein.

Textbreite
▶ Der Text läuft nicht über den Bildschirmrand hinaus.
▶ Er wird optimal auf die Bildschirmbreite angepaßt und vollständig vom linken zum rechten Bildschirmrand dargestellt.

Ganze Seite
▶ *Ganze Seite* zeigt die komplette Seite an.

Zwei Seiten (Zoom aus der Symbolleiste)
▶ Zwei Seiten werden natürlich nur dargestellt, wenn Ihr Dokument aus mindestens zwei Seiten besteht.

→ 84

INFO
Auch über die Standard-symbolleiste können Sie die Bildschirmdarstellung selbst bestimmen. Klicken Sie direkt in das Feld Zoom, *und schreiben Sie einen selbstgewählten Wert hinein. Drücken Sie die ↵-Taste, um die neue Ansicht einzustellen.*

INFO
Mehrere Seiten: Wählen Sie im Pop-up-Menü durch Anklicken die gewünschte Anordnung und Seitenzahl, um Mehrere Seiten *darzustellen.*

Rückgängig und Wiederherstellen

▶ Klicken Sie so oft Sie wollen auf das Symbol *Rückgängig*, um die letzen Arbeitsschritte rückgängig zu machen.

▶ Klicken Sie auf *Wiederherstellen*. Die rückgängig gemachten Arbeitsschritte werden wiederhergestellt.

Den Überschreibmodus deaktivieren

▶ Doppelklicken Sie in der Statuszeile auf *ÜB* (Überschreibmodus). Wenn *ÜB* grau erscheint, ist der Überschreibmodus deaktiviert. Erscheint *ÜB* schwarz, ist er aktiv.

Mit gedrückter Maustaste markieren

▶ Bewegen Sie die Maus an den Beginn der Markierung. Der Mauszeiger wird zu einem Textcursor.

▶ Halten Sie die linke Maustaste gedrückt, und ziehen Sie in die gewünschte Richtung.

▶ Lassen Sie die Maustaste am Ende der Markierung los.

Kopieren

▶ Markieren Sie den gewünschten Textabschnitt.

▶ Klicken Sie auf das Symbol *Kopieren*.

▶ Eine Kopie des markierten Textes wird in die Zwischenablage gelegt.

Einfügen

▶ Klicken Sie mit der Maus an die Stelle, an die der ausgeschnittene bzw. kopierte Text aus der Zwischenablage eingefügt werden soll.

▶ Klicken Sie auf das Symbol *Einfügen,* so wird der zuletzt ausgeschnittene oder kopierte Text aus der Windows-Zwischenablage eingefügt.

Text verschieben – Maus

▶ Markieren Sie den gewünschten Textabschnitt.

▶ Bewegen Sie die Maus auf die Markierung. Die Maus verwandelt sich vom Textcursor (Strich) zum Mauszeiger.

▶ Ziehen Sie mit gedrückter linker Maustaste den Textabschnitt an seine neue Position.

▶ Beim Verschieben erscheint ein heller grauer Rasterbalken. Lassen Sie die Maus los, wird der Text an diesem Rasterbalken eingefügt.

3 KAPITEL

Texte gestalten

tempo

Über die Symbolleiste das Dokument gestalten

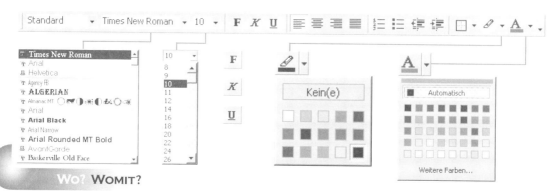

WO? WOMIT?

Schriftart ändern

▶ Klicken Sie auf den Listenpfeil rechts von *Schriftart*.

▶ Suchen Sie sich aus der Liste der Schriften die gewünschte Schriftart aus.

▶ Klicken Sie die Schriftart an. Der markierte Text übernimmt die gewählte Schriftart.

Schriftgröße ändern

▶ Klicken Sie auf den Listenpfeil von *Schriftgrad*.

▶ Klicken Sie die gewünschte Schriftgröße an.

▶ Ändern Sie die Schriftgröße, indem Sie wieder einen anderen Wert auswählen.

Schriftschnitt auswählen

▶ Klicken Sie das Symbol *Fett*, *Kursiv* oder *Unterstrichen* an. Der markierte Text wird fett, kursiv bzw. unterstrichen formatiert. Auch Kombinationen sind möglich.

Text hervorheben

▶ Klicken Sie auf den Pfeil des Symbols *Hervorheben*. **→ 52**

▶ Wählen Sie eine Farbe aus. Der Cursor verändert sein Aussehen.

▶ Fahren Sie mit gedrückter Maustaste über den Text, den Sie farblich unterlegen wollen.

Schriftfarbe ändern

▶ Markieren Sie den gewünschten Text.

▶ Klicken Sie auf den Pfeil des Symbols *Schriftfarbe*.

▶ Wählen Sie eine Farbe aus. Der markierte Text übernimmt die angeklickte Farbe. **→ 51**

TIP

Alle Zeichenformatierungen können mit der Tastenkombination Strg *+___| auf einmal entfernt werden.*

INFO

Deaktivieren Sie die Formatierungen Fett, Kursiv *und* Unterstrichen, *indem Sie nochmals auf das entsprechende Symbol klicken.*

TIP **→ 52**

Ist die Schriftfarbe auf Automatisch *eingestellt, so ändert sich die Schriftfarbe beim Wählen eines dunklen Hintergrunds mit* Format/ Rahmen und Schattierung.

Schrift gestalten

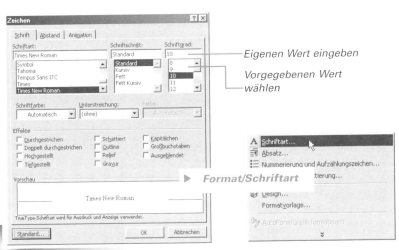

Eigenen Wert eingeben

Vorgegebenen Wert wählen

▶ *Format/Schriftart*

WO? WOMIT?

Im Prinzip finden Sie alle Einstellungen, die zur Zeichenformatierung gehören, im Dialogfenster *Zeichen*. **→ 39**
- ▶ Markieren Sie die gewünschten Zeichen.
- ▶ Wählen Sie aus dem Menü *Format/Schriftart* die Registerkarte *Schrift*.
- ▶ Stellen Sie die gewünschten Formatierungen ein.
- ▶ Klicken Sie auf *OK*, so werden die Formatierungen auf die Zeichen übertragen.

Schriftart ändern
- ▶ Wählen Sie eine der angezeigten Schriften aus. In der *Vorschau* wird die markierte Schriftart angezeigt.

Schriftschnitt ändern
- ▶ Normalerweise ist als Schriftschnitt *Standard* (Normal) ausgewählt.
- ▶ Je nach Schriftart können Sie zwischen *Kursiv*, *Fett* und *Fett Kursiv* wählen.

Schriftgröße ändern
- ▶ Unter *Schriftgrad* können Sie eine andere Schriftgröße auswählen.
- ▶ Wählen Sie einen vorgegebenen Wert, oder tippen Sie einen eigenen Wert in das Eingabefeld.

BEGRIFF

Formatieren bedeutet eigentlich gestalten. Das heißt, wenn Sie Text formatieren, gestalten Sie einzelne Zeichen. Dazu müssen Sie den Text bzw. die einzelnen Zeichen markieren. Zum Gestalten von Zeichen gehört:
- ▶ Die Schriftart und -größe verändern.
- ▶ Die Schrift fett, kursiv, unterstrichen usw. auszeichnen.

ACHTUNG **→ 39**

Text, den Sie formatieren möchten, muß vorher markiert sein. Word formatiert sonst nur das eine Wort, in dem der Cursor blinkt.

Text unterstreichen

▶ Im Listenfeld *Unterstreichung* bietet Word verschiedene Arten zum Unterstreichen von markiertem Text an.

▶ Über *Farbe* läßt sich die Unterstreichung einfärben.

Textfarbe ändern

▶ Ändern Sie die Textfarbe über das Listenfeld **→ 50** *Schriftfarbe*.

▶ Der Text kann nur farbig ausgedruckt werden, wenn Sie einen Farbdrucker angeschlossen haben. Ansonsten wird farbig formatierter Text in verschiedenen Grauabstufungen gedruckt. Die Textfarbe *Automa-* **→ 65** *tisch* paßt sich je nach Hintergrundfarbe an.

Sonstige Gestaltungsmöglichkeiten

▶ Unter *Effekte* finden Sie weitere Formatierungsmöglichkeiten.

▶ Klicken Sie auf die entsprechenden Kontrollkästchen für *Durchgestrichen, Doppelt Durchgestrichen, Hochgestellt, Tiefgestellt, Schattiert, Outline, Relief, Gravur, Kapitälchen, Großbuchstaben* und *Ausgeblendet*.

▶ Die *Vorschau* stellt die Veränderungen des **→ 45** Schriftbilds dar.

Formatieren über die Tastatur

Markierter Text kann über Tastenkürzel (sogenannte Shortcuts – das heißt übersetzt »Abkürzungen«) formatiert werden.

Shortcut	Funktion
Strg + ⇧ + F	Fett
Strg + ⇧ + Q	Kapitälchen
Strg + ⇧ + K	Kursiv
Strg + ⇧ + U	Unterstreichen
Strg + ⇧ + W	Nur Wörter unterstreichen
Strg + ⇧ + D	Doppelt unterstreichen
⇧ + F3	Zwischen Groß- und Kleinschreibung hin- und herschalten
Strg + +	Hochgestellt
Strg + #	Tiefgestellt
Strg + ___	Markierter Text wird auf die Standardformatierung zurückgesetzt

TIP

Schreiben Sie erst den Text, und formatieren Sie ihn später.

Schriftart Arial
Schriftart Times New Roman
Schriftart Courier New

Arial Standard
Arial Fett
Arial *Kursiv*
Arial Fett Kursiv

Farbe: Grau-25%
Farbe: Grau-50%

Farbe: Rot

GROSSBUCHSTABEN
KAPITÄLCHEN
^Hoch^gestellt
_Tief_gestellt

ACHTUNG **→ 50**

Alle Eingaben im Dialogfenster Zeichen *bzw. über die* Formatierung*-Symbolleiste werden addiert, das heißt, Word merkt sich alle Einstellungsänderungen und wendet sie auf die markierten Zeichen an.*

Zeichenabstände und Animation

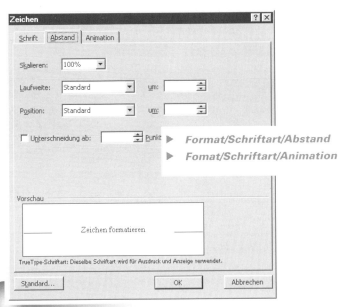

▶ *Format/Schriftart/Abstand*

▶ *Fomat/Schriftart/Animation*

WO? WOMIT?

Skalieren

▶ Wählen Sie den Menübefehl *Format/Schriftart*.

▶ Klicken Sie im Dialogfenster *Zeichen* auf die Register-karte *Abstand*.

▶ Wählen Sie unter *Skalieren* einen Wert über 100% aus, wird der markierte Text in die Breite gezogen. Wählen Sie einen Wert unter 100%, wird der markierte Text schmaler.

▶ Sie können auch selbst einen Wert eingeben, der nicht vorgegeben ist. Überschreiben Sie dazu einfach den al-ten Wert.

Zeichenabstand vergrößern

▶ Wählen Sie neben *Laufweite* die Einstellung *Gesperrt*, so wird der Abstand der einzelnen Zeichen um den Wert, den Sie in das Eingabefeld *um* eintragen, vergrößert.

Zeichenabstand verringern

▶ Mit *Schmal* (neben *Laufweite*) erreichen Sie das Gegen-teil: Der Abstand der Zeichen wird verringert.

Text höherstellen

▶ Wählen Sie aus dem Listenfeld *Postion* die Option *Höher-stellen*. Der markierte Text wird *um* das eingegebene Maß nach oben verschoben. Gemessen wird dabei von der Grundlinie des Textes.

Text tieferstellen

▶ Wählen Sie aus dem Listenfeld *Position* die Option *Tiefer-stellen*. Der markierte Text wird *um* das eingegebene Maß nach unten verschoben.

Unterschneidung

Mit Aktivieren des Kontrollkästchens *Unterschneidung ab* kann für Schrift, die größer ist als der eingegebene Wert (Eingabefeld *Punkt)*, das automatische »Zusammenrücken« der Buchstaben bestimmt werden.

Animation

Um wichtige Passagen in Ihrem Dokument hervorzuheben, können Sie im Dialogfenster *Zeichen* unter der Registerkarte *Animation* markierten Text beispielsweise funkeln oder schimmern lassen.

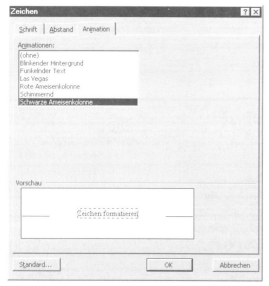

▶ Wählen Sie den Menübefehl *Format/Schriftart*. Klicken Sie auf die Registerkarte *Animation*.
▶ Klicken Sie eine Animationsart an. Sie wird im *Vorschau*-Fenster angezeigt.

INFO *Die Funktion* Position *verschiebt markierten Text nach oben oder unten, ohne dabei seine Größe zu verändern.*

Der Unterschied zwischen
Text ^{hochgestellt}

und

Text höherstellen

Der Unterschied zwischen
Text
_{tiefgestellt}

und

Text tieferstellen

TIP
Wenn Sie keine großen Erfahrungen mit Schrift-unterschneidungen haben, verwenden Sie lieber die manuelle Unterschneidung mit der Option Laufweite.

TIP → 432
Sollten Sie Ihre Dokumente mit Outlook verschicken, bleibt die Animation erhalten. Wichtige Informationen stechen dem Leser Ihres Dokuments sofort ins Auge. Aber nur, wenn der Emp-fänger HTML-Mails empfangen und lesen kann.

Formatierungszeichen ein- und ausblenden

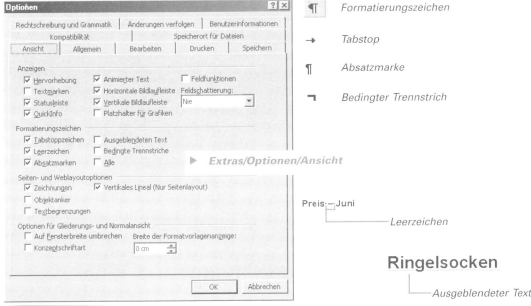

¶   *Formatierungszeichen*

→   *Tabstop*

¶   *Absatzmarke*

¬   *Bedingter Trennstrich*

▶ *Extras/Optionen/Ansicht*

Preis − Juni
└── *Leerzeichen*

Ringelsocken
└── *Ausgeblendeter Text*

WO? WOMIT?

Formatierungszeichen werden nicht gedruckt, sondern nur am Bildschirm angezeigt.

Alle Formatierungszeichen anzeigen
▶ Klicken Sie in der Standardsymbolleiste auf das Symbol *¶ einblenden/ausblenden.* Alle *Formatierungszeichen* werden angezeigt.
▶ Blenden Sie die *Formatierungszeichen* mit einem Klick auf das gleiche Symbol wieder aus.

Individuelle Einstellungen
Stellen Sie ein, welche *Formatierungszeichen* Sie sehen möchten und welche nicht.
▶ Aktivieren Sie die gewünschten Kontrollfelder im Dialogfenster *Extras/Optionen,* Registerkarte *Ansicht.*
▶ Deaktivieren Sie *Alle,* um die individuellen Einstellungen einzuschalten.

Zu den Formatierungszeichen gehören
▶ Tabstops   → 98
▶ Leerzeichen
▶ Absatzmarken   → 55
▶ Bedingte Trennstriche
▶ Ausgeblendeter Text   → 175

NOCH SCHNELLER
Formatierungszeichen ¶ einblenden/ausblenden: Strg + ⇧ + ·

INFO ¶
*Klicken Sie in der Standard-Symbolleiste auf dieses Symbol, werden **alle** Formatierungszeichen ein- oder ausgeblendet.*

INFO
Ein Klick in der Standard-Symbolleiste auf das Symbol ¶ einblenden/ausblenden schaltet Ihre individuellen Einstellungen, die Sie im Dialogfenster getroffen haben, wieder aus.

Einzüge und Abstände

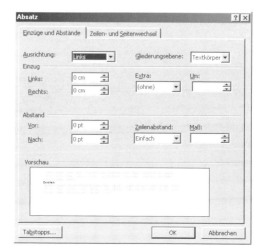

▶ *Format/Absatz/Einzüge und Abstände*

WO? WOMIT?

Genauso, wie Sie Zeichen formatieren (gestalten), können Sie auch ganze Absätze in Form bringen. Zur Absatzformatierung gehören:

▶ Links-, Rechtsbündig, Zentriert und Blocksatz
▶ Linker und rechter Einzug des Absatzes (unabhängig vom Seitenrand)
▶ Zeilenabstand innerhalb des Absatzes
▶ Numerierung und Aufzählung
▶ Tabulatoren → 98
▶ Rahmen und Schattierungen

Ausrichtung über das Dialogfenster

▶ Stellen Sie den Cursor in den Absatz, den Sie ausrichten wollen, oder markieren Sie mehrere Absätze.
▶ Wählen Sie *Format/Absatz/Einzüge und Abstände*.

Linksbündig

▶ Wählen Sie die Option *Links.* Der gesamte Absatz wird am linken Seitenrand des Dokuments ausgerichtet. Rechts erscheint der Absatz »ausgefranst«.

Zentriert

▶ Wählen Sie die Option *Zentriert.* Der Absatz wird zwischen dem linken und rechten Seitenrand mittig ausgerichtet. Der Absatz ist links und rechts »ausgefranst«.

BEGRIFFE
Zeichen: Einen Buchstaben oder eine Ziffer, aber auch einen Leerschritt, behandelt Word als Zeichen.
Absatz: Ein Absatz beginnt nach einer Absatzmarke und endet, wenn Sie die ↵-Taste drücken.

INFO
Ausrichtung von Absätzen:

Links

Zentriert

Rechts

Block

Rechtsbündig

▶ Wählen Sie die Option *Rechts. Rechts* richtet den Absatz am rechten Seitenrand aus. Der Absatz ist links »ausgefranst«.

Blocksatz

▶ Wählen Sie die Option *Block.* Der Text wird am linken und rechten Seitenrand ausgerichtet. Die letzte Zeile ist davon nicht betroffen. Der Abstand zwischen den Wörtern wird vergrößert. Das kann nur mit Hilfe der Silbentrennung vermieden werden.

Ausrichtung über die Format-Symbolleiste

In der Format-Symbolleiste finden Sie zur Ausrichtung der Absätze die vier Symbole *Linksbündig, Zentriert, Rechtsbündig* und *Blocksatz.*

▶ Klicken Sie in den Absatz, dessen Ausrichtung Sie ändern möchten, oder markieren Sie mehrere Absätze.

▶ Klicken Sie auf das entsprechende Symbol der Format-Symbolleiste.

▶ Wenn Sie ein Symbol mit einer anderen Ausrichtung wählen, heben Sie die bisherige Formatierung auf.

Gliederungsebene

Dem Fließtext wird die Gliederungsebene *Textkörper* automatisch zugewiesen. Arbeiten Sie mit Überschriften, wird der Text hierarchisch strukturiert.

Einzug Links bzw. Rechts

Über *Einzug* rücken Sie den Text vom linken oder rechten Seitenrand ein.

▶ Geben Sie in das Eingabefeld *Einzug Links* bzw. *Rechts* den gewünschten Wert ein. Der Absatz, in dem der Cursor blinkt, wird um diesen Wert vom linken bzw. rechten Seitenrand eingerückt.

Erste Zeile einrücken

▶ Soll die erste Zeile des Absatzes eingerückt werden, dann wählen Sie aus dem Listenfeld *Extra* die *Erste Zeile* aus.

▶ Tragen Sie einen Wert in das Eingabefeld *um* ein.

Ab der zweiten Zeile einrücken

▶ Wählen Sie *Hängend* aus dem Listenfeld *Extra*. Geben Sie einen Wert in das Eingabefeld *um* ein.

▶ Ab der zweiten Zeile wird der Absatz eingerückt. Die erste Zeile bleibt links außen »hängen«.

▶ Diese Art des Einzugs wird bei Aufzählungen benutzt.

ACHTUNG
Alle Formatierungen, die Sie über das Dialogfenster Format/Absatz *vornehmen, beziehen sich immer auf einen ganzen Absatz, nicht auf einen Abschnitt eines Absatzes.*

INFO
Ein einzelner Absatz muß im Gegensatz zur Zeichenformatierung nicht markiert werden. Es reicht, wenn der Cursor im entsprechenden Absatz blinkt.

INFO
Heben Sie Einrückungen der ersten bzw. restlichen Zeilen auf, indem Sie unter Extra: *die Option* (Ohne) *auswählen.*

Erste Zeile

Hängend

NOCH SCHNELLER
Hängender Einzug: Strg + T

NOCH SCHNELLER
Hängenden Einzug aufheben: Strg + ⇧ + T

Abstand vor und nach einem Absatz

Mit *Abstand* wird der Abstand vor und nach einem Absatz geregelt.

▶ Geben Sie einen Wert in das Eingabefeld *Abstand Vor* bzw. *Abstand Nach* ein. Dieser Wert bestimmt den Abstand zum vorherigen bzw. nachfolgenden Absatz. Die verwendete Maßeinheit ist *pt* (Punkt).

Abstand innerhalb eines Absatzes (Zeilenabstand)

Wählen Sie aus dem Feld *Zeilenabstand* die gewünschte Option aus.

Zeilenabstand	Erklärung
Einfach	Der Abstand zwischen den Zeilen innerhalb eines Absatzes wird festgelegt. Mit der Einstellung *Einfach* erhalten Sie einen einzeiligen Abstand.
1,5 Zeilen	Der Zeilenabstand ist 1½ -zeilig bzw. 2-zeilig oder doppelt.
Mehrfach	Der Zeilenabstand kann 3-, 4-, 5zeilig usw. sein. Geben Sie den Wert in das Eingabefeld *Maß* ein.
Mindestens	Der eingegeben Zeilenabstand im Eingabefeld *Maß* wird eingehalten, solange keine besonderen Formatierungen im Absatz vorkommen. Wird beispielsweise die Schriftgröße eines einzelnen Wortes stark vergrößert, paßt sich der Zeilenabstand in der Höhe an.
Genau	Der Zeilenabstand hält sich genau an das eingegebene *Maß*.

Einzug über die Format-Symbolleiste

Der Einzug wird schrittweise um 1,25 cm geregelt. Dieses Maß entspricht der Einstellung der Standard-tabulatoren und kann verändert werden.

→ 99

Einzug vergrößern

▶ Rücken Sie einen Absatz ganz schnell über das Symbol *Einzug vergrößern* ein.

▶ Bei mehrmaligem Klicken auf das Symbol rückt der Absatz jeweils um weitere1,25 cm ein.

Einzug verkleinern

▶ Mit dem Symbol *Einzug verkleinern* läßt sich die Einrükkung eines Absatzes schrittweise (um je 1,25 cm) zurücknehmen.

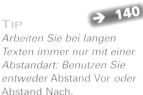

TIP

Arbeiten Sie bei langen Texten immer nur mit einer Abstandart: Benutzen Sie entweder Abstand Vor oder Abstand Nach.

INFO

Vergleich von Computer und Schreibmaschine:

Computer	Schreibmaschine
6 pt	½ Zeile
12 pt	1 Zeile
18 pt	1½ Zeilen
24 pt	2 Zeilen usw.

ACHTUNG

Der Zeilenabstand muß immer größer als die Schriftgröße (Schriftgrad) sein, sonst kommt es zu Überschneidungen der Buchstaben.

NOCH SCHNELLER
Einzug vergrößern: Strg+M

NOCH SCHNELLER
Einzug verkleinern: Strg+⇧+M

Zeilen und Seitenwechsel der Absätze

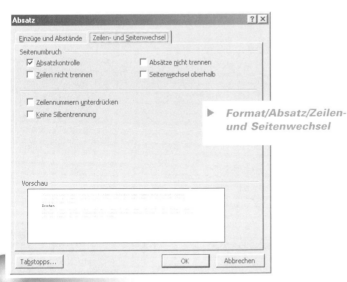

▶ *Format/Absatz/Zeilen-*
und Seitenwechsel

 → 56

TIP

TIP
Heben Sie alle Absatzformatierungen mit der Tasten-
kombination Strg+0 auf. Der
Absatz wird auf die zuge-
wiesene Formatvorlage
zurückgesetzt.

TIP
Stellen Sie Absätze nicht
trennen *für eine Überschrift*
ein. Die Überschrift ist jetzt
mit dem folgenden Absatz
»verheiratet«. Die beiden
Absätze werden nicht ge-
trennt, sie bleiben auf einer
Seite.

Absatzkontrolle
▶ Aktivieren Sie das Kontrollkästchen *Absatzkontrolle.* So
verhindern Sie einzelne Zeilen am Beginn oder Ende
einer Seite. Diese Einstellung ist bei der Arbeit
mit Formatvorlagen sehr nützlich. → 140

Zeilen nicht trennen
▶ Aktivieren Sie *Zeilen nicht trennen,* wird der Absatz bei
einem Seitenumbruch nicht auseinandergerissen.

Absätze nicht trennen
▶ Stellen Sie für einen Absatz *Absätze nicht tren-* → 84
nen ein. Der folgende Absatz wird nicht durch
einen Seitenumbruch getrennt. Das heißt beide Absätze
bleiben immer auf einer Seite.

Seitenwechsel oberhalb
▶ Der Absatz wird auf eine neue Seite geschoben.

Keine Silbentrennung
▶ Wenn Sie *Automatische Silbentrennung* akti- → 129
viert haben, können Sie sie für den markierten Absatz ausschalten.

INFO
Einzelne Zeilen am Beginn
oder Ende einer Seite werden
»Schusterjungen« und
»Hurenkinder« genannt.

INFO → 73
Zeilennummern können
unterdrückt werden. Dies
muß allerdings vorher eingestellt sein. Aktivieren Sie das
Kontrollkästchen Zeilen-
nummern unterdrücken.

ACHTUNG
Ein definierter Anfangs-
abstand (Abstand vor) bleibt
beim Seitenwechsel erhalten.

Formate ganz schnell ändern

WO? WOMIT?

Praktische Formatierungsfunktion in die Format-symbolleiste stellen

▶ Rufen Sie den Menübefehl *Ansicht/Symbolleisten/Anpassen* auf.

▶ Wechseln Sie in das Register *Befehle*.

▶ Markieren Sie mit der Maus *Format*.

▶ Markieren Sie die Funktion mit Ihrem Symbol, die Sie verwenden wollen.

▶ Schieben Sie sie mit der Maus in die Format-symbolleiste. **→ 637**

→ 637

Funktion	Einsatz
Zeichenformatierung zurücksetzen	Stellt den Schriftschnitt (kursiv, fett etc.) wieder zurück.
Absatz zurücksetzen	Ein Klick auf diese Schalt-fläche entfernt Absatz-formatierungen. Wenn Sie mit Format-vorlagen arbeiten, werden die Formatie-rungen auf das definierte Format der zugewiesenen Vorlage zurückgesetzt. **→ 56**
AAa Groß-/Kleinschreibung...	Wenn viele Textteile von Groß- in Kleinschreibung – und umgekehrt – umgestellt werden müssen, die diese Funktion besonders praktisch.
Hängender Einzug	Eine ganz schnelle Methode, einen hängenden Einzug, zum Beispiel bei Aufzählungen, für den Absatz festzulegen. Wiederholtes Klicken vergrößert oder verkleinert den Einzug. **→ 68**

INFO **→ 637**
Versteckte zusätzliche Funk-tionen: Die Symbolleisten geben nicht ihr gesamtes Funktionsangebot preis, sondern nur die statistisch am häufigsten eingesetzten. Statistik und die Vorstellung darüber, was praktisch ist, können weit auseinander-fallen.

TIP
Der Pinsel: In der Standard-symbolleiste befindet sich dieses Symbol mit der Funktion Format übertragen. Dieses Werkzeug arbeitet ähnlich wie die Pipetten (siehe Tabelle): Klicken Sie in den Text oder zweimal auf den Textfeldrahmen, dessen Format Sie auf einen anderen Textteil übertragen möchten. Klicken Sie auf den Pinsel, und fahren Sie anschließend mit der Maus über den zu formatierenden Text. Dieser ändert sein Aussehen.

Sonderzeichen einfügen

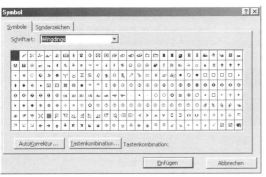

WO? WOMIT?

▶ Klicken Sie in den Text, in den Sie das Sonderzeichen einfügen möchten.

▶ Wählen Sie den Menübefehl *Einfügen/Symbol...* Dazu müssen Sie gegebenenfalls das Menü ganz aufklappen.

▶ Wählen Sie über den Listenpfeil im Feld *Schriftart:* die Schrift, aus der Sie das Sonderzeichen holen möchten.

▶ Klicken Sie auf das gewünschte Zeichen. Es erscheint größer dargestellt, damit Sie es besser erkennen können.

▶ Klicken Sie auf die Schaltfläche *Einfügen*.

▶ Der Dialog *Sonderzeichen* bleibt geöffnet. Sie können mehrere Zeichen hintereinander in das Textfeld stellen.

▶ Klicken Sie auf die Schaltfläche *Abbrechen*, um die Aktion zu beenden.

Anführungszeichen sind keine Sonderzeichen

Es gibt verschiedene Anführungszeichen: am Anfang unten und am Ende oben, am Anfang und am Ende oben, spitze Klammer nach innen oder spitze Klammern nach außen.

„..."   Typografische Anführungszeichen. Aktivierung: Menübefehl: *Extras/AutoKorrektur...*, Register *AutoFormat während der Eingabe*, Option: *Gerade Anführungszeichen durch typographische* . Diese Einstellung ist nur bei den danach eingegebenen Anführungszeichen wirksam.

"..."   Deaktivierung der oben beschriebenen Option zu den typografischen Anführungszeichen.

»...."   Aktivieren Sie den Numerischen Tastenblock, bis die Kontrolleuchte eingeschaltet ist. Taste ⌊Alt⌋ drücken und dabei die Zahlenkombination auf dem Nummernblock der Tastatur: 0187 für » und 0171 für « (geben Sie diese Anführungszeichen am besten als Ersetzungzeichen ein).

INFO
Kopieren und Einfügen

→ 41

ACHTUNG
Sonderzeichen in der Auto-Korrekturliste: Schauen Sie in der Autokorrekurliste nach, ob eventuell bereits Sonderzeichen wie zum Beispiel das Copyright-Zeichen © darin enthalten sind. Sie müssen es dann nicht mehr extra einfügen, sondern tippen einfach die Zeichenfolge, auf die die AutoKorrektur reagiert, also zum Beispiel (c).

→ 127

INFO
In PowerPoint stehen diese Optionen ebenfalls zur Verfügung. Allerdings gehen Sie hier über das Menü Extras/ Optionen..., *Register* Bearbeiten.

Text einrahmen

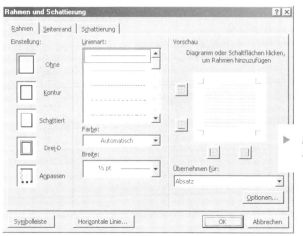

▶ *Format/Rahmen und Schattierung/Rahmen*

WO? WOMIT?

Absätze komplett einrahmen

▶ Bewegen Sie den Cursor in den Absatz, der eingerahmt werden soll, oder markieren Sie mehrere Absätze.

▶ Unter *Einstellung:* können Sie unterschiedliche Rahmenarten auswählen.

▶ Klicken Sie auf den gewünschten Rahmen *Kontur, Schattiert* oder *Drei-D.*

▶ Bestätigen Sie mit OK. Der markierte Absatz wird eingerahmt.

Linienart, Farbe und Linienbreite aussuchen

▶ Markieren Sie im Listenfeld *Linienart:* die gewünschte Linie.

▶ Suchen Sie im Listenfeld *Farbe:* eine der aufgelisteten Farben aus.

▶ Bestimmen Sie die Linienbreite im Listenfeld *Breite:*.

Linie positionieren

▶ Klicken Sie in der *Vorschau* auf eines der Symbole, um die vorher eingestellten Optionen *Linienart*, *Farbe* und *Breite* sichtbar zu machen.

▶ Wählen Sie zwischen Linien oberhalb, unterhalb, links oder rechts vom Absatz.

▶ Klicken Sie danach auf *OK*. Der Absatz bzw. die markierten Absätze werden nach diesen Einstellungen eingerahmt. → 56

INFO
Möchten Sie einen eingefügten Rahmen löschen, aktivieren Sie unter Einstellung: die Option Ohne.

Abstand zwischen Text und Rahmen einstellen

▶ Die Schaltfläche *Optionen* ermöglicht es Ihnen, den Abstand zwischen Text und Rahmenlinie zu regeln.

▶ Tragen Sie einen Wert in die Eingabefelder *Oben*, *Unten*, *Links* und *Rechts* ein. Die Linie wird um diesen Wert vom Text weggeschoben.

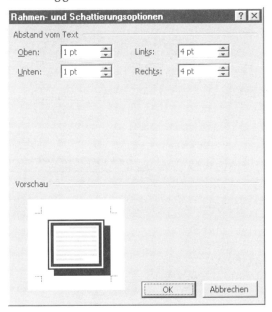

Einzelne Zeichen einrahmen

▶ Markieren Sie den gewünschten Text (Zeichen).

▶ Kombinieren Sie aus dem Menü *Format/Rahmen und Schattierung* die unterschiedlichen Einstellungsmöglichkeiten.

▶ Klicken Sie auf OK. Der markierte Text wird Ihren Einstellungen entsprechend eingerahmt.

Absatz oder Text einrahmen mit der Option *Übernehmen für*

▶ Blinkt der Cursor in einem Absatz, gibt es keine weiteren Auswahlmöglichkeiten. Word bietet im Listenfeld *Übernehmen für* nur die Option *Absatz* an.

▶ Wenn allerdings ein Absatz markiert ist, bietet Word die Option *Absatz* oder *Text* an.

▶ Rahmen Sie einzelne Zeichen mit der Option *Text* ein.

▶ Einen Absatz rahmen Sie hingegen mit der Option *Absatz* ein.

INFO → 89

Der Absatz wird immer vom linken bis zum rechten Seitenrand eingerahmt. Möchten Sie die Einrahmung nicht über die ganze Seitenbreite haben, müssen Sie mit Einzug Links: bzw. Einzug Rechts: arbeiten.

ACHTUNG
Die Schaltfläche Optionen steht für eingerahmte Zeichen nicht zur Verfügung.

Ganze Seite einrahmen

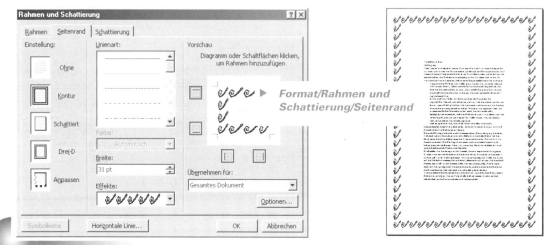

Format/Rahmen und
Schattierung/Seitenrand

Ganze Seite einrahmen

▶ Wählen Sie den Menübefehl *Format/Rahmen und Schat-*
tierung.

▶ Klicken Sie auf die Registerkarte *Seitenrand.*

▶ Die Einstellungen für den Seitenrand gleichen **→ 89**
der Vorgehensweise beim Text.

Seite mit Linien einrahmen

▶ Wählen Sie aus dem Listenfeld *Linienart* eine Linie aus.

▶ Stellen Sie die Farbe der Linie im Listenfeld *Farbe* ein.

▶ Unter *Breite* läßt sich die Dicke der Linie einstellen.

Seite mit einem Muster einrahmen

▶ Wählen Sie aus dem Listenfeld *Effekte* ein Muster für
den Seitenrand aus.

▶ Klicken Sie unter *Einstellung* auf *Kontur.*

▶ Die gesamte Seite wird mit dem Muster eingerahmt.

Muster für eine oder alle Seiten einstellen

▶ Bestimmen Sie unter *Übernehmen für* den Be- **→ 85**
reich, für den die gewünschte Einstellung gelten soll.

TIP
Über die Schaltfläche
Optionen... lassen sich noch
genauere Einstellungen zum
Einrahmen von Seiten
vornehmen.

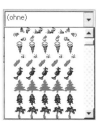

→ 89

INFO
Informationen zum Thema
Seitenrandeinstellungen

Text mit Farbe hinterlegen

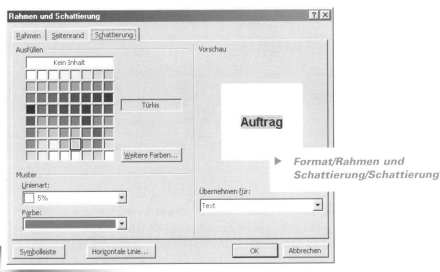

▶ *Format/Rahmen und*
Schattierung/Schattierung

WO? WOMIT?

Text mit Hintergrund ausfüllen

▶ Klicken Sie im Dialogfenster *Rahmen und Schattierung*
auf das Register *Schattierung*.

▶ Klicken Sie unter *Ausfüllen* direkt in eine Farbe.

▶ Der Absatz bzw. die markierten Zeichen werden in dieser Farbe unterlegt.

Hintergrund verändern

▶ Wählen Sie unter *Linienart* die gewünschte Rasterart oder
ein Hintergrundmuster aus. Das ausgewählte Raster bzw.
das Hintergrundmuster wird der zuvor gewählten Farbe
beigemischt.

▶ Im Listenfeld *Farbe* wählen Sie die Farbe des Rasters bzw.
des Hintergrundmusters aus.

Andere Farben wählen

▶ Klicken Sie auf die Schaltfläche *Weitere Farben.*

▶ Das Dialogfenster *Farben* mit der Registerkarte *Standard*
wird geöffnet.

▶ Klicken Sie direkt in das Wabenmuster hinein, um die
gewünschte Farbe auszuwählen.

Farben selbst definieren

▶ Klicken Sie auf die Registerkarte *Anpassen*.

▶ Klicken Sie direkt in das Farbschema.

▶ Mit dem Schieber (kleines Dreieck) kann die Intensität
der Farbe verändert werden.

INFO
*Löschen Sie das Hinter-
grundmuster, in dem Sie auf
Kein Inhalt klicken.*

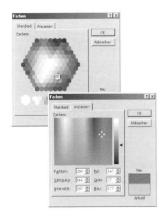

ACHTUNG
*Die Farben können beim
Ausdruck von der Bild-
schirmdarstellung erheblich
abweichen.*

Textformatierung über die Symbolleiste *Formatierung*

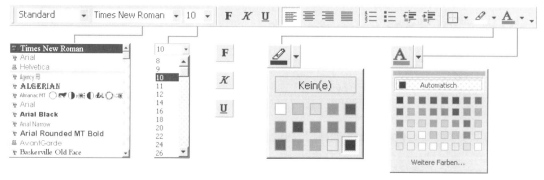

Alle Formatierungs-zeichen anzeigen

▶ Klicken Sie in der Standard-Symbolleiste auf das Symbol ¶ *einblenden/ausblenden*. Alle *Formatierungszeichen* werden angezeigt.
  ▶ Blenden Sie die *Formatierungszeichen* mit einem Klick auf das gleiche Symbol wieder aus.

Ausrichtung über das Dialogfenster

▶ Stellen Sie den Cursor in den Absatz, den Sie ausrichten wollen, oder markieren Sie mehrere Absätze.
▶ Rufen Sie das Dialogfenster *Format/ Absatz/Einzüge und Abstände* auf.

Formatierungsfunktion in die Formatsymbolleiste

▶ Rufen Sie den Menübefehl *Ansicht/Symbolleisten/ Anpassen* auf.
▶ Wechseln Sie in das Register *Befehle*.
▶ Markieren Sie mit der Maus *Format*.
▶ Markieren Sie die Funktion mit Ihrem Symbol, die Sie verwenden wollen.
▶ Schieben Sie sie mit der Maus in die Formatsymbolleiste.

Zeichen einrahmen

▶ Markieren Sie den gewünschten Text (Zeichen).
▶ Kombinieren Sie aus dem Menü *Format/Rahmen und Schattierung* die unterschiedlichen Einstellungsmöglichkeiten.
▶ Klicken Sie auf OK. Der markierte Text wird Ihren Einstellungen entsprechend eingerahmt.

4 KAPITEL

Aufzählungen ohne Aufwand

tempo

Aufzählungen gestalten

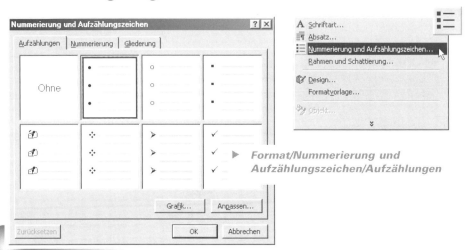

> *Format/Nummerierung und Aufzählungszeichen/Aufzählungen*

WO? WOMIT?

Aufzählungen erstellen Sie über das Menü *Format/Nummerierung und Aufzählungszeichen*. Das gleichnamige Dialogfenster wird geöffnet.

Aufzählungszeichen zuweisen

▶ Markieren Sie die Absätze, denen Sie Aufzählungszeichen zuweisen möchten.

▶ Öffnen Sie das Dialogfenster mit *Format/Nummerierung und Aufzählungszeichen*.

▶ Word bietet Ihnen sieben verschiedene Aufzählungszeichen an. Klicken Sie auf das gewünschte Aufzählungszeichen.

▶ Schließen Sie das Fenster mit OK.

Aufzählungszeichen löschen

▶ Markieren Sie die Absätze, die mit Aufzählungszeichen ausgezeichnet sind.

▶ Wählen Sie das Dialogfenster *Format/Nummerierung und Aufzählungszeichen*.

▶ Klicken Sie auf *Ohne,* und schließen Sie das Dialogfenster mit OK. Die Aufzählungszeichen verschwinden.

Aufzählung über die Format-Symbolleiste

▶ Markieren Sie die gewünschten Absätze.

▶ Klicken Sie in der Format-Symbolleiste auf das Symbol *Aufzählungszeichen*.

INFO **➜ 36**

Jeder Aufzählungspunkt muß mit einem ⏎ abgeschlossen werden, um ihn entsprechend gestalten zu können.

TIP

Drücken Sie die ⏎-Taste; wenn sich der Cursor in einem Absatz befindet, der ein Aufzählungszeichen hat, wird der nächste Absatz ebenfalls mit einem Aufzählungszeichen versehen.

INFO

Word merkt sich das zuletzt eingestellte Aufzählungszeichen.

INFO **➜ 663**

Aus den Cliparts können Bilder als Aufzählungszeichen verwendet werden.

Aufzählungszeichen modifizieren

Format/Nummerierung und Auf-
zählungszeichen/Aufzählungen

WO? WOMIT?

Anderes Aufzählungszeichen wählen
▶ Klicken Sie im Dialogfenster *Nummerierung und Auf-
zählungszeichen* auf die Schaltfläche *Anpassen*. Das
Dialogfenster *Aufzählung anpassen* wird geöffnet.
▶ Klicken Sie auf eines der aufgeführten Aufzählungs-
zeichen.

Schriftart und Farbe ändern
▶ Klicken Sie auf die Schaltfläche *Schriftart...* Das Dialogfenster *Zeichen* wird geöffnet.
▶ Hier können Sie in den entsprechenden Listenfeldern *Farbe, Schriftart* etc. ändern.

Besonderes Aufzählungszeichen wählen
▶ Klicken Sie auf die Schaltfläche *Zeichen...* Sie landen in
den *Sonderzeichen*.
▶ Wählen Sie hier das gewünschte Sonderzeichen aus.

Die Position des Aufzählungszeichens verändern
▶ Tippen Sie unter *Zeichenposition* im Eingabefeld *Einzug
bei:* einen Wert ein.
▶ Das Sonderzeichen mit der ersten Zeile wird nach rechts
verschoben.

Den Einzug verändern
▶ Tippen Sie einen Wert in das Eingabefeld *Einzug bei:* unter *Textposition* ein. Der Text wird nach rechts bzw. links
geschoben. Das Aufzählungszeichen bewegt sich nicht.

Vorschau
▶ In der *Vorschau* sehen Sie die vorgenommenen Einstellungen, noch bevor Sie auf *OK* klicken und das Dialogfenster verlassen.

TIP
→ 56
*Trotz der Aufzählungszeichen
können Sie die Absätze mit
den Symbolen* Einzug vergrößern *und* Einzug verkleinern
bearbeiten.

INFO
Über das Menü Einfügen/
Sonderzeichen *fügen Sie
Zeichen ein, die nicht über
die Tastatur verfügbar sind.
Wählen Sie eine andere
Schriftart aus, erscheinen
weitere Sonderzeichen.
Markieren Sie ein Sonder-
zeichen, und klicken Sie auf
OK. Das Sonderzeichen wird
in den Text eingefügt.*

→ 51

TIP
Geben Sie unter Zeichenposition Einzug bei: *den Wert
0 ein, so werden die Auf-
zählungszeichen am linken
Seitenrand ausgerichtet.*

Numerierung erstellen

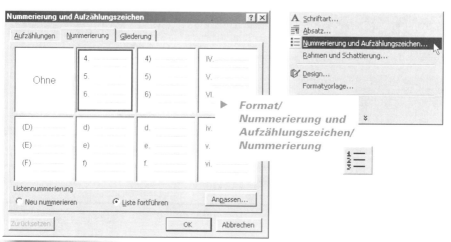

> **Format/**
> **Nummerierung und**
> **Aufzählungszeichen/**
> **Nummerierung**

WO? WOMIT?

Numerierungen werden über das Menü *Format/Numme-rierung und Aufzählungszeichen* erstellt. Das gleichnamige Dialogfenster wird geöffnet. Wählen Sie das Register *Nummerierung* aus. Es können nur Absätze **→ 56** numeriert werden.

Numerierung zuweisen

▶ Markieren Sie die Absätze, die Sie numerieren möchten.
▶ Öffnen Sie das Dialogfenster mit *Format/Nummerierung und Aufzählungszeichen,* Register *Nummerierung.*
▶ Word bietet Ihnen sieben verschiedene Numerierungs-möglichkeiten an. Klicken Sie auf die gewünschte Numerierung. Schließen Sie das Fenster mit OK.

Numerierung löschen

▶ Markieren Sie die numerierten Absätze.
▶ Wählen Sie im Dialogfenster *Format/Nummerierung und Aufzählungen* das Register *Nummerierung.*
▶ Klicken Sie auf *Ohne,* und schließen Sie das Dialogfenster mit OK.

Über die Format-Symbolleiste numerieren

▶ Markieren Sie die gewünschten Absätze.
▶ Klicken Sie in der Format-Symbolleiste auf das Symbol *Nummerierung.*

ACHTUNG
Deaktivieren Sie unter Extras/
Optionen/Bearbeiten *das*
Kontrollkästchen Mit Tab-
und Rücktaste linken Einzug
festlegen. *Die Numerierungen und Aufzählungen
werden nicht mehr auto-
matisch von Word durch-
geführt; dadurch ist ein
kontrolliertes Ein- bzw. Ausschalten dieser Option
möglich.*

NOCH SCHNELLER
*Klicken Sie mit der rechten
Maustaste in den Text.
Wählen Sie über das Kon-
textmenü* Nummerierung und
Aufzählungszeichen.

TIP
*Drücken Sie innerhalb oder
am Ende einer Numerierung
die ⏎-Taste, wird die
Numerierung automatisch
fortgeführt.*

Numerierung bearbeiten

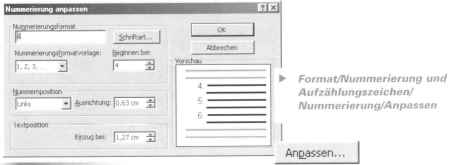

▶ *Format/Nummerierung und Aufzählungszeichen/ Nummerierung/Anpassen*

WO? WOMIT?

Numerierung neu starten
▶ Markieren Sie die gewünschten Absätze, die nach einer bereits bestehenden Numerierung neu numeriert werden sollen.
▶ Klicken Sie im Dialogfenster *Nummerierung und Aufzählungszeichen* im Register *Nummerierung* auf das Optionsfeld *Neu nummerieren*.
▶ Die Numerierung beginnt wieder von vorne (1, I, A, a).

Numerierung fortführen
▶ Markieren Sie die gewünschten Absätze, die Sie weiternumerieren möchten.
▶ Klicken Sie in das Dialogfenster *Nummerierung und Aufzählungszeichen* im Register *Nummerierung* auf das Optionsfeld *Liste fortführen*. Die Numerierung wird mit der entsprechenden Ziffer oder dem Buchstaben weitergeführt.

Einstellungen unter Anpassen
▶ *Text vor der Numerierung:* Geben Sie im Eingabefeld *Nummerierungsformat* einen Text ein. Dieser Text erscheint vor der Numerierung.
▶ *Numerierungsart auswählen:* Wählen Sie aus dem Listenfeld *Nummerierungsformatvorlage* die gewünschte Numerierungsart aus.
▶ *Numerierungsstart einstellen:* Bestimmen Sie im Eingabefeld *Beginnen bei,* mit welcher Ziffer bzw. Buchstaben die Numerierung starten soll.
▶ *Nummernposition festlegen:* Bestimmen Sie bei *Nummernposition* mit *Links, Rechts* und *Zentriert* die Ausrichtung der Nummer. Tippen Sie den Einzug der ersten Zeile im Eingabefeld *Ausrichtung* ein.

Neu numerieren   *Liste fortführen*

➜ 51

TIP
Wählen Sie mit der Schaltfläche Schriftart... *die Einstellungen für die Schrift (z.B. Farbe) der Numerierungszeichen aus.*

➜ 69

INFO
Die Textposition *bestimmen Sie genauso wie bei den Aufzählungszeichen.*

Gegliederten Text erstellen

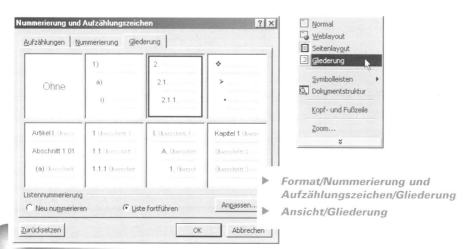

▶ *Format/Nummerierung und Aufzählungszeichen/Gliederung*
▶ *Ansicht/Gliederung*

WO? WOMIT?

▶ Markieren Sie den geschriebenen Text.
▶ Wählen Sie aus dem Menü *Format/Nummerierung und Aufzählungszeichen* das Register *Gliederung*.
▶ Klicken Sie auf eine der Gliederungsformen im Dialogfenster, und schließen Sie das Dialogfenster.
▶ Schalten Sie in die Gliederungsansicht über **→ 44** das Menü *Ansicht/Gliederung*.

Eine Ebene tieferstufen
▶ Setzen Sie den Cursor in den gewünschten Absatz.
▶ Klicken Sie in der Symbolleiste *Gliederung* auf das Symbol *Tieferstufen*.
▶ Der Absatz erhält als Gliederungsnumerierung eine Ebene tiefer. Zum Beispiel wird aus 2. die Numerierung 1.1.

Eine Ebene höherstufen
▶ Soll der Absatz wieder in der Hierarchie nach oben »rutschen«, klicken Sie auf das Symbol *Höherstufen*. Aus der Numerierung 1.1 wird beispielsweise 2.

Gliederungsnumerierung für einen Absatz löschen
▶ Bewegen Sie den Cursor in den entsprechenden Absatz.
▶ Klicken Sie in der Gliederungs-Symbolleiste auf das Symbol *Umwandeln in Textkörper*.

Gliederungsnumerierung komplett löschen
▶ Markieren Sie die gegliederten Absätze.
▶ Wählen Sie aus dem Dialogfenster *Format/Nummerierung und Aufzählungszeichen* aus dem Register *Gliederung* die Einstellung *Ohne*.

→ 43
ACHTUNG
Vergessen Sie nicht, nach den Einstellungen in der Gliederungsansicht wieder in die Normal- oder Seitenlayout-Ansicht umzuschalten.

NOCH SCHNELLER
Tieferstufen: Alt + ⇧ + →

NOCH SCHNELLER
Höherstufen: Alt + ⇧ + ←

→ 140
INFO
Word arbeitet beim Erstellen der Gliederungen mit Formatvorlagen.

Zeilen numerieren

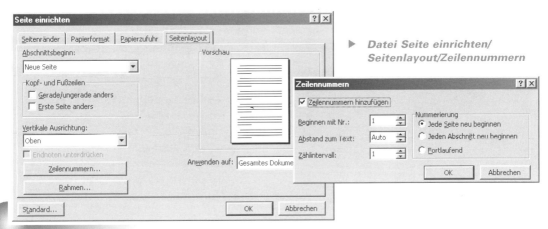

▶ *Datei Seite einrichten/*
Seitenlayout/Zeilennummern

Wo? Womit?

Zeilennummern aktivieren

▶ Wählen Sie aus dem Menü *Datei/Seite einrichten* die Registerkarte *Seitenlayout*.

▶ Klicken Sie auf die Schaltfläche *Zeilennummern*.

▶ In der jetzt erscheinenden Dialogbox *Zeilennummern* aktivieren Sie das Kontrollkästchen *Zeilennummern hinzufügen*.

▶ Alle weiteren Optionen werden aktiviert und können eingestellt werden.

Startnummer eingeben

▶ Tragen Sie in das Eingabefeld *Beginnen mit Nr.:* die Anfangsnummer Ihrer Zählung ein.

Zeilennumerierung positionieren

▶ Tippen Sie einen Wert in das Eingabefeld *Abstand zum Text:* ein. Je größer der Wert ist, um so weiter wird die Zeilennumerierung vom Text weggeschoben.

▶ Mit der Einstellung *Auto* wird die Zeilennumerierung automatisch positioniert.

Eigenes Zählintervall festlegen

▶ Wählen Sie ein eigenes *Zählintervall*. Geben Sie einen Wert in das gleichnamige Eingabefeld ein.

Numerierung

▶ Wählen Sie im Bereich *Numerierung*, ob Word auf jeder Seite *(Jede Seite neu beginnen)* oder in jedem Abschnitt *(Jeden Abschnitt neu beginnen)* das Zählen neu beginnen oder ob der ganze Text *Fortlaufend* numeriert werden soll.

Zeilennummern...

Zeilennumern aktiviert

  1 Damals·war·nicht·
  2 sondern·die·Proph
  3 Sinnlosigkeit.·Der·
  4 sie,·sei·frei,·weil·d
  5 Es·gelte·nur,·seine
  6 kann·mich·nicht·er
  7 über·etwas·andere

→ 85

INFO

Word bietet Ihnen die Möglichkeit, Textzeilen zu numerieren. Die Numerierung bezieht sich auf den gesamten Text. Wenn Sie Abschnitte definiert haben, bezieht sich die Numerierung nur auf diese Abschnitte.

→ 62

INFO

Mit der Schaltfläche Rahmen landen Sie im Dialogfenster Rahmen und Schattierung. Legen Sie hier einen Rahmen für die Seite fest.

Aufzählung über die Format-Symbolleiste

INFO

Word merkt sich das zuletzt eingestellte Aufzählungs- bzw. Numerierungszeichen

▶ Markieren Sie die gewünschten Absätze.

▶ Klicken Sie in der Format-Symbolleiste auf das Symbol *Aufzählungszeichen*.

Über die Format-Symbolleiste numerieren

▶ Markieren Sie die gewünschten Absätze.

▶ Klicken Sie in der Format-Symbolleiste auf das Symbol *Nummerierung*.

ACHTUNG

Deaktivieren Sie unter Extras/ Optionen/Bearbeiten *das Kontrollkästchen* Mit Tab- und Rücktaste linken Einzug festlegen. *Die Numerierungen und Aufzählungen werden nicht mehr automatisch von Word durchgeführt; dadurch ist ein kontrolliertes Ein- bzw. Ausschalten dieser Option möglich.*

INFO

Jeder Aufzählungspunkt muß mit einem ⏎ abgeschlossen werden, um ihn entsprechend gestalten zu können.

TIP

Drücken Sie am Ende einer Numerierung oder Aufzählung die ⏎-Taste, wird die Numerierung bzw. Aufzählung automatisch fortgeführt.

TIP

Klicken Sie mit der rechten Maustaste in den Text. Wählen Sie über das Kontextmenü Nummerierung und Aufzählungszeichen.

TIP

Auch bei numerierten und mit Aufzählungszeichen versehenen Absätzen können Sie mit den Symbolen Einzug vergrößern *und* Einzug verkleinern *arbeiten.*

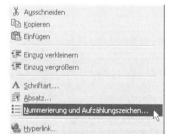

5 KAPITEL

Seitenlayout gestalten und drucken

tempo

Kopf- und Fußzeilen erstellen

☐ Normal
☐ Weblayout
☐ Seitenlayout

Symbolleisten ▶

Kopf- und Fußzeile

Zoom...

▶ *Ansicht/Kopf- und Fußzeile*

WO? WOMIT?

Wissenswertes über Kopf- und Fußzeilen

▶ Es können unterschiedliche Kopf- und Fußzeilen für gerade und ungerade Seiten eingerichtet werden.

▶ In unterschiedlichen Abschnitten können unterschiedliche Kopf- und Fußzeilen erstellt werden. **→ 85**

▶ Für die Kopf- und Fußzeilen werden die Formatvorlagen *Kopfzeile* bzw. *Fußzeile* eingesetzt. **→ 140**

▶ Kopf- und Fußzeilen werden nur in der *Seiten-Layout-ansicht* und in der *Seitenansicht* eingeblendet.

Kopf- und Fußzeilen einrichten

▶ Wählen Sie im Menü *Ansicht/Kopf- und Fußzeile*.

▶ Auf dem Bildschirm wird die Kopf- und Fußzeilen-Symbolleiste eingeblendet. Außerdem werden gestrichelte Rahmen für die Kopf- und Fußzeile eingeblendet.

▶ Stellen Sie den Cursor in die Kopfzeile.

▶ Schreiben Sie einen Text in die Kopfzeile.

▶ Klicken Sie auf das Symbol *Zwischen Kopf- und Fußzeile wechseln*. Der Cursor hüpft in die Fußzeile.

▶ Geben Sie den Text für die Fußzeile ein.

▶ Verlassen Sie die Kopf- und Fußzeilen, indem Sie auf die Schaltfläche *Schließen* der Kopf- und Fußzeilen-Symbolleiste klicken.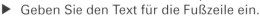

Kopf- und Fußzeile löschen

▶ Löschen Sie Kopf- und Fußzeilen, indem Sie den Text aus der Kopf- bzw. Fußzeile mit der Entf-Taste löschen.

BEGRIFFE

Kopf- bzw. Fußzeilen: *In Kopf- und Fußzeilen steht Text, der sich auf allen Seiten wiederholt, beispielsweise Seitenzahlen. Die Kopfzeile erscheint am oberen Blattrand, die Fußzeile am unteren Blattrand.*

TIP

Der Text in Kopf- und Fußzeilen kann genauso bearbeitet und formatiert werden wie normaler Text auch.

INFO **→ 663**

In die Kopf- bzw. Fußzeile lassen sich mühelos Bilder (ClipArts) integrieren.

Kopf- und Fußzeilen bearbeiten

WO? WOMIT? ▶ *Ansicht/Kopf- und Fußzeile*

AutoText einfügen
▶ Fügen Sie einen festgelegten AutoText in die Kopf- bzw. Fußzeile ein.

Seitenzahlen einfügen
▶ Es wird ein Feld (Variable) für die aktuelle Seitenzahl eingefügt. Die Seitenzahl der Seite, auf der Sie sich gerade befinden wird angezeigt. **→ 178**

Anzahl der Seiten einfügen
▶ Es wird die Gesamtseitenzahl eingefügt und angezeigt, egal auf welcher Seite Sie sich befinden.

Seitenzahlen formatieren
▶ Das Dialogfenster *Seitenzahlenformat* wird geöffnet. **→ 79**

Datum und Uhrzeit einfügen
▶ Mit *Datum einfügen* wird das aktuelle Datum eingefügt.
▶ Öffnen Sie Ihr Dokument beispielsweise an einem anderen Tag, wird nicht das Erstellungsdatum, sondern das aktuelle Datum angezeigt.
▶ Das Symbol *Uhrzeit einfügen* integriert die aktuelle Uhrzeit in die Kopf- bzw. Fußzeile.

Seite einrichten
▶ Das Dialogfenster *Seite einrichten* wird geöffnet. **→ 89**

Dokumenttext anzeigen/verbergen
▶ Der Dokumenttext wird grau oder gar nicht angezeigt.

Kopf- bzw. Fußzeile aus vorherigem Abschnitt übernehmen
▶ Klicken Sie auf das Symbol *Wie vorherige*, wird die Kopf- und Fußzeile des vorherigen Abschnitts übernommen. **→ 85**

Vorherige und nächste Kopf- bzw. Fußzeile anzeigen
▶ Wenn Kopf- und Fußzeilen in gerade und ungerade aufgeteilt sind, kann die *Vorherige* oder *Nächste* Kopf- oder Fußzeile angezeigt werden.

Kopf- und Fußzeile verlassen
▶ Klicken Sie auf *Schließen.* Die Kopf- und Fußzeilen-Symbolleiste verschwindet. Sie landen in der zuletzt eingestellten Ansicht.

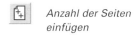

#	Seitenzahl einfügen
	Anzahl der Seiten einfügen
	Seitenzahlen formatieren
	Datum einfügen
	Uhrzeit einfügen
	Seite einrichten
	Dokumenttext anzeigen/verbergen
	Wie vorherige
	Zwischen Kopf- und Fußzeile wechseln
	Vorherige anzeigen
	Nächste anzeigen
Schließen	Kopf-/Fußzeile verlassen

INFO
Fügen Sie die Seitenzahl in die Kopf- bzw. Fußzeile ein, wird in der Seiten-Layoutansicht und in der Seitenansicht die Seite angezeigt, auf der Sie sich befinden.

ACHTUNG
Die Symbole Vorherige anzeigen *und* Nächste *anzeigen sind erst aktiv, wenn Sie mindestens zwei Seiten und unterschiedliche Kopf- und Fußzeilen eingerichtet haben.*

Unterschiedliche Kopf- und Fußzeilen einrichten

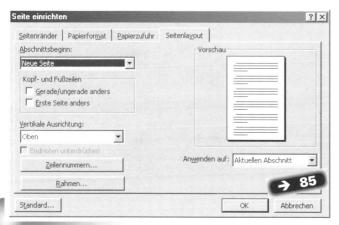

Alle Kopf- und Fußzeilen sind gleich

☐ Gerade /ungerade anders

☐ Erste Seite anders

Gerade und ungerade Kopf- und Fußzeilen sind unterschiedlich

☒ Gerade /ungerade anders

☐ Erste Seite anders

Die erste Seite unterscheidet sich von den übrigen Seiten

☐ Gerade /ungerade anders

☒ Erste Seite anders

Verschiedene Kopf- und Fußzeilen auf geraden und ungeraden Seiten

▶ Wählen Sie aus dem Menü *Ansicht/Kopf- und Fußzeile.*

▶ Klicken Sie auf das Symbol *Seite einrichten.*

▶ Sie landen automatisch im Register *Seitenlayout* des Dialogfensters *Seite einrichten.*

▶ Aktivieren Sie das Kontrollkästchen *Gerade/ungerade anders.*

▶ Klicken Sie auf *OK.*

▶ Tragen Sie den gewünschten Text in die angezeigte Kopf- bzw. Fußzeile ein.

▶ Klicken Sie auf das Symbol *Nächste anzeigen.*

▶ Sie landen in der zweiten Kopf- bzw. Fußzeile. Geben Sie den gewünschten Text ein.

▶ Verlassen Sie die Kopf- und Fußzeilen mit *Schließen.*

Kopf- bzw. Fußzeile auf der ersten Seite anders

▶ Wählen Sie aus dem Menü *Ansicht/Kopf- und Fußzeile.*

▶ Klicken Sie auf das Symbol *Seite einrichten.*

▶ Aktivieren Sie die Option *Erste Seite anders.*

▶ Bestätigen Sie mit *OK.*

▶ Geben Sie in die Kopf- bzw. Fußzeile den gewünschten Text ein.

Seitenzahlen beeinflussen

▶ Klicken Sie auf das Symbol *Seitenzahlen formatie-ren* aus der Kopf- und Fußzeilen-Symbolleiste.

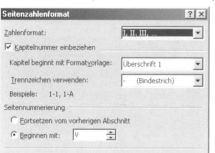

▶ Wählen Sie aus der Liste *Zahlenformat* das gewünschte Format für die Seitenzahl aus.
▶ Aktivieren Sie die Option *Kapitelnummer einbeziehen*, falls Sie beispielsweise eine Kapitelüberschrift der Seitenzahl voranstellen möchten.
▶ Stellen Sie die gewünschten Formatvorlagen und Trennzeichen ein.

 161

→ 542

 140

▶ Aktivieren Sie die Option *Fortsetzen vom vorherigen Ab-schnitt*, um eine fortlaufende Numerierung trotz Abschnittswechsel zu erzielen.
▶ Geben Sie einen Wert in das Eingabefeld *Beginnen mit* ein. Die erste Seite des Dokuments beginnt mit der eingegebenen Numerierung.

 663

Die Position der Kopf- bzw. Fußzeile bestimmen

▶ Wählen Sie über die Kopf- und Fußzeilen-Symbolleiste das Symbol *Seite einrichten*.

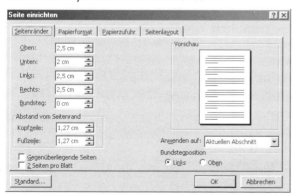

 85

▶ Klicken SIe auf die die Registerkarte *Seitenränder*.
▶ Geben Sie einen Wert in das Feld *Kopf*- bzw. *Fußzeile* ein.

INFO
Die Option Kapitelnummer einbeziehen *funktioniert nur, wenn den Überschriften eine automatische Numerierung zugewiesen wurde.*

TIP
Ein Textfeld kann auch in der Kopf- bzw. Fußzeile untergebracht werden. Textfelder sind frei beweglich.

INFO
Die Kopf- bzw. Fußzeile wird vom Papierrand bis zur Oberkante bzw. Unterkante gemessen.

INFO
In Kopf- bzw. Fußzeilen können auch ClipArts oder eigene Grafiken eingefügt werden.

INFO
Unterschiedliche Kopf- bzw. Fußzeilen richten Sie über Abschnittswechsel ein.

INFO
Die Kopfzeile wird vom oberen Papierrand gemessen positioniert.

INFO
Die Fußzeile wird vom unteren Papierrand gemessen positioniert.

Seitenzahl einfügen

▶ *Einfügen/Seitenzahlen*

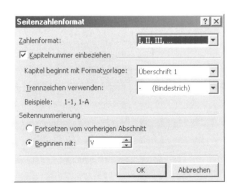

WO? WOMIT?

Seitenzahl ohne Kopf- und Fußzeile einfügen
▶ Klicken Sie im Menü auf *Einfügen/Seitenzahlen*. Das Dialogfenster *Seitenzahlen* wird geöffnet.
▶ Wählen Sie aus der Liste *Position* die Einstellung *Seitenende* aus, wird die Seitenzahl am unteren Blattrand eingefügt (in der Fußzeile).
▶ Wählen Sie statt dessen die Einstellung *Seitenanfang* aus, wird die Seitenzahl am oberen Blattrand eingefügt (in der Kopfzeile).

Seitenzahl ausrichten
▶ Wählen Sie unter *Ausrichtung*, ob die Seitenzahl links-, rechtsbündig oder zentriert ausgerichtet wird.

Seitenzahl innen ausrichten
▶ Die Option *Innen* bezieht sich auf gegenüberliegende Seiten. Wählen Sie die Option *Innen*. Die Seitenzahlen auf den ungeraden Seiten werden linksbündig ausgerichtet. Die Seitenzahlen auf den geraden Seiten werden rechtsbündig ausgerichtet.

Seitenzahl außen ausrichten
▶ Wählen Sie die Option *Außen*. Die Seitenzahlen auf den ungeraden Seiten werden rechtsbündig und auf den geraden Seiten linksbündig ausgerichtet.

Auf erste Seite
▶ Deaktivieren Sie *Keine Seitenzahl für die erste Seite*, erscheint keine Seitenzahl auf der ersten Seite.

INFO
Wenn Sie die Seitenzahlen über das Dialogfenster Seitenzahlen einrichten, werden die Seitenzahlen automatisch in der Kopf- bzw. Fußzeile untergebracht. Die Seitenzahlen bearbeiten Sie wieder in der Kopf- bzw. Fußzeile.

NOCH SCHNELLER
Seitenzahlen einfügen:
Alt + E + S

→ 76

TIP
Bearbeiten Sie die Seitenzahlen, indem Sie in die Kopf- und Fußzeilen klicken.

Briefkopf mit Hilfe von Kopf- und Fußzeilen erstellen

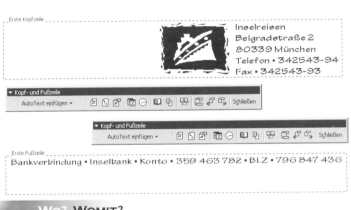

WO? WOMIT?

Briefkopf einrichten

▶ Wählen Sie aus dem Menü *Ansicht/Kopf- und Fußzeile.*

▶ Klicken Sie in der Kopf- und Fußzeilen-Symbolleiste auf das Symbol *Seite einrichten.*

▶ Aktivieren Sie die Option *Erste Seite anders,* und bestätigen Sie mit OK.

▶ Schreiben Sie den Text des Briefkopfs in die Kopfzeile.

▶ Weisen Sie dem Text die richtige Schrift zu.

▶ Richten Sie die Absätze links-, rechtsbündig oder zentriert aus. Arbeiten Sie gegebenenfalls mit Einzügen. → 56

▶ Fügen Sie die gewünschte Grafik ein. → 663

▶ Positionieren Sie die Grafik an der gewünschten Stelle.

Fußzeile einrichten

▶ Klicken Sie in der Kopf- und Fußzeilen-Symbolleiste auf das Symbol *Zwischen Kopf- und Fußzeile wechseln.*

▶ Geben Sie den gewünschten Text ein. → 51

▶ Wählen Sie für den Text die richtige Schrift.

▶ Weisen Sie dem Absatz die richtige Ausrichtung zu. → 56

▶ Verlassen Sie die Kopf- und Fußzeilen mit *Schließen.*

TIP

Beim Schreiben von Briefen wird in der Regel die erste Seite mit dem Briefkopf ausgestattet. Auf den folgenden Seiten steht meistens nur die Seitenzahl. Deshalb aktivieren Sie die Option Erste Seite anders, *um unterschiedliche Kopf- und Fußzeilen einzurichten.*

TIP → 570

Mit Hilfe von Kopf- und Fußzeilen können Sie Ihr Dokument mit einem Wasserzeichen verschönern.

Spalten einrichten

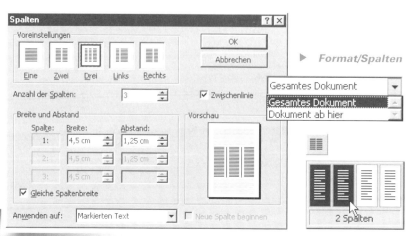

▶ *Format/Spalten*

Mehrspaltigen Text mit Hilfe des Symbols erstellen

▶ Markieren Sie den Text, den Sie mehrspaltig formatieren möchten.

▶ Klicken Sie auf das Symbol *Spalten* der Standardsymbolleiste.

▶ Bewegen Sie die Maus nach rechts, bis die richtige Spaltenanzahl angezeigt wird.

▶ Klicken Sie mit der linken Maustaste. Der markierte Text wird in der gewählten Spaltzahl dargestellt.

Mehrspaltigen Text über das Dialogfenster erstellen

Beim Erstellen von Spalten wird der Text in Abschnitte aufgeteilt, bzw. das Erstellen der Spalten bezieht sich auf bereits vorhandene Abschnitte.

➜ 86

▶ Stellen Sie den Cursor in den Abschnitt, der in Spalten gesetzt werden soll.

▶ Oder markieren Sie den Text, den Sie mehrspaltig formatieren möchten.

▶ Klicken Sie im Menü auf *Format/Spalten*.

▶ Das Dialogfenster *Spalten* wird geöffnet.

Spaltenanzahl wählen

▶ Klicken Sie unter *Voreinstellungen* auf die gewünschte Spaltzahl *Eine, Zwei, Drei, Links* oder *Rechts*.

▶ *Mit Eine, Zwei* oder *Drei* werden die Spalten gleich breit.

▶ Wählen Sie die Spalten *Links* oder *Rechts* aus, werden die Spalten unterschiedlich breit.

▶ Oder geben Sie einen Wert in das Feld *Anzahl der Spalten* ein.

NOCH SCHNELLER
Dialogfenster öffnen:
Alt + T + P

ACHTUNG
Die Optionen (Anwenden auf) Gesamtes Dokument, Dokument ab hier, Aktuellen Abschnitt, Markierten Text, Markierte Abschnitte werden angezeigt, wenn bestimmte Voraussetzungen erfüllt sind. Beispielsweise kann die Option Markierter Text nur angezeigt werden, wenn vorher auch Text markiert wurde.

➜ 43

ACHTUNG
Die Spalten können Sie nur in der Seiten-Layoutansicht oder in der Seitenansicht sehen. In der Normalansicht werden die Spalten untereinander dargestellt.

Breite und Abstand der Spalten bestimmen

▶ Aktivieren Sie die Option *Gleiche Spaltenbreite*. Alle Spalten werden gleich breit.

▶ Deaktivieren Sie die Option *Gleiche Spaltenbreite*. Jetzt können Sie unterschiedliche Spaltenbreiten einstellen.

▶ Bestimmen Sie für die gewünschte Spalte die individuelle *Breite*. Geben Sie dazu einen Wert in das Feld *Breite* ein.

▶ Wählen Sie unter *Abstand* den Abstand zur nächsten Spalte. Geben Sie hier einen Wert ein.

▶ Aktivieren Sie die Option *Zwischenlinie*, wenn Sie zwischen den Spalten eine Linie wünschen.

▶ In der *Vorschau* werden Ihre Einstellungen angezeigt.

Nachträgliches Einstellen der Spaltenbreite

▶ Klicken Sie in den Text, der als Spalten formatiert wurde.

▶ Bewegen Sie die Maus ins horizontale Lineal auf *Spalte verschieben*.

▶ Halten Sie die linke Maustaste gedrückt, und verändern Sie durch Ziehen die Spaltenbreite.

Für gesamtes Dokument Spalten einrichten

▶ Wählen Sie aus der Liste *Anwenden auf:* die Einstellung *Gesamtes Dokument*. Die Spalten werden im gesamten Dokument eingerichtet.

Ab der Cursor-Position Spalten einrichten

▶ Die Einstellung *Dokument ab hier* bezieht sich auf die aktuelle Cursor-Position vor dem Aufrufen des Dialogfensters. Es wird ein Abschnittswechsel eingefügt, und das Dokument wird ab der Cursor-Position in Spalten eingeteilt.

Für den aktuellen Abschnitt Spalten einrichten

▶ Vorausgesetzt, Sie haben ein Dokument, das bereits in Abschnitte aufgeteilt ist, können Sie die Option *Aktuellen Abschnitt* auswählen. Die Spalteneinrichtung bezieht sich auf den Abschnitt, in dem sich der Cursor zur Zeit befindet.

Den markierten Text in Spalten setzen

▶ Markieren Sie den Text, der in Spalten gesetzt wird.

▶ Wählen Sie unter *Anwenden auf:* die Option *Markierten Text*. Vor und nach der Markierung werden Abschnittswechsel eingefügt.

INFO

Wenn Sie mehr als drei Spalten eingerichtet haben, erscheint im Dialogfenster Spalten unter Breite und Abstand eine Bildlaufleiste.

TIP

Fügen Sie einen Spaltenwechsel mit der Tastenkombination Strg + ⇧ + ⏎ ein.

ACHTUNG → 85

Bei Dokumenten mit Abschnittswechseln wird mit der Einstellung Gesamtes Dokument auf die einzelnen Abschnitte keine Rücksicht genommen.

TIP

Löschen Sie einen Spaltenwechsel einfach mit der Taste Entf.

INFO

Wenn kein Text markiert ist und der Cursor irgendwo blinkt, gilt die Spalteneinstellung für das gesamte Dokument.

TIP

Spalten löschen Sie, indem Sie anstatt zwei, drei oder vier Spalten einfach eine auswählen. Eine Spalte hat die gleiche Bedeutung wie keine Spalte.

Seitenwechsel manuell einstellen

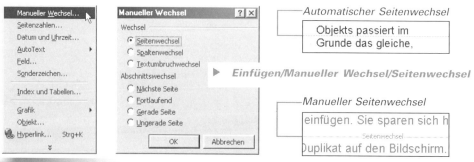

Automatischer Seitenwechsel

Objekts passiert im
Grunde das gleiche,

▶ *Einfügen/Manueller Wechsel/Seitenwechsel*

Manueller Seitenwechsel

einfügen. Sie sparen sich h
Duplikat auf den Bildschirm.

WO? WOMIT?

Automatischer Seitenwechsel

▶ Word füllt eine Seite von oben bis unten mit Text.
▶ Wenn das Seitenende erreicht ist, beginnt eine neue Seite. Word fügt dann einen automatischen Seitenwechsel ein.
▶ Der automatische Seitenwechsel wird als gepunktete Linie in der Normalansicht dargestellt. **→ 43**
▶ In der Seiten-Layoutansicht wird eine neue Seite dargestellt.

Kennzeichen eines automatischen Seitenwechsels

▶ Der automatische Seitenwechsel kann nicht gelöscht werden.
▶ Wenn Textkorrekturen vorgenommen werden, wird der automatische Seitenwechsel von Word laufend aktualisiert.
▶ In der Seiten-Layoutansicht und in der Seitenansicht kann der automatische Seitenumbruch, der im Hintergrund abläuft, nicht ausgeschaltet werden.

Seitenwechsel erzwingen

▶ Stellen Sie den Cursor vor den Text, der auf die nächste Seite geschoben werden soll.
▶ Wählen Sie aus dem Menü *Einfügen/Manueller Wechsel*.
▶ Lassen Sie das Optionsfeld *Seitenwechsel* aktiviert.
▶ Klicken Sie auf OK. Der Seitenwechsel wird eingefügt.

NOCH SCHNELLER
So können Sie den Seitenwechsel erzwingen: Strg + ↵

TIP
Deaktivieren Sie die Option Seitenumbruch im Hintergrund, *wenn Sie in der Normalansicht mit langen Dokumenten arbeiten. Wählen Sie dazu* Extras/ Optionen/Allgemein.

→ 56

INFO
Der Textumbruchwechsel *fügt an der Cursor-Position eine Zeilenschaltung ein.*

INFO
Löschen Sie den manuell eingefügten Seitenwechsel am einfachsten in der Normalansicht mit der Entf *-Taste.*

Ein Dokument in Abschnitte einteilen

▶ *Einfügen/Manueller Wechsel/
Abschnittswechsel*

............Abschnittswechsel (Nächste Seite)............

............Abschnittswechsel (fortlaufend)............

............Abschnittswechsel (gerade Seite)............

............Abschnittswechsel (Ungerade Seite)............

WO? WOMIT?

Abschnitte sind innerhalb eines Dokuments notwendig für ...
▶ unterschiedliche Spalteneinrichtungen **→ 82**
▶ unterschiedliche Seitenrandeinstellungen **→ 89**
▶ unterschiedliche Papierformate
▶ unterschiedliche Kopf- und Fußzeilen **→ 78**

Neuen Abschnitt einfügen
▶ Setzen Sie den Cursor an den Beginn eines Absatzes. Der Abschnitt beginnt vor diesem Absatz.
▶ Wählen Sie aus dem Menü *Einfügen/Manueller Wechsel*.
▶ Wählen Sie unter *Abschnittswechsel* eine der Optionen *Nächste Seite, Fortlaufend, Gerade Seite* oder *Ungerade Seite* aus.
▶ Klicken Sie auf OK. Der Abschnittswechsel wird als Doppellinie in den Text eingefügt.

Abschnitt, der auf einer neuen Seite beginnt
▶ Mit der Einstellung *Nächste Seite* beginnt der eingefügte Abschnitt mit einer neuen Seite.

Neuer Abschnitt auf derselben Seite
▶ Aktivieren Sie die Option *Fortlaufend*.
▶ Der Abschnitt wird eingefügt, ohne einen Seitenwechsel vorzunehmen. Er folgt unmittelbar auf den vorigen Abschnitt.

Abschnitt, der auf einer geraden bzw. ungeraden Seite beginnt
▶ Die Optionen *Ungerade* bzw. *Gerade Seite* lassen den neu eingefügten Abschnitt mit einer geraden (linken) bzw. ungeraden (rechten) Seite beginnen.

ACHTUNG
Abschnittswechsel sind nur notwendig, wenn Sie innerhalb eines Dokuments spezielle Textabschnitte gestalten möchten.

INFO
Abschnittswechsel können ganz einfach gelöscht werden. Markieren Sie den Abschnittswechsel, und drücken Sie die Entf *-Taste.*

INFO **→ 82**
Fügen Sie Spalten über das Dialogfenster oder über das Symbol ein, werden automatisch fortlaufende Abschnittswechsel eingefügt. Der erste Abschnitt ist beispielsweise einspaltig, der zweite Abschnitt zweispaltig usw.

Abschnitte gestalten

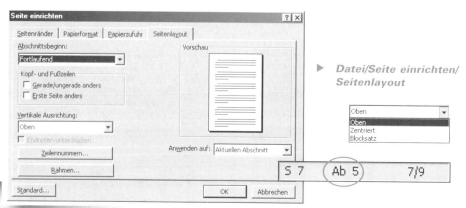

> ▶ *Datei/Seite einrichten/*
> *Seitenlayout*

Abschnitte gestalten bzw. ändern

▶ Stellen Sie den Cursor in den zu ändernden Abschnitt.

▶ In der Statusleiste können Sie ablesen, in welchem Abschnitt sich der Cursor befindet.

▶ Wählen Sie aus dem Menü *Datei/Seite einrichten* die Registerkarte *Seitenlayout*.

▶ Wählen Sie aus der Liste *Abschnittsbeginn* die gewünschte Option aus.

Text innerhalb eines Abschnitts oben, zentriert bzw. gleichmäßig ausrichten

▶ Stellen Sie den Cursor in den zu ändernden Abschnitt.

▶ Markieren Sie aus dem Listenfeld *Vertikale Ausrichtung* den Eintrag *Oben, Zentriert* oder *Blocksatz*.

▶ Der Text wird innerhalb eines Abschnitts am oberen Seitenrand zentriert oder gleichmäßig von oben nach unten verteilt ausgerichtet.

Zeilennummern im aktutellen Abschnitt einrichten

▶ Stellen Sie den Cursor in den aktuellen Abschnitt.

▶ Klicken Sie im Dialogfenster *Seite einrichten/Seitenlayout* auf die Schaltfläche *Zeilennummern*.

▶ Aktivieren Sie die Option *Zeilennummern hinzufügen*.

▶ Klicken Sie auf *Jeden Abschnitt neu beginnen*.

→ 73

Unterschiedliche Spaltenaufteilung auf einer Seite durch Abschnittswechsel getrennt.

INFO   → 168

Die Option Endnoten *unterdrücken* ist nur aktivierbar, wenn Sie bereits Fußnoten (Endnoten) eingerichtet haben.

Oben   Zentriert   Block

Formatwechsel in einem Dokument

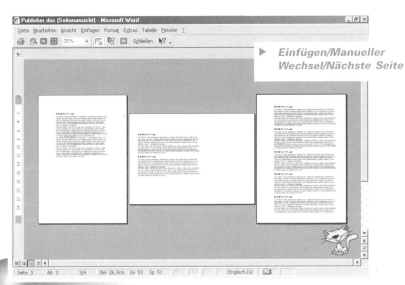

Einfügen/Manueller
Wechsel/Nächste Seite

WO? WOMIT?

Erste Seite im Hochformat einrichten

▶ Schreiben Sie Ihren Text für die gewünschte Seite.

▶ Fügen Sie einen Abschnittswechsel ein.

▶ Wählen Sie *Einfügen/Manueller Wechsel,* und klicken Sie auf das Optionsfeld *Nächste Seite.* Word fügt einen *Abschnittswechsel* (neue Seite) ein.

Zweite Seiten im Querformat einrichten

▶ Schreiben Sie den Text für die zweite Seite.

▶ Fügen Sie am Ende des Textes einen Abschnittswechsel ein.

▶ Wählen Sie aus dem Menü *Einfügen/Manueller Wechsel* die Option *Nächste Seite.*

▶ Stellen Sie den Cursor in den zweiten Abschnitt.

▶ Wählen Sie aus dem Menü *Datei/Seite einrichten* die Registerkarte *Papierformat.*

▶ Achten Sie darauf, im Feld *Anwenden auf:* die Option *Aktueller Ausschnitt* ausgewählt zu haben.

▶ Aktivieren Sie die Option *Querformat.*

Zurück zum Hochformat

▶ Schreiben Sie den Text für eine weitere Seite.

▶ Stellen Sie den Cursor in den dritten Abschnitt.

▶ Wählen Sie aus dem Menü *Datei/Seite einrichten* die Registerkarte *Papierformat.*

▶ Klicken Sie auf die Option *Hochformat.*

INFO
In der Statusleiste erscheint Ab 1, *wenn der Cursor im ersten Abschnitt blinkt, und* Ab 2, *wenn er im zweiten Abschnitt blinkt.*

→ 85

INFO
Durch Abschnittswechsel können auch unterschiedliche Kopf- und Fußzeilen eingefügt werden.

INFO
Für die letzte Seite muß kein gesonderter Abschnittswechsel eingefügt werden.

Papierformat wählen

▶ *Datei/Seite einrichten/Papierformat*

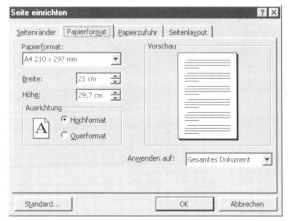

WO? WOMIT?

Papierformat einstellen
▶ Wählen Sie aus dem Menü *Datei/Seite einrichten...*
▶ Klicken Sie auf das Register *Papierformat*.
▶ Wählen Sie aus dem Listenfeld *Papierformat:* das ge-
  wünschte Papierformat aus.

Papierbreite und -höhe selbst definieren
▶ Im Eingabefeld *Breite:* und *Höhe:* lassen sich eigene
  Papierformate einstellen.

Hochformat und Querformat
▶ Die Optionen *Hochformat* und *Querformat* geben Ihnen
  die Wahl, ob Sie das Dokument (die Seiten) im Hoch-
  oder Querformat einrichten wollen.

Anwenden auf
▶ Sollen alle Seiten das gleiche Papierformat aufweisen,
  stellen Sie im Listenfeld *Anwenden auf:* die Option
  Gesamtes Dokument ein.
▶ Wenn ein Teil des Dokuments mit anderen Seitenein-
  stellungen eingerichtet werden soll, wählen Sie *Dokument ab hier*. Ab der Cursorposition werden die
  Einstellungen gültig. Es wird ein Abschnitts- **→ 85**
  wechsel eingefügt.

INFO
*Haben Sie die Breite und
Höhe selbst definiert, springt
im Feld* Papierformat: *die
Einstellung automatisch auf*
Benutzerdefiniertes Format.

INFO **→ 89**
*Word umbricht den Text
gemäß dieser Einstellung, es
sei denn, Sie haben einen
bestimmten Seitenrand
eingegeben.*

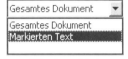

TIP
*Markieren Sie einen Text-
abschnitt. Die Option* Markierten Text *wird im Feld*
Anwenden auf: *angeboten.*

Seitenränder einstellen

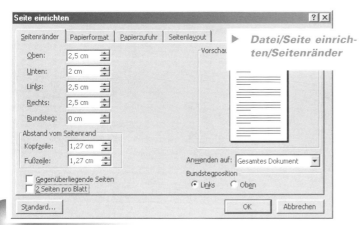

▶ *Datei/Seite einrich-ten/Seitenränder*

Seitenrand innen

Seitenrand außen

Wo? Womit?

Seitenrand oben und unten einrichten

▶ Geben Sie in das Eingabefeld *Oben:* und *Unten:* den gewünschten Wert ein. Der Seitenrand wird vom oberen bzw. unteren Blattrand gemessen.

Seitenrand links und rechts einrichten

▶ Tippen Sie einen Wert in das Eingabefeld *Links:* und *Rechts:* ein.

Seitenrand innen und außen einrichten

▶ Aktivieren Sie das Kontrollkästchen *Gegenüberliegende Seiten*.

▶ Die Optionen *Links:* und *Rechts:* werden in *Innen:* und *Außen:* verwandelt. Bei gegenüberliegenden Seiten gibt es keinen linken und rechten Seitenrand mehr.

▶ Geben Sie einen Wert bei *Innen:* und *Außen:* ein.

Abstand für Kopf- und Fußzeile einrichten

▶ Geben Sie in die Eingabefelder *Kopfzeile:* und *Fuß-zeile:* den gewünschten Wert ein. Der Abstand der Kopf- und Fußzeile wird vom Blattrand aus gemessen. → 76

Seiteneinstellungen als Standard definieren

▶ Klicken Sie auf die Schaltfläche *Standard...*, und bestätigen Sie mit *Ja*. Alle Einstellungen, die Sie im Dialogfenster *Seite einrichten* vorgenommen haben, werden für alle zukünftigen Dokumente verwendet.

INFO
Das Kontrollkästchen 2 Seiten pro Blatt *teilt beispielsweise ein DIN-A4-Blatt in zwei untereinanderliegende DIN-A5-Blätter auf. Hierbei muß die Option* Hochformat *aktiviert sein.*

Kopfzeile – Abstand oben

Fußzeile – Abstand unten

Seitenrandeinstellung mit dem Lineal

Wo? Womit? ▶ *Ansicht/Lineal*

Voraussetzungen

▶ Blenden Sie über das Menü *Ansicht* das *Lineal* ein.
▶ Wechseln Sie gegebenenfalls in die *Seiten-layoutansicht*. In der Normalansicht läßt sich **→ 43** nur das horizontale Lineal einblenden.
▶ Lassen Sie sich die ganze Seite anzeigen. **→ 47**
▶ Blenden Sie die Textbegrenzungen ein. Wählen Sie das Menü *Extras/Optionen,* und aktivieren Sie das Kontrollkästchen *Textbegrenzungen.*

Seitenränder verändern

Die Seitenränder können mit Hilfe des Lineals verschoben werden. Genaue Einstellungen müssen aber über das Dialogfenster *Datei/Seite einrichten...* **→ 89** erledigt werden.

Linken und rechten Seitenrand verändern

▶ Bewegen Sie die Maus zwischen dem grauen und dem weißen Bereich in das waagerechte Lineal.
▶ Wenn sich der Mauszeiger in einen Doppelpfeil verwandelt, dann klicken und ziehen Sie mit gedrückter linker Maustaste den Seitenrand in die gewünschte Richtung.

Seitenrand oben und unten verändern

▶ Bewegen Sie die Maus zwischen dem grauen und weißen Bereich in das senkrechte Lineal.
▶ Wenn sich der Mauszeiger in einen Doppelpfeil verwandelt, klicken und ziehen Sie mit gedrückter linker Maustaste den Seitenrand nach oben oder unten.

Maße beim Einstellen anzeigen lassen

▶ Halten Sie die [Alt]-Taste gedrückt, während Sie den Seitenrand über das Lineal einstellen.
▶ Die Maße werden während des Verschiebens angezeigt.

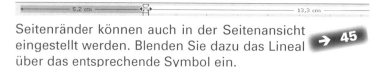

Seitenränder können auch in der Seitenansicht eingestellt werden. Blenden Sie dazu das Lineal **→ 45** über das entsprechende Symbol ein.

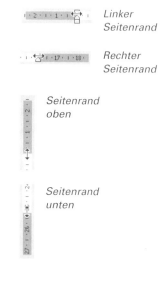

Linker Seitenrand

Rechter Seitenrand

Seitenrand oben

Seitenrand unten

TIP
Sollten Sie den oberen oder unteren Seitenrand nicht sehen, scrollen Sie mit Hilfe der Bildlaufleisten Ihr Blatt nach oben bzw. unten.

Absätze über das Lineal einrichten

▷ *Ansicht/Lineal*

WO? WOMIT?

Linker Absatzeinzug
▶ Stellen Sie den Cursor in den betreffenden Absatz.
▶ Bewegen Sie die Maus ins waagerechte Lineal auf das kleine, untere Rechteck am linken Linealrand.
▶ Halten Sie die Maustaste gedrückt, und ziehen Sie nach rechts.

Rechter Absatzeinzug
▶ Stellen Sie den Cursor in den betreffenden Absatz.
▶ Bewegen Sie die Maus ins waagerechte Lineal auf das kleine Dreieck am rechten Linealrand.
▶ Halten Sie die Maustaste gedrückt, und ziehen Sie nach links.

Erstzeileneinzug
▶ Stellen Sie den Cursor in den betreffenden Absatz.
▶ Bewegen Sie die Maus ins waagerechte Lineal auf das kleine, obere Dreieck am linken Linealrand.
▶ Halten Sie die Maustaste gedrückt, ziehen Sie nach rechts.

Hängender Einzug
▶ Stellen Sie den Cursor in den betreffenden Absatz.
▶ Bewegen Sie die Maus ins waagerechte Lineal auf das kleine, untere Dreieck am linken Linealrand.
▶ Halten Sie die Maustaste gedrückt, und ziehen Sie nach rechts.

TIP
Richten Sie die Mausspitze ganz genau auf das betreffende Einzugssymbol.

→ 68

INFO
Klicken Sie links außen im Lineal so oft auf das Tabulator-Symbol, bis Erstzeileneinzug bzw. Hängender Einzug erscheint. Klicken Sie ins Lineal, um den Erstzeileneinzug bzw. den hängenden Einzug zu setzen.

→ 39

INFO
Blinkt der Cursor in einem Absatz, bezieht sich der Einzug nur auf diesen Absatz. Möchten Sie gleich für mehrere Absätze den Einzug regeln, müssen diese vorher markiert werden.

Drucken mit verschiedenen Einstellungen

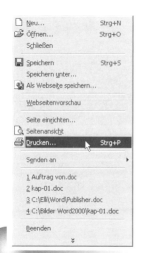

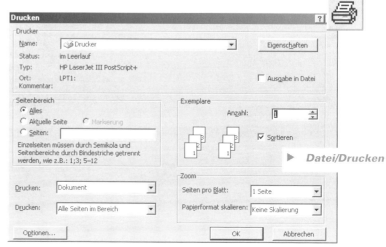

▶ *Datei/Drucken*

WO? WOMIT?

Das Dialogfenster *Drucken* aufrufen
▶ Wählen Sie aus dem Menü *Datei/Drucken*. Das Dialogfenster *Drucken* erscheint auf dem Bildschirm.

NOCH SCHNELLER
Drucken: Strg + P

Den richtigen Drucker auswählen
▶ Wählen Sie aus dem Listenfeld *Name:* den Drucker aus,
  mit dem Sie ausdrucken möchten.

Alles ausdrucken
▶ Klicken Sie auf die Option *Alles*. Das gesamte Dokument
  wird ausgedruckt.

ACHTUNG
Das Symbol Drucken *druckt
alle Seiten im Dokument. Der*
Drucken-*Dialog wird
übersprungen.*

Aktuelle Seite oder Markierung ausdrucken
▶ Ist die Option *Aktuelle Seite* aktiv, wird die Seite gedruckt,
  in der der Cursor blinkt.
▶ Mit der Option *Markierung* können gezielt zuvor markierte
  Textstellen gedruckt werden.

Bestimmte Seiten ausdrucken
▶ Die Option *Seiten* muß aktiviert sein.
▶ Tippen Sie in das Eingabefeld die gewünschten Seitenzahlen ein. Einzelseiten müssen mit Semikola getrennt
  werden.

➜ 31

ACHTUNG
Die Option Markierung *ist nur
aktiv, wenn Sie vor dem
Aufrufen des Dialogfensters*
Drucken *Text markiert haben.*

Seiten	Eingabe
Fortlaufende Seiten	13–19
Einzelseiten	3;6;15–17;20
Seiten im Abschnitt	S13A5–S20A6
Ganzer Abschnitt	A6

➜ 31

INFO
Drucken allgemein

Die Anzahl der Ausdrucke bestimmen
▶ Geben Sie in das Eingabefeld *Anzahl* ein, wie viele Kopien des Dokuments Sie ausdrucken möchten.

Den Ausdruck sortieren
▶ Ist die Option *Sortieren* aktiv, werden alle Seiten nacheinander ausgedruckt.
▶ Ist die Option nicht aktiv, wird beispielsweise die erste Seite fünfmal gedruckt, dann die zweite usw.

Dokument drucken
▶ Im Listenfeld *Drucken* entspricht *Dokument* der Voreinstellung von Word. Es wird der aktuelle Text gedruckt.

Dokumenteigenschaften drucken
▶ Die Datei-Info wird ausgedruckt, wenn Sie im Listenfeld *Drucken* die Option *Dokumenteigenschaften drucken* auswählen.

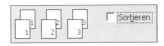

Kommentare ausdrucken
▶ Wählen Sie aus dem Listenfeld *Drucken* den Punkt *Kommentare* aus, werden die in den Text eingefügten Kommentare gedruckt.

Formatvorlagen ausdrucken
▶ Die Beschreibung der verwendeten Formatvorlagen *(Drucken)* wird ausgedruckt. **→ 140**

AutoText-Einträge drucken
▶ Alle AutoText-Einträge *(Drucken)* werden ausgedruckt. **→ 130**

Tastenbelegung ausdrucken
▶ Die aktuellen Tastenbelegungen *(Drucken)* werden ausgedruckt.

Mehrere Seiten auf einem Papierblatt ausdrucken
▶ Wählen Sie aus dem Listenfeld *Seiten pro Blatt* wie viele Seiten Sie auf einem Blatt Papier ausdrucken möchten. **→ 88**

INFO
Über die Schaltfläche Eigenschaften *landen Sie in den Einstellungen des Druckers.* **→ 31**

Richtige Papiergröße wählen
▶ Stellen Sie unter *Papierformat skalieren* die Papiergröße, die in Ihrem Drucker liegt, ein.

Die Druckoptionen

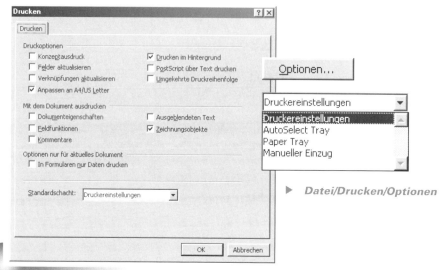

▶ *Datei/Drucken/Optionen*

Wo? Womit?

Ausdruck ohne Formatierungen
▶ Der *Konzeptausdruck* ermöglicht Ihnen einen schnellen Ausdruck ohne Zeichenformatierungen und ohne Grafiken.

Umgekehrte Druckreihenfolge
▶ Der Drucker gibt zuerst die letzte Seite aus, dann die vorletzte usw.

Felder aktualisieren
▶ Eingefügte Felder werden beim Druck automatisch aktualisiert.

→ 178

Verknüpfungen aktualisieren
▶ Verknüpfungen, wie beispielsweise Grafiken, werden beim Druck automatisch aktualisiert.

Drucken im Hintergrund
▶ Während des Drucks kann am Dokument weitergearbeitet werden.

Ausdruck von weiteren Elementen des Dokuments
▶ Aktivieren Sie die Optionen *Dokumenteigenschaften, Feldfunktionen, Kommentare, Ausgeblendeter Text* und *Zeichnungsobjekte*, so werden diese Elemente zusätzlich zum Dokument ausgedruckt.

In Formularen nur Daten drucken
▶ Das Formular selbst wird nicht gedruckt, dafür die eingegebenen Daten.

Noch Schneller
Drucken: Strg + P

Info
Im Listenfeld Standardschacht *kann der Einzugsschacht des Druckers bestimmt werden.*

Info
Die Option Ausgabe in Datei umleiten *erstellt eine Druckdatei. Diese Druckdatei wird nicht vom Drucker ausgegeben, sie wird auf der Festplatte als eigenständige Datei abgespeichert.*

Druckaufträge unterbrechen oder löschen

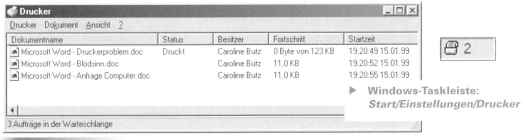

▶ Windows-Taskleiste:
Start/Einstellungen/Drucker

WO? WOMIT?

Den Druck-Manager aufrufen

▶ Beginnen Sie mit dem Druckvorgang, indem Sie das Dialogfenster *Drucken* aufrufen oder **→ 31** das Symbol *Drucken* anklicken.

▶ In der Windows-Taskleiste wird ein kleines Druckersymbol aktiv. Doppelklicken Sie auf dieses Symbol. Das Dialogfenster *Druck-Manager* wird angezeigt.

Die Reihenfolge der Warteschlange ändern

▶ Wenn Sie den letzten Auftrag für dringender halten als beispielsweise den zweiten Auftrag der Warteschlange, können Sie die Reihenfolge ändern.

▶ Ziehen Sie mit gedrückter Maustaste das letzte Dokument an die gewünschte Stelle.

Den Druckauftrag anhalten und fortsetzen

▶ Mit dem Befehl *Drucker/Drucker anhalten* stoppen Sie den Ausdruck.

▶ Wählen Sie den gleichen Befehl wieder, wird der Druckauftrag fortgesetzt.

Einen Druckauftrag löschen

▶ Markieren Sie den Druckauftrag in der Warteschlange, den Sie löschen möchten.

▶ Wählen Sie den Befehl *Drucker/Druckaufträge löschen*. Unter *Status* wird die momentane Aktion angezeigt.

Einen Druckauftrag abbrechen

▶ Klicken Sie auf *Dokument/Druckauftrag abbrechen,* um den aktuellen Druckauftrag abzubrechen, nachdem das Drucken schon begonnen hat.

Zurückkehren zu Word

▶ Drücken Sie die Tastenkombination Alt + ⮐, oder rufen Sie Word über die Taskleiste auf.

INFO
Der Druck-Manager kann auch über die Windows-Taskleiste (Start/Einstellungen/Drucker) *und mit einem Doppelklick auf den entsprechenden Drucker aufgerufen werden.*

Windows-Taskleiste

BEGRIFF
Warteschlange: *Word schickt die Aufträge erst an den Druck-Manager. Der Druck-Manager wiederum schickt die Dateien der Reihe nach an den Drucker.*

INFO
Klicken Sie auf Druckaufträge löschen, *werden **alle** Druckaufträge gelöscht.*

Kopf- und Fußzeilen einrichten

▶ Wählen Sie im Menü *Ansicht/ Kopf- und Fußzeile*.

▶ Auf dem Bildschirm wird die Kopf- und Fußzeilen-Symbolleiste eingeblendet. Außerdem werden gestrichelte Rahmen für die Kopf- und Fußzeile eingeblendet.

▶ Stellen Sie den Cursor in die Kopfzeile.

▶ Schreiben Sie einen Text in die Kopfzeile.

▶ Klicken Sie auf das Symbol *Zwischen Kopf- und Fußzeile wechseln*. Der Cursor hüpft in die Fußzeile.

▶ Geben Sie den Text für die Fußzeile ein.

▶ Verlassen Sie die Kopf- und Fußzeilen, indem Sie auf *Schließen* der Kopf- und Fußzeilen-Symbolleiste klicken.

Mehrspaltigen Text mit Hilfe des Symbols erstellen

▶ Markieren Sie den Text, den Sie mehrspaltig formatieren möchten.

▶ Klicken Sie auf das Symbol *Spalten* der Standardsymbolleiste.

▶ Bewegen Sie die Maus nach rechts, bis die richtige Spaltenanzahl angezeigt wird.

▶ Klicken Sie mit der linken Maustaste. Der markierte Text wird in der gewählten Spaltenzahl dargestellt.

Seitenwechsel erzwingen

▶ Stellen Sie den Cursor vor den Text, der auf die nächste Seite geschoben werden soll.

▶ Wählen Sie aus dem Menü *Einfügen/Manueller Wechsel*.

▶ Lassen Sie das Optionsfeld *Seitenwechsel* aktiviert.

▶ Klicken Sie auf OK. Der Seitenwechsel wird eingefügt.

Papierformat einstellen

▶ Wählen Sie aus dem Menü *Datei/Seite einrichten...*

▶ Klicken Sie auf das Register *Papierformat*.

▶ Wählen Sie aus dem Listenfeld *Papierformat:* das gewünschte Papierformat aus.

Papierbreite und -höhe selbst definieren

▶ Im Eingabefeld *Breite:* und *Höhe:* lassen sich eigene Papierformate einstellen.

Hochformat und Querformat

▶ Die Optionen *Hochformat* und *Querformat* geben Ihnen die Wahl, ob Sie das Dokument (die Seiten) im Hoch- oder Querformat einrichten wollen.

6 KAPITEL

Alles über Tabellen

tempo

Tabulatoren mit dem Lineal setzen

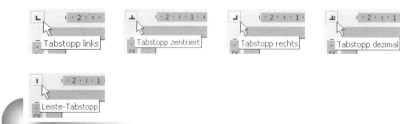

WO? WOMIT?

Text mit Tabulatoren richtig schreiben
▶ Schreiben Sie das erste Wort, und drücken Sie *einmal* auf die ⇥-Taste.
▶ Schreiben Sie das nächste Wort, und drücken Sie wieder *einmal* auf die ⇥-Taste usw. Am Ende der Zeile drücken Sie die ↵-Taste.
▶ Schreiben Sie die folgenden Zeilen im gleichen Stil.

Tabulator aussuchen und setzen
▶ Markieren Sie den gesamten auszurichtenden Text.
▶ Suchen Sie den gewünschten Tabulator aus, indem Sie so oft auf das Tabulator-Symbol links vom horizontalen Lineal klicken, bis das gewünschte Symbol angezeigt wird.
▶ Klicken Sie im waagerechten Lineal mit der Mausspitze knapp unter die Ziffern bzw. Striche. Der Tabulator wird ins Lineal gesetzt und der Text hinter dem ersten geschriebenen Tabulator an der entsprechenden Position ausgerichtet.
▶ Wählen Sie den nächsten Tabulator, und setzen Sie ihn mit einem Klick ins Lineal. ➔ 91

Tabulator löschen
▶ Fassen Sie den Tabulator mit der Mausspitze an, und ziehen Sie ihn nach unten aus dem Lineal. Der Tabulator ist gelöscht. ➔ 99

Tabulator verschieben
▶ Fassen Sie einen Tabulator mit der Mausspitze an, und ziehen Sie ihn nach links oder rechts an seine neue Position.

Linien einfügen
▶ Wählen Sie *Leiste-Tapstopp* aus.
▶ Klicken Sie ins Lineal, um zwischen den Textspalten eine Linie einzufügen.

ACHTUNG
Tabulatoren werden immer absatzweise gesetzt. Daher müssen alle betroffenen Absätze markiert sein.

INFO
Sind für verschiedene Absätze unterschiedliche Tabulatoren gesetzt, und Sie markieren die betreffenden Absätze, werden die Tabulatoren im Lineal grau angezeigt.

➔ 101
TIP
Mit der Tabellenfunktion lassen sich senkrechte Linien zwischen den Spalten leichter einfügen und bearbeiten als mit dem Lineal (Leiste-Tabstopp). Allerdings muß der Text in eine Tabelle getippt oder umgewandelt werden.

Tabulatoren per Dialogfenster festlegen

WO? WOMIT? ▶ *Format/Tabstopp*

Dialogfenster aufrufen
▶ Wählen Sie aus dem Menü *Format/Tabstopp*, nachdem Sie die betreffenden Absätze markiert haben.

Tabulator festlegen
▶ Tragen Sie in das Eingabefeld *Tabstoppposition* den gewünschten Tabulator ein.
▶ Aktivieren Sie unter *Ausrichtung* das Optionsfeld *Links*, *Zentriert*, *Rechts, Dezimal* oder *Vertikale Linie*.
▶ Klicken Sie auf die Schaltfläche *Festlegen*. Der Tabulator erscheint in der Liste der Tabulatoren unter dem Eingabefeld *Tabstoppposition*.

Einzelnen Tabulator löschen
▶ Wählen Sie aus der Liste der Tabulatoren den gewünschten Tabulator aus.
▶ Klicken Sie auf die Schaltfläche *Löschen*. **→ 98**

Alle Tabulatoren löschen
▶ Klicken Sie auf die Schaltfläche *Alle löschen*. Alle gesetzten Tabulatoren werden gelöscht.

Tabulator ändern
▶ Markieren Sie aus der Liste der Tabulatoren den gewünschten Tabulator. Löschen Sie ihn, und legen Sie einen neuen Tabulator fest. **→ 98**

Standard-Tabulator ändern
▶ Tragen Sie einen neuen Wert in das Eingabefeld *Standardtabstopps* ein.

TIP
Machen Sie aus einem rechtsbündigen Tabulator beispielsweise einen linksbündigen, indem Sie ihn anklicken, die Option Links aktivieren und auf die Schaltfläche Setzen klicken.

BEGRIFF
Standardtabstopps: *Wenn Sie beim Schreiben auf die ⇆-Taste drücken, »hüpft« der Cursor an die nächstgelegene Standard-Tabstop-Position. Die Standard-Tabstops sitzen alle 1,25 cm.*

Tabulatoren mit Füllzeichen versehen

```
· 1 · · 1 · · 2 · · 3 · · 4 · · 5 · · 6 · · 7 · · 8 · · 9 · · 10 · · 11 · · 12 · · 13 · · 14 · · 15 · · 16 ·

Hut----------------------- braun .......................... Filz _____ 305,167    DM¶
Ringelsocken ------- rot—weiß.......... Baumwolle _____ 6,99    DM¶
Strümpfe ------------ mausgrau....................Acryl _____ 7,8    DM¶
Capy---------------------- blau................. Filz _____ 23,00    DM¶
```

WO? WOMIT?   ▶ *Format/Tabstopp*

Dialogfenster *Tabstopps* aufrufen

▶ Wählen Sie aus dem Menü *Format/Tabstopp*.

▶ Tragen Sie in das Eingabefeld *Tabstoppposition* den gewünschten Tabulator ein.

Ausrichtung wählen

▶ Wählen Sie die *Ausrichtung*. Klicken Sie auf **→ 56** *Links*, *Zentriert*, *Rechts* oder *Dezimal*.

Füllzeichen aktivieren

▶ Aktivieren·Sie eines der *Füllzeichen*. Klicken Sie auf *2, 3* oder *4*.

▶ Klicken Sie auf die Schaltfläche *Festlegen*.

Tabulatoren auf andere Absätze übertragen

▶ Markieren Sie den Absatz mit den richtig gesetzten Tabulatoren.

```
Hut----------------------- braun .......................... Filz _____ 305,167    DM¶
Ringelsocken ------- rot—weiß.......... Baumwolle _____ 6,99    DM¶
```

▶ Klicken Sie in der Standardsymbolleiste auf das Symbol *Format übertragen*.

▶ Fahren Sie mit gedrückter Maustaste über den Absatz, der dieselben Tabulatoren erhalten soll wie der markierte Absatz.

```
Strümpfe  mausgrau Acryl 7,8   DM¶
Capy blau Filz   23,00DM¶
```

▶ Die Tabulatoren werden von einem auf den anderen Absatz übertragen.

```
Strümpfe ------------- mausgrau....................Acryl _____ 7,8    DM¶
Capy blau Filz   23,00DM¶
```

---

1. Tabulator eintragen

Tabstoppposition:
6,5|

2. Ausrichtung wählen

Ausrichtung
○ Links   ○ Dezimal
● Zentriert   ○ Vertikale Linie
○ Rechts

3. Füllzeichen wählen

Füllzeichen
○ 1 Ohne   ● 3 -------
○ 2 ....   ○ 4 ___

4. Auf Festlegen *klicken – nicht vergessen!*

[Festlegen]

TIP

Das Symbol Format übertragen *funktioniert auch für Schrift- und Absatzformatierungen.*

Leere Tabelle über das Symbol einfügen

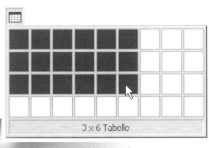

▶ Standard-Symbolleiste: Tabelle einfügen

Das leere »Tabellengerüst«

▶ Klicken Sie auf das Symbol *Tabelle einfügen*. Es wird eine kleine Tabelle als Untermenü eingeblendet.

▶ Fahren Sie mit der Maus in die Tabelle, bis Sie die benötigte Tabellengröße erreicht haben. Word zeigt Ihnen die Zeilen-, dann die Spaltenzahl an.

▶ Wenn Sie die richtige Zeilen- und Spaltenzahl ausgewählt haben, klicken Sie einmal mit der Maus. Die Tabelle wird an der Position des blinkenden Cursors eingefügt.

▶ Die Tabelle wird vom linken bis zum rechten Seitenrand eingesetzt. Sie nutzt die gesamte Seitenbreite. Alle Spalten sind gleich breit. Die Spalten- und Zeilenbreite kann nachträglich verändert werden. **→ 89**

Tabelle löschen

▶ Markieren Sie die Tabelle.

▶ Klicken Sie in der Standardsymbolleiste auf *Ausschneiden*.

Elemente einer Tabelle

Tabellen lassen sich in *Zellen*, *Zeilen* und *Spalten* unterteilen.

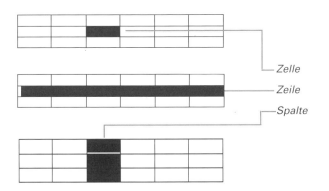

Zelle

Zeile

Spalte

INFO **→ 105**
Spalten- und Zeilenzahlen können nachträglich ergänzt oder reduziert werden.

INFO **→ 606**
Tabelle aus Excel einfügen

TIP
Bewegen Sie die Maus auf die Tabelle. Ein Kästchen mit einem Vierfachpfeil wird sichtbar. Klicken Sie auf dieses Kästchen. Die Tabelle wird komplett markiert.

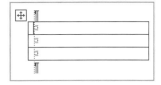

TIP **→ 105**
Neue Zeile am Ende anhängen: Wenn der Cursor in der letzten Zelle der Tabelle blinkt und Sie die ⤶-Taste drücken, fügt Word automatisch eine neue Zeile dazu.

Leere Tabelle per Dialogfenster einfügen

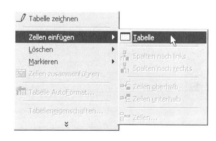

▶ *Tabelle/Zellen einfügen/Tabelle*

Wo? Womit?

Tabelle einfügen
▶ Wählen Sie aus dem Menü *Tabelle/Zellen einfügen/Tabelle*.

Spalten- und Zeilenanzahl festlegen
▶ Geben Sie die gewünschte Spalten- und Zeilenanzahl direkt in die Eingabefelder *Spaltenanzahl* und *Zeilenanzahl* ein.

Automatische Spaltenbreite
▶ Der Eintrag *Auto* im Eingabefeld *Bevorzugte Spaltenbreite* erstellt gleichbreite Spalten über die ganze Seitenbreite verteilt.

Individuelle Spaltenbreite
▶ Für eine individuelle Spaltenbreite tragen Sie den gewünschten Wert in das Eingabefeld *Bevorzugte Spaltenbreite* ein. Die Spalten werden Ihren Eingaben entsprechend breit.
▶ Bei der Eingabe von Text paßt sich auch hier die Spaltenbreite der Textbreite an.

Optimale Breite: Inhalt
▶ Eine sehr kleine Tabelle wird eingefügt.
▶ Wird in diese Tabelle geschrieben, paßt sich die Spaltenbreite der Textbreite automatisch an.

Die Tabelle automatisch gestalten lassen
▶ Klicken Sie im Dialogfenster *Tabelle einfügen* auf die Schaltfläche *AutoFormat*.
▶ Wählen Sie im Listenfeld *Formate* eine der vordefinierten Gestaltungen. ➜ 112

TIP
Ist das Aussehen Ihrer Tabellen immer gleich, dann aktivieren Sie das Kontrollkästchen Als Standard für alle neuen Tabellen verwenden. *Alle zukünftigen Tabellen erhalten die gleiche Spalten- bzw. Zeilenanzahl und die Gestaltung, die Sie unter* AutoFormat *ausgewählt haben usw.*

➜ 491

INFO
Tabellen in PowerPoint

TIP
Blinkt der Cursor in der letzten Zelle (rechts unten), fügt Word eine neue Zeile dazu, wenn Sie die ⇆-Taste drücken.

TIP
Mit der Tastenkombination Strg + ⇆ *wird in die Tabelle ein Tabulator eingefügt.*

In der Tabelle bewegen

▶ Klicken Sie in die Zelle, in der Sie schreiben möchten.
▶ Oder bewegen Sie den Cursor mit der Tastatur (⬇, ⬆, ⬅, ➡) nach oben, unten, links oder rechts.
▶ Außerdem bietet Word zum leichteren Ausfüllen der Tabellen einige Tastenkombinationen an.

Taste	Bewegung
⇥	Eine Zelle nach rechts
⬆+⇥	Eine Zelle nach links
Alt + Bild↑	An den Spaltenanfang
Alt + Bild↓	An das Spaltenende
Alt + Pos1	An den Zeilenanfang
Alt + Ende	An das Zeilenende

Tabelle in eine Tabelle einfügen

▶ Fügen Sie eine leere Tabelle über *Tabelle/Zellen einfügen/Tabelle* ein.
▶ Klicken Sie mit der Maus in die Zelle, in die eine weitere Tabelle eingefügt wird.
▶ Wählen Sie wieder *Tabelle/Zellen einfügen/Tabelle*. Die Tabelle erscheint in der Zelle, in der Ihr Cursor stand.

SURF@ MIT		Name
1	Für 1 DM am Tag surfen	
2	Highspeed	Straße
3	International Roaming	
4	Sofort-Start	Ort
5	Einwahl deutschlandweit	

Eine Grafik in die Tabelle einfügen

▶ Klicken Sie mit der Maus in die Zelle, in die eine Grafik eingefügt werden soll.
▶ Wählen Sie aus dem Menü *Einfügen/Grafik/ClipArt.*
▶ Wählen Sie die gewünschte Grafik aus, und klicken Sie auf *Grafik einfügen.* Die Grafik wird in die Tabelle eingefügt.

INFO
Über den Menüpunkt Tabelle/Formel *können Formeln eingefügt, und einfache Rechenoperationen in der Tabelle automatisch ausgeführt werden.*

TIP
Die Tabelle in der Tabelle kann auch über das Symbol aus der Standardsymbolleiste Tabelle einfügen *plaziert werden.*

INFO → 41
Text verschieben, kopieren, löschen: Bearbeiten Sie den Text so, wie Sie mit ganz normalem Text umgehen. Der Text kann per Symbole, Maus oder Tastatur bearbeitet werden.

INFO
Zelle ausfüllen: Klicken Sie in die entsprechende Zelle, und tippen Sie den gewünschten Text.

INFO → 577
Über Einfügen/Grafik/Aus Datei *können auch selbst erstellte Grafiken in die Tabelle eingefügt werden.*

TIP
Sollte die Tabelle nicht eingerahmt sein, lassen Sie sich die Gitternetzlinien anzeigen. Wählen Sie dazu aus dem Menü Tabelle/Gitternetzlinien einblenden.

Tabelle markieren

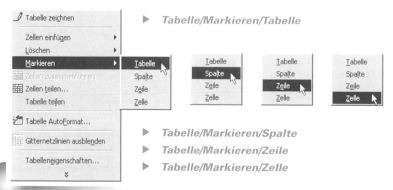

▶ *Tabelle/Markieren/Tabelle*

▶ *Tabelle/Markieren/Spalte*

▶ *Tabelle/Markieren/Zeile*

▶ *Tabelle/Markieren/Zelle*

WO? WOMIT?

Ganze Tabelle markieren

▶ Setzen Sie den Cursor an eine beliebige Stelle innerhalb der Tabelle.

▶ Wählen Sie aus dem Menü *Tabelle/Markieren/Tabelle*.

Tabelle markieren

Spalten oder Zeilen markieren

▶ Stellen Sie den Cursor in die zu markierende Zeile oder Spalte.

▶ Wählen Sie aus dem Menü *Tabelle/Markieren/Spalten* bzw. *Zeile*.

Spalte markieren

Eine einzelne Zelle markieren

▶ Klicken Sie mit der Maus in die zu markierende Zelle.

▶ Wählen Sie aus dem Menü *Tabelle/Markieren/Zelle*.

Zeile markieren

Markieren per Tastatur

Zelle markieren

Tastenkombination	Markierung
Alt + ⇧ + Bild↑	Ab dem Cursor bis zum Spaltenanfang
Alt + ⇧ + Bild↓	Ab dem Cursor bis zum Spaltenende
Alt + ⇧ + Pos 1	Ab dem Cursor bis zum Zeilenanfang
Alt + ⇧ + Ende	Ab dem Cursor bis zum Zeilenende
⇧ + ←	Zellenweise nach links
⇧ + →	Zellenweise nach rechts
⇧ + ↑	Zellenweise nach oben
⇧ + ↓	Zellenweise nach unten

→ 55

TIP ☼

Zellen markieren mit der Maus ist einfacher, wenn Sie die Formatierungszeichen einblenden. In jeder Zelle werden kleine »Sonnen« sichtbar.

Tabellen verändern

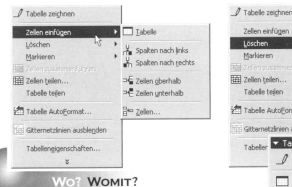

WO? WOMIT?

Spalten einfügen
▶ Markieren Sie so viele Spalten, wie Sie einfügen möchten.
▶ Wählen Sie aus dem Menü *Zellen einfügen/Spalten nach links* bzw. *Spalten nach rechts*. Die Spalten werden links bzw. rechts neben der Markierung eingefügt.

Spalten löschen
▶ Markieren Sie die zu löschenden Spalten.
▶ Klicken Sie auf *Tabelle/Löschen/Spalten*.

Zeilen einfügen
▶ Markieren Sie so viele Zeilen, wie Sie einfügen möchten.
▶ Wählen Sie aus dem Menü *Tabelle/Zellen einfügen/Zeilen oberhalb* bzw. *Zeilen unterhalb*. Die Zeilen werden über bzw. unter der Markierung eingefügt.

Zeilen löschen
▶ Markieren Sie die zu löschenden Zeilen.
▶ Klicken Sie auf *Tabelle/Löschen/Zeilen*.

Zellen einfügen
▶ Klicken Sie in eine Zelle.
▶ Wählen Sie aus dem Menü *Tabelle/Zellen einfügen/Zellen*. Das Dialogfenster *Zellen einfügen* wird geöffnet.
▶ Wählen Sie eine der Optionen aus.

Zellen löschen
▶ Markieren Sie die gewünschten Zellen.
▶ Klicken Sie auf *Tabelle/Löschen/Zellen*.
▶ Das Dialogfenster *Zellen löschen* wird geöffnet.
▶ Wählen Sie eine der angebotenen Optionen aus.

INFO
Das Symbol Tabelle einfügen *ändert sein Aussehen, je nachdem was Sie in der Tabelle markiert haben.*

TIP

Fügen Sie Zeilen bzw. Spalten über das Symbol Zeilen einfügen *bzw.* Spalten einfügen *aus der Standardsymbolleiste ein. Es muß allerdings mindestens eine Zeile bzw. eine Spalte markiert sein, damit das entsprechende Symbol erscheint.*

Zellen verbinden

▶ Markieren Sie mindestens zwei nebeneinanderliegende Zellen.
▶ Wählen Sie *Tabelle/Zellen verbinden*. Aus beispielsweise zwei Zellen wird eine Zelle. Der Inhalt wird in einer Zelle zusammengefaßt.

Zellen teilen

▶ Setzen Sie den Cursor in die gewünschte Zelle.
▶ Wählen Sie aus dem Menü *Tabelle/Zellen teilen*.
▶ Entscheiden Sie sich, in wie viele Teile Sie die Zelle teilen möchten. Bestimmen Sie die *Spalten*- und die *Zeilenanzahl*.
▶ Sind mehrere Zellen vor dem Teilen der Zellen verbunden worden, ist die Option *Zellen vor dem Teilen verbinden* aktiv.

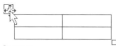

Tabellen teilen – aus eins mach' zwei

▶ Stellen Sie den Cursor in der Tabelle in die Zeile, die als Tabellenkopf der neuen Tabelle fungieren soll.
▶ Wählen Sie aus dem Menü *Tabelle/Tabelle teilen*.
▶ Die Tabelle wird oberhalb des blinkenden Cursors in zwei Teile geteilt. Zwischen den beiden Tabellen ist ein Absatz eingeschoben worden.

Tabellen verbinden

▶ Entfernen Sie die Absätze zwischen den Tabellen.
▶ Die Tabellen rücken zusammen. Aus zwei Tabellen wird wieder eine.

Tabelle vergrößern oder verkleinern

▶ Klicken Sie mit der Maus in die Tabelle.
▶ Am rechten unteren Tabellenrand erscheint ein kleines Viereck.
▶ Bewegen Sie die Maus auf dieses Viereck (Anfasser), bis ein Doppelpfeil auftaucht.
▶ Klicken Sie auf den Anfasser, halten Sie die Maustaste gedrückt, und ziehen Sie die Tabelle in die richtige Größe.

TIP

Blenden Sie sich die Symbolleiste Tabellen und Rahmen über die Standardsymbolleiste (Symbol: Tabellen und Rahmen) ein.

→ 490

INFO

Tabellen in PowerPoint

INFO

In der Symbolleiste Tabellen und Rahmen finden Sie die beiden Symbole Zellen verbinden und Zellen teilen.

Geteilte Zellen

Zusammengefaßte Zellen

INFO

Tabelle bewegen: Klicken Sie auf die Tabelle. Der Vierfachpfeil wird sichtbar. Klicken Sie auf den Vierfachpfeil, und halten Sie die Maustaste gedrückt. Ziehen Sie die Tabelle an eine neue Position.

Anfasser zum Vergrößern und Verkleinern.

Spaltenbreite einstellen

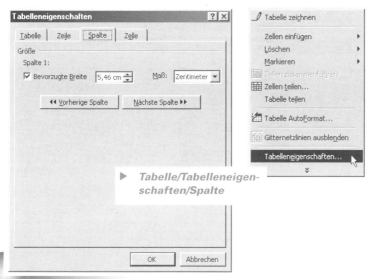

▶ *Tabelle/Tabelleneigen-schaften/Spalte*

WO? WOMIT?

Spaltenbreite einer bestimmten Spalte ändern

▶ Markieren Sie eine Spalte, oder stellen Sie den Cursor in die Spalte.

▶ Wählen Sie aus dem Menü *Tabelle/Tabelleneigenschaften* das Register *Spalten.*

▶ Aktivieren Sie das Kontrollkästchen *Bevorzugte Breite*.

▶ Geben Sie daneben das gewünschte Maß ein.

▶ Wählen Sie im Listenfeld *Maß* zwischen *Zentimeter und Prozent* aus.

Spaltenbreite der vorherigen und der nächsten Spalte ändern

▶ Das Dialogfenster *Tabelleneigenschaften* muß nicht geschlossen werden, um alle weiteren Spalten in der Tabelle bearbeiten zu können.

▶ Klicken Sie auf *Vorherige Spalte,* so springt die Markierung zur linken Spalte.

▶ Klicken Sie auf *Nächste Spalte,* so springt die Markierung zur rechten Spalte.

Spaltenbreite mit der Maus verändern

▶ Bewegen Sie die Maus auf eine Spaltentrennlinie oder auf die Spaltenmarke im Lineal.

▶ Halten Sie die Maustaste gedrückt, und verändern Sie durch Ziehen die Spaltenbreite.

INFO
Ist das Kontrollkästchen Bevorzugte Breite *deaktivert, wird die Spaltenbreite bei Texteingabe der Textbreite angepaßt.*

Spaltenbreite für die ganze Tabelle ändern

Spaltenbreite im Lineal einstellen

Spaltenbreite für markierten Bereich ändern

Zeilenhöhe bestimmen

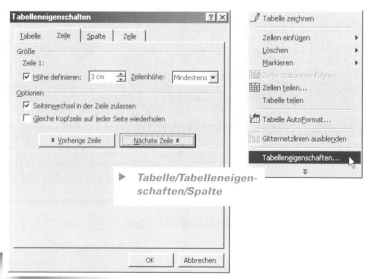

▶ Tabelle/Tabelleneigen-
schaften/Spalte

WO? WOMIT?

Zeilenhöhe einer einzelnen Zeile einstellen

▶ Markieren Sie die zu ändernde Zeile.
▶ Wählen Sie aus dem Menü *Tabelle/Tabelleneigenschaften*
das Register *Zeile*.
▶ Aktivieren Sie das Kontrollkästchen *Höhe definieren*.
▶ Tragen Sie in das Eingabefeld daneben einen Wert ein.
▶ Wählen Sie zwischen *Mindestens* und *Genau* im Listen-
feld *Zeilenhöhe*.

Höhe der vorherigen oder nächsten Zeile ändern

▶ Öffnen Sie das Dialogfenster *Tabelleneigenschaften*.
▶ Klicken Sie auf *Vorherige Zeile*. Die Markierung der Zeile
wandert zur Zeile darüber.
▶ Mit *Nächste Zeile* wird die Markierung zur unterhalb ge-
legenen Zeile verschoben.

Seitenwechsel zulassen

▶ Mit der Option *Seitenwechsel in der Zeile zulassen*
kann in dieser Zeile ein Seitenwechsel vorgenommen werden.

➜ 84

Gleiche Kopfzeile für jede Seite

▶ Die Markierung muß in der ersten Zeile der Tabelle sein.
▶ Aktivieren Sie das Kontrollkästchen *Gleiche Kopfzeile auf
jeder Seite wiederholen*. Die erste Zeile der Tabelle wird
auf jeder Seite wiederholt.

INFO

Die Einstellung Mindestens
bei Zeilenhöhe *wirkt sich so
aus, daß die Zeilenhöhe
beispielsweise 3 cm hoch ist.
Wird aber mehr Platz benötigt
(mehr Text), paßt sich die
Zeilenhöhe der Textmenge
an. Die Einstellung* Genau
*hingegen läßt keine Verände-
rung der Höhe beim Ein-
tippen von Text zu.*

*Zeilenhöhe in der Tabelle
ändern*

*Zeilenhöhe mit Hilfe des
Lineals ändern*

Tabelle ausrichten

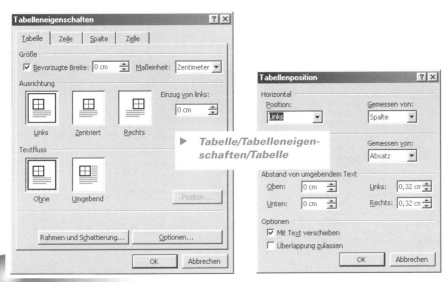

WO? WOMIT?

Tabellengröße beeinflussen
▶ Setzen Sie den Cursor in die Tabelle.
▶ Wählen Sie aus dem Menü *Tabelle/Tabelleneigenschaften* die Registerkarte *Tabelle*.
▶ Die Tabellenbreite für die gesamte Tabelle geben Sie in das Eingabefeld *Bevorzugte Breite* ein.
▶ Das Kontrollkästchen *Bevorzugte Breite* muß hierfür aktiviert sein.
▶ Wählen Sie außerdem die *Maßeinheit*.

Tabelle ausrichten
▶ Klicken Sie in die Felder *Links, Zentriert* oder *Rechts*. Die Tabelle wird linksbündig, zentriert oder rechtsbündig ausgerichtet.

Tabelle einrücken
▶ Klicken Sie unter *Ausrichtung* auf *Links*.
▶ Geben Sie unter *Einzug von links:* den gewünschten Wert ein. Die Tabelle wird um diesen Wert vom linken Seitenrand eingerückt.

Der Textfluß
▶ *Ohne* läßt den Text bis zur Tabelle fließen und läuft dann unter der Tabelle weiter.
▶ *Umgebend* ermöglicht, daß der Text um die Tabelle herumläuft.

TIP
Ist das Feld Umgebend *aktiviert, können Sie auf die Schaltfläche* Position *klicken. Es wird das Dialogfenster* Tabellenposition *geöffnet. Geben Sie hier den Abstand zum umgebenden Text in die Eingabefelder* Oben, Unten, Links *und* Rechts *ein.*

→ 641

INFO
Arbeiten Sie viel mit Tabellen, die von Text umgeben sind, ist es zeitsparender, ein Makro zu basteln. Dieses Makro kann beispielsweise automatisch für jede Tabelle den Textabstand regeln.

Adressen importieren und in Tabellen umwandeln

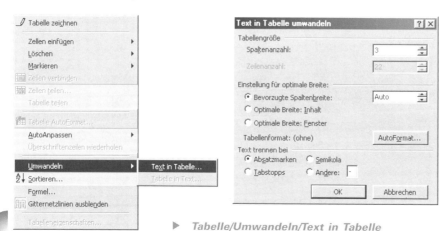

▷ *Tabelle/Umwandeln/Text in Tabelle*

▷ *Tabelle/Umwandeln/Tabelle in Text*

Wo? Womit?

Adressen aus Outlook importieren

▶ Rufen Sie Microsoft Outlook über *Start/Programme/Microsoft Outlook* auf. → 406

▶ Wählen Sie aus dem Menü *Datei/Importieren/Exportieren*.

▶ Wählen Sie *Exportieren in eine Datei* (Export to a file).

▶ Klicken Sie auf *Weiter*.

▶ Wählen Sie als Trennzeichen *Tab separated values (Windows)* aus.

▶ Klicken Sie auf *Weiter*.

▶ Markieren Sie im nächsten Fenster *Kontakte*.

▶ Klicken Sie auf *Weiter*.

▶ Klicken Sie auf die Schaltfläche *Durchsuchen*.

▶ Wählen Sie den richtigen Ordner aus, in dem Sie die Adreßdatei speichern möchten.

▶ Geben Sie unter *Dateiname* einen Namen ein.

▶ Klicken Sie auf *Weiter*.

▶ Klicken Sie auf die Schaltfläche *Felder zuordnen*.

▶ Klicken Sie auf die Schaltfläche *Zuordnung löschen*.

▶ Markieren Sie in der linken Fensterhälfte das Feld, das Sie exportieren möchten.

▶ Ziehen Sie es mit gedrückter linker Maustaste in die rechte Fensterhälfte.

▶ Wiederholen Sie das für alle zu exportierenden Felder.

▶ Klicken Sie auf *OK*.

▶ Klicken Sie auf die Schaltfläche *Fertig stellen*.

BEGRIFF

Drag&Drop: *Markierter Text, Tabellen, Grafiken usw. können mit der Maus an eine neue Position verschoben werden. Das funktioniert auch zwischen den Office-Programmen.*

INFO

Die Adressen können auch per Drag&Drop von Outlook nach Word geholt werden. Klicken Sie dazu in Outlook auf das Adreßbuch-Symbol, markieren Sie sich die Adressen, und ziehen Sie sie mit gedrückter linker Maustaste vom Outlook-Fenster in das Word-Fenster.

BEGRIFF

Trennzeichen: *In bezug auf Tabellen versteht Word unter Trennzeichen z.B. Absatzmarken, Semikola und Tabstops.*

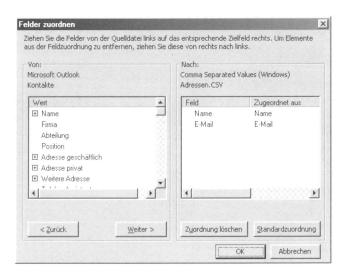

Text muß mit einem Trenn-
zeichen pro Spalte eingetippt
oder nachträglich ausge-
stattet werden.

```
Katzenfutter  →  Freitag→10.00·Uhr¶
Hundefutter   →  Mittwoch   →   12.00·Uhr¶
Pferdefutter  →  Donnerstag →  18.00·Uhr¶
```

Einfügen von ⎮Tabs oder
Semikola ⎮

```
Katzenfutter;Freitag;10.00·Uhr¶
Hundefutter;Mittwoch;12.00·Uhr¶
Pferdefutter;Donnerstag;18.00·Uhr¶
```

Text markieren
(Achtung: Es darf keine Leerzeile mitmarkiert werden!)

Aus dem Menü Tabelle/
Umwandeln/Text in Tabelle
wählen, oder auf das Symbol
Tabelle einfügen klicken.

Der Text wird in eine Tabelle
eingefügt.

Katzenfutter	Freitag	10.00 Uhr
Hundefutter	Mittwoch	12.00 Uhr
Pferdefutter	Donnerstag	18.00 Uhr

Adressen importieren

Klicken Sie auf den Menübefehl *Einfügen/Datei.*
Markieren SIe die exportierte Outlook-Datei.
Klicken Sie auf OK.
Die Adressen werden durch Tabstops getrennt eingefügt.

Text in Tabelle umwandeln

▶ Markieren Sie den umzuwandelnden Text.
▶ Wählen Sie aus dem Menü *Tabelle/Umwandeln/Text in Tabelle.*
▶ Normalerweise erkennt Word automatisch das vorhan-
dene Trennzeichen. Ansonsten aktivieren Sie im Dialog-
fenster *Text in Tabelle umwandeln* unter *Text trennen bei*
die Option *Tabstopps.*
▶ Klicken Sie auf *OK.*
▶ Der Text wird in eine Tabelle eingefügt.

Tabelle in Text umwandeln

▶ Markieren Sie die umzuwandelnde Tabelle.
▶ Wählen Sie aus dem Menü *Tabelle/Tabelle in Text umwandeln.*

Trennzeichen wählen

▶ Aktivieren Sie eine der Optionen *Absatzmarken, Tabstops* oder *Semikola.* Jede Zelle wird → 99
von der anderen durch das gewählte Trennzeichen getrennt.
▶ Die Option *Andere* erlaubt Ihnen die Wahl eines eigenen
Trennzeichens (z.B. Doppelpunkt).

Importierte Adressen aus
Outlook

Tabellen automatisch gestalten

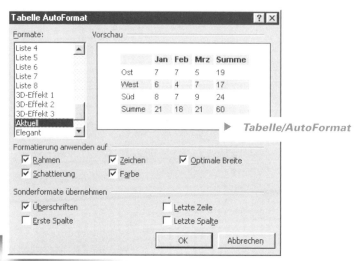

▶ *Tabelle/AutoFormat*

WO? WOMIT?

In Word gibt es vorgefertigte Tabellenmuster. Sie können diese Muster auf Ihre Tabelle übertragen.

▶ Klicken Sie dazu auf *Tabelle/AutoFormat*.

▶ Das Dialogfenster *Tabelle AutoFormat* wird geöffnet.

Muster aussuchen

▶ Markieren Sie in der Liste unter *Formate* ein vorgefertigtes Layout.

▶ In der *Vorschau* wird ein Tabellenmuster angezeigt. Suchen Sie sich das Muster aus, das Ihnen am besten gefällt.

Formatierung anwenden auf

▶ Aktivieren Sie die entsprechenden Kontroll-kästchen, um die Tabelle mit einem *Rahmen*, einer *Schattierung* oder *Farbe* auszustatten.

▶ Die Option *Zeichen* formatiert die Schrift in der Tabelle.

▶ Die Option *Optimale Breite* beeinflußt die Spaltenbreite.

Sonderformat übernehmen

▶ Wenn Sie eine mehrseitige Tabelle haben, lohnt es sich, die Option *Überschriften* zu aktivieren.

▶ Die Tabellenüberschrift (erste Zeile der Tabelle) wird auf jeder Seite automatisch wiederholt.

▶ Die *Erste Spalte*, *Letzte Zeile* oder *Letzte Spalte* wird in der Tabelle gesondert hervorgehoben.

TIP
Klicken Sie mit der **rechten** *Maustaste in die Tabelle, wird das Kontextmenü geöffnet. Hier erreichen Sie viele Optionen schneller als über das Menü* Tabelle.

TIP
Über Tabelle/Zellen einfügen/ Tabelle *und über* Tabelle/ Umwandeln/Text in Tabelle *können Sie die Tabelle auto-matisch über die Schaltfläche* AutoFormat *gestalten lassen.*

Tabellen zeichnen

▶ *Tabelle/Tabelle zeichnen*

▶ *Standard-Symbolleiste: Tabellen und Rahmen*

WO? WOMIT?

Die Symbolleiste Rahmen und Tabellen aktivieren

▶ Wählen Sie aus dem Menü *Tabelle/Tabelle zeichnen,* oder klicken Sie in der Standardsymbolleiste auf *Tabellen und Rahmen*.

Tabelle zeichnen

▶ Der Zeichenstift *Tabelle zeichnen* ist nach dem Aufruf der Symbolleiste *Tabellen und Rahmen* automatisch aktiv.

▶ Der Mauszeiger hat die Form eines Bleistifts angenommen.

▶ Bestimmen Sie vor dem Zeichnen die Linienart, Linienstärke und Linienfarbe.

▶ Klicken Sie und zeichnen Sie bei gedrückter Maustaste die gewünschten Zeilen und Spalten.

Tabellenlinien löschen

▶ Klicken Sie auf den *Radiergummi.* Der Mauszeiger verwandelt sich in einen Radiergummi.

▶ Klicken Sie die zu löschende Linie an.

Zeichenstift und Radiergummi deaktivieren

▶ Mit einem wiederholten Klick auf *Tabelle zeichnen* oder auf *Radiergummi* deaktivieren Sie den Zeichenmodus.

▶ Der Mauszeiger erhält seine normale Form zurück.

Tabelle einrahmen

▶ Markieren Sie die Tabelle oder Teile der Tabelle.

▶ Weisen Sie die Rahmenlinien mit den entsprechenden Symbolen aus dem Untermenü *Rahmenlinie* zu.

Tabelle schattieren bzw. einfärben

▶ Mit dem Fülleimer *Schattierungsfarbe* können Sie für die markierten Zellen die Farbe auswählen. **→ 65**

Zellen verbinden und teilen

▶ *Zellen zusammenführen* entspricht dem Menübefehl *Tabelle/Zellen zusammenführen.*

▶ *Zellen teilen* entspricht dem Befehl *Tabelle/Zellen teilen.*

INFO

Text kippen: Kippen Sie den Text um 90° mit dem Symbol Textrichtung ändern. *Mit einem weiteren Klick auf das Symbol* Textrichtung ändern *wird der Text um weitere 90° gedreht.*

INFO

Über die beiden Symbole Zeilen *bzw.* Spalten gleich-mäßig verteilen *läßt sich eine gleiche Breite für Zeilen und Spalten einrichten.*

INFO

Text ausrichten: Richten Sie Ihren Text in der Senkrechten mit den Symbolen des Unter-menüs Ausrichten *aus.*

INFO

Text sortieren: Sortieren Sie Ihren Text Aufsteigend *von A – Z bzw. von 1 – 10. Oder sortieren Sie Ihren Text* Absteigend *von Z – A bzw. von 10 – 1.*

Rechnen im Text

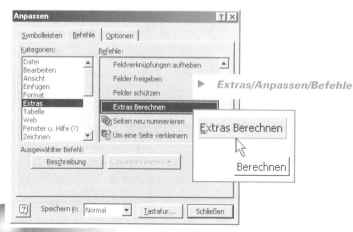

▶ *Extras/Anpassen/Befehle*

WO? WOMIT?

Extras Berechnen in eine Symbolleiste einbauen

▶ Wählen Sie aus dem Menü *Extras/Anpassen*.
▶ Markieren Sie im Dialogfenster *Anpassen* die **→ 636** Kategorie *Extras*.
▶ Ziehen Sie den Befehl *Extras Berechnen* in eine Symbolleiste, so daß der Befehl als Symbol vorhanden ist.

Rechenaktion starten

▶ Tippen Sie die Zahlen und ihre Rechenzeichen **→ 36** ein.
▶ Markieren Sie die zu berechnenden Zahlen.
▶ Klicken Sie auf das neu eingefügte Symbol *Extras Berechnen*. Das Ergebnis wird ausgerechnet und in die Zwischenablage gelegt.
▶ Stellen Sie den Cursor an die Position im Text, an der das Ergebnis eingefügt werden soll.
▶ Klicken Sie in der Standardsymbolleiste auf *Einfügen*. Das Ergebnis wird eingefügt.

Beispiel

Die Berechnungen werden nach den üblichen Regeln der Mathematik ausgeführt. Das heißt, Sie können auch mit Klammern arbeiten (Punktrechnung vor Strichrechnung).
▶ Schreiben Sie *(500+10)*2=*.
▶ Markieren Sie die Zahlen einschließlich der Klammer. Markieren Sie das Gleichheitszeichen nicht mit.
▶ Klicken Sie auf *Extras Berechnen*.
▶ Stellen Sie den Cursor hinter das Gleichheitszeichen.
▶ Klicken Sie auf *Einfügen: (500+10)*2=1020*.

BEGRIFF
Operator: *Unter Operatoren werden Rechenzeichen verstanden.*

OPERATOREN
+	*Addition*
–	*Subtraktion*
*	*Multiplikation*
/	*Division*
%	*Prozent*
^	*Potenz, Wurzel*

→ 40
TIP
Sollen Zahlen ausgerechnet werden, die untereinander ausgerichtet sind, verwenden Sie zum Markieren den Spaltenmodus. Ziehen Sie mit der Maus über die entsprechenden Zahlen bei gedrückter Alt *-Taste.*

Rechnen mit Feldern

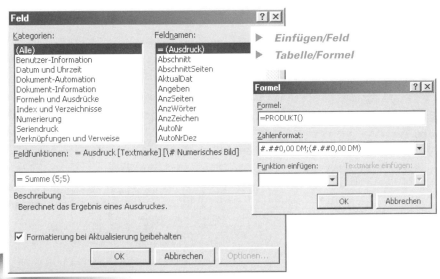

▶ *Einfügen/Feld*

▶ *Tabelle/Formel*

Wo? Womit?

Felder einfügen

▶ Wählen Sie aus dem Menü *Einfügen/Feld*.

▶ Markieren Sie unter Kategorien *(Alle)* und unter Feldnamen *= (Ausdruck)*.

▶ Geben Sie in das Eingabefeld die gewünschte Funktion
und deren Argumente ein.

Felder über Formeln einfügen

▶ Wählen Sie aus dem Menü *Tabelle/Formel*.

▶ Das Dialogfenster *Formel* wird geöffnet.

▶ Wählen aus der Liste *Funktion einfügen* die gewünschte
Funktion aus. Die Funktion wird in das Eingabefeld *Formel* eingefügt.

▶ Bestimmen Sie aus der Liste *Zahlenformat* das spätere
Aussehen Ihres Feldes.

Beispiele

▶ Fügen Sie ein Feld mit der Funktion *Produkt* und folgenden Argumenten ein: *{=Produkt(5;5)}*. Das Ergebnis des
Feldes ist *25*.

▶ Oder fügen Sie ein Feld mit folgendem Ausdruck ein: *{=5+10*3}*. Das Ergebnis des Feldes
ist *35*.

BEGRIFF

Ausdruck: *Eine Reihe von
Zahlen, die mit Operatoren
verbunden sind, z.B. {=5+5},
wird als Ausdruck bezeichnet.*
Funktion: *Eine Funktion ist
die Anweisung, was zu tun
ist, wie z.B. »Summe«.*
Argumente: *Eine Funktion
braucht Argumente. Argu-
mente können Zahlen,
Formeln oder Textmarken-
namen sein. Sie stehen
immer zwischen runden
Klammern, z.B. (5;5).*
Vergleichsoperator: *Vergleichsoperatoren können
zwei Werte miteinander
vergleichen.*

Rechnen in Tabellen und mit Textmarken

	A	B	C	D
1	A1	B1	C1	D1
2	A2	B2	C2	D2
3	A3	B3	C3	D3
4	A4	B4	C4	D4

WO? WOMIT?

Tabellen – Zellbezüge

▶ Um in Tabellen rechnen zu können, wird jede Zelle genau bezeichnet (siehe Schema).

▶ Die Zellen werden mit A1, B1, C1 usw. betitelt.

▶ Die erstellten Zellbezüge in einer Tabelle sind absolut. Das heißt, werden Zeilen oder Spalten gelöscht, stimmen die Zellbezüge nicht mehr.

Tabellen – Beispiele

▶ {=Summe (B2;B3;C3)}
Die Summe aus den Zellen B2, B3 und C3 wird berechnet.

▶ {=Mittelwert (B3:D4)}
Der Mittelwert der Zellen B3, C3, D3, B4, C4 und D4 wird ermittelt.

Rechnen mit Textmarken

▶ Bestimmen Sie eine oder mehrere Textmarken → 180 im Text oder in einer Tabelle.

▶ Wählen Sie *Einfügen/Textmarke*. Nennen Sie die Textmarken beispielsweise *Preis* und *Verkauft*.

▶ Setzen Sie den Cursor an die Stelle im Text oder in der Tabelle, an der die Berechnung eingegeben werden soll.

▶ Wählen Sie im Menü *Tabelle/Formel*. Das Dialogfenster *Formel* wird geöffnet.

▶ Wählen Sie aus der Liste *Textmarken einfügen* die Textmarke *Preis* aus.

▶ Geben Sie den Operator ein.

▶ Wählen Sie die zweite Textmarke namens *Verkauft* aus der Liste *Textmarken einfügen* aus. → 180

▶ Markieren Sie das gewünschte *Zahlenformat*.

▶ Klicken Sie auf OK. Das Ergebnis des eingefügten Feldes wird Ihnen angezeigt.

TIP

Legen Sie einen ganzen Bereich einer Tabelle folgendermaßen fest: B3:D4

	A	B	C	D
1	A1	B1	C1	D1
2	A2	B2	C2	D2
3	A3	B3	C3	D3
4	A4	B4	C4	D4

Feldergebnis der Textmarken Preis und Verkauft.

13,99	10
Preis	Verkauft
	139,90 DM

Feldfunktion

13,99	10
Preis	Verkauft
	{ =Preis*Verkauft \# "# ##0,00 DM;(# ##0,00 DM)" }

INFO

Alt + F9 schaltet zwischen Feldergebnis und Feldfunktion hin und her.

Einfache Rechnung mit ausgewiesener MwSt erstellen

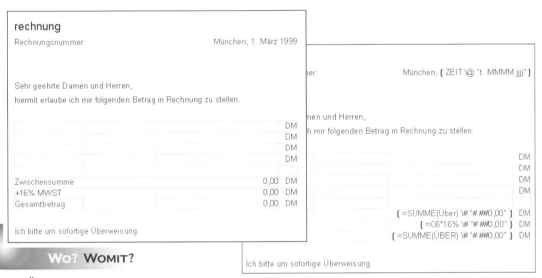

WO? WOMIT?

▶ Öffnen Sie ein neues Dokument.
▶ Schreiben Sie den gewünschten Text.

Datum einfügen
▶ Fügen Sie das Datum mit *Einfügen/Datum und Uhrzeit* ein.
▶ Wählen Sie das *Datums- und Uhrzeitformat* aus.
▶ Klicken Sie auf OK.

Tabelle einfügen
▶ Fügen Sie eine Tabelle mit drei Spalten und acht Zeilen über das Symbol *Tabelle einfügen* aus der Standardsymbolleiste ein.

Felder einfügen
▶ Stellen Sie den Cursor in die Zelle, in der die Summe der Einträge berechnet werden soll.
▶ Wählen Sie aus der Menüleiste *Tabelle/Formel*.
▶ Markieren Sie aus der Liste *Funktion einfügen* die Funktion *Summe*.
▶ Schreiben Sie in die Klammer *Über*.
▶ Wählen Sie das gewünschte *Zahlenformat* aus.
▶ Klicken Sie auf *OK*.

Nächstes Feld einfügen
▶ Stellen Sie den Cursor in die nächste Zelle.
▶ Wiederholen Sie die beschriebenen Schritte. Tippen Sie allerdings diesmal *C6*16%* ein.

TIP
Kopieren Sie das Feld {=Summe (Über)/ #"#.##0,00"} in die unterste Zelle.

➔ 116

INFO
Tragen Sie die Zahlen in die vorletzte Spalte ein, markieren Sie die Tabelle, und drücken Sie die F9 *-Taste, um sich das Ergebnis anzeigen zu lassen.*

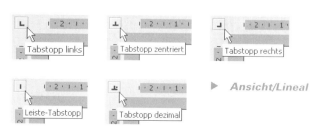

Tabstopp links   Tabstopp zentriert   Tabstopp rechts

Leiste-Tabstopp   Tabstopp dezimal   ▶ *Ansicht/Lineal*

Tabelle einfügen

▶ Klicken Sie auf das Symbol *Tabelle einfügen*.

▶ Fahren Sie mit der Maus in die Tabelle, bis Sie die richtige Tabellengröße erreicht haben.

▶ Klicken Sie einmal mit der Maus. Die Tabelle wird am blinkenden Cursor eingefügt.

Text muß mit einem Trennzeichen pro Spalte eingetippt oder nachträglich ausgestattet werden.

```
Katzenfutter →  Freitag→10.00·Uhr¶
Hundefutter  →  Mittwoch  →   12.00·Uhr¶
Pferdefutter →  Donnerstag  →  18.00·Uhr¶
```

Einfügen von Tabs oder Semikola

```
Katzenfutter;Freitag;10.00·Uhr¶
Hundefutter;Mittwoch;12.00·Uhr¶
Pferdefutter;Donnerstag;18.00·Uhr¶
```

Text markieren
(Achtung: Es darf keine Leerzeile mitmarkiert werden!)

Tabelle markieren

```
Katzenfutter;Freitag;10.00·Uhr¶
Hundefutter;Mittwoch;12.00·Uhr¶
Pferdefutter;Donnerstag;18.00·Uhr¶
```

Spalte markieren

Aus dem Menü Tabelle/ Umwandeln/Text in Tabelle wählen, oder auf das Symbol Tabelle einfügen *klicken.*

Zeile markieren

Te**x**t in Tabelle...
Tabelle in Text...

Zelle markieren

Der Text wird in eine Tabelle eingefügt.

Katzenfutter	Freitag	10.00 Uhr
Hundefutter	Mittwoch	12.00 Uhr
Pferdefutter	Donnerstag	18.00 Uhr

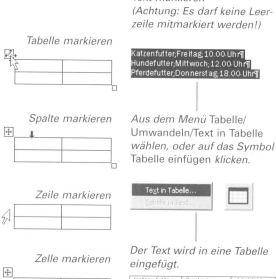

7

KAPITEL

Text korrigieren & ersetzen

tempo

Rechtschreibprüfung einsetzen

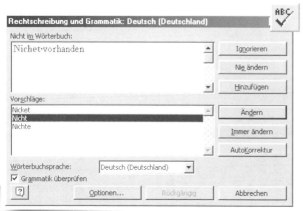

▶ *Extras/Rechtschreibung und Grammatik*

WO? WOMIT?

Normalerweise ist bei Word die Rechtschreibprüfung ein-geschaltet. Bemerkbar macht sich das durch die roten Wel-lenlinien. Das gesamte Dokument wird nach Wörtern durch-sucht, die falsch geschrieben bzw. nicht im Wörterbuch von Word enthalten sind.

Rechtschreibprüfung aktivieren

▶ Klicken Sie im Menü auf *Extras/Rechtschreibung* und Grammatik oder auf das Symbol *Rechtschrei-bung und Grammatik*.

▶ Word öffnet das Dialogfenster *Rechtschreibung und Grammatik: Deutsch (Deutschland)*.

▶ Es wird das erste unbekannte Wort im Text gesucht und im Vorschaufenster rot angezeigt.

▶ Eine Liste von Korrekturvorschlägen wird unter *Vorschlä-ge* aufgelistet.

Korrekturen durchführen

▶ *Korrektur ignorieren:* Wenn die Schreibweise des Wor-tes stimmt, klicken Sie auf *Ignorieren*. Das Wort wird über-gangen und das nächste unbekannte Wort gesucht.

▶ *Gefundenes Wort nie ändern:* Klicken Sie auf die Schalt-fläche *Nie ändern.* Das Wort wird künftig ignoriert. Das Wort wird während der gesamten Überprüfung des Do-kuments nicht mehr angezeigt.

Wort dem Wörterbuch hinzufügen

▶ Klicken Sie auf die Schaltfläche *Hinzufügen.* **→ 124** Das angezeigte Wort wird dem Wörterbuch hinzugefügt.

▶ Word merkt sich die Korrektur und zeigt sie nicht mehr an.

INFO

Sollte die Rechtschreibung noch nicht installiert sein, werden Sie vom Office-Assistenten aufgefordert, das nachzuholen.

INFO

Manchmal werden keine Korrekturvorschläge ge-funden. Keine Rechtschreib-vorschläge wird angezeigt.

ACHTUNG

Ist kein Text markiert, führt Word die Korrekturen für das gesamte Dokument aus. Markieren Sie einen Text-abschnitt, wenn Sie nur diesen korrigieren möchten.

Beanstandetes Wort korrigieren

▶ Wählen Sie aus der Liste der *Vorschläge* das korrekt geschriebene Wort aus.

▶ Oder korrigieren Sie das Wort direkt im Vorschaufenster.

▶ Klicken Sie auf *Ändern*. Das beanstandete Wort wird korrigiert.

Beanstandetes Wort im gesamten Dokument korrigieren

▶ Korrigieren Sie den Begriff direkt im Vorschaufenster.

▶ Oder wählen Sie aus der Liste der *Vorschläge* das korrekt geschriebene Wort aus.

▶ Klicken Sie auf *Immer ändern*. Das beanstandete Wort wird im gesamten Text korrigiert.

Beanstandetes Wort einer AutoKorrektur-Liste hinzufügen

▶ Klicken Sie auf die Schaltfläche *AutoKorrektur*. Das beanstandete Wort wird einer AutoKorrektur-Liste hinzugefügt.

Benutzerdefinierte Optionen für die Rechtschreibung vornehmen

▶ Klicken Sie auf *Optionen,* so können Sie benutzerdefinierte Einstellungen für die Rechtschreibung vornehmen.

Korrekturen mit dem Kontextmenü durchführen

▶ Klicken Sie direkt im Text auf das beanstandete Wort (rote Wellenlinie).

▶ Drücken Sie die *rechte* Maustaste. Das Kontextmenü bietet Ihnen Vorschläge für die Korrektur an.

▶ Klicken Sie auf den Korrekturvorschlag.

▶ Das beanstandete Wort wird korrigiert.

Rechtschreibkennzeichnung ein- und ausblenden

▶ Klicken Sie mit der *rechten* Maustaste in der Statusleiste auf das Buchsymbol.

▶ Falls die Rechtschreibkennzeichnung (rote Wellenlinie) aktiviert ist, können Sie sie mit *Rechtschreibfehler ausblenden*.

▶ Falls die Rechtschreibkennzeichnung nicht eingeblendet ist, können Sie sie einblenden, indem Sie wieder auf *Rechtschreibfehler ausblenden* klicken.

→ 127
→ 122

INFO
Tippen Sie beispielsweise englischen Text ein, erkennt Word automatisch die Sprache und zeigt dementsprechend die falsch geschriebenen Wörter an.

INFO
Word kennzeichnet auch richtig geschriebene Wörter. Diese Wörter sind nicht im Wörterbuch enthalten, beispielsweise Eigennamen.

Korrekturvorschläge aus dem Kontextmenü

INFO
Die Rechtschreibprüfung und die Grammatikprüfung laufen gleichzeitig ab. Deaktivieren Sie unter Extras/Optionen/Rechtschreibung und Grammatik *die Option* Grammatik *zusammen mit Rechtschreibung prüfen. Die beiden Prüfprogramme laufen getrennt ab.*

INFO
Das Häkchen vor der Option Rechtschreibfehler ausblenden *bedeutet, daß die Kennzeichnung ausgeblendet ist. Sehen Sie kein Häkchen, ist die Rechtschreibkennzeichnung eingeblendet.*

Rechtschreiboptionen einstellen

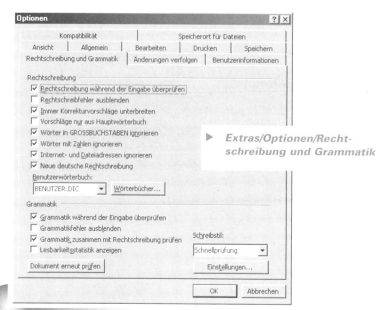

► *Extras/Optionen/Recht-*
schreibung und Grammatik

WO? WOMIT?

► Wählen Sie aus dem Menü *Extras/Optionen* die Registerkarte *Rechtschreibung und Grammatik*.
► Stellen Sie hier die gewünschten Optionen für Ihre Rechtschreibprüfung ein.

Rechtschreibung während der Eingabe überprüfen
► Die Rechtschreibprüfung läuft automatisch ab und kennzeichnet falsch geschriebene Wörter mit einer roten Wellenlinie.

Alte Rechtschreibregelung verwenden
► Deaktivieren Sie das Kontrollkästchen *Neue deutsche
Rechtschreibung*. Word arbeitet wieder nach den alten
Regeln.

Für Korrekturvorschläge nur das Hauptwörterbuch verwenden
► Die Option *Vorschläge nur aus dem Hauptwörterbuch*
nimmt nur Korrekturvorschläge aus dem Hauptwörterbuch *Benutzer.dic,* auch wenn andere Wörterbücher aktiv sind.

Internet- und Dateiadressen ignorieren
► Aktivieren Sie dieses Kontrollkästchen, um Internet-Adressen während der Rechtschreibprüfung zu ignorieren.

INFO
Rechtschreibfehler ausblenden*: Mit dieser Option können Sie die Rechtschreib-
kennzeichnung (rote Wellenlinie) ein- bzw. ausblenden.*

INFO
Mit der Option Wörter in
Großbuchstaben ignorieren
*werden alle Wörter, die in
Großbuchstaben geschrieben
sind, nicht mit der roten
Wellenlinie gekennzeichnet.*

→ 628

INFO
*Internet-Adressen werden
von Word automatisch als
Hyperlinks in das Dokument
eingebaut.*

Grammatikfehler suchen und ändern

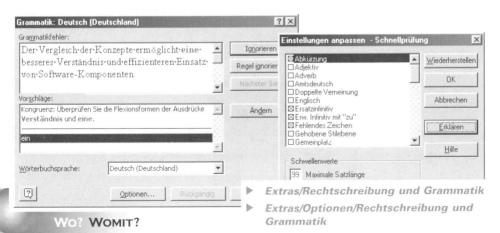

▶ *Extras/Rechtschreibung und Grammatik*

▶ *Extras/Optionen/Rechtschreibung und Grammatik*

Wo? Womit?

Grammatikprüfung aktivieren

▶ Klicken Sie in der Statuszeile von Word auf das Buch-Symbol mit der rechten Maustaste.

▶ Deaktivieren Sie *Grammatikfehler ausblenden*.

▶ Grammatikalisch falsche Konstruktionen werden grün unterringelt.

Auswählen, welche Grammatik geprüft werden soll

▶ Wählen Sie den Menübefehl *Extras/Optionen*.

▶ Wechseln Sie auf das Register *Rechtschreibung und Grammatik*.

▶ Klicken Sie auf die Schaltfläche *Einstellungen*.

▶ Aktivieren Sie die Optionen, die Sie prüfen möchten.

▶ Klicken Sie auf OK.

Erklärung zum Grammatikfehler einblenden und ändern

▶ Klicken Sie mit der rechten Maustaste auf den grün unterringelten Text.

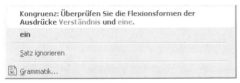

▶ Ein Korrekturvorschlag wird eingeblendet.

▶ Klicken Sie auf den Korrekturvorschlag. Die Korrektur wird sofort ausgeführt.

INFO

Wählen Sie aus der Liste Schreibstil (Dialogfenster Optionen) aus, wie intensiv die Grammatikprüfung eingesetzt werden soll.

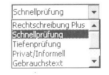

INFO

→ 120

Mit Satz ignorieren wird der Grammatikfehler ingnoriert und der nächste Recht-schreib- bzw. Grammatik-fehler gesucht.

INFO

→ 720

Im Dialogfenster Einstellun-gen anpassen können Sie zur jeweiligen Option eine Erklä-rung einblenden lassen. Klicken Sie dazu auf die Schaltfläche Erklärung. Die Hilfe zu Word wird eingeblen-det.

Mit Wörterbüchern arbeiten

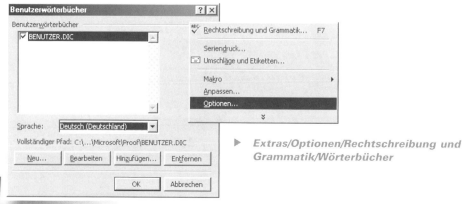

▷ *Extras/Optionen/Rechtschreibung und Grammatik/Wörterbücher*

WO? WOMIT?

Neues Wort direkt in ein ausgewähltes Wörterbuch aufnehmen ➔ 120

▶ Klicken Sie im Menü auf *Extras/Optionen*.
▶ Wechseln Sie zur Registerkarte *Rechtschreibung und Grammatik*.
▶ Klicken Sie auf die Schaltfläche *Wörterbücher*.
▶ Markieren Sie das gewünschte Wörterbuch, in welches das neue Wort aufgenommen werden soll.
▶ Klicken Sie auf die Schaltfläche *Bearbeiten*.
▶ Das Wörterbuch wird wie ein normales Word-Dokument geöffnet.
▶ Schreiben Sie hier das neu aufzunehmende Wort.
▶ Oder bearbeiten Sie die vorhandenen Wörter.
▶ Schließen Sie das Dokument wie eine normale Word-Datei.

Neues Wort während der Korrektur aufnehmen

▶ Klicken Sie mit der *rechten* Maustaste auf das rot unterringelte Wort.
▶ Wählen Sie die Option *Hinzufügen*. Das Wörterbuch wurde um das neue Wort ergänzt.

Neues Wörterbuch erstellen

▶ Klicken Sie im Menü auf *Extras/Optionen,* und wählen Sie die Registerkarte *Rechtschreibung und Grammatik* aus.
▶ Klicken Sie auf die Schaltfläche *Wörterbücher*.
▶ Klicken Sie auf die Schaltfläche *Neu*.

ACHTUNG ➔ 718
Der Office-Assistent fordert Sie bei der Arbeit an Wörterbüchern auf, die Option Rechtschreibung während der Eingabe überprüfen *im Dialogfenster* Extras/Optionen/Rechtschreibung und Grammatik *zu deaktivieren.*

ACHTUNG
Die Rechtschreibkennzeichnung kann nur angezeigt werden, wenn das Kontrollkästchen Rechtschreibung während der Eingabe überprüfen *im Dialogfenster* Extras/Optionen/Rechtschreibung und Grammatik *aktiviert ist.*

▶ Geben Sie in das Feld *Dateiname* einen Namen für das neue Wörterbuch ein.

▶ Schließen Sie das Fenster.

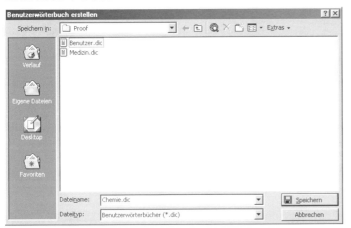

Wörterbuch bearbeiten

▶ Klicken Sie auf *Extras/Optionen/Rechtschreibung und Grammatik* auf *Wörterbücher*.

▶ Markieren Sie das zu bearbeitende Wörterbuch.

▶ Klicken Sie auf die Schaltfläche *Bearbeiten*.

Wörterbuch löschen

▶ Markieren Sie im Dialogfenster *Benutzerwörterbuch* das zu löschende Wörterbuch.

▶ Klicken Sie auf die Schaltfläche *Entfernen*.

Wörterbuch aktivieren bzw. deaktivieren

▶ Klicken Sie im Dialogfenster *Benutzerwörterbuch* in das Kontrollkästchen vor dem entsprechenden Wörterbuch, das Sie aktivieren möchten. Das Häkchen erscheint, wenn das Wörterbuch aktiviert ist.

▶ Klicken Sie noch mal auf das Kontrollkästchen, verschwindet das Häkchen. Das Wörterbuch ist deaktiviert.

▶ Oder aktivieren Sie ein Wörterbuch über die Schaltfläche *Hinzufügen*.

Selbsterstelltes Wörterbuch auf Diskette speichern

▶ Klicken Sie in der Windows-Taskleiste auf **→ 756** *Start/Suchen/Dateien/Ordner...*

▶ Geben Sie in das Dialogfenster *Suchen nach* unter *Name:* den Namen des selbsterstellten Wörterbuchs mit der Dateiendung *.dic* ein (z.B. *Medizin.dic*).

TIP
Nehmen Sie in das Standardwörterbuch nur allgemeingültige Wörter auf.

INFO
Als Standardwörterbuch benutzt Word die Datei benutzer.dic.

INFO
Möchten Sie ein neues Wörterbuch erstellen oder bearbeiten, schaltet der Office-Assistent die Rechtschreib- und Grammatikprüfung aus. Vergessen Sie nicht, nach der Bearbeitung des Wörterbuchs die Rechtschreib- und Grammatikprüfung wieder einzuschalten. Wählen Sie dazu Extras/ Optionen Rechtschreibung und Grammatik *und aktivieren Sie die Option* Rechtschreibung während der Eingabe überprüfen.

TIP
Erstellen Sie für fachspezifische Dokumente ein eigenes Wörterbuch.

▶ Wählen Sie aus, auf welchem Laufwerk *(Suchen in:)* Sie das Wörterbuch suchen möchten.

▶ Klicken Sie auf die Schaltfläche *Starten.*

TIP
Bevor Sie das neue Wörter-buch kopieren, schließen Sie alle Office-Anwendungen.

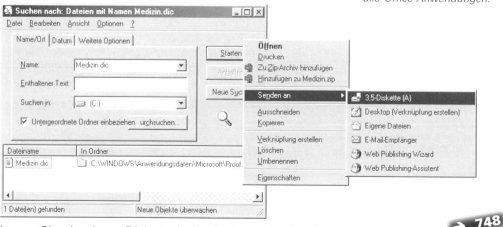

▶ Legen Sie eine leere Diskette in Ihr Diskettenlaufwerk.

▶ Klicken Sie mit der rechten Maustaste auf das gefundene Wörterbuch.

▶ Wählen Sie aus dem Kontextmenü *Senden an/3,5-Diskette.* Die Datei wird auf die Diskette kopiert.

Wörterbuch auf einem anderen Computer einsetzen

▶ Legen Sie die Diskette mit dem gesicherten Wörterbuch in den anderen Computer.

▶ Wählen Sie in Word den Menübefehl *Extras/Optionen/Rechtschreibung und Grammatik.*

▶ Klicken Sie auf *Wörterbücher.*

▶ Klicken Sie auf die Schaltfläche *Hinzufügen.*

▶ Wählen Sie unter *Suchen in* das *Diskettenlaufwerk 3,5-Diskette (A:)* aus.

▶ Das auf Diskette gespeicherte Wörterbuch wird angezeigt.

▶ Markieren Sie es, und klicken Sie auf OK.

▶ Schließen Sie alle Dialogfenster.

▶ Das Wörterbuch wird automatisch in den Ordner *C:/Windows/Anwendungsdaten/Microsoft/Pool* kopiert.

Sprache für ein bestimmtes Wörterbuch ändern

▶ Klicken Sie auf den Menübefehl *Extras/Optionen,* und wechseln Sie in das Register *Rechtschreibung und Grammatik.*

▶ Klicken Sie auf *Wörterbücher.*

▶ Markieren Sie das Wörterbuch, für das Sie die Sprache ändern möchten.

▶ Wählen Sie eine andere *Sprache* aus.

INFO

INFO → 748
Normalerweise installiert Word das Wörterbuch in den Ordner C:/Windows/Anwen-dungsdaten/Microsoft/Pool. Ist das Programm benutzer-definiert installiert worden, kann sich die Datei auch in einem anderen Ordner und auf einem anderen Laufwerk befinden.

INFO
Natürlich können Sie das Wörterbuch auch über den Windows-Explorer auf Dis-kette kopieren und umge-kehrt.

INFO → 120
Die Sprache kann auch im Dialogfenster Recht-schreibung und Grammatik umgestellt werden.

Tippfehler beim Tippen automatisch korrigieren

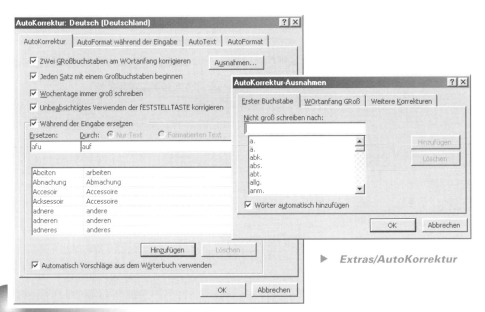

▶ *Extras/AutoKorrektur*

WO? WOMIT?

AutoKorrektur aufrufen

▶ Wählen Sie aus dem Menü *Extras/AutoKorrektur*.

▶ Das Dialogfenster *AutoKorrektur* wird geöffnet.

Korrekturoptionen einstellen

▶ *ZWei GRoßbuchstaben am WOrtanfang korrigieren:* Jedes Wort, das Sie mit zwei Großbuchstaben am Anfang schreiben, wird durch Groß-/Kleinschreibung ersetzt.

▶ *Jeden Satz mit einem Großbuchstaben beginnen:* Kleingeschriebene Wörter am Satzanfang werden automatisch in Groß-/Kleinschreibung umgewandelt.

▶ *Unbeabsichtigtes Verwenden der fESTSTELLTASTE korrigieren:* Diese Option deaktiviert die Feststelltaste und ersetzt die Wörter durch die richtige Groß-/Kleinschreibung.

Neues Wort der AutoKorrektur-Liste hinzufügen

▶ Tippen Sie das Wort, das Sie immer falsch schreiben, in das Feld *Ersetzen*.

▶ Tippen Sie das Wort, wie es richtig geschrieben wird, in das Feld *Durch*.

▶ Klicken Sie auf die Schaltfläche *Hinzufügen*.

INFO

Word korrigiert während der Eingabe des Textes automatisch falsch geschriebene Wörter, die in der Liste der AutoKorrektur enthalten sind.

INFO

Klicken Sie auf die Schaltfläche Ausnahmen, *um die Liste der nicht zu ändernden Wörter zu erweitern oder zu verkürzen.*

ACHTUNG

Die Option Während der Eingabe ersetzen *muß aktiviert sein, damit die automatische Korrektur bei der Eingabe von Text funktioniert.*

Mit dem Thesaurus arbeiten

Extras/Sprache/Thesaurus

WO? WOMIT?

Ein Synonym anzeigen lassen

▶ Markieren Sie den Begriff, für den Sie ein Synonym suchen.

▶ Wählen Sie aus dem Menü *Extras/Sprache/Thesaurus.*

▶ Das Dialogfenster *Thesaurus* erscheint auf Ihrem Bildschirm.

▶ Im Listenfeld *Synonyme für* werden die nachgeschlagenen Begriffe aufgelistet.

▶ Wählen Sie aus der Liste *Bedeutungen* einen Begriff, der dem markierten Ausdruck im Kontext am nächsten kommt. Wird kein Synonym gefunden, wird eine Liste alphabetischer Einträge angezeigt, die Ähnlichkeiten mit dem gesuchten Begriff in ihrer Schreibweise aufweisen.

▶ Klicken Sie auf die Schaltfläche *Nachschlagen*, werden die gefundenen Synonyme angezeigt.

▶ Mit der Schaltfläche *Zurück* kehren Sie zum zuvor nachgeschlagenen Begriff zurück.

Begriff durch das Synonym ersetzen

▶ Markieren Sie das gewünschte Synonym aus der Liste *Ersetzen durch Synonym.*

▶ Klicken Sie auf die Schaltfläche *Ersetzen.*

▶ Der markierte Begriff wird durch das gewählte Synonym ersetzt.

Aktion abbrechen

▶ Klicken Sie auf die Schaltfläche *Abbrechen.*

▶ Das Fenster wird ohne Durchführung einer Aktion geschlossen.

INFO

Mit dem Thesaurus können Sie während Ihrer Arbeit mit Word Synonyme für Begriffe suchen lassen.

→ 124

INFO

Der Thesaurus bedient sich aus dem Hauptwörterbuch bzw. aus den aktivierten Wörterbüchern.

TIP

Mit Rückgängig *können Sie die Ersetzung des Synonyms aufheben.*

NOCH SCHNELLER

Thesaurus aufrufen: ⇧+🗗

Silbentrennung

WO? WOMIT?

Silbentrennung aufrufen

▶ Klicken Sie in der Menüzeile auf *Extras/Sprache/Silben-trennung*. Das Dialogfenster *Silbentrennung* wird geöff-net.

Automatisch trennen

▶ Aktivieren Sie das Kontrollkästchen *Automatische Silben-trennung*. Das gesamte Dokument wird automatisch ge-trennt.

▶ Eine schmale Silbentrennzone (kleinerer Wert) erhöht die Trennung. Eine breite Trennzone (höherer Wert) reduziert die Anzahl der Trennungen.

Halbautomatische Trennung

▶ Klicken Sie im Dialogfenster *Silbentrennung* auf die Schaltfläche *Manuell*.

▶ Das Dialogfenster *Manuelle Silbentrennung* wird geöff-net.

▶ Word zeigt das Wort an, das getrennt werden könnte.

▶ Wählen Sie mit *Ja* oder *Nein*, ob getrennt werden soll.

▶ Bestimmen Sie eine neue Trennstelle, indem Sie mit der Maus an die Position im Wort klicken.

INFO
Aktivieren Sie Wörter in Großbuchstaben trennen, *wenn Sie beispielsweise Firmennamen oder Abkür-zungen, die in Groß-buchstaben geschrieben wurden, nicht trennen möchten.*

INFO
Die Trennzone wird vom rechten Seitenrand aus gemessen.

INFO
Stellen Sie die aufeinander-folgenden Trennstriche *im Text ein. Wählen Sie drei oder höchstens vier.*

AutoText festlegen und abrufen

▷ *Einfügen/AutoText/Neu*

▷ *Ansicht/Symbolleisten/AutoText*

WO? WOMIT?

Als AutoText festzulegen, eignen sich immer wiederkehrende Texte, Grafiken oder Tabellen:

▶ Adressen
▶ Briefkopf
▶ Texte aus Verträgen
▶ Texte aus Rechnungen
▶ Tabellen
▶ Grafiken
▶ Felder
▶ Eingescannte Unterschriften usw.

AutoText festlegen
▶ Geben Sie den Text, den Sie als AutoText speichern möchten, ein.
▶ Formatieren Sie ihn.
▶ Markieren Sie den Text.
▶ Wählen Sie aus dem Menü *Einfügen/AutoText/Neu*.
▶ Geben Sie einen kurzen, einprägsamen AutoText-Namen für den markierten Text ein.

→ 51

AutoText abrufen
▶ Geben Sie an der Stelle im Dokument den AutoText-Namen ein, an der Sie den AutoText einfügen möchten.
▶ Drücken Sie anschließend die ▣-Taste.
▶ Der festgelegte AutoText wird eingefügt.

Vorhandenen AutoText neu definieren
▶ Markieren Sie den Text.
▶ Rufen Sie wieder *Einfügen/AutoText/Neu* auf.
▶ Geben Sie denselben Namen des neu zu definierenden AutoTextes ein.
▶ Word möchte von Ihnen wissen, ob Sie den AutoText-Eintrag neu definieren möchten.
▶ Klicken Sie auf *Ja*.
▶ Der alte AutoText-Eintrag wird durch den neuen ersetzt.

BEGRIFFE

AutoText: AutoTexte sind häufig wiederkehrende Texte und Grafiken, die Sie mit Hilfe eines Namenskürzels speichern und abrufen können.
AutoText-Name: Der festgelegte AutoText muß unter einem Namen gespeichert werden, dem sogenannten AutoText-Namen.

TIP
Blenden Sie die AutoText-Sybmolleiste ein, und klicken Sie auf Neu. Ein neuer AutoText kann festgelegt werden.

→ 568

INFO
Fügen Sie eine Grafik in Word ein. Schreiben Sie den gewünschten Text dazu. Markieren Sie die Grafik und den Text. Legen Sie einen AutoText fest.

→ 153

TIP
Legen Sie einen AutoText mit Einfügen/AutoText/Neu fest, wird der AutoText in der zuletzt gewählten Dokumentvorlage gespeichert.

AutoText-Liste einsehen und bearbeiten

▶ *Einfügen/AutoText/*
  AutoText

→ 153

WO? WOMIT?

AutoText löschen

▶ Wählen Sie aus der Liste der AutoTexte einen bereits fest-
  gelegten AutoText aus.
▶ Klicken Sie auf die Schaltfläche *Löschen*.
▶ Der AutoText wird aus der Liste entfernt.

AutoText einer bestimmten Dokumentvor- → 153
lage zuordnen

▶ Wenn Sie keine andere Dokumentvorlage für Ihr Dokument gewählt haben, wird der AutoText in der Dokumentvorlage *Normal.dot* gespeichert.
▶ Aus der Liste *Suchen in:* kann die Dokumentvorlage ausgewählt werden, in der der AutoText gespeichert werden soll.

Drucken von AutoText-Einträgen → 92

▶ Wählen Sie aus dem Menü *Datei/Drucken*.
▶ Markieren Sie aus der Liste *Drucken* den Punkt *AutoText-
  Einträge*.
▶ Word druckt die AutoText-Namen fett und die AutoText-
  Einträge selbst normal aus.

ACHTUNG
*Der AutoText ist kontext-
abhängig. Das heißt, je
nachdem, in welchem Absatz
der Cursor blinkt, sehen Sie
Ihre AutoText-Einträge. Alle
Einträge erscheint nur, wenn
der Cursor in einem Absatz
blinkt, aus dem Sie noch
keinen AutoText definiert
haben. Haben Sie beispielsweise im Absatz mit der
Formatvorlage* Titel *einen
AutoText festgelegt und der
Cursor blinkt in diesem
Absatz, sehen Sie nur die
AutoTexte, die aus diesem
Absatz (Formatvorlage* Titel*)
erstellt wurden.*

Nach Texten suchen

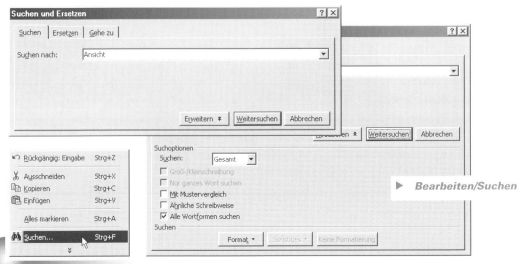

Bearbeiten/Suchen

Suche starten

▶ Wählen Sie aus der Menüzeile *Bearbeiten/Suchen...* Das Dialogfenster *Suchen und Ersetzen* wird geöffnet.

▶ Geben Sie in das Feld *Suchen nach:* den Text ein, nach dem gesucht werden soll.

▶ Klicken Sie auf die Schaltfläche *Weitersuchen.* Word durchsucht das gesamte Dokument und markiert die erste gefundene Stelle im Text.

▶ Wiederholen Sie die Suche, indem Sie wieder auf *Weitersuchen* klicken, oder beenden Sie die Suche mit *Abbrechen*.

Suchrichtung bestimmen

▶ Klicken Sie im Dialgofenster *Suchen und Ersetzen* auf die Schaltfläche *Erweitern.* Das **→ 137** Dialogfenster wird vergrößert.

▶ Bestimmen Sie im Listenfeld *Suchen:,* ob Word das gesamte Dokument *(Gesamt)* oder ab der Cursorposition *Abwärts* bzw. *Aufwärts* suchen soll.

Groß-/Kleinschreibung beachten

▶ Aktivieren Sie *Groß-/Kleinschreibung.*

▶ Es wird nach Begriffen gesucht, die exakt der Zeichenkombination entsprechen, die Sie eingegeben haben.

TIP

Markieren Sie einen Bereich, um nicht das ganze Dokument durchsuchen zu müssen.

INFO

Text kann bearbeitet werden, ohne daß Sie das Dialogfenster Suchen und Ersetzen schließen müssen.

→ 137

TIP

Mit den beiden blauen Pfeilen in der senkrechten Bildlaufleiste kann der zuletzt gesuchte Begriff aufwärts oder abwärts wiederholt gesucht werden.

Kurze Wörter suchen

▶ Aktivieren Sie die Option *Nur ganzes Wort* suchen. Es wird nach einem ganzen Wort, z.B. *ab* gesucht. Ist die Option nicht aktiviert, sucht Word auch innerhalb eines Wortes nach der eingegebenen Zeichenfolge, z.B. *absichtlich*.

Mit Platzhaltern suchen

▶ Aktivieren Sie die Option *Mit Mustervergleich*.

▶ Jetzt kann beispielsweise ein *?* als Platzhalter eingesetzt werden. Es wird nicht mehr nach dem Fragezeichen, sondern nach einem beliebigen Zeichen gesucht.

▶ Geben Sie beispielsweise *H?nd* ein. Der gefundene Text könnte *Hund* oder *Hand* lauten.

Nach ähnlicher Schreibweise suchen

▶ Aktivieren Sie das Kontrollkästchen *Ähnliche Schreibweise*.

▶ Geben Sie z.B. *Handschuh* ein, so werden auch die *Hundeschuhe* gefunden.

Nach allen Wortformen suchen

▶ Klicken Sie *Alle Wortformen suchen* an. Bei Eingabe von beispielsweise *Kopf* wird auch *Köpfe*, *Köpfchen* usw. gefunden.

TIP

Suchen Sie kurze Wörter wie beispielsweise »auf« mit aktivierter Option Nur ganzes Wort suchen. *Andernfalls würde »auf« auch in »Aufzug« gefunden.*

→ 132

INFO

Aktivieren Sie unter Suchoptionen *im Dialogfenster* Suchen und Ersetzen *das Kontrollkästchen* Mit Mustervergleich, *und klicken Sie auf die Schaltfläche* Sonstiges. *Die zur Verfügung stehenden Platzhalter werden hier angeboten.*

Gesuchtes Element	Platzhalter	Eingabe	Gefundener Text
Ein einzelnes Zeichen suchen	?	m?ßt	mußt, mißt
Eine Zeichenfolge suchen	*	k*t	kalt, kühlt
Eines der angegebenen Zeichen suchen	[ ]	s[ie]tzt	sitzt, setzt
Einen einzelnen Buchstaben innerhalb einer Buchstabenfolge, hier zwischen H und S, suchen	[-]	[h-s]and	Hand, Sand
Ein einzelnes Zeichen mit Ausnahme der Zeichen in eckigen Klammern suchen	[!]	s[!a-f]tzung	Sitzung, Satzung wird nicht gefunden
Mindestens *n* bis *m* Vorkommen des vorhergehenden Zeichens oder Ausdrucks suchen	{n;m}	10{1,3}	10, 100, 1000
Ein oder mehrere Vorkommen des vorhergehenden Zeichens oder Ausdrucks suchen	@	et@e	Wette, biete
Einen bestimmten Wortanfang suchen	<	<(inter)	Interesse, intern, nicht jedoch Winter
Ein bestimmtes Wortende suchen	>	(at)>	Adressat, Verrat, nicht jedoch Vater

Gestaltungsmerkmale suchen

*Bearbeiten/Suchen/
Format*

→ 51

→ 98

→ 140

Nach einer Formatvorlage suchen

▶ Wählen Sie aus dem Menü *Bearbeiten/Suchen*.

▶ Klicken Sie im vergrößerten Dialogfenster *Suchen und Ersetzen* auf die Schaltfläche *Format*.

▶ Klicken Sie auf den entsprechenden Eintrag (beispielsweise *Formatvorlage...*). → 140

▶ Das dazugehörige Dialogfenster wird geöffnet.

▶ Klicken Sie auf die Optionen, nach denen Sie suchen möchten, bzw. markieren Sie die gesuchte Formatvorlage.

▶ Schließen Sie das Dialogfenster mit *OK*.

▶ Im Dialogfenster *Suchen und Ersetzen* werden unter dem Eingabefeld *Suchen nach:* die ausgewählten Formate bzw. die Formatvorlage angezeigt.

▶ Klicken Sie auf *Weitersuchen*. Nach den ausgewählten Formatierungen bzw. nach der Formatvorlage wird gesucht.

Die Suche nach der Formatierung ausschalten

▶ Klicken Sie im Dialogfenster *Suchen und Ersetzen* auf die Schaltfläche *Keine Formatierung*. Die angegebenen Formatierungen unter dem Eingabefeld *Suchen nach* werden ausgeschaltet. Die Suche nach ganz »normalem Text« ist wieder möglich.

Tip → 132

Möchten Sie beispielsweise nur nach fettgedruckten Wörtern suchen, dann tragen Sie bei Suchen nach *(Dialogfenster* Suchen und Ersetzen*) nichts ein, lassen Sie das Eingabefeld einfach leer. Klicken Sie auf* Format/Zeichen, *und wählen Sie dort* Fett *aus.*

Achtung

Bevor Sie wieder nach ganz »normalem« Text suchen können, muß die Suche nach Formatierungen ausgeschaltet werden.

Keine Formatierung

Nach Formatierungszeichen suchen

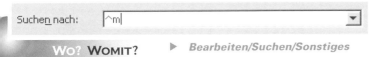

Suchen nach: [^m]

WO? **WOMIT?** ▶ *Bearbeiten/Suchen/Sonstiges*

Formatierungszeichen suchen

▶ Wählen Sie den Menübefehl *Bearbeiten/Suchen.*
▶ Klicken Sie auf *Erweitern.*
▶ Klicken Sie auf die Schaltfläche *Sonstiges.*
▶ Markieren Sie das Element, nach dem Sie suchen möchten.
   Im Eingabefeld *Suchen nach* erscheint ein Caret (^), ge-
   folgt von einem weiteren Zeichen.
▶ Starten Sie die Suche mit *Weitersuchen.* Das ausgewählte
   Element wird nach der Suche markiert.

Formatierungszeichen über direkte Eingabe suchen

▶ Geben Sie in das Eingabefeld *Suchen nach* das Caret und
   das entsprechende Zeichen ein.

Zeichen	Bedeutung
^a	Absatzmarke
^t	Tabstoppzeichen → 98
^5	Kommentarzeichen
^?	Beliebiges Zeichen
^#	Beliebige Ziffer
^$	Beliebiger Buchstabe
^^	Caret-Zeichen (^)
^n	Spaltenwechsel → 82
^+	Langer Gedankenstrich
^=	Gedankenstrich
^e	Endnotenzeichen
^d	Feld → 178
^f	Fußnotenzeichen
^r	Grafik → 568
^z	Manueller Zeilenwechsel
^m	Manueller Seitenwechsel
^_	Geschützter Bindestrich
^g	Geschütztes Leerzeichen
^-	Bedingter Trennstrich
^b	Abschnittswechsel
^l	Leerfläche

Absatzmarke
Tabstopzeichen
Kommentarzeichen
Beliebiges Zeichen
Beliebige Ziffer
Beliebiger Buchstabe
Caret-Zeichen
Spaltenwechsel
Langer Gedankenstrich
Gedankenstrich
Endnotenzeichen
Feld
Fußnotenzeichen
Grafik
Manueller Zeilenwechsel
Manueller Seitenwechsel
Geschützter Bindestrich
Geschütztes Leerzeichen
Bedingter Trennstrich
Abschnittswechsel
Leerfläche

[Sonstiges ▾]

→ 98 → 82 → 178 → 568

ACHTUNG
Ist das Kontrollkästchen Mit
Mustervergleich *angeklickt,
sieht das aufgeklappte Menü*
Sonstiges *anders aus, als
wenn die Option* Mit Mustervergleich *deaktiviert ist.
Diese Schaltfläche ist kon-
textabhängig.*

Beliebiges Zeichen   ?
Zeichenbereich   [-]
Wortanfang   <
Wortende   >
Ausdruck   ( )
Nicht   [!]
Anzahl Vorkommen   { , }
Vorkommen 1 oder mehr   @
0 oder mehr Zeichen   *
Tabstoppzeichen
Kommentarzeichen
Caret-Zeichen
Spaltenwechsel
Langer Gedankenstrich
Gedankenstrich
Grafik
Manueller Zeilenwechsel
Seiten-/Abschnittswechsel
Geschützter Bindestrich
Geschütztes Leerzeichen
Bedingter Trennstrich

[Sonstiges ▾]

TIP
*Das Caret (^) schreiben Sie,
indem Sie die entsprechende
Taste (links oben auf der
deutschen Tastatur) drücken
und anschließend die
Leertaste betätigen.*

BEGRIFF
Formatierungszeichen:
*Zeichen, die Word »intern«
verwendet, um den Text zum
Beispiel zu gestalten.
Natürlich ist ein Gedanken-
strich druckbar, aber Word
benutzt dafür eigene
»Kennungen«.*

Gefundenen Text ersetzen

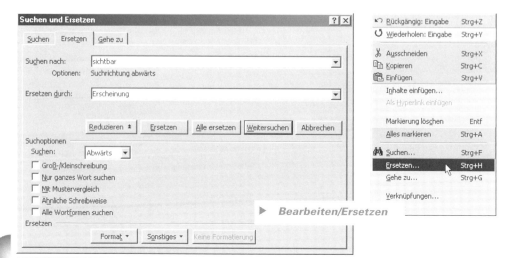

▶ *Bearbeiten/Ersetzen*

WO? WOMIT?

▶ Wählen Sie *Bearbeiten/Ersetzen*.
▶ Oder wählen Sie *Bearbeiten/Suchen,* und klicken Sie dann auf die Registerkarte *Ersetzen*.
▶ Geben Sie in das Feld *Suchen nach* den Text **→ 132** ein, nach dem Sie suchen wollen.
▶ Geben Sie in das Feld *Ersetzen durch* den Text ein, mit dem Sie ersetzen wollen.
▶ Stellen Sie die Suchrichtung und die Such- **→ 132** bedingungen ein.
▶ Starten Sie die Aktion mit *Weitersuchen*.

Der gefundene Begriff soll ersetzt werden
▶ Klicken Sie auf die Schaltfläche *Ersetzen,* sobald der markierte Text markiert angezeigt wird. Der gefundene Begriff wird ersetzt und der nächste Suchbegriff markiert.

Alle Begriffe sollen ersetzt werden
▶ Klicken Sie auf die Schaltfläche *Alle ersetzen*. Word ersetzt ohne Rückfrage jeden gefundenen Suchbegriff durch den Ersatzbegriff.

Der gefundene Begriff soll nicht ersetzt werden
▶ Klicken Sie auf die Schaltfläche *Weitersuchen*. Der markierte Begriff wird nicht ersetzt. Statt dessen wird nach dem nächsten Suchbegriff gesucht.

NOCH SCHNELLER
Ersetzen: Strg + H

→ 55
INFO
Nicht nur Text (Wörter) sondern Formatierungen, Sonderzeichen, Absatzmarken, Tabstops usw. können ersetzt werden.

→ 51
INFO
Suchen Sie nach verborgenem Text, muß dieser vorher sichtbar gemacht werden.

Suchen über die Bildlaufleiste

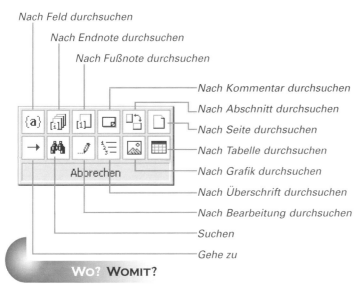

Nach Feld durchsuchen

Nach Endnote durchsuchen

Nach Fußnote durchsuchen

Nach Kommentar durchsuchen

Nach Abschnitt durchsuchen

Nach Seite durchsuchen

Nach Tabelle durchsuchen

Nach Grafik durchsuchen

Nach Überschrift durchsuchen

Nach Bearbeitung durchsuchen

Suchen

Gehe zu

WO? WOMIT?

Das Dialogfenster *Suchen und Ersetzen* über die Bildlaufleiste aufrufen

▶ Klicken Sie in der Bildlaufleiste auf das Symbol *Nach Objekt durchsuchen* (unten rechts, in der senkrechten Bildlaufleiste). Ein Pop-up-Menü mit verschiedenen Symbolen erscheint auf dem Bildschirm.

▶ Klicken Sie auf das Fernglas. Das Dialogfenster *Suchen und Ersetzen* erscheint.

Nach bestimmten Objekten suchen

▶ Klicken Sie eine der angebotenen Optionen, beispielsweise *Nach Grafik druchsuchen,* an.

▶ Um das ausgewählte Element zu finden, bestimmen Sie mit den Richtungspfeilen die Suchrichtung. Mit einem Klick auf die Richtungspfeile beginnt die Suche.

Vorwärts oder rückwärts blättern

▶ Klicken Sie auf das Symbol *Nach Seite durchsuchen.* Mit den Richtungspfeilen wird seitenweise nach vorwärts oder rückwärts geblättert.

Zur letzten Bearbeitungsstelle »hüpfen«

▶ Klicken Sie auf das Symbol *Nach Bearbeitung durchsuchen.* Der Cursor springt an die Stelle, an der Sie zuletzt gearbeitet haben.

➜ 136

INFO
Mit dem Symbol Gehe zu *wird das Dialogfenster* Suchen und Ersetzen *mit der Registerkarte* Gehe zu *geöffnet.*

Nach Objekt durchsuchen *aufrufen*

Die Suchrichtung bestimmen

☑ Horizontale Bildlaufleiste
☑ Vertikale Bildlaufleiste

INFO
Die Bildlaufleisten können unter Extras/Optionen/Ansicht *ein- und ausgeblendet werden.*

Rechtschreibprüfung aktivieren

▶ Klicken Sie im Menü auf *Extras/Rechtschreibung und Grammatik* .
▶ Word öffnet das Dialogfenster *Rechtschreibung und Grammatik: Deutsch (Deutschland)*. Es wird das erste unbekannte Wort im Text gesucht und im Vorschaufenster rot angezeigt.
▶ Eine Liste von Korrekturvorschlägen wird unter *Vorschläge* aufgelistet.

Korrekturen

▶ *Korrektur ignorieren:* Wenn die Schreibweise des Wortes stimmt, klicken Sie auf *Ignorieren*. Das Wort wird übergangen und das nächste unbekannte Wort gesucht.
▶ *Gefundenes Wort nie ändern:* Klicken Sie auf die Schaltfläche *Nie ändern.* Das Wort wird künftig ignoriert. Das Wort wird während der gesamten Überprüfung des Dokuments nicht mehr angezeigt.

Nach Objekt durchsuchen *aufrufen*

Die Suchrichtung bestimmen

Neues Wort der AutoKorrektur-Liste hinzufügen

▶ Tippen Sie das Wort, das Sie immer falsch schreiben, in das Feld *Ersetzen*.
▶ Tippen Sie das Wort, wie es richtig geschrieben wird, in das Feld *Durch*.
▶ Klicken Sie auf die Schaltfläche *Hinzufügen*.

Silbentrennung

▶ Klicken Sie in der Menüzeile auf *Extras/Sprache/ Silbentrennung*. Das Dialogfenster *Silbentrennung* wird geöffnet.

AutoText abrufen

▶ Geben Sie an der Stelle im Dokument den AutoText-Namen ein, an der Sie den AutoText einfügen möchten.
▶ Drücken Sie anschließend die ⊞-Taste.
▶ Der festgelegte AutoText wird eingefügt.

Suche starten

▶ Wählen Sie aus der Menüzeile *Bearbeiten/ Suchen...* Das Dialogfenster *Suchen und Ersetzen* wird geöffnet.
▶ Geben Sie in das Feld *Suchen nach:* den Text ein, nach dem gesucht werden soll.
▶ Klicken Sie auf die Schaltfläche *Weitersuchen*.

8

KAPITEL

Vorlagen für Formatierungen und Dokumente

tempo

Neue Formatvorlage erstellen

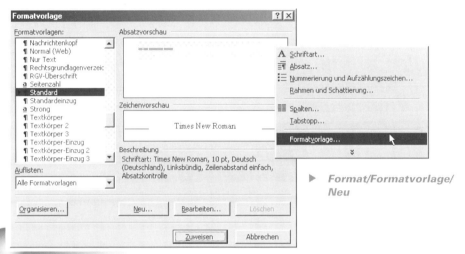

▷ *Format/Formatvorlage/ Neu*

Was ist eine Formatvorlage?

▶ Eine Formatvorlage bezieht sich auf die Formatierung von Absätzen oder Zeichen. **→ 51**

▶ Alle Formatierungen, die Sie in einem Absatz oder
in einzelnen Zeichen vornehmen, merkt sich **→ 56**
Word unter einem Namen, der sogenannten
Formatvorlage.

▶ Den Namen der Formatvorlage können Sie frei bestimmen.

▶ Haben Sie keine spezielle Formatvorlage zugewiesen,
erhält jeder Absatz normalerweise die Formatvorlage
Standard. Überschriften und Aufzählungen erkennt Word
automatisch

Das Dialogfenster *Formatvorlage* aufrufen

▶ Klicken Sie in der Menüleiste auf *Format/Formatvorlage*.
Das Dialogfenster *Formatvorlage* wird geöffnet.

Neue Formatvorlage erstellen

▶ Klicken Sie im Dialogfenster *Formatvorlage* auf die
Schaltfläche *Neu*.

▶ Geben Sie in das Feld *Name* einen passenden Namen
für die Formatvorlage ein, zum Beispiel *Hinweis*.

▶ Wählen Sie unter *Formatvorlagentyp* aus, ob Sie eine
Formatvorlage für den ganzen *Absatz* oder nur für einzelne
Zeichen festlegen wollen.

▶ Wählen Sie aus der Formatvorlagen-Liste unter *Basiert
auf* die Formatvorlage aus, auf deren Einstellungen die
neue basieren soll. Im Feld *Beschreibung* können Sie

BEGRIFF

Formatvorlage: Verschiedene
Absatz- und Zeichenforma-
tierungen faßt Word unter
einem Namen zusammen,
der sogenannten Format-
vorlage.

TIP

*Der Vorteil einer
Formatvorlage besteht darin,
daß nicht jeder Absatz
manuell bearbeitet werden
muß.*

INFO

*Zeichen-Formatvorlagen
werden in der Liste der
Formatvorlagen mit einem
kleinen, unterstrichenen »a«
dargestellt.
Absatz-Formatvorlagen
werden mit »¶«-Zeichen
ausgewiesen.*

ablesen, mit welchen Gestaltungsmerkmalen die Formatvorlage versehen ist.

▶ Die Option *Formatvorlage für nächsten Absatz* beeinflußt
beim Schreiben, welche Formatvorlage der folgende
Absatz beim Drücken der ⏎-Taste im Text erhalten soll.

▶ In der *Vorschau* sehen Sie, wie die Formatvorlage aussieht.

▶ Unter *Beschreibung* werden die einzelnen Formatierungen genau beschrieben.

Formatierung für die Formatvorlage festlegen

▶ Klicken Sie auf die Schaltfläche *Format.*

▶ Über *Zeichen, Absatz, Tabstopp, Rahmen, Sprache, Positionsrahmen* und *Nummerierung* landen Sie in den
entsprechenden Dialogfenstern, in denen Sie
die gewünschten Formatierungen einstellen
können.

▶ Klicken Sie z.B. auf *Zeichen.*

▶ Das Dialogfenster *Zeichen* wird geöffnet.

▶ Stellen Sie hier die gewünschte Schriftart, Schriftfarbe
usw. ein.

▶ Schließen Sie das Fenster mit OK.

▶ Rufen Sie das nächste Dialogfenster über die Schaltfläche
Format auf.

▶ Klicken Sie beispielsweise auf *Absatz,* und stellen Sie hier
die Absatzeinstellungen ein.

▶ Wenn Sie alle Einstellungen erledigt haben, schließen
Sie das Dialogfenster *Formatvorlage* mit *Schließen.*

Zur Vorlage hinzufügen

▶ Die Formatvorlage wird automatisch der Dokumentvorlage hinzugefügt, mit der das Dokument
verbunden ist.

Automatisch aktualisieren

▶ Formatieren Sie im Dokument einen Absatz
oder Zeichen manuell, wird die Formatvorlage
automatisch angepaßt. Alle Absätze, die mit
dieser Formatvorlage formatiert sind, werden
aktualisiert. Also Vorsicht: Deaktivieren Sie diese Option besser nicht.

Hier läßt sich eine Tasten-
kombination für die Format-
vorlage festlegen.

→ 148
→ 56
→ 153

INFO
*Die neu erstellte Format-
vorlage erscheint in der Liste
der Formatvorlagen.*

BEGRIFF
*Eine **Dokumentvorlage** wird
als eine Art »Schablone«
verwendet. Diese Schablone
kann immer wieder aufgerufen werden, ohne aus Ver-
sehen beschädigt zu werden.*

ACHTUNG
*Die Dokumentvorlage wird
manchmal als Vorlage und
dann wieder als Dokument-
vorlage bezeichnet.*

BEGRIFF
***Manuelle oder direkte Forma-
tierung:*** *Wenn Sie direkt über
die Dialogfenster* Zeichen,
Absatz *usw. gehen oder mit
der Formatierung-Symbol-
leiste arbeiten, sind das
manuelle (feste) Formatierungen. Diese Formatierungen
können nicht über das
Formatvorlagen-Fenster
bearbeitet oder geändert
werden.*

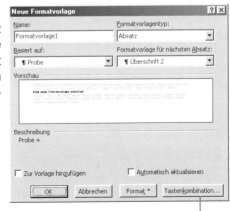

Formatvorlagen anzeigen

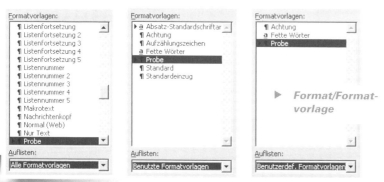

WO? WOMIT?

Alle Formatvorlagen anzeigen

▶ Klicken Sie in der Menüleiste auf *Format/Formatvorlagen*.
▶ Wählen Sie unter *Auflisten* die Option *Alle Formatvorlagen* aus.
▶ Es werden alle Formatvorlagen, die im aktuellen Dokument zur Verfügung stehen, angezeigt.

Benutzte Formatvorlagen anzeigen

▶ Klicken Sie in der Menüleiste auf *Format/Formatvorlagen*.
▶ Wählen Sie unter *Auflisten* die Einstellung *Benutzte Formatvorlagen* aus.
▶ Alle Formatvorlagen, die Sie im Moment in Ihrem Dokument im Einsatz haben, werden angezeigt.

Benutzerdefinierte Formatvorlagen anzeigen

▶ Klicken Sie in der Menüleiste auf *Format/Formatvorlagen*.
▶ Wählen Sie unter *Auflisten* die Option *Benutzerdef. Formatvorlagen* aus.
▶ Word zeigt nur die Formatvorlagen an, die Sie im aktuellen Dokument erstellt haben.

ACHTUNG
Von Word vordefinierte Formatvorlagen wie beispielsweise »Standard« und »Absatz-Standardschriftart« lassen sich bearbeiten, aber nicht löschen.

TIP
Möchten Sie eine Formatvorlage aus der Liste entfernen, dann markieren Sie die Formatvorlage und drücken die Entf*-Taste, oder Sie klicken auf die Schaltfläche* Löschen.

Formatvorlagen bearbeiten

▶ **Format/Formatvorlage/Bearbeiten**

WO? WOMIT?

Formatvorlage auswählen

▶ Klicken Sie in der Menüleiste auf *Format/Formatvorlage*.
▶ Lassen Sie sich die Formatvorlagen unter *Auflisten* anzeigen.
▶ Markieren Sie die Formatvorlage, die Sie auswählen möchten, mit der Maus. **→ 146**

Formatvorlage verändern

▶ Klicken Sie im Dialogfenster *Formatvorlage* auf die Schaltfläche *Bearbeiten*. Unter *Name* erscheint der Name der zuvor ausgewählten Formatvorlage.
▶ Sie können die Basisformatvorlage in der Liste *Basiert auf* ändern.
▶ Wählen Sie gegebenenfalls eine andere *Formatvorlage für den nächsten Absatz* aus.
▶ Ändern Sie die Formatierungen für die ausgewählte Formatvorlage über die Schaltfläche *Format*. **→ 141**

Formatvorlage zuweisen

▶ Klicken Sie im Dialogfenster *Formatvorlage* auf die Schaltfläche *Zuweisen*. Die Formatvorlage wird dem Absatz zugewiesen, in dem der Cursor vor dem Öffnen des Dialogfensters blinkte.

ACHTUNG
Formatvorlagen bauen aufeinander auf. Ändern Sie etwas in der Basis-Formatvorlage, werden alle Formatvorlagen, die auf dieser basieren, automatisch geändert.

TIP
Absatzformatierungen, die von der Formatvorlage abweichen, lassen sich mit der Tastenkombination Strg+Q aufheben.

→ 146

TIP
Formatvorlagen können auch über die Format-Symbolleiste zugewiesen werden.

Tastenkombination für Formatvorlagen

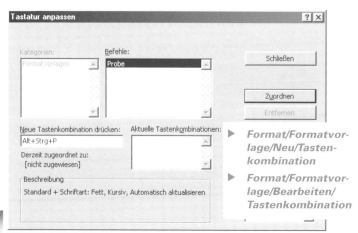

▶ Format/Formatvor-
lage/Neu/Tasten-
kombination

▶ Format/Formatvor-
lage/Bearbeiten/
Tastenkombination

WO? WOMIT?

Der Formatvorlage eine Tastenkombination zuordnen
▶ Wählen Sie aus dem Menü *Format/Formatvor-
lage,* und klicken Sie im Dialogfenster auf die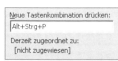
Schaltfläche *Neu* oder *Bearbeiten.*
▶ Klicken Sie auf die Schaltfläche *Tastenkombination.*
▶ Das Dialogfenster *Tastatur anpassen* wird geöffnet.
▶ Setzen Sie den Cursor in das Eingabefeld *Neue Tasten-
kombination drücken:.*
▶ Drücken Sie auf der Tastatur die gewünschte Tastenkom-
bination.
▶ Klicken Sie auf die Schaltfläche *Zuordnen.* Die gewählte
Tastenkombination wird der markierten Formatvorlage
zugewiesen.

Tastenkombination löschen
▶ Wählen Sie in der Liste der aktuellen Tastenkombinatio-
nen die gewünschte Tastenkombination aus.
▶ Klicken Sie auf die Schaltfläche *Entfernen.*

Tastenkombination anwenden
▶ Setzen Sie den Cursor in den Absatz, dem Sie eine
Formatvorlage zuweisen möchten.
▶ Drücken Sie die zuvor festgelegte Tastenkombination, z.B.
[Strg]+[Alt]+[P].

TIP
*Erscheint nach Eingabe der
Tastenkombination die Meldung* Derzeit zugeordnet zu,
*ist die von Ihnen gewählte
Tastenkombination schon
belegt. Wählen Sie eine neue,
um die Standard-Tastenkom-
binationen nicht zu löschen.*

INFO
Wählen Sie unter Speichern
in *die gewünschte Dokumentvorlage aus, in der Sie die
Tastenkombination speichern
möchten.*

Formatvorlagen kopieren und löschen

▷ *Format/Formatvorlage/Organisieren*

WO? WOMIT?

Dokumentvorlage bzw. Dokument schließen und öffnen

▶ Achten Sie darauf, aus welchem Dokument Sie Formatvorlagen kopieren oder löschen möchten. Wählen Sie aus der Liste *Formatvorlagen verfügbar in:* das gewünschte Dokument bzw. Dokumentvorlage aus. **→ 151**

▶ Ist das gewünschte Dokument oder die Dokumentvorlage nicht in der Liste auswählbar, dann schließen Sie das verfügbare Dokument mit der Schaltfläche *Datei schließen*.

▶ Die Schaltfläche *Datei schließen* verwandelt sich in *Datei öffnen*. Klicken Sie auf die Schaltfläche *Datei öffnen*.

▶ Wählen Sie das benötigte Dokument aus.

Formatvorlage kopieren

▶ Markieren Sie in der linken oder rechten Fensterhälfte die Formatvorlage, die Sie gerne kopieren möchten. **→ 41**

▶ Klicken Sie auf die Schaltfläche *Kopieren*. Die Formatvorlage wird von links nach rechts oder umgekehrt von einer Datei in die andere kopiert.

Formatvorlage löschen

▶ Markieren Sie die zu löschende Formatvorlage.

▶ Möchten Sie eine Formatvorlage aus der Datei löschen, dann klicken Sie auf die Schaltfläche *Löschen*.

TIP

Das Dialogfenster ist zweigeteilt. Öffnen Sie in der linken Hälfte beispielsweise das Dokument, aus dem Sie Formatvorlagen kopieren möchten. Öffnen Sie in der rechten Hälfte das Dokument, in das Sie Formatvorlagen hineinkopieren möchten.

INFO **→ 148**

Formatvorlagen können auch zwischen Dokumentvorlagen kopiert werden.

TIP **→ 136**

Über das Menü Bearbeiten/ Ersetzen können Sie nach Formatvorlagen suchen und diese durch andere Formatvorlagen ersetzen lassen.

Textformate über definierte Vorlagen zuweisen

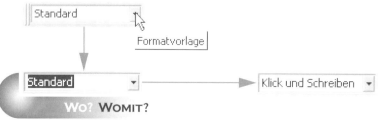

Formatvorlage zuweisen

▶ Markieren Sie die Zeichen, die mit einer Zeichen-Format-vorlage ausgestattet werden sollen.

▶ Oder klicken Sie in den Absatz, dem eine Absatz-Format-vorlage zugewiesen werden soll.

▶ Klappen Sie die Liste der Formatvorlagen durch Klicken auf den Listenpfeil auf.

▶ Blättern Sie gegebenenfalls mit der Bildlaufleiste nach oben oder unten.

▶ Klicken Sie auf die gewünschte Formatvorlage. Die aus-gewählte Formatvorlage ist jetzt den markierten Zeichen bzw. dem Absatz zugewiesen. Die Formatierung ändert sich entsprechend.

Eine andere Formatvorlage zuweisen

▶ Markieren Sie die Zeichen, oder stellen Sie den Cursor in den entsprechenden Absatz.

▶ Wählen Sie aus der Liste der Formatvorlagen eine ande-re Formatvorlage aus.

▶ Die neu ausgewählte Formatvorlage wird dem Zeichen bzw. dem Absatz zugewiesen.

Formatvorlage auf die Schnelle definieren

▶ Markieren Sie den Absatz, für den Sie eine neue Format-vorlage festhalten möchten.

▶ Formatieren Sie die Zeichen und Absätze nach **→ 51** Ihren Wünschen.

▶ Klicken Sie direkt in das Feld der Formatvorlage hinein. Es wird farbig unterlegt.

▶ Tippen Sie den neuen Formatvorlagen-Namen in das Feld.

▶ Drücken Sie die ⏎-Taste, um die neue Formatvorlage in die Liste aufzunehmen.

ACHTUNG
Zeichen-Formatvorlagen können mit Hilfe der Forma-tierung-Symbolleiste nicht definiert werden.

INFO **→ 140**
Formatvorlagen definieren im Detail.

TIP
Zeichenformate, die von der Formatvorlage abweichen, lassen sich auf die Forma-tierung der Formatvorlage mit der Tastenkombination Strg+⎵ *zurücksetzen.*

Formatvorlage neu definieren

▶ Markieren Sie die Zeichen bzw. den Absatz.

▶ Formatieren Sie die Zeichen bzw. den Absatz direkt, das heißt, die Formatierungen werden über die Format-Symbolleiste oder über die Dialogfenster *Format/Schriftart, Format/Absatz, Format/Nummerierung und Aufzählungen,* usw. eingegeben.

▶ Klicken Sie in der Liste der Formatvorlagen auf den gleichen Formatvorlagen-Namen, den Sie dem Absatz zu einem früheren Zeitpunkt zugewiesen haben.

▶ Auf dem Bildschirm erscheint das Dialogfenster *Formatvorlage bearbeiten.*

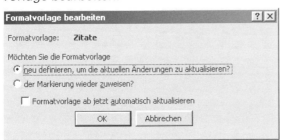

▶ Mit der Option *neu definieren, um die aktuellen Änderungen zu aktualisieren?* wird die von Ihnen markierte und geänderte Formatvorlage entsprechend ihrem aktuellem Aussehen neu definiert.

▶ Mit der Option *Der Markierung wieder zuweisen?* wird dem Absatz die Formatvorlage mit den alten Formatierungen wieder zugewiesen.

Formatvorlage ab jetzt automatisch aktualisieren

▶ Aktivieren Sie das Kontrollkästchen *Formatvorlage ab jetzt automatisch aktualisieren (neu definieren),* wird die Formatvorlage zukünftig nach Änderungen sofort geändert, ohne dieses Dialogfenster anzuzeigen. Die automatische Aktualisierung der Formatvorlage kann nur ausgeschaltet werden, wenn Sie die Option *Automatisch aktualisieren* im Dialogfenster *Format/Formatvorlage/Bearbeiten* deaktivieren.

→ 141

ACHTUNG
Die Änderungen über die Format-Symbolleiste können auf diese Art und Weise nur ausgeführt werden, wenn die Option Automatisch aktualisieren *im Dialogfenster* Format/Formatvorlage/Bearbeiten *deaktiviert ist.*

NOCH SCHNELLER
Formatvorlagen-Liste aktivieren: Strg + ⇧ + S

ACHTUNG
Feste (direkte) Formatierungen sind der Formatvorlage übergeordnet.

ACHTUNG
Zeichen-Formatvorlagen können über die Format-Symbolleiste und das Dialogfenster Formatvorlage bearbeiten *nicht geändert werden.*

Eigenschaften von Dokumentvorlagen

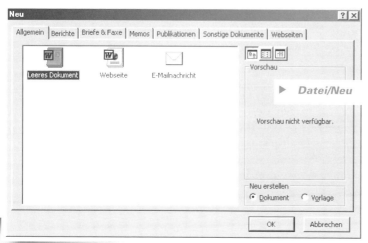

WO? WOMIT?

Eigenschaften

▶ Dokumentvorlagen werden als eine Art »Schablone« verwendet. Die Schablone (Dokumentvorlage) kann immer wieder aufgerufen werden, ohne aus Versehen »beschädigt« zu werden.

▶ In Dokumentvorlagen werden nicht nur Standardtexte, sondern auch die ganze Gestaltung des Dokuments für immer wiederkehrenden Einsatz gespeichert.

▶ Die globale Dokumentvorlage ist unter dem Namen *Normal.dot* gespeichert.

▶ Die *Normal.dot* können Sie im Dialogfenster *Neu* unter der Registerkarte *Allgemein* als *Leeres Dokument* sehen.

▶ Alle Dokumentvorlagen werden mit der Datei-Endung *.dot* gespeichert.

Gespeicherte Elemente in Dokumentvorlagen

▶ Formatvorlagen
▶ AutoText
▶ Angepaßte Menüleisten
▶ Veränderte Symbolleisten
▶ Tastenkombinationen
▶ Kopf- und Fußzeilen
▶ Seitenrandeinstellungen

➔ 140
➔ 636
➔ 76
➔ 89

TIP
Dokumentvorlagen sind sehr nützlich, wenn Sie beispielsweise immer gleich aussehende Briefe versenden möchten.

INFO
Wenn keine spezielle Dokumentvorlage von Ihnen ausgewählt wurde, wird Ihr Dokument automatisch mit der Normal-Dokumentvorlage Leeres Dokument verbunden.

TIP
Speichern Sie Formatvorlagen, AutoTexte, Tastenkombinationenen etc., die Sie in allen Dokumenten verfügbar haben möchten, in der Normal-Dokumentvorlage (Normal.dot).

Der einfache Brief und der Brief-Assistent

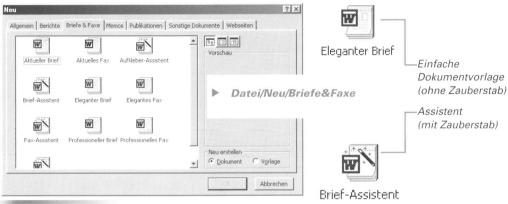

WO? WOMIT?

Mit einer einfachen Dokumentvorlage arbeiten

Mit einer einfachen Dokumentvorlage stellt Ihnen Word ein Dokument zur Verfügung, das Sie nur noch ausfüllen müssen. Eine einfache Dokumentvorlage wird durch das Symbol ohne Zauberstab dargestellt.

▶ Klicken Sie in der Menüleiste auf *Datei/Neu*.

▶ Das Dialogfenster *Neu* wird geöffnet.

▶ Klicken Sie auf die gewünschte Registerkarte.

▶ Markieren Sie im Dialogfenster *Neu* eine Dokumentvorlage.

▶ Schließen Sie das Fenster mit *OK*.

▶ Auf dem Bildschirm erscheint ein Dokument, das mit der zuvor ausgewählten Dokumentvorlage verbunden ist (z.B. *Aktueller Brief*).

▶ Füllen Sie das Dokument aus. **→ 36**

▶ Speichern Sie das Dokument. **→ 24**

Einen Brief mit Hilfe eines Assistenten erstellen

Ein Assistent führt Sie durch verschiedene Dialogfenster mit vielen Einstellungsmöglichkeiten zum Ziel. Der Assistent wird durch das Symbol mit dem Zauberstab dargestellt.

▶ Markieren Sie im Dialogfenster *Neu* das Symbol *Brief-Assistent*, oder klicken Sie in der Menüleiste auf *Extras/Brief-Assistent*.

▶ Der Office-Assistent meldet sich. Klicken Sie auf *Einen Brief an einen Empfänger schreiben*.

▶ Das Dialogfenster *Brief-Assistent* wird geöffnet.

INFO
Markieren Sie den vorgegebenen Text, und schreiben Sie Ihren eigenen Text in den Brief oder das Formular.

INFO
Serienbriefe

Willkommen beim Brief-Assistenten.
- Einen Brief an einen Empfänger schreiben.
- Einen Serienbrief erstellen.

Abbrechen

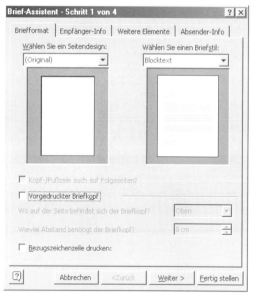

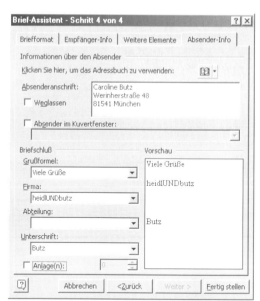

▶ Stellen Sie die für Sie wichtigen Optionen ein.

▶ Klicken Sie auf die Schaltfläche *Weiter*.

▶ Füllen Sie die Eingabefelder aus, und wählen Sie die gewünschten Einstellungen.

▶ Klicken Sie wieder auf die Schaltfläche *Weiter* usw.

▶ Wenn alle Felder ausgefüllt und alle Optionen eingestellt sind, klicken Sie auf die Schaltfläche *Fertig stellen*.

▶ Der Office-Assistent meldet sich wieder. Möchten Sie einen Umschlag oder Adreßettiketten erstellen, wählen Sie die betreffende Option.

→ 202

Probieren Sie die verschiedenen Assistenten einfach aus. Sie funktionieren alle nach dem gleichen Prinzip.

Es müssen nicht alle Felder ausgefüllt werden.

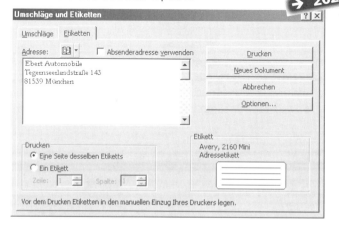

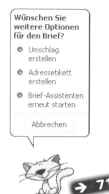

→ 718

Die Vorlage eines Dokuments wechseln

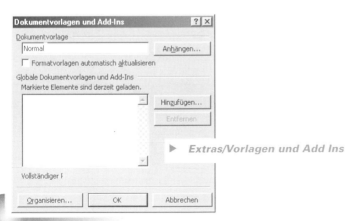

▶ Extras/Vorlagen und Add Ins

WO? WOMIT?

▶ Klicken Sie in der Menüleiste auf *Extras/Vorlagen und Add-Ins.*

▶ Das Dialogfenster *Dokumentvorlagen und Add-Ins* wird geöffnet.

▶ Im Feld *Dokumentvorlage* können Sie sehen, mit welcher Dokumentvorlage Ihr Dokument im Moment verknüpft ist.

▶ Klicken Sie auf die Schaltfläche *Anhängen.*

▶ Das Dialogfenster *Vorlage verbinden* wird geöffnet. Wählen Sie die gewünschte Dokumentvorlage aus.

▶ Klicken Sie auf die Schaltfläche *Öffnen.*

▶ Im Feld *Dokumentvorlage* wird die neue Verbindung mit der Dokumentvorlage angezeigt.

INFO

Durch Zuweisen der neuen Dokumentvorlage stehen Ihnen Formatvorlagen, AutoTexte, Menüleisten, Symbolleisten, Tasten-kombinationen, Kopf- und Fußzeilen zur Verfügung. Formatvorlagen stehen Ihnen nur zur Verfügung, wenn Sie die Option Formatvorlagen automatisch aktualisieren aktiviert haben.

INFO

Dokumentvorlagen werden normalerweise im Ordner Programme/Microsoft Office/ Vorlagen gespeichert.

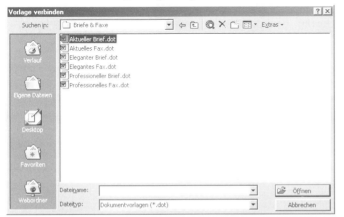

ACHTUNG

Seitenrandeinstellungen der Dokumentvorlage werden nur für neue Dokumente, die mit Datei/Neu erstellt werden, übernommen.

Formatvorlagen automatisch aktualisieren

→ 140

▶ Aktivieren Sie dieses Kontrollkästchen, wenn Sie die Formatvorlagen aus der Dokumentvorlage automatisch auf die verbundenen Dokumente übertragen möchten.

▶ Sollten Änderungen in der Dokumentvorlage gemacht worden sein, werden die Änderungen der Formatvorlagen bei jedem Öffnen des Dokuments aktualisiert.

▶ Bestätigen Sie die Verbindung mit *OK*.

Weitere Dokumentvorlagen hinzufügen

▶ Klicken Sie im Dialogfenster *Extras/Vorlagen und Add-Ins* auf die Schaltfläche *Hinzufügen*.

▶ Wählen Sie die gewünschte Dokumentvorlage aus.

▶ Die ausgewählte Dokumentvorlage wird im Feld *Globale Vorlagen und Add-Ins* eingefügt.

▶ Aktivieren oder deaktivieren Sie die Dokumentvorlagen mit den Kontrollkästchen.

Formatvorlage aus einer anderen Dokumentvorlage anzeigen und verwenden

▶ Wählen Sie den Menübefehl *Format/Design*.

▶ Klicken Sie auf die Schaltfläche *Formatvorlagenkatalog*.

▶ Im Feld *Vorlage* wählen Sie die Dokumentvorlage aus, die die gewünschten Formatvorlagen enthält.

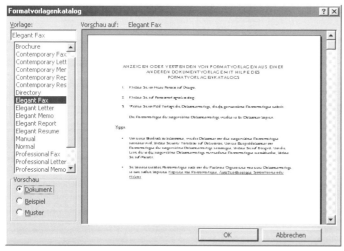

▶ Klicken Sie auf *OK*, werden die Formatvorlagen der ausgewählten Dokumentvorlage in Ihr Dokument kopiert.

TIP

Aktivieren Sie hinzugefügte Dokumentvorlagen, stehen Ihnen die AutoTexte, Textbausteine, Makros, Menü- und Symbolleisten zur Verfügung.

ACHTUNG

Die Formatvorlagen werden bei hinzugefügten Dokumentvorlagen nicht bereitgestellt. Dazu muß die Option Formatvorlagen automatisch aktualisieren *im Dialogfenster* Dokumentvorlagen und Add-Ins *angeklickt sein.*

INFO

Normalerweise ist die Option Dokument *aktiviert, so daß Sie einen Eindruck bekommen, wie das Dokument mit der ausgewählten Dokumentvorlage aussehen wird.*

TIP

Aktivieren Sie die Option Muster, *werden Ihnen die Formatvorlagen der ausgewählten Dokumentvorlage eingeblendet.*

Neue Dokumentvorlage erstellen

WO? WOMIT?

▶ Wählen Sie aus der Menüleiste *Datei/Neu*.

▶ Markieren Sie eine Dokumentvorlage, die Sie als Grundlage für Ihre neue Dokumentvorlage verwenden möchten.

▶ Aktivieren Sie die Option *Vorlage* im Bereich *Neu erstellen*.

▶ Schließen Sie das Dialogfenster *Neu* mit *OK*.

▶ Nehmen Sie die gewünschten Änderungen wie Seitenrandeinstellung, Standardtext einfügen, Formatvorlagen festlegen usw. vor.

▶ Klicken Sie auf das Symbol *Speichern*, um der Dokumentvorlage einen Namen zu geben. **→ 24**

▶ Geben Sie im Dialogfenster *Speichern unter* bei *Dateiname* den Namen für die Dokumentvorlage ein.

▶ Schließen Sie das Fenster mit *OK*.

▶ Die neue Dokumentvorlage steht zur Verfügung.

INFO

Wenn Sie beim Speichern der Dokumentvorlage nicht darauf achten, in welchen Ordner Sie sie speichern, legt Word sie im Ordner Vorlagen *ab. Beim Aufrufen der Dokumentvorlage erscheint sie unter der Registerkarte* Allgemein.

INFO

Die Dokumentvorlage Leeres Dokument *entspricht der* Vorlage Normal.

TIP

Ein ganz normales Dokument kann auch als Dokumentvorlage abgespeichert werden. Wählen Sie dazu aus dem Dialogfenster Datei/ Speichern unter *aus der Liste* Dateityp *den Punkt* Dokumentvorlage *aus.*

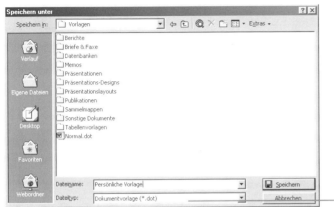

Dokumentvorlage bearbeiten

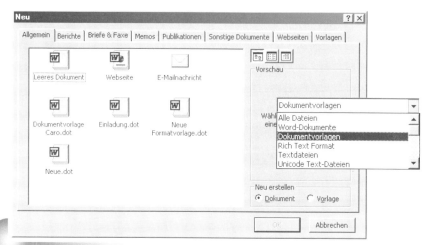

WO? WOMIT?

Dokumentvorlage verändern
▶ Wählen Sie aus der Menüleiste *Datei/Öffnen*.
▶ Wählen Sie die *Dokumentvorlagen* unter *Dateityp* aus.
▶ Die im Ordner vorhandenen Dokumentvorlagen werden angezeigt.
▶ Markieren Sie die gewünschte *Dokumentvorlage*.
▶ Klicken Sie auf die Schaltfläche *Öffnen*.
▶ Bearbeiten Sie die Dokumentvorlage wie ein normales Dokument.
▶ Speichern Sie die Änderungen der Dokumentvorlage mit dem Symbol *Speichern*.

Dokumentvorlage aus dem aktuellen Dokument heraus ändern, z.B. die Symbolleiste
▶ Klicken Sie mit der rechten Maustaste auf eine der beiden Symbolleisten.
▶ Klicken Sie auf *Anpassen*.
▶ Wählen Sie die Registerkarte *Befehle* aus.
▶ Wählen Sie aus der Liste *Speichern in* die Dokumentvorlage aus, in der die geänderte Symbolleiste vorhanden sein soll.
▶ Ändern Sie die Symbolleiste nach Ihren Wünschen. **➔ 637**

INFO
Die Dokumentvorlagen befinden sich normalerweise im Ordner Programme/ Microsoft Office/Vorlagen.

INFO
Arbeiten Sie in einem Dokument, das mit einer speziellen Dokumentvorlage verbunden ist, können Sie diese aus dem Dokument heraus ändern. Beim Schließen des Dokuments werden Sie gefragt, ob Sie die Änderungen in der Dokumentvorlage speichern möchten.

Elemente in Dokumentvorlagen kopieren und löschen

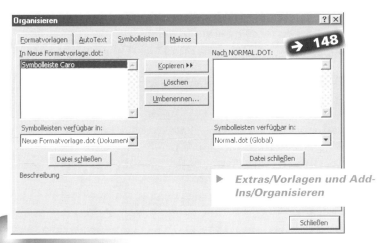

WO? WOMIT?

Gewünschte Dokumentvorlage anzeigen
▶ Schließen Sie mit der Schaltfläche *Datei schließen* das Dokument, mit dem Sie momentan nicht arbeiten möchten.
▶ Mit *Datei öffnen* können Sie nun die gewünschte Dokumentvorlage öffnen.
▶ Wählen Sie die benötigte Registerkarte, z.B. *Symbolleisten,* aus.

Kopieren
▶ Markieren Sie die Formatvorlage, den AutoText, die Symbolleiste oder das Makro im linken oder rechten Fenster.
▶ Kopieren Sie das Element mit der Schaltfläche *Kopieren* in die gewünschte Dokumentvorlage.

Löschen
▶ Markieren Sie die Formatvorlage, den AutoText, die Symbolleiste oder das Makro im linken oder rechten Fenster.
▶ Entfernen Sie das Element mit der Schaltfläche *Löschen* aus der geöffneten Dokumentvorlage.

Umbennen
▶ Markieren Sie die Formatvorlage, den AutoText, die Symbolleiste oder das Makro im linken oder rechten Fenster, und geben Sie dem Element mit der Schaltfläche *Umbennen* einen neuen Namen.

ACHTUNG
Wenn Sie Formatvorlagen, AutoTexte, Symbolleisten und Makros in eine andere Dokumentvorlage kopieren möchten, achten Sie darauf, daß Sie eine Dokument-vorlage und kein Dokument geöffnet haben.

Dokument

Dokumentvorlage

Neue Formatvorlage erstellen

▶ Klicken Sie im Dialog-fenster *Formatvorlage* auf die Schaltfläche *Neu*.

▶ Geben Sie in das Feld *Name* einen passenden Namen für die Format-vorlage ein, zum Beispiel *Hinweis*.

▶ Wählen Sie unter *Format-vorlagentyp* aus, ob Sie eine Formatvorlage für den ganzen *Absatz* oder nur für einzelne *Zeichen* festlegen wollen.

▶ Wählen Sie aus der Formatvorlagen-Liste unter *Basiert auf* die Formatvorlage aus, auf deren Einstellungen die neue basieren soll. Im Feld *Beschreibung* können Sie ablesen, mit welchen Gestaltungs-merkmalen die Format-vorlage versehen ist.

▶ Die Option *Formatvor-lage für nächsten Absatz* beeinflußt beim Schrei-ben, welche Formatvor-lage der folgende Absatz beim Drücken der ⏎ - Taste im Text erhalten soll.

▶ In der *Vorschau* sehen Sie, wie die Formatvor-lage aussieht.

▶ Unter *Beschreibung* werden die einzelnen Formatierungen genau beschrieben.

Formatvorlage auf die Schnelle definieren

▶ Markieren Sie den Absatz, für den Sie eine neue Formatvorlage festhalten möchten.

▶ Formatieren Sie die Zeichen und Absätze nach Ihren Wünschen.

▶ Klicken Sie direkt in das Feld der Formatvorlage hinein. Es wird farbig unterlegt.

▶ Tippen Sie den neuen Formatvorlagen-Namen in das Feld.

▶ Drücken Sie die ⏎ -Taste, um die neue Formatvor-lage in die Liste aufzuneh-men.

Andere Dokumentvorlage verbinden

▶ Klicken Sie in der Menü-leiste auf *Extras/Vorlagen und Add-Ins*.

▶ Das Dialogfenster *Doku-mentvorlagen und Add-Ins* wird geöffnet.

▶ Im Feld *Dokumentvorlage* können Sie sehen, mit welcher Dokumentvorlage Ihr Dokument im Moment verknüpft ist.

▶ Klicken Sie auf die Schalt-fläche *Anhängen*.

▶ Das Dialogfenster *Vorlage verbinden* wird geöffnet. Wählen Sie die gewünsch-te Dokumentvorlage aus.

▶ Klicken Sie auf die Schalt-fläche *Öffnen*.

9 KAPITEL

Lange Dokumente im Griff

tempo

Lange Texte gliedern

▶ *Ansicht/Gliederung*

▶ *Horizontale Bildlaufleiste: Gliederungs-
    ansicht*

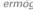

WO? WOMIT?

In die Gliederungsansicht wechseln

▶ Wählen Sie aus dem Menü *Ansicht/Gliederung,* oder klik-
ken Sie in der waagerechten Bildlaufleiste auf *Gliederungsansicht.* Die Gliederung-Symbolleiste wird eingeblendet.

Voraussetzung für die Arbeit mit Gliederungen

▶ Am besten formatieren Sie die Überschriften **→ 146**
mit den Formatvorlagen *Überschrift 1* bis
Überschrift 9.

▶ Überschriften können in ihrer Hierarchie höher oder niedriger gestuft werden.

▶ In der Gliederungsansicht können Hierarchien ein- bzw.
ausgeblendet werden.

▶ Der Text wird entsprechend seinen Hierarchien eingerückt. Ganz links außen wird die höchste Ebene angezeigt. Die nächste Ebene wird eine Stufe nach rechts gerückt. Die nächste Ebene wird zwei Stufen nach rechts
gerückt usw.

▶ Überschriften werden mit einem vorangestellten Pluszeichen dargestellt, vorausgesetzt es ist untergeordneter Text vorhanden.

▶ Überschriften werden mit einem vorangestellten Minuszeichen dargestellt, wenn kein untergeordneter Text folgt.

▶ Fließtext wird mit einem vorangestellten kleinen Quadrat gekennzeichnet.

Gliederung erstellen

▶ Schreiben Sie Ihren Text, und weisen Sie den Überschriften die Formatvorlagen *Überschrift 1, Überschrift 2*
usw. zu.

▶ Schalten Sie in die Gliederungsansicht. **→ 44**

INFO **→ 44**
*Die Gliederungsansicht
ermöglicht das Ein- und
Ausblenden von Text. Der
Text wird nicht gelöscht.*

INFO
*Der Text kann in höchstens
neun Gliederungsebenen
eingeteilt werden.*

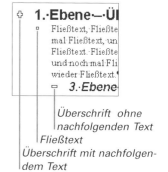

*Überschrift ohne
nachfolgenden Text*
Fließtext
*Überschrift mit nachfolgen-
dem Text*

INFO
*Ihr Text kann auch gleich in
der Gliederungsansicht
geschrieben werden.*

Überschriften in ihrer Hierarchie höher- oder tieferstufen

▶ Stellen Sie den Cursor in die Überschrift, um sie höher- oder tieferzustufen.

▶ Klicken Sie *einmal* auf das Symbol *Höherstufen* bzw. *Tieferstufen,* wird die Überschrift *eine* Ebene höher bzw. niedriger gestuft.

▶ Klicken Sie wiederholt auf *Höherstufen* bzw. *Tieferstufen*, wird jeweils um eine weitere Ebene höher- bzw. niedriger gestuft.

Markieren in der Gliederungsansicht

▶ Bewegen Sie die Maus links neben den Text, und klicken Sie einmal. Ein Absatz wird markiert.

▶ Klicken Sie auf ein vorangestelltes Pluszeichen. Die Überschrift mit den zugehörigen Unterebenen und deren Fließtext wird markiert.

Überschriften umstellen

▶ Stellen Sie den Cursor in die Überschrift, die umgestellt werden soll.

▶ Klicken Sie auf das Symbol *Nach oben* bzw.  → 42 *Nach unten,* so wird die Überschrift um einen Absatz nach oben bzw. unten verschoben.

Überschriften und die dazugehörigen Unterebenen umstellen

▶ Markieren Sie die Überschrift und deren Unterebenen, indem Sie auf das Pluszeichen vor der Überschrift klicken.

▶ Klicken Sie auf die Symbole *Nach unten* bzw. *Nach oben.*

Symbol	Bedeutung
⬅	*Höherstufen*
➡	*Tieferstufen*
⮕	*Umwandeln in Textkörper*
⬆	*Nach oben*
⬇	*Nach unten*
✚	*Erweitern*
➖	*Reduzieren*
1 – **7**	*Ebenen 1 – 7*
Alle	*Alle Überschriften anzeigen*
≡	*Nur erste Zeile*
ᴬA	*Formatierung anzeigen* → 164
☐	*Zentraldokument-ansicht*

Überschrift in Fließtext umwandeln

▶ Klicken Sie auf das Symbol *Umwandeln in Textkörper,* wird aus Ihrer Überschrift ganz normaler Fließtext. Dem Fließtext ist normalerweise die Formatvorlage *Standard* zugewiesen. → 146

Text einblenden und ausblenden

▶ Klicken Sie auf das Symbol *Erweitern*. Die Unterebenen der Überschrift, in der Ihr Cursor blinkt, werden angezeigt.

▶ Klicken Sie auf das Symbol *Reduzieren*. Die Unterebenen der Überschrift, in der Ihr Cursor blinkt, werden ausgeblendet.

▶ Klicken Sie auf die Symbole *1–7*. Die entsprechende Anzahl der Überschriftsebenen wird angezeigt. Klicken Sie beispielsweise auf *2*, werden zwei Überschriftsebenen angezeigt. Der Fließtext wird ausgeblendet.

▶ Mit dem Symbol *Alle Überschriften anzeigen* werden alle zuvor ausgeblendeten Überschriften wieder eingeblendet. **Alle**

▶ Das Symbol *Nur erste Zeile* zeigt vom Fließtext nur die erste Zeile an. Der Rest wird ausgeblendet.

▶ Lassen Sie sich die *Formatierung anzeigen*. Schriftgrad, Schriftart usw. werden ein- bzw. ausgeblendet.

Tastenkombinationen für die Gliederungsansicht

Tasten	Funktion
Alt + ⇧ + X	Alle Ebenen bis zur X-ten Ebene werden eingeblendet
Alt + ⇧ + ←	Eine Ebene höherstufen
Alt + ⇧ + →	Eine Ebene tieferstufen
Alt + ⇧ + ↑	Einen Absatz nach oben verschieben
Alt + ⇧ + ↓	Einen Absatz nach unten verschieben
Strg + ⇧ + N	Überschrift wird in Textkörper (Fließtext) umgewandelt
Alt + ⇧ + L	Vom Fließtext wird nur die erste Zeile angezeigt

◇ 1.·Ebene—·Überschrift·1¶
　◇ 2.·Ebene—·Überschrift·2¶
◇ 1.·Ebene—·Überschrift·1¶
　◇ 2.·Ebene—·Überschrift·2¶
◇ 1.·Ebene—·Überschrift·1¶
—

◇ 1.·Ebene—·Überschrift·1¶
　◇ 2.·Ebene—·Überschrift·2¶
　　◇ 3.·Ebene—·Überschrift·3¶
◇ 1.·Ebene—·Überschrift·1¶
　■ Fließtext, Fließtext und noch mal Fließtext, und wieder Fließtext, und wieder Fließtext, Fließtext und no Fließtext, Fließtext, Fließtext und noch mal Fließtext, und wieder Fließtext ¶
　◇ 2.·Ebene—·Überschrift·2¶
　　■ Fließtext, Fließtext und noch mal Fließtext, und wied noch mal Fließtext, und wieder Fließtext Fließtext, F wieder Fließtext, Fließtext und noch mal Fl Fließtext, Fließtext und noch mal Fließtext, und wied noch mal Fließtext, und wieder Fließtext ¶
　　◇ 4.·Ebene—·Überschrift·4¶
　　　■ Fließtext, Fließtext und noch mal Fl Fließtext, Fließtext und noch mal Fließtext, Fließtext und noch mal ¶

TIP

Doppelklicken Sie auf das vorangestellte Pluszeichen, werden die Unterebenen und der dazugehörige Text des jeweiligen Gliederungsabschnitts ein- bzw. ausgeblendet.

ACHTUNG

Mit der ⊒-Taste wird in der Gliederungsansicht Text tiefergestuft, mit ⇧+⊒ wird er wieder höhergestuft.

TIP

Die Gliederung kann auch gedruckt werden. Blenden Sie die Gliederungsansicht und die gewünschten Überschriftsebenen ein, und klicken Sie auf das Symbol Drucken.

Überschriften automatisch numerieren

Überschriften numerieren
▶ Geben Sie den Text ein.
▶ Weisen Sie den Überschriften die entsprechen- den Ebenen über die Formatvorlagen *Über-schrift 1* bis *9* zu.
▶ Wählen Sie aus dem Menü *Format/Nummerierung und Aufzählungszeichen* die Registerkarte *Gliederung* aus.
▶ Markieren Sie eines der vier Numerierungstypen aus der zweiten Reihe.
▶ Klicken Sie auf OK. Alle Überschriften werden automatisch numeriert.

Überschriftennumerierung bearbeiten
▶ Wählen Sie aus dem Menü *Format/Nummerierung und Aufzählungszeichen* die Registerkarte *Gliederung*.
▶ Klicken Sie auf die Schaltfläche *Anpassen*. Das Dialogfenster *Gliederung anpassen* wird geöffnet.

Numerierungsformat festlegen
▶ Markieren Sie aus der Liste der Ebenen, die Ebenennummer, die Sie verändern möchten. Word hebt die zu ändernde Ebene im Vorschau-Fenster hervor.
▶ Geben Sie in das Eingabefeld unter *Numerierungsformat* den vorangestellten Text ein.
▶ Bestimmen Sie mit *Formatvorlage* die Numerierungsart. Wählen Sie aus, ob Sie mit römischer oder arabischer Numerierung arbeiten möchten.

INFO
Trotz Numerierung können die Überschriften höher- und tiefergestuft werden. Die Numerierung wird ebenfalls höher- oder tiefergestuft.

TIP
Selbstdefinierte Gliederungen können als Standard gespeichert werden. Klicken Sie dazu im Dialogfenster Nummerierung und Aufzählungszeichen auf die Schaltfläche Zurücksetzen.

INFO
Gegliederte Listen sind unabhängig von Format-vorlagen.

▶ Geben Sie den Start der Numerierung unter *Beginnen bei* ein.

▶ Ab der Numerierungsebene 2 steht Ihnen das Listenfeld *Vorige Gliederungsebene* zur Verfügung. Wählen Sie eine übergeordnete Ebene aus. Diese Nummer wird in das Numerierungsschema der aktuellen Numerierung mit aufgenommen.

INFO

Mit der Schaltfläche *Erweitern* wird das Dialog-fenster vergrößert. Die Schaltfläche *Erweitern* wird zu *Reduzieren. Klicken Sie auf* Reduzieren, *wird das Dialog-fenster wieder verkleinert.*

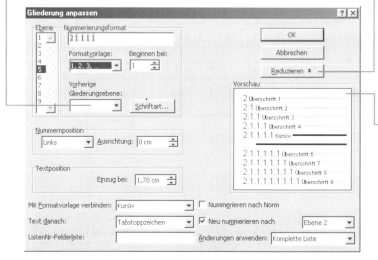

TIP

Kontrollieren Sie im Vor-schau-Fenster immer, wie Ihre Gliederungsliste aus-sehen wird.

Schriftart für die Numerierung festlegen

▶ Klicken Sie auf die Schaltfläche *Schriftart*.

▶ Das Dialogfenster *Zeichen* erscheint.

➜ 51

Sonstige Einstellungsmöglichkeiten

▶ Wählen Sie die Formatvorlage aus, die Sie mit der Numerierungsebene verbinden möchten. Markieren Sie die entsprechende Formatvorlage im Listenfeld *Mit Formatvorlage verbinden.*

▶ Markieren Sie im Listenfeld *Text danach,* welches Zei-chen nach der Numerierung eingefügt werden soll. Standardmäßig wird ein Tabstop einge-fügt. ➜ 98

▶ *Numerieren nach Norm* ändert die ausgewählte *Ebene* in arabische Numerierung.

▶ *Neu nummerieren nach* startet die Numerierung nach der ausgewählten Ebene neu.

▶ Stellen Sie mit *Änderungen anwenden* ein, auf welchen Bereich Sie die Formatierung für die Gliederungsliste an-wenden möchten.

➜ 69

INFO

Nummernposition und Text-position festlegen.

Verschachtelte Numerierung

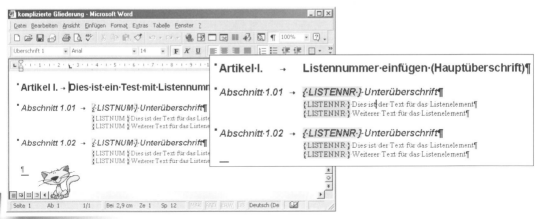

Wo? Womit?

▶ Wählen Sie aus dem Menü *Format/Nummerierung und Aufzählungszeichen.*

▶ Wechseln Sie in das Register *Gliederung.*

▶ Markieren Sie das Listenformat *Artikel I,* und verlassen Sie das Fenster mit *OK.*

▶ Geben Sie den Text für die Hauptüberschrift ein.

▶ Drücken Sie die ⏎-Taste.

▶ Wählen Sie aus der Liste der Formatvorlagen (Format-Symbolleiste) *Überschrift 2* aus.

➜ 146

Zweite Nummer auf derselben Ebene einfügen

▶ Wählen Sie aus dem Menü *Einfügen/Feld.*

▶ Markieren Sie unter *Kategorien* den Eintrag *Numerierung.*

▶ Markieren Sie *ListenNr* unter *Feldnamen.*

▶ Bestätigen Sie mit *OK.*

▶ Geben Sie den Text ein, und drücken Sie die ⏎-Taste.

Listenelement auf derselben Ebene einfügen

▶ Klicken Sie im Menü *Einfügen* auf *Feld.*

▶ Markieren Sie *Numerierung* unter Kategorien.

▶ Doppelklicken Sie auf *ListenNr* unter *Feldnamen.*

Listenelement einrücken

▶ Klicken Sie so oft auf *Einzug vergrößern* in der Format-Symbolleiste, bis die Numerierung unter der Unterüberschrift ausgerichtet ist.

▶ Geben Sie den Listenelement-Text ein. Wiederholen Sie die beschriebenen Schritte für die nächste Unterüberschrift.

➜ 178

INFO

Die eingefügten ListenNr *sind Feldfunktionen.*

Zentraldokument erstellen

▶ *Ansicht/Gliederung*

WO? WOMIT?

Vorteile eines Zentraldokuments

▶ Sie können mit Hilfe eines Zentraldokuments für mehrere Dateien ein Inhaltsverzeichnis erstellen.

▶ Ebenso läßt sich für mehrere Dateien ein Stichwortverzeichnis (Index) erstellen.

▶ Die Seiten werden fortlaufend durchnumeriert.

▶ Querverweise können dateiübergreifend eingefügt werden.

Voraussetzung

▶ In den Unterdokumenten muß mit Formatvorlagen gearbeitet werden. **→ 140**

▶ Am wichtigsten ist der Einsatz der Formatvorlagen *Überschrift 1–9*.

▶ Sie müssen mit Gliederungen vertraut sein. **→ 158**

Neues Zentraldokument erstellen

▶ Klicken Sie in der Menüleiste auf *Datei/Neu*.

▶ Wählen Sie die gewünschte Dokumentvorlage aus. **→ 153**

▶ Wählen Sie aus dem Menü *Ansicht/Gliederung*.

▶ Die Symbolleiste der *Gliederungsansicht* wird eingeblendet.

▶ Die Formatvorlage *Überschrift 1* sollte auf dem ersten Absatz liegen.

BEGRIFF

Zentraldokument: Im Zentraldokument werden Verweise auf einzelne Dateien vorgenommen. Es faßt verschiedene Dateien zu einer Datei zusammen.

Unterdokument: Unterdokumente sind die einzelnen Dokumente, auf die das Zentraldokument zurückgreift.

TIP

Am einfachsten ist es, wenn die unterschiedlichen Dateien (Unterdokumente) schon existieren und nur noch im Zentraldokument zusammengefaßt werden müssen.

▶ Geben Sie dem Zentraldokument eine Hauptüberschrift.

▶ Speichern Sie das Zentraldokument.

Unterdokument einfügen

▶ Bewegen Sie den Cursor unter die Hauptüberschrift.

▶ Klicken Sie in der Gliederungs-Symbolleiste auf *Unterdokument einfügen.*

▶ Das Dialogfenster *Unterdokument einfügen* wird geöffnet.

▶ Wählen Sie das Laufwerk und den Ordner aus, in dem sich das Unterdokument befindet.

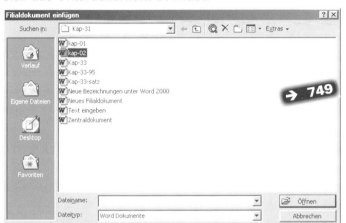

▶ Markieren Sie es, und klicken Sie auf *OK*.

Neues Unterdokument erstellen

▶ Klicken Sie in der Gliederungsymbolleiste auf *Unterdokument erstellen*.

▶ Ein neuer, leerer Rahmen wird erstellt. Geben Sie die Überschrift für das Unterdokument ein.

Unterdokument speichern

▶ In dem Moment, in dem Sie Ihr Zentraldokument speichern, wird das Unterdokument ebenfalls gespeichert. Das Unterdokument erhält den Namen der Überschrift.

Verknüpfung zum Unterdokument lösen

▶ Klicken Sie in den Rahmen des Unterdokuments, dessen Verbindung Sie auflösen möchten.

▶ Klicken Sie auf *Unterdokument entfernen*.

▶ Die Verbindung zum Unterdokument wird gelöscht.

▶ Das Unterdokument wird in das Zentraldokument integriert.

▶ Das Unterdokument existiert weiterhin als unabhängige Datei.

INFO

Beim Speichern eines Zentraldokuments als Webseite wird das Zentraldokument zum Inhaltsverzeichnis. Die Unterdokumente werden automatisch als Hyperlinks angelegt.

INFO

Ein Unterdokument wird mit einer grauen Linie umschlossen (ähnlich wie eine Tabelle) und einem kleinen Symbol (Unterdokument-Symbol) gekennzeichnet.

TIP

Mit einem Doppelklick auf das kleine Unterdokument-Symbol landen Sie direkt im Unterdokument.

ACHTUNG

Nachdem Sie die Verknüpfung zu einem Filialdokument mit dem Symbol Unterdokument entfernen gelöscht haben, werden Änderungen, die im Unterdokument durchgeführt wurden, im Zentraldokument nicht mehr übernommen.

Zentral- und Unterdokumente bearbeiten

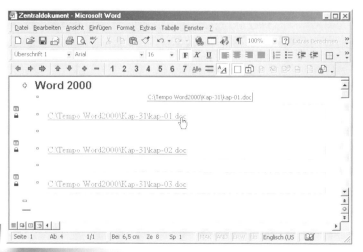

 *Unterdokument reduzieren/erweitern*

 *Unterdokument erstellen*

 *Unterdokument entfernen*

 *Unterdokument einfügen*

 *Unterdokument verbinden*

 *Unterdokument teilen*

 *Dokument sperren*

WO? WOMIT?

Zentraldokument bearbeiten
▶ Das Hauptdokument kann bearbeitet werden wie ein ganz normales Dokument.
▶ Sie können in alle drei Ansichten (Seitenlayout-Ansicht, Normalansicht, Gliederungsansicht) umschalten und wie gewohnt arbeiten.
▶ Die verschiedenen Dokumente (Unterdoku- **➔ 85** mente) sind mit Abschnittswechseln vonein- ander getrennt.

Unterdokument bearbeiten
▶ Wenn Sie im Zentraldokument sind und ein Unter- dokument öffnen möchten, dann doppelklicken Sie auf das kleine Unterdokument-Symbol▤
▶ Sie können auch das Unterdokument direkt mit *Datei/ öffnen* auf den Bildschirm holen.

Unterdokument reduzieren
▶ Klicken Sie auf das Symbol *Unterdokument redu- zieren*.
▶ Die Unterdokumente werden als Hyperlinks **➔ 628** dargestellt.
▶ In der reduzierten Ansicht können andere Benutzer die Unterdokumente bearbeiten.

Unterdokument erweitern
▶ Mit *Unterdokument erweitern* können Sie wieder in die normale Zentraldokument-Ansicht umschal- ten.

INFO **➔ 628**
Wenn sich der Mauszeiger in eine Hand verwandelt, wird eine Verlinkung angezeigt. Mit einem Klick landen Sie in der verbundenen Datei.

TIP
Sollten verschiedene Leute an einem Dokument arbeiten, teilen Sie es in Unterdoku- mente und ein Zentraldoku- ment auf. Jeder Bearbeiter kann seinen Teil bearbeiten.

INFO
Klicken Sie auf einen Hyperlink, wird das ent- sprechende Dokument geöffnet.

▶ In der erweiterten Ansicht können andere Benutzer die Unterdokumente nicht bearbeiten.

Unterdokument verbinden

▶ Markieren Sie im Zentraldokument mehrere Unterdokumente.

▶ Klicken Sie in der Gliederung-Symbolleiste auf  *Unterdokument verbinden.* Aus mehreren Unterdokumenten wird eines.

ACHTUNG
Die Originaldateien (Unterdokumente) werden nicht nur im Zentraldokument verbunden, sondern auch in den Originaldateien zusammengefügt.

Unterdokument teilen

▶ Klicken Sie in der Gliederungssymbolleiste auf *Unterdokument teilen.* Aus einem Unterdokument werden zwei Unterdokumente.

ACHTUNG
Die Unterdokumente (Originaldateien) werden dort, wo der Cursor blinkt in zwei Dokumente geteilt.

Unterdokument sperren

▶ Klicken Sie in der Gliederungssymbolleiste auf *Dokument sperren.* Das Unterdokument ist gegen Änderungen geschützt.

Unterdokumente umbenennen

▶ Öffnen Sie das Zentraldokument.

▶ Doppelklicken Sie auf das kleine Unterdokument-Symbol, um ein Unterdokument zu öffnen.

▶ Klicken Sie auf *Datei/Speichern unter,* und geben Sie unter *Dateiname* einen neuen Namen für das Unterdokument ein.

▶ Schließen Sie das Dokument wieder.

INFO
Ist das Unterdokument geschützt, erscheint ein kleines Schloß-Symbol.

Querverweise einfügen

▶ Öffnen Sie das Zentraldokument.

▶ Klicken Sie im Menü auf *Einfügen/Querverweis.*

▶ Wählen Sie den Verweistyp, auf den Sie verweisen möchten, aus.

ACHTUNG
Benennen Sie das Unterdokument im Explorer nicht um, das Zentraldokument kann es sonst nicht mehr finden.

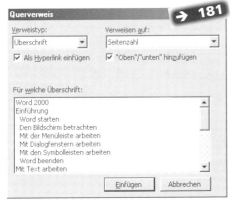

→ 181

→ 172

INFO
Inhaltsverzeichnis und Index können mit Einfügen/Index und Verzeichnisse *erstellt werden. Sie sind automatisch dateiübergreifend.*

Fußnoten und Endnoten festlegen

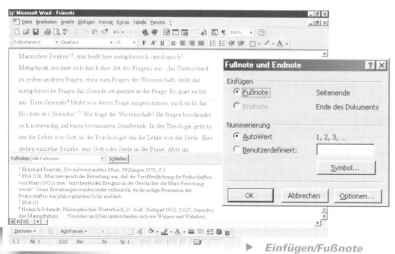

▶ Einfügen/Fußnote

WO? WOMIT?

Fußnote festlegen

▶ Stellen Sie den Cursor an die Textstelle, an der die Fußnote eingefügt werden soll.

▶ Wählen Sie aus dem Menü *Einfügen/Fußnote*. Das Dialogfenster *Fußnote und Endnote* wird geöffnet.

▶ Die Option *Fußnote* und *AutoWert* ist standardmäßig
aktiviert.

▶ Klicken Sie auf OK.

Fußnotentext eingeben

▶ In der Seitenlayout-Ansicht landen Sie an der Position
im Dokument, an der die Fußnote eingefügt
wird. Geben Sie dort den gewünschten Fuß- **➔ 36**
notentext ein.

▶ In der Normalansicht wird das Fenster zweigeteilt. Geben Sie in der unteren Fensterhälfte den Fußnotentext
ein. Schließen Sie das Fenster mit der Schaltfläche *Schließen*.

Endnote festlegen

▶ Aus dem Menü *Einfügen/Fußnote* wählen.

▶ Im Dialogfenster *Fußnote und Endnote* die Option
Endnote aktivieren.

▶ Einstellungen mit *OK* bestätigen.

➔ 140

TIP

*Auf dem Fußnotentext liegt
die Formatvorlage* Fußnotentext *und auf dem Fußnotenzeichen die Formatvorlage*
Fußnotenzeichen. *Ändern Sie
die beiden Formatvorlagen,
wird die Formatierung aller
Fußnoten bzw. Fußnoten-
zeichen geändert.*

¹·Fußnotentext·eingeben¶

BEGRIFF

Fußnote: *Fußnoten werden
am Ende jeder Seite eingefügt.*
Endnote: *Endnoten werden
am Ende des Dokuments
eingefügt.*

Endnotentext eingeben

▶ In der Seitenlayout-Ansicht springt der Cursor ans Ende des Dokuments. Geben Sie den ➜ 43 Endnotentext ein.

▶ In der Normalansicht wird eine zweite Fensterhälfte geöffnet. Geben Sie dort den Endnotentext ein, und verlassen Sie das Fenster mit *Schließen*.

Fuß- bzw. Endnotentext anzeigen lassen

▶ Im Text wird das Fußnotenzeichen eingefügt. Bewegen Sie die Maus auf das Fußnotenzeichen, wird Ihnen der Fußnotentext in einer QuickInfo angezeigt.

Fuß- bzw. Endnote löschen

▶ Markieren Sie im Text das Fuß- bzw. Endnotenzeichen, beispielsweise die Nummer.

▶ Drücken Sie die Entf-Taste.

▶ Das Fuß- bzw. Endnotenzeichen und der dazugehörige Text werden gelöscht.

Fuß- bzw. Endnote ausschneiden, kopieren und einfügen

▶ Markieren Sie das Fuß- bzw. Endnotenzeichen. ➜ 39

▶ Schneiden Sie es aus, oder kopieren Sie es.

▶ Fügen Sie es an einer neuen Stelle ein.

▶ Die Numerierung wird automatisch angepaßt.

Fuß- bzw. Endnoten bearbeiten

▶ Bewegen Sie die Maus auf ein Fuß- bzw. Endnotenzeichen.

▶ Doppelklicken Sie auf das Fuß- bzw. Endnotenzeichen. Die Fuß- bzw. Endnoten werden angezeigt und können wie normaler Text bearbeitet werden.

▶ In der Normalansicht wird wieder das Extra-Fenster zum Eingeben oder Bearbeiten der Fuß- bzw. Endnoten geöffnet.

Fußnoten in Endnoten umwandeln und umgekehrt

▶ Wählen Sie über das Menü *Ansicht/Fußnoten*.

▶ Klicken Sie mit der *rechten* Maustaste auf den Fuß- bzw. Endnotentext.

▶ Wählen Sie aus dem Kontextmenü *In Endnoten umwandeln* oder *In Fußnoten umwandeln*.

Alle Fuß- bzw. Endnoten umwandeln

▶ Wählen Sie über das Menü *Ansicht/Fußnoten*.

▶ Markieren Sie alle Fuß- bzw. Endnotentexte.

▶ Klicken Sie mit der *rechten* Maustaste auf eine der Fuß- bzw. Endnoten.

▶ Klicken Sie auf *In End- bzw. Fußnoten umwandeln*.

TIP
In der Seitenlayout-Ansicht können Sie direkt in die Fuß- bzw. Endnoten klicken und sie bearbeiten.

| Fußnotentext anzeigen lassen |

Fußnotenzeichen[1] I

INFO
Fuß- bzw. Endnoten können auch über das Menü Ansicht/ Fußnoten *angezeigt werden.*

➜ 146

TIP
Markieren und formatieren Sie die Fuß- und Endnoten am besten mit Hilfe der Formatvorlagen. So können alle auf einmal ohne großen Aufwand verändert werden.

Numerierung der Fuß- und Endnoten

▶ Fußnoten werden normalerweise automatisch mit arabischen Ziffern numeriert. Endnoten werden standardmäßige mit römischen Ziffern numeriert.

▶ Geben Sie im Dialogfenster *Fußnote und Endnote* im Eingabefeld *Benutzerdefiniert* ein eigenes Zeichen ein.

▶ Über die Schaltfläche *Sonderzeichen* können Sie ebenfalls ein eigenes Fuß- bzw. Endnotenzeichen auswählen.

Optionen für Fuß- und Endnoten

▶ Klicken Sie im Dialogfenster *Fußnote und Endnote* auf *Optionen*. Das Dialogfenster *Optionen für Fuß- und Endnoten* wird geöffnet.

▶ Wählen Sie die gewünschte Registerkarte *Alle Fußnoten* oder *Alle Endnoten aus*.

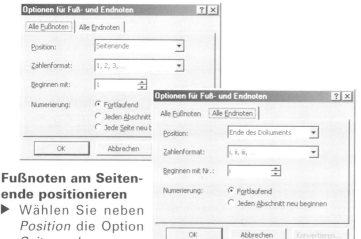

Fußnoten am Seitenende positionieren

▶ Wählen Sie neben *Position* die Option *Seitenende* aus.

▶ Die Fußnoten werden am Seitenende positioniert. Das heißt, die Fußnoten werden unten auf der Seite eingefügt.

Fußnoten am Textende positionieren

▶ Wählen Sie neben *Position* die Option *Textende* aus.

▶ Mit der Option *Textende* werden die Fußnoten hinter dem Text positioniert.

Endnoten am Ende des Dokuments positionieren

▶ Markieren Sie neben *Position* die Option *Ende des Dokuments*.

▶ Die Endnoten werden am Ende des Dokuments eingefügt, auch wenn Sie Abschnitte definiert haben.

INFO

Passen die Fußnoten nicht mehr ans Seitenende, wird der Rest auf der nächsten Seite plaziert.

 → 84

INFO

Mit Fortsetzungstrennlinie bzw. Fortsetzungshinweis können Fußnoten, die nicht mehr auf eine Seite gepaßt haben, mit einem optischen Merkmal auf die nächste Seite verwiesen werden.

→ 85

INFO

Wählen Sie neben Position *die Option* Abschnittsende. *Sofern Sie Abschnitte in Ihrem Dokument definiert haben, werden die Endnoten am jeweiligen Abschnittsende eingefügt.*

Zahlenformat für Fuß- und Endnoten bestimmen

▶ Klicken Sie auf das Listenfeld *Zahlenformat*.

▶ Wählen Sie aus der Liste das gewünschte Zahlenformat für die Fuß- bzw. Endnote aus.

Startnummer für Fuß- und Endnoten beeinflussen

▶ Geben Sie in das Eingabefeld *Beginnen mit* die Startnummer für die Fuß- bzw. Endnote ein. Die Numerierung wird Ihren Einstellungen gemäß geändert.

Fuß- und Endnote fortlaufend numerieren

▶ Mit der Option *Fortlaufend* werden die Fuß- und Endnoten von Anfang bis Ende des Dokuments durchnumeriert, auch wenn Abschnitte definiert worden sind.

Fuß- und Endnote mit jedem Abschnitt neu numerieren

▶ Bei jedem Abschnittswechsel beginnt die Zählung neu, wenn Sie die Option *Jeden Abschnitt neu beginnen* aktiviert haben. → 85

Numerierung der Fußnoten auf jeder Seite neu beginnen

▶ Mit der Option *Jede Seite neu beginnen* fängt die Numerierung der Fußnoten auf jeder Seite neu an.

Trennlinie für Fuß- und Endnoten ändern

▶ Schalten Sie in die Normalansicht um.

▶ Wählen sie aus dem Menü *Ansicht/Fußnoten*.

▶ Wählen Sie aus dem Listenfeld des geteilten Fensters *Fußnotentrennlinie* bzw. *Endnotentrennlinie* aus. Je nachdem, ob Sie mit Fuß- bzw. Endnoten arbeiten, wird hier die Fußnotentrennlinie oder die Endnotentrennlinie angezeigt.

Optische Fortsetzung der Fuß- bzw. Endnoten andeuten

▶ Wählen Sie aus dem Listenfeld des geteilten Fensters *Fußnoten-Fortsetzungstrennlinie* bzw. *-hinweis.* Die Trennlinie oder der eingegebene Hinweistext wird auf der Folgeseite erscheinen.

TIP

Nach Fuß- und Endnoten suchen *können Sie über die senkrechte Symbolleiste* Nach Objekt suchen.

→ 85

ACHTUNG

Wird die Option Jeden Abschnitt neu beginnen *aktiviert, kann die Numerierung nur neu starten, wenn Sie vorher im Dokument mit Abschnittswechseln gearbeitet haben.*

→ 62

TIP

Die Trennlinie ist ein wenig umständlich zu bearbeiten. Löschen Sie sie am besten, und fügen Sie eine Linie nach Ihren Wünschen über den Dialog Rahmen und Schattierung *ein.*

Inhaltsverzeichnis aus Formatvorlagen erzeugen

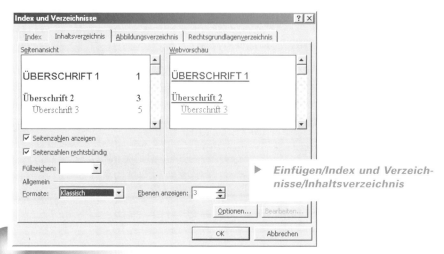

▶ *Einfügen/Index und Verzeich-*
nisse/Inhaltsverzeichnis

WO? WOMIT?

Voraussetzungen

▶ Der Text, der ins Inhaltsverzeichnis aufgenommen werden soll, muß mit Formatvorlagen ausgewiesen sein.

▶ In das Inhaltsverzeichnis werden die Absätze
aufgenommen, die mit den Formatvorlagen **→ 146**
Überschrift 1 bis *9* formatiert sind.

Inhaltsverzeichnis aus Überschriften erstellen

▶ Stellen Sie den Cursor an die Position, an der das Inhaltsverzeichnis eingefügt werden soll.

▶ Wählen Sie aus dem Menü *Einfügen/Index und Verzeich-*
nisse.

▶ Klicken Sie auf die Registerkarte *Inhaltsverzeichnis*.

Erscheinungsbild auswählen

▶ Wählen Sie neben *Formate* das gewünschte Erscheinungsbild des Inhaltsverzeichnisses aus.

▶ Mit *Seitenzahlen anzeigen* werden die Seitenzahlen im
Inhaltsverzeichnis mit aufgenommen.

▶ Entscheiden Sie, ob Sie die *Seitenzahlen rechtsbündig*
ausgerichtet haben wollen.

▶ Wählen Sie unter *Ebenen anzeigen* aus, wie viele Überschriftsebenen im Inhaltsverzeichnis erscheinen sollen.

▶ Suchen Sie sich unter *Füllzeichen* die passenden Füllzeichen zwischen der Überschrift und **→ 100**
der Seitenzahl aus.

TIP **→ 84**
Fügen Sie das Inhalts-
verzeichnis am Anfang des
Dokuments ein. Wenn Sie
vorher eine leere Seite er-
zeugen wollen, fügen Sie
einen Seitenwechsel ein.

INFO
Wenn ein Inhaltsverzeichnis
bereits vorhanden ist, dann
werden Sie beim Erstellen
eines Inhaltsverzeichnisses
gefragt, ob Sie das vorhan-
dene Verzeichnis ersetzen
wollen.

Inhaltsverzeichnis einfügen

▶ Nachdem Sie die Einstellungen vorgenommen haben, klicken Sie im Dialogfenster *Index und Verzeichnisse* auf *OK*.

▶ Das Inhaltsverzeichnis mit den richtigen Seitenzahlen wird zusammengestellt.

Inhaltsverzeichnis aus anderen Formatvorlagen erstellen

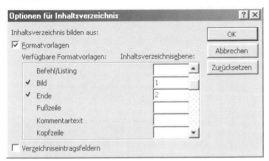

▶ Stellen Sie den Cursor an die Position, an der das Inhaltsverzeichnis eingefügt werden soll.

▶ Klicken Sie im Dialogfenster *Index und Verzeichnisse* Register *Inhaltsverzeichnis* auf die Schaltfläche *Optionen*. Ein neues Dialogfenster namens *Optionen für Inhaltsverzeichnis* wird geöffnet.

▶ Aktivieren Sie das Kontrollkästchen *Formatvorlagen*.

Hierarchie für das Inhaltsverzeichnis festlegen

▶ In der linken Hälfte des Fensters werden die *Verfügbaren Formatvorlagen* aufgelistet.

▶ Daneben geben Sie die gewünschte *Ebene* für die Formatvorlage ein, indem Sie die Ziffern 1 bis 9 vergeben.

▶ Mit *Zurücksetzen* werden alle Einstellungen wieder auf die Standardeinstellungen zurückgesetzt.

Inhaltsverzeichnis nach Umbruchsänderungen aktualisieren

▶ Markieren Sie das Inhaltsverzeichnis.

▶ Drücken Sie die F9-Taste.

▶ Das Dialogfenster *Inhaltsverzeichnis aktualisieren* wird geöffnet.

▶ Wählen Sie *Nur Seitenzahlen aktualisieren,* bleiben die Verzeichniseinträge erhalten, und die Seitenzahlen werden aktualisiert.

▶ Wenn sich die Verzeichniseinträge geändert haben, wählen Sie *Neues Verzeichnis erstellen*.

INFO
Das Inhaltsverzeichnis selbst wird mit den Formatvorlagen Verzeichnis 1 *bis* Verzeichnis 9 *angelegt.*

➜ 628

INFO
Das Inhaltsverzeichnis wird sofort als Hyperlink angelegt, die Maus verwandelt sich in eine Hand. Klicken Sie auf eine Überschrift, blättert Word auf die Seite, auf der die angeklickte Überschrift steht.

➜ 140

INFO
Sofern Sie mit Formatvorlagen gearbeitet haben, können Sie auch andere Texte als Überschriften ins Inhaltsverzeichnis aufnehmen.

BEGRIFF
Verzeichnis: Ein Verzeichnis kann beispielsweise ein Inhalts-, Abbildungs- oder Personenverzeichnis sein.

ACHTUNG
Wenn Sie mit Formatvorlagen arbeiten, muß das Kontrollkästchen Verzeichniseintragsfelder *deaktiviert sein.*

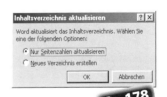

➜ 178

ACHTUNG
Das Inhaltsverzeichnis besteht aus Feldfunktionen.

Inhaltsverzeichnis aus speziellen Einträgen erzeugen

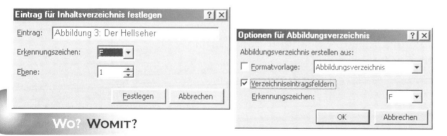

WO? WOMIT?

Eintrag für Verzeichnis festlegen

▶ Markieren Sie den Text, der im Verzeichnis erscheinen soll.

▶ Drücken Sie die Tastenkombination ⟨Alt⟩+⟨⇧⟩+⟨O⟩.

▶ Das Dialogfenster *Eintrag für Inhaltsverzeichnis festlegen* wird geöffnet.

▶ Der markierte Text wird im Eingabefeld *Eintrag* angezeigt.

▶ Durch die Auswahl eines *Erkennungszeichens* können im Dokument unterschiedliche Verzeichnisse erstellt werden. Beispielsweise kann ein Abbildungsverzeichnis mit *F* und ein Personenverzeichnis mit *P* gekennzeichnet werden.

▶ Legen Sie die *Ebene* (Stufe in der Hierarchie des Verzeichnisses) fest.

▶ Klicken Sie auf die Schaltfläche *Festlegen*.

Verzeichnis aus Verzeichniseinträgen erstellen

▶ Stellen Sie den Cursor an die Position, an der Sie das Verzeichnis einfügen möchten.

▶ Wählen Sie aus dem Menü *Einfügen/Index und Verzeichnisse,* Register *Abbildungsverzeichnis*.

▶ Klicken Sie auf die Schaltfläche *Optionen*.

▶ Das Dialogfenster *Optionen für Abbildungsverzeichnis* wird geöffnet.

▶ Aktivieren Sie das Kontrollkästchen *Verzeichniseintragsfelder*.

▶ Wählen Sie das Erkennungszeichen aus. Wählen Sie z.B. *F* für die Erstellung eines Abbildungsverzeichnisses oder *P* für die Erstellung eines Personenverzeichnisses.

INFO

Ist kein Text markiert worden, ist das Eingabefeld neben Eintrag *leer. Geben Sie einen Text ein.*

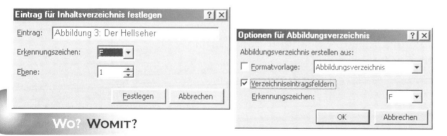
→ 178

ACHTUNG

Der festgelegte Eintrag für ein Verzeichnis ist eine Feldfunktion.

Ergebnis eines erstellten Abbildungs- und Personenverzeichnisses

Abbildungsverzeichnis
Abbildung 1: Mondschein 2
Abbildung 2: Blumenrausch 3
Abbildung 3: Friedensangebot 5

Personenverzeichnis
Mitarbeiterin: Angelika Muster 2
Mitarbeiter: Franz Fröhlich 3
Personalleiter: Hugo Lang 4
Geschäftsführer: Sepp Sonderling 6

Die eingefügte Feldfunktion

Abbildungsverzeichnis
{ VERZEICHNIS \f A \c "Abbildung" }

Personenverzeichnis
Mitarbeiterin: Angelika Muster 2
Mitarbeiter: Franz Fröhlich 3
Personalleiter: Hugo Lang 4
Geschäftsführer: Sepp Sonderling 6

Stichwortverzeichnis erstellen

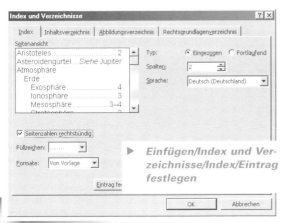

> Einfügen/Index und Ver-
> zeichnisse/Index/Eintrag
> festlegen

WO? WOMIT?

Indexeintrag festlegen

▶ Markieren Sie im Dokument den Text, der als Stichwort in den Index (Stichwortverzeichnis) aufgenommen werden soll.

▶ Wechseln Sie im Dialogfenster *Index und Verzeichnisse* auf das Register *Index*.

▶ Klicken Sie auf die Schaltfläche *Eintrag festlegen*. Das Dialogfenster *Indexeintrag festlegen* wird geöffnet.

Haupteintrag festlegen

▶ Im Eingabefeld *Haupteintrag* erscheint der markierte Text.

▶ Sollte kein Text markiert gewesen sein, dann tippen Sie das Stichwort ein. Dem Haupteintrag wird normalerweise die Formatvorlage *Index 1* zugewiesen.

Untereintrag festlegen

▶ Geben Sie gegebenenfalls im Eingabefeld *Untereintrag* einen Untereintrag ein. Der Untereintrag wird im Index mit der Formatvorlage *Index 2* belegt.

Index erstellen

▶ Stellen Sie den Cursor an die Position, an der Ihr Index erscheinen soll.

▶ Klicken Sie auf *Einfügen/Index und Verzeichnisse*. Wechseln Sie zum Register *Index*.

▶ Stellen Sie die gewünschten Optionen (Erscheinungsbild) für den Index ein. Klicken Sie auf *OK*.

TIP

Das Dialogfenster zum Aufnehmen von Index- und Verzeichniseinträgen bleibt geöffnet. Markieren Sie im Dokument einfach neuen Text, klicken Sie dann auf das Dialogfenster. Der markierte Text erscheint im Eingabefeld.

☐ Fett
☐ Kursiv

INFO

Die beiden Kontrollkästchen Fett und Kursiv beeinflussen das Format der Seitenzahlen.

➔ 180

INFO

Im Eingabefeld Seitenbereich Textmarke kann auf eine bereits definierte Textmarke verwiesen werden. Im Index erscheinen die Seitenzahlen der festgelegten Textmarke.

Index in Dokument einfügen

▶ Stellen Sie den Cursor an die Position im Text, an der der Index eingefügt werden soll.

▶ Wählen Sie aus dem Menü *Einfügen/Index und Verzeichnisse* die Registerkarte *Index* aus.

ACHTUNG → **175**

Im Dokument müssen vor der Erstellung eines Index die Indexeinträge festgelegt sein.

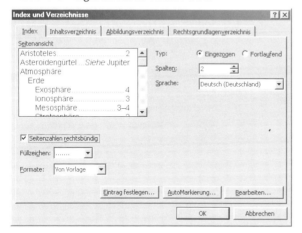

INFO

Nach Seitenumbruch den Index aktualisieren: Setzen Sie den Cursor in den erstellten Index, und drücken Sie die ⌐-Taste.

Anordnung des Index festlegen

▶ Entweder werden die Stichwörter einer tieferen Ebene unter dem Haupteintrag *Eingezogen*.

▶ Oder die Stichwörter einer tieferen Ebene werden *Fortlaufend*, durch Semikola voneinander getrennt, aufgelistet.

Typ »Fortlaufend«

Objekte: ausrichten und
verteilen 184; drehen
184; gruppieren 184;
Mehrere markieren 183;
mit eigener Farbmischung

Erscheinungsbild des Index festlegen

▶ Bei aktiviertem Kontrollkästchen *Seitenzahlen rechtsbündig* werden die Seitenzahlen am rechten Seiten- bzw. Spaltenrand ausgerichtet.

▶ Wählen Sie die *Füllzeichen* zwischen dem Eintrag und der Seitenzahl aus.

M	**R**
Markierungspunkt erzeugen 183	Raster einrichten 185
löschen 183	Rechteck
Microsoft Word-Grafik aufrufen 180	zeichnen 182
Musterfarbe ändern 188	

O	**S**
	Smbolleiste Textfeld 185
ObCjekt verschieben 183	Symbol 3D 182
Objekt markieren 183	Am Raster links ausrichten 185
Objekte Gruppierung aufheben 184	Am Raster oben ausrichten 185
	Am Raster rechts ausrichten 185

ACHTUNG → **51**

Index- sowie Verzeichniseinträge werden im Text verborgen formatiert.

▶ Klicken Sie auf eins der vorgegebenen *Formate* für den Index.

▶ Oder Markieren Sie *Von Vorlage*. Sie können mit der Schaltfläche *Bearbeiten* die Formatvorlagen nach Ihren Wünschen bearbeiten.

→ **142**

▶ Geben Sie die gewünschte Spaltenzahl bei *Spalten* ein.

Indexeintrag mit Untereintrag, getrennt durch Doppelpunkt

{ XE "Begriff:Interaktiv" }

Verzeichnis aus mehreren Dokumenten

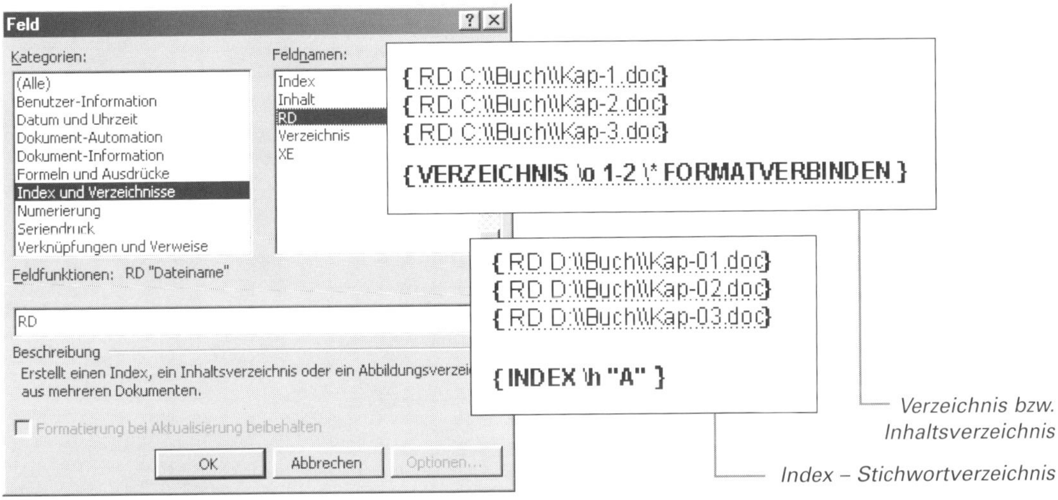

WO? WOMIT?

Verzeichnis aus mehreren Dateien erstellen

- Die Verzeichniseinträge müssen in den einzelnen Dokumenten erstellt bzw. die Überschriften mit den Formatvorlagen *Überschrift 1* bis *9* formatiert sein.
- Öffnen Sie eine neue Datei mit *Datei/Neu*.

RD-Feldfunktion einfügen

- Wählen Sie aus dem Menü *Einfügen/Feld*.
- Markieren Sie die Kategorie *Index und Verzeichnisse*.
- Wählen Sie unter *Feldnamen* die Feldfunktion *RD* aus.
- Geben Sie für jede Datei, die ins Inhaltsverzeichnis bzw. Verzeichnis aufgenommen werden soll, den richtigen Pfad an.

Verzeichnis-Feldfunktion einfügen

- In die letzte Zeile wird die Feldfunktion *Verzeichnis* aus der Kategorie *Index und Verzeichnisse* eingegeben.

Index aus mehreren Dateien erstellen

- Gehen Sie wie oben beschrieben vor.
- Fügen Sie statt des Verzeichnis-Feldes ein Index-Feld ein.
- Klicken Sie dazu im *Feld*-Dialogfenster, Kategorie *Index und Verzeichnisse* unter *Feldnamen* auf *Index*.

→ 55

ACHTUNG
Da verborgener Text Platz benötigt und den Umbruch verändert, schalten Sie in den Originaldateien lieber die Formatierungszeichen *aus. Die Zusammenstellung der Seitenzahlen stimmt sonst nicht.*

BEGRIFF
Ein Pfad bezeichnet den Ort, an dem eine Datei gespeichert ist, ferner auf welchem Laufwerk und in welchem Unterordner.

→ 178

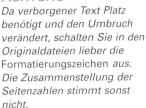

ACHTUNG
Die eingefügten Feldfunktionen müssen aktualisiert werden, damit das Verzeichnis oder der Index zusammengestellt werden kann. Markieren Sie die eingefügtenFelder und drücken Sie die F9-Taste.

Felder einfügen und bearbeiten

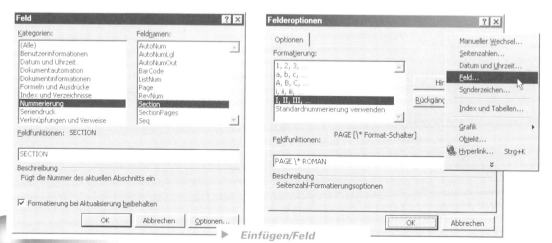

▶ *Einfügen/Feld*

WO? WOMIT?

Felder über die Menüleiste einfügen

▶ Setzen Sie den Cursor an die Position, an der die Feldfunktion eingefügt werden soll.

▶ Wählen Sie aus der Menüleiste *Einfügen/Feld*. Das Dialogfenster *Feld* wird geöffnet.

Alle Felder anzeigen lassen

▶ Markieren Sie im Dialogfenster *Feld* den Eintrag *(Alle)*, werden unter *Feldnamen* alle verfügbaren Feldfunktionen angezeigt.

Auswahl der Felder einschränken

▶ Markieren Sie unter *Kategorien* einen Eintrag, werden unter *Feldnamen* die dazugehörigen Feldfunktionen eingeblendet.

Formatierung bei Aktualisierung beibehalten

▶ Aktivieren Sie das Kontrollkästchen *Formatierung bei Aktualisierung beibehalten,* wird die Zeichenformatierung bei einer Aktualisierung des Feldes beibehalten. Der Feldfunktion wird der Schalter *Formatverbinden automatisch hinzugefügt.

➔ 51

Feld einfügen

▶ Klicken Sie im Dialogfenster *Feld* auf *OK*, nachdem Sie eines ausgewählt haben. Ein Feld wird in Ihr Dokument eingefügt. Je nachdem, wie Sie Ihre Ansicht eingestellt haben, wird das Feldergebnis oder die Feldfunktion dargestellt.

TIP

Markieren Sie unter Feldnamen *eine Feldfunktion, wird unter* Beschreibung *die jeweilige Funktion kurz erklärt.*

BEGRIFF

Feldfunktion: Eine Feldfunktion ist ein normalerweise unsichtbarer Platzhalter oder eine Formel.

Feldergebnis: Das Ergebnis des Platzhalters bzw. der Formel wird angezeigt.

Schalter: Mit Schaltern können weitere Differenzierungen für die Felder festgelegt werden.

Argumente: Argumente werden hinter dem Feldnamen eingefügt. Hierbei handelt es sich um Zahlen, Formeln oder Textmarkennamen.

INFO

Feldfunktionen erkennen Sie an den geschweiften Klammern, z.B. { DRUCKDAT }.

Felder über die Tastatur einfügen

▶ Drücken Sie die Tastenkombination Strg + F9.
▶ Eine geschweifte Klammer { } wird in den Text eingefügt.
▶ Der Cursor blinkt automatisch zwischen den Klammern.
▶ Schreiben Sie die Feldfunktion in die geschweifte Klammer.
▶ Fügen Sie eventuell *Argumente* und *Schalter* ein.

Felder formatieren

▶ Markieren Sie die Feldfunktion oder das Feldergebnis, und formatieren Sie es nach Ihren Wünschen.
▶ Bei aktiviertem Kontrollkästchen *Formatierung bei Aktualisierung beibehalten* gehen die Formatierungen nach einer Feldaktualisierung nicht verloren.

Einzelne Felder aktualisieren

Nach Änderungen müssen die Felder aktualisiert werden, damit das richtige Feldergebnis angezeigt wird.

▶ Springen Sie mit der Taste F11 zum nächsten Feld.
▶ Das Feld wird komplett markiert.
▶ Drücken Sie die F9-Taste. Der aktuellste Stand (Feldergebnis) wird angezeigt.

Alle Felder im Dokument aktualisieren

▶ Markieren Sie das gesamte Dokument mit der Tastenkombination Strg + A.
▶ Drücken Sie die F9-Taste. Alle Felder des Dokuments werden aktualisiert.

Felder anzeigen bzw. hervorheben

▶ Wählen Sie aus dem Menü *Extras/Optionen* die Registerkarte *Ansicht*.
▶ Aktivieren Sie das Kontrollkästchen *Feldfunktionen*, um sich alle Feldfunktionen im Dokument anzeigen zu lassen.

Felder hervorheben

▶ Wählen Sie aus der Liste *Feldschattierung* die Einstellung *Immer* aus. Die Felder werden immer grau unterlegt angezeigt, aber nicht grau gedruckt.
▶ Wählen Sie aus der Liste *Feldschattierung* die Einstellung *Wenn ausgewählt* aus. Wenn Sie auf ein Feld klicken, wird es grau unterlegt dargestellt.

Felder nicht hervorheben

▶ Wählen Sie aus der Liste *Feldschattierung* die Einstellung *Nie* aus. Die Feldergebnisse sind vom normalen Fließtext nicht zu unterscheiden.

Feldfunktion
{ ZEIT *\Formatverbinden }

Feldergebnis
18:35

TIP
Schalten Sie zwischen Feldfunktion und Feldergebnis mit der Tastenkombination Alt + F9 hin und her.

TIP
Um sich nur eine Feldfunktion anzeigen zu lassen, drücken Sie die Tastenkombination ⇧ + F9.

TIP
Suchen Sie nach Feldern mit Objekt suchen aus der senkrechten Bildlaufleiste.

INFO
Felder können mit der Maus markiert und mit der Entf-Taste gelöscht werden.

Textmarken erstellen und bearbeiten

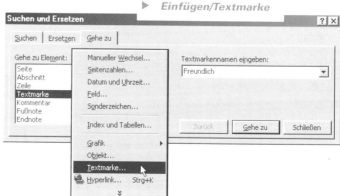

▶ *Einfügen/Textmarke*

WO? WOMIT?

Textmarke erstellen

▶ Markieren Sie Text, der als Textmarke verwendet werden soll.

▶ Wählen Sie im Menü *Einfügen/Textmarke*.

▶ Das Dialogfenster *Textmarke* wird geöffnet.

▶ Geben Sie der Textmarke einen Namen, zum Beispiel »Freundlich«.

▶ Klicken Sie auf die Schaltfläche *Hinzufügen*.

Textmarke löschen

▶ Rufen Sie das Dialogfenster *Textmarke* über *Einfügen/ Textmarke* auf.

▶ Markieren Sie aus der Liste der Textmarken die zu löschende Textmarke.

▶ Klicken Sie auf die Schaltfläche *Löschen*. Die Textmarke wird aus der Liste gelöscht.

Einstellungen für Textmarken

▶ Mit dem aktivierten Optionsfeld *Namen* werden die Textmarken-Namen nach dem Alphabet aufgelistet.

▶ *Position im Text* hingegen listet die Textmarken der Reihe nach auf.

▶ Aktivieren Sie das Kontrollkästchen *Ausgeblendete Textmarken,* werden verborgene Textmarken, wie beispielsweise Querverweise, angezeigt.

Textmarken anspringen

▶ Drücken Sie die F5-Taste.

▶ Wählen Sie im Dialogfenster *Suchen und Ersetzen* die Option *Textmarke* aus.

▶ Markieren Sie die gesuchte Textmarke aus, und klicken Sie auf *OK*.

Textmarke im Text

〔Textmarke〕

TIP ☑ Textmarken

Lassen Sie sich die Textmarken im Text anzeigen. Wählen Sie Extras/Optionen, Register *Ansicht, und klicken Sie das Kontrollkästchen* Textmarken *an.*

ACHTUNG

Wenn Sie sich Textmarken im Text anzeigen lassen, ändert sich der Seitenumbruch, da die angezeigten Textmarken Platz benötigen. Der Seitenumbruch entspricht nicht mehr dem Ausdruck.

→ 181

INFO

Textmarken werden beispielsweise als Lesezeichen verwendet. Mit Hilfe von Textmarken können auch Querverweise definiert werden.

Querverweise erstellen und bearbeiten

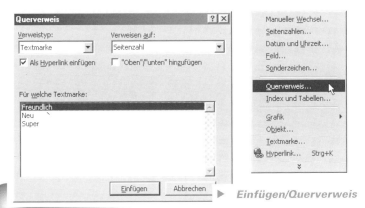

▶ *Einfügen/Querverweis*

WO? WOMIT?

Querverweis erstellen

Querverweise können normalerweise nur innerhalb eines Dokuments erstellt werden, außer Sie
arbeiten mit Zentraldokumenten.

▶ Wählen Sie aus dem Menü *Einfügen/Querverweis*.
▶ Das Dialogfenster *Querverweis* wird geöffnet.

Wählen Sie einen Verweistyp aus

▶ Mit *Numeriertes Element* können Sie auf einen nume-
  rierten Absatz verweisen.
▶ Markieren Sie *Überschrift*, um auf einen Absatz mit der
  Formatvorlage *Überschrift* zu verweisen.
▶ Verweisen Sie auf *Textmarke, Fußnote* oder *Endnote*, in-
  dem Sie sie markieren.
▶ Markieren Sie *Abbildung, Gleichung* oder *Tabelle*, um
  auf eines dieser Elemente zu verweisen.

Verweisziel festlegen

▶ Stellen Sie mit *Verweisen auf* ein, was in den Verweis
  aufgenommen werden soll.
▶ Mit *Textmarkeninhalt* wird der Text eingefügt.
▶ Wählen Sie *Seitenzahl*, wird die Seitennummer angezeigt, auf der sich die Textmarke oder Überschrift befindet.
▶ Mit *Oben/unten* wird die Richtung mit in den Verweis
  aufgenommen. Zum Beispiel *siehe oben* oder *siehe weiter unten*. Bei einigen Verweisarten können Sie diese
  Funktion auch mit dem Kontrollfeld *oben/unten hinzufügen* zusätzlich benutzen.

ACHTUNG
*Wenn Sie auf Textmarken,
Fußnoten usw. verweisen
möchten, müssen diese
vorher angelegt sein.*

INFO
*Egal, welchen Verweistyp Sie
markieren, in der unteren
Hälfte des Dialogfensters
Querverweis werden die
auswählbaren Textmarken,
Überschriften usw. angezeigt.*

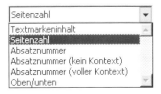

Texte überarbeiten

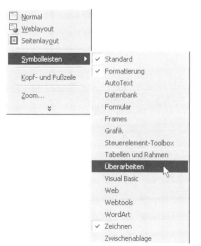

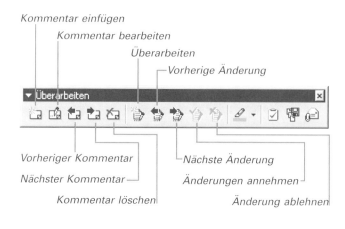

▶ *Ansicht/Symbolleisten/Überarbeiten*

WO? WOMIT?

Überarbeiten-Optionen einstellen

▶ Wählen Sie *Extras/Optionen*.

▶ Klicken Sie im Dialogfenster *Optionen* auf die Register-karte *Änderungen verfolgen*.

▶ Aktivieren Sie das Register *Änderungen verfolgen*.

▶ Aktivieren Sie die Anzeigen, die Sie für die Auszeichnung Ihrer Überarbeitungen im Dokument wünschen.

▶ Bestätgien Sie die Einstellungen mit Klick auf *OK*.

Die Überarbeiten-Symbolleiste einblenden → 636

▶ Wählen Sie aus der Menüleiste *Ansicht/ Symbolleisten/Überarbeiten*. Die Überarbeiten-Symbol-leiste wird eingeblendet.

Kommentar einfügen

▶ Markieren Sie einen Textabschnitt, den Sie nicht korrigie-ren, sondern zu dem Sie eine Bemerkung loswerden möchten.

▶ Klicken Sie auf das Symbol *Kommentar einfügen*.

▶ Das Fenster wird zweigeteilt. Geben Sie neben Ihren In-itialen, die in eckigen Klammern mit der Kommentar-nummer stehen, eine Bemerkung ein.

▶ Verlassen Sie das Kommentar-Eingabefenster mit *Schlie-ßen*. Der vorher markierte Text wird farblich hervorge-hoben.

ACHTUNG
Mit Farbe können nur Kor-rekturen kenntlich gemacht werden, die nicht mit den Optionen (Ohne) oder Aus-geblendet deaktiviert sind.

BEGRIFF
Die Überarbeitungsfunktion wird hauptsächlich bei Texten (z.B. Manuskripten) einge-setzt, die korrigiert werden müssen. Um die einzelnen Korrekturen kenntlich zu machen, muß die Über-arbeitungsfunktion aktiviert werden. Zuvor sollten die Überarbeitungs-Optionen über Extras/Optionen/ Änderungen verfolgen vom Korrektor eingestellt werden.

Kommentar anzeigen lassen

▶ Bewegen Sie die Maus auf eine Hervorhebung. Eine QuickInfo zeigt Ihnen den eingegebenen Kommentar an.

Kommentar bearbeiten

▶ Klicken Sie auf das Symbol *Kommentar bearbeiten*. Das Kommentar-Eingabefenster wird geöffnet.

▶ Klicken Sie in den Kommentar-Text, und ändern Sie ihn.

▶ Verlassen Sie das Kommentar-Fenster mit *Schließen*.

Kommentar anspringen

▶ Klicken Sie auf die Symbole *Vorheriger* oder *Nächster Kommentar*. Der Cursor springt zum jeweiligen Markierungspunkt mit einem Kommentar.

Kommentar löschen

▶ Springen Sie mit den beiden Symbolen *Vorherigen* oder *Nächsten Kommentar* zu dem Kommentar, den Sie löschen möchten.

▶ Klicken Sie auf das Symbol *Kommentar löschen*. Die Hervorhebung und der Kommentar sind gelöscht.

Kommentare ausdrucken

▶ Lassen Sie sich Ihre Kommentare ausdrucken. Wählen Sie dazu aus dem Menü *Datei/Drucken*.

▶ Wählen Sie aus der Liste *Drucken* die Option *Kommentare* aus.

▶ Starten Sie das Drucken mit Klick auf OK.

Überarbeiten-Funktion aktivieren

▶ Doppelklicken Sie in der Statuszeile auf ÄND. Der Überarbeiten-Modus ist aktiv.

Überarbeiten-Funktion deaktivieren

▶ Mit einem Doppelklick auf ÄND in der Statuszeile kann der Überarbeiten-Modus wieder deaktiviert werden.

Überarbeiteten Text anspringen

▶ Klicken Sie auf die Symbole *Vorherige* oder *Nächste Änderung*. Der Cursor springt auf die entsprechende Stelle.

Geänderten Text annehmen

▶ Bewegen Sie sich mit den Symbolen *Vorherige* oder *Nächste Änderung* im Dokument.

▶ Klicken Sie auf das Symbol *Änderungen annehmen*.

Geänderten Text ablehnen

▶ Der Korrekturvorschlag wird mit Klick auf *Änderungen ablehnen* abgelehnt. Der Originalzustand wird wiederhergestellt.

TIP
Klicken Sie mit der rechten Maustaste auf einen Kommentar. Sie können einen Kommentar bearbeiten *oder* einen Kommentar löschen.

✂ A̲usschneiden
📋 K̲opieren
📋 Einfügen

🗋 Kommentar b̲earbeiten
🗋 Kommentar l̲öschen

A S̲chriftart...
≣ A̲bsatz...
≔ N̲ummerierung und Aufzählungszeichen...

TIP
Geben Sie im Dialogfenster Extras/Optionen *im Register* Benutzerinformationen *Ihren Namen und Ihre Initialen ein. Die QuickInfo meldet sich mit Ihrem Namen.*

INFO
Das Symbol Hervorheben *entspricht dem Symbol* Hervorheben *aus der Format-Symbolleiste.*

INFO
Word numeriert die Kommentare automatisch.
[cb3] Beim nächsten Durchgang kontrollieren

Butz:
Bitte auf Seite
322 verweisen

Funktion

Mit unterschiedlichen Versionen arbeiten

▶ *Datei/Version*

WO? WOMIT?

Eine Version speichern

▶ Wählen Sie *Datei/Version*.
▶ Klicken Sie im Dialogfenster *Versionen* auf *Jetzt speichern*.
▶ Oder klicken Sie in der Überarbeiten-Symbolleiste auf *Version speichern*.
▶ Geben Sie einen Kommentar zu der gespeicherten Version ein.
▶ Schließen Sie das Dialogfenster mit *OK*.

Eine Version öffnen

▶ Klicken Sie auf *Datei/Version*.
▶ Wählen Sie die zu öffnende Version aus.
▶ Klicken Sie auf die Schaltfläche *Öffnen*. Die markierte Version wird zum Originaldokument in einem zweiten Fenster geöffnet.

Eine Version löschen

▶ Markieren Sie die zu löschende Version.
▶ Klicken Sie auf die Schaltfläche *Löschen*.
▶ Die gespeicherte Version wird gelöscht und verschwindet aus der Liste *Vorhandene Versionen*.

Zwei Dokumente vergleichen

▶ Klicken Sie in der Menüleiste auf *Extras/Änderungen verfolgen/Dokument vergleichen*.
▶ Klicken Sie auf das Dokument, das Sie mit dem aktuellen Dokument vergleichen möchten. Die Unterschiede der beiden Dokumente werden hervorgehoben.

INFO

Aktivieren Sie die Option Version automatisch speichern, *wird bei jedem Schließen des Dokuments eine neue Version gespeichert. Die Dateigröße nimmt dadurch beträchtlich zu. Löschen Sie nicht benötigte Versionen, um die Dateigröße zu verkleinern.*

ACHTUNG

Das Originaldokument muß mit Datei/Öffnen *geöffnet sein, sonst werden die unterschiedlichen Versionen beim Öffnen über* Datei/Version *nicht angezeigt.*

➜ 24

Dokumente schützen

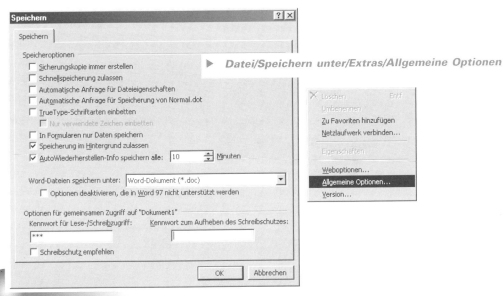

▷ *Datei/Speichern unter/Extras/Allgemeine Optionen*

WO? WOMIT?

Ein Kennwort für das Dokument vergeben

▶ Wählen Sie den Menübefehl *Datei/Speichern unter.*

▶ Klicken Sie im Dialogfenster *Speichern unter* auf die Schaltfläche *Extras.*

▶ Klicken Sie im aufgeklappten Untermenü auf *Allgemeine Optionen.*

▶ Geben Sie in das Feld *Kennwort für Lese-/Schreibzugriff* ein Kennwort ein.

▶ Klicken Sie auf OK. Das Dialogfenster *Kennwort bestätigen* wird geöffnet.

▶ Geben Sie das Kennwort erneut ein, und klicken Sie auf OK.

▶ Klicken Sie auf *Speichern.*

Geschütztes Dokument öffnen

▶ Wählen Sie den Menübefehl *Datei/Öffnen.*

▶ Markieren Sie das geschützte Dokument, und klicken Sie auf *Öffnen.*

▶ Geben Sie in das Dialogfenster *Kennwort,* das von Ihnen vergebene Kennwort ein.

▶ Klicken Sie auf OK.

INFO

Merken Sie sich unbedingt das vergebene Kennwort, sonst können Sie das kennwortgeschützte Dokument nicht mehr öffnen.

→ 24

TIP

Aktivieren Sie die Option *Schreibschutz empfehlen. Jeder Benutzer kann das Dokument ohne Kennwort öffnen. Möchte er es bearbeiten, muß er es vorher unter einem anderen Namen abspeichern.*

Gliederung erstellen

▶ Schreiben Sie Ihren Text, und weisen Sie den Überschriften die Formatvorlagen *Überschrift 1, Überschrift 2* usw. zu.

▶ Schalten Sie in die Gliederungsansicht.

Überschriften numerieren

▶ Geben Sie den Text ein.

▶ Weisen Sie den Überschriften die entsprechenden Ebenen über die Formatvorlagen *Überschrift 1* bis *9* zu.

▶ Wählen Sie aus dem Menü *Format/ Nummerierung und Aufzählungszeichen* die Registerkarte *Gliederung* aus.

▶ Markieren Sie eines der vier Numerierungstypen aus der zweiten Reihe.

▶ Klicken Sie auf OK. Alle Überschriften werden automatisch numeriert.

Zentraldokument

▶ Klicken Sie in der Menüleiste auf *Datei/Neu*.

▶ Wählen Sie die gewünschte Dokumentvorlage aus.

▶ Wählen Sie aus dem Menü *Ansicht/Gliederung*.

▶ Die Symbolleiste der *Gliederungsansicht* wird eingeblendet.

▶ Die Formatvorlage *Überschrift 1* sollte auf dem ersten Absatz liegen.

▶ Geben Sie dem Zentraldokument eine Hauptüberschrift.

▶ Speichern Sie das Zentraldokument.

Fußnote festlegen

▶ Stellen Sie den Cursor an die Textstelle, an der die Fußnote eingefügt werden soll.

▶ Wählen Sie aus dem Menü *Einfügen/Fußnote*. Das Dialogfenster *Fußnote und Endnote* wird geöffnet.

▶ Die Option *Fußnote* und *AutoWert* ist standardmäßig aktiviert.

▶ Klicken Sie auf OK.

Inhaltsverzeichnis aus Überschriften

▶ Stellen Sie den Cursor an die Position, an der das Inhaltsverzeichnis eingefügt werden soll.

▶ Wählen Sie aus dem Menü *Einfügen/Index und Verzeichnisse*.

▶ Klicken Sie auf die Registerkarte *Inhaltsverzeichnis*.

Die Überarbeiten-Symbolleiste

▶ Wählen Sie aus der Menüleiste *Ansicht/ Symbolleisten/Überarbeiten*. Die Überarbeiten-Symbolleiste wird eingeblendet.

10 KAPITEL

Serienbriefe, Um-schläge und Etiketten

tempo

Wissenswertes über Serienbriefe

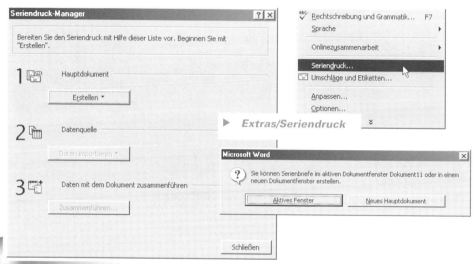

Hauptdokument: Serienbrief

▶ Das *Hauptdokument* ist der Serienbrief. Dieser Brief enthält den immer gleichbleibenden Text.

▶ Im Serienbrief sind die Seriendruckfelder als Platzhalter für die Daten enthalten.

Datenquelle: Adressen

▶ In der Datenquelle werden die Daten (beispielsweise Adressen) gespeichert.

▶ In der Datenquelle sind die entsprechenden Seriendruckfelder als Steuersatz enthalten.

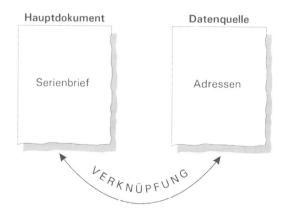

Neuen Serienbrief erstellen

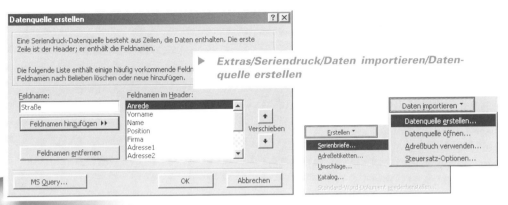

▷ *Extras/Seriendruck/Daten importieren/Datenquelle erstellen*

WO? WOMIT?

Neues Hauptdokument erstellen
▶ Klicken Sie in der Menüzeile auf *Extras/Seriendruck*. Der *Seriendruck-Manager* wird geöffnet.
▶ Klicken Sie unter dem ersten Punkt *Hauptdokument* auf die Schaltfläche *Erstellen* und dann auf *Serienbriefe*.
▶ Klicken Sie auf *Neues Hauptdokument*.

Datenquelle erstellen
▶ Klicken Sie auf die Schaltfläche *Daten importieren* unter dem zweiten Punkt *Datenquelle*.
▶ Markieren Sie *Datenquelle erstellen*.
▶ Das Dialogfenster *Datenquelle erstellen* wird geöffnet.

Feldnamen nach eigenen Wünschen umstellen
▶ Markieren Sie im Dialogfenster *Datenquelle erstellen* einen Feldnamen aus der Liste *Feldnamen im Steuersatz*.
▶ Schieben Sie den Feldnamen mit den beiden Pfeilen *Verschieben* an die neue Position.

Überflüssigen Feldnamen löschen
▶ Markieren Sie den Feldnamen aus der Liste *Feldnamen im Steuersatz,* den Sie löschen möchten.
▶ Klicken Sie auf die Schaltfläche *Feldnamen löschen*.

Neuen Feldnamen hinzufügen
▶ Schreiben Sie in das Eingabefeld *Feldname* einen neuen Namen, z.B. »Straße«.
▶ Klicken Sie auf *Feldnamen hinzufügen*.
▶ Der neue Feldname erscheint in der Liste *Feldnamen im Steuersatz*.

BEGRIFFE

Seriendruckfelder: Seriendruckfelder sind Platzhalter im Hauptdokument für die Daten aus der Datenquelle (z.B. ein Name).
Datensatz: Ein Datensatz ist eine Sammlung von Daten, die unter einer Nummer, zum Beispiel Datensatz 3, gespeichert werden. Eine komplette Adresse ist beispielsweise ein Datensatz.

Aktives Fenster

Datenquelle öffnen

INFO
Einen neu eingefügten Feldnamen können Sie mit den Pfeilen Verschieben umstellen.

Feldnamen hinzufügen ▶▶

▶ Stellen Sie den neuen Feldnamen mit *Verschieben* an die gewünschte Position.

▶ Klicken Sie auf *OK*, wenn Sie die gewünschten Einstellungen vorgenommen haben.

Datenquelle speichern

▶ Nachdem alle Einstellungen im Dialogfenster *Datenquelle erstellen* erledigt sind und Sie auf *OK* klicken, landen Sie im Dialogfenster *Speichern unter*.

▶ Wählen Sie das richtige Laufwerk und den gewünschten Ordner.

▶ Geben Sie unter *Dateiname* einen Namen für die Datenquelle, zum Beispiel *Adressen – Ärzte,* ein.

▶ Klicken Sie auf *Speichern.*

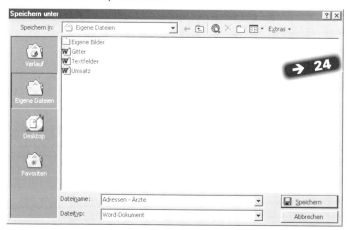

Daten in die Datenmaske eingeben

▶ Nach dem Speichern der Datenquelle wird das Dialogfenster *Datenformular* geöffnet. Geben Sie die Daten in die Datenmaske ein.

▶ Wenn alle Daten eines Datensatzes (zum Beispiel einer Adresse) eingegeben wurden, dann klicken Sie auf *Neuer Datensatz.*

▶ Die zuvor eingegebenen Daten werden als Datensatz mit der Nummer *1* gespeichert. Die Datenmaske wird leer präsentiert. Sie können den zweiten Datensatz eingeben usw. Wenn alle Daten erfaßt sind, bestätigen Sie dies mit *OK.*

INFO

	Zum ersten Datensatz blättern
	Einen Datensatz nach vorne blättern
1	Anzeige der Datensatznummer
▶	Einen Datensatz weiter blättern
▶|	Zum letzten Datensatz blättern

INFO

Neuer Datensatz

Fügen Sie mit Neuer Datensatz *einen neuen Datensatz ein.*

INFO

Löschen

Die Schaltfläche Löschen *löscht den angezeigten Datensatz.*

INFO

Wiederherstellen

Die Schaltfläche Wiederherstellen *bringt den zuletzt gelöschten Datensatz wieder zurück.*

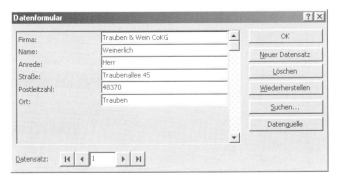

→ 194

Seriendruckfelder

«Firma»
Z. H. Herrn «Name»
«Straße»

«Postleitzahl» «Ort»

Sehr geehrter Herr «Name»,

Ergebnis der Seriendruckfelder

Trauben & Wein CoKG
Z. H. Herrn Weinerlich
Traubenallee 45

48370 Trauben

Sehr geehrter Herr Weinerlich,

Serienbrief einrichten

▶ Nach der Eingabe der Daten in das Datenformular wird ein Dialogfenster geöffnet, in dem Sie zwischen *Daten-quelle bearbeiten* und *Haupdokument bearbeiten* wählen können.

▶ Klicken Sie auf die Schaltfläche *Hauptdokument bearbeiten*. Sie landen in einem leeren Dokument.

▶ Es wird eine neue Symbolleiste eingeblendet, die Seriendruck-Symbolleiste.

▶ Schreiben Sie den Brief wie gewohnt.

▶ Lassen Sie den Platz für die Empfänger-Adressen frei. Dort werden die sogenannten *Seriendruckfelder* eingefügt.

Seriendruckfelder einfügen

▶ Stellen Sie den Cursor im Text an die Stelle, an der beispielsweise der Firmenname im Brief erscheinen soll.

▶ Klicken Sie in der Seriendruck-Symbolleiste auf *Serien-druckfeld einfügen*.

▶ Markieren Sie das entsprechende Seriendruckfeld.

▶ Wiederholen Sie das, bis alle gewünschten Seriendruck-felder eingefügt sind.

Seriendruckfelder einfügen

Daten anzeigen lassen

▶ Klicken Sie in der Seriendruck-Symbolleiste auf *Serien-druck-Vorschau*.

▶ Die eingefügten Seriendruckfelder verwandeln sich in die zuvor eingegebenen Daten.

Serienbrief ausdrucken

▶ Klicken Sie in der Seriendruck-Symbolleiste auf *Serien-druck an Drucker*. Es werden so viele Briefe, wie Adreß-daten vorhanden sind, ausgedruckt.

Serienbrief mit vorhandenem Brief und bestehenden Daten erstellen

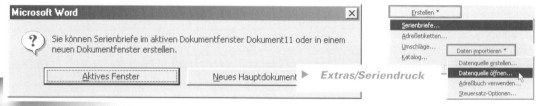

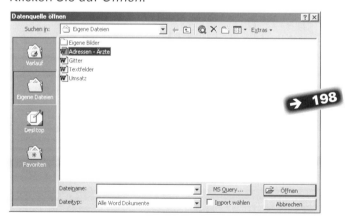

Vorhandenen Brief öffnen

▶ Öffnen Sie Ihren bereits geschriebenen Brief. → 23
▶ Klicken Sie im Menü auf *Extras/Seriendruck*.
▶ Der *Seriendruck-Manager* wird geöffnet.
▶ Klicken Sie auf die Schaltfläche *Erstellen*, und markieren Sie *Serienbriefe*.
▶ Klicken Sie auf *Aktives Fenster*.

Datenquelle öffnen

▶ Klicken Sie auf die Schaltfläche *Daten importieren* unter *Datenquelle*.
▶ Markieren Sie *Datenquelle öffnen*.

Datenquelle, die in Word erstellt wurde, öffnen

▶ Der Dateityp *Word-Dokumente* wird automatisch in dem Dialogfenster *Datenquelle öffnen* angezeigt.
▶ Wählen Sie das richtige Laufwerk und den Ordner aus.
▶ Klicken Sie auf die gewünschte Datenquelle (Adressen).
▶ Klicken Sie auf *Öffnen*.

▶ Im folgenden Dialogfenster klicken Sie auf *Hauptdokument bearbeiten*.
▶ Fügen Sie Ihre Seriendruckfelder in den Brief ein.

ACHTUNG → 101
Eine Word-Datenquelle besteht aus einer Tabelle. Diese Tabelle können Sie auch selbst erstellen. Wichtig hierbei ist, daß die erste Zeile im Dokument eine Tabellenzeile und kein Absatz ist.

Neues Hauptdokument

Datenquelle erstellen

INFO
Folgende Daten können importiert werden:
▶ *Microsoft Word*
▶ *Microsoft Access*
▶ *Microsoft Excel*
▶ *dBASE*
▶ *Microsoft FoxPro*
▶ *Textdateien*
▶ *Rich Text Format*

INFO
Je nach importiertem Dateityp können verschiedene Abfragen auftreten.

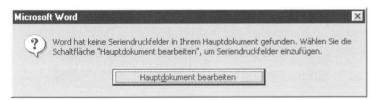

ACHTUNG

Microsoft Excel und Access müssen auf Ihrem Rechner installiert sein, wenn Sie Excel- bzw. Access-Daten über den Seriendruck-Manager mit Datenquelle importieren einfügen möchten.

Datenquelle, die in Excel erstellt wurde, einfügen

▶ Klicken Sie im Dialogfenster *Datenquelle öffnen* aus der Liste *Dateityp* auf *MS Excel-Arbeitsblätter*. → 210

▶ Wählen Sie das entsprechende Laufwerk und den richtigen Ordner.

Seriendruckfelder einfügen → 194

▶ Markieren Sie die gewünschte Excel-Datei.

▶ Klicken Sie auf *Öffnen*. Ein kleines Fenster namens *Microsoft Excel* wird geöffnet.

▶ Klicken Sie hier auf OK.

▶ Klicken Sie im nächsten Fenster auf *Hauptdokument bearbeiten*.

▶ Fügen Sie die Seriendruckfelder ein.

Datenquelle, die in Access erstellt wurde, einfügen

▶ Klicken Sie im Dialogfenster *Datenquelle öffnen* in der Liste *Dateityp* auf *MS-Access-Datenbanken*. → 294

▶ Wählen Sie das entsprechende Laufwerk und den richtigen Ordner.

▶ Markieren Sie die gewünschte Access-Datenbank.

▶ Klicken Sie auf *Öffnen*. Ein kleines Fenster namens *Microsoft Access* wird geöffnet.

▶ Wählen Sie die zu importierende Datei aus, und klicken Sie auf OK.

▶ Fügen Sie die Seriendruckfelder ein.

Daten aus Outlook-Adreßbuch verwenden

▶ Klicken Sie auf die Schaltfläche *Daten importieren* unter *Datenquelle* im Dialogfenster *Seriendruck-Manager*.

▶ Markieren Sie *Adreßbuch verwenden*.

▶ Wählen Sie aus der Liste *Outlook-Adressbuch*.

▶ Fügen Sie die Seriendruckfelder ein.

Die Symbolleiste für den Seriendruck

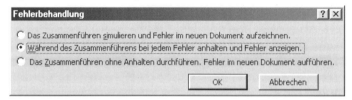

WO? WOMIT?

Seriendruckfeld einfügen

▶ Legen Sie die Seriendruckfelder mit Hilfe des → 192 Datenformulars oder in der Datenquelle fest.

▶ Klicken Sie auf *Seriendruckfeld einfügen*.

▶ Das auszuwählende Seriendruckfeld wird an der Stelle eingefügt, an der Ihr Cursor blinkt.

Bedingungsfeld einfügen

▶ Klicken Sie auf *Bedingungsfeld einfügen*.

▶ Markieren Sie das gewünschte Bedingungsfeld.

▶ Je nachdem, welches Bedingungsfeld Sie einfügen, wird ein Dialogfenster geöffnet, in dem Sie die Einstellungen für die Bedingung festlegen. Bei manchen Bedingungsfeldern wird kein Dialogfenster geöffnet.

▶ Die Bedingung wird am blinkenden Cursor eingefügt.

Seriendruck-Vorschau

▶ Klicken Sie auf *Seriendruck-Vorschau*.

▶ Die verknüpften Daten werden angezeigt.

▶ Mit den »Pfeil«-Symbolen kann zwischen den Datensätzen geblättert werden. → 189

Seriendruck-Manager

▶ Mit dem Symbol *Seriendruck-Manager* wird → 188 das gleichnamige Dialogfenster geöffnet.

▶ Sie können es auch über *Extras/Seriendruck* öffnen.

Fehlerprüfung

▶ Klicken Sie auf das Symbol *Fehlerprüfung*.

▶ Das Fenster *Fehlerbehandlung* mit unterschiedlichen Optionsfeldern wird geöffnet.

Seriendruckfeld einfügen ▾

Bedingungsfeld einfügen ▾

《 》 ABC *Seriendruck-Vorschau*

◀◀ ◀ 1 ▶ ▶▶

🗐 *Seriendruck-Manager*

☑ *Fehlerprüfung*

▤ *Ausgabe in neues Dokument*

▤ *Seriendruck an Drucker*

▤ *Seriendruck*

🔍 *Datensatz suchen*

✎ *Datenquelle bearbeiten*

BEGRIFF
Bedingung: *Bedingungen sind spezielle Sonderanweisungen, die die Seriendruckfelder (variablen Textelemente) beeinflussen.*

TIP
Wählen Sie im Fenster Fehlerbehandlung die Option Das Zusammenführen simulieren..., um nicht bei jedem Fehler gewarnt zu werden.

Das Zusammenführen simulieren und Fehler im neuen Dokument aufzeichnen

▶ Hauptdokument und Datenquelle werden *nicht* miteinander verknüpft. Wenn ein Fehler gefunden wird, blendet Word ein Dialogfenster ein. In diesem Dialogfenster kann der Fehler korrigiert werden.

▶ Die Fehlerkorrektur wird ins Hauptdokument (Brief) übertragen.

INFO
Mit der Option Das Zusammenführen simulieren und Fehler im neuen Dokument aufzeichnen, *wird der Fehler einmal geändert und für alle Briefe durchgeführt.*

ACHTUNG
Wählen Sie die Option Während des Zusammenführens bei jedem Fehler anhalten und Fehler anzeigen *und Ihre Datenquelle besteht beispielsweise aus 547 Daten, werden Sie 547mal gewarnt.*

Während des Zusammenführens bei jedem Fehler anhalten und Fehler anzeigen

▶ Das Hauptdokument wird mit der Datenquelle verknüpft. Es wird ein neues Serienbrief-Dokument angelegt.

▶ Word meldet sich bei jedem Fehler und zeigt ihn an. Der Fehler wird im jeweiligen Serienbrief-Dokument berichtigt.

INFO
Das Zusammenführen ohne Anhalten durchführen. Fehler im neuen Dokument aufführen *wird in der gleichen Weise durchgeführt wie die Option* Während des Zusammenführens bei jedem Fehler anhalten und Fehler anzeigen *durchgeführt. Nur meldet sich Word hier nicht bei jedem aufgetretenen Fehler.*

Alle Briefe in einem Dokument sammeln

▶ Klicken Sie auf *Ausgabe in neues Dokument.* Alle Briefe werden in *einem* neuen Dokument mit Abschnittswechsel voneinander getrennt aufgelistet.

TIP
Über den Menüpunkt Fenster *gelangen Sie wieder in Ihren ursprünglichen Serienbrief.*

Alle Briefe an den Drucker schicken

▶ Klicken Sie auf *Seriendruck an Drucker,* wird das Dialogfenster *Drucken* geöffnet.

▶ Mit *OK* werden alle Briefe an den Drucker geschickt.

INFO
*Seriendruck –
Datensätze filtern*

Datensatz suchen

▶ Geben Sie im Feld *Suchen nach* den gesuchten Namen ein.

▶ Wählen Sie *In Feld*, nach welchem Feldtyp gesucht werden soll.

▶ Klicken Sie auf *Beginnen*.

▶ Der entsprechende Datensatz wird nach erfolgreicher Suche angezeigt.

Abfrageoptionen für Serienbriefe

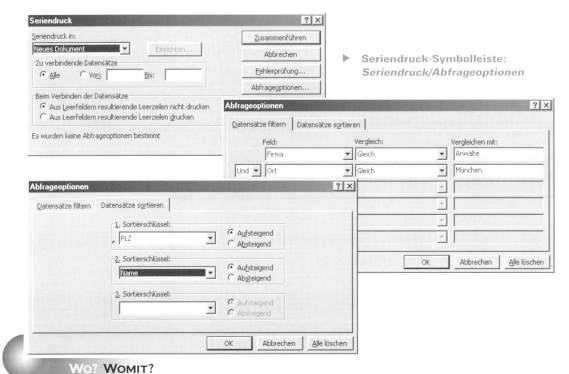

▷ Seriendruck-Symbolleiste:
Seriendruck/Abfrageoptionen

WO? WOMIT?

Seriendruck-Dialogfenster öffnen
▶ Klicken Sie auf das Symbol *Seriendruck* aus der Seriendruck-Symbolleiste. Das Dialogfenster *Seriendruck* wird
geöffnet.

Ziel für den Seriendruck bestimmen
▶ Wählen Sie unter *Seriendruck in* aus, ob die Briefe in
einem neuen Dokument oder gleich an den Drucker geschickt werden sollen. Serienbriefe können auch gleich
als *E-Mail* (Elektronische Post) verschickt werden.

Datensatzauswahl treffen
▶ *Alle* arbeitet alle Datensätze ab.
▶ Oder geben Sie unter *Von* die Datensatznummer ein,
ab der Sie beginnen möchten, und unter *Bis*
das Datensatzende.

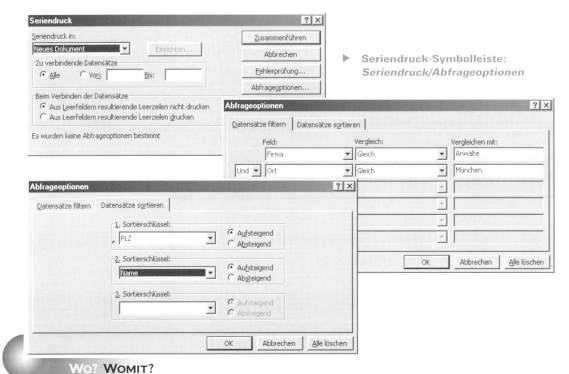 → 189

TIP
*Sind Sie sich mit Ihren
Auswahlkriterien nicht ganz
sicher, wählen Sie* Seriendruck in: Dokument. *Sie
können vor dem Ausdruck
prüfen, ob Ihre Auswahl-
kriterien richtig waren.*

ACHTUNG
Mit der Methode Von ... Bis
*können nur Daten, die hinter-
einanderliegen, berücksichtigt werden.*

Leerzeilen unterdrücken

▷ Leerzeilen, die durch leere Seriendruckfelder entstehen können, werden *nicht* gedruckt, wenn die Option *Aus Leerfeldern resultierende Leerzeilen auslassen* aktiviert ist.

▷ Leerzeilen, die durch leere Seriendruckfelder entstehen können, werden gedruckt, wenn die Option *Aus Leerfeldern resultierende Leerzeilen drucken* aktiviert ist.

Datensätze filtern

▷ Klicken Sie im Dialogfenster *Seriendruck* auf die Schaltfläche *Abfrageoptionen*. Das Dialogfenster *Abfrageoptionen* wird geöffnet.

▷ Markieren Sie das Register *Datensätze filtern*.

▷ Wählen Sie unter *Feld* ein Seriendruckfeld aus.

▷ Wählen Sie einen Vergleichsoperator unter *Vergleich* aus.

▷ Schreiben Sie die Bedingung, die erfüllt werden muß, in das Eingabefeld *Vergleichen mit*.

▷ *Und:* Wählen Sie die Bedingung *Und*, wenn *beide* Bedingungen (erste Zeile und zweite Zeile) gleichzeitig zutreffen.

▷ *Oder:* Wählen Sie die Bedingung *Oder*, wenn *eine* der beiden Bedingungen (erste Zeile und zweite Zeile) zutreffen soll.

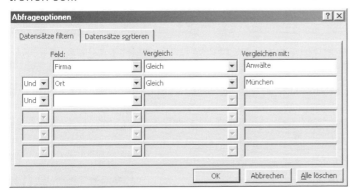

Datensätze sortieren

Wechseln Sie im Dialogfenster *Abfrageoptionen* auf die Registerkarte *Datensätze sortieren*.

▷ Geben Sie unter *Sortierschlüssel 1, 2* und *3* die Reihenfolge der Sortierung ein.

▷ Wählen Sie *Aufsteigend,* um von A bis Z oder von 1 bis 9 zu sortieren.

▷ Wählen Sie *Absteigend,* um von Z bis A oder von 9 bis 1 zu sortieren.

BEGRIFFE

Vergleichsoperator: *Ein Vergleichsoperator ist eine Funktion, die die verschiedenen Aussagen miteinander vergleicht.*

Steuersatz: *Ein Steuersatz ist normalerweise die erste Zeile in der Datenquelle (erste Zeile der Tabelle). Der Steuersatz taucht im Hauptdokument wieder als Seriendruckfelder auf.*

TIP

Stellen Sie Ihre Abfrageoptionen ein. Bevor Sie ausdrucken, testen Sie erst in einem Extra-Dokument, was bei Ihren Abfrageoptionen entstanden ist. Klicken Sie dazu auf das Symbol Ausgabe in ein neues Dokument in der Seriendruck-Symbolleiste.

INFO

Beispielsweise können Sie Datensätze so auswählen, daß mit dem Serienbrief alle Anwälte, die ihren Sitz in München haben, angeschrieben werden. Das heißt, alle Münchner Anwälte bekommen Ihr Schreiben. Die Bedingung Und muß ausgewählt sein.
Mit der Bedingung Oder würden alle Anwälte und alle Münchner den Serienbief erhalten.

Word-Datenbank bearbeiten

▶ Symbolleiste: *Seriendruck/Datenquelle bearbeiten/Datenquelle*

WO? WOMIT?

Wissenswertes über Datenbanken

▶ Sie können Daten über das Datenformular eingeben, löschen und ändern oder direkt im Dokument bearbeiten.

▶ Eine Word-Datenbank besteht aus einer Tabelle und läßt sich auch wie eine solche bearbeiten. **→ 105**

Datenquelle öffnen

▶ Klicken Sie im Hauptdokument auf *Datenquelle bearbeiten* in der Seriendruck-Symbolleiste.

▶ Im Dialogfenster *Datenformular* klicken Sie auf die Schaltfläche *Datenquelle.* Die Word-Datenbank wird geöffnet und die Symbolleiste *Datenbank* eingeblendet. **→ 191**

Datenmaske öffnen

▶ Klicken Sie auf das Symbol *Datenmaske,* wird das Dialogfenster *Datenformular* geöffnet.

▶ Nehmen Sie Ihre Änderungen im *Datenformular* vor.

Neues Feld hinzufügen

▶ Klicken Sie auf das Symbol *Feld-Manager.*

▶ Fügen Sie ein neues Feld ein, indem Sie den Feldnamen in das Eingabefeld *Feldname* tippen.

▶ Klicken Sie auf *Hinzufügen.*

▶ Die Tabelle und die Datenmaske werden um dieses Feld (Spalte) erweitert.

	*Datenmaske*
	Feld-Manager
	Neuen Datensatz hinzufügen
	Datensatz löschen
	Aufsteigend
	Absteigend
	Datenbank einfügen
	Felder aktualisieren
	Datensatz suchen
	Seriendruck-Hauptdokument

→ 191

Feld entfernen

▶ Klicken Sie auf das Symbol *Feld-Manager*.
▶ Markieren Sie den Feldnamen aus der Liste *Feldnamen im Steuersatz*.
▶ Klicken Sie auf die Schaltfläche *Entfernen*.
▶ Die Spalte in der Tabelle und die Zeile in der Datenmaske werden gelöscht.

Feldname umbenennen

▶ Klicken Sie auf das Symbol *Feld-Manager*.
▶ Markieren Sie den Feldnamen aus der Liste *Feldnamen im Steuersatz*.
▶ Klicken Sie auf die Schaltfläche *Umbenennen*.
▶ Geben Sie im Dialogfenster *Feld umbenennen* einen neuen Namen ein.

Neuen Datensatz hinzufügen

▶ Mit dem Symbol *Neuen Datensatz hinzufügen* wird in der Tabelle eine neue Zeile ans Ende gehängt.
▶ Der Cursor blinkt gleich an der richtigen Stelle.
▶ Geben Sie die entsprechenden Daten ein.

Datensatz löschen

▶ Setzen Sie den Cursor in die Zeile der Tabelle, in der der Datensatz gelöscht werden soll.
▶ Klicken Sie auf *Datensatz löschen*. Die Zeile wird aus der Tabelle gelöscht.

Tabelle sortieren

▶ Setzen Sie den Cursor in die Spalte der Tabelle, nach der sortiert werden soll.
▶ Klicken Sie auf das Symbol *Aufsteigend*. Die Spalte wird von A bis Z sortiert.
▶ Klicken Sie auf das Symbol *Absteigend*. Die Spalte wird von Z bis A sortiert.

Externe Daten einfügen

▶ Klicken Sie auf das Symbol *Datenbank einfügen*.
▶ Das Dialogfenster *Datenbank* wird geöffnet.

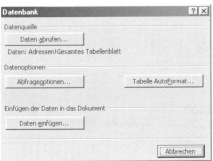

ACHTUNG

Beim Entfernen oder Umbenennen von Feldern kann es zu Problemen bei der Verknüpfung der Word-Datenbank zu dem Serienbrief kommen.

TIP

Sie können vom Hauptdokument in die Datenquelle und umgekehrt auch über das Menü Fenster *oder über die Windows-Taskleiste wechseln.*

TIP

Mit Rückgängig *lassen sich aus Versehen gelöschte Datensätze wiederherstellen.*

TIP

Mit der Schaltfläche Tabelle AutoFormat *formatieren Sie Ihre Tabelle (Datenquelle) automatisch.*

TIP

Mit der Schaltfläche Abfrageoptionen... *lassen sich Daten schon vor dem Import nach bestimmten Kriterien auswählen.*

→ 112

▶ Wählen Sie die Schaltfläche *Daten abrufen*.
▶ Wählen Sie im Dialogfenster *Datenquelle öffnen* das richtige Laufwerk und den richtigen Ordner aus. Markieren Sie die gewünschte Datei.
▶ Klicken Sie auf *Öffnen*.

Vor dem Einfügen der Daten eine Auswahl treffen
▶ Klicken Sie im Dialogfenster *Datenbank* auf die Schaltfläche *Abfrageoptionen*... Das Dialogfenster *Abfrageoptionen* wird geöffnet.
▶ Wählen Sie aus den Registern *Datensätze filtern*, *Datensätze sortieren* oder *Felder auswählen* aus.

INFO
Die Abfrageoptionen aus dem Dialogfenster Datenbank *funktionieren genauso wie die Abfrageoptionen aus dem Dialogfenster* Seriendruck. *Neu ist die Registerkarte* Felder auswählen.

ACHTUNG
Bereits bestehende Daten werden ersetzt, wenn der Cursor in der Tabelle blinkt. Möchten Sie die neuen Daten hinzufügen, stellen Sie den Cursor unter die Tabelle (außerhalb der Tabelle). Verbinden Sie zum Schluß beide Tabellen.

Datenbank einfügen
▶ Klicken Sie im Dialogfenster *Datenbank* auf die Schaltfläche *Daten einfügen*. Das Dialogfenster *Daten einfügen* wird geöffnet.
▶ Schränken Sie den Import der Daten mit einer Eingabe *Von...Bis* ein.
▶ Klicken Sie auf *OK*. Die Daten werden Ihren Einstellungen entsprechend in das Dokument eingefügt.

 178
INFO
Im Dialogfenster Daten einfügen *kann das Kontrollkästchen* Als Feld einfügen *aktiviert werden. Die Daten werden allesamt als Feldfunktion importiert. Vorteil hierbei ist, daß bei Änderungen in der Datenbank mit der* F9 *-Taste die Daten in Word aktualisiert werden können.*

Felder aktualisieren
▶ Ist eine Datenbank als Feld eingefügt, kann dieses Feld, das heißt alle Daten, aktualisiert werden.
▶ Klicken Sie mit der Maus in die Tabelle.
▶ Klicken Sie in der Datenbank-Symbolleiste auf das Symbol *Felder aktualisieren*. Alle Änderungen der Originaldatei (Excel, Access usw.) werden in Word übernommen.

ACHTUNG
Sollten Access, Excel usw. nicht auf Ihrem Rechner installiert sein, müssen Sie die Daten aus externen Programmen über das Symbol Datenbank einfügen *importieren.*

Zum Hauptdokument wechseln
▶ Klicken Sie auf *Seriendruck-Hauptdokument*, wird das Hauptdokument (Brief) in den Vordergrund gelegt.

Datensatz suchen

Einen Serienbrief mit richtiger Anrede erstellen

▶ Klicken Sie an die Position, an der die Anrede eingefügt werden soll.

▶ Klicken Sie auf *Bedingungsfeld einfügen*.

▶ Markieren Sie *Wenn...Dann...Sonst*.

▶ Wählen Sie das gewünschte Feld unter *Feldname* (z.B. Anrede) aus.

▶ Stellen Sie den Vergleichsoperator *Gleich* ein.

▶ Tragen Sie die Bedingung, die erfüllt werden muß, unter *Vergleichen mit* ein (zum Beispiel »Frau«).

▶ Geben Sie unter *Dann diesen Text einfügen* den Text ein, wenn die Bedingung erfüllt ist (z.B. »Sehr geehrte Frau«).

▶ Geben Sie unter *Sonst diesen Text einfügen* den Text ein, wenn die Bedingung *nicht* erfüllt ist (zum Beispiel »Sehr geehrter Herr«).

▶ Geben Sie nach dem Bedingungsfeld einen Leerschritt ein, und fügen Sie das entsprechende Seriendruckfeld (zum Beispiel »Anrede«) ein.

Einfache Etiketten erstellen

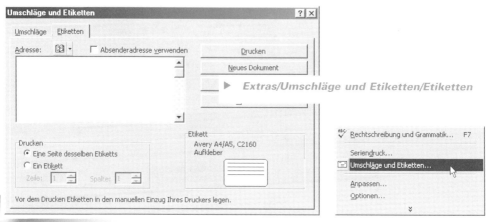

Extras/Umschläge und Etiketten/Etiketten

Etiketten erstellen
▶ Klicken Sie in der Menüleiste auf *Extras/Umschläge und Etiketten*.
▶ Wechseln Sie auf die Registerkarte *Etiketten*.

Adresse eingeben
▶ Geben Sie im Eingabefeld *Adresse* die gewünschte Adresse ein.
▶ Aktivieren Sie die Option *Absenderadresse verwenden*, wird Ihre Adresse automatisch eingefügt, sofern Sie sie unter *Extras/Optionen/Benutzerinformationen* eingegeben haben.

TIP
Sollten Sie in Microsoft Outlook, Outlook Express oder in Schedule Ihre Adressen verwalten, klicken Sie einfach auf das Adressen-Symbol. Wählen Sie die gewünschte Adresse aus.

→ 182

INFO
Die eingegebenen Initialen im Dialogfenster Extras/Optionen/Benutzerinformationen werden in den eingefügten Kommentaren angezeigt.

Gleiche Etiketten für die ganze Seite
▶ Drucken Sie *Eine Seite desselben Etiketts,* indem Sie diese Option aktivieren.

Ein Etikett
▶ Mit der Option *Ein Etikett* wird ein einzelnes Etikett eingerichtet.
▶ Bestimmen Sie mit *Zeile* und *Spalte,* wo das Etikett eingerichtet bzw. ausgedruckt werden soll.

Etiketten als eigenes Dokument einrichten
▶ Klicken Sie auf die Schaltfläche *Neues Dokument.*
▶ Die Etiketten werden in einem eigenen Dokument als Tabelle aufgebaut eingerichtet. Speichern Sie das Dokument.

➜ 24

Etikettentypen festlegen
▶ Klicken Sie im Dialogfenster *Umschläge und Etiketten,* Register *Etiketten,* auf die Schaltfläche *Optionen.*
▶ Das Dialogfenster *Etiketten einrichten* wird geöffnet.

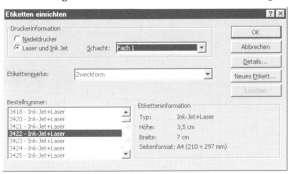

ACHTUNG ➜ 101
Etiketten werden als Tabellen eingerichtet und können auch als solche behandelt werden.

Druckerinformationen auswählen
▶ Wählen Sie mit *Nadeldrucker* oder *Laser und Ink Jet* Ihren Druckertyp aus.
▶ Bestimmen Sie, aus welchem Schacht der Drucker das Papier einzieht (die Voreinstellung ist meistens in Ordnung.)

Etikettenmarke auswählen
▶ Markieren Sie aus der Liste der *Etikettenmarken* die gekaufte Etikettenmarke.
▶ Bestimmen Sie unter *Bestellnummer* die richtige Größe der Etiketten.
▶ Unter *Etiketteninformation* lassen sich die Einstellungen für die Etiketten ablesen.

Etiketten mit eigener Größe festlegen
▶ Wählen Sie aus dem Menü *Extras/Umschläge und Etiketten.*

INFO `Details...`
Unter der Schaltfläche Details *können weitere Informationen zu den Etiketten angezeigt werden.*

TIP
Sehen Sie vor dem Etikettenkauf nach, welche Etikettentypen Word anbietet. Kaufen Sie eine der angebotenen Etiketten. Sie ersparen sich viel Zeit und Arbeit beim Einrichten der Etiketten.

TIP
Legen Sie eine eigene Etikettengröße im Dialogfenster Umschläge und Etiketten *fest. Klicken Sie auf die Schaltfläche* Optionen *und im nächsten Dialogfenster auf* Neues Etikett.

▶ Klicken Sie im Register *Etiketten* auf *Optionen*.

▶ Im Dialogfenster *Etiketten einrichten* klicken Sie auf die Schaltfläche *Neues Etikett*.

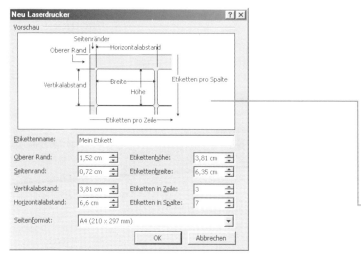

Etiketten benennen

▶ Geben Sie unter *Etikettenname* einen Namen für die Etiketten ein. Die Etiketten sind zukünftig unter diesem Namen gespeichert.

Ränder einstellen

▶ Geben Sie einen Wert in das Eingabefeld *Oberer Rand* ein. Der Rand zwischen oberem Blattrand und Etikettenanfang wird festgelegt.

▶ Mit *Seitenrand* stellen Sie den linken Seitenrand ein. Gemessen wird vom linken Blattrand zum linken Rand der Etiketten.

Abstände einstellen

▶ Mit *Vertikalabstand* wird der Abstand vom oberen Etikettenrand bis zum nächsten oberen Etikettenrand eingestellt.

▶ Mit *Horizontalabstand* wird vom linken Etikettenrand bis zum nächsten linken Etikettenrand gemessen.

Etikettengröße bestimmen

▶ Bestimmen Sie mit *Etikettenhöhe und Etikettenbreite* die Größe der Etiketten.

Zeilen und Spalten bestimmen

▶ Legen Sie mit *Etiketten in Zeile* und *Etiketten in Spalte* fest, wie viele Etiketten Sie auf dem Blatt einrichten möchten.

ACHTUNG
Haben Sie zu viele Zeilen und Spalten für ein DIN-A4-Blatt eingerichtet, bringt Word folgende Meldung: Die Maße für Seitenrand, Etikettengröße und Anzahl pro Reihe bzw. Spalte sind für die Seite zu groß gewählt. Verringern Sie den Wert im Feld Etiketten in Zeile *bzw.* Etiketten in Spalte.

INFO
Alle Einstellungen im Dialogfenster Neu *können in der Vorschau betrachtet werden.*

TIP → 89
Stellen Sie vor dem Einrichten von Etiketten die Seitenränder auf 0 cm.

INFO
Wählen Sie unter Seitenformat *die Papiergröße, die Ihr Drucker verarbeiten kann.*

TIP
Drucken Sie die Etiketten erst auf Normalpapier aus. Halten Sie den Ausdruck über die Etikettenbögen, und kontrollieren Sie, ob alle Einstellungen stimmen. Verändern Sie die Einstellungen gegebenenfalls.

Etiketten für Serienbriefe

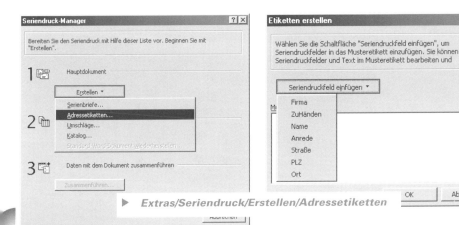

▷ *Extras/Seriendruck/Erstellen/Adressetiketten*

WO? WOMIT?

Adreßetiketten für den Seriendruck
▶ Wählen Sie im Menü *Extras/Seriendruck*.
▶ Klicken Sie auf die Schaltfläche *Erstellen/Adressetiketten*.
▶ Wählen Sie *Aktives Fenster* oder *Neues Hauptdokument* aus.
▶ Klicken Sie auf *Daten importieren*. Öffnen oder Erstellen Sie eine Datenquelle.
▶ Das Dialogfenster *Etiketten einrichten* wird geöffnet. Nehmen Sie alle Einstellungen vor. **→ 203**
▶ Klicken Sie auf *OK*.

Seriendruckfelder einfügen
▶ Ein Dialogfenster wird geöffnet, in dem Sie die Seriendruckfelder einfügen können.
▶ Klicken Sie auf *Seriendruckfeld einfügen*. Wählen Sie das gewünschte Seriendruckfeld aus.
▶ Fügen Sie ein Seriendruckfeld nach dem anderen ein.
▶ Klicken Sie auf *OK*, und schließen Sie den Seriendruck-Manager.

Seriendruckfelder anzeigen
▶ Die Seriendruckfelder werden automatisch angezeigt.

Ergebnis der Seriendruckfelder anzeigen
▶ Klicken Sie in der Seriendruck-Symbolleiste auf *Seriendruck-Vorschau*.

Felder anzeigen lassen
▶ Drücken Sie die Tastenkombination ⌐Alt⌐+⌐F9⌐.
▶ Alle Felder, auch die Seriendruckfelder, werden angezeigt.

→ 189

INFO
Gehen Sie beim Erstellen der Adreßetiketten wie beim Erstellen eines Serienbriefes vor.

Seriendruckfelder

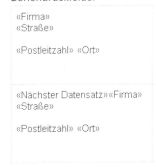

Felder

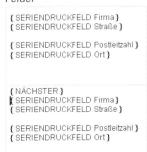

Einfache Umschläge erstellen

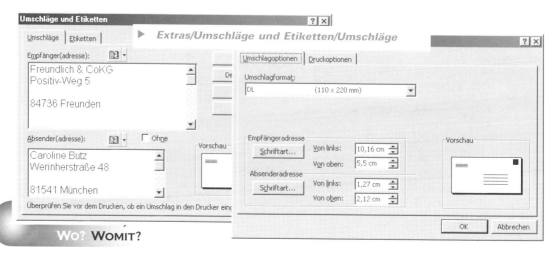

> *Extras/Umschläge und Etiketten/Umschläge*

Umschläge erstellen
▶ Klicken Sie im Menü auf *Extras/Umschläge und Etiketten*.
▶ Wechseln Sie auf die Registerkarte *Umschläge*.

Empfänger eingeben
▶ Schreiben Sie in das Eingabefeld *Empfänger(adresse)* die gewünschte Adresse.

Absender eingeben
▶ Tippen Sie in das Eingabefeld *Absender(adresse)* Ihren Absender ein.

Umschlagoptionen einstellen
▶ Klicken Sie im Dialogfenster *Umschläge und Etiketten* auf die Schaltfläche *Optionen*.
▶ Das Dialogfenster *Optionen für Umschläge* und die Registerkarte *Umschlagoptionen* wird geöffnet.

Umschlagformat auswählen
▶ Wählen Sie unter *Umschlagformat* den gewünschten Umschlag aus.

Position für Empfänger- und Absenderadresse bestimmen
▶ Bestimmen Sie mit den Werten *Von links* und *Von oben*, an welcher Position die Empfänger- bzw. Absenderadresse auf dem Umschlag sitzt.

Druckoptionen einstellen
▶ Bestimmen Sie unter der Registerkarte *Druckoptionen*, wie die Umschläge in den Drucker gelegt werden sollen.

INFO
Den Absender nimmt Word aus dem Dialogfenster Extras/ Optionen/Benutzerinforma- *tionen.*

INFO → 51
Ändern Sie die Schriftart für Empfänger- und Absender- adresse, indem Sie auf die Schaltfläche Schriftart *klicken. Das Dialogfenster* Zeichen *wird geöffnet.*

ACHTUNG
Schauen Sie in der Ge- brauchsanweisung des Druckers nach, ob und wel- che Umschläge akzeptiert werden.

Druckoptionen – Umschlageinzug

Umschläge für Serienbriefe

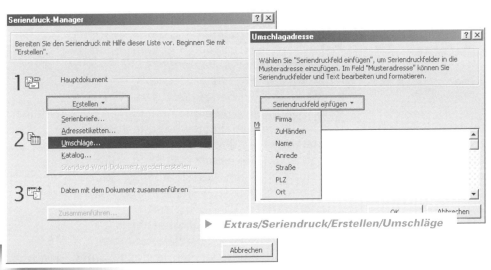

▶ *Extras/Seriendruck/Erstellen/Umschläge*

WO? WOMIT?

Umschläge für den Seriendruck

▶ Wählen Sie im Menü *Extras/Seriendruck*.
▶ Klicken Sie auf die Schaltfläche *Erstellen/Umschläge*.
▶ Wählen Sie *Aktives Fenster* oder *Neues Hauptdokument*.
▶ Klicken Sie auf *Daten importieren*. Öffnen oder erstellen Sie eine Datenquelle. **→ 192**
▶ Das Dialogfenster *Optionen für Umschläge* wird geöffnet.
▶ Nehmen Sie alle Einstellungen vor.
▶ Klicken Sie auf *OK*.

Seriendruckfelder einfügen

▶ Fügen Sie die Seriendruckfelder ein. **→ 191**

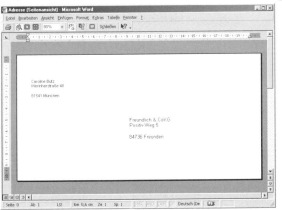

ACHTUNG
Möchten Sie Adressen einer bereits bestehenden Serienbriefverknüpfung verwenden, müssen Sie diese Verknüpfung erst lösen. Öffnen Sie die Adressen oder das Hauptdokument, und wählen Sie Extras/Seriendruck. *Klicken Sie auf* Erstellen/Standard-Word-Dokument wiederherstellen.

→ 43

INFO
Schauen Sie sich den Umschlag vor dem Ausdruck in der Seitenansicht an, ob er Ihnen gefällt.

Hauptdokument   Datenquelle

Serienbrief   Adressen

VERKNÜPFUNG

Serienbrief erstellen

▶ Klicken Sie in der Menüzeile auf *Extras/Seriendruck*.
▶ Klicken Sie unter *Hauptdokument* auf die Schaltfläche *Erstellen* und dann auf *Serienbriefe*.
▶ Klicken Sie auf *Neues Hauptdokument*.
▶ Klicken Sie unter *Datenquelle* auf die Schaltfläche *Daten importieren*.
▶ Markieren Sie *Datenquelle erstellen*.
▶ Schieben Sie die Feldnamen mit den beiden Pfeilen *Verschieben* an die gewünschte Position.
▶ Markieren Sie den Feldnamen aus der Liste *Feldnamen im Steuersatz,* den Sie löschen möchten.
▶ Schreiben Sie in das Eingabefeld *Feldname* einen neuen Namen, z.B. »Straße«, und klicken Sie auf *Feldnamen hinzufügen*.
▶ Schließen Sie das Dialogfenster.
▶ Das Dialogfenster *Speichern unter* wird geöffnet.
▶ Geben Sie unter *Dateiname* einen Namen für die Datenquelle ein.
▶ Klicken Sie auf *Speichern*.
▶ Ein Fenster wird geöffnet. Klicken Sie auf *Datenquelle bearbeiten*.
▶ Das Dialogfenster *Datenformular* wird geöffnet.
▶ Geben Sie die Daten in die Datenmaske ein.
▶ Wenn alle Daten eines Datensatzes (z.B. Adresse) eingegeben wurden, dann klicken Sie auf *Neuer Datensatz*.
▶ Wenn alle Daten eingegeben sind, bestätigen Sie die Eingaben mit *OK*.
▶ Sie landen in einem leeren Dokument.
▶ Schreiben Sie den Brief wie gewohnt, und lassen Sie Platz für die Empfänger-Adresse frei. Dort werden, nachdem der Brief fertig geschrieben wurde, die *Seriendruckfelder* eingefügt.
▶ Stellen Sie dazu den Cursor an die Stelle, an der beispielsweise der Firmenname im Brief erscheinen soll.
▶ Klicken Sie in der Seriendruck-Symbolleiste auf *Seriendruckfeld einfügen*.
▶ Markieren Sie das entsprechende Seriendruckfeld (z.B. Firma).
▶ Wiederholen Sie das, bis alle gewünschten Seriendruckfelder eingefügt sind.
▶ Klicken Sie auf *Seriendruck an Drucker*, um die Serienbriefe auf den Drucker zu schicken.

11 KAPITEL

Grundlegende Excel-Arbeitstechniken

tempo

Daten in ein Arbeitsblatt eingeben

Zelle für die Eingabe aktivieren

▶ Klicken Sie auf die Zelle, in die Sie Daten eingeben möchten. Die Zelle erscheint dicker umrahmt. Daten können Text oder Zahlen sein.

▶ Tippen Sie Ihren Text ein. Gleichzeitig erscheint der Text in einer eingeblendeten Leiste unterhalb der Formatierungsleiste, in der Bearbeitungsleiste.

X ✓ = | In der Bearbeitungsleiste erscheinen die eingegebenen Daten

▶ Wenn Sie fertig sind, klicken Sie in die nächste Zelle.

Eingaben komplett überschreiben

▶ Klicken Sie auf die Zelle, deren Inhalt Sie löschen und durch anderen ersetzen möchten.

▶ Schreiben Sie den neuen Text in die Zelle. Der vorige Inhalt verschwindet automatisch.

Zellinhalte korrigieren

▶ Doppelklicken Sie auf die Zelle.

▶ Löschen Sie die zu überarbeitenden Textteile, und ersetzen Sie sie durch den korrekten Text.

Zellinhalt wächst in der Breite über die Zelle hinaus?

▶ Markieren Sie mit einem Mausklick die Zelle.

▶ Wählen Sie den Menübefehl *Format/Zellen...*

▶ Wechseln Sie auf das Register *Ausrichtung.*

▶ Aktivieren Sie die Option *Zeilenumbruch.*

▶ Bestätigen Sie mit Klick auf *OK.*

INFO
Excel starten

INFO
Zellbenennungen: Nach dem Öffnen steht ein Tabellenblatt zur Verfügung, dessen Spalten mit Buchstaben und dessen Zeilen mit Zahlen beschriftet sind. In die Felder der Tabelle – die Zellen – tragen Sie die Werte ein, die später als Tabelle oder Diagramm dargestellt werden sollen bzw. die Basis für Berechnungen bilden. Die Zellnamen sind jeweils die Kombination aus Spaltenbuchstabe und Zeilennummer.

INFO
Text löschen

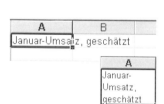

Zellen markieren

WO? WOMIT?

Was?	Wie?
Ganze Spalte	Klick auf Spaltenkopf.
Ganze Zeile	Klick auf Zeilenkopf.
Mehrere neben-einanderliegende Zeilen oder Spalten	Ersten Zeilen/Spaltenkopf anklicken, Maustaste gedrückt halten und mit der Maus über die anschließenden Zeilen/Spalten fahren.
Einzelne Zelle	Mit der Maus anklicken.
Mehrere neben-einanderliegende Zellen	Die erste Zelle mit der Maus anklicken, Maustaste gedrückt halten und mit der Maus über die weiteren zu markierenden Zellen fahren.
Gesamte Tabelle markieren	Auf das Feld zwischen Spaltenköpfen und Zeilenköpfen klicken.
Nicht nebeneinander-liegende Zellen, Spalten oder Zeilen markieren	Taste Strg gedrückt halten und mit der Maus die gewünschten Elemente wie gewohnt markieren.
Mehrere Tabellen einer Arbeitsmappe markieren	Unten links auf das erste zu markierende Tabellenregister klicken. Zum Markieren nebeneinanderliegender Tabellenregister die Taste ⇧ gedrückt halten und die letzte Tabelle in der Reihe anklicken. Zum Markieren einzelner Tabellen-register die Taste Strg drücken und die weiteren Register anklicken. Im Bild sind *Tabelle1* und *Tabelle3* markiert.

\ Tabelle1 ⟋ Tabelle2 ⟍ **Tabelle3** ⟋

Arbeitsmappe: *Excel bietet die Möglichkeit mehrerer Tabellenblätter in einer Arbeitsmappe an. Aktuell sehen Sie ein Tabellenblatt vor sich. Unten links am Programm-fensterrand befinden sich mehrere Register, die stan-dardmäßig mit Tabelle1, Tabelle2 und Tabelle3 be-schriftet sind. Klicken Sie auf diese Register, um in das jeweilige Tabellenblatt zu gelangen. Alle Tabellen zu-sammen werden in einer Arbeitsmappe, die einen Dateinamen erhält, ge-speichert.*

INFO
Speichern ausführlich

INFO
Tabelle in Arbeitsmappe einfügen oder löschen

INFO
Tabellenblätter umbenennen oder verschieben

INFO
Eingaben in mehrere Tabellen einer Arbeitsmappe gleich-zeitig: Markieren Sie die Tabellenregister, die iden-tische Eingaben erhalten sollen. Geben Sie im aktu-ellen Tabellenblatt die Daten ein. (Wechseln Sie nach Ab-schluß der Eingabe in das andere markierte Tabellen-blatt, um die Eingabe dort zu kontrollieren.)

Datenreihe automatisch erstellen

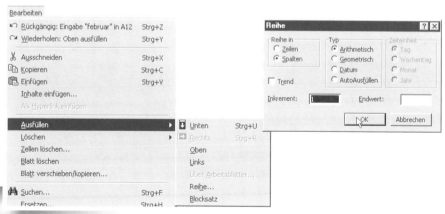

WO? WOMIT?

Automatisches Vervollständigen mit der Maus

▶ Geben Sie den ersten oder die ersten beiden Werte der Reihe in die Zellen ein, damit Excel in der Lage ist, das System dahinter zu erkennen.

	A	B
1	Januar	Februar
2		

— Ausfüllkästchen zum automatischen Vervollständigen

▶ Markieren Sie die beiden Zellen.

▶ Klicken Sie auf das Kästchen unten rechts an dem Rahmen, der die Zellen umgibt.

▶ Halten Sie die Maustaste gedrückt, und ziehen Sie über die anschließenden Zellen. Eine QuickInfo zeigt Ihnen während des Ziehens die automatisch zu vervollständigen Inhalte an.

	A	B	C	D
1	Januar	Februar		＋
2				
3				April

— QuickInfo zeigt neuen Zellinhalt an.

▶ Lassen Sie bei Erreichen des letzten gewünschten Wertes in der Datenreihe die Maus los.

	A	B	C	D	E	F
1	Januar	Februar	März	April	Mai	Juni
2						

— Die Datenreihe ist nach dem Loslassen der Maus noch markiert.

Immer den gleichen Wert kopieren

▶ Markieren Sie vor dem automatischen Ausfüllen nur eine Zelle. Dann wird nur dieser Zellinhalt in die folgenden Zellen kopiert.

BEGRIFFE

Datenreihen: Eingaben, die einem bestimmten System folgen, zum Beispiel Jahreszahlen, Monatsbezeichnungen, Aufzählungen usw. Anfasser zum automatischen Vervollständigen.

INFO

Ziehen in jede Richtung möglich: Sie können nach oben, unten, rechts oder links ziehen. Vorhandene Zellinhalte werden überschrieben.

Komplexere Datenreihen automatisch vervollständigen

▶ Geben Sie den ersten Wert der Reihe in die Startzelle ein.

▶ Markieren Sie die Zellen, in die die automatisch erzeugten Werte eingetragen werden sollen, sofern Sie diese bereits abschätzen können. Sonst lassen Sie lediglich die Zelle mit dem Anfangswert aktiviert.

▶ Wählen Sie den Menübefehl *Bearbeiten/Ausfüllen/Reihe...*

▶ Bestimmen Sie, ob die Reihe in Zeilen oder Spalten erscheinen soll, indem Sie eine der beiden Optionen aktivieren.

▶ Bestimmen Sie den Typ und das Inkrement, beim Datum zusätzlich die Zeiteinheit.

Arithmetisch	Rechenoperationen
Beispiel: Anfangswert 12, Inkrement 6	Erweiterte Reihe: 12, 18, 24, 30, 36... (12+6=18, 18+6=24, 24+6=30, 30+6=36)
Geometrisch	Multiplikationen
Beispiel: Anfangswert 6, Inkrement 6	Erweiterte Reihe 6, 36, 216... (6x6=36, 6x36=216)
Datum	Zeiteinheiten wie Tage, Wochentage, Monate oder Jahreszahlen
Beispiel: Anfangswert 1998, Inkrement 5	Erweiterte Reihe: 1998, 2003, 2008, 2013 (1998 + 5 Jahre = 2003, 20003 + 5 Jahre = 2008 usw.)
AutoAusfüllen	Bietet genau die gleiche Funktionalität wie das Ausfüllkästchen beim automatischen Vervollständigen mit der Maus. Inkrementwerte und Zeiteinheiten werden ignoriert.

▶ Wenn Sie die auszufüllenden Zellen nicht zuvor markiert haben, geben Sie einen Endwert für die Reihe an. Dieser muß nicht genau sein. Excel füllt die Reihe bis zum letzten möglichen Wert vor diesem Endwert auf.

Nur ein Teil des Zellinhalts bildet eine Datenreihe

▶ Verfahren Sie genauso wie sonst beim AutoAusfüllen (mit Hilfe des Ausfüllkästchens oder über den Dialog *Reihe*.) Excel erkennt den Wert der Datenreihe. Der statische Text wird kopiert.

INFO → 210
Daten in ein Arbeitsblatt eingeben

BEGRIFFE

Inkrement: Der Steigerungswert, um den der Ausgangswert erhöht werden soll. Auch Negativwerte sind möglich.

ACHTUNG → 237
Nichts passiert? Das kann daran liegen, daß das Zahlenformat in den Zellen nicht identisch mit dem benötigten ist.

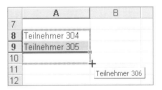

Tabellendaten aus Word oder Access

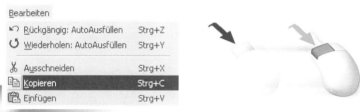

Per Drag&Drop

▶ Öffnen Sie die Word-Datei mit der Tabelle, aus → 20
der Sie Daten in Excel verwenden möchten.

▶ Ziehen Sie die Programmfenster auf eine Größe, die es
Ihnen erlaubt, sowohl das Excel-Arbeitsblatt als auch die
Ursprungstabelle zu sehen.

▶ Markieren Sie in Word die Tabelle oder die Tabellenteile.

▶ Wenn der Mauszeiger wieder als einfacher Pfeil erscheint,
drücken Sie die linke Maustaste, halten sie gedrückt und
ziehen mit der Maus in die Excel-Tabelle.

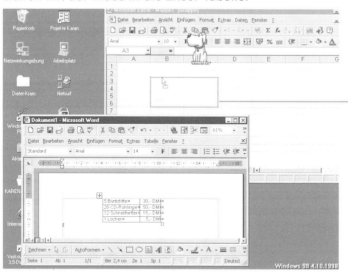

▶ Lassen Sie die Maustaste an der Zielposition los.

Die Funktion Kopieren und Einfügen

▶ Markieren Sie die Tabelle in ihrer Ursprungsanwendung.

▶ Wählen Sie den Menübefehl *Bearbeiten/Kopieren*.

▶ Wechseln Sie zu Excel, und markieren Sie die Zelle, ab
der die Daten einzufügen sind.

▶ Wählen Sie *Bearbeiten/Einfügen*.

TIP

*Alle Fenster sichtbar machen:
Klicken Sie mit der rechten
Maustaste auf einen freien
Bereich der Windows-Task-
bar. Wählen Sie* Untereinander *oder* Nebeneinander *aus
dem Kontextmenü. Alle Fenster werden auf dem Desktop
»angerichtet«.*

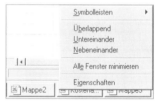

*Ein Rahmen zeigt die
Zielpositon an*

INFO → 113
Tabellen in Word

INFO → 399
*Access-Daten in Excel weiter-
bearbeiten*

INFO → 220
*Alternative Methode für das
Kopieren und Einfügen*

INFO → 626
*Einbetten und Verknüpfen
(Inhalte einfügen)*

INFO → 220
*Besonderheiten der Funktion
Einfügen in Excel*

Abfragen aus anderen Datenquellen in Excel darstellen

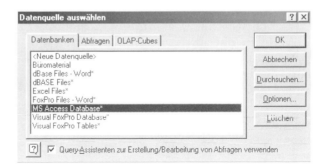

WO? WOMIT?

Datenquelle wählen

▶ Öffnen Sie eine bestehende oder leere Tabelle.

▶ Wählen Sie den Menübefehl *Daten/Externe Daten/Neue Abfrage erstellen...*

▶ Der Dialog *Datenquelle auswählen* öffnet sich. Wählen Sie aus der Liste der Datenbanken oder Abfragen aus, mit welchem Programm die gesuchte Datenquelle erzeugt wurde, und klicken Sie auf *OK*.

▶ Wählen Sie die gewünschte Datei aus. Wechseln Sie gegebenenfalls Laufwerk und Ordner, um an diese Datei zu kommen.

▶ Bestätigen Sie die Auswahl mit Klick auf *OK*.

▶ In der linken Liste sind die in der Datenbank enthaltenen Tabellen mit ihren jeweiligen Spalten aufgelistet.

▶ Ein Klick auf ein Pluszeichen klappt die Feldliste auf.

▶ Wählen Sie die Felder, die Sie in der Excel-Tabelle benötigen, aus, indem Sie links in der Liste die Felder oder Tabellen markieren und dann per Mausklick auf die Pfeilschaltfläche neben dieser Liste in das rechte Feld transferieren.

BEGRIFFE → 769

Microsoft Query: Sie benötigen Microsoft Query (MSQRY32.EXE). Dies ist ein Programm, das dafür sorgt, daß Sie auf externe Datenquellen, also Daten, die nicht in Excel erzeugt worden sind, zugreifen und gleichzeitig Abfragen erstellen können. Eventuell müssen Sie Query bei der Erstverwendung nachinstallieren.

TIP

Im Verzeichnis C:\Programme\Microsoft Office\Office\Beispiel finden Sie einige Beispiel-Access-Datenbanken.

▶ Bestätigen Sie die Zusammenstellung mit Klick auf *Weiter*.

▶ Im folgenden Dialog können Sie nach bestimmten Informationen filtern. Markieren Sie in der linken Liste die Felder, aus der Sie nur bestimmte Informationen ziehen möchten. In der mittleren Liste wählen Sie einen Vergleichsoperator aus. In der rechten Liste wählen Sie einen Eintrag zu dem markierten Feld aus. Sie können verschiedene Kombinationen zusammenstellen.

→ 273

▶ Klicken Sie auf *Weiter*. Sie gelangen zu einem Dialog, in dem Sie die Sortierreihenfolge der Darstellung in der Excel-Tabelle festlegen können. Wählen Sie aus der Liste aus, nach welchem Feld auf- oder absteigend sortiert werden soll. Sie können drei solcher Sortierschlüssel festlegen.

▶ Im letzten Fenster des Assistenten wählen Sie die Option *Daten an Microsoft Excel zurückgeben*, wenn Sie sie in einer Tabelle darstellen möchten. Klicken Sie auf *Fertig stellen*.

▶ Schließlich will Excel noch wissen, wo es die Tabelle unterbringen soll. Geben Sie eine erste Zelle an, oder klicken Sie auf die Option *Neues Blatt*. Dann werden die Daten in ein neues Tabellenblatt gelegt.

▶ Klicken Sie auf *OK*.

Daten der Abfrage aktualisieren

▶ Im Menü *Daten* steht der Befehl *Daten aktualisieren* zur Verfügung.

Abfrage nachbearbeiten

▶ Klicken Sie in die Abfrage-Tabelle.

▶ Wählen Sie den Menübfehl *Daten/Externe Daten/Abfrage bearbeiten...*

→ 626

ACHTUNG
Verknüpfungen: Wenn Sie Felder zusammenstellen, die aus nicht verknüpften Tabellen kommen, erhalten Sie einen Hinweis, und das Query-Fenster öffnet sich. Hier können Sie eine Verknüpfung nachträglich erstellen. Die funktioniert im Prinzip wie in Access. Ziehen Sie aus einer Feldliste mit der Maus ein Feld in die andere Feldliste zu dem zu verknüpfenden Feld.

→ 368

INFO
Abfragen im Detail

Spaltenbreiten und Zeilenhöhen

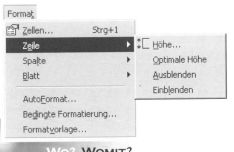

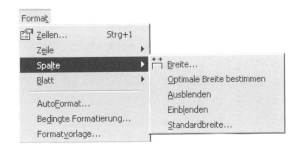

WO? WOMIT?

Per Drag&Drop

▶ Führen Sie den Mauszeiger im Spaltenkopf auf die rechte Gitternetzlinie der Spalte, im Zeilenkopf auf die untere Gitternetzlinie der Zeile. Der Mauszeiger wird zu einem Doppelpfeil, wenn er über einer Gitternetzlinie steht.

▶ Sobald der Doppelpfeil erscheint, klicken Sie mit der linken Maustaste und ziehen die Gitternetzlinie in eine Richtung, bis die Zeilenhöhe oder die Spaltenbreite paßt.

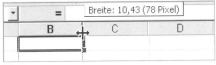

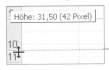

▶ Lassen Sie die Maustaste los, wenn die passende Breite bzw. Höhe erreicht ist.

Höhe der Zeilen und Breite der Spalten optimal dem Inhalt anpassen

▶ Markieren Sie die Zeilen oder Spalten, deren Höhe bzw. Breite Sie optimal dem Inhalt anpassen möchten. → 221

▶ Wählen Sie den Menübefehl *Format/Zeile* zur Einstellung der Zeilenhöhe oder *Format/Spalte* für die Spaltenbreite.

▶ Wählen Sie *Optimale Höhe* bzw. *Optimale Breite bestimmen* aus dem Menü. Die Zeilenhöhe oder Spaltenbreite paßt sich automatisch dem höchsten oder breitesten Inhalt in jeder Zeile bzw. Spalte an.

TIP
Mit dieser Methode können Sie nur einzelne Zeilen oder Spalten bearbeiten. Wenn Sie jedoch mehrere Spalten bzw. Zeilen markieren und dann die Größe verändern, werden alle Spalten bzw. Zeilen gleichmäßig vergrößert oder verkleinert.

INFO
An der gestrichelten Linie erkennen Sie die neue Position der Gitternetzlinie. Eine QuickInfo gibt die Breite bzw. Höhe in Millimeter und Pixel an.

Zeilenhöhe und Spaltenbreite punktgenau einstellen

▶ Markieren Sie die Zeilen oder Spalten, deren Höhe bzw. Breite Sie einstellen möchten.

▶ Wählen Sie für die Zeilenhöhe den Menübefehl *Format/Zeile/Höhe...*, für die Spaltenbreite *Format/Spalte/Breite...*

▶ Geben Sie die neuen Werte, die in Punkt gemessen werden, in das Feld *Zeilenhöhe:* bzw. *Spaltenbreite:* ein.

▶ Bestätigen Sie die Eingabe mit Klick auf die Schaltfläche *OK*. Die markierten Spalten und Zeilen werden in der neuen Ausdehnung angezeigt.

Zeilen oder Spalten aus- und einblenden

▶ Klicken Sie in die eine auszublendende Zeile/Spalte, oder markieren Sie mehrere, um diese gleichzeitig auszublenden.

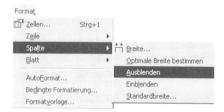

▶ Wählen Sie den Menübefehl *Format/Spalte/Ausblenden* bzw. *Format/Zeile/Ausblenden*. Die Spalte bzw. Zeile wird nicht mehr angezeigt, sie wird aber nach wie vor in Berechnungen, die Werte aus den ausgeblendeten Zeilen oder Spalten enthalten, einbezogen.

Zeilen oder Spalten aus- und einblenden

▶ Klicken Sie in die eine auszublendende Zeile/Spalte oder markieren Sie mehrere, um diese gleichzeitig auszublenden.

▶ Wählen Sie den Menübefehl *Format/Spalte/Ausblenden* bzw. *Format/Zeile/Ausblenden*. Die Spalte bzw. Zeile wird nicht mehr angezeigt, sie wird aber nach wie vor in Berechnungen, die Werte aus den ausgeblendeten Zeilen oder Spalten enthalten, einbezogen.

▶ Markieren Sie die beiden Nachbarspalten oder -zeilen der ausgeblendeten Spalten oder Zeilen.

▶ Wählen Sie den Menübefehl *Format/Zeile/Einblenden* oder *Format/Spalte/Einblenden*.

TIP
Eine Standardbreite für alle Spalten einstellen: Wählen Sie den Menübefehl Format/Spalte/Standardbreite... Bestätigen Sie den Wert mit Klick auf OK. Wenn Sie den Wert im Dialog Standardbreite ändern, gilt dieser nach der Bestätigung mit Klick auf OK für alle Spalten der Tabelle, bis Sie diese wieder ändern.

ACHTUNG
Sie können immer nur ganze Zeilen oder ganze Spalten bearbeiten: Höhe und Breite sind innerhalb einer Zeile bzw. Spalte nicht variabel. Wenn Sie also nur eine Zeile oder Spalte bearbeiten, genügt es, wenn eine Zelle darin angeklickt ist. Sie müssen nicht die gesamte Spalte bzw. Zeile markieren.

INFO → 217
Tabellen mit unterschiedlich hohen Zeilen oder verschieden breiten Spalten.

INFO → 222
Tabellenblatt aus- und einblenden

Daten löschen

WO? WOMIT?

Inhalte löschen

▶ Klicken Sie in die Zelle, deren Inhalt Sie ändern möchten.

▶ Überschreiben Sie durch Neueingabe den Inhalt, oder bearbeiten Sie ihn in der Bearbeitungs- ➜ 210 leiste.

Formate löschen

▶ Markieren Sie die Zellen, Zeilen oder Spalten, deren Formatierungen auf den Standard komplett zurückgesetzt werden sollen.

▶ Wählen Sie den Menübefehl *Bearbeiten/Löschen*.

▶ Im Untermenü wählen Sie *Formate*. Die Formatierungen verschwinden aus dem markierten Bereich.

Büromaterial	19.02.98	Druckerkabel	18,90 DM	*Mit*
Büromaterial	14.02.98	Disketten	10,00 DM	*Formaten*
Büromaterial	17.02.98	Zip-Disketten	78,00 DM	

Büromaterial	35845	Druckerkabel	18,9	*Ohne*
Büromaterial	35840	Disketten	10	*Formate*
Büromaterial	35843	Zip-Disketten	78	

Formate und Inhalte löschen

▶ Markieren Sie die betreffenden Zellen.

▶ Wählen Sie *Bearbeiten/Löschen/Alles*. Danach haben Sie unformatierte, leere Zellen in Ihrer Tabelle an Stelle der gelöschten Inhalte.

NOCH SCHNELLER
Zellinhalt löschen: Entf

BEGRIFFE
Formate: Formate sind alle Gestaltungselemente wie Schriftart, Farben, Schriftgröße und Schriftschnitt, Hintergrundfarbe, Rahmenart oder auch Zahlenformat. Im Beispiel links hat sich in der zweiten Spalte das Zahlenformat Datum *in ein »normales« verwandelt, ebenso das Währungsformat in der ganz rechten Spalte.*

INFO ➜ 227
Gestaltung

INFO ➜ 237
Zahlenformate

Zellen, Zeilen oder Spalten einfügen und löschen

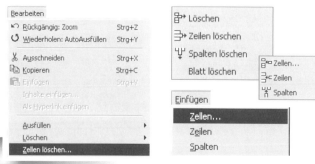

WO? WOMIT?

Zellen innerhalb eines Datenbereichs einfügen

▶ Klicken Sie in eine einzelne Zelle, vor oder über der Sie eine neue Zelle einfügen möchten. Oder markieren Sie mehrere Zellen.

▶ Wählen Sie den Menübefehl *Einfügen/Zellen...* Der Dialog *Zellen einfügen* öffnet sich.

▶ Wollen Sie die angrenzende(n) Zelle(n) nach rechts oder nach unten verschieben? Aktivieren Sie eine der beiden Optionen.

▶ Bestätigen Sie das Einfügen mit Klick auf *OK*. Es wird bei einer einzelnen angeklickten Zelle wieder eine einzelne eingefügt. Bei einem zuvor markierten Zellenbereich werden ebenso viele Zellen in der gleichen Anordnung eingefügt.

Zellen löschen

▶ Aktivieren Sie die einzelne zu markierende Zelle, oder markieren Sie einen Bereich in der Tabelle, den Sie entfernen möchten.

▶ Wählen Sie den Menübefehl *Bearbeiten/Zellen löschen...*

▶ Entscheiden Sie, ob die nachfolgende(n) Zelle(n) nach links oder nach oben verschoben werden sollen.

▶ Bestätigen Sie das Löschen mit Klick auf *OK*. Die markierte(n) Zelle(n) verschwinden, die nachfolgenden rücken auf.

ACHTUNG
Über den Dialog Zellen einfügen *können Sie auch ganze Spalten oder Zeilen einfügen, wenn Sie die entsprechenden Optionen aktivieren. Zeilen werden in der markierten Anzahl der Zellen oberhalb, Spalten vor der Markierung eingefügt.*

→ 219

INFO
Nur den Inhalt einer Zelle löschen

Spalten und Zeilen einfügen

▶ Klicken Sie in die Spalte oder Zeile, vor der jeweils eine weitere eingefügt werden soll. Wollen Sie mehrere einfügen, markieren Sie zuvor die gleiche Anzahl von Zellen vertikal oder horizontal.

▶ Wählen Sie den Menübefehl *Einfügen/Spalten* oder *Einfügen/Zeilen*.

Spalten und Zeilen löschen

▶ Markieren Sie eine oder mehrere ganze Spalten oder Zeilen. → 211

▶ Wählen Sie den Menübefehl *Bearbeiten/Zellen löschen*.

Löschen über Symbolschaltfläche

▶ Wählen Sie den Menübefehl *Ansicht/Symbolleisten/Anpassen...*

▶ Wechseln Sie zum Register *Befehle*.

▶ Wählen Sie die Kategorie *Bearbeiten*.

▶ Blättern Sie durch die Liste der zur Verfügung stehenden Befehle.

▶ Ziehen Sie mit der Maus eine Schaltfläche in eine Symbolleiste, die bereits geöffnet ist.

Einfügen über Symbole

▶ Standardmäßig bieten die Symbolleisten nicht die Symbole zum Einfügen von Zeilen, Spalten oder Zellen an. Über *Ansicht/Symbolleisten/Anpassen...*, Register *Befehle*, können Sie dies nachholen.

▶ In der Kategorie *Einfügen* stehen Symbole für diese Funktionen bereit. Ziehen Sie sich diese mit der Maus in eine der vorhandenen Symbolleisten.

INFO
Hier sind zwei Zellen horizontal markiert. Es werden danach zwei Spalten eingefügt.

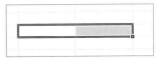

Der Mauszeiger beim Ziehen einer Symbolschaltfläche in eine Symbolleiste.

INFO → 637
Erstellen einer eigenen Symbolleiste mit Ihren Lieblingsfunktionen.

Tabellenblätter kopieren, umbenennen, ausblenden, verschieben, löschen

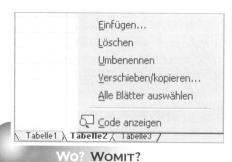

Tabellenblatt einfügen

▶ Klicken Sie mit der rechten Maustaste auf das Register der Tabelle, vor der Sie eine neue einfügen möchten.

▶ Wählen Sie aus dem Kontextmenü den Befehl *Einfügen...*

▶ Standardmäßig ist im Dialog *Einfügen* das Register *Allgemein* aktiv. Doppelklicken Sie dort auf das Symbol *Tabelle*. Die Tabelle wird mit dem Standardnamen *Tabelle4*, *Tabelle5* usw. eingefügt.

INFO → 585
Diagramme einfügen

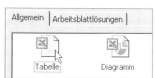

Tabellenblatt löschen

▶ Klicken Sie mit der rechten Maustaste auf ein Tabellenregister.

▶ Wählen Sie aus dem Kontextmenü den Befehl *Löschen*.

▶ Bestätigen Sie die Sicherheitsnachfrage mit Klick auf *OK*. Das Register des Tabellenblatts verschwindet. Die darin enthaltenen Daten sind ebenfalls gelöscht.

INFO  → 539
Über diese Schaltflächen im Dialog Einfügen *ändern Sie die Ansicht der angebotenen Objekte.*

Tabellenblatt verschieben und kopieren

▶ Klicken Sie mit der rechten Maustaste auf das Tabellenregister, das Sie verschieben oder kopieren möchten.

▶ Wählen Sie aus dem Kontextmenü den Befehl *Verschieben/kopieren...*

▶ Ein Dialog *Verschieben oder kopieren* öffnet sich.

▶ Klicken Sie auf den Tabellentitel, vor dem das angeklickte Tabellenblatt eingefügt werden soll, oder wählen Sie den Eintrag *(ans Ende stellen)*, um das Tabellenblatt als letztes in der Arbeitsmappe unterzubringen.

▶ Wenn Sie eine Kopie der Tabelle einfügen möchten, aktivieren Sie die Option *Kopie erstellen*. Dann wird eine Kopie des angeklickten Tabellenblatts an der gewählten Stelle eingefügt, während die ursprünglich angeklickte Tabelle an ihrer alten Position bleibt.

Tabellenblatt in eine andere Arbeitsmappe kopieren

▶ Öffnen Sie die Arbeitsmappe, aus der Sie das Tabellenblatt kopieren wollen.

→ 23

▶ Öffnen Sie zusätzlich die Arbeitsmappe, in die das Tabellenblatt eingefügt werden soll.

▶ Wechseln Sie in die Arbeitsmappe, die das zu kopierende Tabellenblatt enthält (Menü *Fenster*).

▶ Klicken Sie das Tabellenblattregister mit der rechten Maustaste an.

▶ Wählen Sie aus dem Kontextmenü *Verschieben/kopieren...*

▶ Aktivieren Sie die Option *Kopie erstellen*. Anderenfalls wird das angeklickte Tabellenblatt verschoben, das heißt, von seiner Ursprungsposition entfernt und an der neuen Position eingefügt.

▶ Klicken Sie im Feld *Zur Mappe:* auf den Listenpfeil, und wählen Sie die Zielarbeitsmappe für das Tabellenblatt.

▶ Im Feld *Einfügen vor:* erscheinen daraufhin die Titel der in der gewählten Mappe enthaltenen Tabellenblätter. Wählen Sie die Zielposition der Kopie.

▶ Bestätigen Sie mit Klick auf *OK* die Aktion. Die Tabelle wird mit allen Daten und Formatierungen in die andere Arbeitsmappe übertragen.

Tabellenblatt umbenennen

▶ Doppelklicken Sie auf das Register des Tabellenblatts, bis der Titel schwarz unterlegt mit weißer Schrift dargestellt wird. Alternativ klicken Sie es mit der rechten Maustaste an und wählen *Umbenennen* aus dem Kontextmenü.

▶ Überschreiben Sie den Titel mit einem neuen Namen.

Zwischen vielen Tabellenblättern springen

▶ Klicken Sie in der Pfeilliste links neben den Tabellenblattregistern auf den ganz linken, um auf das erste Tabellenblatt zu springen, und auf den ganz rechten Pfeil, um auf das letzte zu gelangen. Die beiden mittleren Pfeile springen immer ein Tabellenblatt vor oder zurück.

INFO

Eine Kopie bekommt standardmäßig zur Kennzeichnung die Erweiterung (2) usw. hinter den ursprünglichen Tabellenblattnamen gestellt. Sie können dieses Tabellenblatt jedoch wie alle anderen umbenennen.

NOCH SCHNELLER

Verschieben per Drag&Drop Klicken Sie auf das Tabellenregister, halten Sie die Maustaste gedrückt, und verschieben Sie das Register an eine neue Position in der Reihe der Tabellenblattregister. Die Zielposition wird von einem schwarzen Dreieck angezeigt. Der Mauszeiger erhält ein Blatt-Symbol während des Ziehens.

Zellen kopieren und einfügen

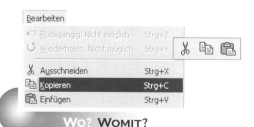

Zellen ausschneiden oder kopieren

▶ Markieren Sie die Zellen, die Sie kopieren oder verschieben möchten. → 211

▶ Wählen Sie den Menübefehl *Bearbeiten/Kopieren* oder *Bearbeiten/Ausschneiden*.

▶ Alternativ klicken Sie auf das Symbol *Kopieren* oder auf das Symbol *Ausschneiden*.

▶ Die markierten Zellen erscheinen nach dieser Aktion von einem gestrichelten, blinkenden Rahmen umgeben. Gleichzeitig erscheint die Zwischenablage-Leiste auf dem Bildschirm. Auch ausgeschnittene Zellen bleiben vorerst in der Tabelle stehen.

▶ Drücken Sie die Taste Esc, wenn Sie die Aktion unterbrechen möchten. Dann verschwindet der gestrichelte Rahmen wieder, und Excel vergißt die Angelegenheit.

Kopierte oder ausgeschnittene Elemente wieder einfügen

▶ Klicken Sie in die Zelle, in der Sie mit dem Einfügen des Kopierten oder Ausgeschnittenen beginnen möchten. Die erste Zelle des kopierten/ausgeschnittenen Zellbereichs wird in diese Zelle gestellt.

INFO

Die gesamte Tabelle markieren: Klicken Sie auf das Feld zwischen der Kopfzeile und den Zeilennummern. Damit ist die gesamte Tabelle markiert.

INFO

Unterschied zwischen Ausschneiden und Kopieren: Beim Ausschneiden werden die kopierten Zellinhalte entfernt, beim Kopieren bleiben sie an der alten Stelle, können aber zusätzlich an einer anderen Stelle wieder eingefügt werden.

INFO → 626

Leiste Zwischenablage *und Funktionsweise der Zwischenablage*

NOCH SCHNELLER

Einfügen: Strg+V *oder* ⇧+Einfg

▶ Klicken Sie in der Leiste *Zwischenablage* auf das Symbol, das für das einzufügende Element steht. Sie erhalten einen Anhaltspunkt über die automatisch ausklappende QuickInfo. Das Element wird eingefügt. Wenn Sie es ausgeschnitten haben, verschwindet es gleichzeitig an seiner Ursprungsposition. Es hinterläßt dort leere Zellen. Mit dieser Funktion werden Inhalte und Formate kopiert.

▶ Löschen Sie gegebenenfalls leere Zellen manuell.

Andere Zellen überschreiben

▶ Wenn Sie beim Einfügen innerhalb eines Datenbereichs klicken, werden die Zellen im Bereich des einzufügenden Zellbereichs einfach überschrieben.

In einen Zellbereich Zellen einfügen, ohne die angrenzenden zu überschreiben

▶ Klicken Sie in die Zelle, ab der das Einfügen beginnen soll.

▶ Wählen Sie den Menübefehl *Einfügen/Kopierte Zellen*.

▶ Die nachfolgenden Zellen werden nach rechts oder nach unten verschoben, je nachdem wie Excel das Kopierte interpretiert. Falls beide Alternativen logisch erscheinen, zeigt Excel einen Dialog, in dem Sie aussuchen dürfen, ob die angrenzenden Zellen nach rechts oder nach unten verschoben werden sollen. Wenn der Einfügebereich und das kopierte Element in der Zwischenablage von der Größe und Form her überhaupt nicht zusammenpassen (zum Beispiel wenn Sie eine kopierte Zeile in der Tabellenmitte einfügen wollen), erhalten Sie eine Fehlermeldung. Klicken Sie in diesem Fall auf *OK*.

▶ Dann müssen Sie tun, was Ihnen geraten wird. Suchen Sie sich einen passenden Einfügebereich, oder machen Sie mit einer passenden Markierung klar, in welchen Zellbereich genau Excel das Element einfügen soll, und wiederholen Sie das Einfügen.

INFO
Ein Klick auf das Symbol Einfügen *in der Standardsymbolleiste fügt immer nur das zuletzt kopierte oder ausgeschnittene Objekt wieder ein.*

INFO
Einfügen rückgängig machen: Drücken Sie [Strg]+[Z]

Einfügen
Kopierte Zellen...

INFO
Mit diesem Befehl wird das zuletzt kopierte Element eingefügt. Führen Sie nach dem Kopieren in die Zwischenablage andere Aktionen durch, steht der Befehl nicht mehr zur Verfügung.

Microsoft Excel
Die Informationen können nicht eingefügt werden, da der Bereich Kopieren und der Bereich zum Einfügen unterschiedliche Formen und Größen haben. Versuchen Sie folgendes:
• Markieren Sie eine einzelne Zelle und wählen Sie dann 'Einfügen'.
• Markieren Sie einen Bereich, der dieselbe Größe und Form hat und wählen Sie dann 'Einfügen'.
OK

Markieren in der Tabelle

Was?	Wie?
Ganze Spalte	Klick auf Spaltenkopf
Ganze Zeile	Klick auf Zeilenkopf
Mehrere nebeneinanderliegende Zeilen oder Spalten	Ersten Zeilen/Spaltenkopf anklicken, Maustaste gedrückt halten und mit der Maus über die anschließenden Zeilen/Spalten fahren.
Einzelne Zelle	Mit der Maus anklicken
Mehrere nebeneinanderliegende Zellen	Die erste Zelle mit der Maus anklicken, Maustaste gedrückt halten und mit der Maus über die weiteren zu markierenden Zellen fahren.
Gesamte Tabelle markieren	Auf das Feld zwischen Spaltenköpfen und Zeilenköpfen klicken.
Nicht nebeneinanderliegende Zellen, Spalten oder Zeilen markieren.	Taste Strg gedrückt halten und mit der Maus die gewünschten Elemente wie gewohnt markieren.
Mehrere Tabellen einer Arbeitsmappe markieren	Unten links auf das erste zu markierende Tabellenregister klicken. Zum Markieren nebeneinanderliegender Tabellenregister die Taste ⇑ gedrückt halten und die letzte Tabelle in der Reihe anklicken. Zum Markieren einzelner Tabellenregister die Taste Strg drücken und die weiteren Register anklicken. Im Bild sind die *Tabelle1* und *Tabelle3* markiert.

Höhe der Zeilen und Breite der Spalten optimal dem Inhalt anpassen

▶ Markieren Sie die Zeilen oder Spalten, deren Höhe bzw. Breite Sie optimal dem Inhalt anpassen möchten.

▶ Wählen Sie den Menübefehl *Format/Zeile* zur Einstellung der Zeilenhöhe oder *Format/Spalte* für die Spaltenbreite.

▶ Wählen Sie *Optimale Höhe* bzw. *Optimale Breite bestimmen* aus dem Menü. Die Zeilenhöhe oder Spaltenbreite paßt sich automatisch dem höchsten oder breitesten Inhalt in der Zeile bzw. Spalte an.

Zellinhalte korrigieren

▶ Doppelklicken Sie auf die Zelle.

▶ Löschen Sie die zu überarbeitenden Textteile, und ersetzen Sie sie durch den korrekten Text.

INFO

Eingaben in mehrere Tabellen einer Arbeitsmappe gleichzeitig: Markieren Sie die Tabellenregister, die identische Eingaben erhalten sollen. Geben Sie in das aktuelle Tabellenblatt die Daten ein. Wechseln Sie nach Abschluß der Eingabe in das andere markierte Tabellenblatt, um die Eingabe dort zu kontrollieren.

12 KAPITEL

Tabellen gestalten und drucken

tempo

Textformatierung

Vor dem Formatieren

▶ Markieren Sie die Zellen, deren Inhalt Sie formatieren wollen. Handelt es sich nur um eine einzelne Zelle, genügt es, sie mit einem einfachen  Mausklick zu aktivieren.

▶ Einzelne Zeichen müssen Sie ebenfalls zuvor in der Zelle oder Bearbeitungsleiste markieren.

Schriftgröße einstellen

▶ Wählen Sie aus der Formatierungssymbolleiste mit Klick auf den Listenpfeil eine neue Schriftgröße aus.

▶ Sie können die Angabe auch direkt in das Feld eintippen und mit der Taste *Return* bestätigen.

Schriftart bestimmen

▶ Klicken Sie in der Format-Symbolleiste auf den Pfeil neben dem Symbol *Schriftart*.

▶ Wählen Sie die gewünschte Schriftart aus der Liste aus.

Schriftschnitt festlegen

▶ Klicken Sie auf das Symbol für *Fett* oder *Kursiv* in der Formatierungsleiste. Die aktivierte Funktion erscheint eingedrückt (im Bild die Fettformatierung). Sie können auch beide Schriftschnitte gleichzeitig zuordnen.

▶ Erneutes Klicken auf das Symbol hebt die Formatierung wieder auf.

INFO

Textformatierung funktioniert im Prinzip genauso wie in Word.

Textausrichtung definieren

▶ Wählen Sie in der Formatierungsleiste eines der Symbole für *Linksbündig*, *Zentriert* oder *Rechtsbündig*.

INFO
Texausrichtung ➜ 56

Unterstreichungen

▶ Das Symbol für eine einfache Unterstreichung finden Sie in der Formatierungssymbolleiste. Aktivieren Sie es per Mausklick, um die markierten Zellinhalte zu aktivieren.

▶ Eine doppelte Unterstreichung wählen Sie im Dialog *Zellen formatieren* aus, den Sie über *Format/Zellen...* öffnen.

▶ Wechseln Sie auf das Register *Schrift*.

▶ Klappen Sie die Liste im Feld *Unterstreichung:* auf. Wählen Sie aus den verschiedenen Möglichkeiten der Unterstreichung eine aus.

▶ Im Feld darunter, unter *Effekte*, können Sie die Option *Durchgestrichen* aktivieren.

INFO
Andere Unstreichung für Buchhaltung? Die »Buchhaltungsvariante« bedeutet lediglich, daß der Abstand zwischen Wort oder Zahl und Unterstrich etwas größer ist.

Text hoch- und tieferstellen

▶ Wählen Sie den Menübefehl *Format/Zellen...*

▶ Wechseln Sie zum Register *Schrift*.

▶ Aktivieren Sie die Option *Hochgestellt* oder *Tiefgestellt*.

▶ Bestätigen Sie mit Klick auf *OK*.

Schriftfarbe auswählen

▶ Klicken Sie in der Formatierungssymbolleiste auf das Dreieck neben dem Symbol mit dem A.

▶ Wählen Sie durch Klick auf ein Farbfeld eine andere Farbe für die markierten Zellinhalte.

INFO
Potenzen: Vergeben Sie dafür ein Zahlenformat, Hoch- und Tiefstellungen sind reine Textformatierungen.

Ein Textformat als Standard für alle einzugebenden Texte und Zahlen festlegen

▶ Rufen Sie den Dialog *Zellen formatieren* über *Format/Zellen...* auf.

▶ Wechseln Sie zum Register *Schrift*.

▶ Nehmen Sie alle Textformatierungen des zukünftigen Standardtextes vor.

▶ Aktivieren Sie die Option *Standardschrift*.

▶ Bestätigen Sie die Einstellungen mit Klick auf *OK*.

TIP ➜ 637
Formatierungsbefehle in Symbolleiste aufnehmen: Sie können Befehle, die sich in verschachtelten Menüs verbergen, auf die Arbeitsoberfläche in eine Symbolleiste oder ein eigenes Menü bringen.

Text drehen und in Zelle ausrichten

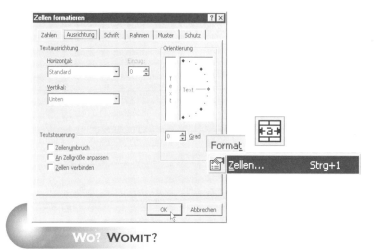

WO? WOMIT?

Text drehen
▶ Markieren Sie den Text, der in seiner Zelle gedreht werden soll.
▶ Wählen Sie den Menübefehl *Format/Zellen...*
▶ Wechseln Sie zum Register *Ausrichtung*.
▶ Die einzelnen Zeichen des Textes vertikal ausrichten: Klicken Sie auf dieses Feld.
▶ Zum Schrägstellen ziehen Sie an dem »Zeiger« im rechten Feld des Bereichs *Orientierung*. Oder klicken Sie auf eine Position des »Ziffernblatts«.
▶ Negative Werte geben Sie direkt in das Feld *Grad* ein.

Text in der Zelle positionieren
▶ Öffnen Sie den Dialog *Zelle formatieren* über *Format/ Zellen...*
▶ Wechseln Sie zum Register *Ausrichtung*
▶ Die horizontale Ausrichtung bewirkt das, was bereits die Schaltflächen in der Formatierungssymbolleiste für *Rechtsbündig*, *Linksbündig* oder *Zentriert* bewirken. Darüber hinaus werden weitere Ausrichtungsmöglichkeiten angeboten. Wählen Sie eine durch Anklicken mit der Maus.
▶ Geben Sie gegebenenfalls einen Einzug ein.

NOCH SCHNELLER
Dialog Zellen formatieren *aufrufen: Drücken Sie die Tasten* Strg + 1.

Ein positiver Drehwinkel

Ein negativer Drehwinkel

TIP → 637
Drehbefehl in Symbolleiste aufnehmen: Im Dialog Anpassen, *Register* Befehle, *Kategorie* Format *stehen ein paar nützliche Standardfunktionen zum Drehen zur Verfügung.*

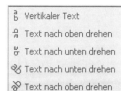

Im Blocksatz ausrichten
Ausfüllen – *der Text wird von der Ausdehnung der Standardzellengröße abgeschnitten*
Links (Einzug) *mit einem Einzug von 2.*

▶ Wählen Sie eine Ausrichtungsart aus der Liste *Vertikal:*

▶ Bestätigen Sie Ihre Einstellungen mit Klick auf die Schaltfläche *OK*.

Text an die Zellgröße anpassen

▶ Wählen Sie den Menübefehl *Format/Zellen...*
▶ Wechseln Sie zum Register *Ausrichtung...*
▶ Aktivieren Sie die Option *An Zellgröße anpassen.*
▶ Bestätigen Sie die Einstellung mit Klick auf *OK*. Danach paßt sich der Text der Spaltenbreite, nicht der Zeilenhöhe an.

Text über mehreren Spalten zentrieren (Überschriften)

▶ Geben Sie in die erste Spalte den gesamten Text für die Überschrift ein.
▶ Markieren Sie diese und all die Spalten, in deren Bereich der Text zentriert werden soll.
▶ Klicken Sie auf dieses Symbol in der Format-Symbolleiste.

Text über mehrere Spalten laufen lassen (Überschriften)

▶ Geben Sie in die erste Spalte den gesamten Text für die Überschrift ein.
▶ Markieren Sie diese und die folgenden Spalten, über die der Text laufen soll.
▶ Wählen Sie den Menübefehl *Format/Zellen...*
▶ Wechseln Sie zum Register *Ausrichtung.*
▶ Aktivieren Sie die Option *Zellen verbinden.*
▶ Bestätigen Sie mit Klick auf *OK*.

Doppelschleifer

Vertikal zentriert

Doppelschleifer

Oben

Doppelschleifer ab Aug. 99 im Sonderangebot bis Dez. 99

Im Blocksatz ausrichten

Doppelschleifer ab Aug. 99 im Sonderangebot bis Dez. 99

Unten, in einer etwas zu großen Zelle

INFO ➔ 637

Zellenverbund aufheben: Dieses Symbol steht zur Verfügung, wenn Sie sich das entsprechende Symbol aus dem Dialog Anpassen, *Register* Befehle, *Kategorie* Format *in die Formatierungssymbolleiste ziehen. Klicken Sie in die erste Zelle des Verbundes und anschließend auf dieses Symbol.*

Doppelschleifer ab Aug. 99 im Sonderangebot bis Dez. 99
Doppelschleifer ab Aug. 99 im Sonderangebot bis Dez. 99

Über mehrere Spalten zentriert
Nur verbunden

Tabellen automatisch formatieren

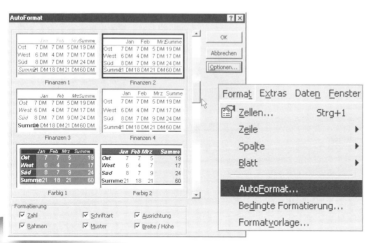

WO? WOMIT?

▶ Öffnen Sie das Tabellenblatt, dessen Tabelle Sie formatieren möchten.

▶ Klicken Sie in den Zellbereich, den Sie formatieren möchten.

▶ Wählen Sie den Menübefehl *Format/AutoFormat...*

▶ Blättern Sie mit Hilfe des Rollbalkens durch das Angebot von AutoFormaten.

▶ Falls Sie Einfluß auf die Kombination von Formaten nehmen möchten, klicken Sie auf die Schaltfläche *Optionen...* Der Dialog zeigt sich in einer erweiterten Ansicht.

▶ Deaktivieren Sie die Elemente, die Sie von der AutoFormatierung ausnehmen möchten. Die Deaktivierung von *Muster* entfernt zum Beispiel alle Hintergrundfarben. Die Änderungen werden Ihnen umgehend in den Vorschauen angezeigt.

▶ Wählen Sie ein AutoFormat aus, indem Sie es mit der Maus markieren.

▶ Bestätigen Sie Ihre Wahl mit Klick auf *OK*. Anschließend können Sie das AutoFormat nach Belieben nachformatieren.

Formate löschen

▶ Markieren Sie die Zelle oder die Zellen, aus denen Sie das Format löschen möchten.

▶ Wählen Sie den Menübefehl *Bearbeiten/Löschen/Formate*. Die Zellinhalte erscheinen in der Standardformatierung.

BEGRIFFE
AutoFormat: Eine Zusammenstellung von Festlegungen bezüglich Rahmenform, Hintergrund- und Schriftfarben, Schrifttypen usw.

INFO
Markieren? Excel ist in der Lage, selbständig zu erkennen, wo die Tabelle beginnt und wo sie aufhört. Falls Sie außerhalb der Tabelle klicken, fragt der Assistent nach und fordert Sie auf, die Tabelle anzuklicken. Falls Sie mehrere Tabellen auf einem Tabellenblatt haben, können Sie unterschiedliche AutoFormate vergeben.

INFO
Komische Zeichen in der Zelle? Wenn Sie diese Zeichen sehen, bedeutet dies lediglich, daß die Spalte zu eng zur Darstellung der Zahl ist. Vergrößern Sie die Spaltenbreite.

Bedingte Formatierung berechneter Felder

WO? WOMIT?

▶ Markieren Sie die Zelle oder die Zellen, die eine Formatierung erhalten sollen, die sich nach bestimmten Bedingungen richtet.

▶ Wählen Sie den Menübefehl *Format/Bedingte Formatierung...*

▶ Wählen Sie im Dialog *Bedingte Formatierung* zwischen einer Bedingung, die sich nach dem Zellwert *(Zellwert ist)* oder dem Wahrheitswert einer Formel *(Formel ist...WAHR* oder *FALSCH)* richtet.

▶ Im Feld daneben wählen Sie die Art der Bedingung. Klicken Sie auf den Listenpfeil, und wählen Sie den richtigen Operator aus.

▶ Geben Sie in den Feldern für die Werte Zahlen oder absolute Bezüge zu Vergleichszellen aus der Tabelle ein.

▶ Klicken Sie auf *Format...*, um zu definieren, wie die Ergebniszellen aussehen sollen, wenn die definierte Bedingung eingetreten ist.

▶ Schließen Sie das Formatieren im Dialog *Zellen formatieren* mit Klick auf *OK* ab.

▶ Klicken Sie auf die Schaltfläche *Hinzufügen*, wenn Sie noch weitere Bedingungen festlegen möchten, und auf *OK*, wenn Sie den Dialog beenden möchten. Die festgelegten Bedingungen werden im Dialog *Bedingte Formatierung* untereinander aufgeführt.

Bedingte Formatierung löschen

▶ Klicken Sie im Dialog *Bedingte Formatierung* auf die Schaltfläche *Löschen...*

▶ Markieren Sie die zu löschenden Bedingungen.

▶ Klicken Sie auf *OK*.

INFO
Absolute Bezüge

→ 256

INFO
Formeln

→ 254

INFO
Schrift formatieren

→ 228

INFO
Mehr als eine oder keine Bedingung ist erfüllt: Dann wird die Zelle nach der zuerst definierten Bedingung formatiert. Falls keine Bedingung mit dem Berechnungsergebnis der Zelle erfüllt ist, wird diese in ihrer Standardformatierung der Tabelle dargestellt.

Bildschirm teilen

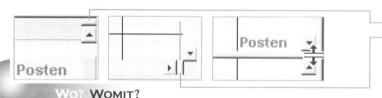

Balken zum horizontalen und vertikalen Teilen des Bildschirms

WO? WOMIT?

▶ Oberhalb der vertikalen Bildlaufleiste rechts befindet sich ein Balken zum horizontalen Abteilen des Bildschirms. Rechts neben der horizontalen Bildlaufleiste befindet sich der Balken zum vertikalen Abteilen des Bildschirms. Wenn Sie mit dem Mauszeiger über diesen Balken fahren, erscheint ein Doppelpfeil. Klicken Sie mit der Maus auf einen der Balken.

▶ Halten Sie die Maustaste gedrückt, und ziehen Sie mit der Maus den Balken horizontal oder vertikal bis zu der Spalte in der Tabelle, bei der Sie den Bildschirm abteilen möchten. Die Teilungsposition wird von einer dicken, abgeblendeten Linie angezeigt.

▶ Lassen Sie die Maustaste an der Zielposition fallen. Ein Rahmen zeigt sich an der abgeteilten Stelle.

	A	B	C
2	Ausgabenart	Datum	Posten
4	Renovierung		
5	Renovierung		
6	Renovierung		

Eine horizontale Teilung

Eine vertikale Teilung

▶ Per Drag&Drop können Sie den Rahmen weiter verschieben.

▶ Es befindet sich je Rahmen eine weitere Bildlaufleiste im Arbeitsbereich. Klicken Sie auf die Pfeile oder ziehen Sie an den Balken, um durch den jeweiligen Bereich zu scrollen.

▶ Machen Sie die Teilung rückgängig, indem Sie die Teilungslinie auf den Spaltenkopf oder den Zeilenkopf ziehen oder zweimal kurz auf den Teilungsbalken klicken.

INFO

Umgang mit abgeteilten Tabellenbereichen: Für jeden Rahmen gibt es eine eigene Bildlaufleiste, so daß Sie wie in einem neuen Fenster blättern können. Das Rollen durch einen Rahmen geschieht unabhängig von der Anzeige des abgeteilten Fensterinhalts. Die Inhalte sind jedoch immer identisch: Wenn Sie in einem Rahmen etwas bearbeiten, vollzieht sich diese Bearbeitung ebenso in den anderen Fenstern. Es handelt sich lediglich um eine optische Teilung. Sie können das Navigieren durch große Tabellen etwas vereinfachen, indem Sie die Kopfzeile oder -spalte in einem eigenen Fensterbereich anzeigen. Sie können je einmal horizontal und einmal vertikal teilen – nicht mehr.

Die vertikalen und die horizontalen Bildlaufleisten

Mehr Übersicht im Ausdruck: Wiederholungszeilen

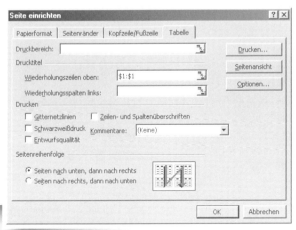

WO? WOMIT?

Wiederholungszeilen oder -spalten für den Druck mehrseitiger Tabellen festlegen

▶ Wählen Sie den Menübefehl *Datei/Seite einrichten...*

▶ Wechseln Sie zum Register *Tabelle*.

▶ Im Bereich *Drucktitel* können Sie festlegen, welche Zeilen oder Spalten auf jeder Seite wiederholt gedruckt werden sollen. Klicken Sie rechts im weißen Feld bei *Wiederholungszeilen oben:* oder *Wiederholungsspalten unten:* auf das Symbol mit dem roten Pfeil.

▶ Ihnen wird die aktuelle Tabelle mit einer Eingabeleiste angezeigt. Klicken Sie in die Zeile oder Spalte, die auf jeder Druckseite wiederholt werden soll. Markieren Sie gegebenenfalls mit der Maus auch mehrere aneinandergrenzende Zeilen/Spalten. Halten Sie die Taste Strg gedrückt, wenn Sie mehrere nicht aneinandergrenzende Zeilen oder Spalten definieren wollen.

▶ Beenden Sie die Festlegung mit Klick auf das Symbol rechts unten im Eingabefeld.

▶ Bestätigen Sie den Dialog mit Klick auf die Schaltfläche *OK*.

➜ 246

INFO
Einstellungen vor dem Drucken ausführlich

INFO
Wiederholungszeilen oder -spalten neu einstellen: Wiederholen Sie den Vorgang.

INFO
Die Zeilen oder Spalten werden beim Markieren automatisch in die Eingabeleiste eingetragen. Die Markierung wird mit einem gestrichelten, blinkenden Rahmen angezeigt.
Klicken Sie zum Beenden des Vorgangs auf das Symbol rechts unten.

Dezimalstellen und Tausendertrennzeichen

WO? WOMIT?

Dezimalstelle löschen
▶ Markieren Sie die Zellen mit den Zahlen, deren Dezimalstellen reduziert werden sollen.
▶ Klicken Sie in der Formatierungssymbolleiste auf das Symbol *Dezimalstelle löschen*. Pro Mausklick verschwindet eine Dezimalstelle. Dabei rundet Excel ab 5 auf und ab 4 ab.

10,124576

10,12458

10,1246

INFO
Berechnungen mit gerundeten Zahlen: Excel ändert am Ergebnis von Berechnungen nichts, wenn mit gerundeten Zahlen gerechnet wird. Das Löschen oder Hinzufügen von Dezimalstellen ist mehr Darstellungssache und wirkt sich nicht auf die eigentlichen Rechenoperationen, die mit den nicht gerundeten Werten durchgeführt werden, aus.

Dezimalstelle hinzufügen
▶ Markieren Sie die Zellen mit den Zahlen, denen Sie eine oder mehrere Dezimalstellen hinzufügen möchten.
▶ Klicken Sie in der Formatierungssymbolleiste auf die Symbolschaltfläche *Dezimalstelle hinzufügen*.
▶ Wiederholen Sie dies so oft, bis Sie die gewünschte Anzahl an Dezimalstellen hinzugefügt haben.

19,36

Dabei kommen mitunter verdeckte Dezimalstellen zum Vorschein.

19,358889000

Ansonsten fügt Excel Nullen als Dezimalstelle hinzu.

Tausendertrennzeichen einfügen
▶ Markieren Sie die Zellen, in denen sich die Zahlen befinden, in die Sie Tausendertrennzeichen einfügen möchten.
▶ Klicken Sie in der Formatierungssymbolleiste auf die Symbolschaltfläche *1.000er-Trennzeichen*. Die Tausenderstellen werden durch einen Punkt abgetrennt.

1335689,543

INFO

1.335.689,54

Anzahl der Dezimalstellen standardmäßig festlegen: Im Dialog Zellen formatieren, *Register* Zahlen, *Kategorie* Zahlen, *steht diese Option zur Eingabe der gewünschten Dezimalstellen zur Verfügung.*

Tausendertrennzeichen aufheben
▶ Wählen Sie den Menübefehl *Format/Zellen...*
▶ Wechseln Sie zum Register *Zahlen*.
▶ Klicken Sie in der Liste *Kategorie:* auf Zahl.
▶ Deaktivieren Sie die Option *Mit 1000er-Trennzeichen (.)*
▶ Bestätigen Sie den Dialog mit Klick auf *OK*.

Zahlenformate

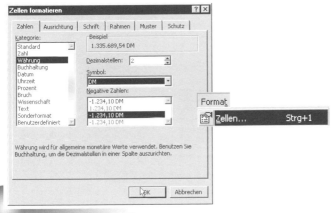

Wo? Womit?

Zahlenformat zuweisen

▶ Markieren Sie die Zellen mit den Zahlen, denen Sie ein bestimmtes Format zuweisen wollen.

▶ *Wählen Sie den Menübefehl Format/Zellen...*

▶ Wechseln Sie im Dialog *Zellen formatieren* auf das Register *Zahlen*.

▶ In der Liste *Kategorie:* sind verschiedene Zahlenkategorien aufgelistet. Klicken Sie diejenige an, in die Ihre markierten Zahlen gehören sollen.

▶ Je nach angeklickter Kategorie werden Ihnen verschiedene Optionen angeboten. In der Kategorie *Währung* können Sie bei *Symbol:* das Währungssymbol aussuchen. Für *Datum* oder *Uhrzeit* suchen Sie im Feld *Typ:* die Schreibweise des Datums oder der Uhrzeit aus. Beim *Bruch* können Sie festlegen, wie der Bruch berechnet werden soll.

▶ Bestätigen Sie Ihre Festlegungen mit Klick auf *OK*.

BEGRIFFE

Zahlenformat: Es gibt verschiedene Kategorien von Zahlen, zum Beispiel Geldbeträge, Datumsangaben, Prozentzahlen, Brüche, Uhrzeiten. Darüber hinaus können diese Arten von Zahlen auch unterschiedlich notiert werden, zum Beispiel kann bei einem Datum der Monat ausgeschrieben oder als Zahl erscheinen. Die Definition dieser beiden Aspekte nennt Excel Zahlenformat.

INFO

Wieso ein Zahlenformat zuweisen? Damit Excel weiß, mit welchem System es rechnen muß, müssen Sie zuvor festelegen, um welches Zahlenformat es sich handelt. So kann Excel zum Beispiel Zeiträume zwischen zwei Daten ausrechnen oder DM-Beträge richtig berechnen.

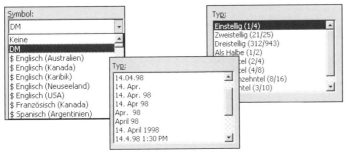

Eigenes Zahlenformat kreieren

▶ Öffnen Sie den Dialog *Zellen formatieren* mit dem Register *Zahlen* (siehe oben).

▶ Wählen Sie aus der Liste *Kategorie: Benutzerdefiniert*.

▶ Suchen Sie in der Liste *Typ:* ein Format aus, das ungefähr dem entspricht, was Sie brauchen.

▶ In der Zeile oberhalb der Liste modifizieren Sie das Format nach Ihren Wünschen (siehe folgende Tabelle). Es wird danach automatisch der Liste hinzugefügt, ohne das zuerst ausgewählte Basis-Format zu überschreiben.

▶ Bestätigen Sie die fertige Bearbeitung mit Klick auf *OK*.

INFO
Sonderformate: Wählen Sie im Dialog Zellen formatieren, *Register* Zahlen, *in der Liste* Kategorie: *den Eintrag* Sonderformat. *Im Feld* Typ: *werden verschiedene Sonderformate angezeigt: Postleitzahlen-Format für mehrere Länder, Versicherungsnachweis-Nr., Sozialversicherungsnummer, ISBN-Schreibweisen. Wählen Sie ein Format aus. Bestätigen Sie die Zuweisung mit Klick auf* OK.

Die wichtigsten Codes für Zahlenformate

#	Anzeige signifikanter Ziffern. Das sind Ziffern, die einen mathematischen Wert haben, also keine Nullen in Dezimalstellen.	###,# zeigt zum Beispiel *128,439* als *128,4* an oder *1128,49* als *1128,5*
0	Anzeige nichtsignifikanter Nullen. Es werden also fehlende Dezimalwerte mit Null aufgefüllt. Vorhandene Zahlenwerte werden aber nicht von Nullen überschrieben.	#,00 zeigt zum Beispiel *6,1* als *6,10* an. 0,#00 zeigt *,67* als *0,670* an.
?	Ausrichtung einer Zahl am Dezimalkomma oder am Bruchstrich (Schrägstrich). Für nichtsignifikanteNullen werden Leerzeichen eingefügt.	# ??/?? zeigt *7,3* als *7 3/10* an. Die Zahl wird am Bruchstrich ausgerichtet.
. (ein Punkt)	Fungiert als Tausendertrennzeichen	#.### zeigt *80345* als *80.345*
. (ein Punkt)	Trennt Tausenderstellen ab, um die Notation zu reduzieren.	#. Zeigt *12000* als *12* an. (Für die Nullen gibt es keinen Platzhalter in diesem Code).
, . (Komma und Punkt)	Skaliert Tausenderstellen	0,0.. zeigt *127000000* so an: *12,7* (für die Tausendernullen gibt es keine Platzhalter, die übrige Zahl wird als Dezimalwert angezeigt).
[Rot]	Legt für die Zahl die Farbe Rot fest. Dem Zahlenformat-Code voranstellen.	[Schwarz] [Cyan] [Blau] [Grün] [Rot] [Gelb] [Magenta]
" "	Text wird in Anführungszeichen in den Zahlencode eingebaut, einschließlich benötigte Leerstellen	# "Anteile" zeigt *12* als *12 Anteile*

Sortieren

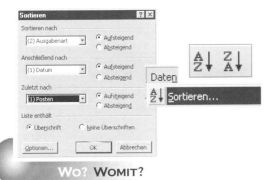

WO? WOMIT?

→ 297

Eine Tabelle nach einer Spalte sortieren

▶ Klicken Sie in die Spalte, die sortiert werden soll.
▶ Klicken Sie auf die Symbolschaltfläche *Aufsteigend* oder *Absteigend*. Die Tabelle wird neu sortiert, dabei bleiben die Datensätze erhalten, das heißt zusammengehörige Werte bleiben zusammen.

Tabelle nach mehreren Spalten sortieren lassen

▶ Wählen Sie den Menübefehl *Daten/Sortieren*...
▶ In der Liste *Sortieren nach:* sind alle Spaltenüberschriften eingetragen. Nicht benannte Spalten sind mit Ihrem Buchstaben aufgeführt, zum Beispiel *Spalte A*. Suchen Sie aus, nach welchen Werten die Tabelle sortiert werden soll.
▶ Danach können Sie noch zwei weitere Sortierkriterien angeben, zum Beispiel können Sie erst nach Nachnamen, innerhalb dieser Sortierung nach Vornamen und dann nach Orten sortieren lassen. Geben Sie jeweils an, ob Sie aufsteigend oder absteigend sortieren lassen möchten.
▶ Geben Sie an, ob die Tabelle Überschriften enthält, die dann beim Sortieren automatisch außen vor gelassen werden.
▶ Starten Sie das Sortieren mit Klick auf *OK*.

Groß-/Kleinschreibung und nach Zeilen sortieren

▶ Diese Einstellungen nehmen Sie vor, indem Sie im Dialog *Sortieren (Daten/Sortieren...)* auf *Optionen...* klicken.
▶ Bestätigen Sie die Optionen mit Klick auf *OK*.

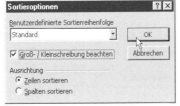

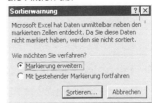

Rahmen

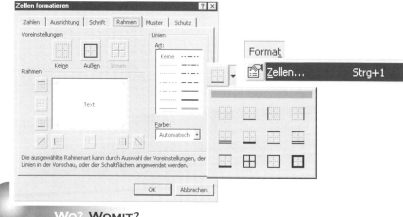

WO? WOMIT?

Einfache Rahmen und Gitternetzlinien definieren

▶ Markieren Sie den Bereich der Tabelle, dem Sie Rahmenlinien zuweisen möchten. Das kann eine einzelne Zelle
oder die gesamte Tabelle sein.

▶ Klicken Sie in der Formatierungssymbolleiste auf das
Symbol *Rahmen*.

▶ Wählen Sie aus dem ausklappenden Untermenü die
Rahmenart aus. Das erste Symbol in diesem Menü entfernt alle Rahmenlinien wieder.

Farben und Linienart für Rahmen bestimmen

▶ Wählen Sie den Menübefehl *Format/Zellen*...

▶ Wechseln Sie zum Register *Rahmen*.

▶ Markieren Sie im Feld *Art:* eine Linienart.

▶ Suchen Sie im Feld *Farbe:* eine Farbe aus, indem Sie auf
den Listenpfeil und anschließend auf ein Farbfeld klik-
ken.

▶ Sie weisen die gewählte Linienart und -farbe
zu, indem Sie im Bereich *Rahmen* auf die
jeweilige Linie außen, innen, horizontal,
vertikal oder diagonal klicken. Wenn Sie
nur eine einzelne Zelle markiert haben, können Sie natürlich nur den Außenrahmen gestalten. Die Voreinstellung bleibt so lange aktiv, bis Sie sie wieder ändern.

▶ Sie entfernen eine Rahmen, indem Sie wiederholt auf
die Linie in der schematischen Abbildung dieses Dialogs
klicken. Es funktioniert wie ein An-/Aus-Schalter.

▶ Bestätigen Sie die Rahmeneinstellungen mit Klick auf *OK*.

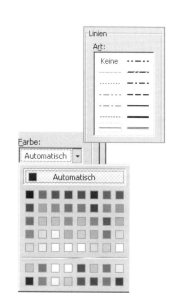

Einen Schatten zuweisen

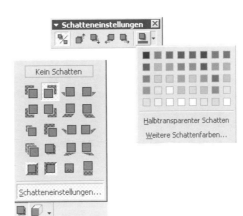

Wo? Womit?

▶ Markieren Sie den Tabellenbereich, dem Sie einen Schatten zuweisen möchten. Das kann eine einzelne Zelle – zum Beispiel mit dem Titel der Tabelle – oder die gesamte Tabelle sein.

▶ Legen Sie sich gegebenenfalls die Symbolleiste *Zeichnen* auf die Arbeitsfläche, und zwar über den Menübefehl *Ansicht/Symbolleisten/Zeichnen*.

▶ Klicken Sie auf die Symbolschaltfläche *Schatten*.

▶ Suchen Sie eine Schattenausrichtung aus dem Untermenü aus.

▶ Lassen Sie die Markierung aktiv, wenn Sie den Schatten umgehend bearbeiten wollen.

Eine Schattenfarbe zuweisen

▶ Falls Sie zwischen Schattenzuweisung und seiner Bearbeitung andere Aktionen vorgenommen haben, müssen Sie das Schattenobjekt markieren. Klicken Sie dazu in den Schatten. Es erscheinen um die Tabelle oder die einzelne Zelle herum Markierungspunkte.

▶ Klicken Sie nach dem Markieren in der Leiste *Zeichnen* auf das Symbol *Schatten*.

▶ Wählen Sie *Schatteneinstellungen*... Eine eigene Leiste erscheint auf dem Bildschirm.

▶ Klicken Sie auf den Pfeil neben dem rechten Symbol *Schattenfarbe*, um eine neue Farbe auszuwählen, eine eigene Farbe oder einen halbtransparenten Schatten festzulegen.

→ 553

INFO
Zeichnen in Office-Anwendungen ausführlich.

TIP
Schattenobjekt: Wenn einer Tabelle oder einer Zelle ein Schatten zugewiesen wird, legt Excel einen unsichtbaren Rahmen um den markierten Bereich. Diesem Rahmen wird eigentlich der Schatten zugewiesen. Sie können den Rahmen auch per Drag&Drop bewegen, nachdem Sie ihn markiert haben und sich der Mauszeiger als Pfeilkreuz zeigt.

→ 534

INFO
Bei Excel funktionieren die Schatteneinstellungen genauso wie in anderen Office-Programmen.

Hintergründe für Zellen und die gesamte Tabelle

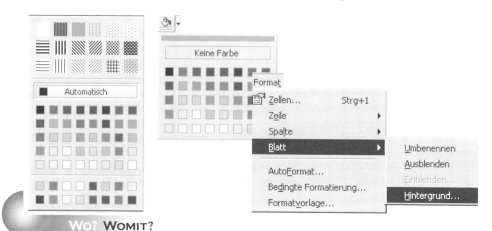

Wo? Womit?

Hintergrundfarbe zuweisen

▶ Markieren Sie den Tabellenbereich oder die gesamte Tabelle.

▶ Klicken Sie in der Formatierungssymbolleiste auf den Pfeil neben dem Symbol *Füllfarbe*.

▶ Wählen Sie per Mausklick eine Farbe aus den angebotenen Feldern.

Füllmuster für den Hintergrund

▶ Markieren Sie den Tabellenbereich oder die gesamte Tabelle.

▶ Wählen Sie den Menübefehl *Format/Zellen...*

▶ Wechseln Sie zum Register *Muster*.

▶ Im Feld Zellenschattierung können Sie eine Füllfarbe (siehe oben) wählen. Klicken Sie auf den Listenpfeil neben dem Feld *Muster:*.

▶ Wählen Sie eine Musterform aus.

▶ Dazu wählen Sie eine Musterfarbe. Die eingestellte Füllfarbe bleibt erhalten, so daß Muster- und Füllfarbe gut harmonieren sollten.

▶ Im Feld *Beispiel* können Sie das voraussichtliche Ergebnis überprüfen.

▶ Bestätigen Sie die Einstellung mit Klick auf *Einfügen*.

Hintergrundbild für ein Tabellenblatt

▶ Wählen Sie den Menübefehl *Format/Blatt/Hintergrund*.

▶ Der Dialog zum Heraussuchen eines Bildes öffnet sich. Suchen Sie Ihr Bild aus. **→ 539**

▶ Klicken Sie auf *Einfügen*. Das Bild wird gekachelt in den Tabellenblatthintergrund gelegt.

ACHTUNG
Hintergrundbild löschen: Wenn das Hintergrundbild zu starke Farben hat oder sonst zu dominant ist, wirkt es eher störend als gestaltend. Wählen Sie zum Löschen den Befehl Format/Blatt/Hintergrund löschen.

Seitenformat und -ränder

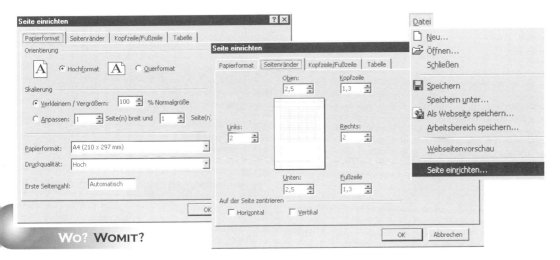

WO? WOMIT?

Hoch- oder Querformat einstellen

▶ Wählen Sie den Menübefehl *Datei/Seite einrichten...*
▶ Rufen Sie das Register *Papierformat* auf.
▶ Wählen Sie zwischen der Option *Hochformat* und der Option *Querformat*.

INFO
Standardeinstellung ist immer Hochformat.

Papierformat wählen

▶ Rufen Sie über *Datei* den Dialog *Seite einrichten* auf.
▶ Aktivieren Sie das Register *Papierformat*.
▶ Wählen Sie aus dem Feld *Papierformat* eines aus, wenn Sie die Voreinstellung DIN A4 ändern möchten.

Seitenränder festlegen

▶ Wählen Sie den Menübefehl *Datei/Seite einrichten...*
▶ Wechseln Sie zum Register *Seitenränder*. Hier legen Sie die Abstände zwischen dem Beginn des bedruckten Bereichs zum Seitenrand fest.
▶ Geben Sie in die Felder *Oben:, Unten:, Links:* und *Rechts:* Werte in cm ein. Die ungefähre Optik des Ergebnisses wird im Vorschaufeld in der Mitte des Dialogs angezeigt.
▶ Bestätigen Sie Ihre Einstellungen mit Klick auf *OK*.

→ 235

INFO
Weitere Einstellungen für die Tabelle vor dem Drucken

Tabelle auf Seite zentrieren

▶ Geben Sie im Dialog *Seite einrichten*, Register *Seitenränder*, für alle Seitenränder gleiche Werte ein.
▶ Aktivieren Sie die Optionen *Horizontal* oder *Vertikal* oder beide zusammen.
▶ Bestätigen Sie Ihre Einstellungen mit Klick auf *OK*.

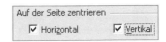

Kopf- und Fußzeilen

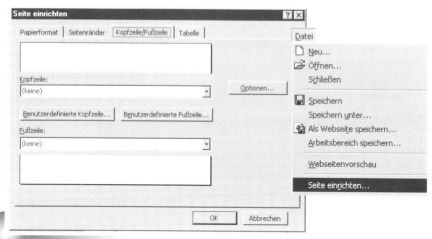

Kopf- oder Fußzeile einrichten

▶ Wählen Sie den Menübefehl *Datei/Seite einrichten...*

▶ Wechseln Sie zum Register *Kopfzeile/Fußzeile*.

▶ Klicken Sie auf den Listenpfeil des Feldes *Kopf-zeile:* oder des Feldes *Fußzeile:* Excel bietet Ihnen eine Reihe von Inhalten, die es aus den Dateieigenschaften interpretiert.

▶ Wählen Sie eine aus, indem Sie sie mit der Maus markieren. Eine Vorschau auf die Kopf- oder Fußzeile sehen Sie anschließend in den jeweiligen Feldern des Dialogs.

▶ Klicken Sie auf *OK*, wenn Sie mit dem Ergebnis zufrieden sind.

Text einer Kopf- oder Fußzeile selbst festlegen

▶ Klicken Sie im Register *Kopfzeile/Fußzeile* auf die Schaltfläche *Benutzerdefinierte Kopfzeile...* oder *Benutzerdefinierte Fußzeile...*

▶ Kopf- oder Fußzeile sind in drei Abschnitte eingeteilt, in die Sie beliebige Inhalte stellen können. Klicken Sie in das weiße Feld eines Abschnitts, und tippen Sie den gewünschten Text ein.

Textformatierung

▶ Klicken Sie im Register *Kopfzeile/Fußzeile* auf die Schaltfläche *Benutzerdefinierte Kopfzeile...* oder *Benutzerdefinierte Fußzeile...*

▶ Markieren Sie den eingegebenen Text in seinem Abschnittsfeld, indem Sie mit der Maus darüberfahren.

▶ Klicken Sie auf diese Schaltfläche, um den Dialog *Schrift* zu öffnen.

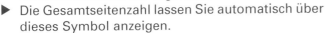

▶ Legen Sie Schriftart, Schriftschnitt, Schriftgrad, Unterstreichungen und sonstige Effekte fest.

▶ Bestätigen Sie die Festlegungen mit Klick auf *OK*. Sie gelangen zurück zum Dialog *Kopfzeile*, in dem Sie weitere Einstellungen vornehmen oder den Sie mit zweimaligem Klick auf *OK* beenden.

Automatische Seitenzählung, Datum und Uhrzeit für Kopf- oder Fußzeile

▶ Klicken Sie im Register *Kopfzeile/Fußzeile* auf die Schaltfläche *Benutzerdefinierte Kopfzeile...* oder *Benutzerdefinierte Fußzeile...*

▶ Klicken Sie in den Bereich, in den Sie die jeweilige Information aufnehmen möchten.

▶ Dieses Symbol fügt die aktuelle Seitenzahl ein. Es wird automatisch durchgezählt.

▶ Die Gesamtseitenzahl lassen Sie automatisch über dieses Symbol anzeigen.

▶ Diese beiden Schaltflächen fügen das aktuelle – zum Zeitpunkt des Ausdrucks – Datum und die Uhrzeit ein.

Dateinamen oder Tabellenblattnamen in der Kopf- oder Fußzeile

▶ Klicken Sie im Register *Kopfzeile/Fußzeile* auf die Schaltfläche *Benutzerdefinierte Kopfzeile...* oder *Benutzerdefinierte Fußzeile...*

▶ Klicken Sie in einen Bereich, der die Information aufnehmen soll.

▶ Dieses Symbol fügt den Dateinamen der Arbeitsmappe ein.

▶ Über diese Schaltfläche fügen Sie automatisch den Namen des Tabellenblatts ein.

Position der Kopf- oder Fußzeile

▶ Wählen Sie den Menübefehl *Datei/Seite einrichten...*

▶ Wechseln Sie zum Register *Seitenränder*.

▶ Geben Sie die Werte für Kopf- und Fußzeile ein.

▶ Bestätigen Sie die Eingabe mit Klick auf *OK*.

INFO
Kopf- und Fußzeilen in Word

INFO
Formatieren: Sie können gewöhnlichen Text zusammen mit diesen automatisch aktualisierten Informationen einfügen und über die Formatierungsschaltfläche gestalten (siehe oben).

INFO
Darstellung: In den Bereichsfeldern des Dialogs werden die automatischen Informationen als Codes in eckigen Klammern dargestellt. Im Ausruck oder in der Seitenansicht enthält die Darstellung dann die aktualisierten Werte.

INFO
Felder in Word funktionieren ähnlich wie in Excel.

Vorschau auf den Ausdruck

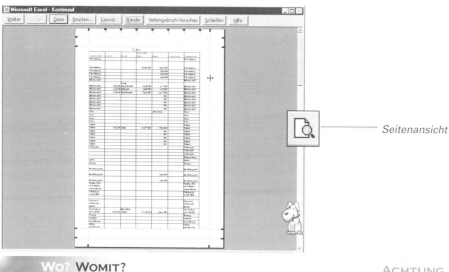

Seitenansicht

WO? WOMIT?

▶ Klicken Sie in der Standardsymbolleiste auf das Symbol *Seitenansicht*. Sie erhalten eine Vorschau auf das Druckergebnis der Tabelle oder des Diagramms.

▶ Ist die Schaltfläche *Weiter* verfügbar, heißt dies, daß die Tabelle auf mehrere Seiten verteilt gedruckt wird. Klicken Sie auf diese Schaltfläche, um sich durch die Seiten zu klicken. Mit *Vorher* gelangen Sie rückwärts durch die Tabelle.

▶ Klicken Sie auf *Zoom*, um die Ansicht etwas zu vergrößern, so daß Sie den Inhalt der Tabelle [Zoom] erkennen können. Erneuter Klick auf *Zoom* stellt die Ganzseitenvorschau wieder her.

▶ Klicken Sie auf *Ränder*, um eine Ansicht der eingerichteten Seitenränder zu erhalten. Diese werden mit den Linien, die Sie auch oben im Bild sehen, dargestellt. [Ränder]

▶ Änderungen am Papierformat, an den Seitenrändern, an der Kopf- und Fußzeile und an weiteren Einstellungen zum Druck nehmen Sie vor, nachdem Sie auf die Schaltfläche *Layout...* [Layout...] **→ 243** geklickt und damit den Dialog *Seite einrichten* geöffnet haben.

▶ Verlassen Sie die Seitenansicht mit Klick auf die Schaltfläche *Schließen* wieder. [Schließen]

ACHTUNG **→ 249**
Funktionalität der Seitenansicht: Sie können in der Seitenansicht nicht den Inhalt der Tabelle selbst bearbeiten, sondern nur das, was zum optimalen Ausdruck der Tabelle wichtig ist.

INFO
Ränder und Spaltenbreiten per Drag&Drop verstellen: Ziehen Sie in der Seitenansicht mit der Maus an den Linien, die die Seitenränder symbolisieren, um sie zu verstellen:

Ebenso können Sie die Spaltenbreiten variieren:

INFO **→ 247**
Seitenumbruchvorschau

Seitenumbrüche

Wo? Womit?

▶ Wählen Sie den Menübefehl *Ansicht/Seitenumbruch-vorschau,* oder klicken Sie in der Seitenansicht auf die Schaltfläche *Seitenumbruch-Vorschau.* → 246

INFO

Die Seitenumbruchvorschau: Die Felder werden an den Seiten von durchgezogenen blauen Linien umfaßt. Horizontal zwischen den einzelnen Seiten befindet sich eine gestrichelte blaue Linie. In den einzelnen Seiten befindet sich eine Angabe über die Seitenabfolge der ausgedruckten Tabelle.

▶ Die Ansicht der Tabelle verändert sich. Ziehen Sie mit der Maus an den gestrichelten Linien, um den Seitenumbruch zu modifizieren. Falls Sie dabei die eingestellten Seitenränder überziehen, wird die Tabelle automatisch kleiner skaliert, also im Ausdruck kleiner dargestellt, so daß sie mit dem eingestellten Umbruch auf die Seite paßt.

▶ Überprüfen Sie das Ergebnis in der Seitenansicht. Klicken Sie dort auf *Schließen,* um wieder zur Seitenumbruchvorschau zu wechseln.

Skalierung der Tabelle selbst regulieren

▶ Klicken Sie in der Seitenansicht auf *Layout...,* um den Dialog *Seite einrichten* zu öffnen.

▶ Im Register *Papierformat* befindet sich der Bereich *Skalierung.*

→ 243

INFO

In diesem Dialog gelangen Sie auch über Datei/Seite einrichten...

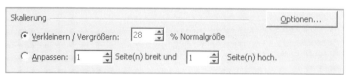

INFO

Die Option Anpassen *paßt das Tabellenblatt oder den markierten Druckbereich an die Anzahl der festgelegten Seiten an.*

▶ Aktivieren Sie die Option *Verkleinern/Vergrößern*, und geben Sie den Skalierungsfaktor in Prozent ein.

▶ Bestätigen Sie die Festlegung mit Klick auf *OK*, und kontrollieren Sie das Ergebnis in der Seiten- **→ 246** ansicht.

Abfolge der Seiten ändern

▶ Wählen Sie den Menübefehl *Datei/Seite einrichten...*, oder klicken Sie in der Seitenansicht auf die Schaltfläche *Layout...*

▶ Wechseln Sie zum Register *Tabelle*.

▶ Im Feld *Seitenreihenfolge* stehen zwei Optionen zur Verfügung. Wechseln Sie zum Umstellen der Reihenfolge auf die bisher nicht aktive.

→ 246

INFO

In diesem Register steht die Schaltfläche Seitenansicht *bereit, über die Sie das Ergebnis umgehend überprüfen können.*

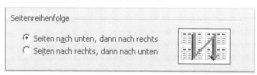

▶ Bestätigen Sie die Einstellung mit Klick auf *OK*.

Nur einen Teil der Tabelle umbrechen und drucken

▶ Wählen Sie den Menübefehl *Datei/Seite einrichten...*, oder klicken Sie in der Seitenansicht auf die Schaltfläche *Layout...*

▶ Rufen Sie das Register *Tabelle* auf.

▶ Im ersten Feld können Sie den *Druckbereich* festlegen. Klicken Sie dazu auf das Symbol mit dem roten Pfeil unten rechts in dem Feld.

▶ Die Ansicht wechselt zur Tabelle, die zusätzlich eine Eingabezeile für die Informationen über den Druckbereich aufweist. Geben Sie manuell die zu druckenden Zellen ein, oder fahren Sie einfach mit der Maus darüber. Um Bereiche, die nicht aneinandergrenzen, zu markieren, halten Sie die Taste ⌷Strg gedrückt. Der mit der Maus markierte Bereich wird automatisch in die Eingabeleiste übernommen.

INFO

Wie gibt man den Druckbereich manuell ein? Tippen Sie die Zellenbezeichnung, wo der Druckbereich beginnt, ein. Setzen Sie sowohl vor die Spalten- als auch vor die Zeilenbezeichnung ein Dollarzeichen $. Lassen Sie einen Doppelpunkt folgen, der einen Bereich definiert: »bis«. Verwenden Sie ein Semikolon, wenn Sie nicht nebeneinanderliegende Bereiche in die Liste eintragen: »und«.

INFO

Druckbereich aufheben: Wählen Sie den Menübefehl Datei/Druckbereich/Druckbereich aufheben.

▶ Klicken Sie unten rechts in der Leiste auf das Symbol. Sie gelangen wieder zurück in den Dialog *Seite einrichten...*

▶ Bestätigen Sie die Einstellung mit Klick auf *OK*.

INFO **→ 235**

Wiederholungszeilen und -spalten

Drucken

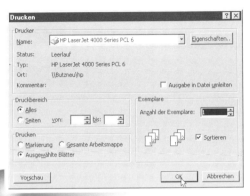

WO? WOMIT?

Druckeinstellungen

▶ Wählen Sie den Menübefehl *Datei/Seite einrichten....*

▶ Wechseln Sie zum Register *Tabelle*.

▶ Im Feld *Drucken* geben Sie an, ob die Gitternetzlinien, die standardmäßig vorhanden sind, mitgedruckt werden sollen, ob Zeilen- und Spaltenüberschriften (die A, B, C... und 1, 2, 3,...) ebenfalls auf dem Ausdruck erscheinen sollen, ob schwarzweiß und in Entwurfsqualität gedruckt werden soll.

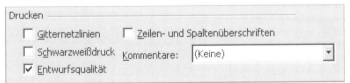

▶ Bestätigen Sie die Einstellungen mit Klick auf *OK*.

Mehrere Exemplare drucken

▶ Wählen Sie den Menübefehl *Datei/Drucken...*

▶ Im Feld *Anzahl der Exemplare* geben Sie die Anzahl der zu drukkenden Tabellen an.

▶ Aktivieren Sie die Option *Sortieren*, um mehrseitige Tabellenblätter chronologisch sortiert auszudrucken. Sonst erhalten Sie erst x-mal die Seite 1, dann x-mal die Seite 2 usw. aus dem Drucker.

▶ Mit Klick auf *OK* starten Sie den Druck auf dem ➔ 250 ausgewählten Drucker.

INFO ➔ 243
Papierformat/Seitenränder

INFO ➔ 244
Kopfzeile/Fußzeile

INFO ➔ 248
Skalierung der Tabelle

BEGRIFF
Entwurfsqualität: Farbflächen oder besondere Formatierungen werden nicht ausgedruckt.

ACHTUNG
Seitenansicht aus dem Dialog Seite einrichten *aktivieren: Falls Sie im Register* Tabelle *auf die Schaltfläche* Seitenansicht *klicken, öffnet sich diese zwar, und Sie können das Ergebnis Ihrer Einstellungen prüfen. Allerdings wird auch der Dialog geschlossen, sobald Sie die Seitenansicht verlassen. Für weitere Einstellungen müssen Sie ihn dann neu öffnen. Klicken Sie deshalb auf die Schaltfläche* Layout...

Nur einen Teil der Arbeitsmappe drucken

▶ Wählen Sie den Menübefehl *Datei/Drucken*...

▶ Im Feld *Druckbereich* nehmen Sie die Druckeinstellungen für die aktuelle Tabelle vor.

Aktivieren Sie die Option *Seiten*, um einzelne Seiten zu drucken.

▶ Geben Sie in die Felder die auszudruckenden Seitenzahlen ein.

▶ Zum Drucken einer Markierung klicken Sie im Bereich *Drucken* in das Kontrollkästchen vor der Option *Markierung*. Es wird die aktive Markierung in der aktuellen Tabelle gedruckt.

▶ Zum Start des Druckvorgangs klicken Sie auf *OK*.

Die gesamte Arbeitsmappe ausdrucken

▶ Wählen Sie den Menübefehl *Datei/Drucken*...

▶ Aktivieren Sie im Bereich *Drucken* die Option *Gesamte Arbeitsmappe*.

▶ Nach dem Klick auf *OK* werden alle Blätter der Arbeitsmappe mit den zuvor eingestellten Druckoptionen (Wiederholungszeilen, Seitenränder usw. ausgedruckt.

Drucker aussuchen

▶ Wählen Sie den Menübefehl *Datei/Drucken*...

▶ Klicken Sie auf den Listenpfeil im Feld *Name:*.

▶ Wählen Sie aus der ausklappenden Liste einen Drucker aus. In dieser Liste stehen nur dann Alternativen zur

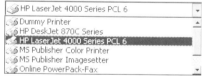

Verfügung, wenn Sie mehrere Drucker installiert bzw. innerhalb eines Netzwerkes Zugriff auf mehrere Drucker haben.

▶ Ein Klick auf *OK* startet den Druckvorgang.

Druckqualität einstellen

▶ Rufen Sie den Menübefehl *Datei/Seite einrichten*... auf.

▶ Im Register *Papierformat* wählen Sie im Feld *Druckqualität* zwischen den auf Ihrem Drucker verfügbaren Qualitätsoptionen.

INFO → 246
Druckvorschau

INFO → 33
Drucken im Netzwerk

INFO → 31
Druck abbrechen

NOCH SCHNELLER
Drucken: Klicken Sie auf diese Symbolschaltfläche in der Standardsymbolleiste. Der Ausdruck wird sofort gestartet, ohne daß der Dialog Drucken zuvor erscheint. Einstellungen aus einem vorigen Druckvorgang werden übernommen, zum Beispiel die Anzahl der zu druckenden Exemplare.

INFO → 246
Die Schaltfläche Vorschau: Sie gelangen mit Hilfe dieser Schaltfläche vom Dialog Drucken in die Seitenansicht. Aus der Seitenansicht können Sie dann zwar den Druck starten, Sie gelangen aber nicht zurück in den Dialog Drucken, um Nachbesserungen vornehmen zu können.

INFO → 249
Entwurfsqualität: Diese Eigenschaft ist nun dem Tabellenblatt zugeordnet, anders, als wenn Sie über den Dialog Drucken die Entwurfsqualität einstellen.

Schreibschutz einrichten

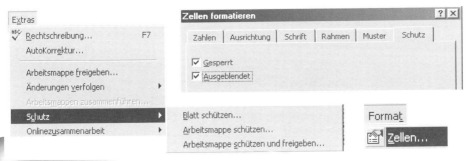

WO? WOMIT?

Zellen festlegen, die nach der Sperrung des Dokuments bearbeitbar sein dürfen

▶ Markieren Sie die Zellen, die zur Bearbeitung zur Verfügung stehen sollen.

▶ Wählen Sie den Menübefehl *Format/Zellen...*

▶ Wechseln Sie zum Register *Schutz*.

▶ Deaktivieren Sie die Optionen *Gesperrt* und *Ausgeblendet*.

▶ Klicken Sie auf *OK*.

Schutz für Arbeitsmappe oder Blatt festlegen

▶ Wählen Sie den Menübefehl *Extras/Schutz*.

▶ Entscheiden Sie sich, ob Sie nur das Blatt oder die gesamte Arbeitsmappe mit allen Blättern schützen möchten.

▶ Definieren Sie, welche Elemente Sie schützen möchten – standardmäßig sind alle aktiviert.

▶ Wenn Sie wollen, geben Sie ein Kennwort ein. Beim Schreiben des Kennworts werden nur Sternchen angezeigt, für den seltenen Fall, daß Ihnen jemand über die Schulter schaut.

▶ Klicken Sie auf *OK*.

▶ Falls Sie ein Kennwort festgelegt haben, geben Sie es noch einmal ein – aus Sicherheitsgründen. Bestätigen Sie es nochmals mit Klick auf *OK*. Der Schutz ist jetzt wirksam. Ein Benutzer kann nun die geschützten Funktionen nicht mehr ausführen – außer in den Zellen, die Sie zuvor von der Sperrung ausgenommen haben.

Schreibschutz aufheben

▶ Wählen Sie *Extras/Schutz/Blattschutz aufheben...* bzw. *Arbeitsmappenschutz aufheben...*

▶ Sie geben dazu Ihr Kennwort ein, falls Sie eines vergeben haben. Falls nicht, heben Sie den Schutz einfach so auf.

ACHTUNG

Reihenfolge: Sie müssen erst den Schutz einzelner Zellen aufheben, dann schützen Sie die gesamte Arbeitsmappe oder das Tabellenblatt. Danach ist ein Mitbenutzer der Tabelle lediglich in der Lage, die freien Zellen zu bearbeiten.

INFO
Freigeben zur gemeinsamen Benutzung

INFO
Speichern

Text formatieren
▶ Formatieren Sie Text über die Formatierungsleiste.

Tabelle automatisch formatieren
▶ Wählen Sie den Menübefehl *Format/AutoFormat*.
▶ Blättern Sie über den Rollbalken durch die verschiedenen Gestaltungsvorlagen.
▶ Markieren Sie die gewünschte Vorlage.
▶ Klicken Sie auf *OK*.

Formate löschen
▶ Markieren Sie die Zelle oder die Zellen, aus denen Sie das Format löschen möchten.
▶ Wählen Sie den Menübefehl *Bearbeiten/Löschen/Formate*. Die Zellinhalte erscheinen in der Standardformatierung.

Dezimalstelle hinzufügen
▶ Markieren Sie die Zellen mit den Zahlen, denen Sie eine oder mehrere Dezimalstellen hinzufügen möchten.

▶ Klicken Sie in der Formatierungssymbolleiste auf die Symbolschaltfläche *Dezimalstelle hinzufügen*.
▶ Wiederholen Sie dies so oft, bis Sie die gewünschte Anzahl an Dezimalstellen hinzugefügt haben.

Hoch- oder Querformat einstellen
▶ Wählen Sie den Menübefehl *Datei/Seite einrichten...*
▶ Rufen Sie das Register *Papierformat* auf.
▶ Wählen Sie zwischen der Option *Hochformat* und der Option *Querformat*.

Bildschirm teilen

Balken zum horizontalen und vertikalen Teilen des Bildschirms

13 *KAPITEL*

Rechnen mit Excel

tempo

Grundrechenarten

WO? WOMIT?

Einfache Addition

▶ Klicken Sie in die Zelle, die das Ergebnis der Summe anzeigen soll.

▶ Klicken Sie auf das Summenzeichen in der Standardsymbolleiste. Automatisch erscheint in den Zellen oberhalb, unterhalb oder neben der Ergebniszelle ein gestrichelter Rahmen. Dieser Rahmen symbolisiert die zu addierenden Zellen. Gleichzeitig sehen Sie in der Bearbeitungsleiste und in der Zelle, welche Zellen in der Summe zusammengefaßt werden. Falls Sie mit dieser Summenbildung nicht einverstanden sind, fahren Sie mit der Maus über die Zellen, deren Inhalte Sie addieren möchten. Der gestrichelte Rahmen »wandert« mit.

▶ Bestätigen Sie die Addition mit Klick auf das grüne Häkchen in der Bearbeitungsleiste. Ein Klick auf das rote Kreuz leert die Zelle wieder. Danach erscheint das Ergebnis in der Zelle.

▶ Danach erscheint das Ergebnis in der Zelle.

Arithmetische Operatoren

+	Addition C4+C5
-	Subtraktion C4-C5
*	Multiplikation C4*C5
/	Division C4/C5
%	C4%
^	Potenzen C4^3 (bedeutet: C4*C4*C4; das Caret-Zeichen befindet sich oben links auf der Tastatur. Nach dem Drücken dieser Taste müssen Sie einmal die Leertaste betätigen).

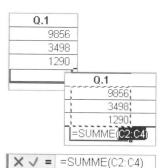

BEGRIFFE

Funktionen, Operatoren und Agrumente: *Eine Formel besteht aus der Angabe der durchzuführenden mathematischen Funktion, in dem Beispiel Summe, den Argumenten in Klammern, hier C2:C4, sowie einem vorangestelltem Gleichheitszeichen, das Excel das Vorhandensein einer Formel signalisiert. Eine Formel kann auch mit einfachen Operatoren durchgeführt werden, das sind +, – usw.*

INFO → 273

Vergleichsoperatoren

Bezüge

:   Bereichsoperator »bis«
C4:E5 definiert den Zellbereich von einschließlich Zelle C4 bis einschließlich Zelle E5.

    C:C   alle Zellen der Spalte C
    4:4   alle Zellen der Zeile 4
    C:E   alle Zellen der Spalten C bis E
    2:4   alle Zellen der Zeilen 2 bis 4

;   Vereinigungsoperator »und«
C4:C8;E4:E8, der Zellebereich beginnt bei Zelle C4 bis einschließlich Zelle C8 plus der Bereich von einschließlich E4 bis einschließlich E8.

    (Leerzeichen), Schnittmengenoperator
(C1:C8 A8:E8). Die für die Berechnung relevante Zelle ist hier C8, die beiden Bereichen gemeinsame Zelle (Schnittmenge).

Nicht nebeneinanderliegende Zellen oder Bereiche addieren

 → 211

▶ Klicken Sie in die Ergebniszelle.
▶ Klicken Sie in die leere Bearbeitungsleiste.
▶ Geben Sie ein Gleichheitszeichen ein, um zu signalisieren, daß eine Formel folgt.
▶ Klicken Sie in die erste zu addierende Zelle. Ihre Bezeichnung erscheint automatisch in der Bearbeitungsleiste und in der Ergebniszelle.
▶ Geben Sie über die Tastatur ein Pluszeichen ein.
▶ Klicken Sie in die nächste zu addierende Zelle. Fahren Sie fort, bis die Addition komplett ist.
▶ Bestätigen Sie die Fertigstellung der Addition mit Klick auf das grüne Häkchen in der Bearbeitungsleiste.
▶ Das Ergebnis erscheint in der Ergebniszelle.

Nachbearbeitung einer Formel

▶ Klicken Sie in die Ergebniszelle. Während Sie in der Zelle das Ergebnis der Berechnung sehen, können Sie der Bearbeitungsleiste entnehmen, daß in dieser Zelle eine Formel steht.
▶ Klicken Sie in die Bearbeitungsleiste, um die Formel zu bearbeiten. Dazu schreiben Sie entweder direkt in die Formel, oder Sie löschen die alte Formel mit Klick auf das rote Kreuz vor der Bearbeitungsleiste.
▶ Bestätigen Sie die überarbeitete Formel mit Klick auf das grüne Häkchen.

BEGRIFFE

Zellbezug: *Eine Zellenbezeichnung innerhalb einer Formel nennt man auch Zellbezug. In der Regel wird mit relativen Zellbezügen, die sich bei Änderungen in der Tabelle automatisch aktualisieren, gearbeitet.*

INFO

Ohne Maus: Sie können die Zellbezeichnungen auch manuell in die Bearbeitungsleiste eintippen.

=	=D2+E3	
B	**C**	
Stückpreis	**0.1**	
29,12 DM	9856	
19,78 DM	3498	
99,95 DM	1290	
	5016	

Eine Formel, die keine Funktion darstellt, sondern den Operator + verwendet.

Formel auf benachbarte Zellen übertragen

▶ Klicken Sie in die Zelle, in der sich ein berechneter Wert, der auf einer Formel beruht, befindet.

▶ Ziehen Sie an dem kleinen Markierungspunkt unten rechts am Zellmarkierungsrahmen. Ziehen Sie dabei über die Zellen, in denen weitere Ergebnisse nach gleichem Muster berechnet werden sollen.

C5 ▼		=	=SUMME(C2:C4)			
	A	B	C	D	E	F
	Produkt	Stückpreis	Q.1	Q.2	Q.3	Q.4
	Doppelschleifer	29,12 DM	9856	3456	23689	8659
	Schwingschleifer	19,78 DM	3498	2349	1560	5557
	Bandschleifer	99,95 DM	1290	2007	3489	255
	Gesamt Verkäufe		14644			

▶ Lassen Sie in der letzten Zelle der Reihe die Maustaste los. Automatisch erscheinen die Ergebnisse der neuen Berechnungen in dem Zellenbereich.

▶ Kontrollieren Sie die Formeln in den Ergebniszellen, indem Sie nacheinander in die Zellen klicken und die zugrundeliegende Formel in der Bearbeitungsleiste prüfen.

D5 ▼		=	=SUMME(D2:D4)			
	A	B	C	D	E	F
	Produkt	Stückpreis	Q.1	Q.2	Q.3	Q.4
	Doppelschleifer	29,12 DM	9856	3456	23689	8659
	Schwingschleifer	19,78 DM	3498	2349	1560	5557
	Bandschleifer	99,95 DM	1290	2007	3489	255
	Gesamt Verkäufe		14644	7812	28738	14471

Mit berechneten Feldern weiterrechnen

▶ Verfahren Sie genauso, als würden Sie mit nicht berechneten Werten arbeiten. Allerdings müssen Sie aufpassen, daß Sie nicht einen berechneten Wert erwischen, der wiederum das Ergebnis der gerade zu berechnenden Zelle wiederverwendet (Zirkelbezug).

Statische Zellbezüge (absolute Zellbezüge)

▶ Fügen Sie den Zellbezeichnungen Dollarzeichen hinzu, und zwar sowohl vor der Spalten- als auch vor der Zeilenangabe. Beispiel: Die Formel heißt D8/$C$4. Nach dem Kopieren der Formel nach rechts lautet sie E8/$C$4, nicht E8/$D$4. Der Bezug auf $C$4 wird nicht relativiert, sondern bleibt, wie er ist.

TIP

Formeln in Werte umwandeln: Wenn Sie eine Formel aus der Zelle verschwinden lassen wollen, aber das Ergebnis beibehalten möchten, markieren Sie diese Formel in der Bearbeitungsleiste und drücken die Taste F9.

INFO

Innerhalb des Bereichs nachträglich etwas eingefügt? Excel erkennt den Sachverhalt und aktualisiert seine Formeln entsprechend. Sie müssen die Formeln nicht neu aufbauen.

INFO

Aus =SUMME(C2:C4) wurde in der Nachbarzelle automatisch =SUMME(D2:D4).

BEGRIFFE

Absoluter Zellbezug: *Beim Übertragen oder Kopieren bleibt der Bezug immer zur selben Zelle bestehen. Deren Bezeichnung ändert sich nur, wenn Zellen davor oder danach eingefügt oder gelöscht werden, so daß der Zellwert in eine andere Zelle gelangt.*

Bezug auf ein anderes Tabellenblatt der Arbeitsmappe

▶ *Mit der Maus:* Klicken Sie während der Formelerstellung auf das Register der jeweiligen Tabelle. In dieser Tabelle markieren Sie die gewünschte Zelle. In der Bearbeitungsleiste erscheint automatisch der Bezug zu der angeklickten Zelle.

> `=` `=(SUMME(C5:E5))-Tabelle2!B4`

▶ *Manuelle Eingabe:* Schreiben Sie den Tabellennamen, gefolgt von einem Ausrufezeichen und der Zellenbezeichnung ohne Leerstellen dazwischen. Tabellennamen, die Leerzeichen enthalten, werden in Anführungszeichen gesetzt.

> `=` `=H5*'Umsatz 99'!C8`

Gleichartige Bezüge über mehrere Tabellenblätter

▶ Wenn Sie mit einem identischen Zellbereich, der sich in mehreren Tabellenblättern befindet, rechnen wollen, geben Sie zuerst den Tabellenbereich, gefolgt von einem Ausrufezeichen, und anschließend den Zellbereich in die Formel ein, zum Beispiel:
=SUMME(Tabelle1:Tabelle3!A3:B3).

▶ *Mit der Maus:* Drücken Sie die Taste ⇧⌋, und markieren Sie alle Tabellenregister der Tabellen, aus denen Sie die gleichen Zellbereiche verwenden möchten. Markieren Sie anschließend den betreffenden Zellbereich.
In folgende Funktionen können Sie 3D-Bezüge einsetzen:
  ▶ ANZAHL
  ▶ ANZAHL2
  ▶ MAX
  ▶ MIN
  ▶ MITTELWERT
  ▶ PRODUKT
  ▶ STABW
  ▶ STABWN
  ▶ SUMME
  ▶ VARIANZ
  ▶ VARIANZEN

BEGRIFFE
3D-Bezüge: Diese Art des Bezugs auf einen gleichen Zellbereich über mehrere Tabellen hinweg nennt man in Excel einen 3D-Bezug (siehe unten).

INFO
Die Zelle H5 der aktuellen Tabelle wird in diesem Beispiel mit der Zelle C8 aus dem Tabellenblatt mit dem Namen Umsatz 99 multipliziert.

INFO
Diese Beispielformel addiert alle Zellen von A3 bis B3 in den Tabellen 1, 2 und 3.

→ 222

INFO
Einfügen und Verschieben von Tabellenblättern: Wenn Sie zwischen den Tabellenblättern, die über einen 3D-Bezug verbunden sind, ein Tabellenblatt einfügen, nimmt Excel die darin enthaltenen Zellenbereiche mit auf. Wenn Sie ein Tabellenblatt außerhalb des Tabellenbereichs verschieben, wird der Zellbereich dieser Tabelle aus der Berechnung wieder ausgenommen. Handelt es sich dabei um das erste oder letzte Tabellenblatt, paßt Excel die Berechnung dem neuen Tabellenbereich an.

Zirkelbezüge auflösen

▶ Falls Ihnen beim Rechnen mit berechneten Zellen eine Panne passiert und Sie eine Zelle einbeziehen, die wiederum in ihrem Ergebnis von der gerade zu berechnenden Zelle abhängig ist, erhalten Sie eine Fehlermeldung. Sie werden auf einen Zirkelbezug hingewiesen. Klicken Sie auf OK.

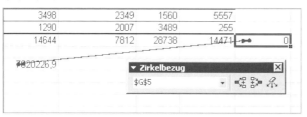

INFO

Leiste Zirkelbezug nachträglich aufrufen: Wählen Sie den Menübefehl Ansicht/Symbolleisten/Zirkelbezug. *Zum Aufspüren der problematischen Querverbindung klicken Sie auf diese Symbolschaltflächen in der Leiste.*

▶ Es erscheint die Symbolleiste *Zirkelbezug*. Außerdem weist Sie eine Linie auf die Spur des kollidierenden Bezuges hin. Ändern Sie in der Bearbeitungsleiste die Formel entsprechend. Danach verschwindet die Leiste von selbst.

Punktrechnung vor Strichrechnung

▶ Bei allen Rechenoperationen geht Excel von diesem Grundsatz aus. Deshalb müssen Sie – wenn erst eine Strichrechnung durchgeführt werden soll – diese in Klammern setzen, zum Beispiel =(C4+C3)*(E4-E5).

▶ Ein nicht geschlossenes Klammernpaar quittiert der Excel-Assistent mit der Meldung, daß sich ein Fehler in der Formel befinde. Er macht einen Korrekturvorschlag, den Sie mit Klick auf *Ja* annehmen oder mit Klick auf *Nein* ablehnen.

▶ Im Falle einer Ablehnung bestätigen Sie nochmals mit Klick auf *OK* den Assistenten.

▶ Korrigieren Sie die Formel in der Bearbeitungsleiste.

▶ Bestätigen Sie das angezeigte Ergebnis mit Klick auf *OK*.

#DIV/0!

ACHTUNG

Division durch 0: Falls in einer Berechnung ein Ergebnis Null entsteht, mit diesem Wert aber in einer anderen Formel weitergearbeitet wird, zeigt das Ergebnis diese Meldung in der Zelle. Diese Berechnung ist mathematisch unzulässig.

Text, Datums- und Zeitwerte in einer Formel

Diese Werte werden jeweils in Anführungszeichen eingegeben. Beispiel:

Formel	Anzeige
"Jahresumsatz 99 "&C7	Jahresumsatz 99 12348,00, wenn C7 12348,00 enthält
"30.08.99"-"12.03.98"	Anzahl von Tagen zwischen diesen beiden Daten

ACHTUNG

Leerstellen: Achten Sie darauf, daß die Leerstelle zwischen Text und Zahl in die Anführungszeichen aufgenommen wird.

Formelfehler im Griff

WO? WOMIT?

▶ Wenn sich eine Formel nicht mehr richtig berechnet, erscheinen kryptische Bemerkungen in der Zelle. Wählen Sie zur Lösung des Problems den Menübefehl *Extras/ Detektiv*.

▶ Wählen Sie aus dem Untermenü *Spur zum Fehler*. Es erscheinen blaue Linien, die zu den in der Formel verwendeten Zellen führen. Die besonders dicke Linie gibt einen Hinweis auf die Fehlerquelle.

▶ Überprüfen Sie an der angezeigten Stelle die Formel.

9856	3456	23689
3498	2349	1560
1290	2007	3489
14644	7812	28738
2.179.759,40 DM	114.398.928,00 DM	#NAME?

TIP | #NAME? |

Fehlersuche in Teilen der Formel: Markieren Sie in der Bearbeitungsleiste einen Teil der Formel, der Ihnen verdächtig erscheint. Dieser Teil muß berechenbar sein, also eine halbwegs eigenständige Einheit bilden. Drücken Sie die Taste F9. Wird das Ergebnis FALSCH oder ein anderer Fehlerwert angezeigt, sind Sie auf das Problem gestoßen. Mit der Taste Esc verlassen Sie diesen Modus wieder.

INFO
Funktionen

Fehlerwerte

#BEZUG!	Ein Bezug in der Formel funktioniert nicht mehr, weil Sie vielleicht die Zelle gelöscht haben. Ändern Sie die Formel, oder suchen Sie nach Ihrer vermißten Zelle.
#NULL	Es fehlt ein Wert für die Berechnung, weil ein Zellbezug falsch ist.
#NV	Fehlender Wert in einer Formel oder ein falsches oder fehlendes Argument in einer Funktion.
#NAME?	Hier gibt es eine ganze Reihe von Fehlerquellen: Falscher Bereichsname falsche Formelsyntax, falscher Bezug.
#ZAHL!	Excel kann mit einer Zahl nicht viel anfangen, vielleicht weil sie außerhalb eines definierten Gültigkeitsbereichs liegt oder weil die eingegebenen Argumente keine Lösung erzeugen.
#WERT!	Der Wert wird von der Funktion nicht akzeptiert, weil diese einen bestimmten Datentyp, aber nicht diesen, erwartet.

→ 261

→ 255

Eine Formel für mehrere Berechnungen

WO? WOMIT?

Eine Matrixformel erstellen

▶ Markieren Sie in der Tabelle die Zellen, in denen die Ergebnisse enthalten sein sollen. Dieser Zellbereich kann nur aneinandergrenzende Zellen umfassen.
▶ Geben Sie ein Gleichheitszeichen ein.
▶ Fahren Sie mit der Maus über den Zellbereich, mit dem die Formel beginnt.
▶ Fügen Sie die Operatoren oder Funktionen ein.

→ 254

	B	C	D	E	F	G
	Stückpreis	Q.1	Q.2	Q.3	Q.4	
er	29,12 DM	9856	3456	23689	8659	C4*B2:B4
eifer	19,78 DM	3498	2349	1560	5557	
	99,95 DM	1290	2007	3489	255	
aufe	148,85 DM	14644	7812	28738	14471	

=C2:C4*B2:B4

▶ Fahren Sie über den nächsten Zellbereich der Formel, und fügen Sie den nächsten Operator ein.
▶ Wiederholen Sie den vorigen Schritt, bis die gesamte Formel definiert ist.
▶ Beenden Sie die Formelerstellung mit der Tastenkombination ⇧+Strg+↵. Daraufhin wird die Formel mit einer geschweiften Klammer umschlossen. Diese Klammer signalisiert, daß es sich um eine Matrixformel handelt.

{=C2:C4*B2:B4}

B	C	D	E	F	G
Stückpreis	Q.1	Q.2	Q.3	Q.4	Umsatz Q.1
29,12 DM	9856	3456	23689	8659	287.006,72 DM
19,78 DM	3498	2349	1560	5557	69.190,44 DM
99,95 DM	1290	2007	3489	255	128.935,50 DM

▶ Im markierten Ergebnisbereich erscheinen die berechneten Werte.

Kombination: Kopierte Formeln und Matrixformeln

▶ Markieren Sie den Ergebnisbereich der Matrixformel (alle Zellen, die ein Ergebnis der Matrix anzeigen)
▶ Ziehen Sie am Markierungspunkt des Ausfüllkästchens. Die Matrixformel wird kopiert und auf die benachbarten Zellbereiche angewendet.

BEGRIFFE

Matrixformel: *Mehrere Berechnungen sollen einem Muster, einer Matrix, folgen. Also ähnlich wie beim Übertragen oder Kopieren einer Formel wird ein Berechnungsmuster in die angrenzenden Zellen übertragen und gleichzeitig aktualisiert. Der Unterschied besteht beim Einsatz einer Matrixformel darin, daß sich Excel nur eine Formel merken muß, was Arbeitsspeicher spart.*

Die Werte in der Spalte C werden multipliziert mit den Werten in der Spalte B. Das Ergebnis soll sich in der Spalte G befinden.

Die fertige Matrixformel. Excel arbeitet nur mit dieser einen Formel statt mit – in diesem Beispiel – drei Formeln.

INFO

Änderungen in der Matrix: Sie können in dem Matrix-Zellenbereich keine einzelne Zelle einfügen. Sie müssen immer die gesamte Matrix markieren und verschieben. Änderungen an Zahlen können Sie wie gewohnt vornehmen.

Berechnungen mit Funktionen

Wo? WOMIT?

▶ Klicken Sie in die Zelle, die das Ergebnis darstellen soll.
▶ Wählen Sie den Menübefehl *Einfügen/Funktion*.
▶ Wählen Sie im linken Feld mit den Funktionskategorien *Math. & Trogonom.*
▶ Im rechten Feld werden die zu dieser Kategorie gehörigen Funktionen aufgelistet. Klicken Sie diejenige an, die Sie berechnen möchten. Unterhalb der Auswahlfelder erscheint eine Beschreibung zu der jeweils markierten Funktion.

> **RUNDEN(Zahl;Anzahl_Stellen)**
> Rundet eine Zahl auf eine bestimmte Anzahl an Dezimalstellen.

▶ Bestätigen Sie die Wahl der einzufügenden Funktion mit Klick auf *OK*. Sie gelangen zu einer Tabelle, die unterhalb der Bearbeitungsleiste eine Eingabebox zeigt.

Die Symbole für die Direktauswahl

▶ Hier geben Sie die benötigten Argumente manuell ein, oder Sie klicken rechts von den Eingabefeldern auf die Symbole mit den roten Pfeilen und nehmen die Eingabe direkt in der Tabelle mit der Maus vor.

NOCH SCHNELLER
Funktion einfügen: Klicken Sie auf diese Schaltfläche in der Standardsymbolleiste.

Name der Funktion, danach in Klammern die Argumente. Hier wird die zu rundende Zahl benötigt, also die Angabe der Zelle, in der sie steht, danach die Anzahl der zu rundenden Stellen.

ACHTUNG
Das Anklicken der Symbole in den Eingabefeldern können Sie sich sparen, wenn Sie den benötigten Wert auch so ins Sichtfeld bekommen. Klicken Sie direkt in die Zelle und anschließend in das Feld des nächsten zu definierenden Arguments.

▶ Haben Sie das Argument definiert, klicken Sie wieder auf das Symbol im Eingabefeld unterhalb der Bearbeitungsleiste.

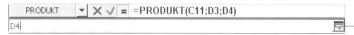

Zur Bestätigung des Arguments D4 auf dieses Symbol klicken.

▶ Sie gelangen zurück zur Eingabebox für die Funktion. Klikken Sie in das Feld des nächsten Arguments.

INFO
Detaillierte Information zu jedem Argument: ...erhalten Sie in der Eingabebox, wenn Sie in das Feld des jeweiligen Arguments klicken.

▶ Wenn Sie alle benötigten Werte beisammen haben, überprüfen Sie das Formelergebnis in der Eingabebox. Wenn es Ihnen in Ordnung erscheint, klicken Sie auf *OK*. Das Ergebnis erscheint in der zuerst angeklickten Zelle.

Argumente in einer Funktion nachbearbeiten

▶ Klicken Sie in die Zelle, in der sich die berechnete Funktion befindet.

▶ Tauschen Sie direkt in der Eingabezeile die Argumente aus. Falls Sie dabei Hilfe benötigen, klicken Sie links neben der Bearbeitungsleiste auf die Schaltfläche mit dem Namen der verwendeten Funktion. Es erscheint wieder die Eingabebox, in der Sie Änderungen vornehmen können.

NOCH SCHNELLER
Schneller durch die Liste der Funktionen blättern: Geben Sie den ersten Buchstaben ein, um zumindest in die Nähe der gesuchten Funktion zu springen, für RUNDEN also r.

TIP
Teilen Sie vor dem Einfügen der Funktion die Arbeitsfläche. Dann können Sie bequem durch die ganze Tabelle blättern, ohne dabei die Eingabebox der Funktion im Weg zu haben.

Die Funktionsschaltfläche

▶ Bestätigen Sie die Änderungen in der Bearbeitungsleiste mit Klick auf das grüne Häkchen. Bearbeitungen in der Eingabebox bestätigen Sie mit Klick auf die Schaltfläche *OK*.

Statistische und finanzmathematische Berechnungen

▶ Der Ablauf folgt dem oben beschriebenen. Wählen Sie im Dialog *Funktion einfügen* die Funktionskategorie *Statistik* oder *Finanzmathematik*. Allerdings müssen Sie selbst wissen, welche Bedeutung bestimmte Rechenmodelle in der Finanzmathematik oder Statistik haben. Das kann Ihnen Excel nicht abnehmen. Aber die Hilfe bietet nützliche Informationen dazu. **→ 717**

INFO
Über die Funktionsschaltfläche Funktionen einfügen: Selbst wenn keine Funktion in der Zelle steht, wird Ihnen diese Schaltfläche angeboten. Klicken Sie auf den Pfeil neben dieser Schaltfläche, und wählen Sie eine Funktion aus, oder klicken Sie auf Weitere Funktionen..., um den Dialog Funktion einfügen zu öffnen.

Datum & Zeit-Funktionen

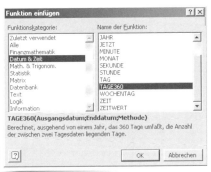

WO? WOMIT?

▶ Öffnen Sie den Dialog *Funktion einfügen.*

▶ Wählen Sie in der Liste *Funktionskategorie:* den Eintrag *Datum &* Zeit.

▶ In der Liste *Name der Funktion:* wird eine Reihe recht unterschiedlicher Funktionen angeboten.

DATUM	Berechnet Tageszahl des eingegebenen Datums.
DATWERT	Ein als Text angegebenes Datum wird als Zahl angezeigt.
HEUTE	Fügt das aktuelle Datum in die Tabelle ein.
JAHR	Geben Sie den Zahlenwert eines Datums ein, wird das Jahr extrahiert.
JETZT	Zeigt das aktuelle Datum mit Uhrzeit als Zahlenwert.
MINUTE MONAT SEKUNDE STUNDE TAG WOCHENTAG	Diese Funktionen wandeln eine fortlaufende Zahl in einen Monat, eine Minute, eine Sekunde usw. um.
TAGE360	Berechnet auf Basis eines 360 Tage umfassenden Jahres die Anzahl der zwischen zwei Tagesdaten liegenden Tage. Beim Argument *Methode* geben Sie WAHR für die europäische Methode und FALSCH für die amerikanische Methode ein, die sich im wesentlichen in der Art unterscheiden, wie der 31. eines Monats unterschlagen wird.
ZEIT	Liefert die fortlaufende Zahl einer bestimmten Uhrzeit.
ZEITWERT	Eine als Text vorliegende Zeitangabe wird in eine fortlaufende Zahl umgewandelt.

TIP
Klicken Sie auf das Fragezeichen, und lassen Sie sich Hilfe zu diesem Feature geben, wenn Sie nicht weiterwissen – zum Beispiel wenn nach unbekannten Argumenten gefragt wird.

INFO
Rechnen mit Datumswerten: Excel zählt die Tage zwischen dem Jahr 1900 und 2078. Mit diesen Zahlwerten rechnet es. Sie können über die Funktion DATUM() diesen Wert herausfinden lassen. Allerdings wird er in der Zelle nicht richtig dargestellt, wenn Sie das Zahlenformat der Zelle nicht auf Standard *stellen.*

INFO
Darstellung der Uhrzeit als Zahl: Es wird der Dezimalwert eines 24-Stunden-Tages zugrunde gelegt.

INFO
Matrixfunktionen → 260

INFO
Logische Funktionen → 272

Mit Namen statt mit Zellbezeichnungen arbeiten

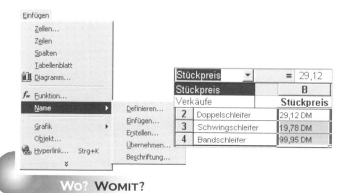

WO? WOMIT?

Namen festlegen

▶ Markieren Sie die Zelle oder den Zellbereich, dem Sie einen Namen zuweisen möchten.

▶ Geben Sie den Namen in das Feld links von der Bearbeitungsleiste – in der sich eine Zellbezeichnung befindet – ein.

▶ Bestätigen Sie die Eingabe mit der Taste ↵.

Benannten Bereich oder Zelle anspringen

▶ Klicken Sie auf den Pfeil neben dem Namensfeld, der sich neben der Bearbeitungsleiste befindet, um die Liste der bereits benutzten Namen aufzuklappen.

▶ Klicken Sie auf den gewünschten Namen. Der so benannte Bereich oder die Zelle wird markiert angezeigt.

▶ Dies funktioniert auch, wenn Sie sich in einem anderen Tabellenblatt befinden. Excel wechselt bei Aufruf des Namens das Tabellenblatt und markiert die benannte Zelle bzw. den benannten Bereich im entsprechenden Tabellenblatt.

Namen nur für ein Tabellenblatt festlegen

▶ Markieren Sie die zu benennende Zelle oder den Bereich.

▶ Wählen Sie den Menübefehl *Einfügen/Name/Definieren...*

▶ Geben Sie den Namen des Tabellenblatts (im Beispiel ist das *Vorjahr*), gefolgt von einem Ausrufezeichen und dem Namen für den markierten Bereich ein – ohne

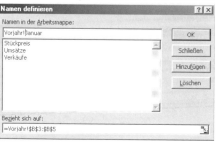

→ 266

INFO

*Was können Sie bennenen?
Neben einzelnen Zellen und
Zellbereichen können Sie
Formeln und Werte
(Konstanten) benennen.*

ACHTUNG

*Namenskonventionen:
Namen beginnen mit einem
Buchstaben oder Unterstrich.
Danach sind alle Zeichen
möglich, bis auf Leerstellen
und Bindestriche. Diese
werden durch einen Unterstrich oder Punkt ersetzt.
Vermeiden Sie Benennungen,
die mit Zellbezeichnungen zu
verwechseln sind (C403).
Excel berücksichtigt Groß-
und Kleinschreibung.*

INFO

*Nach der Benennung werden
Formeln, die die benannten
Zellen oder Bereiche enthalten, nicht auf die Verwendung
des Namens statt des Zellbezugs umgestellt. Die Ergebnisse bleiben zwar gleich,
aber das Erscheinungbild der
Formel ändert sich auch nicht
automatisch.*

Leerstellen. Im Beispiel befindet sich der Name *Januar* im Tabellenblatt *Vorjahr*.

▶ Klicken Sie auf *Hinzufügen*.

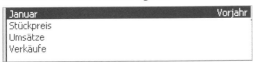

▶ In der Liste der definierten Namen erscheint der neue Name zusammen mit dem Tabellennamen (rechts). Dieser signalisiert, daß der Name nur in diesem Tabelleblatt verfügbar ist. In den anderen Tabellenblättern wird er, im Gegensatz zu den übrigen Namen, nicht aufgelistet. Bestätigen Sie diese Aktion mit Klick auf *OK*.

Namen automatisch festlegen

▶ Markieren Sie den Zellbereich, der wiederum alle Bereiche enthält, die Sie benennen wollen. Schließen Sie in die Markierung den Text mit ein, der den Bereichsnamen geben soll.

Januar	Februar	März	April	Mai	Juni	Juli	August	September	Oktober
20,00 DM	44,00 DM	34,00 DM	99,00 DM	83,00 DM	65,00 DM	66,00 DM	65,00 DM	98,00 DM	34,00 DM
56,00 DM	54,00 DM	65,00 DM	12,00 DM	48,00 DM	39,00 DM	87,00 DM	75,00 DM	65,00 DM	23,00 DM
102,00 DM	33,00 DM	23,00 DM	45,00 DM	87,00 DM	23,00 DM	40,00 DM	34,00 DM	45,00 DM	56,00 DM

▶ Wählen Sie den Menübefehl *Einfügen/Name/Erstellen*.

▶ Legen Sie fest, aus welchem Bereich wiederum die Namen entnommen werden sollen.

▶ Bestätigen Sie dies mit Klick auf die Schaltfläche *OK*.

▶ Überprüfen Sie das Ergebnis in der Liste der Namen links neben der Bearbeitungsleiste.

Namen für gleiche Zellbereiche verschiedener Tabellenblätter erstellen

▶ Klicken Sie in das erste Tabellenblatt der Auswahl.

▶ Rufen Sie den Menübefehl *Einfügen/Name/Definieren...* auf.

▶ Geben Sie im Dialog *Namen definieren* einen Namen ein.

▶ Im Feld *Bezieht sich auf:* fügen Sie den Tabellenbereich hinzu. Klicken Sie dazu auf das Symbol mit dem roten Pfeil unten rechts in dem Feld.

INFO
Automatische Aktualisierung: Wenn Sie in benannte Bereiche Zellen einfügen oder löschen, wird der Zellbereich automatisch aktualisiert. Formeln, die diese Namen enthalten, aktualisieren das Berechnungsergebnis.

INFO
Vorhandener Text wird als Zellbereichsname übernommen: Sie können Zeilen- oder Spaltenbenennungen als Name für den zugehörigen Zellbereich, der die Werte enthält, übernehmen.

—*Auf dieses Symbol müssen Sie klicken, um Ihre Auswahl der zu benennenden Bereiche zu starten. In diesem Beispiel ist der Zellbereich B13 bis C17 in den Tabellen Umsätze bis Vorjahr benannt worden.*

▶ Halten Sie die Taste ⇧ gedrückt, und markieren Sie mit der Maus die Tabellenregister der gewünschten Auswahl.

▶ Markieren Sie mit der Maus den Zellbereich.

▶ Klicken Sie in der Leiste *Namen definieren – Bezieht sich auf:* wieder auf das Symbol mit dem roten Pfeil, um die Bearbeitung abzuschließen.

▶ Bestätigen Sie die Aktion mit Klick auf *OK*.

Namen löschen oder ändern

▶ Wählen Sie den Menübefehl *Einfügen/Name/Definieren...*

▶ Im Dialog *Namen definieren* markieren Sie in der Liste den zu löschenden Namen.

▶ Klicken Sie auf die Schaltfläche *Löschen*.

▶ Wiederholen Sie dies gegebenenfalls mit anderen Namen.

▶ Bestätigen Sie das Löschen mit Klick auf *OK*.

Namen für Formeln und Werte

▶ Wählen Sie den Menübefehl *Einfügen/Name/Definieren...*

▶ Geben Sie in das oberste Feld einen Namen für die Formel oder die Konstante ein.

▶ In das Feld *Bezieht sich auf:* geben Sie die Formel oder den Wert der Konstanten ein.

▶ Bestätigen Sie die mit Klick auf *OK*.

Namen in Formeln verwenden

Sie verwenden Namen wie deren Zellbezüge. Wenn Sie zum Beispiel mit der Summe eines Zellbereichs, der Umsätze heißt, rechnen, betten Sie den Namen »Umsätze« in die Funktion SUMME() ein. Mit Umsätze allein erhalten Sie keinen Ergebniswert.

Falls Sie die Formel in eine Tabelle kopieren, in der dieser Name bereits mit einem anderen Zellenbezug existiert, erhalten Sie einen Hinweis, und Sie können einen neuen Namen vergeben oder Ihren Namen mit seinem Zellbezug in diese Tabelle übernehmen.

Formeln nachträglich Namen zuweisen:

▶ Wählen Sie den Menübefehl *Einfügen/Name/Übernehmen.*

▶ Markieren Sie den Namen, der in bereits bestehenden Formeln ausgetauscht werden soll.

▶ Klicken Sie auf *OK*.

INFO
Übersicht über die verwendeten Namen: Klicken Sie in einen freien Bereich der Tabelle, wo die Liste der verwendeten Namen positioniert werden soll. Wählen Sie den Menübefehl Einfügen/Name/ Einfügen. *Klicken Sie auf die Schaltfläche* Liste einfügen.

Die Liste zeigt die Namen und gibt die damit verbundenen Zellbereiche in ihren jeweiligen Tabellenblättern an.

INFO → 224
Aus Zwischenablage einfügen: Um eine vorhandene Formel nicht neu tippen zu müssen, kopieren Sie sie vor dem Aufruf des Dialogs Namen definieren, *und fügen Sie sie dort einfach wieder ein (* Strg *+* V *).*

Tabellenteile ein- und ausblenden

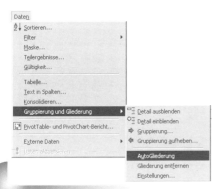

WO? WOMIT?

Gliederung erstellen

▶ Wählen Sie den Menübefehl *Daten/Gruppierung und Gliederung/AutoGliederung*. Excel erstellt selbständig eine Gliederung und zeigt diese an.

▶ Die Nummern im grauen Rahmen oberhalb und neben der Tabelle zeigen die Gruppierungen an. Klicken auf die Minusschaltfläche blendet die jeweilige Ebene aus, Klicken auf die Plusschaltfläche blendet die verborgene Ebene wieder ein.

	A	B	G
1	Produkt	Stückpreis	Gesamt Verkäufe
5	Gesamt Verkäufe	148,85 DM	66.377

Gliederung bearbeiten oder manuell erstellen

▶ Markieren Sie den Bereich der Tabelle, der ein- oder ausblendbar sein soll.

▶ Wählen Sie den Menübefehl *Daten/Gruppierung und Gliederung/Gruppierung*. Falls Sie den Zeilen- oder Spaltenkopf nicht mit markiert haben, erscheint ein Dialog, aus dem Sie auswählen müssen, ob Sie Spalten oder Zeilen markieren wollen.

▶ Je nach Ihrer Markierung oder Wahl im Dialog *Gruppierung* erscheint links neben oder oberhalb der Tabelle das zugehörige Gliederungssymbol (Linie, die die Gruppe anzeigt, sowie Minusschaltfläche). Testen Sie das Ergebnis durch Klick auf die Minusschaltfläche. Der gruppierte Bereich muß ausgeblendet werden.

BEGRIFFE

Gliederung: *Eine Gliederung folgt in Excel einem logischen Aufbau der Tabelle. Basis und unterste Ebene sind die erfaßten Daten einer Tabelle, dann kommen die Berechnungen, dann die nächsten komplexen Berechnungen. Die Abfolge erkennt Excel am Aufbau der Tabelle, der logisch sein muß.*

Hier ist eine Ebene ausgeblendet worden

INFO

Keine Zusammenfassungsformeln vorhanden: Dies spielt bei der manuellen Gruppierung – anders als bei der automatischen – keine Rolle.

INFO

Gliederung wieder aufheben: Markieren Sie die Gruppe, und wählen Sie den Befehl Daten/Gruppierung und Gliederung.../Gliederung entfernen. *Um alle Gliederungen zu entfernen, markieren Sie zuvor die gesamte Tabelle.*

Automatische Teilergebnisse

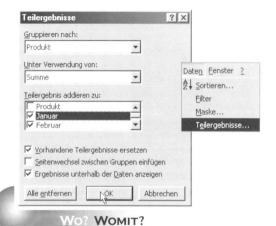

WO? WOMIT?

Teilergebnis in einer Tabelle erstellen

▶ Klicken Sie in die Tabelle, in der Excel automatisch Teilergebnisse erzeugen soll.

▶ Wählen Sie den Menübefehl *Daten/Teilergebnisse...* Der Dialog *Teilergebnisse* erscheint.

▶ Im Feld *Gruppieren nach:* geben Sie die Gruppierungskategorie ein. Wählen Sie eine aus der Liste aus. Es handelt sich dabei um einen Kategorie, nach der Sie Ihre Tabelle sortiert haben: Produktart, Preiskategorie, Kostenart usw. Excel bietet die Spaltenbeschriftungen der Tabelle an.

▶ Unter *Verwendung von:* verlangt als Angabe die mathematische Funktion, die mit der Liste ausgeführt werden soll.

▶ Aus der Liste der in der Tabelle eingetragenen Daten wählen Sie diejenigen aus, die Sie miteinander verrechnen müssen. Excel entnimmt diese Liste den Spaltenbeschriftungen der Tabelle.

▶ Beachten Sie die Auswahl von Optionen. Die Voreinstellung funktioniert in der Regel ganz gut.

▶ Klicken Sie auf die Schaltfläche *OK*.

→ 267

BEGRIFFE

Teilergebnis in Excel: Automatische Erstellung von Zwischenergebnissen und Gruppierung von vorhandenen Datengruppen unter Verwendung bestimmter Rechenoperationen.

INFO

Bilderläuterung: Excel hat hier Teilergebnisse in der Gliederungskategorie Produktart sowie ein Gesamtergebnis für die einzelnen Spalten erstellt. Die Beschriftungen der Zeilen wurden automatisch vorgenommen, ebenso die Gruppierung, die das Ausblenden der Grunddaten erlaubt, so daß nur noch die Zwischenergebnisse sichtbar sind.

1 2 3		A	B	C	D	E
	1					
	2	Produktart	Januar	Februar	März	April
	3	Werkzeuge	20	21457	34	3964
	4	Werkzeuge	67788	5465	547562	3278
	5	Werkzeuge	20	44	34	99
	6	Werkzeuge	966411	5411	34	9874
	7	**Werkzeuge Ergebnis**	1034239	32377	547664	17215
	8	Reinigungsmittel	68841	144572366	23	4572633
	9	Reinigungsmittel	1233647	33	23	45
	10	Reinigungsmittel	102	1185544	23	77526633
	11	Reinigungsmittel	6871	33	23	45
	12	**Reinigungsmittel Ergebnis**	1309461	145757976	92	82099356
	13	Möbel	64897	54	65	12
	14	Möbel	56	8963	8655	99632
	15	Möbel	452256	7698	4788	777533
	16	**Möbel Ergebnis**	517209	16715	13508	877177
	17	**Gesamtergebnis**	2860909	145807068	561264	82993748

Verschachtelte Teilergebnisse

▶ Sortieren Sie Ihre Tabelle nach zwei Kategorien.

▶ Klicken Sie in eine Zelle der Tabelle.

▶ Nehmen Sie die Berechnung der Teilergebnisse nach der größeren Kategorie vor (Einstellung im Dialog *Teilergebnisse* im Feld *Gruppieren nach:*).

▶ Wiederholen Sie die Berechnung der Teilergebnisse nach der zweiten Kategorie. Deaktivieren Sie dabei die Option *Vorhandene Teilergebnisse ersetzen* im Dialog *Teilergebnisse*.

☐ Vorhandene Teilergebnisse ersetzen

INFO

In diesem Beispiel wurden Teilergebnisse nach Produktart und Abteilung erstellt. Links ist die verschachtelte Gruppierung zu sehen, die das Ein- und Ausblenden der Basisdaten erlaubt.

Kombination von Berechnungsmethoden

▶ Führen Sie in der sortierten Tabelle die Teilergebnisberechnung mit der ersten mathematischen Funktion (Feld *Unter Verwendung von:* im Dialog → 261 *Teilergebnisse*) durch.

▶ Wiederholen Sie die Berechnung mit einer weiteren mathematischen Funktion. Deaktivieren Sie dabei im Dialog *Teilergebnisse* die Option *Vorhandene Teilergebnisse ersetzen*.

INFO

Teilergebnisse entfernen: Klicken Sie in die Tabelle. Rufen Sie den Befehl Daten/ Teilergebnisse... auf. Klicken Sie auf die Schaltfläche Alle entfernen.

INFO

Excel erstellt mehrere Teilergebnisse mit den gleichen Daten und stellt diese untereinander dar. Dabei wird eine verschachtelte Gruppierung eingerichtet, die das Ein- und Ausblenden der Basisdaten ermöglicht.

Q.1
9856
3498
1290

Q.1
9856
3498
1290
=SUMME(C2:C4)

Zellen addieren

▶ Klicken Sie in die Zelle, die das Ergebnis der Summe anzeigen soll.

▶ Klicken Sie auf das Summenzeichen in Σ der Standardsymbolleiste. Fahren Sie mit der Maus über die Zellen, deren Inhalte Sie addieren möchten. Der gestrichelte Rahmen »wandert« mit.

▶ Bestätigen Sie die Addition mit Klick auf das grüne Häkchen in der Bearbeitungsleiste. Ein Klick auf das rote Kreuz leert die Zelle wieder. Danach erscheint das Ergebnis in der Zelle.

Formel auf benachbarte Zellen übertragen

▶ Klicken Sie in die Zelle, in der sich ein berechneter Wert, der auf einer Formel beruht, befindet.

▶ Ziehen Sie an dem kleinen Markierungspunkt unten rechts am Zellmarkierungsrahmen.

Ziehen Sie dabei über die Zellen, in denen weitere Ergebnisse nach gleichem Muster berechnet werden sollen.

▶ Lassen Sie in der letzten Zelle der Reihe die Maustaste los.

Berechnungen mit Funktionen

▶ Klicken Sie in die Zelle, die das Ergebnis darstellen soll.

▶ Wählen Sie den Menübefehl *Einfügen/Funktion*.

▶ Wählen Sie im linken Feld mit den Funktionskategorien *Math. & Trogonom.*

▶ Klicken Sie die Funktion an, die Sie berechnen möchten.

▶ Bestätigen Sie die Wahl der einzufügenden Funktion mit Klick auf *OK*.

▶ Wenn Sie alle benötigten Werte beisammen haben, klicken Sie auf *OK*.

RUNDEN	▼ X ✓ = =RUNDEN(C7;4)

RUNDEN

Zahl	C7	🔽 = 2179759,4
Anzahl_Stellen	4	🔽 = 4

= 2179759,4

Rundet eine Zahl auf eine bestimmte Anzahl an Dezimalstellen.

Anzahl_Stellen gibt an, auf wieviel Dezimalstellen Sie die Zahl auf- oder abrunden möchten.

[?]   Formelergebnis = 2179759,4   OK   Abbrechen

Analyseberechnungen mit Excel

14 KAPITEL

Logische Abfragen

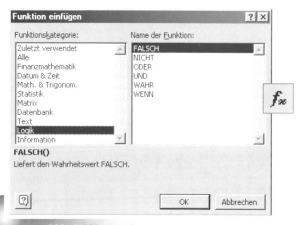

WO? WOMIT?

→ 261

Wenn-Abfragen

▶ Klicken Sie in der Standardsymbolleiste auf das Symbol *Funktions-Assistent*.

▶ Wählen Sie als Kategorie *Logik*.

▶ Im rechten Feld wählen Sie *WENN* aus.

▶ Klicken Sie auf *OK*. Der Funktionsassistent startet.

INFO
*Einfügen von Funktionen
(Grundlagen)*

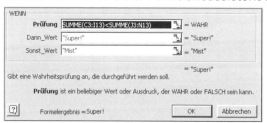

▶ Füllen Sie die Felder mit den benötigten Argumenten aus, und bestätigen Sie mit Klick auf *OK* die Eingaben, nachdem Sie das Funktionieren am angezeigten Formelergebnis in der Eingabebox kontrolliert haben.

INFO
Als Ergebnis soll Text ausgegeben werden. Text müssen Sie in Anführungszeichen setzen. Die Prüfungsbedingung lautet: Wenn die Summe im Zellbereich C3 bis I13 kleiner ist als die Summe des Zellbereichs zwischen J3 und N13, dann melde Super!, sonst melde Mist.

Verschachtelte Funktionen eingeben

▶ Klicken Sie auf das Gleichheitszeichen neben der Bearbeitungsleiste.

INFO
Verschachtelte Funktionen: In dem Beispiel oben sind in die Wenn-Funktion zwei Summen-Funktionen integriert. Es können bis zu sieben Funktionen ineinander verschachtelt werden.

▶ Klicken Sie anschließend auf den Pfeil neben der Funktionen-Schaltfläche, um die Liste der Funktionen auszuklappen.

▶ Wählen Sie die gewünschte Funktion, oder klicken Sie auf *Weitere Funktionen...*, um die gewünschte auszusuchen. Das Bearbeitungsfenster zu der gewählten Funktion klappt auf.

▶ Klicken Sie nochmals auf den Pfeil neben der Funktionen-Schaltfläche, um sich wieder die Funktionenliste zeigen zu lassen.

▶ Wählen Sie eine weitere Funktion aus.

Excel braucht nun die Zellbezüge für die Summenfunktion. Klicken Sie auf dieses Symbol, um den Zellbereich in der Tabelle mit der Maus zu markieren.

▶ Das Fenster zu dieser zweiten Funktion klappt auf. Geben Sie die Argumente zu dieser Funktion ein.

▶ Klicken Sie auf *OK*.

▶ Fahren Sie so fort, bis Sie die Formel komplett haben.

Mehrere Bedingungen abfragen

▶ Rufen Sie die WENN-Funktion auf.

▶ Verschachteln Sie sie mit einer weiteren logischen Funktion, zum Beispiel UND oder ODER.

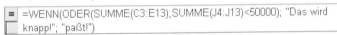

```
= =WENN(ODER(SUMME(C3:E13);SUMME(J4:J13)<50000); "Das wird
  knapp!"; "paßt!")
```

▶ Falls Sie weitere Funktionen einbauen möchten, ist es am einfachsten, wenn Sie »innen« anfangen und zum Schluß die eigentliche WENN-Abfrage eingeben.

Vergleichsoperatoren

=	ist gleich
>	größer als; x>y: x ist größer als y
<	kleiner als; x<y: x ist kleiner als y
>=	größer oder gleich; x>=y: x ist größer oder gleich y
<=	kleiner oder gleich; x<=y: x ist kleiner oder gleich y
<>	ungleich

INFO
Erläuterung zum Beispiel: Hier wird geprüft, ob die Summe des Zellbereichs C3 bis E13 oder die des Zellbereichs J4 bis J13 kleiner als 50000 ist. Ist dies der Fall, erscheint die Meldung Das wird knapp!. Sonst erscheint die Meldung paßt!

INFO
 259
Umgang mit Fehlern in Formeln

INFO
Der Textoperator &: Ein praktischer Operator, der einfach Zeichenketten verbindet.

INFO
 254
Operatoren

Rechnen mit Variablen

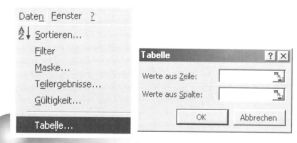

WO? WOMIT?

Datenanordnung beim Rechnen mit einer Variablen

▶ Schreiben Sie die fixen Werte in das Tabellenblatt.

▶ Schreiben Sie in einem anderen Bereich die variablen
Werte in eine Liste – also die Werte, für die jeweils ein
Ergebnis berechnet werden soll.

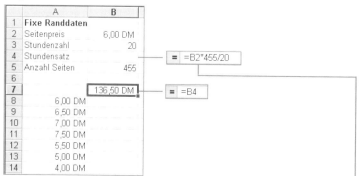

INFO

*Erläuterung zu diesem
Beispiel: Hier soll ausgerechnet werden, wie sich der
Umsatz pro Stunde (Stundensatz) ändert, wenn der Seitenpreis für ein zu überarbei-
tendes Manuskript variiert.
Dabei wird davon ausgegan-
gen, daß für die Bearbeitung
20 Stunden bei 455 Seiten
benötigt werden. Fixe Werte
sind also Stundenzahl und
Anzahl der Seiten. In der Liste
unterhalb befindet sich die
Aufstellung der variablen
Seitenpreise.*

▶ Geben Sie für den zu berechnenden Wert die Formel ein,
mit der die Ergebnisse, basierend auf dem Austausch
der aufgelisteten Zahlen (Variablen), errechnet werden
sollen. Verwendete Zellbezüge kommen aus der Aufstellung der fixen Werte, auch wenn natürlich einer davon
nun mehrmals ausgetauscht werden soll.

▶ Geben Sie in einer benachbarten Zelle zur Variablenliste
einen Bezug zu der Zelle, die die Formel enthält, ein
(Verweiszelle).

▶ Markieren Sie die Variablenauflistung zusammen mit der
Verweiszelle.

▶ Rufen Sie den Befehl *Daten/Tabelle...* auf (in der Excel-
Vorgängerversion hieß dieser Befehl treffender *Daten/
Mehrfachoperationen*).

▶ Da Sie die variablen Werte in einer Spalte aufgelistet haben (Sie können sie natürlich auch nebeneinander in eine
Zeile schreiben), klicken Sie in das Feld *Werte aus Spalte:*.

7		136,50 DM
8	6,00 DM	
9	6,50 DM	
10	7,00 DM	
11	7,50 DM	
12	5,50 DM	
13	5,00 DM	
14	4,00 DM	

Excel erwartet von Ihnen an dieser Stelle die Information über die Zelle, in der der variable Wert vom Anwender eingegeben wird. Das ist in dem Beispiel von oben B2 (die Zelle des wechselnden Seitenpreises, der den Stundensatz schwanken läßt). Klicken Sie also in diese Zelle.

▶ Bestätigen Sie dies mit Klick auf *OK*. Die Werte werden sofort neu ausgerechnet. Sie können die Variablenliste danach ausblenden, so daß der Anwender nur noch die erste Tabelle sieht. Immer, wenn Sie einen variablen Wert eingeben, wird Ihnen aus der Liste unten der neu berechnete Wert angezeigt.

7		136,50 DM
8	6,00 DM	136,50 DM
9	6,50 DM	147,88 DM
10	7,00 DM	159,25 DM
11	7,50 DM	170,63 DM
12	5,50 DM	125,13 DM
13	5,00 DM	113,75 DM
14	4,00 DM	91,00 DM

1	Fixe Randdaten	
2	Seitenpreis	6,00 DM
3	Stundenzahl	20
4	Stundensatz	136,50 DM
5	Anzahl Seiten	455

1	Fixe Randdaten	
2	Seitenpreis	5,00 DM
3	Stundenzahl	20
4	Stundensatz	113,75 DM
5	Anzahl Seiten	455

	A	B
1	Fixe Randdaten	
2	Seitenpreis	5,00 DM
3	Stundenzahl	20
4	Stundensatz	113,75 DM
5	Anzahl Seiten	455
6		

Variabler Wert
Variabler Wert
*Zu errechnender Wert, Formel: =B2*455/B3*

Mehrfachberechnungen mit zwei Variablen

▶ Geben Sie die Randdaten in eine Liste ein.

▶ Für die variablen Werte erstellen Sie eine zweite Liste, wobei die Daten der ersten Variable vertikal eingegeben werden (als Spalte) und die Daten der zweiten Variable in einer Zeile.

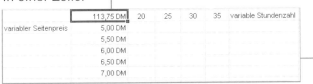

	113,75 DM	20	25	30	35	variable Stundenzahl
variabler Seitenpreis	5,00 DM					
	5,50 DM					
	6,00 DM					
	6,50 DM					
	7,00 DM					

Wertematrix der Variablen
Verweis auf zu berechnenden Wert B4.

▶ Schreiben Sie in den Schnittpunkt der Spalte mit der Zelle einen Bezug zu der Zelle, die die Formel zu Berechnung enthält (im Beispiel =B4).

▶ Markieren Sie diese zweite Tabelle einschließlich der Verweiszelle.

▶ Wählen Sie den Menübefehl *Daten/Tabelle...*

In der Spalte stehen die Seitenpreise, deshalb muß der Zellbezug im Feld Werte aus Spalte *auf das Eingabefeld des Stundensatzes verweisen.*
In der Zeile stehen die variablen Stunden, deshalb muß in dieses Feld der Zellverweis auf Stundenanzahl.

▶ Geben Sie die Bezeichnungen der Eingabefelder ein und klicken Sie auf *OK*.

Trendberechnungen

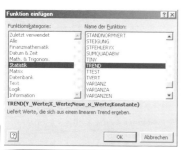

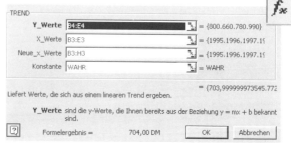

WO? WOMIT?

Trendberechnung über AutoAusfüllen

▶ Markieren Sie die Zellen, die die bekannten Daten enthalten.

INFO ➜ 212
AutoAusfüllen

	1995	1996	1997	1998	1999	2000	2001
Stromkosten	800,00 DM	660,00 DM	780,00 DM	990,00 DM			
							1.118,00 DM

▶ Ziehen Sie am Markierungspunkt des Ausfüllkästchens über die noch auszufüllenden Zellen. Excel füllt diese aufgrund einer linearen, arithmetischen Trendberechnung aus.

▶ Eine exponentielle, geometrische Trendberechnung beim Ausfüllen erhalten Sie, wenn Sie mit der rechten Maustaste am Ausfüllkästchen ziehen.

▶ Beim Loslassen der Maus erscheint ein Kontextmenü, aus dem Sie *Exponentieller Trend* wählen.

Die statistische Funktion TREND

▶ Markieren Sie die Zellen, die die Prognosedaten enthalten sollen.

	1995	1996	1997	1998	1999	2000	2001
Stromkosten	800,00 DM	660,00 DM	780,00 DM	990,00 DM			
Prognose							

▶ Klicken Sie auf die Schaltfläche zum Einfügen von Funktionen.

▶ Wählen Sie im Dialog *Funktion einfügen* in der Kategorie *Statistik* die Funktion *TREND*.

▶ Geben Sie die Zellbereiche für die jeweiligen Argumente ein.

▶ Schließen Sie die Eingabe mit Strg+⇧+↵ ab, um die Funktion in einer Matrixformel in die zuvor markierten Zellen aufzunehmen.

INFO ➜ 261
Die Argumente der Funktion TREND: Y_Werte *sind die bekannten Daten (Werte) der Datenreihe.* X_Werte *sind die bekannten Daten der imaginären X-Achse (hier die Jahreszahlen). Neue X-Werte sind die bereits bekannten plus die noch unbekannten – hier die Zellen, in denen 1999, 2000 und 2001 steht. Bei* Konstante *geben Sie entweder* WAHR *(Konstante nimmt den Wert 0 an) oder* FALSCH *ein. Geben Sie* WAHR *ein, um einen linearen, arithmetischen Trend zu berechnen.*

BEGRIFFE
Trendberechnung: Ein mathematisches/statistisches Verfahren (Gerade g wird definiert: y=mx + a, a ist eine Konstante), mit dem Sie Prognosen für unbekannte Y-Werte erstellen können. In diesem Beispiel sind es die geschätzten Stromkosten für 1999, 2000 und 2001 auf Basis der bisherigen Kostenentwicklung.

	1995	1996	1997	1998	1999	2000	2001
Stromkosten	800,00 DM	660,00 DM	780,00 DM	990,00 DM			
Prognose	704,00 DM	773,00 DM	842,00 DM	911,00 DM	980,00 DM	1.049,00 DM	1.118,00 DM

Daten flexibel anordnen – Pivot-Tabellen

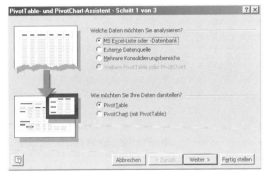

Wo? Womit?

Pivot-Tabelle erstellen

▶ Wählen Sie den Menübefehl *Daten/PivotTable- und PivotChart-Bericht...*

▶ Ein Assistent startet. Wählen Sie *MS Excel-Liste oder -Datenbank*, um einen Datenbestand aus der aktuellen Arbeitsmappe in eine Pivot-Tabelle umzuwandeln.

▶ Aktivieren Sie die Option *PivotTable*, und klicken Sie auf *Weiter*.

▶ Falls Sie bereits eine Zelle in der aktuellen Tabelle angeklickt haben, erkennt der Assistent automatisch, um welche Tabelle es sich handelt, und markiert diese in einem gestrichelten, blinkenden Markierungsrahmen. Geben Sie anderenfalls entweder manuell oder mit Klick auf das Symbol mit dem roten Pfeil neben dem im Feld *Bereich:*, den Zellbereich der zu bearbeitenden Tabelle an.

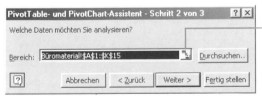

▶ Bestätigen Sie dies mit Klick auf *Weiter*.

▶ In Schritt 3 werden Sie gefragt, wo die Pivot-Tabelle erstellt werden soll. Wenn Sie *In neuem Blatt* aktivieren, fügt Excel ein Tabellenblatt in Ihre Arbeitsmappe ein, um dort die Pivot-Tabelle abzubilden. Sie können auch direkt auf das Register des gewünschten Tabellenblattes klicken oder *In bestehendem Blatt* aktivieren.

INFO
Daten aus externer Datenquelle: Dazu muß MS Query installiert sein. Danach können Sie Daten aus Dbase, Excel, Access und Visual FoxPro-Datenbanken, -Abfragen und -Tabellen einfügen.

INFO
Welcher Zellbereich ist gemeint? Der Zellbereich ist eine geschlossene Fläche und umfaßt normalerweise die gesamte Tabelle. Wählen Sie nicht einzelne Zellen oder Spalten aus. Das erledigen Sie später mit Hilfe der Pivot-Funktionalität.

Um den Zellbereich mit der Maus anzugeben, klicken Sie auf dieses Symbol.
Über die Schaltfläche Zurück *springen Sie jederzeit wieder einen Schritt im Assistenten zurück, um eine Option zu überarbeiten.*

BEGRIFFE
Pivot-Tabelle: *Tabelle, mit der Daten zu Gruppen zusammengefaßt und gruppiert dargestellt werden können.*

▶ Klicken Sie auf die Schaltfläche *Fertig stellen*. Auf dem Bildschirm erscheinen ein Layout und eine Box mit den Spaltenüberschriften.

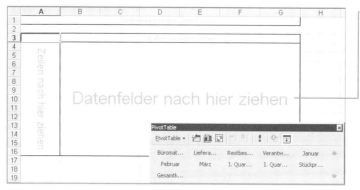

Der Sprachstil der Office-Anwendungen entspricht nicht unbedingt den Anforderungen einer korrekten Grammatik. Manchmal kann's einen da schon schütteln.

Einrichten der Pivot-Tabelle

▶ Überlegen Sie, welche Teilinformationen Sie aus der Tabelle ziehen wollen. Beispiel:

Buromaterial	Lieferant	Restbestand Dez.99	Verantwortl. Abt.	Januar	Februar	Marz
Locher	M&M	30	Materialverwaltung	5	0	0
Ablagen	M&M	105	Materialverwaltung	26	4	8
Schreibunterlage						
Papier	M&M	12	Materialverwaltung	8	0	0
Bleistifte	Lehmann	243	Materialverwaltung	12	28	15
Kugelschreiber	Lehmann	355	Materialverwaltung	6	8	10
Filzstifte	Lehmann	403	Materialverwaltung	22	34	62
CD-Boxen	M&M	35	Technik	12	6	4
Disketten	M&M	476	Technik	40	55	35
CDs	M&M	256	Technik	26	58	36
Aufkleber Disketten						
100er-Box	M&M	8	Technik	1	3	0
Etiketten bedruckt	Lehmann	557	Materialverwaltung	89	122	300
Schreibblocke	Lehmann	123	Materialverwaltung	14	60	0
Kalender	Lehmann	13	Materialverwaltung	8	0	1

Die Pivot-Tabelle soll zusammenfassend Auskunft darüber geben, wie oft bei welchem Lieferanten in welchem Monat bestellt wurde. Diese Information können Sie der Tabelle entnehmen, obwohl sie nicht explizit dargestellt wird. Dies ändern Sie mit der Pivot-Tabelle.

▶ Klicken Sie in der PivotTable-Leiste auf die Spaltenüberschrift, mit der Sie arbeiten möchten.

▶ Ziehen Sie sie auf das Layoutraster der Pivot-Tabelle.

Eine abgelegte Schaltfläche, die Lieferanten, deren Inanspruchnahme in den jeweiligen Monaten dargestellt werden soll.

Das Symbol während des Ziehens.

Die Leiste PivotTable. Die Datenfelder sind die Kategorien, nach denen etwas »ausgezählt« wird. Im Beispiel also die Monate. Januar, Februar, März ziehen Sie aus der Leiste in den Bereich für die Datenfelder.

▶ Falls Sie dabei einen Fehler machen, entfernen Sie die Datenreihe wieder aus dem falschen Bereich der Pivot-Tabelle, indem Sie das Schaltflächensymbol mit der Maus greifen und auf einen freien Tabellenbereich ziehen. Dabei erscheint ein rotes Kreuz, das die Löschaktion symbolisiert.

▶ Das Analyseergebnis wird sofort angezeigt.

Lieferant ▾	Daten ▾	Ergebnis
Lehmann	Anzahl - Januar	6
	Anzahl - Februar	6
	Anzahl - März	6
M&M	Anzahl - Januar	7
	Anzahl - Februar	7
	Anzahl - März	7
(Leer)	Anzahl - Januar	
	Anzahl - Februar	
	Anzahl - März	
Gesamt: Anzahl - Januar		13
Gesamt: Anzahl - Februar		13
Gesamt: Anzahl - März		13

Ergebnis	
6	
6	
6	
7	
7	
7	

Bei Lehmann wurden in jedem Monat 6 Bestellungen aufgegeben, bei M&M 7

Einzelne Datenreihen entfernen

▶ Klicken Sie auf den Listenpfeil neben der Schaltfläche im Kopf der Spalte.

▶ Deaktivieren Sie das Kontrollfeld vor der nicht benötigten Datenreihe.

▶ Klicken Sie auf die Schaltfläche *OK*.

▶ Die Tabelle wird sofort neu dargestellt.

Lieferant ▾	Daten ▾	Ergebnis
Lehmann	Anzahl - Januar	6
	Anzahl - Februar	6
	Anzahl - März	6
M&M	Anzahl - Januar	7
	Anzahl - Februar	7
	Anzahl - März	7
Gesamt: Anzahl - Januar		13
Gesamt: Anzahl - Februar		13
Gesamt: Anzahl - März		13

Die überflüssige Angabe (Leer) ist aus der obigen Tabelle entfernt worden.

Änderungen aus der Ursprungstabelle übernehmen

▶ Führen Sie in der Ursprungstabelle Ihre Änderungen durch, und speichern Sie sie.

▶ Wechseln Sie zur Pivot-Tabelle.

▶ Klicken Sie in der Leiste *PivotTable* auf die Schaltfläche *Aktualisieren*.

Rechenoperation für die Teilergebnisse einstellen

▶ Markieren Sie in der Pivot-Tabelle das Feld, für das Sie die Rechenoperation für die Teilergebnisse neu definieren möchten. Dazu klicken Sie auf die Schaltfläche, die gelb umrahmt dargestellt wird.

▶ Klicken Sie in der Leiste *PivotTable* auf das Symbol *Feldeinstellungen*.

▶ Im folgenden Dialog befindet sich im Feld *Name*: die Angabe des neu zu definierenden Feldes.

▶ Wählen Sie aus der Liste bei *Teilergebnisse* eine Funktion aus der Liste aus.

▶ Bestätigen Sie diese Einstellung mit Klick auf *OK*.

Felder sortieren

▶ Markieren Sie das zu bearbeitende Feld mit Klick auf seine Schaltfläche.

▶ Klicken Sie auf das Symbol *Feldeinstellungen* in der Pivot-Tabellen-Leiste.

▶ Über die Schaltfläche *Weitere...* gelangen Sie zu den *AutoSortieren*-Optionen.

▶ Wählen Sie zwischen *Aufsteigend* und *Absteigend*.

▶ Verlassen Sie den Dialog mit Klick auf *OK*.

Felder ausblenden

▶ Markieren Sie den Feldkopf.

▶ Klicken Sie auf die Schaltfläche *Feldeinstellungen*.

▶ Im folgenden Dialog klicken Sie auf die Schaltfläche *Ausblenden*.

Weitere Details ein- und ausblenden

▶ Klicken Sie in den Bereich der Pivot-Tabelle, in dem zusätzliche Daten eingeblendet werden sollen.

▶ In der PivotTable-Leiste stehen diese beiden Schaltflächen zum Ein- und Ausblenden weitere Details zur Verfügung. Klicken Sie auf *Detail einblenden*.

▶ Suchen Sie aus der Liste der Datenreihen die gewünschte aus. Diese wird umgehend eingefügt.

▶ Über die Symbolschaltfläche *Detail ausblenden* blenden Sie die Daten selbst wieder aus, der Feldkopf bleibt jedoch erhalten. Diesen können Sie über die Schaltfläche *Feldeinstellungen* ausblenden (siehe oben).

Pivot-Tabelle über die Angaben einer Datenreihe filtern lassen

▶ Rufen Sie über die Symolschaltfläche in der Leiste *PivotTable* den Assistenten auf.

INFO
Standardeinstellung ändern: Standardmäßig wird die Funktion Anzahl durchgeführt. Dies ist nicht immer sehr aufschlußreich, zum Beispiel dann nicht, wenn Sie bestimmte Summen aus Filteroperationen erfahren wollen.

INFO
Keine (Teilergebnisse anzeigen): Diese Option können Sie im Dialog PivotTable-Feld, den Sie über das Symbol Feldeinstellungen in der Pivot-Tabellen-Leiste öffnen, aktivieren.

INFO
Diagramme erstellen

TIP
Den Assistenten noch einmal aktivieren: Über dieses Symbol in der Pivot-Tabellen-Leiste starten Sie nochmals den Assistenten und können ganz einfach grundlegende Änderungen an der Pivot-Tabelle vornehmen.

INFO
Pivot-Tabelle formatieren: Klicken Sie in der Pivot-Tabellen-Leiste auf das Symbol Bericht formatieren. Suchen Sie ein AutoFormat aus, und bestätigen Sie die Wahl mit Klick auf OK. Tabellen formatieren

▶ Klicken Sie auf die Schaltfläche *Layout*....

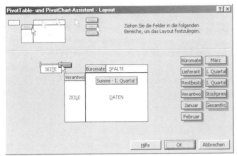

▶ Sie sehen in einer einfachen Übersicht den Aufbau Ihrer Pivot-Tabelle. Ziehen Sie die Felder, die rechts angeordnet sind, mit der Maus in den gewünschten Bereich. Sie entfernen ein Feld aus der Liste, indem Sie es auf einen freien Bereich im Dialog ziehen.

▶ Wenn Sie ein Feld auf den Bereich *Seite* ziehen, richten Sie eine Art dritte Dimension dieser Tabelle ein. Dabei handelt es sich um eine weitere Filtermöglichkeit für den Datenbestand.

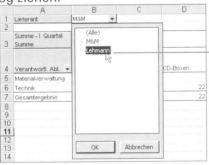

Pivot-Tabelle aus mehreren Konsolidierungsbereichen

▶ Öffnen Sie alle benötigten Arbeitsmappen gleichzeitig.
▶ Rufen Sie den Pivot-Tabellen-Assistenten auf.
▶ Im ersten Schritt aktivieren Sie *Mehrere Konsolidierungsbereiche*.
▶ Lassen Sie in Schritt 2a *Einfache Seitenfelderstellung* aktiviert, und klicken Sie auf *Weiter*.

▶ Stellen Sie die gewünschten Bereiche aus allen Tabellen zusammen, und fahren Sie mit Klick auf *Weiter* fort.

→ 255

INFO

Auch in der normalen Ansicht sehen Sie oberhalb der Tabelle den Bereich für Seitenfelder, in den Sie sehr bequem Datenreihen ziehen können. Die Ansicht, die der Assistent bietet, ist jedoch etwas übersichtlicher.

INFO

Wie funktioniert das Filtern? Hier ist das Feld Lieferant zusätzlich als Seitenfeld eingefügt worden. Klicken Sie auf den Listenpfeil, und wählen Sie, nach welchem Kriterium die übrige Tabelle gefiltert werden soll. In diesem Beispiel wird die Tabelle nach dem Lieferanten Lehmann gefiltert, die Werte, die M&M zugeordnet sind, werden ausgeblendet. (Alle) hebt den Filter wieder auf. Bestätigen Sie den Filterwechsel jedweils mit Klick auf OK.

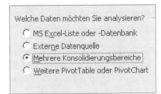

INFO

Bereiche aus mehreren Tabellen: Klicken Sie auf dieses Symbol, und markieren Sie in den jeweiligen Tabellen die benötigten Zellbereiche. Klikcken Sie jeweils auf die Schaltfläche Hinzufügen. Die Eingabeleiste bleibt so lange aktiviert, bis Sie die Zusammenstellung der Bereiche mit Klick auf Weiter quittieren.

Zielwertsuche

WO? WOMIT?

▶ Geben Sie die Tabelle ein, aus deren Daten ein bestimmter Zielwert gewonnen werden soll. In die Zelle, die den gesuchten Zielwert später enthalten soll, geben Sie die dafür benötigte Formel ein. Die Zelle des Wertes, der über die Zielwertsuche errechnet werden soll, bleibt leer – auch wenn natürlich die Formel des Zielwerts auf diese Zelle Bezug nimmt. Beispiel:

Seitenpreisberechnung	
Seitenpreis	
Stundenzahl	30
Stundensatz	- DM
Anzahl Seiten	455

= =B2*455/B3

INFO
Hier soll der Seitenpreis für das Korrektorat eines Manuskripts berechnet werden, wenn der Korrektor von 30 benötigten Stunden bei 455 Seiten ausgeht und einen Stundensatz von 120,- DM erreichen will.

▶ Markieren Sie die Zelle, die den gesuchten Zielwert anzeigen soll, nachdem die Formel, die sich bereits in der Zelle befindet, berechnet worden ist.

▶ Wählen Sie den Menübefehl *Extras/Zielwertsuche...* Der Dialog *Zielwertsuche* öffnet sich.

▶ Das Feld *Zielzelle:* enthält bereits die Zellenbezeichnung der markierten Zelle. Geben Sie in das Feld *Zielwert:* den zu erreichenden numerischen Wert ein (im Beispiel der Stundensatz von 120,- DM).

▶ Im Feld *Veränderbare Zelle:* ist der Wert gefragt, der zu erhöhen oder zu verringern ist, damit der Zielwert erreicht werden kann (im Beispiel der Seitenpreis).

▶ Bestätigen Sei die Werte mit Klick auf *OK*. Die Formel wird nun aufgrund des gesuchten Zielwertes berechnet und das Ergebnis in die offenen Zellen eingetragen.

Seitenpreisberechnung	
Seitenpreis	7,91 DM
Stundenzahl	30
Stundensatz	120,00 DM
Anzahl Seiten	455

Der Seitenpreis muß 7,91 DM betragen, um bei 30 Stunden Arbeit an einem Manuskript mit 455 Seiten 120,- DM in der Stunde zu verdienen.

Optimale Lösungswerte suchen – der Solver

WO? WOMIT?

Solver installieren

▸ Wählen Sie den Menübefehl *Extras/Add-Ins-Manager...*

▸ Setzen Sie mit der Maus vor dem Listeneintrag *Solver Add In* ein Häkchen.

▸ Klicken Sie auf *OK*.

▸ Sie werden aufgefordert, Ihre Office-CD einzulegen. Windows installiert automatisch das Programm und legt einen Eintrag im Menü *Extras* an.

Solver für Berechnungen einsetzen

▸ Erstellen Sie Ihre Ausgangstabelle. Für Werte, die flexibel berechnet werden können, geben Sie jeweils eine Null ein. In den Zellen, die sich auf Basis der flexibel zu errechnenden Werte ergeben, tragen Sie die notwendigen Formeln ein. Ebenso tragen Sie in die Ergebniszelle die benötigte Formel ein.

	A	B	C	D	E
1					
2		Einkaufspreis	Verkaufspreis	Gewinnspanne	Verkäufe
3	Schwingschleifer	12,90 DM	- DM	- 12,90 DM	20
4	Doppelschleifer	6,50 DM	- DM	- 6,50 DM	25
5	Bandschleifer	7,30 DM	- DM	- 7,30 DM	48
6	Gewinn				- 770,90 DM
7					

▸ Klicken Sie in die Zelle, deren Ergebnis optimiert werden soll.

▸ Wählen Sie den Menübefehl *Extras/Solver...*

BEGRIFFE
Add-Ins: Makros, die die Funktionalität eines Programms erweitern.

TIP
Euro-Unterstützung: Wenn Sie das Add-In Euro Currency Tools auf die gleiche Weise wie den Solver nachinstallieren, steht Ihnen in der Formatierungsleiste direkt das Währungsformat für den Euro zur Verfügung.

BEGRIFFE
Solver: Ein mit Excel geliefertes Add-In, das nach optimalen Werten innerhalb eines Zahlensystems sucht, um einen bestimmten, maximalen oder minimalen Ergebniswert zu erzielen. (Engl. solve = lösen)

 =C3-B3

In diesem Beispiel sollen die optimalen Verkaufspreise ermittelt werden, damit der Gewinn bei der angegebenen Zahl von Verkäufen einen bestimmten Wert annimmt.

= =E3*D3+E4*D4+E5*D5

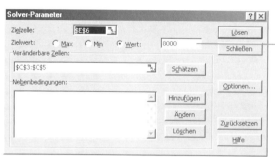

Im Beispiel soll der zu erzielende Gewinn bei 8000,- DM liegen.

INFO
Über die Schaltfläche Optionen rufen Sie den Dialog zur Einstellung von Toleranzen, Genauigkeiten, Höchstzeit zur Berechnung, Wiederholungen etc. an.

▶ Im Feld *Zielzelle:* ist bereits die gewünschte Zelle eingetragen (im Beispiel die mit dem Gewinn-Betrag, E6. Bestimmen Sie für diese Zelle, ob Sie einen Maximalwert *(Max)*, einen Minimalwert *(Min)* oder einen ganz bestimmten Wert errechnen lassen wollen. Im letzten Fall aktivieren Sie *Wert:* und geben diesen in das Feld daneben ein.

TIP

Lange Solver-Berechnungen: Bei komplexen Rechenoperationen mit großen Datenbeständen kann es eine Weile dauern, bis der Solver zu einem Ergebnis kommt. Sie können die Berechnung unterbrechen, wenn Sie die Taste Esc betätigen.

▶ Klicken Sie in das Feld *Veränderbare Zellen:* Das sind die Zellen, die so berechnet werden sollen, daß der Wert in der Zielzelle die gewünschte Größenordnung annimmt. Markieren Sie die veränderbaren Zellen in der Tabelle mit der Maus, oder geben Sie sie manuell ein.

▶ Klicken Sie auf die Schaltfläche *Lösen*.

▶ Ihnen wird mitgeteilt, daß der Solver eine Lösung gefunden hat. Lassen Sie die Option *Lösung verwenden* aktiviert, und klicken Sie auf *OK*.

Die Zielzelle zeigt das gewünschte Ergebnis. Die Verkaufspreise für diesen Zielwert werden ebenfalls angezeigt.

	A	B	C	D	E
1		Einkaufspreis	Verkaufspreis	Gewinnspanne	Verkaufe
2	Schwingschleifer	12,90 DM	52,69 DM	39,79 DM	20
3	Doppelschleifer	6,50 DM	65,87 DM	59,37 DM	25
4	Bandschleifer	7,30 DM	126,47 DM	119,17 DM	48
5	Gewinn				8 000,00 DM

INFO
Änderungen am Datenbestand: Wenn Sie Daten in der Tabelle geändert haben, starten Sie die Solver-Berechnung erneut. Es wird nicht automatisch eine neue Lösung angeboten.

Weitere Bedingungen eingeben

▶ Rufen Sie über *Extras/Solver...* den Solver auf.

▶ Nehmen Sie die Einstellungen für Zielzelle, Zielwert und veränderbare Zellen vor.

▶ Klicken Sie auf die Schaltfläche *Hinzufügen*, um Nebenbedingungen einzugeben.

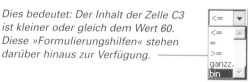

Dies bedeutet: Der Inhalt der Zelle C3 ist kleiner oder gleich dem Wert 60. Diese »Formulierungshilfen« stehen darüber hinaus zur Verfügung.

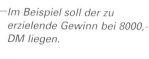

▶ Geben Sie die Bedingung ein. Beginnen Sie mit der Eingabe des Zellbezugs (Mausklick auf die betreffende Zelle oder auf den Zellbereich genügt), wählen Sie im mittleren Feld die Bedingung selbst, und in das rechte Feld geben Sie entweder wieder eine Zelle, einen Zellbereich oder eine Zahl ein.

▶ Zur Eingabe weiterer Bedingungen klicken Sie auf *Hinzufügen*, sonst auf *OK*. Der Dialog Solver-Parameter zeigt die Nebenbedingungen anschließend in einer Liste.

INFO

Nebenbedingungen hinzufügen, löschen oder ändern: Weitere Nebenbedingen können Sie nachträglich über Hinzufügen definieren. Zum Nachbearbeiten einer Bedingung markieren Sie diese in der Liste und klicken auf Ändern. Sie löschen eine Bedingung, indem Sie sie in der Liste markieren und auf Löschen klicken.

▶ Starten Sie die Berechnung mit Klick auf *Lösen*.

Berichte anlegen

▶ Wenn der Solver eine Lösung gefunden hat, bietet er Ihnen an, verschiedene Berichte anzulegen. Markieren Sie eine oder mehrere Berichtsarten im Feld *Berichte*.

▶ Nach Klick auf OK, um die Solver-Lösung zu übernehmen, werden automatisch in der Arbeitsmappe neue Tabellenblätter mit den gewünschten Berichten angelegt.

Solver-Daten speichern und wiederverwenden

Der Solver merkt sich standardmäßig die zuletzt verwendeten Einstellungen. Diese Einstellungen werden auch zusammen mit der Tabelle gespeichert.

▶ Wenn Sie ein Berechnungsmodell explizit speichern möchten, das heißt, unter einem eigenen Namen, klicken Sie im Dialog *Solver-Parameter* auf die Schaltfläche *Optionen...*

▶ Klicken Sie auf die Schaltfläche *Modell speichern...*

▶ Wählen Sie in der Tabelle mit der Maus den Modellbereich. Geben Sie dabei ein paar Zellen zu.

▶ Klicken Sie in der Leiste *Modell speichern* auf *OK*.

▶ Schließen Sie den *Optionen*-Dialog mit Klick auf *OK*, und verlassen Sie den Dialog *Solver-Parameter* über die Schaltfläche *Schließen*.

INFO

Wozu welcher Bericht? Der Antwortbericht stellt Ursprungs- und Endwerte der Variablen, die Zielzelle und die Nebenbedingungen dar. Der Sensitivitätsbericht zeigt, wie die Berechnung auf Wertänderungen reagieren würde. Der Grenzwertbericht (nicht: »Grenzwertbericht«) zeigt die Auswirkungen auf die Lösungen, wenn eine Variable maximiert oder minimiert wird, während die anderen konstant bleiben.

INFO

Modell laden: Im Optionen-Dialog klicken Sie auf Modell laden... Markieren Sie mit der Maus den Modellbereich, und klicken Sie auf OK. Im Dialog Solver-Parameter starten Sie die Berechnung über Lösen oder verschieben die Sache über die Schaltfäche Schließen auf später.

Ähnliche Berechnungen in mehreren Tabellen gleichzeitig – Konsolidieren

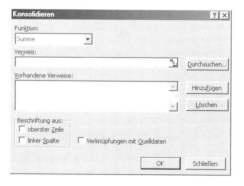

Die Konsolidierung erstellen

▶ Öffnen Sie ein neues Arbeitsblatt.

▶ Wählen Sie den Menübefehl *Daten/Konsolidieren...* Der Dialog *Konsolidieren* öffnet sich.

▶ Wählen Sie aus der Liste bei *Funktion:* die der Konsolidierung zugrundeliegende Rechenoperation.

▶ Im Feld *Verweis:* erwartet der Dialog die Eingaben für die zu konsolidierenden Zellbereiche. Sie können bis zu 255 Verweise angeben. Klicken Sie dazu auf das Symbol im Feld *Verweis:*.

▶ Wechseln Sie auf das Tabellenblatt, in dem sich der gewünschte Datenbereich befindet.

▶ Markieren Sie ihn, und klicken Sie in der Leiste *Verweis:* wieder auf das Symbol, um zurück in den Dialog *Konsolidieren* zu wechseln.

▶ Klicken Sie auf die Schaltfläche *Hinzufügen*. Der Verweis erscheint im Feld *Vorhandene Verweise:*.

▶ Wiederholen Sie dies so oft, bis Sie alle benötigten Datenbereiche beisammen haben. Nachdem Sie beim ersten Verweis den Bereich selbst auswählen mußten, geht Excel bei den folgenden Datenbereichsmarkierungen von einem einheitlichen Layout-Schema aus und wählt entsprechend aus.

▶ Geben Sie über die Optionen *oberster Zeile* und *linker Spalte* an, aus welchen Bereichen der Tabelle die Beschrif-

INFO → 247

Konsolidieren ganz schnell: Einfache Berechnungen in mehreren Tabellen gleichzeitig nehmen Sie am einfachsten über 3D-Formeln vor.

INFO → 23

Daten aus geschlossenen Excel-Arbeitsmappen: Klicken Sie auf die Schaltfläche Durchsuchen, *und wählen Sie die* Datei *aus. Sie müssen den Zellbereich jedoch noch hinzufügen. Geben Sie den Zellbezug in der folgenden Form ein, wobei* C: *das Laufwerk ist, in dem sich der Ordner* Eigene Dateien *mit der Datei* Organisation.xls *befindet. Der Pfad (Laufwerk, Ordner) wird mit dem Dateinamen in Hochkommata gesetzt (über der Taste* # *). Dann folgt ein Ausrufezeichen, dann der Zellbereich als absoluter Bezug.*

'c:\Eigene Dateien\Organisation.xls'!$A$2:$F$15

tungen stammen, um diese in die konsolidierte Tabelle diese zu übernehmen.

▶ Klicken Sie auf die Schaltfläche *OK*. Im aktuellen Tabellenblatt erscheint die Tabelle, in deren Datenbereich sich die ausgerechneten Werte befinden, und zwar in der gleichen Anordnung wie in den zugrundeliegenden Tabellen.

▶ Sie müssen diese Tabelle gegebenenfalls nachformatieren.

Nachträglich die Berechnungsmethode ändern

▶ Klicken Sie in die erste Zelle der bestehenden Konsolidierungstabelle.

▶ Wählen Sie den Menübefehl *Daten/Konsolidieren...* Die Einstellungen aus dem vorherigen Konsolidierungsvorgang sind noch vorhanden. Sie können diese also übernehmen.

▶ Ändern Sie im Dialog *Konsolidieren* die Funktion.

▶ Starten Sie die Berechnung mit Klick auf *OK*. Die neue Berechnung wird eingefügt, die alte verschwindet vom Arbeitsblatt.

Konsolidierte Daten reduzieren oder ergänzen

▶ Klicken Sie in der Konsolidierungstabelle in die erste Zelle oben links.

▶ Wählen Sie den Menübefehl *Daten/Konsolidieren...*

▶ Markieren Sie den zu löschenden Verweis in der Liste.

▶ Klicken Sie auf die Schaltfläche *Löschen*.

▶ Oder fügen Sie einen Verweis hinzu (siehe oben).

▶ Klicken Sie auf *OK*. Die Tabelle wird gemäß der neuen Verweiszusammenstellung aktualisiert.

Mehr Übersicht mit Verknüpfungen

▶ Aktivieren Sie im Dialog *Konsolidieren* die Option *Verknüpfungen mit Quelldaten*. Die Daten werden gruppiert präsentiert. In der obersten Ebene sind die Ergebnisse zusammengefaßt.

▶ Klicken Sie auf die kleine Schaltfläche mit der 2, um die Ansicht zu erweitern.

INFO
Daten aus anderen Arbeitsmappen: Sind diese geöffnet, klicken Sie einfach hinein (Klick auf das Symbol in der Task-Leiste oder über Fenster/Dateiname). Markieren Sie wie in anderen Tabellen auch den benötigten Bereich.

INFO
Zusätzliche Tabelle einfügen: Falls Sie die alte Tabelle nicht überschreiben wollen, sondern statt dessen eine zweite einfügen möchten, klicken Sie irgendwo außerhalb der Tabelle in das Arbeitsblatt.

→ 267
INFO
Umgang mit Gliederungen

INFO
Excel hat eine Spalte eingefügt. Sie können jeweils die konsolidierten Werte überprüfen. Den Bezug eines Zellinhalts stellen Sie fest, indem Sie in die Zelle klicken. In der Bearbeitungsleiste erscheint ihr Bezug.

Summen ausgewählter Datensätze – der Teilsummenassistent

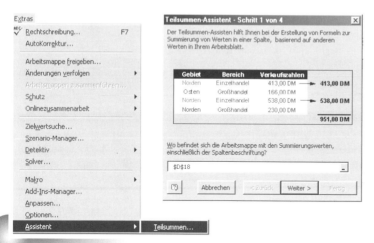

→ 769

WO? WOMIT?

▶ Klicken Sie in eine Zelle der Datentabelle.
▶ Wählen Sie den Menübefehl *Extras/Assistent/Teilsummen...*
▶ Der Teilsummen-Assistent startet. Im ersten Schritt erwartet er die Informationen über den Bereich der Datenbasis. Da bereits eine Zelle in der Tabelle markiert war, wird Excel automatisch die gesamte zugehörige Tabelle als Bereich in das Feld für die Bereichsangabe schreiben. Sie können die Markierung mit der Maus oder durch manuelle Eingabe korrigieren. Klicken Sie auf *Weiter*.
▶ Im zweiten Schritt wählen Sie bei S*ummierungsspalte* über den Listenpfeil die Spalte, die addiert werden soll.
▶ Bei *Spalte* wählen Sie die auszuwertende Spalte aus, für die im folgenden eine Bedingung formuliert wird. Sie bestimmen dabei eine Auswahl der vorhandenen Werte der Spalte. Es werden keine Werte ersetzt.

Büromaterial	Stück	Kosten
Locher	6	120,00 DM
Ablagen	4	46,00 DM
Schreibunterlage		
Papier	2	24,00 DM
Bleistifte	12	15,00 DM

Beispiel:
Summierungsspalte ist Kosten.
Spalte ist Stück.
Bedingung für Stück: <5.
Der Teilsummenassistent addiert 46,00 DM *und* 24,00 DM *und gibt das Ergebnis aus.*

INFO

Menüeintrag Assistent nicht vorhanden? Dann rufen Sie den Menübefehl Extras/Add-Ins-Manager *auf. Wählen Sie aus der Liste* Teilsummen-Assistent, *klicken Sie auf OK. Legen Sie zur Nachinstallation die Office-CD ein.*

BEGRIFFE

Teilsumme: *Es werden nur die Werte einer Spalte addiert, für die eine definierte Bedingung gilt, wobei die Bedingung in einer anderen Spalte definiert werden kann, aber nicht muß. Diese Bedingung muß auf die in der Spalte enthaltenen Werte zutreffen. Es ergibt zum Beispiel keinen Sinn, einen Wert kleiner als 5 zu definieren, wenn die Spalte keinen Wert, der kleiner als 5 ist, enthält. Enthält dagegen die Spalte zwei Werte, die kleiner als 5 sind, wird nur mit diesen beiden Datensätzen in der Summenspalte gerechnet.*

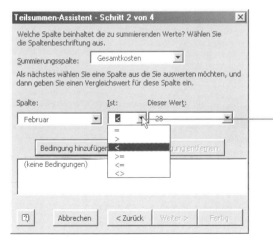

INFO

Wählen Sie über den Listen-pfeil eine Spalte aus den in der Tabelle enthaltenen Spal-tenüberschriften. Ein Klick auf diesen Listenpfeil öffnet die Liste der Bedingungsopera-toren (siehe Vergleichsopera-toren). Wählen Sie hier einen Wert aus, oder geben Sie manuell einen ein.

▶ Wählen Sie aus der Liste bei *Ist:* den Operator für die Bedingung aus (ist kleiner, kleiner gleich, ist gleich usw.).

▶ Ordnen Sie schließlich einen Wert zu, den Sie der Liste entnehmen können, deren Werte aus der Spalte vorne stammen, oder den Sie selbst definieren.

▶ Klicken Sie auf die Schaltfläche *Bedingung hinzufügen*.

▶ Definieren Sie weitere Bedingungen, die Sie jeweils über die Schaltfläche *Bedingung hinzufügen* in die Liste dar-unter aufnehmen.

▶ Das Ergebnis kann in zwei Varianten präsentiert werden: Nur als Formel oder die Formel mit Bedingungswerten. Falls Sie die Formel und die Bedingungswerte in die Zel-le übernehmen, wird jeweils eine zweite Zelle zum Ein-tragen des Bedingungswertes benötigt. Markieren Sie die gewünschte Option, und klicken Sie auf *Weiter*.

▶ Der Assistent möchte für jede definierte Bedingung die Zelle gezeigt bekommen, in die er das Ergebnis eintra-gen soll. Tragen Sie die Zellbezeichnung ein, oder klik-ken Sie auf die Zelle mit der Maus. Mit *Weiter* gelangen Sie zum folgenden Schritt.

▶ Schließlich werden Sie um die Zelle für die Summierungsformel gebeten. Geben Sie diese an, und klicken Sie auf *Fertig*. Die Er-gebnisse erscheinen in den angegebenen Zellen.

	0
	910,19 DM

= {=SUMME(WENN($F$2:$F$15=A18;$K$2:$K$15;0)))}

INFO

Nachbearbeitung der Funktionen: Wenn Sie die Ergebniszelle anklicken, kön-nen Sie nachvollziehen, was der Assistent ausgerechnet hat. Sie können diese Funk-tion wie jede andere nach-bearbeiten.

Rechenmodelle mit beliebigen Variablen – der Szenario-Manager

▶ Geben Sie die Tabelle ein. Für die variablen Daten geben Sie vorläufig Null ein. In die zu berechnenden Zellen schreiben Sie bereits die Formeln, auch wenn Sie vorerst keine Ergebnisse erhalten, weil Sie die variablen Werte noch außen vor gelassen haben.

Beispiel:
Der Seitenpreis *ist variabel,* die Stundenzahl *auch. Der* Stundensatz *ergibt sich aus der Formel:* Seitenpreis*Seitenzahl/ Stundenzahl.

Seitenpreisberechnung mit dem Szenario-Manager		
Seitenpreis	- DM	variabel
Stundenzahl	0	variabel
Stundensatz	#DIV/0!	variabel
Anzahl Seiten	455	fester Wert
Seiten pro Stunde	0	
Gesamthonorar	- DM	

▶ Wählen Sie den Menübefehl *Extras/Szenario-Manager.*
▶ Klicken Sie auf die Schaltfläche *Hinzufügen.*
▶ Geben Sie einen Namen für das Rechenmodell ein.
▶ Geben Sie die variablen Zellen oder Zellbereiche ein.
▶ Bestätigen Sie die Eingaben mit Klick auf *OK.*
▶ Im Dialog *Szenariowerte* können Sie für jede variable Zelle Werte eingeben. Probieren Sie eine Variante, und klicken Sie dann auf *Hinzufügen.*

Einzelne Zellen trennen Sie mit einem Semikolon, Zellbereiche werden mit einem Doppelpunkt verbunden. Es werden absolute Zellbezüge verwendet.

▶ Der folgende Dialog fragt wieder nach einem Szenarionamen und zeigt die voreingestellten veränderbaren Zellen. Geben Sie einen weiteren Namen ein, bestätigen Sie dies mit Klick auf *OK*, und geben Sie im folgenden Dialog wieder eine Wertvariante ein.

▶ Wiederholen Sie das Hinzufügen von Szenarien so lange, bis Sie die wichtigsten Varianten durchgespielt haben.

▶ Klicken Sie im Dialog *Szenariowerte* auf *OK*.

▶ Markieren Sie ein Szenario in der Liste.

▶ Klicken Sie auf Anzeigen. In die Tabelle werden die Testwerte eingesetzt und die Ergebnisse mit den vorhandenen Formeln berechnet.

Zusammenfassung anzeigen lassen

▶ Klicken Sie im fertig eingerichteten Szenario-Manager auf *Zusammenfassung...*

▶ Wählen Sie zwischen Szenariozusammenfassung und Szenario-PivotTable.

▶ Kontrollieren Sie die angezeigten Ergebniszellen, und ergänzen Sie sie gegebenenfalls.

▶ Bestätigen Sie die Wahl mit Klick auf *OK*.

▶ Für den Bericht oder die Pivot-Tabelle werden jeweils neue Tabellenblätter angelegt.

Übersichtsbericht

	Aktuelle Werte:	Minimal	Üppig	Jun 30	Aug 30
Veränderbare Zellen:					
$B$2	6,00 DM	6,00 DM	8,00 DM	6,00 DM	8,00 DM
$B$3	20	20	20	30	30
Ergebniszellen:					
$B$4	136,50 DM	136,50 DM	182,00 DM	91,00 DM	121,33 DM
$B$7	2.730,00 DM	2.730,00 DM	3.640,00 DM	2.730,00 DM	3.640,00 DM

▶ Layouten Sie Ihre Pivot-Tabelle oder überarbeiten Sie Ihren Bericht.

INFO
Szenarien aus anderen Tabellen: Klicken Sie im Szenario-Manager auf die Schaltfläche Zusammenführen...*, um die Arbeitsmappe und das Tabellenblatt des gewünschten Rechenmodells auszusuchen.*

INFO
Die festgelegten Szenarios sind hier aufgeführt. Je aussagekräftiger der Name, um so besser die Orientierung. Über Hinzufügen... *erstellen Sie weitere Rechenmodelle, über* Bearbeiten... *modifizieren Sie das in der Liste markierte.*

INFO
Tabelle formatieren: Falls Ihnen auffällt, daß zum Beispiel die Spaltenbreiten zur Anzeige der Ergebnisse nicht ausreichen, müssen Sie zuerst den Szenario-Manager schließen. Bringen Sie die Formatierung in Ordnung, und öffnen Sie danach den Szenario-Manager über Extras/Szenario-Manager... *wieder. Die eingerichteten Rechenmodelle bleiben aufgelistet.*

INFO
Korrekturen im Bericht: In einem Bericht sind die Zellenbezeichnungen vielleicht besser gegen ihre Namen auszutauschen. Hier hat Excel die Namen 6/30 und 8/30 gegen Datumsangaben ausgetauscht – auch das ist zu korrigieren.

INFO
Namen: Beim Szenario-PivotTable wird der Vorteil »sprechender« Namen besonders deutlich.

Wenn-Abfragen

▶ Klicken Sie in der Standardsymbolleiste auf das Symbol *Funktion einfügen*.

▶ Wählen Sie als Kategorie *Logik*.

▶ Im rechten Feld wählen Sie *WENN* aus.

▶ Klicken Sie auf *OK*. Der Funktionsassistent startet.

▶ Füllen Sie die Felder mit den benötigten Argumenten aus, und bestätigen Sie mit Klick auf *OK* die Eingaben, nachdem Sie das Funktionieren am angezeigten Formelergebnis in der Eingabebox kontrolliert haben.

Trendberechnung über AutoAusfüllen

▶ Markieren Sie die Zellen, die die bekannten Daten enthalten.

▶ Ziehen Sie am Markierungspunkt des Ausfüllkästchens über die noch auszufüllenden Zellen. Excel füllt diese aufgrund einer linearen, arithmetischen Trendberechnung aus.

▶ Eine exponentiale, geometrische Trendberechnung beim Ausfüllen erhalten Sie, wenn Sie mit der rechten Maustaste am Ausfüllkästchen ziehen.

▶ Beim Loslassen der Maus erscheint ein Kontextmenü, aus dem Sie *Exponentieller Trend* wählen.

Pivot-Tabelle erstellen

▶ Wählen Sie den Menübefehl *Daten/PivotTable- und PivotChart-Bericht...*

▶ Ein Assistent startet. Wählen Sie *MS Excel-Liste oder –Datenbank*, um einen Datenbestand aus der aktuellen Arbeitsmappe in eine Pivot-Tabelle umzuwandeln.

▶ Aktivieren Sie die Option *PivotTable*, und klicken Sie auf *Weiter*.

▶ Falls Sie bereits eine Zelle in der aktuellen Tabelle angeklickt haben, erkennt der Assistent automatisch, um welche Tabelle es sich handelt.

▶ Bestätigen Sie dies mit Klick auf *Weiter*.

▶ Schritt 3: Wenn Sie *In neuem Blatt* aktivieren, fügt Excel ein Tabellenblatt in Ihre Arbeitsmappe ein, um dort die Pivot-Tabelle abzubilden.

▶ Klicken Sie auf die Schaltfläche *Fertig stellen*.

15

KAPITEL

Datentabelle anlegen und bearbeiten

tempo

Access starten und Tabellenentwurf

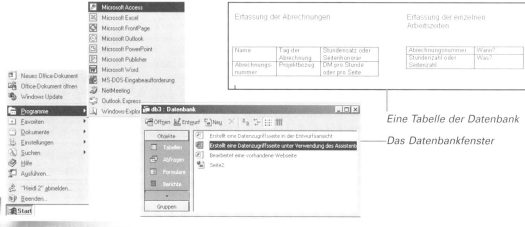

Eine Tabelle der Datenbank

Das Datenbankfenster

WO? WOMIT?

Access starten

▶ Klicken Sie auf die Windows-Start-Schaltfläche.

▶ Stellen Sie den Mauszeiger auf *Programme*.

▶ Im ausklappenden Untermenü klicken Sie auf den Eintrag *Microsoft Access*.

Tabellenentwurf starten

▶ Zum Erstellen einer brandneuen Access-Datenbank bzw. -Tabelle wählen Sie im folgenden Dialog die Option *Leere Access-Datenbank*.

▶ Klicken Sie auf *OK*.

▶ Bevor Sie überhaupt irgendwelche Daten eingeben, will Access einen Namen und einen Speicherort für diese neue Datenbank festlegen. Wählen Sie im Dialog *Neue Datenbankdatei* einen Speicherort aus.

▶ Tippen Sie in das Feld *Dateiname:* einen Namen ein.

▶ Klicken Sie auf die Schaltfläche *Erstellen*.

▶ Um in den Tabellenentwurfsmodus zu gelangen, wählen Sie eine der ersten beiden Optionen per Doppelklick aus.

BEGRIFFE

Datenbankfenster: Zeigt alle Objekte der Datenbank und stellt die Funktionen zum Öffnen oder Erstellen dieser Objekte bereit. Über dieses Symbol wechseln Sie aus jedem Formular, jeder Tabelle etc. in das Datenbankfenster

→ 24

→ 20

INFO

Programme starten

INFO

Eine neue Tabelle innerhalb einer bestehenden Datenbank anlegen: Wählen Sie nach dem Access-Start im ersten Dialog die Opton Öffnet eine bestehende Datenbank.

Datenbank aus älterer Version konvertieren

WO? WOMIT?

Datenbank aus Vorgängerversion öffnen

▶ Wählen Sie den Menübefehl *Datei/Öffnen*.

▶ Suchen Sie die Datenbank aus, und klicken Sie auf die Schaltfläche *Öffnen*.

▶ Markieren Sie die Option *Datenbank öffnen*, und klicken Sie auf *OK*.

▶ Das Datenbankfenster wird nun angezeigt. Sie  können zwar neue Daten eingeben, aber Sie können nichts an den Eigenschaften der Objekte, an den Spezifikationen, ändern. Sie können auch keine neuen Objekte hinzufügen. Das alte Datenbankformat von Access 97 bleibt erhalten, auch wenn Sie unter Access 2000 Daten hinzufügen.

Datenbank aus Vorgängerversion in Access 2000 konvertieren

▶ Falls Sie die Datenbank aus der Vorgängerversion geöffnet haben, schließen Sie sie mit Doppelklick auf das Datenbanksymbol oben links im Titelbalken des Datenbankfensters.

▶ Wählen Sie den Menübefehl *Extras/Datenbank-Dienstprogramme/Datenbank konvertieren/In aktuelle Access-Datenbankversion*.

▶ Suchen Sie im folgenden Dialog die Datenbank-Datei aus.

▶ Markieren Sie die Datei, und klicken Sie auf die Schaltfläche *Konvertieren*.

▶ Vergeben Sie einen neuen Datenbanknamen, → 24 und bestimmen Sie einen Speicherort.

▶ Klicken Sie auf *Speichern*.

▶ Danach passiert erst einmal gar nichts. Sie → 23 müssen die eben gespeicherte Datei über *Datei/Öffnen* explizit aufrufen.

Help : Datenbank
Öffnen ☒ Entwurf
Objekte
Tabellen

INFO
Zurück zur alten Version: Sie können die konvertierte und geöffnete Datenbank wieder zurück in ihr Ursprungsformat speichern. Dazu wählen Sie wieder den Menübefehl Extras/Datenbank-Dienstprogramme/Datenbank konvertieren. *Der Befehl* In vorhergehende Access-Datenbankversion... *ist nun aktiv. Klicken Sie ihn an, und vergeben Sie anschließend einen Namen für die zurückkonvertierte Datenbank.*

Datenbankobjekte löschen und umbenennen

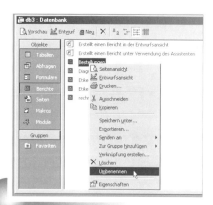

Wo? Womit?

Datenbankobjekt löschen

▶ Markieren Sie in der Objektleiste links die Objektkategorie, aus der Sie ein Objekt löschen möchten.

▶ Markieren Sie im weißen Feld rechts daneben das zu ent-
fernende Objekt mit rechtem Mausklick.

▶ Es klappt ein Kontextmenü auf, in dem Sie den Befehl
Löschen aktivieren.

▶ Der Assistent reagiert ein wenig panisch und will wissen, ob Sie wirklich und ganz sicher das Objekt für IM-
MER löschen möchten. Klicken Sie auf *Ja*, wenn Sie das
nicht beeindruckt, sonst auf *Nein*.

Datenbankobjekt umbenennen

▶ Markieren Sie in der Objektleiste links die Objektkategorie, in der Sie ein Objekt umbenennen möchten.

▶ Markieren Sie im weißen Feld rechts daneben das Objekt zum Umbenennen per Rechtsklick.

▶ Es klappt ein Kontextmenü auf, in dem Sie den Befehl
Umbenennen anklicken.

▶ Der Objektname erscheint gerahmt
mit einer blinkenden Markierung.
Tippen Sie den neuen Namen einfach ein. Verwenden
Sie keine Punkte im Dateinamen.

📓	**Bestellungen**

NOCH SCHNELLER
*Datenbankobjekte löschen:
Markieren Sie das Daten-
bankobjekt, und drücken Sie
die Taste Entf].*

ACHTUNG
*Vorsicht beim Löschen oder
Umbenennen: Wenn sich
andere Objekte der Daten-
bank auf das gelöschte oder
umbenannte Objekt beziehen
– zum Beispiel eine Abfrage
auf eine Datentabelle – und
dieses umbenannte oder
gelöschte Objekt kann nicht
gefunden werden, kann das
zu Schwierigkeiten führen.
Sie müssen nach einer
solchen Aktion auch alle
verknüpften Objekte ent-
sprechend anpassen.*

Datenbank entwerfen

Feldname	Felddatentyp
⛉▶ Abrechnungsnummer	AutoWert
Name	Text
Abrechnungsdatum	Datu
Abrechnungsbetrag	Wäh
Stunden/Seitenhonorar	Wäh
Pro Stunde oder Seite	Text
Projekt	Text
doku	OLE

Feldname	Felddatentyp
⛉▶ Abrechnungsnummer	Zahl
Wann?	Datum/Uhrzeit
Was?	Text
Arbeitszeit/Seitenzahl	Zahl
Seitenzah	
Stunden	
Stunden/	

	Tabellen
	Abfragen
	Formulare

| | Abrechnung |
| | Session |

	Abrechnungsnummer	Name	Abrechnungsdatum	Abrechnungsbetrag	Stunden/Seitenhon
+	1	karen	12.12.98	0,00 DM	20,00 DM
+	2	kuno	29.12.98	0,00 DM	3.500,00 DM
+	3	kuno	29.12.98	0,00 DM	3.000,00 DM
+	4	Egon	22.11.98	0,00 DM	6,00 DM
+	5	Jupp	13.01.99	0,00 DM	120,00 DM
+	6	Jupp	29.03.99	0,00 DM	80,00 DM

Datensatz

Wo? Womit?

Datensätze und Datentabellen

▶ Überlegen Sie, welche Daten Sie erfassen wollen.

▶ Wollen Sie Daten erfassen, zu denen es jeweils mehrere Datensätze gibt? Beispiel Kundenerfassung: Jeder Kunde hat zwar nur eine Adresse, aber es laufen pro Kunde mehrere Bestellungen. Sie wollen bei der Datensammlung aber nicht jedesmal wieder die Adresse eingeben. Das Ergebnis: Sie arbeiten mit zwei Datentabellen, die Sie miteinander verknüpfen.

▶ Wie viele Datentabellen werden Sie benötigen? Skizzieren Sie die benötigten Daten und deren Zuordnung in Tabellen. Beispiel:

Erfassung der Abrechnungen

Name	Tag der Abrechnung	Stundensatz oder Seitenhonorar
Abrechnungs-nummer	Projektbezug	DM pro Stunde oder pro Seite

Erfassung der einzelnen Arbeitszeiten

Abrechnungsnummer	Wann?
Stundenzahl oder Seitenzahl	Was?

▶ Hier sollen Abrechnungen für Aushilfen erfaßt werden. Da die Abrechnungen nur in bestimmten Zeitintervallen erfolgen, wird rechts eine Tabelle geplant, um die Daten der einzelnen Arbeitssitzungen zusammenzufassen und links wird erfaßt, wann jeweils was abgerechnet wurde.

▶ Überlegen Sie, über welche gemeinsamen Datenfelder eine Verknüpfung erstellt werden soll. Für das Beispiel heißt das: Wie machen Sie Access klar, welche Daten der Arbeitszeiten-Erfassung der rechten Tabelle zur jeweiligen Abrechnung gehören? Wählen Sie dafür ein geeignetes Datenfeld. Im Beispiel ist das die Abrechnungsnummer.

BEGRIFFE

Relationale Datenbank: *In einer Datenbank sammeln Sie Daten zu einem bestimmten Projekt, Arbeitsablauf oder Vorgang. Eine Datenbank besteht im Grunde aus Tabellen. Die Tabellen stehen in logischen Beziehungen zueinander (Relationen). Diese werden durch gemeinsame Datenfelder gebildet. Beispiel: Im Bild oben sehen Sie zwei Tabellen in der Entwurfsansicht. Beide Tabellen weisen die Spalte* Abrechnungsnummer *auf. Access ist in der Lage, zu erkennen, daß die Datensätze der einen Tabelle, die zu einer Abrechnungsnummer gehören, in Beziehung zu den Datensätzen der gleichen Abrechnungsnummer in der anderen Tabelle stehen.*

→ 314

INFO
Datensätze und Datenfelder

→ 324

INFO
Beziehungen in einer Datenbank festlegen

Tabellenentwurf mit dem Assistenten

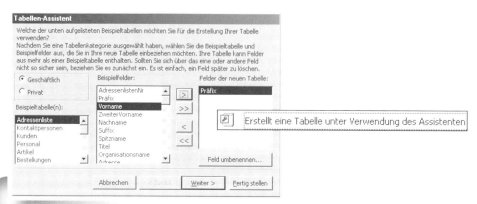

WO? WOMIT?

Felder zusammenstellen

▶ Aktivieren Sie das Datenbankfenster.

▶ Markieren Sie links den Eintrag *Tabellen*.

▶ Doppelklicken Sie rechts auf die Option *Erstellt eine Ta-belle unter Verwendung des Assistenten*. Der Tabellen-assistent startet.

▶ Wählen Sie entweder die Kategorie *Geschäftlich oder Privat*.

▶ In der Liste der Beispieltabellen gibt es ein vielfältiges Angebot. Markieren Sie das naheliegendste.

▶ In der Liste *Beispielfelder* werden die in der jeweils mar-kierten Beispieltabelle enthaltenen Tabellenfelder (Spal-ten) aufgeführt. Markieren Sie ein Feld, das Sie in Ihre eigene Tabelle aufnehmen möchten.

▶ Klicken Sie auf die Schaltfläche mit dem einzelnen Pfeil nach rechts, um nur dieses markierte Feld in Ihre eigene Tabelle aufzunehmen. Das Feld erscheint in der Liste ganz rechts.

▶ Wiederholen Sie das Übernehmen von Beispielfeldern so oft, bis Ihre Liste ganz rechts mit den von Ihnen ge-wünschten Feldern gefüllt ist.

▶ Wenn Ihnen ein Name eines Feldes nicht gefällt, markie-ren Sie dieses und klicken auf *Feld umbenennen....*

▶ Geben Sie einen neuen Namen ein, den Sie mit Klick auf *OK* bestätigen.

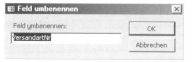

▶ Klicken Sie auf *Weiter*.

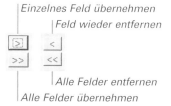

Einzelnes Feld übernehmen

Feld wieder entfernen

Alle Felder entfernen
Alle Felder übernehmen

→ 314

.ACHTUNG
Wenn Sie ein Feld umbenen-nen, achten Sie darauf, daß die Feldart erhalten bleibt. Beispiel: Überschreiben Sie das Feld Lieferdatum *nicht mit dem neuen Namen* Kon-ditionen. *In diesem Feld wird nämlich die Eingabe eines Datums erwartet, kein Text.*

Tabellenname und Primärschlüssel

▶ Im zweiten Schritt des Assistenten vergeben Sie einen Namen für die Tabelle. Geben Sie einen in das obere Feld ein.

▶ Wählen Sie eine der beiden Optionen zur Festlegung des Primärschlüssels. Aktivieren Sie die Option *Primärschlüssel selbst festlegen,* und klicken Sie auf *Weiter.*

▶ Suchen Sie aus der obersten Liste ein Feld Ihrer Tabelle aus, das als Primärschlüssel fungieren soll.

▶ Der dazu passende Datentyp wird von Access selbst aktiviert. Sie können diesen jedoch auch neu einstellen.

▶ Klicken Sie auf Weiter.

Entwurf zur weiteren Bearbeitung öffnen

▶ Falls Sie von Access den Primärschlüssel festlegen lassen, landen Sie direkt bei diesem Schritt. Wählen Sie *Den Tabellenentwurf ändern.*

▶ Klicken Sie auf die Schaltfläche *Fertig stellen.*

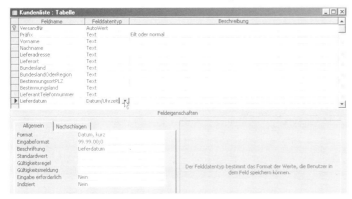

▶ In die Felder rechts unter *Beschreibung* geben Sie Kommentare zu den Feldern ein, die in der Tabelle selbst nicht angezeigt werden.

▶ Klicken Sie in ein Feld der Spalte *Felddatentyp,* erscheint ein 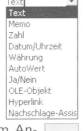 Listenpfeil. **→ 314**

▶ Klicken Sie auf die Listenpfeile in den Feldern, um einen anderen Felddatentyp zu definieren.

▶ Im Bereich der *Feldeigenschaften* wird es spannender. Die Schaltfläche mit den drei Pünktchen, die in manchen Feldern beim Anklicken erscheint, öffnet den sogenannten Ausdrucksgenerator oder den Eingabeformat-Assistenten. **→ 318**

→ 327

BEGRIFFE

Primärschlüssel und Auto-Wert: *Ein Identifikationsfeld, das jeden Datensatz einer Tabelle eindeutig kennzeichnet. Wenn Sie Access die Einrichtung eines Primärschlüssels überlassen, legt es in der Regel ein AutoWert-Feld an. In der AutoWert-Spalte werden die Datensätze einfach durchgezählt und sind somit anhand ihrer Nummer eindeutig identifizierbar.*

INFO
Formulare erstellen

BEGRIFFE

Datentyp: *Ein Datentyp beschreibt, ob das Feld nur Zahlen oder Buchstaben einschließlich Zahlen oder Datumswerte usw. enthält. Wenn der Datentyp des Feldes einen numerischen Wert fordert, können Sie darin keinen Text eingeben.*

BEGRIFFE
Entwurfsansicht und Datenblattansicht: Tabellen, Formulare, Berichte oder Abfragen bieten diese beiden Ansichtsmodi. Die Entwurfsansicht dient zum Bearbeiten der Struktur eines Datenbankobjekts. In Tabellen definieren Sie zum Beispiel Einstellungen für das Feld, so daß Eingaben durch den Benutzer richtig gesteuert und Abfragen und andere Analysen fehlerfrei durchgeführt werden können. Über diese Symbole wechseln Sie die Ansichten.

→ 314

INFO
Zusätzliche Felder definieren

Einer Datenbank Datentabellen hinzufügen

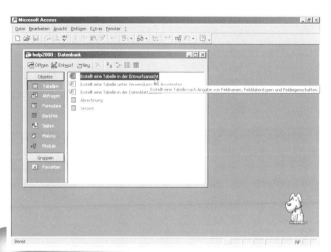

WO? WOMIT?

▶ Öffnen Sie eine leere Datenbank oder eine bereits bestehende.

▶ Klicken Sie in der Objektleiste auf *Tabellen*.

▶ Doppelklicken Sie rechts auf *Erstellt eine Tabelle in der Entwurfsansicht*. Eine leere Tabelle erscheint in der Entwurfsansicht.

▶ Geben Sie in die Spalte *Feldname* untereinander die jeweiligen Spal-tenbezeichnungen für die Daten-tabelle ein.

▶ In der Spalte rechts daneben bestimmen Sie den Felddaten-typ.

▶ Um sich das Ergebnis zu be-trachten, wechseln Sie in die Datenblattansicht. Dazu klicken Sie auf dieses Symbol oben links in der Symbolleiste.

▶ Beim Umschalten werden Sie aufgefordert, die Tabelle zu speichern. Klicken Sie auf *Ja*.

▶ Geben Sie einen Namen für die Tabelle ein, und bestäti-gen Sie ihn mit Klick auf *OK*.

INFO → 298
Datentabelle mit dem Assis-tenten erstellen im Detail

INFO → 294
Tabelle direkt schreiben:
Wählen Sie Erstellt eine
Tabelle in der Datenblatt-ansicht. Um jedoch be-stimmte Eigenschaften für
die Tabellenfelder festzu-legen, müssen Sie später in
die Entwurfsansicht um-schalten.

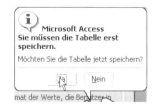

INFO → 24
Dateinamen

▶ Jetzt noch die Sache mit dem Primärschlüssel. Klicken Sie einfach auf *Ja*. Danach fügt Access automatisch eine Spalte *AutoWert* in die Tabelle ein.

INFO
AutoWerte

▶ Die leere Tabelle ist nun sichtbar. Sie können mit der Eingabe der Daten beginnen. Die Spalte *AutoWert* füllt Access selbst aus, indem es die Datensätze durchnumeriert.

Spalte nachträglich einfügen

▶ Es gibt zwei Möglichkeiten: Entweder Sie wechseln in die Entwurfsansicht und geben dort weitere Feldbezeichnungen ein, oder Sie klicken in der Datenblattansicht mit der rechten Maustaste auf einen Spaltenkopf.

▶ Wählen Sie aus dem Kontextmenü *Spalte einfügen*. Es wird eine neue Spalte mit dem Namen *Feld1* eingefügt.

Ein Spaltenkopf ist die Spaltenüberschrift im grauen Feld

Spalte umbenennen

▶ Ein rechter Mausklick auf den Spaltenkopf, den Sie umbenennen möchten, öffnet ein Kontextmenü.

▶ Wählen Sie *Spalte umbenennen* aus.

▶ Der Feldname erscheint schwarz unterlegt. Überschreiben Sie den Namen.

INFO
Spalte löschen: Ein Mausklick rechts auf den Spaltenkopf und aus dem Menü Spalten löschen auswählen.

Spaltenbreite ändern

▶ Ziehen Sie mit der Maus an der Spaltenbegrenzung, bis der Platz für die Eingaben ausreicht.

Spalten wieder einblenden

▶ Wählen Sie den Menübefehl *Format/Spalten einblenden...*

▶ Aktivieren Sie im folgenden Fenster die ausgeblendeten Spalten, und klicken Sie auf *Schließen.*

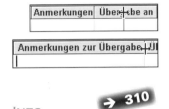

INFO

Spalte ausblenden: Mausklick rechts auf den Spaltenkopf der Spalte und Spalten ausblenden wählen.

Unterdatenblatt anlegen

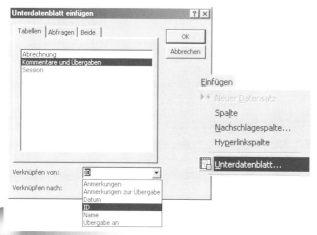

WO? WOMIT?

▶ Öffnen Sie die Tabelle, der Sie ein Unterdatenblatt zuordnen möchten.

▶ Wählen Sie den Menübefehl *Einfügen/Unterdatenblatt...*
Ein Dialog öffnet sich.

▶ Es werden die Objekte der aktuellen Datenbank aufgelistet. Markieren Sie dasjenige, das Sie als Unterdatenblatt
einfügen möchten.

▶ Klicken Sie bei *Verknüpfen von:* auf den Listenpfeil.

▶ Wählen Sie aus, welche Spalte des Unterdatenblatts mit
einem anderen der geöffneten Tabelle in Beziehung gesetzt werden soll.

▶ Bei *Verknüpfen nach:* wählen Sie das entsprechende
Verknüpfungsfeld aus der geöffneten Tabelle aus.

▶ Falls diese Beziehung noch nicht besteht, werden Sie vom
Assistenten darauf hingewiesen. Bestätigen Sie den Hinweis mit Klick auf *Ja*, um diese Beziehung zu erstellen.

▶ In der Tabelle erscheint eine Spalte mit Pluszeichen. Klik-
ken Sie auf ein Pluszeichen.

▶ Es klappen ein oder mehrere zugehörige Datensätze des
Unterdatenblatts auf, je nachdem, wie viele Datensätze
dem angeklickten zugeordnet sind.

→ 324

INFO
Beziehungen bearbeiten

Abrech	Name	Abrechnungsdatum	Abrechnungsbetrag	Stunden/Seitenhon	Pro Stund
1 karen		12.12.98	0,00 DM		20,00 DM Pro Stunde
	Wann?	Was?	Arbeitszeit/Se	Seitenzahl/Stu	Stunden gesa	Stunden/Seite
	29.12.98			12 Stunden	0	
	29.12.98			12 Stunden	0	
	29.12.98			12 Stunden	0	
				0	0	
2 kuno		29.12.98	0,00 DM		3.500,00 DM Pro Stunde
3 kuno		29.12.98	0,00 DM		3.000,00 DM Pro Seite

INFO
*Unterdatenblatt entfernen:
Über* Format/Unterdatenblatt
*können Sie das Unterdaten-
blatt Ein- oder ausblenden
und auch entfernen.*

Musterdatenbank nutzen

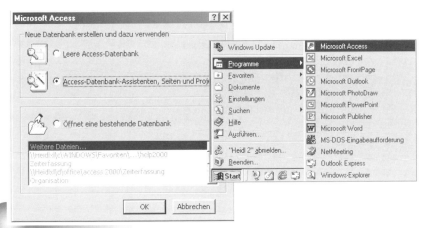

Wo? Womit?

▶ Starten Sie Microsoft Access über *Start/Programme/ Microsoft Access.*
▶ Aktivieren Sie im ersten Dialog *Microsoft Access* die Option *Access-Datenbank-Assistenten, Seiten und Projekte.*
▶ Bestätigen Sie dies mit Klick auf *OK.*

INFO
Musterdatenbank nicht 100%ig passend? Kein Problem – im Laufe der Erstellung mit Hilfe des Assistenten können Sie jede Menge Veränderungen vornehmen.

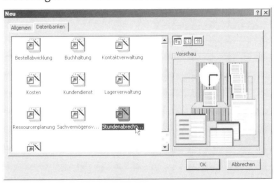

▶ Öffnen Sie im Dialog *Neu* das Register *Datenbanken.* Hier finden Sie vielleicht bereits eine Datenbank, die den Eindruck macht, als würde Sie Ihren Zweck erfüllen.
▶ Doppelklicken Sie auf die gewünschte Musterdatenbank.
▶ Der Dialog *Neue Datenbankdatei* erscheint und erwartet von Ihnen, daß Sie der Datenbank im Feld *Dateiname:* einen Namen geben und daß Sie einen Speicherort aussuchen. → 24
▶ Klicken Sie auf die Schaltfläche *Erstellen.*

INFO → 24
Lieber eine leere Datenbank? Wechseln Sie ins Register Allgemein, und doppelklicken Sie auf Datenbank. Danach vergeben Sie einen Namen für die neue Datenbank, wählen einen Speicherort und erstellen die Datentabelle manuell.

▶ Es dauert ein paar Sekunden, bevor der Assistent auf der Bildfläche erscheint. Im ersten Dialog informiert er Sie über die Bestandteile dieser neu anzulegenden Datenbank. Deren Studium bestätigt Sie vielleicht darin, daß Sie mit dieser Datenbank möglicherweise nicht genau das anfangen können, was Sie sich vorstellen. Falls Sie aber dennoch Brauchbares finden, fahren Sie mit Klick auf *Weiter* fort. Anderenfalls klicken Sie auf *Abbrechen*, wiederholen die beschriebenen Schritte und suchen sich eine andere Musterdatenbank aus.

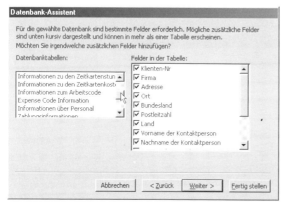

▶ Der folgende Dialog zeigt Ihnen, welche Datentabellen in dieser Datenbank angelegt werden. In der Liste rechts sind die Felder der Datentabelle, die Sie jeweils im linken Fenster markiert haben, aufgeführt. Hier können Sie nur bei einzelnen Feldern eingreifen, indem Sie sie deaktivieren, aber eigentlich gibt es hier nicht viel zu tun. Klicken Sie also auf *Weiter*.

▶ Im nächsten Schritt widmen Sie sich der Optik Ihrer Datenbank. Wählen Sie eine Vorlage aus der Liste aus, und prüfen Sie im Vorschaufeld links die Wirkung.

▶ Wenn Ihnen eine Einstellung gefällt, klicken Sie auf *Weiter*.

▶ Weiter geht's mit der Optik, diesmal jedoch mit der Festlegung der Schriften und Schriftfarben. Wählen Sie aus der Liste ein Format aus.

▶ Bestätigen Sie Ihre Auswahl mit Klick auf *Weiter*.

▶ Der Assistent fragt Sie noch einmal nach dem Namen der neuen Datenbank. Tippen Sie ihn ins vorgesehene Feld.

▶ Fahren Sie mit Klick auf *Weiter* fort.

▶ Den letzten Dialog bestätigen Sie, indem Sie auf *Fertig stellen* klicken.

▶ Jetzt beginnt die eigentliche Datenbankerstellung, was einige Sekunden dauern kann.

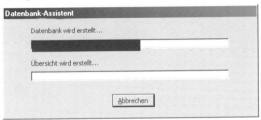

INFO

Bild für Berichte: Die Daten-bank enthält vorgefertigte Berichte. Wenn diese zum Beispiel Ihr Firmenlogo ent-halten sollen, aktivieren Sie in diesem Schritt des Assisten-ten die Option Ein Bild mit einbeziehen *und wählen nach einem Klick auf* Bild... *die Grafikdatei Ihres Logos aus.*

▶ Sie werden mit einer komfortabel angelegten Datenbank, die bereits fertige Eingabeformulare, definierte Daten-tabellen, Berichte und Abfragen enthält, belohnt. Um sich darin zurechtzufinden, wurde eine ansprechende Haupt-übersicht angelegt.

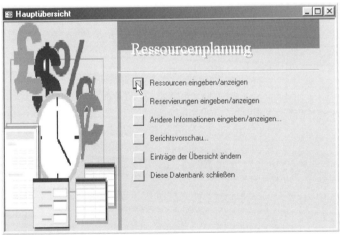

▶ Wählen Sie aus, welche Eingaben Sie vornehmen möch-ten, ob Sie einen Bericht erstellen, oder ob Sie die Da-tenbank schließen wollen. Dazu klicken Sie in die klei-nen Quadrate vor den jeweiligen Optionen.

▶ Es öffnen sich Formulare zur Dateneingabe oder – so-fern Daten bereits eingegeben worden sind – Berichte.

Datenbank bearbeiten

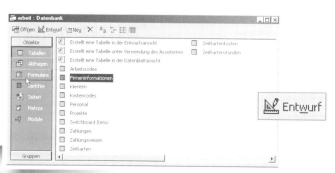

WO? WOMIT?

▶ Schieben Sie die Hauptübersicht mit Drag&Drop am blauen Titelbalken zur Seite, um freien Blick auf das Datenbankfenster zu haben.

▶ In der linken Leiste sind die Objekte der Datenbank aufgeführt. Klicken Sie auf die Objektkategorie, aus deren Bereich Sie ein Datenbankobjekt nachbearbeiten möchten.

➜ 249

▶ Im rechten Bereich dieser Datenbankansicht erscheinen die einzelnen Objekte dieser Gruppe. Markieren Sie das gewünschte – einen Bericht, eine Abfrage eine Tabelle etc.

▶ Klicken Sie auf das Symbol *Entwurf* in der Symbolleiste des Dialogs.

▶ Das Objekt öffnet sich in der Entwurfsansicht. Mit den nötigen Kenntnissen zum Bearbeiten von Objekten in der Entwurfsansicht können Sie nun Änderungen vornehmen, zum Beispiel Feldtypdefinitionen in Tabellen löschen, oder überhaupt einmal feststellen, was für die jeweiligen Felder definiert wurde, falls es beim Eingeben in die Formulare Probleme gibt, weil Daten nicht akzeptiert werden.

Objekte aus anderen Datenbanken

➜ 23

▶ Öffnen Sie die Datenbank, in die Sie ein Objekt einer anderen Datenbank integrieren möchten.

▶ Wählen Sie den Menübfehl *Datei/Externe Daten/Importieren...*

▶ Wählen Sie eine Datei aus, und klicken Sie auf *Importieren.*

▶ Klicken Sie auf *Optionen,* und aktivieren Sie die gewünschten Einstellungen.

▶ Markieren Sie das zu importierende Objekt, und klicken Sie auf *OK.*

INFO **➜ 294**
Tabellen entwerfen

INFO **➜ 327**
Formulare entwerfen

INFO **➜ 370**
Abfragen in der Entwurfsansicht

INFO **➜ 389**
Berichte in der Entwurfsansicht

ACHTUNG **➜ 324**
Datenbank genau untersuchen: Prüfen Sie zuvor genau, welche Verknüpfungen zwischen den Datentabellen bestehen, bevor Sie Elemente löschen, die vielleicht noch gebraucht werden. Dies gilt auch für indizierte Felder.

Daten eingeben

WO? WOMIT?

Daten eingeben

→ 306

▶ Öffnen Sie eine Tabelle in der Datenblattansicht.
▶ Beginnen Sie im ersten Feld mit den angeforderten Daten, indem Sie sie einfach eintippen. Befindet sich in einem Feld der Eintrag (AutoWert) überspringen Sie dieses Feld und klicken gleich in die nächste Spalte.

Von einer Spalte zur nächsten

▶ Klicken Sie entweder mit der Maus in die zu bearbeitende Spalte, oder springen Sie mit der Taste ⇥ von einer Spalte zur nächsten. In der letzten Spalte springt der Eingabebalken automatisch in die nächste Spalte der folgenden Zeile.
▶ Bei AutoWert-Feldern hören Sie eine Warnmeldung. Es werden keine Eingaben angenommen. Springen Sie zur folgenden Spalte.

Neuen Datensatz eingeben

▶ Begeben Sie sich zur ersten freien Zeile und dort in die erste Spalte, und geben Sie neue Daten ein.
▶ In langen Tabellen empfiehlt es sich, auf dieses Symbol unten neben dem horizontalen Rollbalken zu klicken, um in die erste Zelle eines neu einzugebenden Datensatzes zu gelangen.
▶ Geben Sie die Daten des neuen Datensatzes ein.

Zwischen Datensätzen bewegen

▶ Klicken Sie auf diese Pfeiltasten, um nach vorne oder nach hinten durch die Datensätze der Tabelle zu springen.
▶ Über diese beiden Schaltflächen gelangen Sie zum ersten oder zum letzten Datensatz.

INFO
Pluszeichen: Zeigt an, daß sich zu diesem Datensatz in einem Unterformular ein zugehöriger Datensatz befindet. Klicken Sie auf das Pluszeichen, um den Datensatz in Augenschein zu nehmen. Ein Klick auf das Minuszeichen schließt den Datensatz wieder.

INFO → 302
Unterdatenblatt anlegen

INFO → 299
AutoWerte

INFO → 294
Datensatz

INFO
Neuer Datensatz und Datensatz löschen: Diese beiden Symbole stehen in der Standardsymbolleiste zur Verfügung. Die Schaltfläche Neuer Datensatz hat die gleiche Funktion wie die Schaltlfäche unten.

Diese Zahl zeigt die Anzahl vorhandener Datensätze an.
Diese Zahl zeigt, welcher Datensatz aktuell aktiv ist.

Formatieren

WO? WOMIT?

Schriftart, -größe, -schnitt und -farbe im Datenblatt festlegen

▶ Wählen Sie in der Datenblattansicht den Menübefehl *Format/Zeichen*...

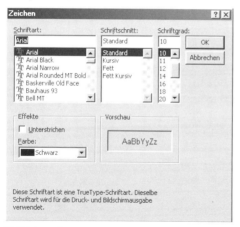

▶ Wählen Sie aus der Liste *Schriftart:* eine andere Schriftart aus.

▶ Aus der Liste *Schriftschnitt:* wählen Sie *Kursiv*, *Fett* oder *Fett Kursiv*, falls Ihnen die Standardeinstellung nicht zusagt.

▶ Die Schriftgröße richten Sie mit der Liste bei *Schriftgrad:* neu ein.

▶ Als Effekt wird die Option *Unterstrichen* angeboten.

▶ Die Liste bei *Farbe*: bietet eine begrenzte Farbauswahl.

▶ Bestätigen Sie Ihre Einstellungen mit Klick auf *OK*. Die Daten im Datenblatt erscheinen in der neuen Formatierung, während die Spaltenbeschriftungen davon nicht berührt sind.

INFO → 51

Formatierungen werden in allen Office-Programmen ähnlich durchgeführt. Besonders ausführlich sind Formatierungen für Word erklärt.

Zellefekte, Rasterlinien und Hintergrundfarbe des Datenblatts

▶ Wählen Sie in der Datenblattansicht den Menübefehl *Format/Datenblatt...*

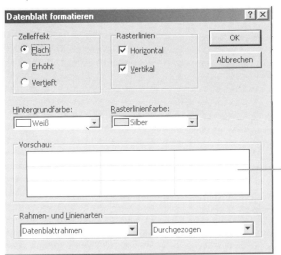

<INFO>
Alle Änderungen können Sie in diesem Vorschaufeld sofort nachvollziehen.

▶ Für die Zelleffekte stehen die Variationen *Flach*, *Erhöht* und *Vertieft* bereit. *Flach* ist die Standardeinstellung.
▶ Rasterlinien blenden Sie aus, indem Sie die entsprechende Option im Feld *Rasterlinien* deaktivieren. Dies ist aber nur bei der Einstellung des Zelleffekts *Flach* möglich.
▶ Aus der Liste *Hintergrundfarbe* wählen Sie eine andere Farbe.
▶ Für die Rasterlinien suchen Sie die Farbe in der Liste *Rasterlinienfarbe:* aus.
▶ Rahmen- und Linienarten können Sie für das Datenblatt insgesamt, für die horizontalen, für die vertikalen Rasterlinien oder für die unterstrichenen Spaltenköpfe festlegen. Wählen Sie das Element, für das Sie eine Einstellung vornehmen möchten, aus der linken Liste im Feld *Rahmen- und Linienarten*.
▶ Im Feld rechts daneben suchen Sie eine Linienart aus.
▶ Wiederholen Sie die Linienartfestlegung für weitere Rahmenelemente des Datenblatts nacheinander.
▶ Klicken Sie auf die Schaltfläche *OK*.

→ 302

INFO
Unterdatenblatt: Wählen Sie den Menübefehl Format/Unterdatenblatt/Alle einblenden, *um das gesamte Unterdatenblatt sichtbar zu machen. Sie sehen dann zu jedem Datensatz der Haupttabelle die zugehörigen Datensätze des Unterdatenblatts. Über* Format/Unterdatenblatt/alles ausblenden, *ändern Sie die Ansicht wieder.* Format/Unterdatenblatt/Entfernen *läßt das Unterdatenblatt aus der Tabelle völlig verschwinden.*

Umgang mit Zeilen und Spalten

WO? WOMIT?

Zeilenhöhe und Spaltenbreite einstellen

▶ Klicken Sie in die Zeile oder Spalte, deren Größe Sie verändern möchten.

▶ Wählen Sie in der Datenblattansicht den Menübefehl *Format/Zeilenhöhe...* oder *Format/Spaltenbreite...*

▶ Geben Sie einen Wert in das Eingabefeld ein. Ein Klick in das Kontrollkästchen vor *Standardhöhe* beziehungsweise *Standardbreite* stellt die Zeile oder Spalte wieder auf einen Standardwert zurück.

▶ Klicken Sie auf *OK*. Wenn keine Spalte oder Zeile in der Tabelle zuvor markiert ist, gilt diese Festlegung für die gesamte Tabelle, sonst nur für die markierte Zeile oder Spalte.

Spalten aus- und einblenden

▶ Klicken Sie in der Datenblattansicht in die auszublendende Spalte.

▶ Wählen Sie den Menübefehl *Format/Spalten ausblenden*. Die Spalte verschwindet, die Daten sind aber nicht gelöscht.

▶ Über *Format/Spalten einblenden...* öffnen Sie eine Liste der vorhandenen Spalten.

▶ Klicken Sie in die Kontrollkästchen vor den Spaltenbezeichnungen, um die Spalten wieder auf den Bildschirm zu bringen.

▶ Klicken Sie auf *Schließen*.

Spalte feststellen

▶ Stellen Sie den Mauszeiger in die einzelne zu fixierende Zelle, oder markieren Sie mehrere in der Datenblattansicht.

▶ Wählen Sie den Menübefehl *Format/Spalten fixieren*. Die rechte Rasterlinie des Spaltenbereichs erscheint dicker. Sie können nun nach rechts durch die Tabelle scrollen, während die fixierten Spalten sichtbar bleiben.

INFO
Zeilen oder Spalten markieren: Klicken Sie auf den Spaltenkopf zum Markieren der Spalte und zum Markieren der Zeile auf den Zeilenkopf. Sie können nur nebeneinanderliegende Spalten oder Zeilen markieren (drücken Sie dabei die Taste ⇧).

TIP
Mit der Maus Spaltenbreite oder Zeilenhöhe variieren: Dies funktioniert in Access wie in Excel.

INFO
Spalte umbenennen: Klicken Sie in die umzubenennende Spalte. Wählen Sie in der Datenblattansicht den Menübefehl Format/Spalte umbenennen. Geben Sie eine neue Spaltenbezeichnung ein.

INFO
Fixierung aufheben: Dafür steht der Menübefehl Format/ Spaltenfixierung aufheben zur Verfügung.

Einfaches Filtern

Wo? Womit?

Nach einem ausgewählten Element der Tabelle filtern

▶ Klicken Sie mit der Maus in eine Zelle der Tabelle, die als Auswahlkriterium für eine Filteraktion dienen soll (zum Beispiel: »Alle Daten, die Jupp betreffen«).

▶ Klicken Sie auf die Symbolschaltfläche *Auswahlbasierter Filter* in der Standardsymbolleiste. Es erscheinen nur noch die zum angeklickten Element gehörigen Datensätze.

Nach mehreren Kriterien auswählen

▶ Klicken Sie auf das Symbol *Formularbasierter Filter* in der Standardsymbolleiste.

▶ Das Tabellenformular erscheint leer. Klicken Sie in ein Feld, aus dem Sie ein Kriterium auswählen möchten. Es zeigt einen Listenpfeil.

▶ Klicken Sie auf den Listenpfeil, und wählen Sie ein Auswahlkriterium aus.

▶ Wiederholen Sie dies für weitere auszuwählende Kriterien. Auf diese Weise bilden Sie Schnittmengen gefilterter Daten.

▶ Klicken Sie auf die Symbolschaltfläche *Filter anwenden*. Alle Daten, die die beiden ausgewählten Kriterien erfüllen, werden angezeigt.

Filterung aufheben

▶ Nachdem Sie eine Filteraktion gestartet haben, erscheint das Filtersymbol eingedrückt. Erneuter Klick auf dieses Symbol hebt die Filterung auf.

TIP

Bereits eingegebene Daten ausblenden: Wählen Sie den Menübefehl Datensätze/ Dateien eingeben, *um bereits eingegebene Daten auszublenden. Bei großen Tabellen entsteht so mehr Übersicht. Die Daten sind nur ausgeblendet. Klicken Sie so lange auf das Filtersymbol, bis die Ansicht der Tabelle wieder komplett ist.*

INFO

Daten auf- und absteigend sortieren: Wie in Excel stehen hierfür in der Standardsymbolleiste diese Schaltflächen zur Verfügung. Die gesamte Tabelle wird nach der Spalte sortiert, in der sich aktuell der Mauszeiger befindet, die also zuletzt angeklickt wurde.

Datentabelle anlegen

▶ Klicken Sie in der Objektleiste des Datenbank-
fensters auf Tabellen.

▶ Doppelklicken Sie auf die
Option *Erstellt eine
Tabelle unter Verwen-
dung des Assistenten.*

▶ Folgen Sie den Schritten
des Assistenten.

Datenbank bearbeiten

▶ Schieben Sie
die Haupt-
übersicht mit Drag&Drop
am blauen Titelbalken
zur Seite, um freien Blick
auf das Datenbank-
fenster zu haben.

▶ In der linken Leiste sind
die Objekte der Daten-
bank aufgeführt. Klicken
Sie auf die Objekt-
kategorie, aus deren
Bereich Sie ein
Datenbankobjekt nach-
bearbeiten möchten.

▶ Im rechten Bereich
dieser Datenbankansicht
erscheinen die einzelnen
Objekte dieser Gruppe.
Markieren Sie das ge-
wünschte – einen Be-
richt, eine Abfrage eine
Tabelle etc.

▶ Klicken Sie auf das
Symbol *Entwurf* in der
Symbolleiste des
Dialogs.

▶ Das Objekt öffnet sich in
der Entwurfsansicht. Mit
den nötigen Kenntnissen
zum Bearbeiten von
Objekten in der
Entwurfsansicht können
Sie nun Änderungen
vornehmen, zum Beispiel
Feldtypdefinitionen in
Tabellen löschen oder
überhaupt einmal fest-
stellen, was für die
jeweiligen Felder defi-
niert wurde, falls es beim
Eingeben in die Formula-
re Probleme gibt, weil
Daten nicht akzeptiert
werden.

Nach einem ausgewähl-
ten Element der Tabelle
filtern

▶ Klicken Sie mit der Maus
in eine Zelle der Tabelle,
die als Auswahlkriterium
für eine Filteraktion
dienen soll (zum Bei-
spiel: »Alle Daten, die
Jupp betreffen«).

▶ Klicken Sie auf die
Symbolschaltfläche
Auswahlbasierter Filter
in der Standardsymbol-
leiste. Es erscheinen nur
noch die zum
angeklickten Element
gehörigen Datensätze.

16

KAPITEL

Feldeigenschaften und Beziehungen

tempo

Felder erstellen und Felddatentyp definieren

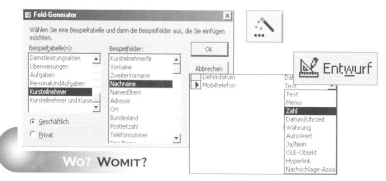

Neues Feld (Spalte) in eine Tabelle einfügen

▶ Öffnen Sie die Tabelle im Entwurfsmodus. Dazu markieren Sie den Tabellennamen im Datenbankfenster und klikken oben links auf die Schaltfläche *Entwurf*.

▶ In der Spalte *Feldname* sind alle Felder der Tabelle untereinander aufgelistet. Klicken Sie in eine freie Zelle.

▶ Tippen Sie den Namen des neuen Feldes ein.

▶ Bestimmen Sie den Datentyp des neuen Feldes (siehe unten)

Neues Feld über den Feldgenerator einfügen

▶ Klicken Sie in der Entwurfsansicht der Tabelle auf die Symbolschaltfläche *Aufbauen* in der Standardsymbolleiste.

▶ Suchen Sie eine Beispieltabelle und daraus ein Beispielfeld aus, und bestätigen Sie dies mit *OK*.

Das Feld an eine andere Position verschieben

▶ Kicken Sie auf den Zeilenkopf des zu verschiebenden Feldes.

▶ Lassen Sie die Maustaste los, und klicken Sie erneut auf den Zeilenkopf.

▶ Ziehen Sie die markierte Zeile an die neue Position. Diese wird mit einer fetten schwarzen Linie gekennzeichnet.

▶ Lassen Sie die Maus an der Zielposition los.

Felddatentyp festlegen

▶ Klicken Sie im Tabellenentwurf (siehe oben) in der Zeile des zu verändernden Feldes in die Spalte *Felddatentyp*.

▶ Klicken Sie den auftauchenden Listenpfeil an.

▶ Wählen Sie aus der ausklappenden Liste den gewünschten *Felddatentyp*. Je nach eingestelltem Felddatentyp ändert sich im Bereich *Feldeigenschaften* das Angebot an Einstellungsmöglichkeiten.

TIP

Vorteil des Entwurfs-Assistenten und des Feldgenerators: Den Feldern sind bereits passende Felddatentypen und Feldeigenschaften zugewiesen. Sie müssen diese nicht manuell vergeben.

BEGRIFFE → 315

Feldeigenschaften: *Vergeben Sie zum Beispiel den Felddatentyp Zahl, ist noch nicht definiert, ob es sich um einen Währungsbetrag, eine Prozentzahl usw. handelt und ob ein bestimmtes Eingabeformat berücksichtigt werden soll. Das erledigen Sie im Bereich Feldeigenschaften.*

Einfache Feldeigenschaften festlegen

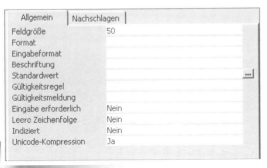

WO? WOMIT?

Das Prinzip

▶ Öffnen Sie die Tabelle in der Entwurfsansicht.

▶ Klicken Sie in das Feld, für das Sie die Feldeigenschaften modifizieren möchten.

▶ Klicken Sie im Bereich *Feldeigenschaften* in das weiße Feld der Eigenschaften, die Sie bearbeiten möchten.

▶ Geben Sie dort neue Werte ein, wählen Sie über einen auftauchenden Listenpfeil einen anderen Wert aus einer Liste aus, oder klicken Sie auf die Schaltfläche mit den drei Pünktchen, um den Ausdrucks-Generator oder Eingabeformat-Assistenten zu öffnen.

▶ Speichern Sie die Tabelle mit Klick auf das Diskettensymbol in der Standardsymbolleiste. Danach sind die Änderungen, die Sie im Tabellenentwurf vorgenommen haben, wirksam.

Anzahl der Zeichen für einzugebenden Text begrenzen

▶ Klicken Sie in der Entwurfsansicht der Tabelle in das zu ändernde Feld. Es sollte den Felddatentyp *Text* haben, wenn es bei diesem Feld um Texteingaben geht.

▶ Im Bereich *Feldeigenschaften* können Sie bei *Feldgröße* nachprüfen, wie viele Zeichen standardmäßig zur Eingabe erlaubt sind. Geben Sie eine neue Zahl ein, maximal jedoch 255 Zeichen.

Formate für Datum, Uhrzeit und spezielle Nummern – der Eingabeformat-Assistent

▶ Vorbereitete Formate finden Sie in den *Feldeigenschaften* im Feld *Format*. Klicken Sie auf den Listenpfeil.

▶ Es klappt eine Liste aus, aus der Sie ein anderes Format wählen können.

INFO

Bei den Felddatentypen Auto-Wert und Zahl können Sie über die Angaben des Zahlentyps den Wertebereich möglicher Zahlen begrenzen.

TIP

Eine Beschreibung zu der jeweiligen Feldeigenschaft erhalten Sie rechts neben den Eingabefeldern, nachdem Sie in das Feld der fraglichen Eigenschaft geklickt haben.

▶ Weitere Einstellungen nehmen Sie anschließend im Feld *Eingabeformat* vor. Klicken Sie auf die Schaltfläche mit den drei Pünktchen.

Datum, kurz	▼
Standarddatum	19.06.94 17:34:23
Datum, lang	Sonntag, 19. Juni 1!
Datum, mittel	19. Jun. 94
Datum, kurz	**19.06.94**
Zeit, lang	17:34:23
Zeit, 12Std	05:34
Zeit, 24Std	17:34

▶ Sie erhalten einen Hinweis, daß die Tabelle erst gespeichert werden muß. Bestätigen Sie ihn mit Klick auf *OK*.

▶ Der Eingabeformat-Assistent erscheint. Wählen Sie ein Eingabeformat durch Anklicken aus.

▶ Testen Sie eine Eingabe im Feld *Testen:* Geben Sie irgendein Datum ein. Klicken Sie auf *Weiter*.

▶ Wenn Sie das Eingabeformat ändern möchten, ändern Sie die Anordnung der Nullen oder wählen ein anderes Platzhalterzeichen, das dem Benutzer gezeigt werden soll.

▶ Testen Sie die Eingabe. Klicken Sie auf *Weiter* und anschließend auf *Fertig stellen*.

Festlegungen für Eingabeformate wie Postleitzahlen, ISBN-Nummern, Telefonnummern ...

▶ Vergeben Sie den Felddatentyp *Text*.

▶ Nehmen Sie weitere Einstellungen für die Feldeigenschaft *Eingabeformat* vor. Klicken Sie auf die Aufbauen-Schaltfläche. Der Eingabe-Format-Assistent startet (siehe oben).

▶ Wählen Sie ein Format aus, und bearbeiten Sie es gegebenenfalls in den folgenden Schritten weiter, falls Sie das wollen.

Standardwert eines Eingabefeldes festlegen

▶ Klicken Sie in das Feld *Standardwert*.

▶ Geben Sie einen Text oder eine Zahl ein. Komplexere Festlegungen erledigen Sie mit dem  Ausdrucks-Generator, den Sie über die Pünktchenschaltfläche starten. Der Text erscheint in Anführungszeichen.

Dezimalstellen für Eingaben festlegen

▶ Für den Felddatentyp *Zahl* steht die Feldeigenschaft *Dezimalstellen* bereit. Klicken Sie auf den Listenpfeil dieser Feldeigenschaft, und wählen Sie die Anzahl der Dezimalstellen aus der Liste aus.

ACHTUNG → 769

Nachinstallation möglich: Der Eingabeformat-Assistent wird bei der Standardinstallation nicht berücksichtigt. Es kann also sein, daß Sie einen Hinweis erhalten, daß Sie dies jetzt nachholen müssen. Klicken Sie auf OK, und legen Sie Ihre Office-CD ins CD-Laufwerk. Der Rest passiert automatisch, und das Feature steht Ihnen nach einigen Sekunden zur Verfügung.

INFO → 321

Eigenes Eingabeformat festlegen

→ 318

BEGRIFFE

Standardwert: Ist ein Feldinhalt, der immer dann vorhanden ist, wenn der Benutzer nichts anderes eingibt.

Benutzereingaben in Felder erzwingen

▶ Die Feldeigenschaft *Eingabe erforderlich* steht standard-mäßig auf *Nein*. Klicken Sie auf den Listenpfeil neben dieser Eigenschaft.

▶ Wählen Sie *Ja* aus der Liste. Wenn der Benutzer der Tabelle oder des daraus generierten Formulars keine Eingabe in diesem Feld vornimmt, erhält er beim Versuch, den Datensatz zu verlassen, eine Fehlermeldung.

Doppelte Werte in einem Feld verhindern

▶ Stellen Sie die Feldeigenschaften *Indiziert* auf *Ja (Ohne Duplikate)*.

Leere Zeichenfolgen zulassen

▶ In Text-, Hyperlink und Memofeldern wählen Sie bei der Feldeigenschaft *Leere Zeichenfolge* die Einstellung *Ja*.

AutoWerte nach dem Zufallsprinzip

▶ Aktivieren Sie in der Entwurfsansicht der Tabelle das Feld, in dem Sie als Felddatentyp *AutoWert* eingestellt haben.

▶ Bei den Feldeigenschaften wird die Eigenschaft *Neue Werte* angeboten. Hier wird festgelegt, wie die AutoWerte durchgezählt werden. Standardmäßig ist *Inkrement* eingestellt. Wählen Sie über den Listenpfeil die Einstellung *Zufall*.

▶ Sie erhalten einen Warnhinweis. Bestätigen Sie ihn mit Klick auf *Ja*. Danach werden zum Teil abenteuerliche Auto-Werte vergeben.

▶ Selbst wenn Sie danach den AutoWert wieder auf *Inkrement* zurückstellen – was durchaus möglich ist –, hat dies keinen Effekt.

→ 331

INFO
Beschriftungen direkt im Formular ändern.

INFO
Die Eigenschaft Indiziert: *Die aktivierte Eigenschaft* Indiziert *beschleunigt das Suchen und Sortieren nach einem Feld. Allerdings wird die Datenbank dabei möglicherweise etwas langsamer.*

BEGRIFFE
Inkrement: *Erhöhung eines Wertes um immer einen festen Betrag, so daß sich eine bestimmte Datenreihe ergibt. Das Inkrement für AutoWert ist 1, die Datensätze werden also immer eins weitergezählt.*

INFO
Feldgrößen beim AutoWert: Standardmäßig ist Long Integer *eingestellt.*

Gültigkeitsregeln – der Ausdrucks-Generator

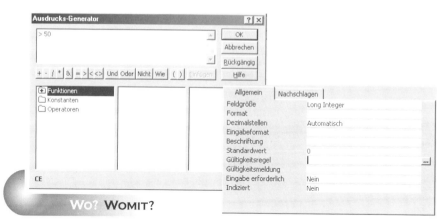

Gültigkeitsregeln definieren

▶ Klicken Sie in das Feld der Eigenschaft *Gültig-* **→ 315**
   keitsregel.

▶ Aktivieren Sie die *Aufbauen*-Schaltfläche. Der Ausdrucks-Generator startet. Hier geben Sie in das oberste Feld ein, welche Bedingung(en) der eingegebene Wert erfüllen muß. Dazu stehen verschiedene Funktionen und eine bestimmte Syntax zur Verfügung (siehe Tabellen weiter hinten).

▶ Sie können den Ausdruck manuell eingeben, oder Sie verwenden die Übersichten und Operatorenschaltflächen dazu.

Operatoren einfügen

▶ Geben Sie in das Bearbeitungsfeld einen Wert oder einen Verweis auf ein Feld aus einer anderen Tabelle oder aus einem anderen Formular ein.

▶ Klicken Sie in der Leiste der Operatoren auf einen gewünschten Operator.

▶ Dieser erscheint im Ausdruck oben. Um zusätzliche Operatoren zur Auswahl anzuzeigen, klicken Sie unten links in der Liste der Ausdruckselemente auf *Operatoren.*

▶ Wählen Sie in der mittleren Liste die Kategorie, oder klicken Sie auf *<Alle>*.

▶ In der rechten Liste werden die Operatoren in der jeweiligen Kategorie aufgeführt. Doppelklicken Sie auf den gewünschten Operator.

Funktionen einfügen

▶ Doppelklicken Sie in der Liste der Ausdruckselemente auf *Funktionen*. Es öffnet sich ein Unterzweig.

▶ Klicken Sie auf *Eingebaute Funktionen*.

▶ Wählen Sie in der mittleren Liste die gewünschte Kategorie, oder klicken Sie auf *<Alle>*.

▶ Wählen Sie mit Doppelklick aus der rechten Liste eine Funktion aus.

▶ Die Funktion wird in das Ausdrucksfeld eingefügt. Ergänzen Sie die benötigten Argumente.

▶ Klicken Sie auf *OK*, wenn Sie mit der Ausdruckserstellung fertig sind. Die Gültigkeitsregel wird im Eigenschaften-Feld dargestellt.

Gültigkeitsmeldungen festlegen

▶ Wenn der Benutzer in die Tabelle einen Wert eingibt, der dieser Gültigkeitsregel widerspricht, erscheint eine Standardfehlermeldung, die auf die Gültigkeitsregel hinweist. Um dies für den Anwender etwas aufschlußreicher zu gestalten, gibt es die frei festzulegenden Gültigkeitsmeldungen.

▶ Klicken Sie im Tabellenentwurf auf die Feldeigenschaft *Gültigkeitsmeldung*.

▶ Geben Sie einen Text ein.

▶ Danach erscheint bei fehlerhafter Eingabe durch den Benutzer eine Fehlermeldung, die diesen Text zeigt.

INFO Einfügen

Schaltfläche Einfügen:
Anstatt doppelzuklicken,
können Sie die Ausdrucks-
elemente auch über die
Schaltfläche Einfügen in den
Ausdruck übernehmen.

INFO → 261
Mathematische Funktionen in
Excel

INFO → 254
Argumente

INFO → 721
Schnelle Detailinfo zu den
Funktionen erhalten Sie über
die Hilfe.

INFO → 318
Eine Information über die
Argumente einer Funktion
erhalten Sie unten im Fenster
des Ausdrucks-Generators.

Rechts(stringexpr; n)

| Gültigkeitsregel | >50 |
| Gültigkeitsmeldung | zu niedrig! |

Verweise in Ausdrücken

Objektnamen (Tabellen, Formulare, Abfragen, Berichte, Steuerelemente)	In eckige Klammern. Die aktuelle Tabelle, in deren Entwurf Sie gerade arbeiten, das aktuelle Formular usw. muß nicht mit seinem Objektnamen eingefügt werden. Der Ausdruck bezieht sich automatisch auf dieses Objekt.
Feld aus anderer Tabelle	Ein Ausrufezeichen verbindet den Tabellennamen und den Feldnamen aus dieser Tabelle, zum Beispiel: *[Kostenkontrolle]![Juni]* bedeutet: Das Feld *Juni* aus der Tabelle *Kostenkontrolle*.
Feld aus anderem Formular oder anderem Bericht	Geben Sie den Objekttyp vor dem Formularnamen und dem Feldnamen ein, zum Beispiel: *Formulare![Zeiterfassung]![Stundenzahl]* bedeutet: Im Formular *Zeiterfassung* Inhalt von *Stundenzahl*.
Verweise auf Eigenschaften	Geben Sie durch einen Punkt getrennt den Namen der Eigenschaft an, zum Beispiel *Formulare![Zeiterfassung].Standardansicht* bedeutet: Die Eigenschaft *Standardansicht* des Formulars *Zeiterfassung*

Arithmetische Operatoren

^	Potenz (3^3 ergibt 27: 3*3*3)	\	Ganzzahlige Division (24\7 = 3), der Rest fällt weg.
-	Subtraktion (minus)	+	Addition (plus)
/	Division (geteilt)	Mod	Restwertdivision (24Mod7 = 3), es wird nur der Rest ausgegeben.

Logische Operatoren

Äqv	Äquivalenz (gleicher Wahrheitswert)	Nicht	Nicht-Verknüpfung
ExOder	Exclusive Oder-Verknüpfung	Imp	Implikation (wenn, dann...)
Oder	Inklusive Oder-Verknüpfung (...und, oder...)	Und	Und-Verknüpfung

Funktionen

Konvertierung	Ein Wert wird umgerechnet, zum Beispiel in eine hexadezimale Darstellung.
Datum/Uhrzeit	Funktionen rund um Datumsdarstellungen, Zeitraumberechnungen und Darstellung von Minuten, Monaten und anderenZeiteinheiten.
Allgemeine	Verschiedene Aktionen wie Ausführen, Einstellungen speichern oder löschen usw.
Mathematische	Mathematische Funktionen wie Exponentialberechungen, Sinus, Quardratwurzel.
Text-Funktionen	Text in Großbuchstaben oder Kleinbuchstaben setzen, Textlänge usw.

BEGRIFFE

Operatoren: Verbinden Elemente eines Ausdrucks logisch oder durch eine mathematische Operation. Konstanten: Ein festgelegter Wert.
Bezeichner: Verweise auf Felder, Steuerelemente oder Eigenschaften eines Objekts.

INFO

Vergleichsoperatoren

INFO

Konstanten: Es werde folgende Konstanten in der Liste angeboten: ""-Leere Zeichenfolge, Falsch, Null, Wahr.

Eingabeformate selbst definieren

Eingabeformat-Assistent starten

▶ Klicken Sie bei der Feldeigenschaft *Eingabeformat* der Felddatentypen *Text* oder *Datum/Uhrzeit* auf die Schaltfläche mit den drei Pünktchen.

▶ Im ersten Dialog des Assistenten klicken Sie auf die Schaltfläche *Bearbeiten*.

▶ Klicken Sie auf diese Schaltfläche, um einen neuen Datensatz für das benutzerdefinierte Format anzulegen.

▶ Geben Sie in das Feld *Beschreibung:* einen Namen für das Format ein.

▶ Im Feld *Eingabeformat:* definieren Sie das Eingabeschema (siehe folgende Tabelle).

▶ Platzhalter werden im Eingabeformular dem Benutzer für noch nicht eingegebene Bestandteile des Formats angezeigt. Standardmäßig ist _ eingestellt.

▶ Geben Sie eine Beispieleingabe vor.

▶ Wählen Sie bei *Formattyp* zwischen *Text/Ungebunden* und *Datum/Uhrzeit*, und klicken Sie auf *Schließen*.

INFO ▶✱
Sonstige Zeichen für Platzhalter: .,:;-/

Zeichen zur Definition des Eingabeformats

0	Eine einstellige Ziffer. Keine Plus- und Minuszeichen. Eingabe erforderlich
9	Eine Ziffer oder ein Leerzeichen. Keine Plus- und Minuszeichen. Eingabe optional.
#	Eine Ziffer oder ein Leerzeichen. Plus- und Miunszeichen möglich. Eingabe optional.
L	Ein Buchstabe des Alphabets. Eingabe Erforderlich.
?	Ein Buchstabe. Eingabe optional.
A	Ein Buchstabe oder eine Ziffer. Eingabe erforderlich.
a	Ein Buchstabe oder eine Ziffer. Eingabe optional.
&	Beliebiges Zeichen oder Leerzeichen. Eingabe erforderlich.
C	Beliebiges Zeichen oder Leerzeichen. Eingabe optional.

INFO
Speziellere Zeichen:
< Alle folgenden Zeichen werden in Kleinbuchstaben umgewandelt.
> Alle folgenden Zeichen werden in Großbuchstaben umgewandelt.
! Die Eingabemaske wird von dieser Stelle von rechts nach links ausgefüllt.
\ Das folgende Zeichen wird als Platzhalter angezeigt.

Daten aus einer vorgegebenen Liste auswählen

WO? WOMIT?

▶ Vergeben Sie für das Feld, für dessen mögliche Inhalte Sie Vorgaben machen möchten, in der Entwurfsansicht den Felddatentyp *Text* oder *Zahl*.

▶ Im Bereich der Feldeigenschaften rufen Sie das Register *Nachschlagen* auf.

▶ Wählen Sie im Feld *Steuerelement anzeigen* den Eintrag *Kombinationsfeld* oder *Listenfeld* aus. Danach erscheinen weitere Felder im Register *Nachschlagen*.

▶ Bei *Herkunftstyp* wählen Sie *Wertliste* aus der Liste der angebotenen Typen.

▶ Bei *Datensatzherkunft* geben Sie die Listeneinträge ein, und zwar jeden Eintrag durch ein Semikolon voneinander getrennt:

▶ Die weiteren Einstellungen beziehen sich zum größten Teil auf das Aussehen der Liste. Sie können Einstellungen vornehmen, Sie können es auch bei den automatischen Einstellungen belassen.

▶ Prüfen Sie die Einstellungen, indem Sie erst den Entwurf speichern und dann zur Tabellenansicht wechseln.

INFO
Kombinationsfeld oder Listenfeld: Der Benutzer kann bei der Dateneingabe zwischen den Optionen pro Stunde und pro Seite aus einer Liste auswählen.

BEGRIFFE
Steuerelement: *Ein Steuerelement kann ein Kontrollkästchen zur Auswahl einer Option, ein Listenfeld, ein Kombinationslistenfeld, ein einfaches Textfeld oder eine Befehlsschaltfläche sein.*

INFO
Andere Herkunftstypen: Es werden neben Wertliste Tabelle/Abfrage und Feldliste angeboten. Tabelle/Abfrage bezieht sich auf die Inhalte einer anderen Tabelle oder Abfrage, während bei Auswahl von Feldliste die Feldnamen einer Tabelle oder Abfrage angezeigt werden sollen. Die genaue Angabe, um welche Tabelle oder Abfrage es sich handelt, erfolgt im Feld Datensatzherkunft.

Daten aus einer anderen Tabelle oder Abfrage zur Auswahl zur Verfügung stellen

▶ Wählen Sie in der Entwurfsansicht der Tabelle als Felddatentyp *Text* oder *Zahl*.

▶ Wechseln Sie im Bereich der Feldeigenschaften auf das Register *Nachschlagen*.

▶ Wählen Sie als Steuerelement *Kombinationsfeld* oder *Listenfeld*.

▶ Im Feld *Herkunftstyp*, das danach auftaucht, wählen Sie *Tabelle/Abfrage*.

▶ Im Feld *Datensatzherkunft* geben Sie schließlich die Spalte an, aus der die Daten angeboten werden. Dazu klicken Sie auf die Schaltfläche mit den drei Pünktchen, die sich rechts in dem Feld befindet.

▶ Ein Dialog *Tabelle anzeigen* erscheint, der die in der aktuellen Datenbank vorhandenen Tabellen und Abfragen anbietet. Markieren Sie die gewünschte Tabelle oder im Register *Abfragen* eine Abfrage mit der Maus.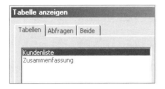

▶ Klicken Sie auf die Schaltfläche *Hinzufügen*.

▶ Im *SQL-Anweisung: Abfrage-Generator* im Hintergrund erscheint ein Fensterchen mit der Liste der Datenfelder der hinzugefügten Tabelle oder Abfrage. Sie können weitere durch Auswahl einer Tabelle oder Abfrage hinzufügen. Klicken Sie im Dialog *Tabelle anzeigen* auf *Schließen*.

▶ Doppelklicken Sie auf das gewünschte Feld in der Liste der Tabellenfelder.

▶ Das gewünschte Feld wird unten eingefügt.

▶ Schließen Sie den Abfrage-Generator über die Schließen-Schaltfläche in seinem Titelbalken.

▶ Bestätigen Sie die Nachfrage des Assistenten, ob Sie speichern möchten, mit Klick auf *Ja*.

▶ Im Feld *Datensatzherkunft* erscheint nun eine sogenannte SQL-Anweisung. Benutzen Sie die Pfeiltasten Ihrer Tastatur, um Sie vollständig zu lesen.

▶ Dem Benutzer werden die Daten der bisher eingegebenen und auch gespeicherten Datenvarianten aus der gewählten Tabelle zur Auswahl angeboten. Jede Variante wird einmal aufgelistet, kommt ein Wert in der Spalte der Ursprungstabelle also öfter vor, steht er nur einmal in der Auswahlliste der anderen Tabelle.

| Nur Listeneinträge | Ja |

INFO
Nur Daten aus der Liste akzeptieren: Geben Sie im Register Nachschlagen *der Feldeigenschaften im Feld* Nur Listeneinträge Ja *an.*

BEGRIFFE
SQL: *Engl., structured query language, das heißt strukturierte Abfragesprache.*

Beziehungen bearbeiten

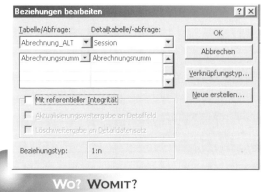
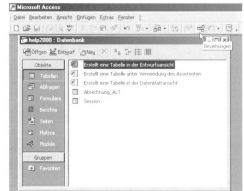

WO? WOMIT?

▶ Schließen Sie alle Objekte.
▶ Klicken Sie im Datenbankfenster auf dieses Symbol.

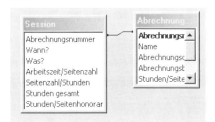

▶ Die Datenbankobjekte werden im Dialog *Beziehungen* angezeigt. Über diese Symbolschaltfläche machen Sie alle Beziehungen der Datenbank sichtbar.
▶ Doppelklicken Sie auf eine Verbindungslinie zwischen zwei Objekten, um die Beziehung zwischen diesen Objekten zu bearbeiten. Falls keine Verbindungslinie sichtbar ist, ist auch keine Beziehung definiert. Doppelklicken Sie dann einfach in die leere Fläche. Der Dialog *Beziehungen bearbeiten* erscheint.

Andere Felder verknüpfen
▶ Wählen Sie im Dialog *Beziehungen bearbeiten* entweder ein anderes Feld aus der Liste, um das bisherige zu ersetzen.
▶ Oder klicken Sie in ein leeres Feld, und suchen Sie ein weiteres aus.
▶ Bestätigen Sie die Verknüpfung mit Klick auf *OK*, und beantworten Sie die Frage des Assistenten mit *Nein,* falls er eine stellt.

NOCH SCHNELLER
Beziehungen erstellen per Drag&Drop: Klicken Sie in der ersten Tabelle auf das zu verknüpfende Feld, und halten Sie die Maustaste gedrückt. Ziehen Sie hinüber in das zu verknüpfende Feld des an-deren Objekts. Der Dialog Beziehungen bearbeiten erscheint mit den richtigen Eintragungen. Klicken Sie auf die Schaltfläche Erstellen.

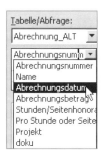

Andere Objekte verknüpfen

▶ Wenn ein Datenbankobjekt, das Sie verknüpfen möchten, im Dialog *Beziehungen* nicht angezeigt wird, klicken Sie auf dieses Symbol.

▶ Wählen Sie im folgenden Dialog das Register des gewünschten Objekts.

▶ Markieren Sie das Objekt, das Sie in eine Beziehung setzen wollen.

▶ Klicken Sie auf *Hinzufügen*.

▶ Haben Sie alle gewünschten Objekte ausgesucht, klicken Sie auf die Schaltfläche *Schließen*.

▶ Öffnen Sie den Dialog *Beziehungen bearbeiten*. ➜ 324

▶ Klicken Sie auf *Neue erstellen...*

▶ Alle Objekte aus dem Dialog *Beziehungen* sind in den Listen aufgeführt. Wählen Sie diejenigen aus, zwischen denen eine Beziehung erstellt werden soll.

▶ Aus den Listen *Linker Spaltenname* und *Rechter Spaltenname* wählen Sie die zu verknüpfenden Felder der Datenbankobjekte.

▶ Bestätigen Sie die Beziehung mit Klick auf *OK*.

▶ Im Dialog *Beziehungen bearbeiten* klicken Sie zunächst auf *Verknüpfungstyp...* (siehe unten). Um die Beziehung endgültig in der Datenbank zu definieren, klicken Sie auf *Erstellen*.

Beziehungstyp definieren

▶ Klicken Sie im Dialog *Beziehungen bearbeiten* auf die Schaltfläche *Verknüpfungstyp...*

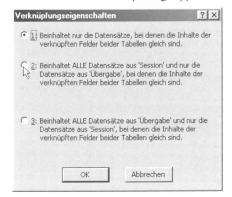

▶ Klicken Sie die gewünschte an, und bestätigen Sie dies mit *OK*.

INFO
Beziehungstyp nicht vergessen: Jeder Beziehung zwischen zwei Objekten ist ein Beziehungstyp oder auch Verknüpfungstyp (Access verwendet beide Begriffe) zugeordnet.

INFO
Beziehungen löschen: Die Beziehungen werden mit solchen Verknüfpungslinien angezeigt. Klicken Sie eine Linie an – sie erscheint dann fett –, und drücken Sie die Taste Entf*. Das gesamte Beziehungslayout löschen Sie über diese Schaltfläche in der Symbolleiste oben im Fenster.*

> ⊡ Erstellt eine Tabelle in der Entwurfsansicht
> ⊡ Erstellt eine Tabelle unter Verwendung des Assistenten
> ⊡ Erstellt eine Tabelle in der Datenblattansicht
> ⊞ Kundenliste

Feld (Spalte) in einer Tabelle hinzufügen

▶ Öffnen Sie die Tabelle im Entwurfsmodus. Dazu markieren Sie den Tabellennamen im Datenbankfenster und klicken oben links auf die Schaltfläche *Entwurf*.

▶ In der Spalte *Feldname* sind alle Felder der Tabelle untereinander aufgelistet. Klicken Sie in eine freie Zelle.

▶ Tippen Sie den Namen des neuen Feldes ein.

Einfache Feldeigenschaften festlegen

▶ Öffnen Sie die Tabelle in der Entwurfsansicht.

▶ Klicken Sie in das Feld, für das Sie die Feldeigenschaften modifizieren möchten.

▶ Klicken Sie im Bereich *Feldeigenschaften* in das weiße Feld der Eigenschaften, die Sie bearbeiten möchten.

▶ Geben Sie dort neue Werte ein, wählen Sie über einen auftauchenden Listenpfeil einen anderen Wert aus einer Liste aus, oder klicken Sie auf die Schaltfläche mit den drei Pünktchen, um den Ausdrucks-Generator zu öffnen und einen Ausdruck zu definieren.

▶ Speichern Sie die Tabelle mit Klick auf das Diskettensymbol in der Standardsymbolleiste.

Gültigkeitsregeln definieren

▶ Klicken Sie in das Feld der Eigenschaft *Gültigkeitsregel.*

▶ Aktivieren Sie die *Aufbauen*-Schaltfläche. Der Ausdrucks-Generator startet. Hier geben Sie in das oberste Feld ein, welche Bedingung(en) der eingegebene Wert erfüllen muß.

▶ Sie können den Ausdruck manuell eingeben, oder Sie verwenden die Übersichten und Operatorenschaltflächen dazu.

Beziehungen bearbeiten

▶ Schließen Sie alle Objekte.

▶ Klicken Sie im Datenbankfenster auf dieses Symbol.

Formulare erstellen und gestalten

17

KAPITEL

tempo

Formular aus Tabelle erstellen lassen

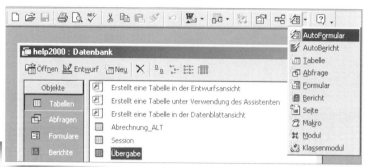

Wo? Womit?

▶ Markieren Sie im Datenbankfenster die Tabelle, aus der ein Eingabeformular erstellt werden soll.

▶ Klicken Sie in der Symbolleiste auf das Symbol *Neues Objekt: AutoFormular*. Nach einigen Sekunden – je nach Tabellengröße – erscheint ein Formular auf dem Bildschirm.

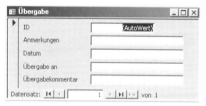

▶ Wenn Sie das Formular zum ersten Mal schließen, werden Sie automatisch zum Speichern des Formulars aufgefordert. Übernehmen Sie den Namen, der identisch ist mit dem Tabellennamen, oder geben Sie einen anderen ein.

▶ Bestätigen Sie das Speichern mit Klick auf *OK*.

▶ Das Formular ist danach aus dem Datenbankfenster aufzurufen. Klicken Sie in der Objektleiste auf *Formulare*, und wählen Sie rechts aus der Liste das gewünschte Formular aus.

Formular mit Hilfe des Assistenten erstellen

WO? WOMIT?

▶ Klicken Sie in der Objektleiste des Datenbankfensters auf Formulare.

▶ Ein Doppelklick auf *Erstellt ein Formular unter Verwendung des Assistenten* startet den Formular-Assistenten.

▶ In der Liste *Tabellen/Abfragen* sind alle Tabellen oder Abfragen der Datenbank aufgeführt. Klicken Sie auf den Listenpfeil, und suchen Sie eine aus, deren Daten über das Formular erfaßt werden sollen.

▶ Im Bereich *Verfügbare Felder:* werden alle Felder (Spalten) der jeweiligen Datentabelle aufgelistet. Mit Klick auf die Schaltfläche mit dem Doppelpfeil nach rechts übernehmen Sie alle Felder der Tabelle in das neue Formular. Die Schaltfläche mit dem einfachen Pfeil übernimmt immer nur das jeweils markierte Feld. Die Schaltflächen, deren Pfeile nach links zeigen, entfernen versehentlich ausgewählte Felder wieder.

▶ Wenn Sie mit der Zusammenstellung der Felder fertig sind, klicken Sie auf *Weiter*.

▶ Der nächste Schritt bezieht sich auf das Formular-Layout. Klicken Sie nacheinander die zur Auswahl stehenden Optionen an. Eine Vorschau zeigt an, was sich jeweils hinter den Angaben verbirgt. Wenn Sie sich entschieden haben, fahren Sie mit Klick auf *Weiter* fort.

INFO
Felder zusammenfassen: Es ist möglich, Felder aus mehreren Tabellen für ein Eingabeformular auszuwählen.

TIP
Vollständige Übernahme nicht notwendig: Sie müssen nicht alle Felder einer Tabelle in das Formular übernehmen. Sie haben freie Auswahl.

INFO
Doch noch Änderungsbedarf? Wenn Sie später doch noch etwas an der Feldauswahl ändern möchten, können Sie über die Schaltfläche Zurück wieder zu diesem Auswahldialog gelangen und nachbessern.

▶ Jetzt geht es layouttechnisch ins Detail. Eine Liste von Vorlagen wird Ihnen angeboten. Probieren Sie sie der Reihe nach durch, und prüfen Sie in der Vorschau den Effekt. Wenn keine richtig gefällt – kein Problem, Sie können nachträglich Änderungen vornehmen. Suchen Sie erst einmal eine aus, und klicken Sie auf *Weiter*.

INFO
Dateinamen

▶ Tippen Sie einen Namen für Ihr neues Formular ein.

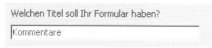

▶ In diesem Schritt haben Sie noch die Wahl zwischen zwei Alternativen:
Das Formular öffnen: Zeigt das Formular in der normalen Ansicht, so daß gleich mit der Dateneingabe begonnen werden kann.
Den Formularentwurf verändern: Öffnet das Formular in der Entwurfsansicht.
Klicken Sie eine der Optionen an. Falls Sie zusätzlich Hilfe benötigen, aktivieren Sie noch die letzte Option unten im Fenster.

▶ Beenden Sie den Assistenten mit Klick auf die Schaltfläche *Fertig stellen*.

INFO
Die Ansichten: Für alle Datenbankobjekte gibt es eine Entwurfs- und eine Normalansicht. Die Entwurfsansicht erlaubt das Ändern der Gestaltung und der sogenannten Objekteigenschaften. Eingaben erfolgen immer in der Normal- oder Datenblattansicht.

Zwischen Ansichten umschalten

▶ Oben links in der Symbolleiste des Access-Bildschirms befindet sich eine Schaltfläche zum Umschalten.

Formularansicht – bereit zur Eingabe

Entwurfsansicht – alle Elemente des Formulars können gestaltet werden

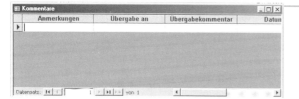

Datenblattansicht – zeigt die Datentabelle, die schließlich die Daten enthält

Formular optisch gestalten

Wechseln in die Entwurfsansicht

▶ Öffnen Sie das Formular.

▶ Klicken Sie auf dieses Symbol oben links im Access-Bildschirm.

INFO
Formular direkt in der Entwurfsansicht öffnen: Markieren Sie das Formular im Datenbankfenster. Klicken Sie in der Symbolleiste des Fensters auf diese Schaltfläche.

Hintergrundfarbe des Formulars ändern

▶ Klicken Sie mit der rechten Maustaste auf eine freie Formularfläche.

▶ Wählen Sie *Füll-/Hintergrundfarbe* aus dem Kontextmenü.

▶ Es klappt ein Untermenü mit Farbfeldern auf. Klicken Sie auf die gewünschte Farbe, und das Formular färbt sich neu ein.

Markieren von Formularelementen

▶ Alle Bestandteile eines Formulars werden mit einfachem Mausklick markiert.

▶ Mehrere Elemente markieren Sie, indem Sie beim Klicken die Taste ⇧ gedrückt halten.

Ein markiertes Objekt ist an den Markierungspunkten zu erkennen.

▶ Alternativ ziehen Sie einen Markierungsrahmen auf. Mit der Maus in einem freien Bereich des Formulars ansetzen und quer über die zu markierenden Objekte ziehen. Diese erscheinen dann markiert.

▶ Alle Elemente markieren Sie am einfachsten über den Menübefehl *Bearbeiten/Alles markieren*.

▶ Eine Markierung heben Sie wieder auf, indem Sie einmal neben das Element klicken.

NOCH SCHNELLER
Alle markieren: Drücken Sie die Tasten Strg + A gleichzeitig.

Formularelemente verschieben, vergrößern und verkleinern

▶ Ein Textfeld besteht aus jeweils zwei Elementen – dem Eingabefeld und der Beschriftung. Man kann beide zusammen oder getrennt voneinander bewegen. Die Form des Mauszeigers signalisiert, welche Aktion gerade durchgeführt wird.

Oben werden beide Teile verschoben, unten nur das Beschriftungsfeld.

▶ Die Seitenbegrenzungen des Formulars verschieben Sie, indem Sie den Mauszeiger auf die Begrenzung stellen, und wenn dieser die Form des Doppelpfeils annimmt, ziehen

Sie die Begrenzung in die gewünschte Richtung. Danach lassen Sie die Maustaste einfach wieder los.

▶ Einzelne Elemente können ebenfalls mit Hilfe der Maus skaliert werden, indem Sie mit der Maus an den Markierungspunkten ziehen.

Elemente am Raster ausrichten

▶ Damit nicht alles völlig durcheinander erscheint, gibt es die Möglichkeit, Elemente an einem Raster auszurichten. Falls kein Raster sichtbar ist, klicken Sie mit der rechten Maustaste die Formularfläche.

▶ Wählen Sie aus dem Kontextmenü *Raster*.

▶ Über den Menübefehl *Format/Am Raster ausrichten* erreichen Sie, daß das Raster »magnetisch« ist. So ist es einfacher, Objekte bündig auszurichten.

Ausrichtungen linksbündig, zentriert oder rechtsbündig

Schriftart, -farbe, -größe und -ausrichtung

▶ Markieren Sie alle Elemente, deren Schriftart und -größe gleich sein soll.

▶ Wie in allen Office-Programmen befinden sich die wichtigsten Werkzeuge zur Formatierung in der Formatierungssymbolleiste.

Fett, kursiv oder unterstrichen

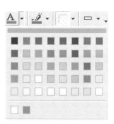

Element Schriftart und -größe

▶ Klicken Sie auf die Listenpfeile neben den Formatierungssymbolen, und wählen Sie die gewünschten Einstellungen aus.

Element der neuen Textgröße anpassen

▶ Markieren Sie das Objekt, dessen Maß an den enthaltenen Text angepaßt werden soll.

▶ Wählen Sie den Menübefehl *Format/Größe/an Textgröße*. Die Maße stellen sich automatisch neu ein.

INFO
Größe der Elemente anpassen: Über diese Optionen im Menü Format/Größe *lassen sich die meisten Einstellungen automatisch durchführen, ohne daß Sie mit der Maus manuell nachstellen müssen.*

Ausrichtung der Steuerelemente

▶ Markieren Sie die Elemente, die Sie bündig ausrichten möchten.

▶ Wählen Sie den Menübefehl *Format/Ausrichten*.

▶ Wählen Sie eine Ausrichtung aus. Die Objekte orientieren sich beim Ausrichten immer an dem am weitesten außen liegenden Element. Die Ausrichtung beeinflußt nicht die Höhe der Elemente, nebeneinanderliegende Elemente werden nicht übereinander angeordnet, damit sie linksbündig liegen.

Füllfarbe und Rahmen der Formularfelder

▶ Markieren Sie die Steuerelemente.

▶ Klicken Sie in der Formatierungsleiste auf das Symbol *Füllfarbe*, und wählen Sie eine Farbe aus den Farbfeldern aus.

▶ Verschiedene Rahmenstärken bietet dieses Symbol in der Formatierungsleiste. Ein Mausklick weist den markierten Steuerelementen die Rahmen zu.

▶ Dieser Pinsel gibt dem Rahmen noch die passende Farbe.

Spezialeffekte für Formularobjekte

▶ Klicken Sie in der Formatierungssymbolleiste auf diese Schaltfläche.

▶ Ein Menü bietet verschiedene Effekte zur Auswahl: Schatten, eingedrückte oder flache Eingabefelder usw. Wählen Sie einen Effekt mit Mausklick aus.

Objekte zusammenfassen

▶ Markieren Sie die Elemente, die als Gruppe behandelt werden sollen.

▶ Wählen Sie den Menübefehl *Format/Gruppierung*.

▶ Ein blauer Markierungsrahmen legt sich um die Gruppe, während die Mauszeigerhand erscheint. Sie können die Gruppe mit einfachem Mausklick markieren, um sie zu verschieben oder zu formatieren.

▶ Über *Format/Gruppierung aufheben* machen Sie die Gruppierung wieder rückgängig.

BEGRIFFE → 349

Steuerelemente: *Die Elemente des Formulars werden auch Steuerelemente genannt.*

ACHTUNG

Abstände zwischen Objekten regulieren: Die Menübefehle Format/Horizontaler Abstand *und* Format/Vertikaler Abstand *sorgen für eine gleichmäßige Anordnung von Objekten. Aber Vorsicht, dabei werden Beschriftungs- und Eingabefelder nicht immer als Einheit behandelt, so daß diese plötzlich übereinanderliegen. Ähnliches kann beim Ausrichten passieren.*

INFO

Einzelbearbeitung möglich: Trotz der Gruppierung können Sie die Elemente der Gruppe auch einzeln bearbeiten. In diesem Fall ist der Gruppierungsrahmen nicht sichtbar.

Gestaltung des Formulars mit Vorlagen – AutoFormat

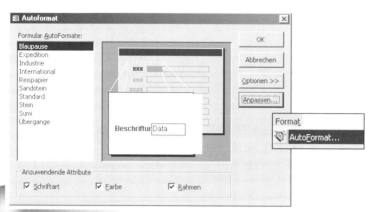

Wo? Womit?

Ein AutoFormat auswählen
▶ Wählen Sie den Menübefehl *Format/AutoFormat...*
▶ Im linken Feld sind die Namen verschiedener Gestaltungsvorlagen (AutoFormate) aufgeführt. Im Feld rechts daneben zeigt eine Vorschau die optische Wirkung des angeklickten AutoFormats. Klicken Sie durch die verschiedenen AutoFormate, um sich das passendste auszusuchen.
▶ Klicken Sie auf die Schaltfläche *Optionen*. Es erscheint das Feld *Anzuwendende Attribute* im Dialog.
▶ Klicken Sie auf das jeweilige Attribut, das Sie nicht übernehmen möchten.
▶ Mit Klick auf *OK* wird das Formular gemäß der ausgewählten Vorlage umgestaltet.

AutoFormat anpassen
▶ Wählen Sie den Menübefehl *Format/AutoFormat...*
▶ Wählen Sie aus der Liste ein AutoFormat aus, auf dessen Grundlage Sie eine andere Gestaltungsvorlage entwickeln möchten.
▶ Klicken Sie auf die Schaltfläche *Anpassen...*

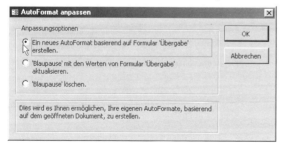

▶ Wählen Sie die erste Option.
▶ Klicken Sie auf *OK*.
▶ Ein Dialog erwartet die Eingabe eines neuen Format-
  namens. Tippen Sie in das Feld einen Namen für das
  AutoFormat ein, und bestätigen Sie ihn mit *OK*. Der Ef-
  fekt ist nicht sehr erhellend, da nun dieses neu definierte
  AutoFormat genauso aussieht wie die Vorlage, die Sie
  als Basis definiert haben.
▶ Macht nichts. Klicken Sie auf *Schließen*.
▶ Gestalten Sie nun Ihr Formular so, wie es dem neuen
  AutoFormat entsprechen soll.
▶ Wählen Sie erneut den Menübefehl *Format/AutoFormat...*
▶ Wählen Sie Ihr selbst definiertes AutoFormat mit Maus-
  klick aus der Liste.
▶ Klicken Sie erneut auf die Schaltfläche *Anpassen...*

> ⦿ 'Frühling' mit den Werten von Formular 'Übergabe' aktualisieren.

▶ Aktivieren Sie die zweite Option. Damit wird Ihr
  AutoFormat mit den neuen Formatierungen Ihres aktuell geöffneten Formulars aktualisiert. Danach steht es mit
  diesen Gestaltungselementen für alle Formulare zur Verfügung.

> Formular AutoFormate:
> Blaupause
> Expedition
> **Frühling**

▶ Klicken Sie auf *OK* und danach auf *Schließen*.

Ein AutoFormat aus der Liste löschen
▶ Wählen Sie den Menübefehl *Format/AutoFormat...*
▶ Klicken Sie in der Liste das zu löschende Format an.
▶ Klicken Sie auf die Schaltfläche *Anpassen...*
▶ Aktivieren Sie die letzte der drei Optionen zum Löschen
  der Vorlage.
▶ Danach ist das AutoFormat aus der Liste verschwunden.
  Die entsprechenden Formatierungen bleiben aber in den
  damit formatierten Formularen erhalten.

INFO
*Elemente eines AutoFormats:
Dazu gehören verwendete
Schriftarten, Hintergrundfarben und -bilder, Rahmenfarben und -formen, Schatten, Effekte.*

→ 345

INFO
*Hintergrundbild des Formu-
lars austauschen*

Sich wiederholende Angaben auf dem Bildschirm und im Ausdruck

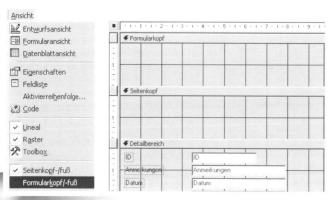

WO? WOMIT?

Für den Ausdruck des Formulars: Seitenkopf und -fuß anzeigen lassen

▶ Wählen Sie den Menübefehl *Ansicht/Seitenkopf/-fuß*. Erst wenn Sie in die Entwurfsansicht des Formulars wechseln, können Sie hier einen zusätzlichen Bereich, den Seitenkopf, erkennen.

▶ Geben Sie Daten in den Seitenkopf ein, indem Sie zum Beispiel ein Bezeichnungsfeld aufziehen und Text hineinschreiben. Wenn Sie das Formular ausdrucken, wird auf jedem Seitenkopf dieser eingegebene Text angezeigt (zum Beispiel der Formulartitel und die Seitenzahl).

▶ Blättern Sie über die Bildlaufleiste durch das Formular nach unten. Dort finden Sie entsprechend den Seitenfuß.

Für die Anzeige am Bildschirm: Formularkopf und -fuß anzeigen lassen

▶ Wählen Sie den Menübefehl *Ansicht/Formularkopf/-fuß*. Wenn Sie mit einem Mausklick ein Häkchen vor diesem Eintrag aktivieren, ist die Ansicht aktiviert. Sie erkennen dies direkt im Formular.

▶ Wechseln Sie gegebenenfalls in die Entwurfsansicht, um den Formularkopf oder den Formularfuß zu bearbeiten.

Bereich reduzieren und vergrößern

▶ Fahren Sie mit dem Mauszeiger über eine Randbegrenzung.

▶ Wenn der Mauszeiger die Form eines Doppelkreuzes annimmt, ziehen Sie die Begrenzung in die gewünschte Richtung. Dadurch werden die jeweiligen Bereiche reduziert oder vergrößert.

INFO → **350**
Überschriften, Datum und Seitenzahl eingeben

TIP
Per Doppelklick lassen sich weitere Eigenschaften des Seitenkopfbereichs einstellen.

Neue Formularfelder dem Formular hinzufügen

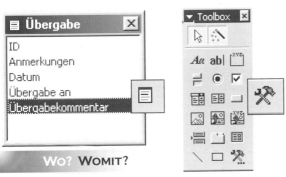

WO? WOMIT?

Bestehende Felder aus der Datentabelle einfügen

▶ Öffnen Sie das zu ergänzende Formular in der Entwurfsansicht. ➔ 330

▶ Klicken Sie in der Standardsymbolleiste auf das Symbol *Feldliste*. Ein Fenster mit allen Feldnamen der zugrundeliegenden Datentabelle klappt auf.

▶ Klicken Sie das gewünschte Feld an, und halten Sie die Maustaste gedrückt.

▶ Ziehen Sie das Feld in das Formular. Der Mauszeiger wird zu einem kleinen weißen Feld.

▶ Lassen Sie an der Zielposition die Maustaste los. Das Feld aus der Datentabelle erscheint, muß aber vielleicht ein wenig optisch »nachgebessert« werden.

Felder mit Daten aus anderen Quellen einfügen

▶ Schaffen Sie erst einmal Platz, indem Sie an den Formularbegrenzungen ziehen, bis Sie voraussichtlich genügend Raum für ein neues Feld haben.

▶ Klicken Sie in der Standardsymbolleiste auf das Symbol *Toolbox*. Es erscheint die Toolboxleiste oder auch Werkzeugleiste. Diese Leiste enthält sogenannte Steuerelemente.

▶ Klicken Sie auf das benötigte Steuerelement, zum Beispiel ein Textfeld. Der Mauszeiger wird zum Textfeldsymbol.

▶ Setzen Sie den Mauszeiger ins Formularfeld, und ziehen Sie das Element auf. Das Resultat ist ein ungebundenes Textfeld, dessen Feldbezeichnung einfach durchnumeriert ist. ➔ 350

INFO
*Verknüpfung mit Daten-
tabelle: Sollen Daten einer
Datenbank über ein Formular
erfaßt und gespeichert werden, muß es zu jedem Feld
des Formulars eine Verknüpfung zu einer Datentabelle
der Datenbank geben.*

INFO
Steuerelemente im Detail ➔ 349

BEGRIFFE
*Ungebundenes Textfeld: Es
besteht keine Verbindung zu
einem Feld der Datentabelle.*

Bezeichnungsfeld Textfeld

Verbindung zu einem Feld einer Datentabelle bei ungebundenen Feldern nachträglich herstellen

▶ Klicken Sie in der Entwurfsansicht des Formulars mit der rechten Maustaste auf das ungebundene Feld.

▶ Wählen Sie *Eigenschaften* aus dem Kontextmenü.

▶ Es erscheint ein Dialog, der als Namen die Bezeichnung des Steuerelements und seine laufende Nummer im Formular trägt. Wechseln Sie mit Mausklick ins Register *Daten*.

▶ Neben dem Feld *Steuerelementinhalt* befinden sich zwei Schaltflächen, nachdem Sie einmal in das leere, weiße Feld geklickt haben, um es zu aktivieren

▶ Ein Klick auf die Pfeilschaltfläche öffnet die Liste der Felddaten aus der Datentabelle, aus der das Formular generiert worden ist. Um andere Elemente als Steuerelementinhalt festzulegen, klicken Sie auf die Schaltfläche mit den drei Pünktchen. Der Ausdrucks-Generator öffnet sich.

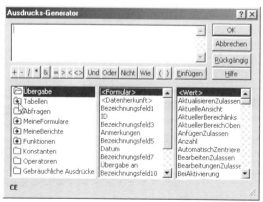

▶ Doppelklicken Sie auf das Pluszeichen vor einer Objektkategorie, zum Beispiel *Tabellen*. Das Pluszeichen signalisiert, daß mehrere Tabellen vorhanden sind.

▶ Wählen Sie die Quellen aus, die den Inhalt des Steuerelements definieren sollen.

▶ Die zu der ausgewählten Tabelle gehörigen Felder werden im Fenster rechts daneben angezeigt. Ebenso die
zur Auswahl stehenden Operatoren usw. Doppelklicken
Sie auf das gewünschte Element.

▶ Im Ausrucks-Generator erscheint der Verweis auf die
Tabelle mit dem Feld. Ergänzen Sie diesen Ausdruck gegebenenfalls um die benötigten Operatoren oder weitere Felder.

▶ Klicken Sie auf die Schaltfläche *OK*.

▶ Der Verweis auf das Feld wird im *Eigenschaften*-Dialog
zum Steuerelement angezeigt. Schließen
Sie diesen Dialog über das Symbol.

Namen des Steuerelements ändern

▶ Öffnen Sie mit einem rechten Mausklick auf das Steuerelement dessen Eigenschaften.

▶ Wechseln Sie zum Register *Andere*.

Format	Daten	Ereignis	Andere
Name			Text11

▶ Geben Sie im Feld *Name* eine andere Bezeichnung ein.

▶ Schließen Sie den Eigenschaften-Dialog. Das Steuerelement hat nun einen anderen Namen, auch wenn das
Bezeichnungsfeld davor (zum Beispiel vor dem Textfeld)
eine ganz andere Beschriftung zeigt.

INFO
*Die Syntax im Ausdrucks-
Generator*

→ 349

INFO
*Mögliche Inhalte für Steuer-
elemente: Mit dem Aus-
drucksgenerator können Sie
auch das Ergebnis von
Rechenoperationen oder
Abfragen anzeigen lassen.*

ACHTUNG
*Bezeichnungsfeld und Steu-
erelement selbst sind unabhängig voneinander. Um aber
nicht durcheinanderzukom-
men, ist es empfehlenswert,
das Bezeichnungfeld den
wirklichen Namen des zugehörigen Steuerelements
anzeigen zu lassen. Wenn
also zum Beispiel »Text11«
geändert wird in »Projekt«,
sollten Sie auch das Bezeichnungsfeld vor dem Textfeld
mit diesem Namen über-
schreiben.*

Unterformular oder Datentabelle einfügen

WO? WOMIT?

Unterformular einfügen

▶ Öffnen Sie das Hauptformular in der Entwurfsansicht.
▶ Holen Sie sich das Datenbankfenster in den Vordergrund. Dazu klicken Sie auf dieses Symbol in der Standardsymbolleiste.
▶ Wählen Sie das Formular aus, das Sie als Unterformular in Ihr Formular integrieren möchten.
▶ Ziehen Sie es mit gedrückter Maustaste in Ihr Hauptformular.

▶ Lassen Sie die Maustaste an der ungefähren Zielposition los.

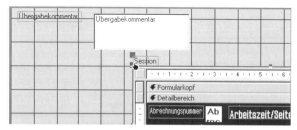

▶ Das Formular erscheint mit all seinen Formatierungen und eigenem Rahmen im Hauptformular. Ziehen Sie es auf die gewünschte Position.

Unterformular auf dem Hauptformular ausrichten

▶ Wenn das Unterformular recht groß ist, zeigt es unten und rechts eigene Bildlaufleisten. Die stören unter Um-

BEGRIFFE

Unterformular: *Wenn Sie in ein Eingabeformular Daten zu zwei Datentabellen eingeben möchten, dann ist es einfacher, mit Unterformularen zu arbeiten. Besonders bietet sich diese Vorgehensweise an, wenn zwischen den Daten eine 1:n-Beziehung besteht, zum Beispiel, wenn zu einem Adreßdatensatz viele Produktlieferungen mit ihren Daten gehören. Sie können auf dem Hauptformular (1) beliebig viele Subformulare (n) unterbringen. Diese können Sie wiederum zehn Ebenen untereinander verschachteln.*

INFO
Unterdatenblatt

→ 302

INFO
Neu in Access 2000: Das Unterformular läßt sich direkt vom Hauptformular aus bearbeiten.

ständen bei der Dateneingabe, weshalb es sinnvoll ist, das Unterformular größenmäßig anzupassen. Klicken Sie dazu einmal auf das Unterformular. Es erscheint markiert, was Sie an den kleinen schwarzen Markierungspunkten um das Formular herum erkennen.

▶ Das markierte Formular können Sie verschieben, sobald die Hand erscheint – wie andere Elemente auch.

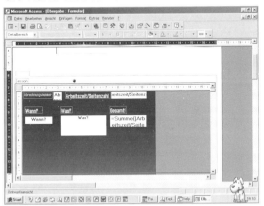

INFO

Nicht nur für Unterformulare: Auf diese Weise werden auch in Formularen, die nicht Unterformulare sind, die Bildlaufleisten entfernt.

▶ Klicken Sie erneut in das Unterformular, um dessen Elemente zu bearbeiten. Reduzieren Sie beispielsweise die nicht benötigte Formularfläche.

Bildlaufleisten entfernen

▶ Öffnen Sie das Unterformular als einzelnes Formular (also nicht im Hauptformular) in der Entwurfsansicht.

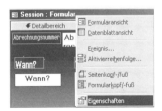

▶ Klicken Sie mit der rechten Maustaste auf den Titelbalken des Formulars.

▶ Wählen Sie *Eigenschaften* aus dem Kontextmenü.

▶ Bringen Sie das Register *Format* oder *Alle* nach vorne.

▶ Klicken Sie auf die Pfeilschaltfläche im Feld *Bildlauf- leisten*.

▶ Wählen Sie *Nein* aus.

▶ Schließen Sie die Eigenschaften des Formulars mit Klick auf die *Schließen*-Schaltfläche im Titelbalken.

▶ Bestätigen Sie die Nachfrage zum Speichern mit Klick auf *Ja*. Die grauen Rollbalken sind danach verschwunden.

Reihenfolge der Eingabe in Formularen

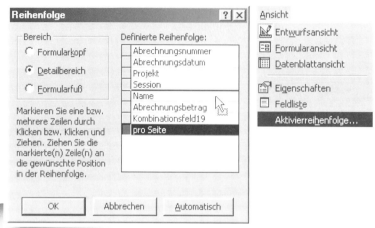

▶ Öffnen Sie das Formular in der Entwurfsansicht.
▶ Wählen Sie den Menübefehlt *Ansicht/Aktivierreihenfolge...*
▶ Der Dialog *Reihenfolge* öffnet sich. Hier sind → 331 alle Felder des Formular eingetragen. Wählen Sie aus, ob Sie die Reihenfolge im Formularkopf, im Detailbereich oder im Formularfuß festlegen möchten.
▶ Ziehen Sie die Felder mit der Maus per Drag&Drop in die richtige Reihenfolge.
▶ Am schnellsten geht die Anordnung über die Schaltfläche *Automatisch*. Danach werden die Felder so angeordnet, daß die Reihenfolge von links nach rechts, oben beginnend, nach unten eingehalten wird.

Aktivierreihenfolge im Unterformular
▶ Das funktioniert genauso wie in einem Hauptformular. Sie können das Unterformular im Hauptformular in der Entwurfsansicht öffnen.
▶ Klicken Sie in den Bereich, dessen Aktivierreihenfolge Sie ändern möchten.
▶ Rufen Sie den Dialog *Reihenfolge* auf. Dieser zeigt die Felder im angeklickten Bereich des Unterformulars an (siehe oben). Legen Sie die gewünschte Reihenfolge fest.

INFO
Seitenfuß und -kopf: Da Seitenfuß und -kopf nur wichtig für den Ausdruck sind, spielen diese Bereiche bei der Eingabe keine Rolle und sind auch gar nicht auf dem Bildschirm sichtbar.

BEGRIFFE
Aktivierreihenfolge: *Wenn Daten in ein Formular eingegeben werden, ist es recht unpraktisch, wenn das Tippen immer durch den Griff mit der Maus unterbrochen wird. Es ist einfacher, mit der Taste Tab von einem Feld zum anderen zu springen. Damit die Abfolge dieser Feldwechsel auch sinnvoll bleibt, ist mitunter das Ändern der Aktivierreihenfolge notwendig. Diese Reihenfolge legt fest, wie die Felder der Reihe nach zur Eingabe aktiviert werden.*

Datentabellen in ein Formular einfügen

→ 340

INFO
Wie beim Unterformular: Die Abläufe entsprechen dem beim Anlegen eines Subformulars.

WO? WOMIT?

▶ Öffnen Sie das Formular in der Entwurfsansicht.
▶ Bringen Sie das Datenbankfenster sichtbar auf den Bildschirm.
▶ Klicken Sie im Datenbankfenster in der Objektleiste auf *Tabellen*.
▶ Markieren Sie die gewünschte Tabelle, und ziehen Sie sie mit der Maus in das Formular.
▶ Kontrollieren Sie in der Formularansicht das Aussehen der Kombination.

INFO
Tabellen werden ganz »normal« behandelt: Sortieren und Filtern funktioniert ebenso wie bei einer »normalen« Tabelle. Ob die Tabelle in ein Formular integriert ist oder nicht, macht keinen Unterschied.

Unterdatenblatt im Formular gestalten

▶ Sie können direkt in der Formularansicht die Spaltenbreiten der Tabelle bearbeiten. Klicken Sie mit der Maus auf die Spaltenbegrenzungslinien, und ziehen Sie in die gewünschte Richtung.

Abrechnungsbetrag	Arbeitszeit
120.000 DM	30

INFO
Wozu Verknüpfung: Die Verknüpfung wirkt wie ein Filter: Es werden immer nur zusammengehörige Daten angezeigt. In diesem Fall zeigt die Tabelle, die als Subformular eingefügt wurde, immer nur die Daten, die dem Feld Name des Hauptformulars entsprechen.

Keine Beziehung zwischen den Daten

▶ In diesem Fall startet der Unterformular-Assistent nach dem Ziehen der Tabelle in das Formular eine Frage. Wählen Sie aus der Liste eine Option, oder klicken Sie auf *Eigene definieren*.
▶ Fahren Sie mit Klick auf *Weiter* fort.
▶ Wenn Sie eine eigene Verknüpfung festlegen wollen, bietet Ihnen der Assistent einen Dialog zur Auswahl. Klicken Sie auf die Listenpfeile zu jedem Access-Objekt, und wählen Sie die Verknüpfung aus. Bestätigen Sie die mit Klick auf *Weiter*.
▶ Vergeben Sie noch einen Namen, und fertig!

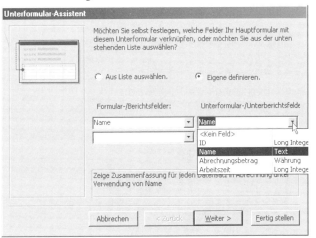

Hilfeanzeige für Benutzer

Wo? Womit?

Hilfetext in der Statuszeile anzeigen

▶ Öffnen Sie das Formular, zu dem Sie Hilfestellungen für den Benutzer einbauen möchten, in der Entwurfsansicht.

▶ Klicken Sie mit der rechten Maustaste auf ein Feld, das Sie erläutern möchten.

▶ Wählen Sie *Eigenschaften* aus dem Kontextmenü. Die Eigenschaften des angeklickten Steuerelements werden geöffnet.

▶ Wechseln Sie zum Register *Andere*.

▶ Geben Sie in das Feld bei *Statusleistentext* eine Erläuterung ein.

▶ Schließen Sie die Eigenschaften mit Klick auf die *Schließen*-Schaltfläche im Titelbalken.

▶ Prüfen Sie das Ergebnis in der Formularansicht, indem Sie einmal in das Feld klicken.

Ein Text erscheint in der Statusleiste, sobald in das Feld geklickt wird.

QuickInfo für den Benutzer festlegen

▶ Rufen Sie – wie oben beschrieben – die Eigenschaften des Feldes mit dem rechten Mausklick auf.

▶ Im Register *Andere* gibt es das Feld *SteuerelementTip-Text*. Damit ist die QuickInfo gemeint. ➜ 720

▶ Geben Sie einen Text für die QuickInfo ein.

▶ Schließen Sie die Eigenschaften über das Kreuzchen im Titelbalken.

Eine QuickInfo erscheint bei einem Klick in das Feld

Hintergrundbilder einstellen

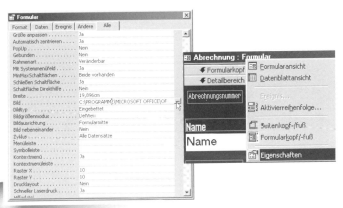

WO? WOMIT?

▶ Öffnen Sie das Formular, dessen Hintergrundbild Sie einstellen möchten, im Entwurfsmodus.

▶ Klicken Sie mit der rechten Maustaste auf den Titelbalken.

▶ Wechseln Sie zum Register *Format* oder zum Register *Alle*.

▶ Klicken Sie rechts neben das Feld *Bild*. Eine Schaltfläche mit drei Punkten erscheint.

▶ Klicken Sie auf diese Schaltfläche.

▶ Der Dialog *Grafik einfügen* öffnet sich. Suchen **→ 539** Sie nach der gewünschten Bilddatei auf Ihrem Computer, einer CD, aus dem Internet oder aus dem Netzwerk.

▶ Markieren Sie das Bild, und klicken Sie auf *OK*.

▶ Das Bild wird sofort im Hintergrund eingefügt, ohne daß der *Eigenschaften*-Dialog geschlossen wird.

▶ Im Feld unter *Bild*, bei *Bildtyp*, haben Sie die Möglichkeit, zu entscheiden, ob das Bild eingebet- **→ 626** tet oder verknüpft werden soll. Lassen Sie es eingebettet.

▶ Im Feld *Bildgrößenmodus* können Sie die Standardeinstellung *Dehnen* durch *Abschneiden* und *Zoomen* austauschen. *Dehnen* zieht das Bild auf die Größe der Formularfläche. *Abschneiden* läßt das Bild in den Ursprungsproportionen und der Größe. *Zoomen* vergrößert bzw. verkleinert das Bild, wobei die Seitenproportionen beibehalten werden. Wählen Sie eine Option aus der Liste.

▶ Wählen Sie eine dieser Optionen bei der *Bildausrichtung*.

▶ *Bild nebeneinander Ja* bewirkt, daß das Bild über die Formularfläche gekachelt wird.

INFO
Bessere Übersicht: Der Eigenschaften-Dialog enthält nur deshalb verschiedene Register, um die Übersicht zu erleichtern. Im Register Alle *sind alle einzustellenden Eigenschaften eines Elements oder eines Objekts zusammengefaßt. Die anderen Register enthalten quasi Auszüge daraus.*

INFO
Formular auswählen: Strg + R

INFO **→ 577**
Bilder scannen

INFO **→ 575**
Bilder bearbeiten

Formularmitte
Links oben
Rechts oben
Mitte
Links unten
Rechts unten
Formularmitte

Diagramm in das Formular einfügen

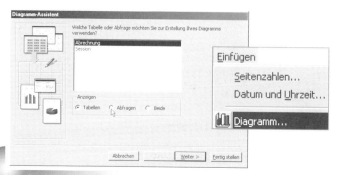

WO? WOMIT?

▶ Öffnen Sie ein Formular in der Entwurfsansicht.
▶ Wählen Sie den Menübefehl *Einfügen/Diagramm*...
▶ Der Mauszeiger zeigt ein Diagramm. Klicken Sie an die Zielposition des Diagramms in der Formularfläche.
▶ Der Diagramm-Assistent startet und will wissen, aus welcher Quelle Sie die Daten für das Diagramm erstellen möchten. Wählen Sie eine aus, und klicken Sie auf *Weiter*.
▶ Wählen Sie die für das Diagramm benötigten Felder aus der Datenquelle aus, indem Sie auf die Pfeilschaltflächen in der Mitte klicken.

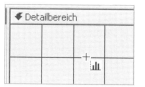

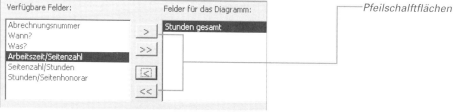

Pfeilschaltflächen

▶ Bestätigen Sie die Auswahl mit Klick auf *Weiter*.
▶ Im nächsten Schritt wählen Sie eine Diagrammform aus.

➜ 594

INFO
Über die Schaltfläche Zurück *gelangen Sie wieder an vorherige Einstellungsmöglichkeiten zurück, um diese nochmals zu ändern.*

▶ Mit Klick auf *Weiter* fahren Sie fort.

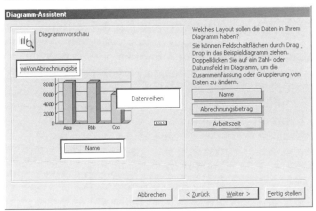

▶ In diesem Schritt benötigt der Assistent die Information, welche Daten in der Y-Achse und welche in der X-Achse untergebracht werden sollen. Und er muß wissen, welche Angaben die verschiedenen Säulenfarben repräsentieren sollen. Rechts sind die Datenreihen aufgelistet. Ziehen Sie mit der Maus ein Feld in eine weiße Fläche. Im Beispielbild oben wird *Arbeitszeit* von rechts auf *Datenreihen* gezogen.

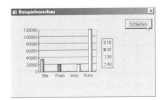

▶ Klicken Sie auf die Schaltfläche *Diagrammvorschau*, um das Ergebnis zu überprüfen. Stellen Sie gegebenenfalls die Datenreihenzuordnung wieder per Drag&Drop um.

▶ Klicken Sie auf *Weiter*, wenn die Zuordnung funktioniert.

▶ Geben Sie dem Diagramm einen Namen, und klicken Sie auf *Fertig stellen*.

INFO **→ 585**

Die Bearbeitung und Formatierung des Diagramms funktioniert bei anderen Office-Anwendungen auch.

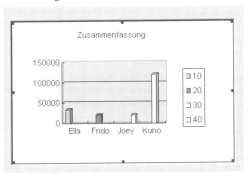

INFO **→ 586**

Datentabelle hinzufügen: Wenn Sie die zugehörige Datentabelle im Formular aufnehmen, aktualisiert sich das Diagramm standardmäßig nur beim Öffnen der Datenbank.

▶ Das Diagramm erscheint im Formular. Sie können hier nicht direkt Daten eingeben.

Formular aus Tabelle erstellen lassen

▶ Markieren Sie im Datenbankfenster die Tabelle, aus der ein Eingabeformular erstellt werden soll.

▶ Klicken Sie in der Symbolleiste auf das Symbol *Neues Objekt: AutoFormular*. Nach einigen Sekunden – ja nach Tabellengröße – erscheint ein Formular auf dem Bildschirm.

▶ Wenn Sie das Formular zum ersten Mal schließen, werden Sie automatisch zum Speichern des Formulars aufgefordert. Übernehmen Sie den Namen, der identisch ist mit dem Tabellennamen, oder geben Sie einen anderen ein.

▶ Bestätigen Sie das Speichern mit Klick auf *OK*.

Wechseln in die Entwurfsansicht

▶ Öffnen Sie das Formular.

▶ Klicken Sie auf dieses Symbol oben links im Access-Bildschirm.

AutoFormat auswählen

▶ Wählen Sie den Menübefehl *Format/ AutoFormat...*

▶ Im linken Feld sind die Namen verschiedener Gestaltungsvorlagen (AutoFormate) aufgeführt. Im Feld rechts daneben zeigt eine Vorschau die optische Wirkung des angeklickten AutoFormats. Klicken Sie durch die verschiedenen AutoFormate, um sich das passendste auszusuchen.

▶ Klicken Sie auf die Schaltfläche *Optionen*. Es erscheint das Feld *Anzunehmende Attribute* im Dialog.

▶ Klicken Sie auf das jeweilige Attribut, das Sie nicht übernehmen möchten.

Aktivierreihenfolge im Formular

▶ Öffnen Sie das Formular in der Entwurfsansicht.

▶ Wählen Sie den Menübefehl *Ansicht/Aktivierreihenfolge...*

▶ Der Dialog *Reihenfolge* öffnet sich. Hier sind alle Felder des Formulars eingetragen. Wählen Sie aus, ob Sie die Reihenfolge im Formularkopf, im Detailbereich oder im Formularfuß festlegen möchten.

INFO   📐 Entwurf

Formular direkt in der Entwurfsansicht öffnen: Markieren Sie das Formular im Datenbankfenster. Klicken Sie in der Symbolleiste des Fensters auf diese Schaltfläche.

18 KAPITEL

Die Elemente eines Formulars – Steuerelemente

tempo

Überschriften und andere Texte einfügen

Wo? Womit?

▶ Öffnen Sie das Formular in der Entwurfsansicht.
▶ Klicken Sie in der Standardsymbolleiste auf das Symbol *Toolbox.*
▶ Klicken Sie auf die Schaltfläche *Bezeichnung.*
▶ Die Mauszeigerform verändert sich. Klicken Sie auf die Formularfläche, und ziehen Sie mit gedrückter Maustaste einen Kasten auf.
▶ Klicken Sie in das aufgezogene Feld, und geben Sie Text ein.

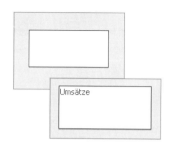

Text im Bezeichnungsfeld formatieren

▶ Zum Gestalten des Textes und des Feldes, in dem er steht, muß das Feld selbst markiert sein. Den Text zu markieren bringt nichts, die Formatierungssymbolleiste ist dann auch inaktiv. Klicken Sie also erst außerhalb des Bezeichnungsfeldes, um es zu deaktivieren, anschließend auf den Rand. Das Feld zeigt an den Rändern die Markierungspunkte.

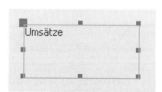

▶ Über die Formatierungsleiste oben am Bildschirm können Schriftart, -farbe und -größe, deren Ausrichtung, Hintergrundfarbe, Rahmenform und Effekt des Feldes festgelegt werden. **➜ 50**

Das markierte Bezeichnungsfeld kann über die Formatierungsleiste gestaltet werden.

Detaillierte Festlegungen

▶ Klicken Sie mit der rechten Maustaste auf das Bezeichnungsfeld.
▶ Wählen Sie *Eigenschaften* aus dem Menü.
▶ Wechseln Sie auf das Register *Alle*. In den weißen Feldern können Sie detaillierte Einstellungen direkt eintippen oder mit Klick auf den Pfeil in dem angeklickten Feld auswählen. **➜ 344**

INFO
*Anpassung mit der Maus:
Wenn das Textfeld für den
darin enthaltenen Text nicht
mehr ausreicht, können Sie
durch Ziehen mit der Maus
an den Rändern die Größe
variieren.*

Ungebundenes Textfeld einfügen

WO? WOMIT?

▶ Öffnen Sie das Formular in der Entwurfsansicht.
▶ Lassen Sie sich mit Klick auf dieses Symbol die Toolbox anzeigen.
▶ Wählen Sie das Symbol *Textfeld* mit Mausklick aus.
▶ Der Mauszeiger ändert sein Form. Klicken Sie damit in den Formularbereich an die Stelle, wo Sie das Textfeld aufziehen möchten.
▶ Ziehen Sie mit gedrückter Maustaste das Feld auf. Es erscheint ein Eingabefeld mit dem Text *Ungebunden* zusammen mit einem Bezeichnungsfeld, der eine Angabe mit einer laufenden Nummer zeigt. Damit sind also eigentlich zwei Objekte auf dem Formular erschienen. Für jedes Objekt lassen sich eigene Festlegungen treffen.
▶ Das Bezeichnungsfeld selbst können Sie wie ein Bezeichnungsfeld formatieren. Detaillierte Einstellungen nehmen Sie – wie bei allen Steuerelementen – über den Eigenschaften-Dialog vor. Dazu klicken Sie das Textfeld mit der rechten Maustaste an.
▶ Wählen Sie *Eigenschaften* aus dem Kontextmenü.
▶ Wechseln Sie zum Register *Alle*, um alle möglichen Einstellungen im Blick zu haben.

— Dialog schließen und Einstellungen speichern.

— Auswahllisten

INFO → 337
Optionsfelder, Kontrollkästchen und Umschaltfelder funktionieren genauso wie Textfelder. Über deren Eigenschaften legen Sie ggf. den Steuerelementinhalt fest.

INFO → 337
Ungebundene Felder in Access

INFO → 338
Steuerelemente bewegen Steuerelementinhalt festlegen

INFO → 350
Bezeichnungsfeld löschen: Sie können das zugehörige Bezeichnungsfeld löschen, wenn Sie es nicht benötigen. Klicken Sie es so an, daß nur das Feld allein markiert ist, und drücken Sie die Taste Entf. Sie können es aber auch gestalten und mit eigenem Text füllen.

ACHTUNG → 337
Eingaben werden in keiner Datentabelle gespeichert: In einem ungebundenen Textfeld können Sie zum Beispiel Rechen- oder Abfrageergebnisse anzeigen lassen. Direkte Eingaben werden nicht gespeichert, wenn die Textfelder nicht mit einem Datenfeld aus einer Datentabelle verbunden sind.

Datum, Uhrzeit und Seitenzahl einfügen

Textfeld

WO? WOMIT?

▶ Öffnen Sie das Formular in der Entwurfsansicht.
▶ Rufen Sie die Toolbox auf.
▶ Klicken Sie auf das Symbol *Textfeld* in der Toolbox.
▶ Ziehen Sie das Textfeld im Formularfeld auf.
▶ Löschen Sie gegebenenfalls das Bezeichnungsfeld, indem Sie es anklicken und die Taste <kbd>Entf</kbd> drücken.
▶ Klicken Sie mit der rechten Maustaste auf das ➜ **338** Textfeld, in dem *Ungebunden* steht.
▶ Wählen Sie *Eigenschaften* aus dem Kontextmenü.
▶ Im Register *Daten* befindet sich das Feld *Steuerelementinhalt*. Klicken Sie in das weiße Feld.

▶ Klicken Sie auf die nun sichtbare Schaltfläche mit den drei Punkten. Der Ausdrucks-Generator öffnet sich. ➜ **318**
▶ In der Liste links unten klicken Sie *Gebräuchliche Ausdrücke* an.
▶ In der Liste daneben erscheinen Datum- und Seitenzahlenangaben. Klicken Sie eine Kategorie an.
▶ In der Liste ganz rechts erscheint die zugehörige Syntax. Doppelklicken Sie auf den Ausdruck, der nun oben im Feld eingefügt wird (siehe Bild oben).
▶ Bestätigen Sie mit Klick auf *OK*.

▶ Schließen Sie den *Eigenschaften*-Dialog. ➜ **339**
▶ Wechseln Sie in die Formularansicht, um das Ergebnis zu prüfen.

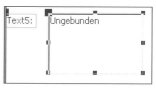

Bezeichnungsfeld

Datum in der Entwurfsansicht

Datum in der Formularansicht

➜ **350**

TIP

Sie können den Ausdruck im Entwurf formatieren wie eine »normale« Texteingabe auch.

Auswahl genau einer Möglichkeit von mehreren

WO? WOMIT?

Feld zum Speichern des ausgewählten Werts in der Datentabelle anlegen – falls noch nicht vorhanden

▶ Wenn Sie aus einer Liste im Formular auswählen, wird ein bestimmter Wert festgelegt. Dieser Wert muß beim jeweiligen Datensatz gespeichert werden, sonst nützt einem die Auswahlliste nichts. Öffnen Sie also die Datentabelle in der Entwurfsansicht. **→ 337**

▶ Legen Sie ein Feld an, und speichern Sie die Tabelle.

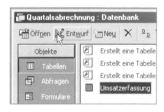

Umsatzerfassung : Tabelle	
Feldname	Felddatentyp
Name	Text
Umsatz	Währung
▶ Monat	Text

Formular mit einer Tabelle verbinden

▶ Wenn Sie Ihren Formularentwurf manuell erstellen möchten, benötigen Sie trotzdem eine Verbindung zu einer Datentabelle der Datenbank. Betätigen Sie in der Entwurfsansicht die Tasten Strg+R, um das Formular auszuwählen.

▶ Klicken Sie mit der rechten Maustaste auf den Titelbalken des Formulars.

▶ Wählen Sie *Eigenschaften* aus dem Menü.

▶ Wechseln Sie zum Register *Daten*.

▶ Klicken Sie auf den Pfeil neben dem Feld *Datenherkunft*. Alle Tabellen der Datenbank werden angezeigt.

▶ Wählen Sie die gewünschte Datentabelle aus, und beenden Sie den Dialog über die *Schließen*-Schaltfläche.

→ 328

INFO
Formular direkt aus Tabelle erzeugen: Normalerweise erzeugen Sie ein Formular direkt aus der Tabelle, indem Sie die Tabelle im Datenbankfenster markieren und ganz oben in der Standardsymbolleiste das Symbol Neues Objekt: AutoFormular *anklicken.*

Optionsgruppe im Formular anlegen

→ 351

▶ Aktivieren Sie die Toolbox.

▶ Klicken Sie auf den Steuerelement-Assistenten (Klick auf das Zauberstab-Symbol in der Toolbox).

▶ Wählen Sie das Optionsgruppen-Symbol aus der Toolbox.

▶ Ziehen Sie das Element mit gedrückter Maustaste auf dem Formularfeld auf.

▶ Nach ein paar Sekunden startet der Optionsgruppen-Assistent.

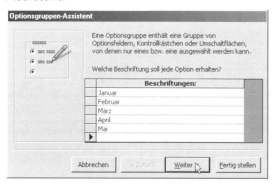

▶ Geben Sie in die weißen Felder untereinander die Elemente der Optionsliste ein. Springen Sie mit der Taste ⤶ oder mit Mausklick von einem Feld zum nächsten.

▶ Wenn die Liste komplett ist, klicken Sie auf *Weiter*.

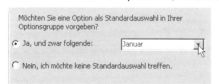

▶ Geben Sie an, welcher Eintrag der Liste standardmäßig bereits aktiviert auf dem Formular erscheinen soll, oder klicken Sie auf die untere Option, um keine Standardauswahl zu treffen. Bestätigen Sie dies mit Klick auf *Weiter*.

 → 355

INFO

Linien und Rechtecke: Das ist nun wirklich einfach. In der Toolbox auf das Symbol mit der Linie oder mit dem Rechteck klicken, auf das Formularfeld klicken und die Form aufziehen. Wie sonst auch können diese Zeichnungsobjekte über die Formatierungsleiste oder über die Eigenschaften formatiert werden.

NOCH SCHNELLER

Eigenschaften eines Objekts aufrufen: In der Standardsymbolleiste befindet sich diese Schaltfläche, mit der Sie ebenfalls den Eigenschaften-Dialog – über den ja alles Wichtige bei einem Steuerelement geregelt wird – aufrufen können.

▶ Access weist den Einträgen nun Werte zu. Dabei werden diese einfach nur durchnummeriert. Übergehen Sie dies mit Klick auf *Weiter*.

▶ Um den Wert in einem Feld einer Datentabelle, die mit dem Formular verknüpft ist, zu speichern, wählen Sie die zweite Option und suchen rechts ein Feld aus der Liste aus. Bestätigen Sie mit Klick auf *Weiter* diese Einstellung.

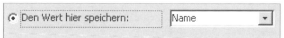

▶ Nun dürfen Sie die Darstellung (Gestaltung) der Optionsgruppe bestimmen. Wählen Sie zwischen Optionsfeldern, Kontrollkästchen oder Umschaltflächen für Ihre Auswahlliste.

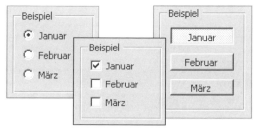

▶ Nach einem Klicken auf *Weiter* gelangen Sie zu einem Eingeabefenster, in das Sie den Titel Ihrer Auswahlliste eingeben.

▶ Schließen Sie den Assistenten mit Klick auf *Fertig stellen* ab.

▶ Die fertige Auswahlliste erscheint in dem gewählten Stil im Formularentwurf. Wechseln Sie in die Formularansicht, um das Ergebnis zu prüfen.

▶ Geben Sie zur Probe Daten ein, und wechseln Sie in die Datentabelle. Die ausgewählten Einträge werden hier mit ihren numerischen Werten eingetragen.

Monat
2
3
3
3

Auswahl aus einer ausklappbaren Liste

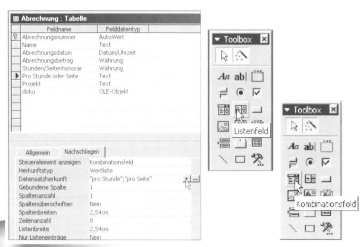

Wo? Womit?

Auswahlliste in der Datentabelle einrichten

▶ Öffnen Sie die Datentabelle in der Entwurfsansicht.

▶ Klicken Sie in den Feldnamen, für den Sie eine Auswahlliste erstellen wollen.

▶ Wechseln Sie im Bereich der Feldeigenschaften auf das
Register *Nachschlagen*.

▶ Wählen Sie im Feld *Steuerelement anzeigen* den Eintrag
Listenfeld oder *Kombinationsfeld* aus.

▶ Bei *Herkunftstyp* stellen Sie *Wertliste* ein.

▶ Tragen Sie bei Datensatzherkunft die Listenauswahl-
punkte ein, und zwar pro Eintrag in Anführungszeichen
und durch jeweils ein Semikolon voneinander abgetrennt.

▶ Speichern Sie diese Änderung, und wechseln Sie in die
Datenblattansicht. Mit Klick auf den Listenpfeil im Datenfeld klappt die Liste mit den Einträgen zur Auswahl
aus.

Auswahllisten nachträglich im Formular erstellen

▶ Öffnen Sie das Formular in der Entwurfsansicht.

▶ Holen Sie die Toolbox-Leiste auf den Bildschirm.

▶ Aktivieren Sie den Steuerelement-Assistenten.

▶ Klicken Sie auf die Symbole
Listenfeld oder *Kombinationsfeld*.

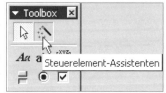

→ 294

→ 351

BEGRIFFE

*Listenfeld und Kombinations-
feld: Ein Listenfeld zeigt eine
Auswahlliste voll ausgeklappt
an. Ein Kombinationsfeld
zeigt die Liste verdeckt an.
Sie kann über einen Listenpfeil ausgeklappt werden.*

INFO

→ 314

*Felddatentyp definieren: Als
Felddatentyp muß entweder
Zahl oder Text definiert sein.*

TIP

→ 322

*Automatische Umsetzung im
Formular: Wenn Sie bereits
eine Auswahlliste in der
Datentabelle erstellt haben,
wird automatisch beim Ge-
nerieren eines neuen
Formularobjekts aus dieser
Tabelle die Liste in das entsprechende Steuerelement
umgewandelt.*

▶ Ziehen Sie das Feld auf der Formularfläche auf.
▶ Der Kombinationsfeld-Assistent bzw. Listenfeld-Assistent startet. Falls die Werte für Ihre Liste noch nirgendwo aufgelistet sind, zum Beispiel in einer Abfrage oder in einer Datentabelle, aktivieren Sie die mittlere Option.

INFO
Daten aus Abfragen oder Tabellen verwenden: Der Assistent zeigt Ihnen die Felder, aus denen Sie auswählen können. Aus deren Inhalt wird dann die Auswahlliste zusammengestellt.

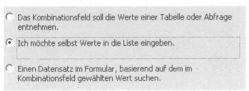

▶ Bestätigen Sie dies mit Klick auf *Weiter*.
▶ Geben Sie im folgenden Schritt die gewünschte Spaltenzahl ein.
▶ Tippen Sie danach die benötigten Listeneinträge in das Spaltenlayout.

Je nach eingestellter Spaltenzahl wird ein entsprechendes Spaltenlayout angezeigt. Bewegen Sie sich zwischen den Eingabefeldern mit Mausklick oder mit der Taste ⇥.

▶ Klicken Sie auf *Weiter*.
▶ Haben Sie mehrere Spalten gewählt, benötigt Access nun die Angabe, welche Spalte gesichert werden soll. Passen Sie also auf, daß Ihnen wegen der Mehrspaltigkeit keine Daten abhanden kommen.

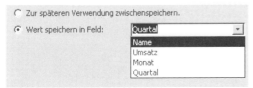

▶ Wenn Sie die Listeneinträge in einem Feld der Datentabelle wiederfinden wollen, aktivieren Sie die zweite Option.
▶ Suchen Sie aus der Liste das Feld der Datentabelle aus, in das die Werte eingetragen werden sollen.
▶ Bestätigen Sie dies mit Klick auf *Weiter*.
▶ Geben Sie im letzten Schritt der Liste noch einen Namen, und beenden Sie den Assistenten mit einem Klick auf *Fertig stellen*.
▶ Wechseln Sie in die Formularansicht, um das Ergebnis zu prüfen.

Befehlsschaltflächen einbauen

WO? WOMIT?

▶ Öffnen Sie das Formular in der Entwurfs-  ansicht.

▶ Bringen Sie die Toolbox auf den Bildschirm.

▶ Aktivieren Sie mit einem Klick auf den Zauberstab in der Toolbox den Steuerelement-Assistenten, falls dessen Schaltfläche noch nicht eingedrückt erscheint.

▶ Klicken Sie auf das Symbol *Befehlsschaltfläche* in der Toolbox.

▶ Klicken Sie mit dem Mauszeiger, der das Schaltflächensymbol zeigt, auf die Formularfläche.

▶ Halten Sie die Maustaste gedrückt, und ziehen Sie die Schaltfläche ungefähr in der gewünschten Größe auf.

INFO → 332
Elemente des Formulars in der Größe verändern

▶ Lassen Sie die Maustaste los. Es erscheint eine nach Anzahl bereits vorhandener Elemente im Formular durchnummerierte Schaltfläche, und der Befehlsschaltflächen-Assistent öffnet sein erstes Fenster.

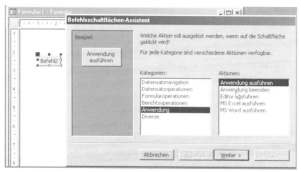

▶ Wählen Sie aus, welche Aktion mit Klick auf diese Schaltfläche initiiert werden soll. Suchen Sie dazu im linken Feld mit Mausklick die passende Kategorie aus.

▶ Im rechten Fenster erscheinen die in dieser Kategorie möglichen Aktionen. Wählen Sie hier ebenfalls per Mausklick.

▶ Bestätigen Sie die Wahl mit Klick auf *Weiter*.

▶ Je nach gewählter Aktion erscheint ein unterschiedliches Folgefenster.

Anwendung ausführen	▶ Klicken Sie im Schritt 2 des Assistenten auf die Schaltfläche *Durchsuchen...* ▶ Wählen Sie die ausführbare Programmdatei der Anwendung (.exe) oder direkt ein Dokument aus. Der Aufruf dieses Dokuments über die Schaltfläche startet dann auch automatisch die zugehörige Anwendung. Um direkt ein Dokument zum Starten auszuwählen, müssen Sie im Auswahl-Dialog den Dateityp *Alle Dateien* einstellen **➜ 750**
Datensatznavigation	Stellt einfache Aktionen zur Auswahl, die selbsterklärend sind.
Datensatzoperationen	Mit Klick auf eine Befehlsschaltfläche, der Sie eine Datensatz-operation zugewiesen haben, können Sie beispielsweise den gerade eingegebenen Datensatz speichern, löschen, duplizieren usw., oder Sie können eine Rückgängig-Funktion einbauen.
Formularoperationen	Diese Aktionen beziehen sich auf andere Formulare der Datenbank. Sie können zum Beispiel ein Formular aufrufen, das so mit Ihrem gerade aktuellen Formular verknüpft ist, daß es den zugehörigen Adreßdatensatz zu einem Kunden anzeigt *(Formular öffnen)*.
Berichtsoperationen	Bezieht sich auf bereits vorhanden Berichte. Sie können diese über eine Befehlsschaltfläche in eine Datei senden, drucken oder anzeigen lassen. **➜ 386**
Diverse	Ein Sammelsurium praktischer Funktionen: ▶ Abfrage ausführen (muß bereits definiert sein) ▶ AutoWähler (läßt Access eine Telefonnummer für Sie wählen, Voraussetzung: Telefonnetzanbindung) ▶ Makro ausführen (dieses müssen Sie ebenfalls schon erstellt und gespeichert haben, so daß Sie es nur noch auszuwählen brauchen) **➜ 643** ▶ Tabelle drucken (druckt die zugehörige Datentabelle).

▶ Egal, für welche Aktionsvariante Sie sich ent-scheiden, irgendwann kommt der Punkt, an dem Sie sich entscheiden müssen, ob Sie Text oder ein Bildmotiv auf Ihrer Schaltfläche haben möchten. Wählen Sie eine der Optio-nen aus.

▶ Klicken Sie *Text* an, können Sie im Feld neben dieser Option auch anderen Text als den Titel der Aktion eingeben.

▶ Wählen Sie *Bild*, klicken Sie anschließend auf *Durchsuchen*..., und wählen Sie ein Bildmotiv **➜ 539** von Ihrem Computer oder von einer CD aus.

▶ Schließlich braucht die Schaltfläche selbst noch einen Access-internen Namen. Der ist nützlich, wenn man sich in anderen Objekteigenschaften auf diese Schaltfläche beziehen möchte. Geben Sie den Namen in das Feld ein.

▶ Klicken Sie auf *Fertig stellen*.

▶ Zum Testen der Schaltfläche wechseln Sie in die Formularansicht.

▶ Klicken Sie auf die erstellte Schaltfläche, und prüfen Sie, was passiert.

Nachträglich das Bild oder den Text einer Befehlsschaltfläche ändern

▶ Klicken Sie in der Entwurfsansicht des Formulars die Befehlsschaltfläche mit der rechten Maustaste an.

▶ Wählen Sie *Eigenschaften* aus dem Kontextmenü.

▶ Wechseln Sie zum Register *Format*.

Befehlsschaltfläche: cmdstart	
Format · Daten · Ereignis · Andere · Alle	
Beschriftung	Word ausführen
Bild	(keines)
Bildtyp	Eingebettet
Transparent	Nein
Hyperlink-Adresse	
Hyperlink-Unteradresse	
Sichtbar	Ja
Anzeigen	Immer
Linksbündig	1,799cm
Oben	2,199cm
Breite	2,487cm
Höhe	0,714cm
Textfarbe	-2147483630
Schriftart	Tahoma
Schriftgrad	8
Schriftbreite	Normal
Kursiv	Nein
Unterstrichen	Nein

Das Register Format *umfaßt Einstellungen zur Gestaltung des Steuerelements*

▶ Ändern Sie im Feld *Beschriftung* den Text, oder ändern Sie bei *Bild* die Einstellung. Dazu klicken Sie in das Feld neben *Bild*, anschließend auf die Schaltfläche mit den drei Punkten, auf *Durchsuchen*... und wählen ein passendes Bild aus. Dies sollte allerdings sehr klein sein, zum Beispiel eine ClipArt-Grafik.

TIP
Benennung von Steuerelementen: Es ist ganz nützlich, im Namen des Elements selbst darauf zu verweisen, um welche Art von Steuerelement es sich handelt: um eine Befehlsschaltfläche (CommandButton), ein Kombinationslistenfeld (ComboBox) usw. Bei Befehlsschaltflächen ist oft das Kürzel CMD vorangestellt. Also zum Beispiel CMDWord, *eine Schaltfläche, die Word startet.*

➜ 332
TIP
Direkte Textänderung: Text können Sie natürlich auch direkt auf der Schaltfläche neu eingeben und formatieren.

Befehlsschaltfläche soll nicht auf einfachen Maus-klick reagieren

▶ Nach der Erstellung einer Befehlsschaltfläche mit dem Assistenten sind standardmäßig bereits ein paar Einstellungen vorgenommen, zum Beispiel, daß die Befehlsschaltfläche auf einen Mausklick reagiert. Wenn Ihnen das nicht gefällt, öffnen Sie die Eigenschaften der Schaltfläche mit einem rechten Mausklick auf das Steuerelement (Entwurfsansicht).

▶ Wechseln Sie zum Register *Ereignis*. Hier sehen Sie, daß im Feld *Beim Klicken [Ereignisprozedur]* angegeben ist.

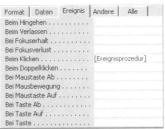

▶ Markieren Sie *[Ereignisprozedur]* mit Doppelklick.
▶ Drücken Sie die Taste Entf.
▶ Wechseln Sie mit Mausklick in das Feld, bei dessen Ereignis die Befehlsschaltfläche aktiviert werden soll, zum Beispiel *Beim Doppelklicken*.

▶ Klicken Sie auf den Pfeil. Eine Liste klappt aus, in dem *[Ereignisprozedur]* wieder aufgeführt ist.
▶ Klicken Sie auf *[Ereignisprozedur]*. Der Eintrag wird in das Feld übernommen.
▶ Schließen Sie den Dialog über die Schaltfläche im Titelbalken.
▶ Testen Sie das Verhalten der Befehlschaltfläche in der Formularansicht.

Hinweise für den Benutzer

▶ Öffnen Sie den Eigenschaften-Dialog zur Befehlsschaltfläche (siehe oben).
▶ Im Register *Andere* stehen die Felder *Statusleistentext* und *SteuerelementTip-Text* bereit.
▶ Geben Sie in ein oder in beide Felder Hilfehinweise für den Benutzer ein.

→ 344

→ 318

BEGRIFFE
Ereignisprozedur ist ein Pro-grämmchen, das die Aktion, die mit Klick auf die Schaltfläche durchgeführt werden soll, definiert. Ein Klick auf die Schaltfläche mit den drei Pünktchen öffnet den Visual Basic Editor, wo Sie den Programmcode direkt bearbeiten können, falls Sie scharf auf echtes Programmieren sind.

INFO
Ereignis zuweisen: Jedem Steuerelement können Sie ein Ereignis zuweisen. Klicken Sie es mit der rechten Maustaste an, und wählen Sie Ereignis... aus dem Menü. Ein Fenster bietet Ihnen die Auswahl zwischen drei Instrumenten: Abfrage-Generator, Makro-Generator, Code-Generator

TIP
Eigenschaften eines Steuerelements: Die einzustellenden Eigenschaften unterscheiden sich je nach Steuerelement-art. Blättern Sie im jeweiligen Eigenschaften-Dialog durch die Register, und schauen Sie sich die Optionen an, die Ihnen zur Verfügung stehen. Sie werden hier nicht bis ins Detail erläutert. Ziehen Sie unter Umständen die Direkt-hilfe zu Rate.

Bild einfügen

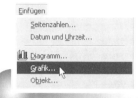

Wo? Womit?

▶ Öffnen Sie das Formular in der Entwurfsansicht.
▶ Wie in allen anderen Office-Programmen wählen Sie den Menübefehl *Einfügen/Grafik...*
▶ Suchen Sie ein Bild aus einem Ordner auf Ihrem Computer aus.
▶ Es wird in seinen Originalabmessungen eingefügt.

Bild größenmäßig anpassen

▶ Klicken Sie mit der rechten Maustaste auf das Bild.
▶ Wählen Sie *Eigenschaften* aus dem Kontextmenü.
▶ Im Register *Format* gibt es das Feld *Größenanpassung*. Klicken Sie in das weiße Feld.
▶ Klicken Sie auf den Pfeil in diesem Feld.

▶ Wählen Sie *Dehnen* aus der Liste. Sie sehen sofort den Effekt. Das Bild paßt plötzlich in den aufgezogenen Rahmen, auch wenn dieser kleiner ist. Wenn Sie nun mit gedrückter Maustaste an einem der Markierungspunkte des Bildes ziehen, um es zu vergrößern oder **→ 345** zu verkleinern, paßt sich das Motiv dem neuen Rahmen an.

Dem Bild einen Rahmen zuweisen

▶ Das funktioniert wie bei allen Office-Anwendungen: Markieren Sie zuerst das Bild in der Entwurfsansicht.
▶ Klicken Sie in der Formatierungsleiste auf das Rahmensymbol, und wählen Sie eine Rahmenart aus.
▶ Weisen Sie über das Symbol mit dem Pinsel eine Rahmenfarbe zu.

INFO
Bild über die Toolbox einfügen: Funktioniert im Prinzip ähnlich. Klicken Sie auf das Symbol Bild, ziehen Sie einen Rahmen im Formularfeld auf, wählen Sie ein Bild aus. Es wird zwar in den Rahmen, aber mit Originalabmessungen eingefügt, das heißt also im Klartext, daß es eventuell abgeschnitten erscheint.

INFO
Direkt oder über die Eigenschaften: Alternativ können Sie – wie bei jedem Steuerelement – die Formatierungen auch über den Eigenschaften-Dialog festlegen.

Dokumente aus anderen Office-Anwendungen

WO? WOMIT?

→ 621

▶ Öffnen Sie das Formular in der Entwurfsansicht.

▶ Wählen Sie den Menübefehl *Einfügen/Objekt*...

▶ Falls das Dokument, das Sie als Objekt einfügen möchten, noch nicht existiert, lassen Sie die Option *Neu erstellen* aktiviert und suchen den Dokumenttyp aus der nebenstehenden Liste aus.

▶ Falls das Dokument bereits existiert, wählen Sie die Option *Aus Datei erstellen*. Daraufhin erscheint dieses Fenster.

INFO

Das Einfügen von Objekten im Detail: Es funktioniert in allen Office-Anwendungen analog.

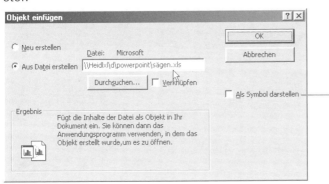

INFO

Als Symbol darstellen: Sie können ein Objekt auch nur mit seinem Anwendungssymbol einfügen. Dann würde erst ein Klick auf dieses Symbol das Objekt in einem eigenen Fenster öffnen. Dazu müssen Sie diese Option aktivieren.

▶ Klicken Sie auf *Durchsuchen*..., und wählen Sie die Datei aus.

▶ Bestätigen Sie die Wahl mit Klick auf *OK*. Das Dokument wird in das Formular eingebettet. Ein Doppelklick auf das Objekt öffnet es in seiner Ursprungsumgebung, und Sie können es direkt bearbeiten, ohne Access zu verlassen.

Eine eingebettete Tabelle und eine als Symbol eingefügte Webseite

Formular unterteilen

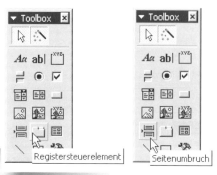

WO? WOMIT?

Formular mit Registern anlegen

▶ Öffnen Sie das Formular in der Entwurfsansicht.

▶ Bringen Sie gegebenenfalls die Toolbox-Leiste auf den Bildschirm.

▶ Wählen Sie das Symbol *Registersteuerelement*.

▶ Ziehen Sie die Registerfläche mit der Maus auf dem Formularfeld auf. Es erscheint eine Registerfläche mit zwei Registern.

▶ Klicken Sie auf das Register, dessen Registertext (also *Seite1* usw.) Sie ändern möchten. Es erscheint nach vorne gestellt.

▶ Klicken Sie mit der rechten Maustaste, und wählen Sie *Eigenschaften* aus dem Kontextmenü.

▶ Wechseln Sie zum Register *Andere*.

▶ Geben Sie in das weiße Feld neben *Name* den Text für das Register ein.

▶ Schließen Sie die *Eigenschaften* mit Klick auf die *Schließen*-Schaltfläche im Titelbalken. Der neue Text erscheint.

▶ Verfahren Sie mit den anderen Registern ebenso.

Weitere Register einfügen oder Register löschen

▶ Klicken Sie in der Entwurfsansicht mit der rechten Maustaste auf das Registerfeld.

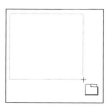

INFO → 332

Register gestalten: Alle anderen Formatierungen nehmen Sie wie bei anderen Steuerelementen über die Formatierungsleiste oder über den Eigenschaften-Dialog vor.

▶ Wählen Sie aus dem Kontextmenü den Befehl *Seite einfügen*. Es wird automatisch ein
weiteres Registerblatt mit
durchnumerierter Seiten-
zählung eingefügt. Än-
dern Sie den Text der
Register nach eige-
nen Vorstellungen.

→ 350

INFO
*Was kommt in die Register?
Die Register selbst werden
gefüllt wie die »normale«
Formularfläche auch. Sie
können zum Beispiel Unterformulare in ein Register
stellen, oder Sie schieben
Elemente aus dem Formu-
larfeld, in dem das Register
liegt, in das Register selbst –
einfach per Drag&Drop.*

▶ Eine Registerseite löschen Sie
mit Klick auf dieses Register, so daß es markiert ist, und
der Taste [Entf].

Reihenfolge der Register umstellen

▶ Klicken Sie mit der rechten Maustaste in ein Register,
und wählen Sie *Seitenreihenfolge...* aus dem Menü.

▶ Die Auflistung der Registerseiten entspricht der Reihenfolge von links nach rechts. Markieren Sie die umzustel-
lende Seite.

▶ Klicken Sie auf die Schaltfläche *Nach oben* oder *Nach
unten*.

▶ Bestätigen Sie die neue Reihenfolge mit Klick auf *OK*.

Seitenumbrüche

▶ Klicken Sie in der Toolbox auf das Symbol *Seitenwechsel*.

→ 351

▶ Klicken Sie an die Stelle im Formular, an der ein Seitenwechsel angezeigt werden soll. Die optische Wirkung des
Mausklicks ist etwas unspektakulär und undefinierbar –
eigentlich handelt es sich um eine kurze gepunktete Linie.

▶ Wechseln Sie in die Formularansicht, um das Ergebnis
zu überprüfen. Mit der Taste Bild nach unten und Bild
nach oben können Sie seitenweise durch ein lan-
ges Formular blättern. Beim Drucken des Formulars wird dieser Seitenumbruch ebenfalls
berücksichtigt.

→ 31

Überschriften und andere Texte einfügen

▶ Öffnen Sie das Formular in der Entwurfsansicht.
▶ Klicken Sie in der Standard-symbolleiste auf das Symbol Toolbox.
▶ Klicken Sie auf die Schaltfläche *Bezeichnung*.
▶ Die Mauszeigerform verändert sich. Klicken Sie auf die Formularfläche, und ziehen Sie mit gedrückter Maustaste einen Kasten auf.
▶ Klicken Sie in das aufgezogene Feld, und geben Sie Text ein.

Formular mit einer Tabelle verbinden

▶ Wenn Sie Ihren Formularentwurf manuell erstellen möchten, benötigen Sie trotzdem eine Verbindung zu einer Datentabelle der Datenbank. Betätigen Sie in der Entwurfsansicht die Tasten Strg + R, um das Formular auszuwählen.
▶ Klicken Sie mit der rechten Maustaste auf den Titelbalken des Formulars.
▶ Wählen Sie *Eigenschaften* aus dem Menü.
▶ Wechseln Sie zum Register *Daten*.
▶ Klicken Sie auf den Pfeil neben dem Feld *Datenherkunft*. Alle Tabellen der Datenbank werden angezeigt.
▶ Wählen Sie die gewünschte Datentabelle aus, und beenden Sie den Dialog über die *Schließen*-Schaltfläche.

Hinweise für den Benutzer

▶ Öffnen Sie den Eigenschaften-Dialog zur Befehlsschaltfläche (siehe oben).
▶ Im Register *Andere* stehen die Felder *Statusleistentext* und *SteuerelementTip-Text* bereit.
▶ Geben Sie in ein oder in beide Felder Hilfehinweise für den Benutzer ein.

INFO

Formular direkt aus Tabelle erzeugen: Normalerweise erzeugen Sie ein Formular direkt aus der Tabelle, indem Sie die Tabelle im Datenbankfenster markieren und ganz oben in der Standardsymbolleiste das Symbol Neues Objekt: AutoFormular *anklicken.*

TIP

Eigenschaften eines Steuerelements: Die einzustellenden Eigenschaften unterscheiden sich je nach Steuerelementart. Blättern Sie im jeweiligen Eigenschaften-*Dialog durch die Register, und schauen Sie sich die Optionen an, die Ihnen zur Verfügung stehen. Sie werden hier nicht bis ins Detail erläutert. Ziehen Sie unter Umständen die Direkthilfe zu Rate.*

19

KAPITEL

Datenbankabfragen

tempo

Eine einfache Abfrage

Wo? Womit?

Abfrage mit Hilfe des Assistenten erstellen

▶ Öffnen Sie die Datenbank in Access, in der Sie eine Abfrage erstellen möchten.

▶ Klicken Sie in der Objektleiste auf *Abfragen*.

▶ Rechts doppelklicken Sie auf die Option *Erstellt eine Abfrage unter Verwendung des Assistenten*. Damit starten Sie den Auswahlabfrage-Assistenten.

▶ Im ersten Schritt sammeln Sie die Felder aus den Datentabellen Ihrer Datenbank zusammen, aus denen die gewünschten Daten gefiltert werden sollen. Klicken Sie im Feld *Tabellen/Abfragen* auf den Listenpfeil. Sie sehen, daß alle Tabellen Ihrer Datenbank hier aufgelistet sind.

▶ Wählen Sie eine Tabelle aus, aus der Sie sich zuerst bedienen wollen.

▶ In der Liste *Verfügbare Felder:* sind die Felder aus der aktuell gewählten Datentabelle aufgelistet.

▶ Markieren Sie mit der Maus eine Feldbezeichnung, die Sie auswählen möchten.

▶ Klicken Sie auf die Schaltfläche mit dem Pfeil nach rechts, um das markierte Feld in die Liste *Ausgewählte Felder:* zu übernehmen.

▶ Sie können die Felder aus verschiedenen Tabellen mischen, indem Sie zwischendurch eine andere Tabelle aus der Liste oben auswählen und daraus Felder wählen.

▶ Bestätigen Sie die Zusammenstellung mit Klick auf die Schaltfläche *Weiter*.

▶ Im zweiten Schritt des Assistenten wird eine etwas kryptische Frage danach gestellt, ob Sie eine Detailansicht oder eine Zusammenfassung wünschen. Entscheiden Sie sich mit Klick auf *Detail* für die Detailansicht.

INFO

Der Doppelpfeil übernimmt alle Felder der aktuell ausgewählten Tabelle in die Liste der ausgewählten Felder. Über die Schaltflächen mit den Pfeilen nach links machen Sie eine Auswahl wieder rückgängig.

▶ Bestätigen Sie die Entscheidung mit Klick auf *Weiter*.
▶ Tippen Sie im folgenden Fenster eventuell einen eigenen Namen für die Abfrage in das Eingabefeld. Access vergibt automatisch einen, aber der ist vielleicht etwas unpassend. Sie können ihn einfach überschreiben.
▶ Lassen Sie die Option *Abfrage öffnen* aktiviert, und klicken Sie auf die Schaltfläche *Fertig stellen*. Die Abfrage wird als Datentabelle dargestellt. Sie enthält nur die Daten zu den von Ihnen ausgewählten Feldern.

Firma	Menge	Artikel	Preise pro Ein
Schneider	12	CD-Brenner	250,00 DM
Hellmer	24	Tastaturen	45,00 DM
Willhelm	22	Bildschirme	345,00 DM
Schneider	3399	Modems	22,00 DM
Hellmer	34	Maus	2.310,00 DM
Schneider	23	Mauspads	12,00 DM
Willhelm	1	ISDN-Anlage	345,00 DM
Hellmer	39	CD-Rohlinge	45,00 DM
			0,00 DM

Bestellungen Abfrage1 : Auswahlabfrage

Zusammenfassung erstellen lassen

▶ Access zählt bei einer Zusammenfassung bestimmte Felder einfach nur durch, ohne deren jeweilige Inhalte darzustellen. Wenn Sie diese Option wünschen, klicken Sie im zweiten Schritt des Abfrage-Assistenten auf die Option *Zusammenfassung*.
▶ Die Schaltfläche *Zusammenfassungsoptionen*... wird aufgeblendet. Klicken Sie auf die Schaltfläche.
▶ Die Zusammenfassungsoptionen geben Ihnen die Möglichkeit, Zahlenfelder rechnerisch zusammenfassen zu lassen, indem deren Summen, Mittelwerte, Höchst- oder Niedrigstwerte in der Zusammenfassung angezeigt werden. Klicken Sie in die Kontrollfelder, deren Angaben Sie wünschen.
▶ Aktivieren Sie gegebenenfalls unten rechts die Option *Datensätze zählen*....
▶ Klicken Sie auf *OK*.

Zusammenfassung : Auswahlabfrage

Firma	Artikel	Sum von Menge	Avg von Preise	Count von Bestellungen
Hellmer	CD-Rohlinge	39	45,00 DM	1
Hellmer	Maus	34	2.310,00 DM	1
Hellmer	Tastaturen	24	45,00 DM	1
Schneider	CD-Brenner	12	250,00 DM	1
Schneider	Mauspads	23	12,00 DM	1
Schneider	Modems	3494	22,00 DM	2
Willhelm	Bildschirme	66	345,00 DM	3
Willhelm	ISDN-Anlage	1	345,00 DM	1

→ 370

INFO

Abfrage ohne den Assistenten erstellen: Klicken Sie in der Standardsymbolleiste des Datenbankfensters auf das Symbol Neues Objekt:, *und wählen Sie* Abfrage *aus dem Menü aus. Im Fenster* Neue Abfrage *doppelklicken Sie auf* Entwurfsansicht. *Wenn Sie bereits im Datenbankfenster eine Tabelle markiert hatten, nimmt Access automatisch an, daß auf ihrer Basis die Abfrage erstellt werden soll. Wenn Sie keine Tabelle markiert hatten, wird das Fenster* Tabelle anzeigen *geöffnet, aus der Sie die benötigten Tabellen aussuchen. Danach geht's weiter wie bei den Entwurfsänderungen.*

→ 311

INFO

Abfrage filtern: Eine Abfrage-Tabelle können Sie ebenso filtern wie andere Datentabellen auch.

Welche Summenwerte sollen berechnet werden?

Feld	Summe	Mittelwert	Min	Max
Menge	☑	☐	☐	☐
Preise pro Einheit	☐	☐	☐	☐

Diese rechte Spalte zeigt die Datensatzzählung. Es wurde hier nicht nach Firma zusammengefaßt, sondern nach Artikeln. Diese Spalten zeigen die Summen der bestellten Mengen in den zusammengefaßten Datensätzen und den durchschnittlichen Preis.

Abfrageentwurf ändern

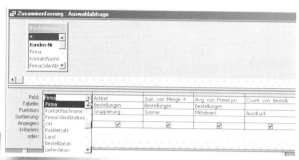

Wo? Womit?

▶ Markieren Sie im Datenbankfenster die zu bearbeitende Abfrage.

▶ Klicken Sie auf die Schaltfläche *Entwurf*.

▶ Die Abfrage öffnet sich in der Entwurfsansicht (siehe Bild oben). Im unteren Bereich im Abfrageentwurf sind alle Felder der Abfrage aufgelistet.

▶ Zuerst wird das Feld selbst genannt.

▶ Darunter ist die Tabelle angegeben, aus dem das Feld stammt, dann die Funktion, die beim Filtern angewendet werden soll.

▶ Die Sortierung legt die Anzeige der Werte in der Tabelle fest (aufsteigend, absteigend oder gar nicht sortiert).

▶ Bei den Kriterien können Sie Bedingungen definieren, die das Filtern eingrenzen (zum Beispiel <5000).

Ein anderes Feld aus der Tabelle auswählen

▶ Klicken Sie in das Feld mit der Feldbezeichnung, das Sie austauschen möchten. Es erscheint ein Listenpfeil in dem Feld.

▶ Klicken Sie auf den Listenpfeil.

▶ Wählen Sie mit Mausklick ein Feld aus der ausgeklappten Liste aus.

Ein Feld der Abfrage hinzufügen

▶ Blättern Sie in der Entwurfsansicht der Abfrage so weit nach rechts, bis Sie zum ersten leeren Bereich gelangen.

▶ Klicken Sie in der Zeile für die Feldnamen in ein leeres Feld und anschließend auf den Listenpfeil, der nun aufgetaucht ist.

▶ Es klappt die Liste mit den in der aktuellen Tabelle vorhandenen Feldnamen auf. Wählen Sie einen mit Mausklick darauf aus. Der Feldname steht nun in der Zeile *Feld:*, darunter ist seine Ursprungstabelle vermerkt.

Felder aus anderen Tabellen nachträglich einfügen

▶ Im oberen Bereich im Entwurfsmodus sehen Sie die Feld-listen der Tabellen, aus denen Felder für die aktuelle Ab-frage zusammengestellt worden sind. Ein Doppelklick auf einen Feldnamen dieser Feldliste fügt das betreffende Feld in den Abfrageentwurf unten ein. Falls nicht die ge-wünschte Datentabelle der Datenbank sichtbar ist, klik-ken Sie in der Standardsymbolleiste auf dieses Symbol. Es öffnet sich ein Fenster, in dem alle Ta-  bellen der Datenbank aufgelistet sind.

▶ Markieren Sie die gewünschte Tabelle.

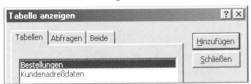

▶ Klicken Sie auf *Hinzufügen*.
▶ Wenn Sie alle benötigten Tabellen »eingesammelt« ha-ben, klicken Sie auf die Schaltfläche *Schließen*. Danach werden die ausgewählten Tabellen mit ihren Beziehun-gen angezeigt, und Sie können per Doppelklick aus de-ren Feldern auswählen.

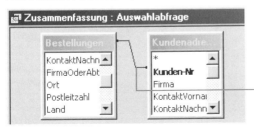

Filterfunktion auswählen

▶ Klicken Sie in der Zeile *Funktion:* in der Spalte des Fel-des, dessen Funktion Sie ändern möchten.
▶ Klicken Sie auf den Listenpfeil.

→ 331

INFO
Feld aus einer Abfrage löschen: Im Entwurfsmodus einfach den Feldnamen mit der Maus markieren und die Taste ⌊Entf⌋ *drücken. Die Spalte verschwindet aus dem Entwurfsbereich.*

TIP
Abfrage als Formular: Sie können eine Abfrage in ein Formular umwandeln. Dazu markieren Sie im Datenbank-fenster die Abfrage und klicken auf das Symbol Neues Objekt: AutoFormular. *Sie können über dieses Formular jedoch keine neuen Datensätz hinzufügen. Das geht nur bei einem Formular, das aus einer Datentabelle erstellt worden ist.*

TIP
Per Doppelklick lassen sich die Abfrageeigenschaften einblenden.

INFO
Tabelle aus einer Abfrage löschen: Markieren und ⌊Entf⌋.

▶ Wählen Sie eine Funktion aus. Bedenken Sie dabei, daß Sie nur aus Zahlenwerten Summen, Mittelwerte, Mindest- und Höchstwerte darstellen lassen können. Dies gilt auch für alle anderen mathematischen oder statistischen Funktionen.

▶ Überprüfen Sie das Ergebnis in der Datenblattansicht. Wenn etwas nicht funktioniert, wird Sie der Assistent darauf hinweisen und Ihnen Tips zur Fehlerbehebung geben.

Anzeige ausblenden

▶ Standardmäßig ist das Kontrollfeld in der Zeile *Anzeigen:* aktiviert. Wenn Sie ein Abfrageergebnis nicht in der Datentabelle angezeigt haben möchten, klicken Sie in dieses Kontrollfeld, so daß das Häkchen entfernt ist.

Kriterien für das Filtern definieren

▶ Geben Sie, beginnend in der Zeile *Kriterien:,* zu dem Feld passende Kriterien untereinander ein. Benutzen Sie dabei die Vergleichsoperatoren = < >. Setzen Sie keine Leerstelle zwischen Operator und Kriterium. Die Anführungszeichen setzt Access selbst.

INFO

In dieser Beispielabfrage wird das Feld Firma *gruppiert dargestellt. Die gleiche Abfrage, in der dem Feld* Firma *die Funktion* Anzahl *zugewiesen wurde. Es wird dargestellt, wie oft eine Firma bestellt hat.*

INFO
Hilfe → 717

Kriterien:	="Mauspads"
oder:	="Bildschirme"
	="Modems"

▶ Es ist zwar nur eine Zeile *oder:* vorhanden, Sie können aber so viele Kriterien untereinander eingeben, wie Sie wollen.

▶ Wechseln Sie in die Datenblattansicht, um das Ergebnis zu überprüfen.

INFO
Weitere Beispiele für Kriterien:

| *"*mann"* | *für Hermann, Schuhmann usw.* |
| *< Datum()-30:* | *Datum liegt mehr als 30 Tage zurück* |

Zusammenfassung : Auswahlabfrage

Firma	Artikel	Count von Bestellungen
▶ Schneider	Mauspads	1
Schneider	Modems	2
Willhelm	Bildschirme	3

Berechnete Felder einfügen

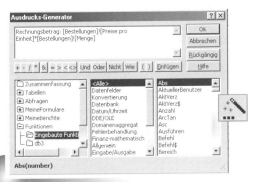

WO? WOMIT?

Berechnetes Feld in eine Abfrage einfügen

▶ Öffnen Sie die Abfrage in der Entwurfsansicht. **→ 370**

▶ Klicken Sie ganz rechts in eine leere Spalte. Hier soll das noch nicht existierende berechnete Feld eingefügt werden.

▶ Klicken Sie in der Standardsymbolleiste auf das Symbol *Funktionen*.

▶ In der Zeile *Funktion:* wählen Sie *Ausdruck* aus.

▶ Klicken Sie in der gleichen Spalte in die Zeile *Feld*.

▶ Klicken Sie auf das Zauberstabsymbol in der Standardsymbolleiste, um den Ausdrucks-Generator zu starten.

▶ Tippen Sie in das große, weiße, leere Feld zuerst den Namen des neuen Feld, gefolgt von einem Doppelpunkt ein. In dem Feldnamen darf kein Punkt enthalten sein.

▶ Nun müssen Sie die Rechenoperation definieren. In diesem Beispiel soll die Bestellmenge multipliziert werden mit dem Preis pro Einheit. Von Syntax müssen Sie nicht allzuviel wissen, solange Sie mit der Maus umgehen können. Doppelklicken Sie auf Tabellen oder auf die Objektkategorie, aus der Sie die Werte für Ihre Berechnung besorgen wollen.

▶ Doppelklicken Sie sich so weit durch, bis Sie das erste Feld für die Berechnung per Doppelklick oben in das Eingabefeld eingefügt haben.

▶ Nun brauchen Sie einen Operator, also das Multiplikationszeichen. Das finden Sie in dieser Schaltflächenleiste. Ein Klick fügt es oben in den Ausdruck ein.

INFO
Leere Spalte zwischen bestehende Spalten einfügen:
Klicken Sie in die Spalte, vor der Sie eine neue, leere Spalte einfügen möchten. Wählen Sie den Menübefehl Einfügen/Spalte.

INFO **→ 318**
Ausdrucks-Generator ausführlich

▶ »Fischen« Sie das nächste Feld, mit dem Sie multiplizieren wollen, aus dem Verzeichnis der Objekte.

▶ Komplexere mathematische Funktionen finden Sie unter *Funktionen* im Unterordner *Eingebaute Funktionen*. In den Kategorien *Mathematisch* und *Finanz-mathematisch* bietet sich eine große Auswahl.

→ 318

ACHTUNG
Falsche Syntax: Kann sich immer mal einschleichen. Wenn sich zum Beispiel ein überflüssiges «Ausdr» im Ausdruck befindet, einfach löschen.

▶ Am Ende sieht in diesem Beispiel die Multiplikation so aus. Betätigen Sie dies mit Klick auf *OK*.

Rechnungsbetrag: [Bestellungen]![Preise pro Einheit]*[Bestellungen]![Menge]

Eingabeformat eines Feldes der Abfrage bearbeiten

▶ Klicken Sie in der Entwurfsansicht der Abfrage mit der rechten Maustaste auf den Feldnamen.

▶ Wählen Sie *Eigenschaften*... aus dem Kontextmenü.

▶ Im Register Allgemein klicken Sie in das weiße Feld bei Format.

▶ Klicken Sie auf den Listenpfeil.

▶ Wählen Sie ein Zahlenformat aus der Liste.

→ 321

ACHTUNG
Wird der Eigenschaften-Dialog bereits angezeigt, blendet dieser Befehl ihn aus.

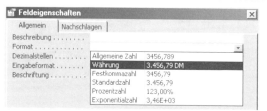

▶ Schließen Sie die Feldeigenschaften mit Klick auf die *Schließen*-Schaltfläche im Titelbalken.

▶ Kontrollieren Sie das Ergebnis in der Datenblattansicht.

Menge	Preise pro Einheit	Rechnungsbetrag
23	12,00 DM	276,00 DM
95	22,00 DM	2.090,00 DM
3399	22,00 DM	74.778,00 DM
5	345,00 DM	1.725,00 DM
22	345,00 DM	7.590,00 DM
39	345,00 DM	13.455,00 DM

Die rechte Spalte Rechnungsbetrag *wird jeweils aus den Daten der Spalte* Menge *und* Preise pro Einheit *berechnet.*

Nach Duplikaten suchen

WO? WOMIT?

▶ Klicken Sie im Datenbankfenster Ihrer Datenbank in der Objektleiste auf *Abfragen*.

▶ Mit Klick auf die Schaltfläche *Neu* öffnet sich das Fenster *Neue Abfrage*.

▶ Wählen Sie aus der Liste *Abfrage-Assistent zur Duplikatsuche* aus.

▶ Bestätigen Sie die Wahl mit Klick auf *OK*.

▶ Der Assistent startet und will als erstes wissen, aus welcher Tabelle oder Abfrage Sie die Duplikatsuche durchführen möchten. Aktivieren Sie die Option *Beide*, um sicherzugehen, daß Sie auch alle möglichen Objekte im Blick haben.

▶ Wählen Sie im Feld darüber die gewünschte Tabelle oder Abfrage aus.

▶ Mit Klick auf *Weiter* kommen Sie zum nächsten Fenster.

▶ Wählen Sie mit den Pfeilschaltflächen aus, welche Felder mehrmals vertreten sein könnten.

▶ Bestätigen Sie die Zusammenstellung mit Klick auf *Weiter*.

▶ Im nächsten Fenster können Sie weitere Felder aussuchen, um die Analyse der Duplikate zu differenzieren.

▶ Mit *Weiter* gelangen Sie zum letzten Fenster. Geben Sie für diese Abfrage einen Namen ein, und klicken Sie auf *Fertig stellen*.

Duplikate suchen zu Bestellungen : Auswahlabfrage					
KontaktNachn	Bestelldatum	Menge Feld	Artikel Feld	Lieferdatum F	AnzahlVonDuplikaten
Fröhlich	12.03.99	12 CD-Brenner		16.04.99	3
Meider	12.04.98	1 ISDN-Anlage		01.05.99	2

▶ Die Abfrage-Tabelle zeigt die doppelten Datensätze in den definierten Feldern und deren Anzahl an. Wenn Sie in die Entwurfsansicht dieser Abfrage wechseln, erhalten Sie einen guten Eindruck davon, wie Kriterien und Funktionen einzusetzen sind.

INFO
Neue Abfrage über Symbol: In der Standardsymbolleiste befindet sich das Symbol Neues Objekt. Ein Klick darauf öffnet eine Objektliste, aus der Sie Abfrage auswählen.

INFO
Wie die Felder auswählen: Je mehr Felder Sie angeben, die identisch sein könnten, um so präziser wird die Analyse, ob Datensätze komplett oder nur in Teilen identisch sind. Eine Firma kann zum Beispiel öfter in einer Kundentabelle vorkommen. Unwahrscheinlich ist dagegen, daß am gleichen Tag die gleichen Mengen des gleichen Produkts bestellt worden sind.

Datenbestände zweier Datentabellen abgleichen

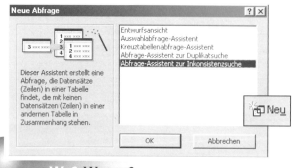

WO? WOMIT?

▶ Klicken Sie im Datenbankfenster in der Objektleiste auf *Abfragen*.

▶ Klicken Sie auf die Schaltfläche *Neu*, um eine neue Abfrage zu erstellen.

▶ Wählen Sie im Fenster *Neue Abfrage* den Eintrag *Abfrage-Assistent zur Inkonsistenzsuche*.

▶ Bestätigen Sie die Wahl mit Klick auf *OK*.

▶ Der Abfrage-Assistent zur Inkonsistenzsuche startet. Wählen Sie im ersten Fenster aus, um welche Datentabelle es gehen soll, und bestätigen Sie die mit Klick auf *Weiter*.

▶ Der Assistent möchte nun Genaueres über die Beziehungen zwischen den Tabellen bzw. Abfragen wissen. Geben Sie das Abgleichsobjekt der Datenbank an, und bestätigen Sie dies mit *Weiter*.

BEGRIFFE

Inkonsistenzabfrage: *Eine Abfrage, mit der man die Verknüpfung von Datensätzen zwischen zwei Tabellen oder Auswahlabfragen prüfen kann, zum Beispiel, ob es zu allen Bestellungen einen Adreßdatensatz in der Adreß-Datentabelle gibt.*

INFO

Deckungsgleiche Felder können auch unterschiedliche Namen haben.

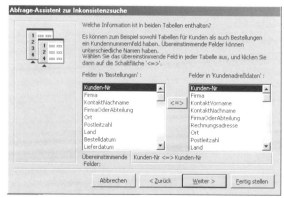

▶ Der Assistent möchte wissen, welche beiden Datenfelder aus den beiden Objekten deckungsgleich sind oder zumindest sein müßten. Klicken Sie in beiden Listen das Entsprechende an.

▶ Zum nächsten Fenster geht's mit Klick auf *Weiter*.

▶ Suchen Sie nun die Felder für die Anzeige in der Abfrage aus.

▶ Mit Klick auf *Weiter* gelangen Sie zum letzten Fenster des Assistenten. Überschreiben Sie im Eingabefeld den Namensvorschlag, oder lassen Sie den Namen so, wie er ist.

▶ Lassen Sie die Option *Die Ergebnisse anzeigen* aktiviert, und klicken Sie auf *Fertig stellen*.

BEGRIFFE
Dynaset: Die Tabelle eines Abfrageergebnisses wird so genannt. Die Daten einer Abfrage werden immer wieder aktuell auf Basis der zugrundliegenden Datentabelle zusammengestellt.

Firma	Ort	Nachname der Kontaktperson
Friedrich	Rosenheim	Müller

Bestellungen ohne übereinstimmende Kundenadreßdaten : Auswahlabfrage

▶ Das Abfrageergebnis wird mit den im vorletzten Schritt des Assistenten ausgewählten Feldern angezeigt.

Entwurf einer Inkonsistenzabfrage bearbeiten

▶ Wechseln Sie von der Abfrage in den Entwurfsmodus.

▶ Wenn Sie zwei andere Datenfelder abgleichen wollen, fügen Sie diese aus der ersten und der zweiten Tabelle/Abfrage ein.

▶ Definieren Sie für eines der beiden Datenfelder das Kriterium *Ist Null*. Das heißt, es werden quasi »nicht existierende« Datensätze in dieser Tabelle/Ab-→ 372 frage abgefragt.

▶ Wechseln Sie zur Datenblattansicht, um das Ergebnis zu prüfen.

Kreuztabellenabfragen

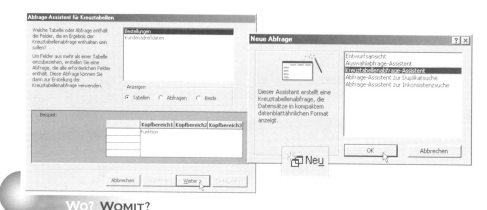

WO? WOMIT?

▶ Öffnen Sie die Datenbank, und klicken Sie in der Objektleiste auf *Abfragen*.

▶ Über die Schaltfläche *Neu* bringen Sie das Fenster *Neue
Abfrage* auf den Bildschirm.

▶ Wählen Sie aus der Liste *Kreuztabellenabfrage-Assistent*,
und bestätigen Sie dies mit Klick auf *OK*.

▶ Der Assistent startet und zeigt Ihnen die Objekte Ihrer
Datenbank (Tabellen und Abfragen). Wählen Sie aus, aus
welcher Tabelle oder Abfrage Sie Daten in einer Kreuztabelle darstellen wollen.

▶ Mit *Weiter* geht's zum zweiten Schritt des Assistenten.

▶ Die Felder aus dem gewählten Objekt werden angezeigt.
Aus diesen können Sie maximal drei aussuchen. Markieren Sie das gewünschte Feld mit Mausklick, und klik-
ken Sie anschließend auf den nach rechts weisenden
Pfeil. Im Beispielfeld sehen Sie das Ergebnis Ihrer Auswahl als Vorschau.

▶ Schließen Sie diesen Schritt ebenfalls mit Klick auf *Weiter* ab.

▶ Sie können jetzt aus den restlichen Feldern das Feld aussuchen, dessen Werte (Daten) sich über die Spalten verteilen sollen. Beachten Sie das Beispielfeld mit der Vorschau.

▶ Beenden Sie diesen Schritt mit Klick auf *Weiter*.

INFO → 368

*Kreuztabellen-Abfrage aus
mehreren Tabellen: Erstellen
Sie zuerst eine Abfrage, die
die Felder aus mehreren
Tabellen enthält. Speichern
Sie sie, und erstellen Sie
anschließend eine Kreuztabellenabfrage auf Basis
dieser Abfrage. Aktivieren Sie
dazu im ersten Schritt des
Assistenten die Option* Abfragen, *und wählen Sie sie aus.*

INFO

*Das Beispielfeld im Schritt 3.
Die Werte des jetzt ausge-
wählten Feldes werden in die
Spaltenköpfe geschrieben.*

▷ Jetzt wird es eigentlich interessant. Sie bestimmen, mit welchem Feld welche Rechenoperation durchgeführt wird. Das Ergebnis wird dann in den Zellen, in denen sich Spalten und Zeilen kreuzen, dargestellt. Wählen Sie also das Feld und in der ganz rechten Liste die gewünschte Funktion aus.

Die Bedeutung der Funktionen	
Anzahl	Wert stellt Anzahl der zugehörigen Datensätze dar.
ErsterWert	Zeigt den ersten Wert.
LetzterWert	Zeigt den letzten Wert.
Max	Der höchste Wert.
Min	Der niedrigste Wert.

▷ Klicken Sie auf *Weiter*.
▷ Vergeben Sie gegebenenfalls einen eigenen Namen für die Abfrage, und lassen Sie die eingestellte Option zum Anzeigen der Ergebnisse aktiv.
▷ Schließen Sie den Assistenten mit Klick auf die Schaltfläche *Fertig stellen*.

In dieser Kreuztabelle sind übersichtlich die bestellten Artikel je Firma summiert dargestellt.

Kreuztabellenentwurf bearbeiten

▷ Falls die Tabelle noch nicht optimal ist, öffnen Sie die Kreuztabellenabfrage in der Entwurfsansicht.

Der Entwurf zur obigen Kreuztabelle ist in diesem Bild zu sehen

▷ Eine Kreuztabelle enthält die im Entwurf die Zeile Kreuztabelle, in der Felder als Zeilenüberschrift, als Spaltenüberschrift und als Wert definiert sein müssen. Bei der Spalte zu den Werten, die in einer Funktion zusammengefaßt werden sollen, muß in der Zeile *Kreuztabelle: Wert* definiert und eine Funktion angegeben werden (im Beispiel werden die Daten von *Menge* je Firma und Artikel summiert).

Löschabfragen

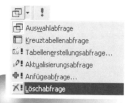

WO? WOMIT?

▶ Nachdem Sie Ihre Abfrage nach Duplikaten oder ganz bestimmten Datensätzen, durchgeführt haben, öffnen Sie die Entwurfsansicht dieser Abfrage.

▶ In der Standardsymbolleiste ist nun das Symbol *Abfrage-typ* mit einem Listenpfeil sichtbar. Klicken Sie auf den Listenpfeil.

▶ Wählen Sie *Löschabfrage* aus der Liste aus.

▶ Die Wirkung dieser Aktion ist erst einmal wenig spektakulär: Im Titelbalken der Abfrage ist nun die Löschabfrage vermerkt. Unten im Entwurfsbereich ist eine Zeile *Löschen* eingefügt worden.

▶ Spezifizieren Sie bei den *Kriterien* die Löschbedingungen.

▶ Wechseln Sie in die Datenblattansicht.

▶ Es wird Ihnen die entsprechende Auswahl angezeigt.

▶ Speichern Sie die Abfrage. Sie erscheint mit einem Löschsymbol im Datenbankfenster.

▶ Ein Doppelklick auf diese Löschabfrage im Datenbankfenster aktiviert die Abfrage. Der Assistent fragt noch einmal nach. Bestätigen Sie den Hinweis mit Klick auf *OK*.

▶ Es wird Ihnen mitgeteilt, wie viele Zeilen Sie zu löschen beabsichtigen. Quittieren Sie die mit Klick auf *Ja*.

INFO
Diese vorausgehende Auswahlabfrage sollte die zu löschenden Datensätze anzeigen.

INFO   **→ 372**
Hier sollen alle Bestellungen, die nach dem 01.01.99 liegen, gelöscht werden.

INFO
Mit jedem Doppelklick auf diese Löschabfrage wird diese erneut durchgeführt. Wurden zwischenzeitlich Daten, die den definierten Bedingungen entsprechen, in die Datentabelle geschrieben, werden diese automatisch gelöscht.

Neue Datentabelle aus Abfrage erstellen

▶ Öffnen Sie eine fertige Auswahlabfrage in der Entwurfsansicht.

▶ Klicken Sie in der Standardsymbolleiste auf das Symbol
Abfragetyp.

▶ Wählen Sie aus dem ausklappenden Menü *Tabellenerstellungsabfrage...*

▶ Geben Sie in das Feld *Tabellenname:* einen Titel für die
neue Tabelle ein.

▶ Wenn Sie diese Tabelle in der aktuell geöffneten Datenbank speichern wollen, lassen Sie die entsprechende
Option voreingestellt. Anderenfalls klicken Sie auf die
Option *Andere Datenbank:* und tippen deren Namen zusammen mit ihrem Pfad in das Eingabefeld ein.

▶ Bestätigen Sie Ihre Festlegungen mit Klick auf *OK*.

▶ Sie gelangen wieder in Ihre Abfrage. Speichern und
schließen Sie diese. Die Abfrage ist nun mit diesem Symbol im Datenbankfenster gekenn-
zeichnet.

▶ Doppelklicken Sie auf die modifizierte Abfrage, und bestätigen Sie die Nachfragen des Assistenten mit Klick auf
Ja (2x).

▶ Wechseln Sie in der Objektleiste auf *Tabellen*. In der Liste
ist nun eine neue Tabelle mit dem zuvor vergebenen Namen aufgeführt.

Neue Datentabelle aktualisieren

▶ Ändern Sie in der (den) Ursprungstabelle(n) für die Abfrage einige Daten. Dies wirkt sich nicht sofort auf die
aus der Abfrage generierte Datentabelle aus.

▶ Wechseln Sie in der Objektleiste auf *Abfragen*.

▶ Doppelklicken Sie auf die Tabellenerstellungsabfrage.
Erst dadurch wird die Tabelle, die diese Abfrage erstellt,
aktualisiert. Der Assistent macht Sie auf diesen und ein
paar weitere Umstände aufmerksam. Bestätigen Sie alles mit Klick auf *OK*.

INFO

*Statische Tabelle: Wenn Sie
die neue Tabelle in der Ent-
wurfsansicht öffnen, werden
Sie feststellen, daß zum
Beispiel aus berechneten
Feldern einfache Zahlen
geworden sind, die Funk-
tionen sind verschwunden.
Das ist immerhin eine
Methode, mit berechneten
Feldern weiter zu arbeiten.
Allerdings hat diese neue
Tabelle keine Verbindung
mehr zur Ursprungstabelle,
anders als die Abfrage.*

INFO

*Wenn Sie nun wieder zu den
Tabellen wechseln und die
über diese Abfrage erstellte
Tabelle mit Doppelklick
öffnen, sind die geänderten
Daten aktualisiert worden.*

Daten über Abfragen aktualisieren

Wo? Womit?

▶ Erstellen Sie eine Abfrage, die alle Felder enthält, die Sie in Ihrer Datentabelle ändern bzw. aktualisieren möchten. → 368

▶ Öffnen Sie die fertige Abfrage in der Entwurfsansicht.

▶ Klicken Sie in der Symbolleiste auf *Abfragetyp*, und wählen Sie aus dem Menü *Aktualisierungsabfrage*. Daraufhin passiert nichts Weltbewegendes, außer daß sich der Text im Titelbalken geändert hat und eine Zeile *Aktualisieren:* im Entwurf aufgetaucht ist.

▶ Die Zeile *Aktualisieren:* ist jetzt wichtig. Tragen Sie dort ein, was geändert werden soll. In diesem Beispiel soll die Schreibweise der Landesbezeichnung für Deutschland »D« in das ausgeschriebene »Deutschland« geändert werden.

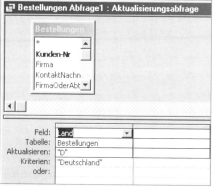

▶ Schließen und speichern Sie die Abfrage. Im Datenbankfenster erscheint die Abfrage mit einem eigenen Symbol.

Aktualisierungsabfrage ausführen

▶ Doppelklicken Sie im Datenbankfenster auf die Aktualisierungsabfrage.

▶ Bestätigen Sie die Hinweise des Assistenten alle mit Klick auf *Ja*.

▶ Wechseln Sie in der Ordnerleiste auf *Tabellen*.

▶ Öffnen Sie die Tabelle, in der Sie über die Aktualisierungsabfrage Änderungen vorgenommen haben wollten. Diese Aktualisierung ist nur manuell rückgängig zu machen.

→ 318

INFO

Funktionen verwenden: Sie können auch Funktionen verwenden, zum Beispiel für das Datum, um alle Änderungsdaten gleichzeitig komplett auf das aktuelle Datum zu setzen. Das sieht dann so aus. Einfach in der Spalte des entsprechenden Feldes in die Zeile Aktualisieren Datum() schreiben. Dadurch wird in dieses Feld überall das aktuelle Datum eingesetzt, wenn diese Aktualisierungsabfrage aktiviert wird.

Einer Datentabelle etwas anfügen

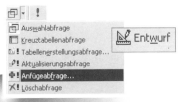

▶ Erstellen Sie eine Auswahlabfrage, die die Felder darstellt, die Sie einer anderen Tabellen einfügen möchten.

▶ Öffnen Sie die Auswahlabfrage in der Entwurfsansicht.

▶ Klicken Sie in der Standardsymbolleiste auf *Abfragetyp*,
und wählen Sie *Anfügeabfrage...* aus.

▶ Wählen Sie aus der aktuellen oder aus einer anderen Datenbank die Tabelle aus, der die Daten angehängt werden sollen.

▶ Bestätigen Sie die Auswahl mit Klick auf *OK*.

▶ Im Entwurf ist nun die Zeile *Anfügen an:* enthalten. Wenn
die Zieltabelle, die Sie im Fenster zuvor angegeben haben, Felder gleichen Namens enthält, werden diese automatisch in diese Zeile übernommen. Falls dies nicht
der Fall ist, geben Sie manuell für jedes Feld den Spalten-
namen an, an den die Daten des hinzuzufügenden Feldes unten angehängt werden sollen.

INFO
*In diesem Beispiel werden
Adreßdaten aus der Kun-
dentabelle in die Bestell-
tabelle übernommen.*

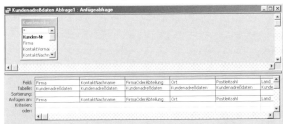

▶ Schließen und speichern Sie die Abfrage. Im Datenbankfenster ist diese Abfrage nun mit einem grünen Kreuz
gekennzeichnet.

Anfügeabfrage aktivieren

▶ Doppelklicken Sie im Datenbankfenster auf die Anfügeabfrage.

▶ Bestätigen Sie alle Hinweise des Assistenten mit Klick
auf *Ja*.

▶ Öffnen Sie die Zieltabelle, und kontrollieren Sie, ob das
Einfügen von Datensätzen funktioniert hat.

Abfrage mit Hilfe des Assistenten erstellen

▶ Öffnen Sie die Datenbank in Access, in der Sie eine Abfrage erstellen möchten.

▶ Klicken Sie in der Objektleiste auf *Abfragen*.

▶ Rechts doppelklicken Sie auf die Option *Erstellt eine Abfrage unter Verwendung des Assistenten*. Damit starten Sie den Auswahlabfrage-Assistenten.

Abfrageentwurf bearbeiten

▶ Markieren Sie im Datenbankfenster die zu bearbeitende Abfrage.

▶ Klicken Sie auf die Schaltfläche *Entwurf*.

▶ Die Abfrage öffnet sich in der Entwurfsansicht (siehe Bild oben). Im unteren Bereich im Abfrageentwurf sind alle Felder der Abfrage aufgelistet. Zuerst wird das Feld selbst genannt. Darunter ist die Tabelle angegeben, aus dem das Feld stammt, dann die Funktion, die beim Filtern angewendet werden soll, die Sortierung legt die Anzeige der Werte in der Tabelle fest (aufsteigend, absteigend oder gar nicht sortiert), bei den Kriterien können Sie Bedingungen definieren, die das Filtern eingrenzen (zum Beispiel <5000).

Berechnetes Feld in Abfrage einfügen

▶ Öffnen Sie die Abfrage in der Entwurfsansicht.

▶ Klicken Sie in eine leere Spalte, in die das noch nicht existierende berechnete Feld eingefügt werden soll.

▶ In der Zeile *Funktion:* wählen Sie *Ausdruck* aus.

▶ Klicken Sie in der gleichen Spalte in die Zeile *Feld:*

▶ Klicken Sie auf das Zauberstabsymbol in der Standardsymbolleiste, um den Ausdrucks-Generator zu starten.

▶ Legen Sie hier die Rechenoperationen fest.

Feld:	Firma
Tabelle:	Bestellungen
Funktion:	Gruppierung
Sortierung:	
Anzeigen:	☑
Kriterien:	

20 KAPITEL

Access-Daten zur Präsentation vorbereiten

tempo

Bericht mit einem Assistenten erstellen

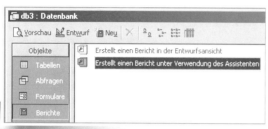

Wo? Womit?

▶ Öffnen Sie die Datenbank.
▶ Klicken Sie in der Objektleiste links auf *Berichte*.
▶ Doppelklicken Sie auf die Option *Erstellt einen Bericht unter Verwendung des Assistenten*. Der Berichts-Assistent startet.
▶ Wählen Sie im Feld *Tabellen/Abfragen* aus, aus welchem Datenbankobjekt der Bericht erstellt werden soll.
▶ Im Feld *Verfügbare Felder:* werden die Felder der aktuell gewählten Tabelle oder Abfrage angezeigt. Markieren Sie die gewünschten Felder, und transferieren Sie sie mit Klick auf die Pfeilschaltflächen nach rechts in den Bereich *Ausgewählte Felder:* Zwischendurch können Sie auch die Tabellen wechseln und so die darzustellenden Werte mischen.
▶ Wenn Ihre Zusammenstellung komplett ist, klicken Sie auf *Weiter*.

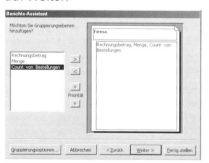

▶ Im nächsten Fenster erwartet der Assistent, daß Sie die Daten vor allem optisch strukturieren. Wählen Sie links die Felder nacheinander aus, und klicken Sie pro Feld auf die nach rechts weisende Pfeilschaltfläche. Damit wird die Feldbezeichnung nach rechts übernommen, und Sie bekommen eine ungefähre Vorstellung, was mit Gruppierungsebenen gemeint sein könnte.
▶ Klicken Sie auf *Weiter*.

INFO
Bericht ohne Assistenten erstellen: Doppelklicken Sie im Datenbankfenster auf diese Option:

Erstellt einen Bericht in der Entwurfsansicht

INFO
*Gruppierungsoptionen...
Hinter dieser Schaltfläche können Sie Intervalle bestimmen, nach denen die Werte in der Tabelle zusammengefaßt werden. Das Intervall wird nach Buchstaben oder in Zahlintervallen festgelegt.*

TIP
Spätere Änderungen können Sie immer noch durchführen, wenn Sie mit der Schaltfläche Zurück *wieder zu früheren Schritten des Assistenten zurückkehren.*

Daten sortieren und zusammenfassen

▶ Im nächsten Schritt können Sie die darzustellenden Informationen weiter bündeln. Zuerst beschäftigen Sie sich
mit dem Sortieren der Daten. Klicken Sie auf die Listenpfeile, und bestimmen Sie bis zu vier Felder, nach denen
nacheinander sortiert werden soll.

▶ Ein Klick auf die Schaltflächen neben den Feldern kehrt
die Sortierung jeweils um.
▶ Klicken Sie auf die Schaltfläche *Zusammenfassungsoptionen...* Im folgenden Fenster werden zu bestimmten
Feldern mathematische Funktionen angeboten.

ACHTUNG
Die Schaltfläche Zusammenfassungsoptionen *erscheint
nur, wenn Sie im Schritt
davor die Daten so gruppiert
haben, daß eine Zusammen-
fassung logisch möglich ist.*

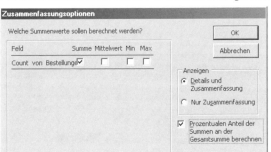

▶ Aktivieren Sie die gewünschten Zusammenfassungsoptionen.
▶ Klicken Sie auf *OK* und dann auf *Weiter*.

→ 390

INFO
*Hoch oder Querformat? Das
kann man in der Regel zuvor
nicht so genau wissen. Aber
Sie können diese Einstellung
auch nachträglich ändern.*

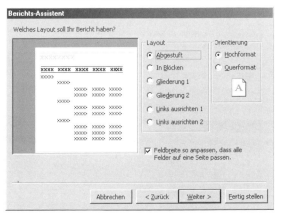

▶ Hier legen Sie das Layout des Berichts fest. Wählen Sie
ob Sie Hoch- oder Querformat benötigen.
▶ Die Aktivierung der Option *Feldbreite so anpassen, dass
alle Felder auf eine Seite passen* ist meistens empfehlenswert.

▶ Probieren Sie mit Mausklick die verschiedenen Layout-Optionen durch, und betrachten Sie das Ergebnis im Vorschaufeld links.

▶ Wenn Sie sich entschieden haben, bestätigen Sie dies mit Klick auf *Weiter*.

▶ Jetzt wird es bunt: Im folgenden Fenster bekommen Sie Gelegenheit, zwischen verschiedenen Gestaltungsmustern auszusuchen. Links im Vorschaufenster wird das gerade markierte angezeigt. Wählen Sie eines aus, und fahren Sie mit *Weiter* fort.

▶ Geben Sie Ihrem Bericht einen griffigen Namen, und lassen Sie die voreingestellte Option *Berichtsvorschau anzeigen* aktiviert.

▶ Klicken Sie auf die Schaltfläche *Fertig stellen*.

▶ Nach ein paar Sekunden haben Sie den Bericht auf dem Bildschirm.

Ansichten umschalten

▶ Über diese Symbole schalten Sie von der Darstellung einer einzelnen Seite zur Doppelseitendarstellung, oder Sie stellen die anzuzeigende Seitenaufteilung manuell ein.

▶ Mit Klick auf die Lupe wird das Lupenwerkzeug aktiviert. Zeigt das Lupensymbol das Pluszeichen, wird der Ausschnitt, über dem sich die Lupe befindet, nahe herangeholt. Zeigt die Lupe ein Minuszeichen, wird die Ansicht wieder verkleinert.

▶ Über dieses Menü wählen Sie einen Zoomfaktor aus. Je nach gewähltem Wert, wird der Bericht sehr groß oder eher klein dargestellt.

▶ Vielleicht werden Sie von den Formatierungskünsten von Access nicht sonderlich beeindruckt sein. Zum Bearbeiten des Berichts müssen Sie in die Entwurfsansicht umschalten. Klicken Sie dazu auf dieses Symbol.

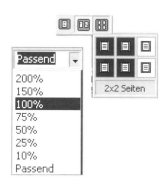

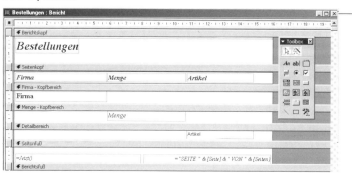

Ein Bericht in der Entwurfsansicht. Für jede Datengruppe ist ein eigener Bereich angelegt worden.

Berichtgestaltung nachbearbeiten

WO? WOMIT?

▶ Klicken Sie in der Objektleiste des Datenbankfensters auf *Berichte*.
▶ Markieren Sie den zu bearbeitenden Bericht, und klicken Sie auf *Entwurf*.
▶ Falls der Bericht bereits geöffnet ist, klicken Sie oben links in der Symbolleiste auf das Entwurfssymbol.

Gesamten Bericht oder Bereiche markieren

▶ Der Bericht ist in verschiedene Bereiche unterteilt. Um alle Bereiche zu markieren, klicken Sie auf das kleine Quadrat links neben dem horizontalen Lineal.
▶ Einen Bereich markieren Sie mit Klick auf die Kopfleiste eines Bereichs. Das sind die grauen, horizontalen Balken in der Entwurfsansicht.

Andere Gestaltungsvorlage zuweisen

▶ Markieren Sie den gesamten Bereich mit Klick auf das schwarze Quadrat.
▶ In der Symbolleiste befindet sich dieses Symbol namens *AutoFormat*. Klicken Sie darauf.
▶ In der linken Leiste befindet sich eine Liste mit Auto-Formaten. Wenn Sie diese Formate der Reihe nach anklicken, sehen Sie im Vorschaufenster die jeweilige Gestaltung.
▶ Klicken Sie auf *Optionen*, um bestimmte Attribute auszuschließen, zum Beispiel die Schriftformatierung.
▶ Mit Klick auf *OK* wird das gewählte AutoFormat für den Bericht übernommen.

Einzelne Formatierungen ändern

▶ Klicken Sie auf einen Text. Sein Rahmen, den man in der Seitenansicht des Berichts nicht sieht, weist Markierungspunkte auf.

NOCH SCHNELLER
Gesamten Bericht markieren:
Strg + R.

→ 334

INFO
Eigene Gestaltung einrichten und in die Liste der AutoFormate aufnehmen.

INFO
Umschalten zur Seitenansicht des Berichts: Klicken Sie auf dieses Symbol, um zu kontrollieren, wie der Bericht ungefähr gedruckt aussieht.

▶ Formatieren Sie den Text und den Rahmenhintergrund, den Rahmen selbst und andere optische Effekte über die Formatierungsleiste.

INFO → 50
Formatierungsleiste im Detail

Elemente verschieben

▶ Manche Elemente hängen zu dicht aufeinander, weshalb Daten nicht gut lesbar sind. Bewegt werden die Elemente wie Formularelemente per Drag& → 331 Drop.

INFO
Text austauschen: Kein Problem – einfach Text im Textrahmen mit der Maus markieren und überschreiben.

▶ Der Mauszeiger mit Zeigefingerhand bewegt ein einzelnes Element.

▶ Der Mauszeiger mit ganzer Hand bewegt die Elementgruppe.

▶ Ziehen an den Markierungspunkten vergrößert oder verkleinert einen Rahmen.

▶ Halten Sie die Taste ⇧ gedrückt, um mehrere Elemente gleichzeitig zu markieren.

Hintergrund eines Bereichs ändern

▶ Den Hintergrund eines Bereichs bearbeiten Sie, indem Sie einfach in eine freie Fläche des Bereichs klicken, ohne ein einzelnes Element zu markieren.

INFO
Elemente löschen: Mit Mausklick markieren und Taste Entf drücken.

▶ Klicken Sie dann auf das Symbol *Füll-/Hintergrundfarbe* in der Formatierungsleiste, und weisen Sie eine andere Farbe zu.

Bericht geht in der Breite über Papierbreite hinaus

▶ Ziehen Sie mit dem Rollbalken so lange nach links, bis Sie die rechte Seitenbegrenzung des Berichts sehen.

▶ Wenn Sie mit dem Mauszeiger über diese Begrenzung fahren, verändert er sich zu einem Doppelpfeil. Drücken Sie die Maustaste runter, und ziehen Sie die Begrenzung nach links, so daß der Bericht schmaler wird.

Seiteneinstellungen verändern

▶ Wählen Sie den Menübefehl *Datei/Seite einrichten*.

▶ Im Register *Ränder* nehmen Sie Randeinstellungen in Millimetern vor.

▶ Wechseln Sie auf das Register *Seite*.

▶ Wählen Sie zwischen Hoch- und Querformat.

▶ Geben Sie die Papiergröße, die im Drucker eingelegt ist, an.

▶ Schließlich können Sie auch einen speziellen Drucker auswählen, falls dieser Bericht nicht auf Ihrem Standarddrucker ausgedruckt werden soll.

▷ Spalteneinstellungen nehmen Sie im Register *Spalten* vor. Sofern Sie bei *Spaltenanzahl* mehr als 1 angegeben haben, können Sie unten im Bereich *Spaltenlayout* festlegen, in welcher Richtung die Spalten gefüllt werden.

Völlig verfranst beim Formatieren?

▷ Kein Problem: Wählen Sie den Menübefehl *Datei/Wiederherstellen*. Der Bericht erhält die Form zurück, die er vor dem letzten Speichern hatte.

➔ 24

Ausrichtungen

▷ Solche Darstellung kann man nicht unbedingt als gelungen bezeichnen. Das im Entwurf wieder in Ordnung zu bringen, ist auch ein wenig tricky. Man muß die Stellen nämlich erst einmal finden. Wechseln Sie in die Entwurfsansicht:

▷ Da das Problem hier darin besteht, daß die Daten, die zu diesen Feldern gehören, wesentlich schmaler sind als ihre Textrahmen, müssen Sie die Textrahmen reduzieren und gegebenenfalls die Textausrichtung ändern. Markieren Sie die Textrahmen für die Werte.

▷ Ziehen Sie mit gedrückter Maustaste an den seitlichen Markierungspunkten, bis eine passable Größe erreicht ist.

▷ Lassen Sie den Textrahmen markiert, und zentrieren Sie den Text mit Klick auf das Symbol in der Formatierungsleiste.

▷ Positionieren Sie die Elemente mit der Maus nach.

Count von Bestellungen	Rechnungsbetrag	Menge
2	0	34

▷ Kontrollieren Sie in der Seitenansicht das Ergebnis.

Format automatisch übertragen

▷ Wie in Word 2000 auch gibt es in der Entwurfsansicht des Berichts diesen Pinsel in der Standardsymbolleiste. Klicken Sie zuerst auf das Element, dessen Formatierung Sie übernehmen möchten.

▷ Klicken Sie anschließen auf das Element, das diese Formatierung erhalten soll.

TIP

Ausrichten: Markieren Sie die auszurichtenden Elemente mit ⇧+Klick, und wählen Sie den Menübefehl Format/Ausrichten. *Im Untermenü klicken Sie am Raster* an. *Die Elemente rücken an die nächste gemeinsame – unsichtbare – Rasterline.*

Funktionen und Felder im Bericht nachbearbeiten

WO? WOMIT?

Element löschen

▶ Klicken Sie es an, und drücken Sie die Taste Entf.

Element einfügen

▶ Klicken Sie auf das Toolbox-Symbol in der Standardsymbolleiste des Berichtsentwurfs. Die Toolbox öffnet sich.

▶ Wählen Sie aus, welches Element Sie einfügen möchten. Am häufigsten wird das Textfeld verwendet. Sie können aber auch alle anderen Elemente einsetzen.

▶ Der Mauszeiger erhält die Form des gewählten Elements. Ziehen Sie seine Form in einem Bereich des Berichts auf.

▶ Fügen Sie Text und Steuerelementinhalt ein. → 349

Steuerelementinhalt und Funktionen bearbeiten

▶ Klicken Sie mit der rechten Maustaste auf das Element, das eine Funktion oder eine Feldbezeichnung in eckigen Klammern enthält.

▶ Wählen Sie *Eigenschaften* aus dem Kontextmenü.

▶ Im Register *Daten* befindet sich das Feld *Steuerelementinhalt*. Klicken Sie in das weiße Feld.

▶ Ein Listenpfeil erscheint, über den eine Liste von Feldern aufklappt.

▶ Ist das Gewünschte nicht dabei, klicken Sie auf die Schaltfläche mit den drei Punkten. Der Ausdrucks-Generator öffnet sich, und Sie können ein Feld aus einer anderen Tabelle wählen oder eine andere Funktion (Berechnungen oder Datum zum Beispiel) auswählen.

→ 349

INFO
Die Elemente der Toolbox im Detail

→ 318

INFO
Ausdrucks-Generator

→ 361

INFO
Eigenschaften-Dialog

→ 352

INFO
Datum und Seitenzahlen-Funktionen

Etiketten erstellen

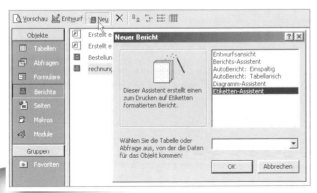

WO? WOMIT?

▶ Klicken Sie in der Objektleiste der Datenbank auf Berichte.
▶ Über die Schaltfläche *Neu* öffnet sich das Fenster *Neuer Bericht*.
▶ Markieren Sie den Eintrag *Etiketten-Assistent*.
▶ Klicken Sie auf den Listenpfeil im freien Feld unterhalb der Liste.
▶ Wählen Sie die Tabelle aus, aus der Sie die Etiketten erstellen möchten.
▶ Bestätigen Sie die Einstellungen mit Klick auf die Schaltfläche *OK*. Der Assistent startet und präsentiert Ihnen sein erstes Fenster.

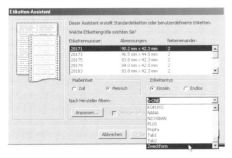

▶ Klicken Sie zuerst auf den Listenpfeil im Feld *Nach Hersteller filtern:*. Schauen Sie nach, von welchem Hersteller Ihre Etiketten, auf die Sie ausdrucken wollen, stammen.
▶ Wählen Sie den passenden Hersteller aus.
▶ Oben im Fenster erscheinen nun verschiedene Etikettenvarianten, die dieser Hersteller vertreibt. Suchen Sie die passende mit Mausklick aus.
▶ Mit *Weiter* geht's zum nächsten Schritt des Assistenten.

➜ 202

INFO

Falls nicht das richtige Etikettenformat darunter ist, klicken Sie auf die Schaltfläche Anpassen..., im folgenden Dialog auf die Schaltfläche Neu. Vergeben Sie einen Etikettennamen, und nehmen Sie alle Einstellungen vor. Ausführlich ist dies im entsprechenden Kapitel zu Word beschrieben, das funktioniert ganz genauso.

▶ Suchen Sie Schriftart und Schriftgrad aus.

▶ Die Schriftbreite hat auch verschiedene Fett-Variationen im Angebot. Suchen Sie eine aus.

▶ Zur Bestimmung der Schriftfarbe klicken Sie auf die Schaltfläche mit den Pünktchen.

▶ Wählen Sie eine Farbe mit Mausklick, und bestätigen Sie dies mit Klick auf *OK*.

▶ Wählen Sie eventuell noch die Optionen *Kursiv* und *Unterstrichen* aus.

▶ Bestätigen Sie die Einstellungen mit Klick auf die Schaltfläche *Weiter*.

▶ Jetzt wird es wieder interaktiv. Wählen Sie aus der linken Liste die in die Etiketten einzufügenden Felder. Markieren Sie dazu das Feld, und klicken Sie auf die Pfeilschaltfläche. Im rechten Feld erscheint nun das Feld.

▶ Geben Sie Texte, die auf jedem Etikett erscheinen sollen, direkt mit der Tastatur in den Entwurf ein.

▶ Bestätigen Sie dies mit Klick auf *Weiter*.

▶ Der Assistent bietet Ihnen nun an, die Etiketten in einer bestimmten Reihenfolge zu sortieren. Wählen Sie das oder die Felder, nach denen auf- oder absteigend sortiert werden soll.

▶ Nachdem Sie auf *Weiter* geklickt haben, müssen Sie nur noch einen Namen für diesen Bereich eingeben.

▶ Mit Klick auf *Fertig stellen* wird der Assistent beendet.

▶ Kontrollieren Sie das Ergebnis in der Seitenansicht.

INFO → 478
Der Dialog zur Farbbestimmung im Detail

INFO → 31
Bericht drucken

ACHTUNG
Klicken Sie für jede neue Zeile ↵, und vergessen Sie die Leerstellen zwischen den Angaben nicht!

TIP
Bevor Sie mit dem Etikettendruck beginnen, drucken Sie eine Seite auf Papier aus und halten den Ausdruck gegen den Etikettenbogen. Bei gutem Licht können Sie erkennen, ob die Abmessungen funktionieren.

Diagramm als Bericht

WO? WOMIT?

▶ Klicken Sie in der Objektleiste auf *Berichte* und anschließend auf die Schaltfläche *Neu*. Das Fenster *Neue Berichte*
öffnet sich.

▶ Markieren Sie in der Liste den Eintrag *Diagramm-Assistent*.

▶ Klicken Sie im leeren Feld darunter auf den Listenpfeil,
und suchen Sie aus, aus welcher Tabelle oder aus welcher Abfrage Sie ein Diagramm erstellen lassen wollen.

▶ Mit einem Klick auf die Schaltfläche *OK* starten Sie den
Diagramm-Assistenten.

▶ Im ersten Fenster wählen Sie die Felder der Tabelle aus,
die Sie für das Diagramm benötigen. Mit Klick auf die
nach rechts weisende Pfeilschaltfläche verschieben Sie
das jeweils markierte Feld in die Liste mit den Diagramm-
feldern.

▶ Bestätigen Sie die Zusammenstellung mit Klick auf *Weiter*.

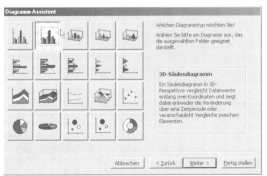

▶ Jetzt wird's bunt. Klicken Sie auf den Diagrammtyp, den
Sie verwenden wollen, und bestätigen Sie dies mit Klick
auf *Weiter*.

TIP

➜ 592

*Am einfachsten ist das
Erstellen eines Diagramms
eigentlich in Excel.*

INFO

➜ 594

*Ausführliche Info über
Diagrammtypen*

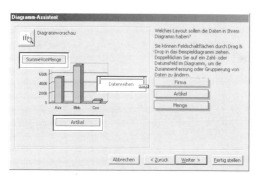

INFO **→ 346**

Dieser Dialog funktioniert genauso wie beim Einfügen eines Diagramms in ein Formular. Dort ist er ausführlich erklärt.

▶ Ziehen Sie mit der Maus die Datenreihen an die richtigen Positionen und kontrollieren Sie das Ergebnis mit Klick auf die Schaltfläche *Diagrammvorschau*.

▶ Im Diagramm werden Daten zusammengefaßt, zum Beispiel alle Bestellungen einer Firma addiert und in einer Säule im Diagramm dargestellt. Wenn Sie eine andere Funktion als die standardmäßige Summe wünschen, doppelklicken Sie auf das Funktionsfeld, und es öffnet sich ein Fenster.

▶ Wählen Sie eine andere Funktion aus, und bestätigen Sie dies mit Klick auf *OK*.

INFO **→ 585**

Diagramme formatieren und Diagrammtyp wechseln

▶ Setzen Sie die Bearbeitung mit Klick auf *Weiter* fort.

▶ Vergeben Sie einen Namen für das Diagramm.

▶ Ein Klick auf *Fertig stellen* beendet den Assistenten.

Bericht im Diagramm bearbeiten

▶ Wechseln Sie in die Entwurfsansicht des Berichts. Dort sehen Sie ein völlig anderes Diagramm. Einen Platzhalter aus Microsoft Organization **→ 585** Chart.

▶ Das Diagramm verhält sich wie ein einzelnes Objekt. Sie können es entsprechend verschieben oder skalieren.

▶ Zum Bearbeiten der Elemente doppelklicken Sie auf das Diagramm. Es öffnet sich eine fiktive Datentabelle. Die Menüleiste aus MS Organization Chart erscheint.

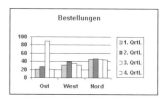

▶ Sie können über die Menüs und Symbolleiste den Diagrammtyp und die Datenanordnung ändern.

▶ Die Gestaltung des Diagramms nehmen Sie ebenfalls in dieser Umgebung vor.

▶ Um das »echte« Ergebnis zu kontrollieren, klicken Sie in einen freien Bereich des Berichts.

▶ Wechseln Sie in die Seitenansicht des Berichts.

ACHTUNG

Die Daten selbst sind nicht zu bearbeiten: Da der Bericht die Daten aus einer Datentabelle »saugt«, können Sie die Diagrammdaten nicht direkt bearbeiten. Deshalb sind viele Menübefehle in der MS-Organization-Chart-Umgebung inaktiv. Also nicht wundern, das ist Absicht.

Unterbericht anlegen

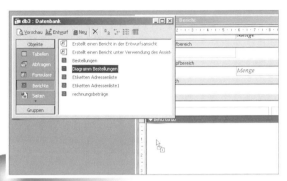

WO? WOMIT?

▶ Öffnen Sie den Bericht, in den Sie einen anderen Bericht, zum Beispiel in Form eines Diagramms, einfügen möchten, in der Entwurfsansicht.

➔ 396

▶ Ziehen Sie mit der Maus den Bereich des Formulars so
weit auf, daß Ihnen eine Arbeitsfläche zur Verfügung
steht. Dazu klicken Sie auf den grauen Bereichsbalken,
sobald sich der Mauszeiger als Doppelpfeil zeigt. Ziehen
Sie dann in eine Richtung.

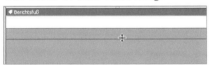

▶ Stellen Sie die Fenstergröße des Berichtsentwurfs so ein,
daß Sie das Datenbankfenster erkennen können.
▶ Im Datenbankfenster markieren Sie den Bericht, den Sie
als Unterbericht einfügen möchten, halten die Maustaste
gedrückt und ziehen in den freien Bereich des offenen
Berichts. Der Unterbericht muß dazu geschlossen sein.

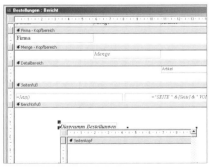

▶ Und das war's. Wechseln Sie in die Seitenansicht des
Berichts, um sich das Ergebnis zu betrachten.

BEGRIFF

Unterberichte: Sie können
einen Bericht in einen
anderen integrieren, so daß
beide gemeinsam
ausgedruckt werden können.

INFO

➔ 556

Umgang mit dem Unter-
bericht: Den eingefügten
Bericht können Sie wie ein
normales Objekt bewgen,
seine Seiten an den Markierungspunkten aufziehen,
damit er vollständig sichtbar
wird, oder löschen. Formatierungen können Sie über
die Eigenschaften des Unter-
berichts ebenfalls vornehmen
– rechter Mausklick auf den
Bericht und Eigenschaften
auswählen.

Adreßdaten für Serienbriefe in Word

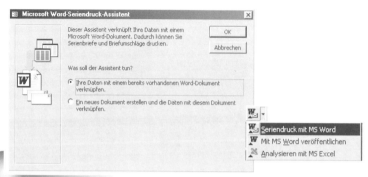

WO? WOMIT?

▶ Öffnen Sie die Datenbank, die die Tabelle mit den benötigten Adressen enthält.

▶ Klicken Sie in der Objektleiste auf *Tabellen* oder auf *Abfragen*.

▶ Klicken Sie oben in der Access-Standardsymbolleiste auf das Word-Symbol.

▶ Wählen Sie *Seriendruck mit MS Word* aus dem Menü. Der Seriendruck-Assistent startet.

▶ Entscheiden Sie sich im ersten Schritt, ob Sie eine Verknüpfung mit einem bereits vorhandenen Word-Dokument erstellen wollen oder ob das Word-Dokument ganz neu angelegt werden muß.

▶ Klicken Sie auf *OK*.

▶ Egal wie Sie sich entscheiden, es passiert nichts Spektakuläres. Falls die Datei schon vorhanden ist, dürfen Sie im folgenden Fenster die Datei aussuchen und mit Klick auf *Öffnen* auf den Bildschirm zaubern. Falls die Datei noch nicht vorhanden ist, öffnet der Assistent ein leeres Word-Dokument.

▶ Die Word-Datei wird mit der Seriendruckleiste geöffnet. Und das ist auch schon alles. Damit endet der Assistent. Aber er hat noch etwas hinterlassen:

▶ Erstellen oder bearbeiten Sie das Word-Dokument. Wenn es darum geht, die variablen Daten für den Seriendruck einzufügen, klicken Sie auf die Schaltfläche *Seriendruckfeld einfügen*.

▶ Und hier sind nun alle Felder aus der Access-Tabelle aufgelistet. Sie müssen nur noch das Gewünschte per Mausklick auswählen.

INFO   → 539
Datei aussuchen

INFO   → 187
Seriendruck in Word im Detail

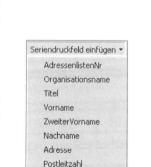

In Word oder Excel weiterbearbeiten

WO? WOMIT?

▶ Markieren Sie mit der Maus das Objekt, das Sie in Word oder Excel weiterbearbeiten möchten.

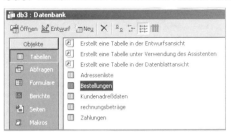

▶ Klicken Sie oben in der Access-Symbolleiste auf den Pfeil neben dem Word-Symbol. Es klappt ein Menü aus.

▶ Wählen Sie *Mit MS Word veröffentlichen* oder *Analysieren mit MS Excel.*

	A	B	C
1	Kunden-Nr	Zahlungsbetrag	Zahlungsdatum
2	1	12.345,00 DM	23.05.99
3	2	3.456,00 DM	04.07.99
4	3	3.410,00 DM	07.12.98
5	4	98,00 DM	03.03.99

▶ Das gewählte Programm öffnet sich und zeigt die Daten an. Sie können die Tabellen oder Berichte so weiterbearbeiten, als wären es originäre Excel- oder Word-Dokumente.

Als Webseite speichern

▶ Erst nachdem Sie eine Access-Tabelle oder einen Bericht nach Word oder Excel transferiert haben, können Sie die Daten als Webseite abspeichern. Dazu wählen Sie in Word oder Excel den Menübefehl *Datei/Als Webseite speichern...*

▶ Bestimmen Sie im folgenden Dialog einen ➜ 24 Speicherort und den Dateinamen.

▶ Nach einigen Sekunden werden die Daten möglicherweise leicht modifiziert dargestellt, oder Sie bekommen eine Meldung, die auf Formatmodifizierungen hinweist. Das liegt daran, daß das Web-Format HTML nicht alle Excel- oder Word-Formate 1:1 übernehmen kann. Klicken Sie einfach auf *Weiter.*

INFO
Wann Word und wann Excel? Lassen Sie sich die Daten nach Word transferieren, vor allem wenn Sie sie für einen gelungenen Ausdruck vorbereiten wollen. Sie verwenden Excel, wenn Sie das Zahlenmaterial, das in einer Tabelle enthalten ist, mit den Excel-Werkzeugen weiterbearbeiten und auswerten möchten.

➜ 748

INFO
Die Datei hat die Dateierweiterung .htm erhalten. Falls Bilder enthalten waren, wurden sie in einem gleichnamigen Ordner abgelegt.

Auf Access-Daten im Internet zugreifen

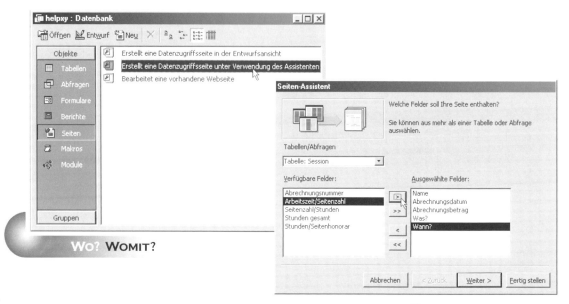

Datenzugriffsseite mit Hilfe des Assistenten erstellen

▶ Öffnen Sie die Datenbank, für die Sie eine Zugriffsseite erstellen möchten.

▶ Klicken Sie in der Objektleiste auf *Seiten*.

▶ Wählen Sie rechts im Fenster mit Doppelklick die Option *Erstellt eine Datenzugriffsseite unter Verwendung des Assistenten*.

▶ Der Assistent startet und erwartet die Zusammenstellung der Felder aus den Tabellen und Abfragen der Datenbank. Wählen Sie die erste *Tabelle/Abfrage* aus der oberen Liste aus. In der Liste darunter werden die zugehörigen Felder angezeigt.

▶ Markieren Sie die gewünschten Felder, und mit Klick auf die Pfeilschaltflächen in der Mitte transferieren Sie diese in das rechte Feld.

▶ Bestätigen Sie die Zusammenstellung mit Klick auf *Weiter*.

▶ Im folgenden Fenster können Sie die Felder in Gruppierungsebenen einteilen. Benutzen Sie dazu die Pfeilschaltflächen.

▶ Mit Klick auf *Weiter* geht's zu den Sortieroptionen. Wählen Sie aus den Listenfeldern jeweils ein Feld aus, und geben Sie über die Schaltfläche neben diesen Listen jeweils die Sortierrichtung *Aufsteigend* oder *Absteigend* an. Je Klick ändert sich die Richtung.

BEGRIFF
Datenzugriffsseite: *Eine HTML-Seite, die Daten aus Datenbanken darstellen und erfassen kann. Sie kann neben Datenfeldern auch Bilder, Videos, Diagramme, Tabellen usw. enthalten.*

INFO Gruppierungsoptionen...
Vorzeitig fertigstellen: Sie müssen nicht in jedem Schritt des Assistenten Einstellungen vornehmen. Klicken Sie einfach ohne weitere Aktion auf Weiter *oder auf* Fertig stellen.

INFO
Gruppierungsoptionen: Dahinter verbirgt sich die Möglichkeit, Intervalle für die Werte festzulegen.

▶ Bestätigen Sie diese Festlegungen mit Klick auf *Weiter*.

▶ Geben Sie der Seite einen Namen. Lassen Sie die Option *Seitenentwurf ändern.* aktiviert, und klicken Sie außerdem noch ins Kontrollfeld vor der Frage *Möchten Sie Ihrer Seite ein Design zuweisen?*

▶ Nach einem Klick auf *Fertig stellen,* wird die Datenzugriffsseite zuerst in der etwas unansehnlichen Entwurfsansicht dargestellt. Dann öffnet sich jedoch ein Dialog *Design*. Hier können Sie durch die verschiedenen Vorlagen der Liste surfen.

▶ Wenn Sie sich etwas Passendes ausgeguckt haben, klicken Sie auf *OK*.

▶ Prüfen Sie das Ergebnis, indem Sie auf die *Dateizugriffsseitenansicht* wechseln.

Entwurf bearbeiten

▶ Im Prinzip funktioniert die Bearbeitung wie bei den Berichten. Je mehr Gruppierungen Sie verwenden, desto unübersichtlicher wird die manuelle Bearbeitung. Wechseln Sie in die Entwurfsansicht.

Neue Vorlage zuweisen

▶ Über den Menübefehl *Format/Design...* gelangen Sie wieder zu dem Dialog, in dem Sie eine Vorlage auswählen können.

Elemente positionieren

▶ Die Elemente auf der Folie bewegen Sie per Drag&Drop. Die Leiste *Ausrichten* bietet Hilfestellung bei der bündigen Positionierung der Elemente.

▶ Um den Titeltext zu ändern, klicken Sie in das Feld mit dem Text und überschreiben ihn einfach.

Elemente hinzufügen

▶ Klicken Sie auf das Symbol *Toolbox* in der Standardsymbolleiste. Eine bunte Palette mit verschiedenen Werkzeugen erscheint.

Lauftext hinzufügen

▶ Klicken Sie in der Toolbox auf dieses Symbol.

▶ Klicken Sie auf die Seite, und ziehen Sie einen Rahmen in der ungefähren Größe des Lauftextes auf.

▶ Klicken Sie zweimal in den Rahmen, und überschreiben Sie den Platzhaltertext. Die Breite des Rahmens definiert dabei die Laufweite des Textes.

▶ Das Laufverhalten ändern Sie, indem Sie mit der rechten Maus-

> Lauftext4

ACHTUNG
Nachinstallation der Vorlagen: Möglicherweise wünscht Access zwischendurch die Nachinstallation der Vorlagen. Legen Sie die Office-CD 1 ein, und klicken Sie auf Installieren. *Der Rest läuft automatisch.*

INFO
Falls diese Leiste nicht sichtbar ist, holen Sie sie über Ansicht/Symbolleisten/Ausrichten und Anpassen *auf den Bildschirm.*

taste in den Rahmen klicken und *Eigenschaften* aus dem Kontextmenü wählen.

▶ Im Register *Alle* ändern Sie den Eintrag bei der Eigenschaft *Behavior*.

▶ Wählen Sie eine andere Einstellung aus dem Listenfeld.

▶ Über die *Schließen*-Schaltfläche verlassen Sie den *Eigenschaften*-Dialog wieder.

Diagramm einfügen

▶ Aktivieren Sie in der Toolbox den Steuerelement-Assistenten.

▶ Wählen Sie aus der Toolbox dieses Symbol.

▶ Der Mauszeiger wird zu einem kleinen Diagramm-symbol. Ziehen Sie auf einer freien Fläche der Seite die ungefähren Proportionen des neuen Diagramms auf.

▶ Der Diagramm-Assistent startet. Wählen Sie zuerst den Diagrammtyp aus, und klicken Sie auf *Weiter*.

▶ Im zweiten Schritt will Access erfahren, aus welcher Datenquelle der Datenbank die Diagrammdaten kommen sollen. Wählen Sie die entsprechende Tabelle oder Abfrage aus.

▶ Mit *Weiter* gelangen Sie zum Schritt 3a, wo Access eine etwas kryptische Frage stellt. Entscheiden Sie sich für eine Antwort, nachdem Sie die Erläuterungsgrafik auf sich haben wirken lassen. Diese Grafik illustriert ganz gut, worum es geht. Mit *Weiter* geht's zum Schritt 3b.

▶ Über die Auswahllisten bei den Feldern *Reihennamen:*, *Werte:* und *Rubriken(X)-Achsenbeschriftung:* stellen Sie schließlich die Datenanordnung und Datenquellen für Ihr Diagramm zusammen. Im Vorschaufeld können Sie das Ergebnis sofort kontrollieren.

▶ Wenn Sie zufrieden sind, klicken Sie auf *Fertig stellen*.

▶ Das Diagramm wird in die Seite eingefügt. Falls die vorgesehende Fläche nicht ganz ausreicht, ziehen Sie ein wenig mit der Maus an den Markierungspunkten, um es zu vergrößern.

INFO → 361

Eigenschaften von Objekten

TIP

Neben dem Laufverhalten können Sie auch andere Eigenschaften einstellen. Blättern Sie durch die Register und Eigenschaften, und werfen Sie einen Blick in die jeweiligen Listen.

INFO → 585

Alte Bekannte: Bei diesem Assistenten handelt es sich um eine vereinfachte Version des Assistenten, der in PowerPoint oder Word aktiviert wird, wenn man ein Diagramm einfügen möchte.

INFO

Das Einfügen von Hyperlinks, Textfeldern, Optionsgruppen, Bildern, Videos etc. funktioniert wie bei Formularen. Über das Eigenschaften-Fenster legen Sie die Datenquelle und sonstige Eigenschaften fest.

Tabelle einfügen

▶ Klicken Sie in der Toolbox auf dieses Symbol.

▶ Ziehen Sie in einem freien Bereich der Seite den Rahmen für die Tabelle auf.

Tabellendaten einfügen

▶ Sie können Daten manuell eingeben, über die  Zwischenablage einfügen, oder Sie rufen die Eigenschaften der Tabelle auf (siehe oben) und geben in den Bereich *Daten importieren* eine Datei in der Form: *c:\Kostenkontrolle.xls* (auf der Festplatte C eine Excel-Datei mit dem Namen *Kostenkontrolle*) ein.

→ 626

Merkmale der Tabelle verändern

▶ Klicken Sie auf dieses Symbol, um die Eigenschaften der Tabelle zu bearbeiten.

▶ Öffnen Sie die Kategorie, in der Sie etwas ändern möchten, mit Mausklick.

▶ Tragen Sie die Änderungen ein.

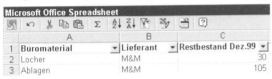

	A	B	C
1	Büromaterial	Lieferant	Restbestand Dez.99
2	Locher	M&M	30
3	Ablagen	M&M	105

▶ Die Tabellendaten selbst können Sie über Formeln berechnen oder auswerten. In der Menüleiste der Tabelle finden Sie einige Symbolschaltflächen, zum Beispiel zur Summenbildung, zum Sortieren oder zum Filtern.

→ 311

▶ Wenn Sie auf den Filter klicken, erhalten die Felder Listenpfeile. Klicken Sie auf einen Listenpfeil, und deaktivieren Sie die Einträge, deren Daten nicht dargestellt werden sollen.

INFO
In der Dateizugriffsseiten-ansicht ist diese Eigenschaftenleiste reduzierter.

Datenzugriffsseite im Internet Explorer

▶ Wählen Sie in der Entwurfsansicht der Datenzugriffsseite den Menübebefehl *Datei/Speichern*.

▶ Bestimmen Sie einen Speicherort, und klicken Sie auf Speichern. Die Seite wird im Format *htm* (also HTML) gespeichert.

▶ Wählen Sie *Datei/Webseitenvorschau*, um die Wirkung im Internet Explorer zu testen, oder rufen Sie den Internet Explorer auf, und öffnen Sie die Seite.

INFO
Internet Explorer

→ 733

Berichts-Assistenten starten

▶ Öffnen Sie die Daten-bank.
▶ Klicken Sie in der Objekt-leiste links auf *Berichte*.
▶ Doppelklicken Sie auf die Option *Erstellt einen Bericht unter Verwen-dung des Assistenten*. Der Berichts-Assistent startet.

Berichtsentwurf bearbeiten

▶ Klicken Sie in der Objekt-leiste des Datenbank-fensters auf *Berichte*.
▶ Markieren Sie den zu bearbeitenden Bericht, und klicken Sie auf *Entwurf*.

Andere Gestaltungs-vorlage zuweisen

▶ Markieren Sie den gesamten Bereich mit Klick auf das schwarze Quadrat.
▶ In der Symbol-leiste befindet sich dieses Symbol namens *AutoFormat*. Klicken Sie darauf.
▶ In der linken Leiste befindet sich eine Liste mit AutoFormaten. Wenn Sie diese Formate der Reihe nach anklicken, sehen Sie im Vor-schaufenster die jeweilige Gestaltung.

▶ Klicken Sie auf *Optionen*, um bestimmte Attribute auszuschließen, zum Beispiel die Schrift-formatierung.
▶ Mit Klick auf *OK* wird das gewählte AutoFormat für den Bericht übernom-men.

Etiketten aus Tabelle erstellen

▶ Klicken Sie in der Objekt-leiste der Datenbank auf Berichte.
▶ Über die Schaltfläche *Neu* öffnet sich das Fenster *Neuer Bericht*.
▶ Markieren Sie den Ein-trag *Etiketten-Assistent*.
▶ Wählen Sie im Feld darunter die Quelltabelle für die Etikettendaten aus.

Unterbericht einfügen

▶ Öffnen Sie einen Bericht in der Entwurfsansicht.
▶ Ziehen Sie mit der Maus per Drag&Drop den Unterbericht aus dem Datenbankfenster in den Berichtsentwurf.

21

KAPITEL

Einrichtung des Internet-Zugangs und das Outlook-Fenster

tempo

Der erste Aufruf mit Outlook

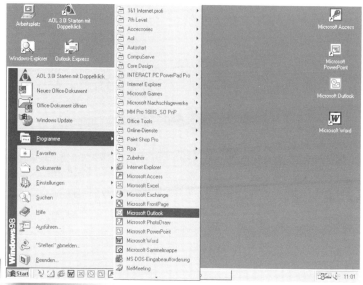

WO? WOMIT?

Outlook starten

▶ Klicken Sie in der Windows-Taskleiste auf die Schaltfläche *Start,* Eintrag *Programme/Microsoft Outlook,* oder doppelklicken Sie auf das Desktop-Symbol von Outlook. Das Outlook 2000-Start-Fenster wird geöffnet.

ACHTUNG

Beim ersten Start landen Sie nicht sofort in Outlook. Zuerst müssen Sie Outlook die Informationen über Ihr Internet-Konto mitteilen.

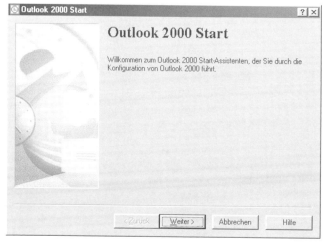

▶ Klicken Sie auf die Schaltfläche *Weiter.*

INFO

Informationen zur Installation von Office-Komponenten

→ 769

▶ Wählen Sie im nächsten Fenster, aus welchen Programmen (z.B. Outlook Express) bereits eingegebene Adressen bzw. E-Mail-Nachrichten importiert werden sollen.

▶ Sollten Sie noch keine Adressen oder E-Mail-Nachrichten durch andere Programme erfaßt haben, dann markieren Sie *Keines der Obigen*.

▶ Möchten Sie eine direkte DFÜ-Verbindung zu Ihrem Internet-Provider einrichten, aktivieren Sie die Option *Nur via Internet*. **→ 735**

▶ Sollten Sie das Senden und Empfangen Ihrer E-Mails nicht mit Outlook regeln wollen, aktivieren Sie *Kein E-Mail-Dienst*.

▶ Nachdem Sie *Nur via Internet* ausgewählt haben, wird eine Meldung über die Internet-Mail-Leistungen eingeblendet.

▶ Klicken Sie auf die Schaltfläche *Ja*.

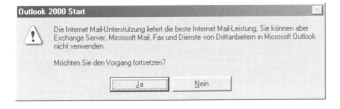

→ 428

INFO
Voraussetzung für den direkten Internet-Zugang per DFÜ ist, daß Sie bei einem Internet-Provider Kunde sind.

Internet-Zugang einrichten

▶ Das nächste Fenster ist der Assistent für den Internet-Zugang. Geben Sie dort Ihren Namen, der in den E-Mails als Absender erscheinen soll, ein.

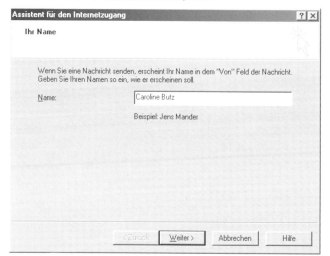

ACHTUNG
Beim Einrichten Ihrer E-Mail-Adresse müssen Sie die Angaben zu Ihrem Internet-Konto, die Sie vom Internet-Provider erhalten haben, zur Hand haben.

→ 440
INFO
Die Einrichtung Ihres Internet-Zugangs entspricht dem Einrichten eines Internet-Kontos.

▶ Klicken Sie auf die Schaltfläche *Weiter*.

▶ Geben Sie im nächsten Fenster Ihre E-Mail-Adresse ein.

▶ Klicken Sie wieder auf *Weiter*.

▶ Geben Sie den Posteingangs- und -ausgangs-Server Ihres Internet-Providers ein.

▶ Klicken Sie auf *Weiter*.

▶ Geben Sie im nächsten Fenster die Benutzerkennung des Postzugangs, also Ihrer E-Mail-Adresse, und das zugehörige Paßwort ein. Beachten Sie Groß- und Kleinschreibung.

▶ Wählen Sie die gewünschte Internet-Verbindung. Wählen Sie auch *Modemverbindung*, wenn Sie über eine ISDN-Karte die Verbindung herstellen.

▶ Klicken Sie auf *Weiter*.

▶ Haben Sie eine Netzwerkverbindung gewählt, zum Beispiel innerhalb eines Firmennetzwerks, ist die Einrichtung jetzt für Sie erledigt. Bei einer Modemverbindung wählen Sie im folgenden Dialog, ob Sie auf eine bestehende DFÜ-Verbindung zurückgreifen wollen – zum Beispiel, wenn Sie bereits über den Internet Explorer Ihr Internet-Konto auf dem PC eingerichtet haben –, oder ob Sie eine neue Verbindung erstellen wollen.

▶ Klicken Sie auf *Weiter*.

▶ Falls eine neue Verbindung erstellt werden muß, werden Sie im folgenden Dialog nach der Rufnummer ge-

ACHTUNG
Es gibt zwei verschiedene Benutzernamen und Paßwörter. Der eine Benutzername und das dazugehörige Paßwort werden für den Zugang zum Internet-Provider gebraucht. Der zweite Benutzername und das dazugehörige Paßwort werden für den Postzugang verwendet. Die Informationen darüber, wann Sie wo welches Paßwort eingeben müssen, sind nicht immer eindeutig. Falls die Einrichtung des Zugangs nicht auf Anhieb klappt, können Sie die Einstellungen auch nachträglich ändern.

fragt. Die meisten Anbieter unterscheiden bei der Rufnummer zwischen ISDN-Nummer und einer Verbindungsnummer für Anwender, die ein gewöhnliches Modem benutzen. Achten Sie also auf die richtige Nummer.

▶ Klicken Sie auf *Erweitert...*, wenn Sie Angaben zu DNS-Servern oder IP-Adressen machen müssen. Dies entnehmen Sie den Provider-Informationen, die Sie erhalten haben. Bestätigen Sie die Eingaben mit Klick auf *OK* und anschließend auf *Weiter*.

▶ Geben Sie den Benutzernamen (Zugang zu Ihrem Internet-Provider) und das entsprechende Paßwort ein. Das ist nun der E-Mail-Kontoname, der erwartet wird. Beachten Sie die Groß- und Kleinschreibung. Mit Mausklick geht's weiter.

▶ Vergeben Sie einen Namen für die Verbindung, klicken Sie auf *Weiter*.

▶ Beenden Sie die Installation mit der Schaltfläche *Fertig stellen*. Outlook präsentiert sich.

Nachträglich Einstellungen ändern

▶ Wählen Sie in Outlook den Menübefehl *Extras/Konten...*

▶ Wechseln Sie auf das Register *E-Mail*.

▶ Falls mehrere Konten eingerichtet sind, markieren Sie mit der Maus das zu bearbeitende.

▶ Klicken Sie auf *Eigenschaften...*.

▶ Im Register *Allgemein* prüfen Sie die Angabe des Mail-Servers und Ihre E-Mail-Adresse.

▶ Im Register *Server* können Sie die Mail-Server, den Benutzernamen und das Kennwort für den Posteingangsserver nachbearbeiten.

▶ Die Einstellungen zur DFÜ-Verbindung nehmen Sie im Register *Verbindung* vor. Wenn Sie dort auf *Eigenschaften...* klicken, können Sie die Modemverbindung modifizieren. Klicken Sie statt dessen auf *Hinzufügen*, können Sie eine neue DFÜ-Verbindung für diesen Internet-Zugang definieren (wenn Sie zum Beispiel ein neues Modem oder eine neue ISDN-Karte zur Verfügung haben).

Internet-Zugangs-Assistenten erneut starten

▶ Doppelklicken Sie auf dem Desktop auf dieses Symbol. Der Assistent startet erneut.

▶ Wählen Sie im ersten Schritt die dritte Option, wenn Sie bereits Ihre Zugangsdaten vom Provider haben und ein Modem angeschlossen ist.

BEGRIFFE
DFÜ-Verbindung: DFÜ ist die Abkürzung für Datenfernübertragung. Sie müssen die Einstellungen zur Verbindungsaufnahme wie Rufnummer, Modemart und -geschwindigkeit usw. Windows mitteilen. Diese Verbindung erhält einen Namen und wird im Ordner DFÜ-Netzwerk, den Sie im Ordner *Arbeitsplatz finden*, gespeichert.

TIP
Ein Klick auf die Schaltfläche Lernprogramm *hilft Ihnen weiter, wenn Sie grundlegende Informationen zum Thema Internet benötigen.*

INFO
Falls das Symbol nicht auf dem Desktop sichtbar ist, klicken Sie auf die Windows-Startschaltfläche, wählen Programme/Internet Explorer, *und im Untermenü klicken Sie auf den Eintrag* Verbindung mit dem Internet.

Fax einrichten

▶ Nach dem Einrichten des Internet-Zugangs  wird der Assistent für die Fax-Einrichtung gestartet.

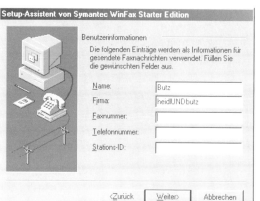

→ 408

→ 429

INFO

Die erste E-Mail wird nicht von Ihrem E-Mail Posteingang abgerufen, sondern bei der Installation von Outlook mitinstalliert.

▶ Richten Sie mit Hilfe des Assistenten Ihr Fax ein.
▶ Nach Abschluß aller Eingaben meldet Outlook sich und möchte wissen, ob Sie Outlook als Standardmanager einrichten möchten.
▶ Klicken Sie auf die Schaltfläche *Ja.*

INFO

Klicken Sie mit der rechten Maustaste irgendwo auf die Symbolleiste. Mit Erweitert kann eine weitere Symbolleiste eingeblendet werden.

Outlook präsentiert sich

▶ Nach dem ersten Start von Outlook präsentiert sich der Bildschirm mit einer ersten E-Mail von Microsoft.

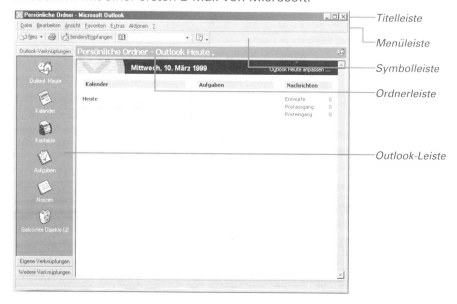

Titelleiste

Menüleiste

Symbolleiste

Ordnerleiste

Outlook-Leiste

Die Ansicht Outlook Heute verändern

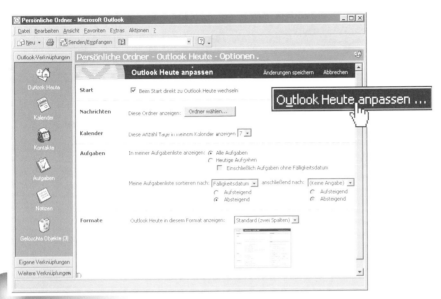

WO? WOMIT?

Die Ansicht anpassen
▶ Wählen Sie aus der Outlook-Leiste *Outlook Heute.*
▶ Klicken Sie auf *Outlook Heute anpassen.*

Outlook Heute automatisch einblenden
▶ Aktivieren Sie das Kontrollkästchen *Beim Start direkt zu Outlook Heute wechseln.*
▶ Egal in welcher Programmkomponente Sie sich beim letzten Verlassen von Outlook befunden haben, es wird bei einem Neustart automatisch *Outlook Heute* eingeblendet.

Ordner unter Nachrichten ein- bzw. ausblenden
▶ Klicken Sie auf die Schaltfläche *Ordner wählen.*
▶ Aktivieren Sie beispielsweise *Notizen.*
▶ Die *Notizen* werden unter *Nachrichten* angezeigt.

Aufgaben nach Datum sortieren
▶ Wählen Sie aus der Liste *Meine Aufgabenliste sortieren nach* zwischen den Optionen *Fälligkeitsdatum, Erstellzeit* oder *Startdatum.*

Neue Ansicht speichern
▶ Klicken Sie unter der Ordner-Leiste auf die Schaltfläche *Änderungen speichern.*
▶ *Outlook Heute* präsentiert sich ab jetzt mit Ihren Einstellungen.

INFO
Wählen Sie unter Outlook Heute in diesem Format anzeigen *das gewünschte Erscheinungsbild aus.*

→ 460

INFO
Die Aufgabenliste kann auch nach Wichtigkeit *sortiert werden, allerdings müssen vorher die Prioritäten festgelegt werden.*

Titelleiste

Menüleiste

Symbolleiste

Ordnerleiste

Outlook-Leiste

Outlook starten

▶ Klicken Sie in der Windows-Taskleiste auf die Schaltfläche *Start*, Eintrag *Programme/ Microsoft Outlook*, oder doppelklicken Sie auf das Desktop-Symbol von Outlook.

BEGRIFFE

DFÜ-Verbindung: *DFÜ ist die Abkürzung für Datenfernübertragung. Sie müssen die Einstellungen zur Verbindungsaufnahme wie Rufnummer, Modemart und -geschwindigkeit usw. Windows mitteilen. Diese Verbindung erhält einen Namen und wird im Ordner DFÜ-Netzwerk, den Sie im Ordner* Arbeitsplatz *finden, gespeichert.*

INFO

Voraussetzung für den direkten Internet-Zugang per DFÜ ist, daß Sie bei einem Internet-Provider Kunde sind.

INFO

Klicken Sie mit der rechten Maustaste irgendwo auf die Symbolleiste. Mit Erweitert *kann eine weitere Symbolleiste eingeblendet werden.*

22

KAPITEL

Mit Outlook Adressen verwalten

tempo

Adreßbuch: Kontakte verwalten

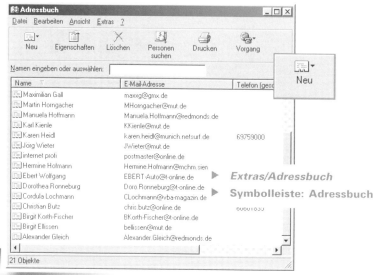

Wo? Womit?

Das Adreßbuch aufrufen

▶ Klicken Sie in der Symbolleiste auf das Symbol *Adressbuch*.

▶ Das Dialogfenster *Adressbuch* wird geöffnet.

Neue Kontaktperson eingeben

▶ Klicken Sie in der Symbolleiste des Adreßbuch-Dialogfensters auf *Neu*.

▶ Sie haben die Wahl einen neuen Kontakt oder → 422 eine neue Gruppe anzulegen.

▶ Markieren Sie *Neuer Kontakt*.

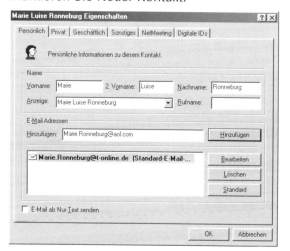

INFO

Geben Sie den Vornamen und den Nachnamen in die entsprechenden Eingabefelder ein. Unter Anzeige wird der komplette Name automatisch eingetragen.

→ 417

INFO

Gruppen legen Sie an, wenn Sie beispielsweise E-Mails immer an dieselbe Personenauswahl schicken möchten.

TIP

Sie bewegen sich im Dialogfenster am besten mit der ⤶-Taste von einem Eingabefeld zum nächsten.

▷ Das Dialogfenster *Eigenschaften* wird geöffnet.

▷ Geben Sie Vornamen und Nachnamen in die entsprechenden Eingabefelder ein.

E-Mail-Adresse eingeben

▷ Geben Sie im Dialogfenster *Eigenschaften* unter *E-Mail Adressen* im Eingabefeld *Hinzufügen* die gewünschte E-Mail-Adresse ein.

▷ Klicken Sie auf die Schaltfläche *Hinzufügen*.

▷ Die E-Mail-Adresse wird gespeichert.

E-Mail-Adresse bearbeiten

▷ Markieren Sie die E-Mail-Adresse, die Sie verändern möchten.

▷ Klicken Sie auf die Schaltfläche *Bearbeiten*.

▷ Die E-Mail-Adresse wird blau unterlegt und **→ 37** kann korrigiert werden.

E-Mail-Adresse löschen

▷ Markieren Sie die E-Mail-Adresse, die Sie löschen möchten.

▷ Klicken Sie auf die Schaltfläche *Löschen*.

Private Adresse und Telefonnummer eingeben

▷ Wechseln Sie im Dialogfenster *Eigenschaften* auf die Registerkarte *Privat*.

▷ Geben Sie in die entsprechenden Eingabefelder die *Straße, Ort, Postleitzahl, Rufnummer, Fax* und *Mobiltelefonnummer* ein.

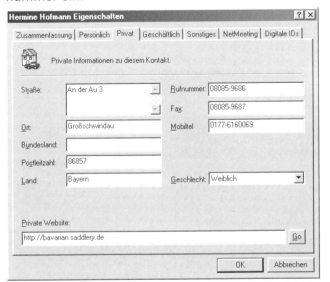

→ 408

INFO

Sollte eine zweite oder dritte E-Mail-Adresse für ein und dieselbe Person vorhanden sein, geben Sie sie nacheinander in das Eingabefeld Hinzufügen ein. Nachdem Sie auf Hinzufügen geklickt haben, wird die zweite und dritte E-Mail-Adresse in die Adressenliste mit aufgenommen.

TIP

Sollte die betreffende Kontaktperson eine private Webseite besitzen, geben Sie sie in das Eingabefeld Private Webseite ein. Mit der Schaltfläche Go werden Sie sofort mit ihr verbunden. Voraussetzung hierfür ist natürlich, daß Sie über einen Internet-Zugang verfügen.

INFO

Über die Registerkarte Geschäftlich werden die geschäftlichen Daten wie Geschäftsadresse, Telefonnumer, Abteilung und Webseite eingetragen.

Kommentare zu einer Person eingeben

▶ Wechseln Sie im Dialogfenster *Eigenschaften* auf das Register *Sonstiges*.

▶ Geben Sie in das Eingabefeld *Kommentare* die entsprechenden Informationen zur Kontaktperson ein.

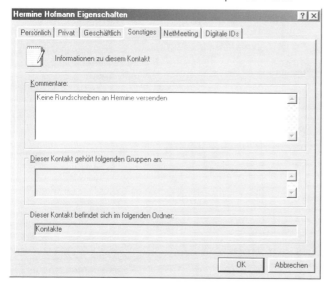 → 708

INFO
Informationen zu NetMeeting

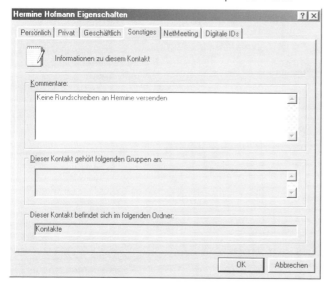

INFO
Markieren Sie eine Adresse und klicken Sie im Adreß-buch-Dialogfenster auf Eigenschaften. *Das Eigenschaften-Fenster zur betreffenden Person wird geöffnet.*

Bereits eingegebene Adressen verändern

▶ Klicken Sie in der Symbolleiste auf das Symbol *Adressbuch.*

▶ Doppelklicken Sie im Adreßbuch-Dialogfenster auf die zu ändernde Adresse.

▶ Das Eigenschaften-Fenster mit der Registerkarte *Zusammenfassung* erscheint.

▶ Wechseln Sie auf die Registerkarten *Persönlich, Privat, Geschäftlich* und *Sonstiges,* um die entsprechenden Eingaben zu korrigieren.

Eintragungen einer Kontaktperson auf einen Blick

▶ Doppelklicken Sie im Adreßbuch-Dialogfenster auf die Kontaktperson, deren gesamte Eintragungen Sie sehen möchten.

▶ Das Eigenschaften-Fenster mit der Registerkarte *Zusammenfassung* erscheint.

▶ Alle Eintragungen werden hier aufgelistet.

Alle Daten einer Kontaktperson löschen

▶ Markieren Sie im Adreßbuch-Dialogfenster die zu löschende Adresse.

▶ Klicken Sie auf das Symbol *Löschen.*

TIP
Klicken Sie im Adreßbuch-Dialogfenster auf eine Adresse, und bewegen Sie die Maus einige Sekunden nicht. Alle Daten der betreffenden Person werden angezeigt. (Anzeige entspricht der Registerkarte Zusammenfassung *im Dialogfenster* Eigenschaften.)

Hermine Hofmann
E-Mail-Adresse(n):
  Hermine.Hofmann@mchm.siemens.de
Persönliche Informationen:
  Adresse:
    An der Au 3
    Großschwindau 86857
    Bayern
  Telefon: 08085-9686
  Fax: 08085-9687
  Mobiltelefon: 0177-6160069
  Webseite: http://bavarian saddlery.de
Geschäftsinformationen:
  Titel: Dr.
  Abteilung: MCHN7
  Büro: 232
  Firma: Siemens
  Adresse:
    Werinherstraße 5
    München 81541
  Telefon: 636844441
  Fax: 636844442
  Webseite: http://siemens.de
Kommentare:
Keine Rundschreiben an Hermine versenden

E-Mail-Verteilergruppen anlegen

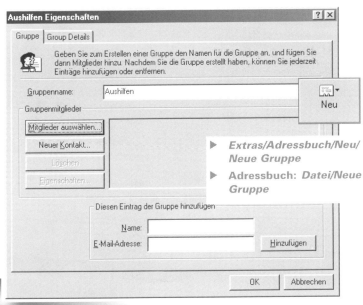

> ► *Extras/Adressbuch/Neu/*
> *Neue Gruppe*
>
> ► *Adressbuch: Datei/Neue*
> *Gruppe*

WO? WOMIT?

Gruppennamen eingeben
► Klicken Sie im Outlook-Fenster auf das *Adressbuch*.
► Klicken Sie auf das Symbol *Neu*.
► Wählen Sie *Neue Gruppe* aus.
► Das Eigenschaften-Fenster für Gruppen wird geöffnet.
► Geben Sie einen *Gruppennamen* in das Eingabefeld ein.

Mitglieder für die Gruppe auswählen
► Klicken Sie auf die Schaltfläche *Mitglieder auswählen*.
► Das Dialogfenster *Gruppenmitglieder auswählen* wird geöffnet.
► Markieren Sie einen Namen, und klicken Sie auf die Schaltfläche *Auswählen*.
► Das neue Mitglied wird unter *Mitglieder* aufgenommen.
► Markieren Sie den nächsten Namen, und klicken Sie wieder auf *Auswählen* usw.
► Nachdem Sie das Dialogfenster mit *OK* geschlossen haben erscheint der Gruppenname im Adreßbuch-Fenster.

📇 Aushilfen

→ 756

TIP
Markieren Sie gleich mehrere Mitglieder. Markieren Sie dazu ein Mitglied, halten Sie die Strg-Taste gedrückt, und markieren Sie das nächste Mitglied usw.

→ 756

TIP
Markieren Sie mehrere Mitglieder, die untereinanderliegen. Klicken Sie dazu auf ein Mitglied, halten Sie die ⇧-Taste gedrückt, und markieren Sie das letzte Mitglied der Reihe.

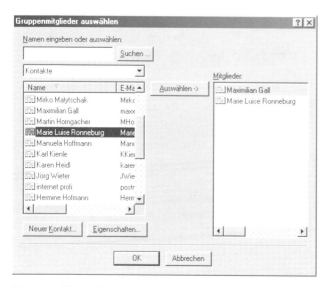

INFO

Eine Gruppe können Sie im Adreßbuch-Dialogfenster markieren und löschen.

→ 426

INFO

Haben Sie eine Gruppe angelegt, werden beispielsweise alle E-Mails an jede Person dieser Gruppe geschickt.

Neuen Kontakt innerhalb einer Gruppe erstellen

▶ Klicken Sie im Eigenschaften-Fenster der Gruppe auf die Schaltfläche *Neuer Kontakt.*

▶ Geben Sie die gewünschten Daten zur Kontaktperson ein.

▶ Die neue Kontaktperson wird automatisch zur Gruppe hinzugefügt.

Kontakt aus einer Gruppe löschen

▶ Markieren Sie im Eigenschaften-Fenster einer Gruppe die Kontaktperson, die gelöscht werden soll.

▶ Klicken Sie auf die Schaltfläche *Löschen.*

Gemeinsame E-Mail-Adresse der Gruppe eintragen

▶ Geben Sie im Eigenschaften-Fenster unter *Diesen Eintrag der Gruppe hinzufügen* den *Namen* ein.

▶ Tippen Sie in das Eingabefeld *E-Mail-Adresse* die gemeinsame E-Mail-Adresse der Gruppe ein.

▶ Klicken Sie auf die Schaltfläche *Hinzufügen.*

Gemeinsame Adresse für die Gruppe einfügen

▶ Wechseln Sie im Eigenschaften-Fenster auf die Registerkarte *Gruppendetails.*

▶ Geben Sie dort die Adresse, Telefonnummer → 696 und, falls vorhanden, die Webseiten-Adresse ein.

Bestehende Gruppe bearbeiten

▶ Markieren Sie im Adreßbuch-Dialogfenster die entsprechende Gruppe.

▶ Klicken Sie auf das Symbol *Eigenschaften.*

→ 422

INFO

Über die Schaltfläche Eigenschaften *in einem Eigenschaften-Fenster einer Gruppe gelangen Sie in das Eigenschaften-Fenster einer Kontaktperson. Natürlich muß der Kontakt vorher markiert worden sein.*

INFO

Eine Gruppe wird im Adreßbuch-Dialogfenster gelöscht. Markieren Sie den Gruppennamen, und klicken Sie auf Löschen.

TIP

Doppelklicken SIe im Adreßbuch-Dialogfenster auf eine Gruppe. Das Eigenschaften-Fenster dieser Gruppe wird geöffnet. Korrigieren Sie dort die betreffenden Einträge.

Empfangene E-Mail-Adressen ins Adreßbuch aufnehmen

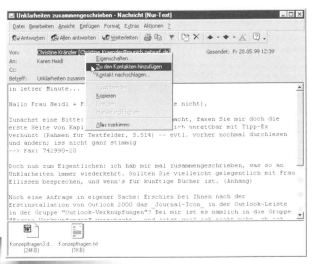

WO? WOMIT?

E-Mail-Nachricht öffnen

▶ Lassen Sie sich den Posteingang anzeigen. → 429

▶ Doppelklicken Sie auf die erhaltene E-Mail.

E-Mail Adresse ins eigene Adreßbuch übernehmen

▶ Klicken Sie im geöffneten E-Mail-Fenster mit der rechten Maustaste in den Namen des Absenders.

▶ Ein Kontextmenü wird geöffnet.

▶ Markieren Sie die Option *Zu den Kontakten hinzufügen*.

▶ Das entsprechende Kontaktfenster wird geöffnet. Der Name und die E-Mail-Adresse sind bereits eingetragen.

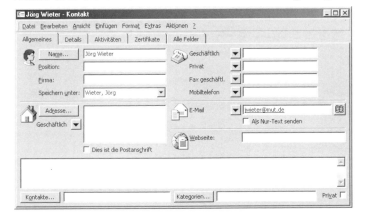

→ 414

INFO

Geben Sie alle weiteren Daten zur Kontaktperson in das bereits geöffnete Kontaktfenster ein, oder klicken Sie auf das Adreßbuch-Symbol, um über die Schaltfläche Eigenschaften *in das gewohnte Eigenschaften-Fenster der Kontaktperson zu gelangen.*

TIP

Sind Sie sich nicht mehr sicher, ob diese Kontaktperson bereits ins Adreßbuch aufgenommen ist, klicken Sie auf die Schaltfläche Kontakte. *Im folgenden Dialogfenster können Sie bestimmen, ob die vorhandene Adresse überschrieben werden soll oder nicht.*

Adressen sortiert anzeigen lassen

Ansicht/Sortieren nach

Wo? Womit?

Adressen schnell nach Namen sortieren
▶ Öffnen Sie das Adreßbuch-Dialogfenster.
▶ Klicken Sie in der grauen Leiste auf *Name*.
▶ Die Adressen werden aufsteigend (von A–Z) sortiert, wenn das Pfeilchen neben den Namen nach oben zeigt.
▶ Andernfalls (Pfeilchen zeigt nach unten) wird absteigend (von Z–A) sortiert.

Nach Vornamen oder Nachnamen sortieren
▶ Öffnen Sie im Adreßbuch-Dialogfenster das Menü *Ansicht*.
▶ Bewegen Sie die Maus auf *Sortieren nach*.
▶ Klicken Sie *Vorname* bzw. *Nachname* an.

Die richtige Adresse schnell auswählen
▶ Geben Sie in das Eingabefeld *Namen eingeben oder auswählen* den gewünschten Namen ein.
▶ Drücken Sie die ⏎-Taste.
▶ Die passende Adresse wird sofort markiert.

Bestimmte Fensterelemente ein- bzw. ausblenden
▶ Klicken Sie z.B. in der Menüleiste auf *Ansicht/Ordner und Gruppen,* werden diese eingeblendet.
▶ Klicken Sie ein zweites Mal auf *Ansicht/Ordner und Gruppen,* werden diese wieder ausgeblendet.

Nach bestimmter Adresse suchen
▶ Klicken Sie im Adreßbuch-Fenster auf *Personen suchen*.
▶ Wählen Sie aus der Liste *Suchen in:* den Kontaktordner aus, der durchsucht werden soll.
▶ Geben Sie in das *Personen suchen*-Dialogfenster die entsprechenden Daten ein.
▶ Klicken Sie auf *Suchen*.
▶ Die gefundene Adresse wird im unteren Teil des Dialogfensters angezeigt.

INFO

Klicken Sie im Adreßbuch-Fenster auf Drucken, *werden die markierten Adressen ausgedruckt. Vorher müssen Sie bestimmen, in welcher Form Sie die Adressen ausgedruckt haben wollen.*

TIP

Drucken Sie sich eine Telefonliste aus. Klicken Sie im Adreßbuch-Fenster auf Drucken. *Aktivieren Sie im Dialogfenster* Drucken *die Option* Telefonliste. *Es werden der Name und die dazugehörige Telefonnumer gedruckt.*

Outlook-Adressen in Word einfügen

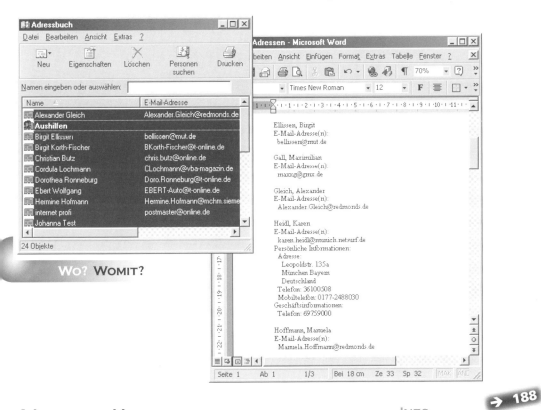

Adressen markieren

▶ Öffnen Sie im Outlook-Fenster das *Adressbuch*. → 414
▶ Markieren Sie die Adressen, die Sie in Word übernehmen möchten.

Adressen in die Zwischenablage kopieren

▶ Klicken Sie auf *Bearbeiten/Kopieren*.
▶ Die markierten Adressen liegen jetzt in der Zwischenablage bereit.

Adressen in Word einfügen

▶ Starten Sie Word über die Windows-Taskleiste mit *Start/ Programme/Microsoft Word*.
▶ Wählen Sie den Menübefehl *Bearbeiten/Einfügen*.
▶ Die Adressen werden untereinander in Word eingefügt.

→ 188

INFO

Wenn Sie die Adressen für Serienbriefe verwenden möchten, müssen Sie erst in eine Tabelle umgewandelt werden.

TIP

Markieren Sie mehrere Adressen, indem Sie eine Adresse nach der anderen anklicken und dabei die Strg- Taste gedrückt halten.

Kontakte erstellen und bearbeiten

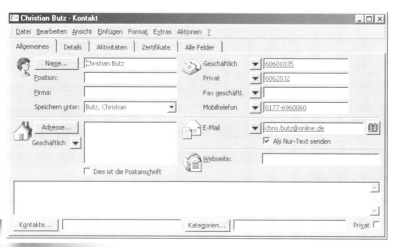

Wo? Womit?

Neuen Kontakt erstellen

▶ Klicken Sie in der Outlook-Leiste auf das Symbol *Kontakte.*

▶ Klicken Sie in der Symbolleiste auf *Neu (Neuer Kontakt).*

▶ Das Dialogfenster *Kontakt* wird geöffnet.

▶ Füllen Sie die Eingabefelder *Name, Adresse, E-Mail* usw. aus.

▶ Wählen Sie den Menübefehl *Datei/Speichern.*

▶ Eine neue Kontaktperson mit den entsprechenden Daten ist in Ihre Kontaktliste aufgenommen.

Kontakt ändern

▶ Markieren Sie in der Outlook-Leiste das Symbol *Kontakte.*

▶ Doppelklicken Sie in der rechten Fensterhälfte auf die Kontaktperson, deren Daten Sie bearbeiten möchten.

Butz, Christian	
Geschäftlich:	60601835
Privat:	6062832
Mobiltelefon:	0177-6...
E-Mail:	chris.b...

▶ Das Kontakfenster wird geöffnet.

Kontakte löschen

▶ Klicken Sie in der Outlook-Leiste auf *Kontakte.*

▶ Markieren Sie die Kontakperson, die Sie löschen möchten.

▶ Drücken Sie die [Entf]-Taste.

INFO

Es ist egal, ob Sie Adressen über Kontakte oder über das Adreßbuch aufnehmen. Wählen Sie die Variante, die Ihnen sympathischer ist.

INFO

Die eingegebenen Daten eines Kontaktes finden Sie im Adreßbuch wieder und umgekehrt.

INFO

Die gelöschten Kontakte landen im Papierkorb (Ordner Gelöschte Objekte).

Kontakt suchen und aufnehmen

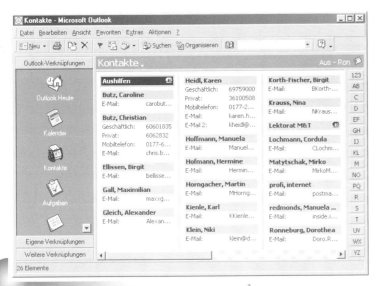

Wo? Womit?

Die richtige Kontaktperson schnell finden

▶ Klicken Sie in der Outlook-Leiste auf *Kontakte*.

▶ In der rechten Fensterhälfte werden alle eingegebenen Kontakte aus der Kontaktliste und aus dem Adreßbuch angezeigt.

▶ Suchen Sie zum Beispiel die Kontaktperson *Korth-Fischer*, klicken Sie einfach im Alphabet auf den Buchstaben *K*.

▶ Die erste Kontaktperson, die mit dem Buchstaben *K* anfängt, wird ins Bild gerückt. Die gesuchte Kontaktperson kann auch nicht mehr fern sein.

Die Kontaktperson über den PC anrufen

▶ Klicken Sie in der Outlook-Leiste auf *Kontakte*.

▶ Markieren Sie die Kontaktperson, die Sie anrufen möchten.

▶ Klicken Sie in der Symbolleiste auf *Wählen*.

▶ Klicken Sie auf *Anruf beginnen*.

→ 735

Info
Voraussetzungen zum Anrufen einer Kontaktperson: Der PC muß mit der Telefonanlage vernetzt sein.

Info
Um eine Kontaktperson anzurufen, können Sie auch mit der rechten Maustaste auf den Kontakteintrag klicken und aus dem Kontextmenü Kontakt anrufen *wählen*.

Das Adreßbuch aufrufen

▶ Klicken Sie in der Symbolleiste auf das Symbol
Adressbuch.

▶ Das Dialogfenster
Adressbuch wird
geöffnet.

Neue Kontaktperson eingeben

▶ Klicken Sie in der
Symbolleiste des Adreß-
buch-Dialogfensters auf
Neu.

▶ Sie haben die Wahl,
einen neuen Kontakt
oder eine neue Gruppe
anzulegen.

▶ Markieren Sie *Neuer
Kontakt.*

Bereits eingegebene Adressen verändern

▶ Klicken Sie in der
Symbolleiste auf das
Symbol *Adressbuch.*

▶ Doppelklicken Sie im
Adreßbuch-Dialogfenster
auf die zu ändernde
Adresse.

▶ Das Eigenschaften-
Fenster mit der Register-
karte *Zusammenfassung*
erscheint.

▶ Wechseln Sie auf die
Registerkarten *Persön-
lich, Privat, Geschäftlich*
und *Sonstiges* um die
entsprechenden Einga-
ben zu korrigieren.

Gruppennamen eingeben

▶ Klicken Sie im Outlook-Fenster
auf das *Adressbuch.*

▶ Klicken Sie auf das Symbol *Neu.*

▶ Wählen Sie *Neue Gruppe* aus.

▶ Das Eigenschaften-Fenster für
Gruppen wird geöffnet.

▶ Geben Sie einen *Gruppennamen* in das Eingabefeld ein.

Mitglieder für die Gruppe auswählen

▶ Klicken Sie auf die Schaltfläche
Mitglieder auswählen.

▶ Das Dialogfenster *Gruppenmitglieder auswählen* wird
geöffnet.

▶ Markieren Sie einen Namen,
und klicken Sie auf die Schaltfläche *Auswählen.*

▶ Das neue Mitglied wird unter
Mitglieder aufgenommen.

▶ Markieren Sie den nächsten
Namen, und klicken Sie wieder
auf *Auswählen* usw.

▶ Nachdem Sie das Dialogfenster
mit *OK* geschlossen haben,
erscheint der Gruppenname im
Adreßbuch-Fenster.

Aushilfen

INFO

*Sollte eine zweite oder dritte
E-Mail-Adresse für ein und
dieselbe Person vorhanden
sein, geben Sie sie nach-
einander in das Eingabefeld*
Hinzufügen *ein. Nachdem Sie
auf* Hinzufügen *geklickt
haben, wird die zweite und
dritte E-Mail-Adresse in die
Adressenliste mit aufge-
nommen.*

23

KAPITEL

E-Mail mit Outlook

tempo

Eine Nachricht erstellen

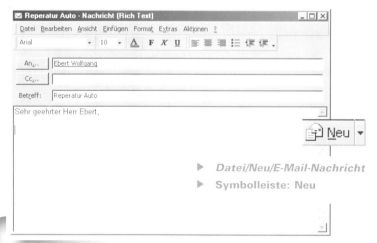

Wo? Womit?

Eine E-Mail schreiben
▶ Klicken Sie im Outlook-Fenster auf das Symbol *Neu*.
▶ Geben Sie in das Eingabefeld *An* die E-Mail-Adresse, z.B. *ebert-auto@t-online.de,* ein. Mehrere Adressen trennen Sie durch ein Semikolon ab.
▶ Tragen Sie in das Eingabefeld *CC* die E-Mail-Adressen der Personen ein, die die E-Mail ebenfalls erhalten sollen – jeweils durch eine Semikolon abgetrennt.
▶ Geben Sie unter *Betreff* ein kurzes Stichwort ein, so daß der Empfänger sofort erkennt, um was es geht.
▶ Schreiben Sie in das große Eingabefeld Ihre **→ 36** Nachricht.

Adresse aus dem Adreßbuch holen
▶ Schreiben Sie die Adresse nicht direkt in das Eingabefeld neben *An,* sondern klicken Sie direkt auf die Schaltfläche.
▶ Das Dialogfenster *Namen auswählen* wird angezeigt.
▶ Markieren Sie einen Namen aus der angezeigten Liste, und klicken Sie auf *An*.
▶ Der zuvor markierte Name wird in die Nachrichtenempfänger-Liste aufgenommen.
▶ Markieren Sie den nächsten Kontakt, und klicken Sie auf die entsprechenden Schaltflächen *Cc* bzw. *Bcc*.
▶ Schließen Sie das Fenster mit *OK*.
▶ Die Adressen aus dem Adreßbuch sind in das Nachrichten-Fenster übernommen worden.
▶ Schreiben Sie Ihre Nachricht.

BEGRIFF
E-Mail: *E-Mail bedeutet electronic mail, also elektronische Post.*
E-Mail-Adresse: *An die E-Mail-Adresse wird die elektronische Post versendet.*

→ 422

INFO
Über die Schaltfläche Neuer Kontakt *im Dialogfenster* Namen auswählen *ist es möglich, eine neue Kontaktperson mit Adresse, E-Mail-Adresse usw. anzulegen.*

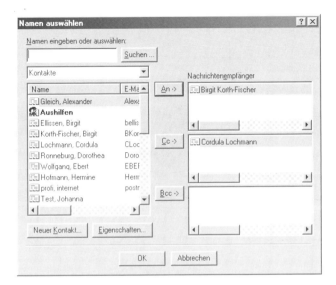

INFO

*Die Schaltfläche Eigen-
schaften im Dialogfenster
Namen auswählen ermöglicht
Ihnen den Zugriff auf bereits
vorhandene Kontaktpersonen.
Aktualisieren Sie hier Ihre
Einträge.*

→ 428

INFO

*Zum Postausgangsordner
gelangen Sie ganz schnell
über Outlook Heute. Dort
sehen Sie den Postaus-
gangsordner in der rechten
Fensterhälfte. Sie können sich
auch die Ordnerliste einblenden lassen; ebenfalls hier
wird der Postausgangsordner
ebenfalls angezeigt.*

E-Mail-Entwurf speichern

▶ Wählen Sie aus dem Menü *Datei/Speichern.*
▶ Die E-Mail wird im Ordner *Entwürfe* abgelegt.

E-Mail in den Postausgang legen

▶ Wählen Sie aus dem Menü *Datei/Senden.*
▶ Die Nachricht wird in den Postausgangsordner gelegt.

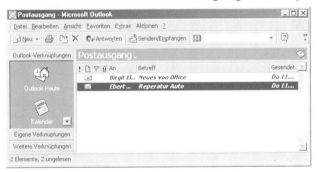

NOCH SCHNELLER

*E-Mail in den Postausgang
legen* Strg + ↵ .

Mehrere E-Mails vor dem Versenden sammeln

▶ Klicken Sie im Outlook-Fenster erneut auf das Symbol
Neu.
▶ Geben Sie die E-Mail-Adresse ein, bzw. holen
Sie sich die Adresse über das Adreßbuch. **→ 414**
▶ Schreiben Sie Ihre Nachricht.
▶ Klicken Sie auf *Datei/Senden.*
▶ Auch diese Nachricht wird im Postausgangsordner ab-
gelegt.
▶ Wiederholen Sie das Spielchen, bis Sie alle Ihre Nach-
richten geschrieben haben.

→ 748

INFO

*In der Ordnerliste können Sie
sehen, wie viele Nachrichten
im Postausgangsordner
liegen.*

Eine Nachricht versenden

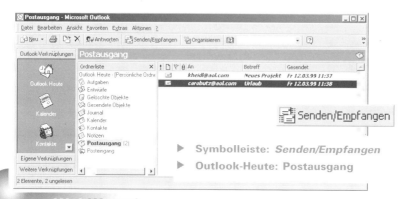

▶ **Symbolleiste:** *Senden/Empfangen*

▶ **Outlook-Heute:** *Postausgang*

WO? WOMIT?

E-Mail versenden

▶ Schreiben Sie Ihre Nachrichten, und legen Sie ➔ 36
sie in den Postausgangsordner.

▶ Markieren Sie im Outlook-Fenster *Outlook Heute.*

▶ Klicken Sie auf *Senden/Empfangen.*

▶ Die Verbindung zu Ihrem Online-Dienst, genauer gesagt
zu Ihrem Mail-Server, wird aufgebaut.

Den Stand der Dinge in der Statuszeile ablesen

▶ In der Statuszeile von Outlook wird Ihnen angezeigt, wenn
die Nachrichten versendet werden.

Versand der Nachricht 1 von 1...

▶ Sind die Übertragungen geklückt, wird die Information
E-Mail-Übertragung vollständig angezeigt.

E-Mail-Übertragung vollständig

▶ Sollte die E-Mail-Übertragung nicht funktioniert haben,
wird dies mit einem gelben Rufezeichen quittiert.

E-Mail-Übertragung Fehler · hier klicken

▶ Klicken Sie auf das Rufezeichen-Symbol, um sich den
Grund der fehlgeschlagenen Übertragung anzeigen zu
lassen. Daraus wird man in der Regel nicht recht
schlau. Überprüfen Sie in diesem Fall noch ein- ➔ 440
mal Ihre Einstellungen für das Internet-Konto:
Rufnummer, Paßwort, DNS usw.

BEGRIFF

Online-Dienst (Provider):
Online-Dienste bieten
unterschiedliche Dienste über
das Telefonnetz an. Dazu
gehören z.B. das Verschicken
und Empfangen elektro-
nischer Post, eine Verbindung
zum Internet herstellen, Informationen abrufen usw. Die
bekanntesten Online-Dienste
in Deutschland sind T-Online,
AOL und CompuServe.
Mail-Server: Der Online-
Dienst richtet für Sie einen
Posteingang und einen
Postausgang auf einem sogenannten Mail-Server ein. Der
Posteingangsserver ist in der
Regel der sogenannte POP3-
Server, der Postausgangs-
server ist der SMTP-Server.

➔ 408

INFO
Verbindung zum Online-
Dienst einrichten

Nachrichten empfangen und beantworten

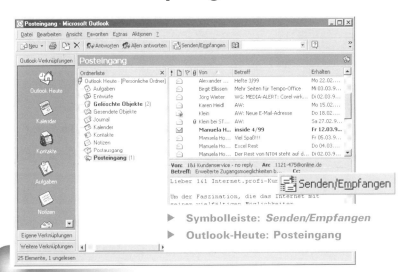

▷ **Symbolleiste:** *Senden/Empfangen*

▷ **Outlook-Heute: Posteingang**

WO? WOMIT?

E-Mail empfangen

→ 406

▶ Starten Sie Outlook.
▶ Klicken Sie in der Symbolleiste auf *Senden/Empfangen.*
▶ Die Verbindung zu Ihrem Mail-Server wird hergestellt.
▶ Alle E-Mails aus dem Postausgang werden versandt und die für Sie bereitgestellten E-Mails abgerufen.
▶ Die eingegangenen E-Mails finden Sie im Posteingangsordner.

Empfangene E-Mail lesen

▶ Klicken Sie in der Ordnerliste auf *Posteingang.*
▶ Markieren Sie die eingegangene Nachricht.
▶ Im Vorschaufenster können Sie die Nachricht lesen.

Empfangene E-Mail in einem eigenen Fenster anzeigen

▶ Klicken Sie in der Ordnerliste auf *Posteingang.*
▶ Doppelklicken Sie auf die eingegangene Nachricht.
▶ Die Nachricht wird in einem eigenen Fenster angezeigt.

E-Mail beantworten

▶ Klicken Sie in der Ordnerliste auf *Posteingang.*
▶ Markieren Sie die E-Mail, die Sie beantworten möchten.
▶ Klicken Sie in der Symbolleiste auf *Antworten.*
▶ Ein Dialogfenster, in dem der ursprüngliche Absender bereits als Empfänger eingetragen ist, wird eingeblendet.
▶ Im Eingabefeld *Betreff* wird die Abkürzung AW für Antwort eingefügt.

→ 411

INFO
Den Posteingangsordner können Sie über Ansicht/ Ordner *einblenden, oder Sie klicken über* Outlook Heute *in der rechten Fensterhälfte auf* Posteingang.

INFO
Sollte das Vorschaufenster nicht eingeblendet sein, dann wählen Sie aus der Menüleiste Ansicht/Vorschaufenster.

INFO
Mit der Schaltfläche Allen antworten *wird sowohl dem Absender als auch allen Empfängern der Nachricht geantwortet.*

▶ Geben Sei einen Antworttext ein.
▶ Klicken Sie auf *Datei/Senden*.
▶ Die Antwort-Mail wird in den Postausgangsordner gelegt.

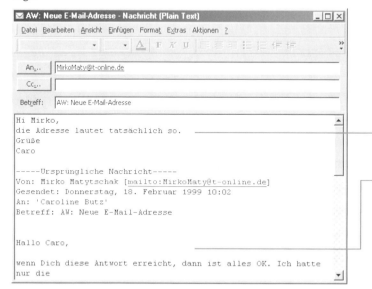

Antwort

Ursprüngliche Nachricht

INFO
Alle E-Mails, die im Postausgangs- oder Posteingangsordner liegen, können ohne Probleme gelöscht werden. Markieren Sie die entsprechenden Mails, und drücken Sie auf die [Entf]-Taste. Sie werden in den Outlook-Papierkorb geschoben.

🗑 **Gelöschte Objekte** [5]

E-Mails weiterleiten
▶ Klicken Sie in der Ordnerliste auf *Posteingang*.
▶ Markieren Sie die E-Mail, die Sie weiterleiten möchten.
▶ Klicken Sie in der Symbolleiste auf *Weiterleiten*.
▶ Das Nachrichtenfenster wird geöffnet.
▶ Im Gegensatz zu *Antworten* ist bei *Weiterleiten* nur der *Betreff* ausgefüllt.
▶ Vor dem Betreff wird die Abkürzung WG für weitergeleitet eingefügt.
▶ Die E-Mail-Adresse muß noch eingefügt werden. **→ 426**
▶ Klicken Sie auf *Datei/Speichern*.
▶ Die E-Mail wird in den Postausgangsordner gelegt.

 Beantwortete Mail

 Gelesene Mail

 Weitergeleitete Mail

 Ungelesene Mail

Empfangene E-Mails sortiert anzeigen lassen
▶ Klicken Sie im Posteingangsfenster auf *Von,* werden die Nachrichten nach Namen sortiert.
▶ Klicken Sie auf *Betreff,* werden die Nachrichten nach dem Betreff-Text geordnet.
▶ Klicken Sie auf *Erhalten,* werden die Nachrichten nach dem Eingangsdatum sortiert.

ACHTUNG
Wenn Sie Ihre Mails nach Datum und Uhrzeit sortieren, sollte die Systemzeit Ihres Rechners richtig eingestellt sein. Klicken Sie dazu auf Start/Einstellungen/Systemsteuerung/Datum und Uhrzeit.

Geschriebene E-Mail nachbearbeiten und gestalten

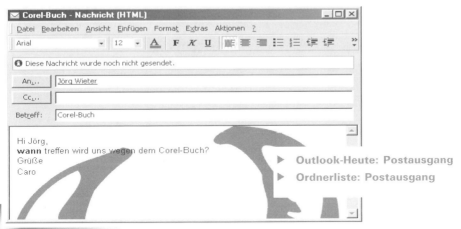

Wo? Womit?

Bereits geschriebene E-Mail nachbearbeiten
▶ Klicken Sie in der Ordnerliste auf *Postausgang*.
▶ Doppelklicken Sie in der rechten Hälfte des Fensters auf die E-Mail, die Sie nachbearbeiten möchten.
▶ Das Nachrichtenfenster wird geöffnet.
▶ In diesem Fenster wird der Hinweis *Diese Nachricht wurde noch nicht gesendet* angezeigt.
▶ Korrigieren bzw. fügen Sie noch Text hinzu.

Den Text gestalten
▶ Bevor Sie den Text formatieren können, müssen Sie über die Menüleiste *Format/HTML* einstellen.
▶ Jetzt steht Ihnen die Formatierungssymbolleiste zur Verfügung.

Einen farbigen Hintergrund wählen
▶ Klicken Sie in der Menüzeile auf *Format/Hintergrund/Farbe*.
▶ Markieren Sie eine der angebotenen Farben.
▶ Der E-Mail-Text wird mit dieser Farbe hinterlegt.

E-Mail mit einem Bild hinterlegen
▶ Klicken Sie auf *Format/Hintergrund/Bild*.
▶ Klicken Sie im Hintergrundbild-Dialogfenster auf *Durchsuchen*.
▶ Wählen Sie das richtige Laufwerk und den richtigen Ordner aus, indem sich Ihr gewähltes Hintergrundbild befindet.
▶ Klicken Sie auf *OK*.

Absatz ▾ **➜ 56**	
Stil	
Arial ▾	
Schriftart	
12 ▾	
Schriftgrad	
A	*Schriftfarbe*
F	*Fett* **➜ 51**
K	*Kursiv*
U	*Unterstrichen*
≡	*Linksbündig*
≡	*Zentriert* **➜ 56**
≡	*Rechtsbündig*
≔	*Aufzählungszeichen*
≔	*Nummerierung*
⋲	*Einzug verkleinern*
⋲	*Einzug vergrößern*
—	*Horizontale Linie*

➜ 50

➜ 748

Angehängte Dateien empfangen und versenden

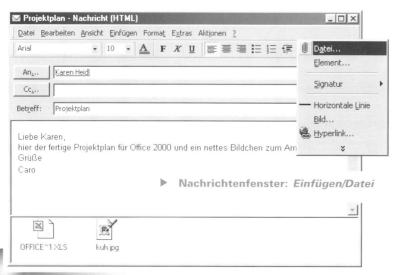

▶ **Nachrichtenfenster:** *Einfügen/Datei*

Dateien in die Nachricht einbinden

▶ Schreiben Sie Ihre Nachricht, der Sie eine Datei anhängen möchten.

▶ Klicken Sie im Menü des Nachrichtenfensters auf *Einfügen/Datei*.

▶ Das Dialogfenster *Datei einfügen* wird geöffnet.

▶ Wählen Sie das richtige Laufwerk und den richtigen Ordner aus, und markieren Sie die Datei, die Sie der Mail anhängen möchten.

▶ Klicken Sie auf die Schaltfläche *Einfügen*.

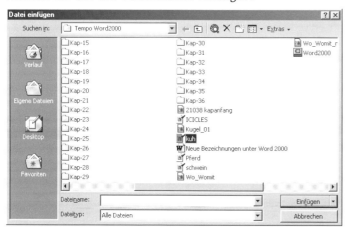

INFO
Die angehängten Dateien werden als Symbole in der unteren Hälfte des Nachrichtenfensters angezeigt.

INFO
Sie können der Mail auch mehrere Dateien anhängen. Wiederholen Sie den Schritt Einfügen/Datei, *und wählen Sie die nächste anzuhängende Datei aus, usw.*

INFO
Dateianhang speichern Sie über das Kontextmenü (rechte Maus)

Angehängte Datei löschen

▶ Markieren Sie die angehängte Datei.

▶ Drücken Sie die Entf-Taste.

▶ Die angehängte Datei wird entfernt.

Dateianhang der eingegangenen E-Mail lesen

▶ Klicken Sie in der Ordnerliste auf *Posteingang*.

▶ Doppelklicken Sie auf die Nachricht, die Sie lesen möchten.

▶ Im Nachrichten-Fenster erscheint die angehängte Datei mit Namen und Dateigröße in der unteren Fensterhälfte.

▶ Doppelklicken Sie auf die angehängte Datei.

▶ Die zugehörige Anwendung mit der Datei wird geöffnet. (Voraussetzung dafür ist, daß das zugehörige Programm installiert ist.)

Angehängte Datei speichern

▶ Klicken Sie mit der rechten Maustaste auf die angehängte Datei.

▶ Ein Kontextmenü wird geöffnet.

▶ Klicken Sie auf *Speichern unter*.

▶ Wählen Sie das richtige Laufwerk und den richtigen Ordner aus, in dem Sie die Datei speichern möchten.

▶ Bestätigen Sie mit *Speichern*.

Praktische Shareware für den E-Mail-Verkehr aus dem Internet herunterladen

▶ Blenden Sie sich in Outlook die Web-Symbolleiste über *Ansicht/Symbolleisten/Web* ein.

▶ Klicken Sie auf das Symbol *Im Web suchen*.

▶ Geben die Adresse einer Suchmaschine, beispielsweise *Yahoo.de*, ein.

▶ Suchen Sie nach *Shareware*.

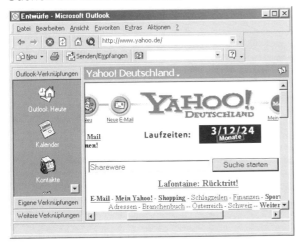

INFO

Ob die E-Mail eine ange-hängte Datei besitzt oder nicht, erkennen Sie an der Büroklammer.

 　Ⓤ Alexander ...

BEGRIFF

Shareware: *Frei kopierbare Software, für die man sich nach einer freien Testphase freiwillig registrieren lassen sollte.*

INFO

Das Internet erlaubt nur den 7-Bit-ASCII-Zeichensatz, in dem zum Beispiel keine Sonderzeichen wie die deutschen Umlaute, for-matierte Dateien, Bilddateien etc. enthalten sind. Aus diesem Grunde existieren sogenannte Kodierungspro-gramme, die im Hintergrund arbeiten, E-Mail und Anhänge kodieren (MIME, BinHex, UUEncode). Der empfangen-de E-Mail-Client dekodiert diese in der Regel. Es kann aber dennoch vorkommen, daß Dateien mit unbekannten Endungen (z.B. .mim oder .dat) bei Ihnen ankommen. Dann müssen Sie diese Daten ggf. selbst dekodieren. Dazu stehen Shareware-Program-me zur Verfügung, die Sie sich über das Internet herunterladen können.

E-Mail-Nachrichten löschen

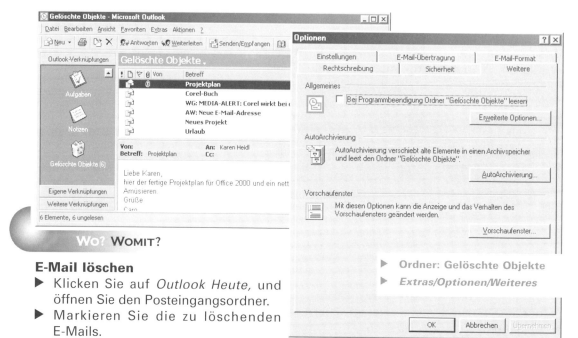

WO? WOMIT?

E-Mail löschen

▶ Klicken Sie auf *Outlook Heute,* und öffnen Sie den Posteingangsordner.

▶ Markieren Sie die zu löschenden E-Mails.

▶ Drücken Sie die Entf -Taste.

▶ Die E-Mails werden in den Papierkorb *Gelöschte Objekte* geschoben.

E-Mails endgültig löschen

▶ Markieren Sie in der Outlook-Leiste den Papierkorb.

▶ Der Inhalt des Ordners *Gelöschte Objekte* wird angezeigt.

▶ Markieren Sie die Nachrichten, die Sie endgültig löschen möchten.

▶ Drücken Sie die Entf -Taste.

▶ Bestätigen Sie die Sicherheitsabfrage des Office-Assistenten mit *Ja.*

Voreinstellung zum Löschen von E-Mails ändern

▶ Wählen Sie den Menübefehl *Extras/Optionen.*

▶ Wechseln Sie auf die Registerkarte *Weitere.*

▶ Aktivieren Sie das Kontrollkästchen *Bei Programmbeendigung Ordner "Gelöschte Objekte" leeren.*

▶ Bei jedem Beenden von Outlook werden die gelöschten Objekte aus dem Ordner *Gelöschte Objekte* automatisch entfernt.

▶ Ordner: Gelöschte Objekte

▶ *Extras/Optionen/Weiteres*

INFO
Klicken Sie mit der rechten Maustaste auf den Papierkorb, und wählen Sie aus dem Kontextmenü Ordner "Gelöschte Objekte" leeren. Der gesamte Inhalt wird gelöscht.

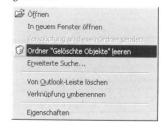

Neuen Mailordner anlegen und löschen

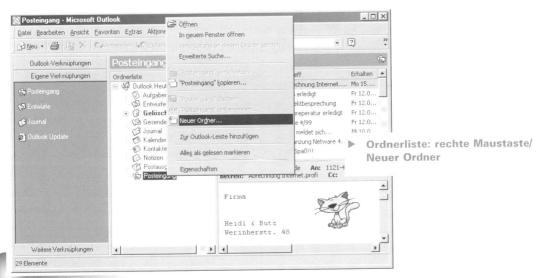

Ordnerliste: rechte Maustaste/
Neuer Ordner

WO? WOMIT?

Neuen Mailordner anlegen

▶ Blenden Sie die Ordnerliste ein.
▶ Klicken Sie mit der rechten Maustaste auf den Ordner *Posteingang.*
▶ Wählen Sie im Kontextmenü *Neuer Ordner.*
▶ Geben Sie in das Dialogfenster *Neuen Ordner erstellen* einen Namen ein.
▶ Der Office-Assistent möchte wissen, ob Sie eine Verknüpfung in der Outlook-Leiste erstellen möchten.
▶ Klicken Sie auf *Nein,* wenn Sie keine Verknüpfung erstellen möchten.

Ordner in die Outlook-Leiste einfügen

▶ Blenden Sie die Ordnerliste ein.
▶ Klicken Sie mit der rechten Maustaste auf den Ordner, den Sie in die Outlook-Leiste einfügen möchten.
▶ Markieren Sie im Kontextmenü *Zur Outlook-Leiste hinzufügen.*

Mailordner löschen

▶ Klicken Sie mit der rechten Maustaste auf den Ordner, der gelöscht werden soll.
▶ Markieren Sie aus dem Kontextmenü *Ordner XY löschen.*

TIP

Haben Sie sich beim Anlegen eines neuen Ordners vertippt, klicken Sie mit der rechten Maustaste auf den Ordner, und wählen Sie Ordner »XY« *umbenennen. Korrigieren Sie Ihren Schreibfehler.*

*Hinzugefügter Ordner in der
Outlook-Leiste*

E-Mails verschieben und kopieren

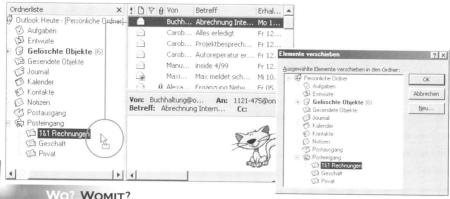

WO? WOMIT?

E-Mail in einen anderen Ordner verschieben

▶ Öffnen Sie den Posteingangs- oder -ausgangsordner.
▶ Markieren Sie die Nachricht, die Sie in einen anderen Ordner verschieben möchten.
▶ Ziehen Sie bei gedrückter linker Maustaste die Nachricht in den gewünschten Ordner.

E-Mail von einem in den anderen Ordner kopieren

▶ Öffnen Sie den Posteingangs- oder -ausgangsordner.
▶ Markieren Sie die Nachricht, die Sie von dem einen in den anderen Ordner kopieren möchten.
▶ Ziehen Sie bei gedrückter linker Maustaste und gedrückter Strg-Taste die Nachricht in den gewünschten Ordner.

Mehrere E-Mails verschieben

▶ Markieren Sie mehrere E-Mails auf einmal, indem Sie die Strg bzw. die ⇧-Taste gedrückt halten.
▶ »Packen« Sie eine der markierten Nachrichten an, und ziehen Sie sie in den gewünschten Ordner.
▶ Alle markierten E-Mails werden verschoben.

Mehrere E-Mails kopieren

▶ Markieren Sie mehrere E-Mails auf einmal, indem Sie die Strg bzw. die ⇧-Taste gedrückt halten.
▶ »Packen« Sie eine der markierten Nachrichten an, und ziehen Sie sie bei gedrückter Strg-Taste in den gewünschten Ordner.
▶ Alle markierten E-Mails werden kopiert.

TIP → 435

Legen Sie sich verschiedene Ordner an, um die Eingangs- und Ausgangs-E-Mails thematisch sortieren zu können.

TIP

Klicken Sie mit der rechten Maustaste auf eine E-Mail, bietet Ihnen das Kontextmenü die Option In Ordner verschieben an. Wählen Sie dann im geöffneten Dialog den entsprechenden Ordner aus.

INFO → 756

Machen Sie verschwundene Ordner sichtbar, indem Sie auf das Pluszeichen vor einem Ordner klicken. Alle untergeordneten Ordner werden angezeigt. Lassen Sie die Ordner wieder verschwinden, indem Sie auf das vorangestellte Minuszeichen klicken.

Bestimmte Nachrichten suchen

WO? WOMIT?

Nach bestimmten Nachrichten suchen

▶ Markieren Sie in der Outlook-Leiste *Outlook Heute*.
▶ Klicken Sie in der rechten Fensterhälfte auf *Posteingang* bzw. *Postausgang*.
▶ Wählen Sie den Menübefehl *Extras/Suchen*.
▶ Das Outlook-Fenster wird dreigeteilt.
▶ Geben Sie in das Eingabefeld *Suchen nach* den entsprechenden Suchbegriff ein.
▶ Klicken Sie auf die Schaltfläche *Jetzt suchen*.
▶ Alle E-Mails, die den entsprechenden Suchbegriff enthalten, werden aufgelistet.

Erneut die Suche starten

▶ Klicken Sie auf die Option *Suchmaske löschen*.
▶ Geben Sie einen neuen Suchbegriff ein.
▶ Klicken Sie auf die Schaltfläche *Jetzt suchen*.

TIP
Für weitere Feineinstellungen, was die Suche nach E-Mails betrifft, klicken Sie auf die Option Zur erweiterten Suche wechseln.

ACHTUNG
Auch die Nachrichten, die weitergeleitet wurden, werden bei der Suche mitberücksichtigt.

Eine E-Mail schreiben

▶ Klicken Sie im Outlook-Fenster auf das Symbol *Neu.*
▶ Geben Sie in das Eingabefeld *An* die E-Mail-Adresse, z.B. *ebert-auto@ t-online.de,* ein. Mehrere Adressen, trennen Sie durch ein Semikolon ab.
▶ Tragen Sie in das Eingabefeld *CC* die E-Mail-Adressen der Personen ein, die die E-Mail ebenfalls erhalten sollen, jeweils durch eine Semikolon abgetrennt.
▶ Geben Sie unter *Betreff* ein kurzes Stichwort ein, so daß der Empfänger sofort erkennt, um was es geht.
▶ Schreiben Sie in das große Eingabefeld Ihre Nachricht.

E-Mail in den Postausgang legen

▶ Wählen Sie aus dem Menü *Datei/ Senden.*
▶ Die Nachricht wird in den Postausgangsordner gelegt.

E-Mail versenden

▶ Schreiben Sie Ihre Nachrichten, und legen Sie sie in den Postausgangsordner.
▶ Markieren Sie im Outlook-Fenster *Outlook Heute.*
▶ Klicken Sie auf *Senden/Empfangen.*
▶ Die Verbindung zu Ihrem Online-Dienst, genauer gesagt zu Ihrem Mail-Server, wird aufgebaut.

Dateianhang speichern über das Kontextmenü (rechte Maus)

BEGRIFF

E-Mail: E-Mail bedeutet electronic mail, also elektronische Post.
E-Mail-Adresse: An die E-Mail-Adresse wird die elektronische Post versendet.

E-Mail empfangen

▶ Starten Sie Outlook.
▶ Klicken Sie in der Symbolleiste auf *Senden/Empfangen.*
▶ Die Verbindung zu Ihrem Mail-Server wird hergestellt.
▶ Alle E-Mails aus dem Postausgang werden versandt und die für Sie bereitgestellten E-Mails abgerufen.
▶ Die eingegangenen E-Mails finden Sie im Posteingangsordner.

 Beantwortete Mail

 Gelesene Mail

 Weitergeleitete Mail

 Ungelesene Mail

Dateien in die Nachricht einbinden

▶ Schreiben Sie Ihre Nachricht, der Sie eine Datei anhängen möchten.
▶ Klicken Sie im Menü des Nachrichtenfensters auf *Einfügen/Datei.*
▶ Das Dialogfenster *Datei einfügen* wird geöffnet.
▶ Wählen Sie das richtige Laufwerk und den richtigen Ordner aus, und markieren Sie die Datei, die Sie dem Mail anhängen möchten.
▶ Klicken Sie auf die Schaltfläche *Einfügen.*

24

KAPITEL

Outlook fit für E-Mail und News machen

temp

Weitere E-Mail-Konten einrichten

▷ *Extras/Konten/Hinzufügen/E-Mails*

WO? WOMIT?

▶ Wählen Sie den Menübefehl *Extras/Konten*.
▶ Wechseln Sie auf die Registerkarte *E-Mail*.
▶ Klicken Sie auf die Schaltfläche *Hinzufügen/E-Mail*.
▶ Der *Assistent für den Internetzugang* wird geöffnet.
▶ Geben Sie den Namen ein, der bei Postver-
sand auf der E-Mail des Empfängers erschei-
nen soll.

→ 428

▶ Klicken Sie auf *Weiter*.
▶ Geben Sie als nächstes Ihre E-Mail-Adresse des neuen
Kontos ein.

▶ Klicken Sie auf die Schaltfläche *Weiter*.
▶ Im folgenden Fenster werden die Adressen des Postein-
gangs und -ausgangs-Servers des Internet-Providers ver-
langt.
▶ Klicken Sie auf die Schaltfläche *Weiter*.
▶ Geben Sie im folgenden Dialog den *Benutzernamen* und
das *Paßwort* ein, das Sie für den Postzugang bei Ihrem
Internet-Provider eingerichtet haben.
▶ Klicken Sie auf *Weiter*.

BEGRIFF
Konto: Es gibt Provider, die
es Ihnen ermöglichen, verschiedene Postadressen
einzurichten. Für jede Post-
adresse brauchen Sie in
Outlook ein sogenanntes
Konto. Oder Sie arbeiten mit
unterschiedlichen Providern,
auch da müssen unterschiedliche Konten eingerichtet
werden.

ACHTUNG
*Achten Sie bei der Vergabe
der E-Mail-Adresse auf die
Vorgaben Ihres Internet-
Providers.*

ACHTUNG
*Bevor Sie in Outlook ein
neues E-Mail-Konto ein-
richten können, muß die neue
E-Mail-Adresse beim Internet-
Provider eingerichtet sein.*

▶ Wählen Sie als nächstes, wie Sie die Verbindung zum Internet herstellen möchten. Wenn Sie mit einem Modem oder einer ISDN-Karte arbeiten, aktivieren Sie *Modemverbindung*.

▶ Klicken Sie auf *Weiter*.

▶ Im nächsten Schritt wird das Modem bzw. die ISDN-Karte ausgewählt.

▶ Klicken Sie auf *Weiter*.

▶ Jetzt wird die Rufnummer des Internet-Providers eingegeben.

▶ Klicken Sie auf *Weiter*.

▶ Geben Sie hier den Benutzernamen und das Kennwort bzw. das Paßwort ein, das Sie für den Zugang zum Internet-Provider benötigen.

▶ Klicken Sie auf *Weiter*.

▶ Geben Sie den Namen der DFÜ-Verbindung ein.

▶ Klicken Sie auf *Weiter* und als letztes auf *Fertig stellen*. Das neue Internet-Konto wird eingerichtet.

E-Mail-Konto löschen

▶ Wählen Sie den Menübefehl *Extras/Konten*....

▶ Im Dialog *Internetkonten* markieren Sie das zu löschende E-Mail-Konto.

▶ Klicken Sie auf die Schaltfläche *Entfernen*.

Standard-E-Mail-Konto festlegen

▶ Wenn Sie mehrere Konten eingerichtet haben, aber festlegen wollen, daß ein bestimmtes Konto immer dann abgefragt wird, wenn Sie ohne Voreinstellung Ihre Mails vom Provider abholen, dann legen Sie dies ebenfalls im Dialog *Internetkonten* fest. Wählen Sie den Menübefehl *Extras/Konten*...

▶ Markieren Sie das bestehende Standardkonto. Das ist immer das zuletzt eingerichtete.

▶ Klicken Sie auf die Schaltfläche *Standard*. Sie erscheint danach inaktiv. Das bedeutet, daß dieses Konto jetzt das Standardkonto ist. Die Definition als Standard bei einem anderen Konto ist danach automatisch aufgehoben.

▶ Klicken Sie auf *Schließen*.

INFO
Alle Angaben, wie z.B. die Adressen des Posteingangs- und -ausgangs-Servers, finden Sie in den Unterlagen Ihres Internet-Providers.

→ 406
INFO
Dieser Ablauf entspricht in allen Schritten dem bei der Ersteinrichtung beim Outlook-Start.

→ 442
INFO
Mit verschiedenen Internet-Konten arbeiten.

Mit verschiedenen E-Mail-Konten arbeiten

▶ Neue Nachricht: *Datei/Senden mit/(Konto)*

▶ *Extras/Senden/Empfangen/(Konto)*

WO? WOMIT?

Bestimmtes E-Mail-Konto für eine neu erstellte Nachricht festlegen

→ 426

▶ Schreiben Sie Ihre E-Mail.
▶ Klicken Sie auf *Datei/Senden mit*.
▶ Wählen Sie das gewünschte E-Mail-Konto aus.

E-Mail-Konto für eine Nachricht ändern

→ 428

▶ Wählen Sie den Postausgangsordner aus.
▶ Klicken Sie mit der rechten Maustaste auf die Nachricht, deren E-Mail-Konto Sie umstellen möchten.
▶ Klicken Sie im Kontextmenü auf *Optionen*.
▶ Wählen Sie unter *Nachrichten senden über* ein anderes E-Mail-Konto aus.

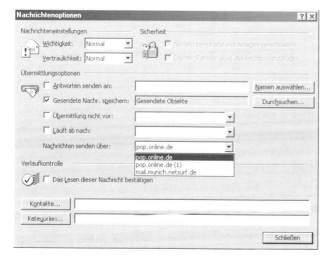

→ 440

INFO
E-Mail-Konten einrichten

INFO
Zum Senden und Empfangen von Nachrichten eines bestimmten E-Mail-Kontos müssen Sie den Menübefehl Extras/Senden und Empfangen *wählen und das gewünschte E-Mail-Konto auswählen.*

E-Mail-Übertragungs-Optionen regeln

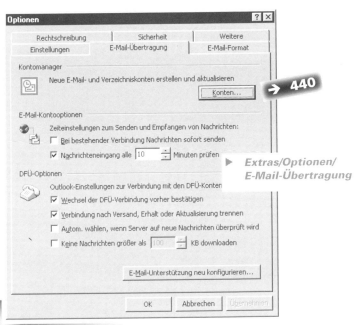

→ 440

► Extras/Optionen/
E-Mail-Übertragung

WO? WOMIT?

▶ Wählen Sie den Menübefehl *Extras/Optionen*.

▶ Wechseln Sie auf das Register *E-Mail-Übertragung.*

Nachrichtenversand einstellen

▶ Aktivieren Sie die Option *Bei bestehender Verbindung Nachricht sofort senden,* werden Ihre Nachrichten gleich nach einem Verbindungsaufbau zu Ihrem Internet-Provider verschickt.

▶ Deaktivieren Sie diese Option, werden die Nachrichten erst in den Postausgang gesteckt.

Zeitspanne für den Nachrichtenversand und -empfang regeln

▶ Geben Sie in das Eingabefeld *Nachrichteneingang alle 10 Minuten prüfen* einen anderen Wert ein.

Verbindung nur für das Senden und Empfangen von Nachrichten aufrechterhalten

▶ Aktivieren Sie die Option *Verbindung nach Versand, Erhalt, Aktualisierung trennen.*

▶ Nach dem Senden und Empfangen Ihrer E-Mails wird die Verbindung zu Ihrem Internet-Provider automatisch getrennt.

ACHTUNG

Die Option Autom. wählen, wenn Server auf Nachrichten überprüft wird *muß aktiviert sein, damit das eingegebene Zeitintervall unter* Nachrichteneingang alle 10 Minuten prüfen *zum Einsatz kommen kann.*

INFO

Aktivieren Sie das Kontrollkästchen Keine Nachrichten größer als 100 Kbyte downloaden, *wenn Sie es vermeiden möchten, daß große Datenmengen auf Ihren Rechner kopiert werden.*

E-Mail-Optionen einstellen

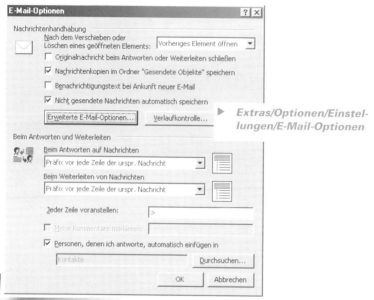

→ 445

▶ Wählen Sie den Menübefehl *Extras/Optionen.*
▶ Wechseln Sie auf das Register *Einstellungen.*
▶ Klicken Sie auf die Schaltfläche *E-Mail-Optionen.*

INFO

Weitere Feineinstellungen zu E-Mail-Optionen finden Sie unter Erweiterte E-Mail-Optionen.

Kopien gesendeter Objekte anlegen

▶ Aktivieren Sie das Kontrollkästchen *Nachrichtenkopien im Ordner "Gesendete Objekte" speichern.*
▶ Nachrichen, die bereits versendet wurden, sind im Ordner *Gesendete Objekte* wiederzu-→ 428finden.

Übersicht in beantwortete Nachrichten bringen

▶ Wählen Sie aus dem Listenfeld *Beim Antworten auf Nachrichten* die Option *Präfix vor jede Zeile der urspr. Nachricht.*
▶ Jeder Zeile der ursprünglichen Nachricht wird ein Präfix (Zeichen) vorangestellt.
▶ Dieses Präfix können Sie selbst bestimmen, indem Sie in das Eingabefeld *Jeder Zeile voranstellen* ein selbstgewähltes Zeichen eingeben.

INFO

Die gleiche Einstellung Präfix vor jede Zeile der urspr. Nachricht, um Übersicht nicht nur in beantwortete Nachrichten, sondern auch in weitergeleitete Nachrichten zu bringen, ist natürlich auch hier einstellbar.

Feineinstellungen für E-Mails

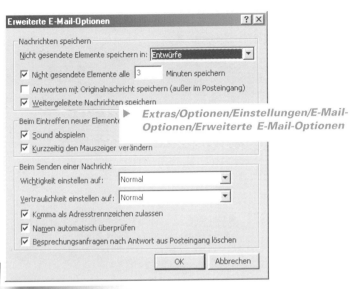

> ▶ *Extras/Optionen/Einstellungen/E-Mail-Optionen/Erweiterte E-Mail-Optionen*

Wo? Womit?

Dialog Erweiterte E-Mail-Optionen öffnen

▶ Wählen Sie den Menübefehl *Extras/Optionen*.
▶ Wechseln Sie auf die Registerkarte *Einstellungen*.
▶ Klicken Sie auf die Schaltfläche *E-Mail-Optionen*.
▶ Klicken Sie im folgenden Dialog auf die Schaltfläche *Erweiterte E-Mail-Optionen*.

Nicht gesendete E-Mails automatisch speichern

▶ Aktivieren Sie das Kontrollkästchen *Nicht gesendete Elemente alle 3 Minuten speichern*.
▶ Geben Sie in das Eingabefeld den gewünschten Wert ein.

Den Outlook-Benutzer informieren, wenn eine neue Nachricht eingetroffen ist

▶ Aktivieren Sie das Kontrollkästchen *Sound abspielen*.
▶ Sie werden mit einem akustischen Geräusch informiert, daß neue Nachrichten für Sie eingetroffen sind.

Wichtigkeit für alle neu zu sendenden E-Mails einstellen

▶ Wählen Sie aus dem Listenfeld *Wichtigkeit einstellen auf* beispielsweise die Option *Hoch* aus.
▶ Die Nachricht wird als sehr wichtig verschickt und kommt beim Empfänger gekennzeichnet an, sofern dieser ebenfalls mit Outlook als E-Mail-Programm arbeitet.

INFO
Als Voraussetzung für das Abspielen von Geräuschen müssen eine Sound-Karte installiert und natürlich die Lautsprecher eingeschaltet sein.

→ 504

INFO
Klicken Sie in der Windows-Taskleiste auf Start/Einstellungen/Systemsteuerung. *Wählen Sie unter* Akustische Signale *einen anderen Sound aus.*

Welches Format soll die E-Mail erhalten?

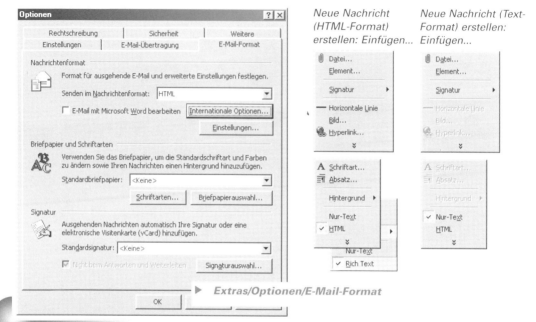

▶ *Extras/Optionen/E-Mail-Format*

WO? WOMIT?

E-Mail im Outlook-Rich-Text-Format erstellen
▶ Wählen Sie den Menübefehl *Extras/Optionen*.
▶ Wechseln Sie auf die Registerkarte *E-Mail-Format*.
▶ Wählen Sie aus dem Listenfeld *Senden im Nachrichten-format* die Option *Microsoft Outlook-Rich-Text* aus.
▶ Alle neuen E-Mails werden in diesem Format erstellt und abgespeichert.
▶ Beim Erstellen der E-Mail steht Ihnen die Format-Symbolleiste zur Verfügung. Das heißt Zeichen- und Absatzformatierungen können eingestellt werden.

E-Mail als HTML-Format erstellen
▶ Wählen Sie im Dialogfenster *Optionen* unter dem Register *E-Mail-Format* aus dem Listenfeld *Senden im Nach-richtenformat* die Option *HTML* aus.
▶ Alle neuen E-Mails werden im HTML-Format erstellt und abgespeichert.
▶ Zum Formatieren der E-Mail steht Ihnen die Format-Symbolleiste zur Verfügung. Das heißt Zeichen- und Absatzformatierungen können eingestellt werden.

→ 51

→ 56

BEGRIFF
Rich Text Format (RTF): Rich Text Format ist ein Format, das den Austausch zwischen unterschiedlichen Text-verarbeitungsprogrammen ermöglicht. Beispielsweise kann eine RTF-Datei in Word, Works, WordPerfect usw. gelesen werden. Dabei bleiben die meisten Forma-tierungen erhalten.

ACHTUNG
Wenn Sie Einstellungen unter Extras/Optionen verändern, wird eine Grundeinstellung vorgenommen. D.h. für alle neu erstellten E-Mails gelten die Änderungen ab diesem Zeitpunkt.

▶ Außerdem können Sie über den Menübefehl *Format/Hintergrund* Hintergrundfarbe und -bilder einfügen. → 568

▶ Über *Einfügen/Horizontale Linie* ist es sogar möglich, Linien einzufügen.

E-Mail als reinen Text versenden

▶ Wählen Sie im Dialogfenster *Optionen* unter dem Register *E-Mail-Format* aus dem Listenfeld *Senden im Nachrichtenformat* die Option *Nur Text* aus.

▶ Alle Nachrichten werden im reinen Textformat erstellt und gespeichert.

▶ Die Format-Symbolleiste steht Ihnen in diesem Fall nicht zur Verfügung; sie wird grau dargestellt. Das bedeutet, daß Sie Hervorhebungen im Text höchstens mit Großbuchstaben kenntlich machen können.

▶ Bilder und Hintergrund können im reinen Textformat nicht eingefügt werden.

Die Nachrichten-Kopfzeile in Englisch einrichten

▶ Klicken Sie im Dialogfenster *Optionen* unter dem Register *E-Mail-Format* auf die Schaltfläche *Internationale Optionen*.

▶ Aktivieren Sie das Kontrollkästchen *Nachrichtenkennzeichnungen in Englisch*.

▶ Für Antworten und weitergeleitete Nachrichten aktivieren Sie das Kontrollkästchen *Kopfzeilen von Antworten und Weiterleitungen in Englisch*.

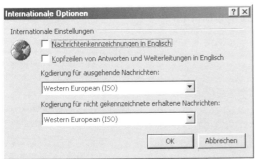

Codierung für ausgehende und eingehende Nachrichten einstellen

▶ Schicken Sie beispielsweise eine Nachricht in ein arabisches Land, stellen Sie unter *Kodierung für ausgehende Nachrichten* die Option *Arabic (Window)* ein.

▶ Unter *Kodierung für nicht gekennzeichnete erhaltene Nachrichten* wird der Sprachraum für eingegangene Nachrichten bestimmt.

INFO → 446
Speichern Sie Ihre E-Mail im HTML-Format ab. Öffnen Sie den Ordner Entwürfe, *und klicken Sie mit der rechten Maustaste in das Vorschaufenster. Outlook bietet Ihnen im Kontextmenü an, den Quelltext direkt zu bearbeiten.*

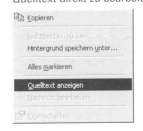

TIP
Nicht jedes Mail-Programm unterstützt Rich-Text bzw. HTML-Nachrichten. Deshalb schicken Sie im Zweifelsfall die Nachricht im Textformat. Diese kann auf jeden Fall gelesen werden.

INFO
Für den deutschsprachigen Raum verwenden Sie die Einstellung Westeuropean (ISO).

News-Konto einrichten und News verwalten

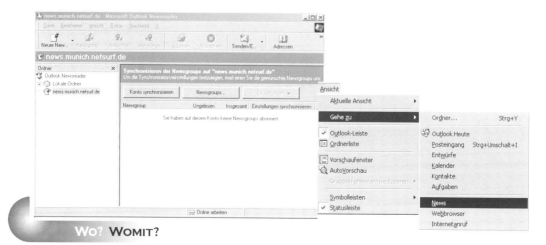

Wo? Womit?

News-Konto erstmalig einrichten

▶ Wählen Sie den Menübefehl *Ansicht/Gehe zu/News*. Der Assistent für den Internet-Zugang startet.

▶ Der Assistent zeigt Ihnen in jedem Fenster die Daten, die Sie bei der Einrichtung des Internet-Kontos bereits festgelegt haben. Bestätigen Sie die Dialoge jeweils mit Klick auf *Weiter*. **→ 408**

▶ Schließlich gelangen Sie zu einem Dialog, in dem Sie aufgefordert werden, die Adresse eines NNTP-Servers anzugeben. Dieser wurde Ihnen ebenfalls von Ihrem Internet-Provider zusammen mit den Zugangsdaten mitgeteilt. Geben Sie die Server-Adresse ein.

News (NNTP)-Server:
news.munich.netsurf.de

▶ Klicken Sie auf *Weiter* und dann auf *Fertig stellen*.

▶ Sie erhalten eine Mitteilung, daß Sie noch keine Newsgroup abonniert haben. Lassen Sie sich mit Klick auf *Ja* eine Liste der verfügbaren Newsgroups anzeigen. Die Liste wird vom Newsserver des Providers automatisch auf Ihren Rechner heruntergeladen. Das kann ein wenig dauern – die Auswahl ist nämlich riesig.

ACHTUNG
Dazu muß Ihr Modem betriebsbereit sein.

Newsgroup abonnieren

▶ Wählen Sie den Menübefehl *Ansicht/Gehe zu/News*.

▶ Der Microsoft Outlook Newsreader startet – genauge-
nommen eine Komponente von Microsoft Outlook
Express, das bei der Windows-Installation auf Ihrem
Computer landet.

▶ In der linken Leiste werden die von Ihnen eingerichteten
News-Server angezeigt. Doppelklicken Sie auf den gewünschten Server.

▶ Wenn Sie noch keine Newsgroup abonniert haben, erhalten Sie eine Meldung, die Sie mit Klick auf *Ja* bestätigen. Das Abo-Fenster mit der Liste der Newsgroups erscheint.

ACHTUNG

*Manche Firmen nutzen
Newsgroups aus, um anonym
Werbemails an einen großen
Verteiler zu senden oder um
an Mail-Adressen für
Werbezwecke zu gelangen.*

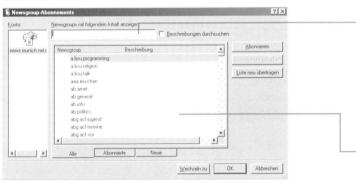

*Geben Sie in dieses Feld ein
Stichwort zu Ihrem News-
Interesse ein, aktivieren Sie
die Option* Beschreibungen
durchsuchen, *und drücken
Sie die Taste ⏎, um sich
Newsgroups mit dem
definierten Themenschwer-
punkt übertragen zu lassen.*

*Sie können der Liste
entnehmen, um welche
Themenschwerpunkte es
geht, zum Beispiel bedeutet
die Endung .atari, daß hier
eine Nostalgie-Gruppe zum
Thema Atari tagt.*

▶ Markieren Sie die gewünschte Newsgroup, und klicken
Sie auf die Schaltfläche *Abonnieren*. Die Newsgroup erscheint in der Liste links.

News lesen

▶ Klicken Sie in der Ordnerliste auf die abonnierte Newsgroup. Im Mailbereich erscheinen die neuen News.

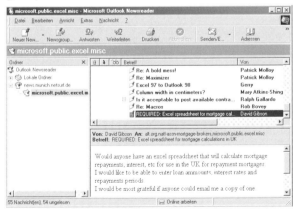

INFO

*Antworten und eigenen
Beitrag erstellen: Über diese
drei Schaltfläche erstellen Sie
Newsgroup-Beiträge und
beantworten Beiträge ent-
weder nur direkt an den
Verfasser (Verfasser ant-
worten) oder für alle sichtbar
an die gesamte Newsgroup.*

▶ Klicken Sie auf eine News, und lesen Sie deren Inhalt.

Neue Nachricht (HTML-Format) erstellen: Einfügen...

Neue Nachricht (Text-Format) erstellen: Einfügen...

News-Konto erstmalig einrichten

▶ Wählen Sie den Menübefehl *Ansicht/Gehe zu/News. Der Assistent für den Internetzugang* startet.

▶ Der Assistent zeigt Ihnen in jedem Fenster die Daten, die Sie bei der Einrichtung des Internet-Kontos bereits festgelegt haben. Bestätigen Sie die Dialoge jeweils mit Klick auf *Weiter*.

▶ Schließlich gelangen Sie zu einem Dialog, in dem Sie aufgefordert werden, die Adresse eines NNTP-Servers anzugeben. Dieser wurde Ihnen ebenfalls von Ihrem Internet-Provider zusammen mit den Zugangsdaten mitgeteilt. Geben Sie die Server-Adresse ein.

E-Mail Konto einrichten

▶ Wählen Sie den Menübefehl *Extras/Konto.*
▶ Wechseln Sie auf die Registerkarte *E-Mail.*
▶ Klicken Sie auf die Schaltfläche *Hinzufügen/E-Mail.*
▶ Der *Assistent für den Internetzugang* wird geöffnet.

▶ Klicken Sie auf *Weiter* und dann auf *Fertig stellen*.

▶ Sie erhalten eine Mitteilung, daß Sie noch keine Newsgroup abonniert haben. Lassen Sie sich mit Klick auf *Ja* eine Liste der verfügbaren Newsgroups anzeigen. Die Liste wird vom Newsserver des Providers automatisch auf Ihren Rechner heruntergeladen. Das kann ein wenig dauern – die Auswahl ist nämlich riesig.

Verbindung nur für das Senden und Empfangen von Nachrichten aufrechterhalten

▶ Aktivieren Sie die Option *Verbindung nach Versand, Erhalt, Aktualisierung trennen*.
▶ Nach dem Senden und Empfangen Ihrer E-Mails wird die Verbindung zu Ihrem Internet-Provider automatisch getrennt.

25 KAPITEL

Termine und Aufgaben mit Outlook im Griff

tempo

Der Kalender und seine Ansichten

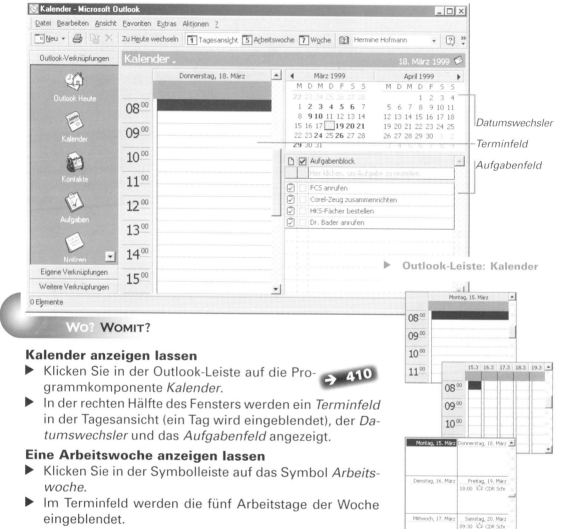

Datumswechsler

Terminfeld

Aufgabenfeld

▶ **Outlook-Leiste: Kalender**

WO? WOMIT?

Kalender anzeigen lassen
▶ Klicken Sie in der Outlook-Leiste auf die Programmkomponente *Kalender*. → 410

▶ In der rechten Hälfte des Fensters werden ein *Terminfeld* in der Tagesansicht (ein Tag wird eingeblendet), der *Datumswechsler* und das *Aufgabenfeld* angezeigt.

Eine Arbeitswoche anzeigen lassen
▶ Klicken Sie in der Symbolleiste auf das Symbol *Arbeitswoche*.

▶ Im Terminfeld werden die fünf Arbeitstage der Woche eingeblendet.

Die ganze Woche anzeigen lassen
▶ Klicken Sie in der Symbolleiste auf das Symbol *Woche*.

▶ Die ganze Woche im Überblick wird eingeblendet.

Die Anzeige des Datumswechslers
▶ Ist die Tagesansicht aktiviert, wird im Datumswechsler ein Tag grau unterlegt.

▶ Ist die Arbeitswoche aktiviert, werden im Datumswechsler fünf Tage grau unterlegt.

INFO
Der aktuelle Tag ist im Datumswechsler immer rot eingerahmt.

Termine eingeben und bearbeiten

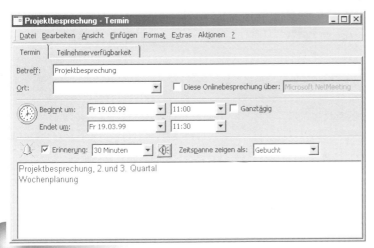

WO? WOMIT?

Einen einfachen Termin eingeben
▶ Klicken Sie in der Outlook-Leiste auf *Kalender*.
▶ Markieren Sie im Datumswechsler den Tag, an dem Sie den Termin eintragen möchten.
▶ Klicken Sie in das Terminfeld zu der Uhrzeit, zu dem der Termin beginnt.
▶ Geben Sie den Text ein, und drücken Sie die ↵-Taste.
▶ Der Termin wird eingetragen.

Termin auf einen anderen Zeitpunkt verschieben
▶ Markieren Sie im Terminfeld den Termin, den Sie verschieben möchten.
▶ Ziehen Sie ihn bei gedrückter linker Maustaste an eine neue Position.

Beginn und Ende eines Termins festlegen
▶ Markieren Sie den Termin im Terminfeld.
▶ Bewegen Sie die Maus an den oberen oder unteren Rand des Termins.
▶ Der Mauszeiger wird ein Doppelpfeil.
▶ Legen Sie mit gedrückter linker Maustaste den Anfang bzw. das Ende des Termins fest.

Text des Termins korrigieren
▶ Klicken Sie einmal kurz auf den Termin im Terminfeld.
▶ Das Glockensymbol verschwindet, und der Cursor springt an den Anfang des Textes.

▶ Korrigieren Sie den Text.

INFO
Tragen Sie die Termine in das Terminfeld ein und drücken die ↵-Taste, wird dem Text ein Glockensymbol vorangestellt. Das bedeutet, daß der Termin mit einer Erinnerung vesehen wird.

🔆 Projektbesprechung

Beginn und Ende eines Termins festlegen

Termin löschen ☒

▶ Markieren Sie den Termin, den Sie löschen möchten.

▶ Klicken Sie in der Symbolleiste auf das Symbol *Löschen*.

Zwischen geschäftlichen und privaten Terminen unterscheiden

▶ Klicken Sie mit der rechten Maustaste auf den Termin, den Sie als privaten Termin kennzeichnen möchten.

▶ Klicken Sie auf *Privat*.

▶ Dem eingegebenen Text wird ein Schlüssel vorangestellt.

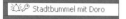

Den genauen Zeitraum eines Termins festlegen

▶ Doppelklicken Sie auf den eingetragenen Termin im Terminfeld.

▶ Das Dialogfenster *Termin* wird geöffnet.

▶ Im Eingabefeld *Betreff* steht der Text, den Sie im Terminfeld eingegeben haben.

▶ Wenn Sie möchten, können Sie auch noch den *Ort* der Veranstaltung eingeben.

▶ Klicken Sie auf den Listenpfeil von *Beginnt um,* und markieren Sie im ausgeklappten Menü den gewünschten Tag.

▶ Wählen Sie im Feld daneben die Uhrzeit aus.

▶ Bestimmen Sie das Ende des Termins in den beiden Eingabefeldern *Endet um.*

Einen ganztägigen Termin planen

▶ Doppelklicken Sie auf den eingetragenen Termin im Terminfeld.

▶ Aktivieren Sie im Dialogfenster *Termin* das Kontrollkästchen *Ganztägig.*

An den bevorstehenden Termin von Outlook erinnert werden

▶ Doppelklicken Sie auf den eingetragenen Termin im Terminfeld.

▶ Aktivieren Sie das Kontrollkästchen *Erinnerung.*

▶ Geben Sie in das Eingabefeld daneben ein, wie viele Minuten vor Beginn der Veranstaltung Sie erinnert werden möchten.

▶ Der Office-Assistent erscheint mit einem Geräusch.

▶ Wählen Sie aus, ob Sie erneut erinnert werden wollen. Klicken Sie dazu auf *Erneut erinnern in.*

▶ Sollten Sie keine Erinnerung mehr brauchen, klicken Sie auf Erinnerung schließen.

TIP

In die Eingabefelder Beginnt um und Endet um des Dialogs Termin können Sie das Datum bzw. die Uhrzeit auch eintippen.

INFO

Bestimmen Sie den Tag anhand des aufgeklappten Menüs, sehen Sie immer nur einen Monat. Möchten Sie den vorherigen oder nächsten Monat einblenden, klicken Sie auf den rechten oder linken Pfeil neben der Monatsangabe.

Der Office-Assisten meldet sich

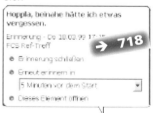

→ 718

Termine auf Wochen, Monate usw. planen

▶ **Termin-Dialogfenster:** *Aktion/Serientyp*

WO? WOMIT?

Dialogfenster Terminserie öffnen
▶ Geben Sie einen Termin in das Terminfeld ein. → 36
▶ Doppelklicken Sie auf den Termin.
▶ Wählen Sie im Termin-Dialogfenster den Menübefehl *Aktionen/Serientyp.*
▶ Das Dialogfenster *Terminserie* wird geöffnet.

Täglichen Termin planen
▶ Öffnen Sie das Terminserie-Dialogfenster.
▶ Legen Sie mit *Beginn, Ende* und *Dauer* die Zeitspanne des Termins fest.
▶ Aktivieren Sie die Option *Täglich.*
▶ Bestimmen Sie, ob der Termin *Alle 2, 3 Tage* oder *Jeden Arbeitstag* stattfinden soll.

Wöchentlichen Termin planen
▶ Öffnen Sie das Terminserie-Dialogfenster.
▶ Legen Sie mit *Beginn, Ende* und *Dauer* die Zeitspanne des Termins fest.
▶ Aktivieren Sie die Option *Wöchentlich.*
▶ Legen Sie fest, ob der Termin *Jede Woche* oder *Alle 2, 3 Wochen* stattfinden soll.
▶ Aktivieren Sie den entsprechenden Wochentag.

Termin über Monate planen
▶ Öffnen Sie das Terminserie-Dialogfenster.
▶ Legen Sie mit *Beginn, Ende* und *Dauer* die Zeitspanne des Termins fest.

TIP
Klicken Sie mit der rechten Maustaste in ein leeres Terminfeld. Markieren Sie im Kontextmenü Neue Termin-serie.

INFO
Die Eingabefelder und aktivierbaren Optionen und Kontrollfelder ändern sich je nachdem, welche Serienfolge (Täglich, Wöchentlich, Monat-lich, Jährlich) Sie angeklickt haben.

▶ Aktivieren Sie die Option *Monatlich*.

▶ Legen Sie fest, *Am wie vielten Tag jedes Monats* der Termin stattfindet.

▶ Oder bestimmen Sie, *Am wie vielten Wochentag jedes Monats* der Termin stattfinden wird.

Festlegen, nach wieviel Terminen der Termin endet

▶ Aktivieren Sie das Terminserie-Dialogfenster.

▶ Geben Sie einen Wert in das Eingabefeld *Endet nach 10 Terminen*.

Terminserienplanung speichern

▶ Klicken Sie im Dialogfenster *Terminserie* auf *OK*.

▶ Sie landen im Termin-Dialogfenster.

▶ Füllen Sie die Eingabefelder aus.

▶ Klicken Sie auf *Datei/Speichern*.

▶ Schließen Sie das Dialogfenster mit *Datei/Schließen*.

Einen Termin aus der Terminserie löschen

▶ Markieren Sie den Termin der Terminserie, den Sie löschen möchten.

▶ Klicken Sie in der Symbolleiste auf *Löschen*.

▶ Der Office-Assistent meldet sich. Klicken Sie auf *Dieses Serienelement löschen*.

Eine komplette Terminserie löschen

▶ Markieren Sie einen Termin der Terminserie.

▶ Klicken Sie in der Symbolleiste auf *Löschen*.

▶ Der Office-Assistent meldet sich. Klicken Sie auf *Alle Serienelemente löschen*.

Einzelnen Termin der Terminserie ändern

▶ Doppelklicken Sie auf den Termin der Terminserie, den Sie ändern möchten.

▶ Der Office-Assistent wird aufgerufen.

▶ Wählen Sie *Dieses Serienelement öffnen*.

Komplette Terminserie ändern

▶ Doppelklicken Sie auf einen Termin der Terminserie.

▶ Der Office-Assistent meldet sich.

▶ Klicken Sie auf *Serie öffnen*.

INFO

Terminserien sind mit einem Kreis mit zwei Pfeilen gekennzeichnet.

Sax-Unterricht

TIP → 410

Klicken Sie mit der rechten Maustaste in die Outlook-Leiste (ins Graue), und wählen Sie aus dem Kontextmenü Kleine Symbole. Jetzt sehen Sie alle Symbole der Outlook-Leiste.

Urlaube und Geburtstage in Erinnerung behalten

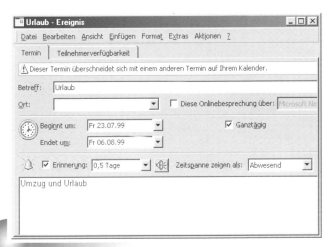

Doppelklick

▶ **Doppelklick auf die Kopfzeile des Terminfeldes**

WO? WOMIT?

Geburtstag festlegen

➤ 453

▶ Doppelklicken Sie auf die Kopfzeile des Terminfeldes.
▶ Das Ereignis-Dialogfenster wird geöffnet.
▶ Tragen Sie unter *Betreff* den Grund Ihres Ereignisses, z.B. *Geburtstag,* ein.
▶ Legen Sie den Tag des Geburtstages mit *Beginnt um* und *Endet um* fest (muß natürlich derselbe Tag sein).
▶ Legen Sie die Erinnerung beispielsweise auf einen halben Tag vor Ablauf des Geburtstags fest.
▶ Speichern Sie das Ereignis mit *Datei/Speichern*.
▶ Schließen Sie den Dialog.
▶ Das festgelegte Ereignis wird im Terminfeld unterhalb der Kopfzeile angezeigt, also nicht bei einer bestimmten Uhrzeit eingetragen.

Urlaub festlegen

▶ Doppelklicken Sie auf die Kopfzeile des Terminfeldes.
▶ Das Ereignis-Dialogfenster wird geöffnet.
▶ Geben Sie bei *Betreff Urlaub* ein.
▶ Legen Sie den Beginn und das Ende des Urlaubs fest.
▶ Wählen Sie aus dem Listenfeld *Zeitspanne zeigen als Abwesend*.
▶ Das Terminfeld wird mit einem lila Balken versehen, um Ihre Abwesenheit zu verdeutlichen.

ACHTUNG ➤ 453

Mit Doppelklick wird nicht das Termin-Dialogfenster, sondern ein Ereignis-Dialogfenster geöffnet. Geburtstage und Urlaube werden als Ereignisse und nicht als Termine behandelt.

ACHTUNG

Sollten sich Termine überschneiden, wird im Ereignis- wie im Termin-Dialogfenster der Hinweis Dieser Termin überschneidet sich mit einem anderen Termin in Ihrem Kalender *eingeblendet.*

Aufgaben organisieren

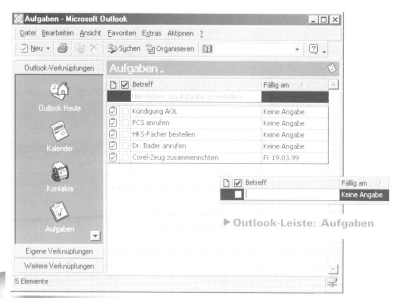

▶ Outlook-Leiste: Aufgaben

WO? WOMIT?

Eine einfache Aufgabe erstellen

▶ Klicken Sie in der Outlook-Leiste auf die Programmkomponente *Aufgaben*.

▶ Falls noch keine Aufgaben eingetragen sind, wird in der rechten Fensterhälfte ein leerer Aufgabenblock eingeblendet.

▶ Klicken Sie in das Eingabefeld *Hier klicken, um Aufgabe zu erstellen*.

▶ Geben Sie den Aufgabentext, beispielsweise *FCS anrufen,* ein.

▶ Drücken Sie die ⏎-Taste.

▶ Die Aufgabe wird in die Liste der Aufgaben übernommen.

Aufgabe als erledigt kennzeichnen

▶ Vor jeder eingegebenen Aufgabe wird ein leeres Kontrollkästchen eingefügt.

▶ Klicken Sie in das Kontrollkästchen, wenn die Aufgabe erledigt ist.

▶ Das Kontrollkästchen wird mit einem Häkchen versehen und die Aufgabe selbst durchgestrichen.

		Betreff	Fällig am
☑	☑	~~FCS anrufen~~	~~Keine Angabe~~
☑	☑	~~HKS-Fächer bestellen~~	~~Keine Angabe~~

→ 410

INFO

Ziehen Sie eine Nachricht mit gedrückter linker Maustaste auf den Papierkorb der Outlook-Leiste. Die Aufgabe verschwindet aus dem Aufgabenblatt und wird im Ordner Gelöschte Objekte untergebracht.

TIP

Sortieren Sie die Aufgaben nach Wichtigkeit oder Fälligkeitsdatum, indem Sie auf das Rufezeichen oder auf Fällig am klicken.

Aufgabe löschen
▶ Markieren Sie die Aufgabe, die Sie löschen möchten.
▶ Klicken Sie in der Symbolleiste auf *Löschen*.
▶ Die Aufgabe wird in den Papierkorb (Ordner: *Gelöschte Objekte)* verschoben.

Aufgabeneigenschaften einstellen
▶ Erstellen Sie eine Aufgabe.
▶ Doppelklicken Sie auf die Aufgabe.
▶ Das Dialogfenster *Aufgaben* wird geöffnet.

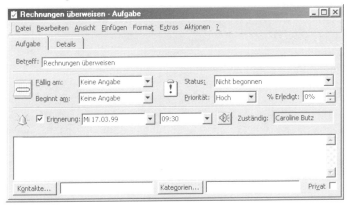

Die Fälligkeit der Aufgabe bestimmen
▶ Öffnen Sie das Aufgaben-Dialogfenster.
▶ Stellen Sie in *Fällig am* den Tag ein, an dem die Aufgabe abgeschlossen sein muß.

Einstellungen für laufende Aufgaben eingeben
▶ Öffnen Sie das Aufgaben-Dialogfenster.
▶ Wählen Sie unter *Status* beispielsweise *In Bearbeitung* aus.
▶ Geben Sie in das Eingabefeld *% Erledigt* ein, zu wieviel Prozent die Aufgabe bereits erledigt ist.

Die Wichtigkeit der Aufgabe einstellen
▶ Öffnen Sie das Aufgaben-Dialogfenster.
▶ Wählen Sie aus dem Listenfeld *Priorität* den Grad der Wichtigkeit für diese Aufgabe aus.
▶ Klicken Sie z.B. auf *Hoch*. Die hohe Priorität der Aufgabe wird mit einem roten Rufezeichen gekennzeichnet.

Überfällige Aufgaben kennzeichnen
▶ Wählen Sie den Menübefehl *Extras/Optionen*.
▶ Wechseln Sie auf das Register *Einstellungen*.
▶ Klicken Sie auf die Schaltfläche *Aufgabenoptionen*.
▶ Wählen Sie im Dialogfenster *Aufgabenoptionen* eine Farbe für *Überfällige* und *Erledigte Aufgaben*.

TIP
Doppelklicken Sie auf ein leeres Aufgabenfeld, wird das Dialogfenster Aufgaben ohne weitere Angaben geöffnet. Es kann eine neue Aufgabe erstellt werden. Füllen Sie die entsprechenden Eingabefelder aus.

→ 411

TIP
Nicht nur unter der Programmkomponente Aufgaben, sondern auch in Outlook Heute werden die Aufgaben angezeigt.

TIP
Die Aufgabenliste kann mit genaueren Infos eingeblendet werden. Klicken Sie dazu auf Ansicht/Aktuelle Ansicht/ Ansicht mit Details.

INFO
Farben für überfällige Aufgaben einstellen

→ 443

Aufgaben in Kategorien ordnen

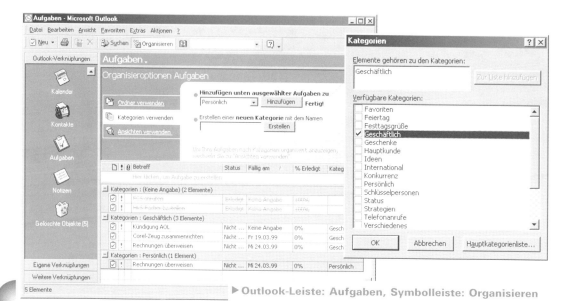

▶ Outlook-Leiste: Aufgaben, Symbolleiste: Organisieren

WO? WOMIT?

Einer Aufgabe eine Kategorie zuweisen

▶ Markieren Sie eine bereits erstellte Aufgabe. → 458

▶ Klicken Sie in der Symbolleiste auf *Organisieren*.

▶ Das Aufgabenfenster wird zweigeteilt.

▶ Klicken Sie in der oberen Fensterhälfte auf *Kategorien verwenden*.

▶ Wählen Sie aus dem Listenfeld *Hinzufügen unten ausgewählter Aufgaben zu* eine Kategorie, z.B. *Geschäftlich*, aus.

▶ Klicken Sie auf die Schaltfläche *Hinzufügen*.

Eine eigene Kategorie erstellen

▶ Markieren Sie eine bereits erstellte Aufgabe.

▶ Geben Sie einen neuen Kategorienamen in das Eingabefeld *Erstellen einer neuen Kategorie mit dem Namen* ein.

▶ Klicken Sie auf die Schaltfläche *Erstellen*.

Aufgaben nach Kategorien ordnen

▶ Klicken Sie in der oberen Hälfte auf *Ansichten verwenden*.

▶ Wählen Sie unter *Ansicht ändern* die Option *Nach Kategorie* aus.

▶ Die Aufgaben werden durch graue Balken unterteilt dargestellt.

INFO

Kategorien werden vergeben, um Nachrichten, Termine, Aufgaben und Notizen übersichtlicher ordnen zu können.

INFO

Klicken Sie mit der rechten Maustaste auf eine Aufgabe, können Sie das Dialogfenster Kategorien *öffnen.*

Ein Klick auf das Plus blendet die Kategorien ein.

Ein Klick auf das Minus blendet die Kategorien aus.

Zettelkasten in Outlook: die Notizen

WO? WOMIT?

Eine Notiz erstellen

▶ Klicken Sie in der Outlook-Leiste auf die Programmkomponente *Notizen*.

→ 410

▶ Klicken Sie in der Symbolleiste auf *Neu*.

▶ Ein leerer Notizzettel mit dem aktuellen Datum und der aktuellen Uhrzeit wird eingeblendet.

▶ Geben Sie den gewünschten Text ein.

▶ Schließen Sie den Notizzettel (X).

Eine Notiz ändern

▶ Klicken Sie in der Outlook-Leiste auf die Programmkomponente *Notizen*.

▶ Doppelklicken Sie im Vorschaufenster auf eine Notiz.

▶ Die entsprechende Notiz wird geöffnet.

▶ Korrigieren Sie den Text der Notiz.

Notizen löschen

▶ Markieren Sie eine oder mehrere Notizen.

▶ Drücken Sie die [Entf]-Taste.

▶ Die Notiz wird in den Papierkorb *(Gelöschte Objekte)* verschoben.

Notizen mit Detailinformationen anzeigen lassen

▶ Wählen Sie den Menübefehl *Ansicht/Aktuelle Ansicht/Notizenliste*.

INFO

Ein Doppelklick ins Leere des Vorschaufensters öffnet einen Notizzettel.

TIP

Ziehen Sie sich die Notizen auf den Desktop. Haftet besser als ein »echter« Pot-it.

INFO

Egal in welcher Programmkomponente oder Ansicht Sie sich gerade befinden, mit der Tastenkombination [Strg]+ [⇧]+[N] öffnen Sie einen Notizzettel.

Kalender anzeigen lassen

▶ Klicken Sie in der Outlook-Leiste auf die Programmkomponente *Kalender*.
▶ In der rechten Hälfte des Fensters werden ein *Terminfeld* in der Tagesansicht (ein Tag wird eingeblendet), der *Datumswechsler* und das *Aufgabenfeld* angezeigt.

Eine einfache Aufgabe erstellen

▶ Klicken Sie in der Outlook-Leiste auf die Programmkomponente *Aufgaben*.
▶ Falls noch keine Aufgaben eingetragen sind, wird in der rechten Fensterhälfte ein leerer Aufgabenblock eingeblendet.
▶ Klicken Sie in das Eingabefeld *Hier klicken, um Aufgabe zu erstellen*.
▶ Geben Sie den Aufgabentext, z.B. *FCS anrufen*, ein.
▶ Drücken Sie die ⏎-Taste.
▶ Die Aufgabe wird in die Liste der Aufgaben übernommen.

Einen einfachen Termin eingeben

▶ Klicken Sie in der Outlook-Leiste auf *Kalender*.
▶ Markieren Sie im Datumswechsler den Tag, an dem Sie den Termin eintragen möchten.
▶ Klicken Sie in das Terminfeld zu der Uhrzeit, zu dem der Termin beginnt.
▶ Geben Sie den Text ein, und drücken Sie die ⏎-Taste.
▶ Der Termin wird eingetragen.

Eine Notiz erstellen

▶ Klicken Sie in der Outlook-Leiste auf die Programmkomponente *Notizen*.
▶ Klicken Sie in der Symbolleiste auf *Neu*.
▶ Ein leerer Notizzettel mit dem aktuellen Datum und der aktuellen Uhrzeit wird eingeblendet.
▶ Geben Sie den gewünschten Text ein.
▶ Schließen Sie den Notizzettel (X).

26 KAPITEL

Präsentation auf die Schnelle

tempo

Die wichtigsten Handgriffe zur Bedienung

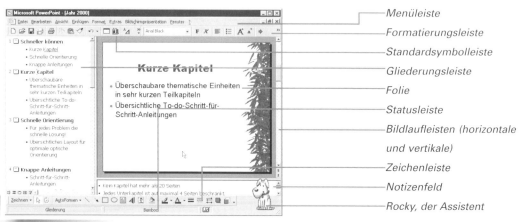

Menüleiste
Formatierungsleiste
Standardsymbolleiste
Gliederungsleiste
Folie
Statusleiste
Bildlaufleisten (horizontale und vertikale)
Zeichenleiste
Notizenfeld
Rocky, der Assistent

Wo? Womit?

Fenster minimieren, schließen...

Diese drei Schaltflächen minimieren das Programmfenster zu einem Symbol in der Taskleiste, stellen die ursprüngliche Fenstergröße wieder her (bzw. vergrößern zum Vollbild) oder schließen das Fenster und damit das Programm oder lediglich die aktuell geöffnete Datei.

Proportionen der Ansichten ändern

Sie können der Folienansicht oder Gliederungsansicht beliebig viel Raum geben, indem Sie die Rahmenlinie zwischen den Ansichten verschieben.

▶ Klicken Sie mit der Maus auf den vertikalen oder horizontalen Balken, halten Sie die Maustaste gedrückt, und ziehen Sie ihn in eine Richtung.

Zwischen Ansichten umschalten

▶ Klicken Sie auf eines der Felder links neben der horizontalen Bildlaufleiste.

INFO
PowerPoint starten

→ 20

TIP
Welche Ansicht? Eigentlich sind die Normalansicht, die Gliederungsansicht und die Folienansicht identisch. Da man die Proportionen der Ansichten beliebig einstellen kann, ist es egal, welche der drei Ansichten man wählt.

INFO
Verschieben der Rahmenlinie

⊞	Normalansicht	Zeigt Gliederungsleiste, Folie und Notizenfeld (s.o.).
☰	Gliederungsansicht	Zeigt dieselben Elemente, nur die Gliederungsleiste besonders groß.
☐	Folienansicht	Zeigt dieselben Elemente wie Normal- oder Gliederungsansicht, nur die Folie besonders groß.
⊟	Foliensortierungsansicht	Zeigt alle Folien in Miniaturansicht.
☐	Bildschirmpräsentation	Blendet alle anderen Bildschirmelemente aus und stellt die Bildschirmpräsentation mit allen Effekten dar. Läßt sich mit der Taste Esc beenden.

Präsentation mit dem AutoInhalt-Assistenten

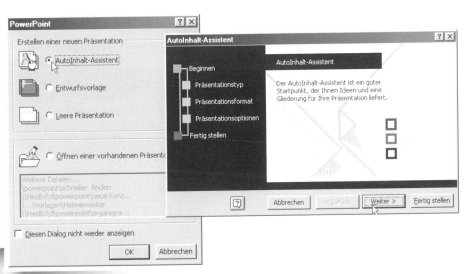

WO? WOMIT?

➜ 20

▶ Starten Sie PowerPoint.

▶ Wählen Sie aus dem Dialog *PowerPoint* im Feld *Erstellen einer neuen Präsentation* die Option *AutoInhalt-Assistent*.

▶ Bestätigen Sie die Auswahl mit Klick auf *OK*.

NOCH SCHNELLER
Drücken Sie Strg+N, *um eine neue Datei zu öffnen.*

Der Dialog wird nicht angezeigt?

▶ Wählen Sie aus der Menüleiste den Befehl *Datei/Neu*.

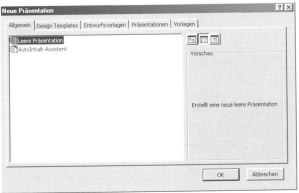

INFO
*Dateiansicht einstellen:
Klicken Sie im Dialog* Neue Präsentation *nacheinander auf diese Schaltflächen, um sich die bequemste Ansicht für Ihre Präsentations-Bearbeitung auszuwählen.*

▶ Wählen mit Doppelklick auf das Symbol den AutoInhalt-Assistenten.

Los geht's

▶ Beginnen Sie die Erstellung einer »schnellen« Präsentation mit Klick auf die Schaltfläche *Weiter*.

Präsentationstyp wählen

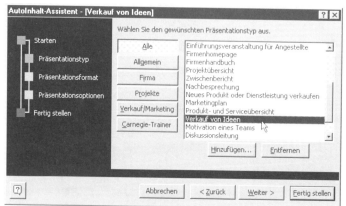

INFO

Liste ergänzen oder redu-
zieren: Über die Schaltfläche
Hinzufügen... *können Sie*
eigene, bereits erstellte
Präsentationen in den jeweili-
gen Kategorien aufnehmen.
Über Entfernen *löschen Sie*
nicht benötigte Vorlagen.

▶ Klicken Sie auf die Schaltfläche *Alle*, um sich alle Ange-
bote anzusehen. Über die weiteren Schaltflächen *Allge-*
mein, Firma, Projekte etc. sehen Sie die jeweiligen Vorlagen zu den Kategorien.

▶ Bestätigen Sie Ihre Auswahl mit Klick auf *Weiter.*

Präsentationsformat wählen

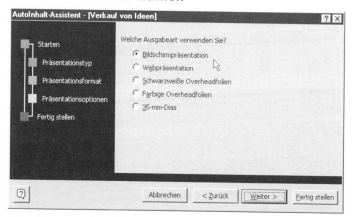

→ 513

▶ Das Präsentationsformat beschreibt die Art der geplan-
ten Präsentation. Wollen Sie am Bildschirm (bzw. mit
Beamer), über Internet, mit Schwarzweiß- oder Farbfolien
auf einem Tageslichtprojektor oder über einen Diapro-
jektor präsentieren? Wählen Sie die geeignete Form.

▶ Bestätigen Sie die Wahl über die Schaltfläche *Weiter.*

INFO

Präsentationsmedium
wechseln: Sie können die
Präsentation jederzeit neu
einrichten, wenn Sie das
Präsentationsmedium (Folie,
Ausdruck, über Projekt)
wechseln müssen.

Präsentationstitel, Fußzeile, Datum und Foliennummer

Im folgenden Dialog können Sie bestimmen, welche Elemente auf jeder Folie wiederholt werden sollen und welchen Titel das Deckblatt zeigen soll. Unerwünschte Elemente lassen Sie aus oder deaktivieren sie in den Kontrollkästchen.

▶ Tippen Sie den Text für Präsentationstitel und Fußzeile ein – falls gewünscht.

INFO → 484
Präsentationstitel nachträglich ändern

Fußzeile → 475
bearbeiten

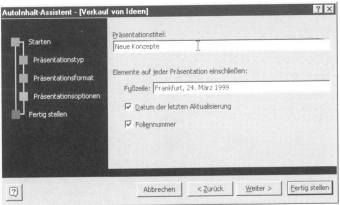

▶ Bestätigen Sie Ihre Eingaben über die Schaltfläche *Weiter*.

Ende der Vorbereitung

TIP
Falls Ihnen jetzt einfällt, daß Sie eigentlich doch lieber einen anderen Präsentationstyp oder ein anderes Format wollen, können Sie über die Schaltfläche Zurück *wieder zu dem Dialog zurückkehren und die Einstellung ändern. Die Einstellungen der übrigen Dialoge werden dadurch nicht hinfällig. Sie bleiben erhalten, wie eingegeben.*

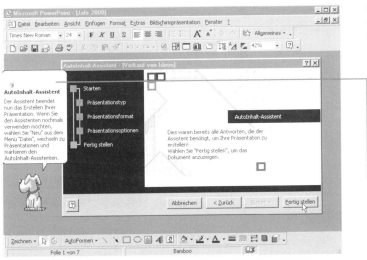

▶ Klicken Sie zum Abschluß auf die Schaltfläche *Fertig stellen*.

Ihr Assistent klärt Sie während Ihrer Arbeit mit Power-Point ständig darüber auf, was los ist; ob es Probleme gibt und welche Bearbeitungsmöglichkeiten Sie haben.

Texte auf der Folie anpassen

▶ Die gewählte Vorlage erscheint. Als erstes sehen Sie das Deckblatt mit dem Präsentationstitel.

▶ Über die linke Leiste – die Gliederungsleiste – blättern durch einfaches Anklicken durch die gesamte Präsentation, während rechts die jeweilige Folie erscheint. Klikken Sie zu der ersten Folie, in die Sie Text eingeben oder deren Text Sie anders formulieren möchten.

INFO → 474
Modifizierung des Präsentationsdesigns

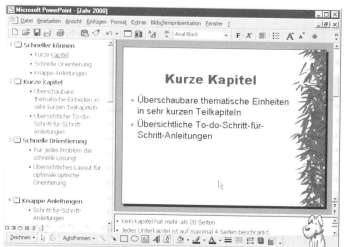

BEGRIFFE → 531
Textrahmen beinhalten Text, der innerhalb dieses Rahmens wie Text in einem Textverarbeitungsprogramm gestaltet werden kann. Der Rahmen bietet den Vorteil, daß er auf der Folie freibeweglich ist, so daß der Text – anders als in einer Textverarbeitung – nicht zeilenorientiert auf der Seite ausgerichtet werden muß.

▶ Klicken Sie auf der Folie in den Absatz, den Sie überarbeiten möchten. Ein Textrahmen erscheint. Im Text blinkt eine Einfügemarke (senkrechter, blinkender Balken).

▶ Stellen Sie die Einfügemarke an die Stelle, wo Sie mit der Textänderung beginnen wollen.

▶ Der Text aus der Vorlage gibt Ihnen Hinweise, um welche Art von Inhalt es sich bei Ihren Angaben handeln könnte. Schreiben Sie Entsprechendes. Der bereits vorhandene Text rutscht dabei nach rechts. Sie müssen ihn löschen.

INFO → 474
Textbearbeitungsmöglichkeiten im Detail

Text löschen

▶ Stellen Sie die Einfügemarke an die Stelle, ab der der Text gelöscht werden soll.

▶ Markieren Sie den zu löschenden Text, indem Sie mit der Maus darüberfahren. → 469

▶ Betätigen Sie die Taste Entf.

TIP
Text in Gliederungsleiste: Sie können den Text auch in die Gliederungsleiste schreiben. Er wird dann automatisch in die Folie eingefügt.

Text markieren

Doppelklick in ein Wort	Markiert das Wort.
Dreifachklick	Markiert den Absatz, in dem sich die Einfügemarke befindet.
Strg + A	Markiert den gesamten Text in einem Textrahmen.
Ziehen mit der Maus über den Text (bei gedrückter Maustaste)	Markiert den Text wortweise.

Neue Absätze einfügen

▶ Klicken Sie entweder auf der Folie selbst oder in der Gliederungsleiste einfach in die folgende Zeile, oder betätigen Sie die Taste ⏎.

Komplette Folie löschen

▶ Klicken Sie in der Gliederungsleiste vor die Foliennummer.

▶ Drücken Sie die Taste Entf.

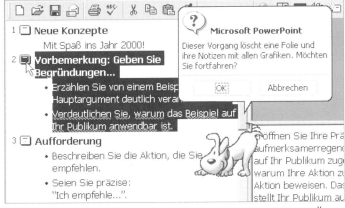

▶ Bestätigen Sie die Nachfrage Ihres Haustiers mit *OK*. Über *Abbrechen* können Sie die Löschaktion noch einmal unterbrechen.

Notizen einfügen

▶ Unterhalb der Folie befindet sich ein Feld mit dem Text *Notizen hinzufügen*. Klicken Sie hinein, und geben Sie Gedächtnisstützen für die Präsentation ein.

NOCH SCHNELLER
Text bearbeiten: Bearbeiten Sie den Text links in der Gliederungsansicht. Die Markierungsoptionen gelten analog zu denen in der Folie.

INFO
Folie einfügen: Menübefehl Einfügen/Neue Folie...

INFO → 24
Präsentation speichern

INFO → 718
Assistenten abstellen: Falls Sie nicht der Typ sind, der sich elektronische Haustiere hält, können Sie mit einem Klick mit der rechten Maustaste auf die Animation und Auswahl des Befehls Ausblenden weitere Irritationen vermeiden. Nachfragen erscheinen dann in dieser Form:

INFO → 525
Handzettel und Notizen ausdrucken

Menüleiste
Formatleiste
Standardsymbolleiste
Gliederungsleiste
Folie
Statusleiste
Bildlaufleisten (horizontale und vertikale)
Zeichenleiste
Notizenfeld
Rocky, der Assistent

AutoInhalt-Assistenten aktivieren

▶ Entweder Menübefehl *Datei/Neu* wählen, *AutoInhalt-Assistent* markieren und auf *OK* klicken.

▶ Oder im Start-Dialog von PowerPoint die Option *AutoInhalt-Assistent* aktivieren und mit *OK* bestätigen.

NOCH SCHNELLER

Text bearbeiten: Bearbeiten Sie den Text links in der Gliederungsansicht. Die Markierungsoptionen gelten analog zu denen in der Folie.

Text markieren

Doppelklick in ein Wort	Markiert das Wort.
Dreifachklick	Markiert den Absatz, in dem sich die Einfügemarke befindet.
Strg + A	Markiert den gesamten Text in einem Textrahmen.
Ziehen mit der Maus über den Text (bei gedrückter Maustaste)	Markiert den Text wortweise.

27 KAPITEL

Gestaltungselemente für alle Folien

tempo

Präsentationsdesign aussuchen

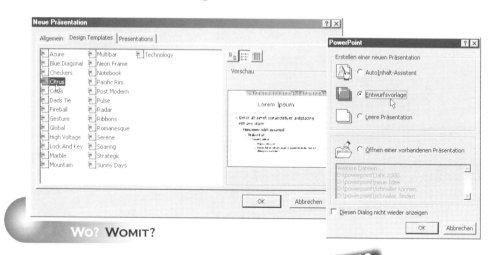

WO? WOMIT?

➜ 20

▶ Starten Sie PowerPoint.

▶ Wählen Sie in der ersten Dialogbox die Option *Entwurfs-vorlage*.

▶ Bestätigen Sie mit Klick auf *OK*. Der Dialog *Neue Präsen-tation* erscheint.

▶ Wählen Sie das Register *Entwurfsvorlagen*. Es wird Ih-nen eine Liste wohlklingender Namen für verschiedene Präsentationsdesigns angeboten.

▶ Markieren Sie mit einfachem Mausklick einen Namen, zum Beispiel *Zitronenmix*.

▶ Rechts im Feld *Vorschau* erhalten Sie stark verkleinert einen ungefähren optischen Eindruck. Klicken Sie auf *OK*, um die Wahl zu bestätigen.

INFO
Alternative: Der Dialog Neue Präsentation *erscheint auch, wenn Sie* Datei/Neu *zum Erstellen einer neuen Präsentation gewählt haben.*

BEGRIFFE
Entwurfsvorlage: Eine Zu-sammenstellung vordefinier-ter Gestaltungsmerkmale wie Hintergrundbilder, Schrift-arten und -größen.

Ansicht der angebotenen Auswahlliste variieren

Oberhalb des Vorschaufeldes befinden sich drei Schalt-flächen, die jeweils eine andere Ansicht der Entwurfsvor-lagen zur Verfügung stellen.

Voreingestellt wird die mittlere Ansicht, die eine einfache, alphabetisch sortierte Liste zeigt.

➜ 539

▶ Klicken Sie auf die linke Schaltfläche, um sich große Symbole anzei-gen zu lassen.

▶ Klicken Sie auf die rech-te Schaltfläche, um eine Detailansicht zu erhal-ten.

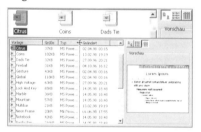

INFO
Sie erhalten Zusatzinforma-tionen zu Dateigröße, Typ und letztem Änderungs-datum. Ein Klick auf den Kopf der Detailliste sortiert sie nach der angeklickten Kategorie, zum Beispiel nach Datum. Erneuter Klick dreht die Sortierung um. Wenn Sie mit der Maus an dem Trennbalken ziehen, können Sie die Ansicht der Angaben vergrößern oder verkleinern.

Textlayout für Folie wählen

▶ Wählen Sie *Datei/Neu* zum Erstellen einer neuen Präsentation.

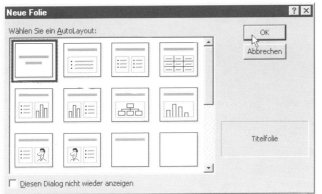

▶ Wählen Sie ein Präsentationsdesign, und klicken Sie auf *OK*.
▶ Anschließend erscheint der Dialog *Neue Folie*. Markieren Sie mit einfachem Mausklick auf das Symbol des AutoLayouts Ihre Wahl. Es erscheint umrahmt.
▶ Bestätigen Sie mit Klick auf die Schaltfläche *OK*.

Arbeiten ohne AutoLayout

▶ Klicken Sie in das Feld vor der Option *Diesen Dialog nicht wieder anzeigen*. Es erscheint ein Kreuzchen, und damit werden Sie nie wieder nach dem Aussuchen einer Entwurfsvorlage mit der Frage nach dem AutoLayout behelligt.

Die Aktivierung dieser Option ist aber nicht wirklich sinnvoll, da ja schließlich statt dessen das Layout *Leere Folie* ausgewählt werden kann.

BEGRIFFE

AutoLayout: Es handelt sich um eine vorgegebene Textanordnung auf einer Folie. Die Titelfolie ist in der Regel die erste Folie in einer Präsentation, die das Thema und den Namen des Referenten enthält. Jedes AutoLayout kann nachträglich modifiziert werden. Es vereinfacht nur die grundlegende Arbeit der Textformatierung und der Positionierung.

INFO

Dialog Neue Folie *wird nicht angezeigt? Wählen Sie den Menübefehl* Extras/Optionen...*, wechseln Sie zum Register* Ansicht*, und aktivieren Sie die Option* Dialog "Neue Folie".

INFO

Nachträglich ein Textlayout wählen: Positionieren Sie den Mauszeiger auf der Folie, deren Layout Sie ändern möchten. Rufen Sie den Menübefehl Format/ Folienlayout *auf. Der Dialog heißt nun* Folienlayout*, ist aber identisch mit* Neue Folie*.*

Vorlage modifizieren – die Master

Wo? Womit?

Es gibt drei Master-Kategorien; für die Präsentation selbst sind das Folienmaster und das Titelmaster, die Vorlage für die Titelfolie – falls eingerichtet –, relevant.

▶ Wählen Sie *Folienmaster*, um die wichtigsten optischen Grundeinstellungen für Ihre Präsentation vorzunehmen.

BEGRIFFE
Master: Ein Master ist der Teil der Präsentation, der aus unveränderlichen Bestandteilen besteht, zum Beispiel bestimmten Gestaltungselementen für den Hintergrund, Logos, immer wiederkehrenden Texten etc. Darüber hinaus bestimmen Sie Schriftgrößen und -arten für Ihre Texte.

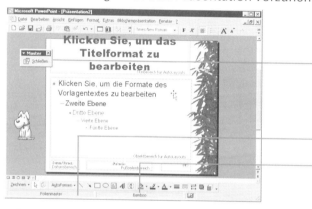

Die Mastersymbolleiste einfach per Drag&Drop zur Seite schieben: Mausklick links auf den Titelbalken und mit gedrückter Maustaste verschieben.

Angabe der Masterkategorie

Name der Vorlage

Textformate bearbeiten

▶ Klicken Sie in einem AutoLayout-Bereich (gestrichelte Kästen auf der Folie) in die Textebene oder den Fußzeilenbereich, den Sie bearbeiten wollen. Ein Balken beginnt an der angeklickten Stelle zu blinken.

▶ Wählen Sie aus der Symbolleiste die wichtigsten Formatierungsfunktionen für die Schrift.

BEGRIFFE
Textformat: Eine Folie enthält in der Regel keinen langen Fließtext, sondern Stichpunkte, die in einer bestimmten, sinnvollen Hierarchie (in Ebenen) gegliedert sind. Die Formatierung dieser Textebenen können Sie im Master festlegen (neben der Möglichkeit, die einzelnen Folien manuell zu formatieren).

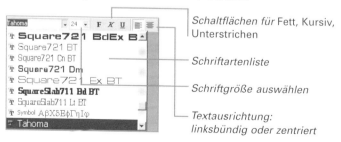

Schaltflächen für Fett, Kursiv, Unterstrichen

Schriftartenliste

Schriftgröße auswählen

Textausrichtung: linksbündig oder zentriert

➜ 537

INFO
Text ausrichten

Daten in die Fußzeile eingeben

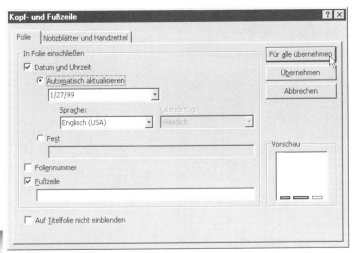

Wo? Womit?

▶ Die Daten für die Fußzeile legen Sie über den Menübefehl *Ansicht/Kopf- und Fußzeile* fest.

Fußzeilentext

▶ Geben Sie in das Feld *Fußzeile* den gewünschten Text ein.

▶ Mit Klick auf die Schaltfläche *Für alle übernehmen* wird die jeweilige Foliennummer in die Fußzeile aufgenommen. Werden noch Folien nachträglich hinzugefügt oder gelöscht, wird die Folienzählung immer aktualisiert.

▶ Formatieren Sie den Text gegebenenfalls nach Ihren Wünschen auf dem Folienmaster.

Titelfolie ohne Fußzeile

▶ Aktivieren Sie die Option *Auf Titelfolie nicht einblenden* mit Klick in das Kontrollfeld.

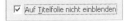

Anzeige der aktuellen Foliennummer während der Präsentation

▶ Rufen Sie den Menübefehl *Ansicht/Kopf- und Fußzeile* auf.

▶ Aktivieren Sie mit Klick in das Feld die Option *Foliennummer*.

INFO
Positionierung von Text: Generell können Sie Texte auf dem Master plazieren, wo Sie wollen. PowerPoint macht jedoch Vorschläge, in welchen Folienbereichen diese Daten ganz gut aufgehoben wären.

→ 484

INFO
Verschieben von Textrahmen

Datum/Uhrzeit eingeben

▶ Rufen Sie über den Menübefehl *Ansicht/Kopf- und Fuß-zeile* die Einstellungsoptionen für die Fußzeile auf.

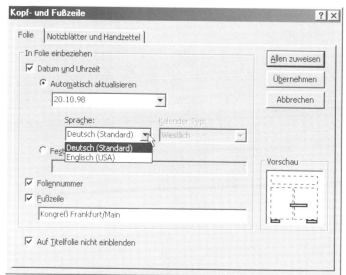

INFO

Auf einer einzelnen Folie fügen Sie Datum und Uhrzeit direkt über den Menübefehl Einfügen/Datum und Uhr-zeit... ein. Das Vorgehen ist identisch, allerdings wird das aktuelle Datum nur in das eine, zuvor angeklickte, Textfeld eingefügt.

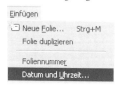

INFO   **→ 484**

Textrahmen verschieben oder in der Größe ändern

▶ Wählen Sie aus der Liste *Sprache* gegebenenfalls die rich-tige aus: Klick auf den Listenpfeil und die gewünschte Sprache markieren.

▶ Die Option *Automatisch aktualisie-ren* klicken Sie an, wenn das Datum bei jedem Aufruf der Präsentation aktualisiert werden soll. Anderen-falls klicken Sie die Option *Fest* an und geben manuell ein Datum ein.

TIP

Datumsangabe nachträglich ändern: Rufen Sie erneut den Dialog Kopf- und Fußzeile auf, und wählen Sie eine andere Datumsangabe aus der Liste. Alle anderen Formatierungen bleiben dabei erhalten.

▶ Suchen Sie sich das Datumsformat aus, das Ihnen zusagt, und markie-ren Sie es mit einfachem Mausklick.

▶ Das aktuelle Datum erscheint in der Fußzeile der Folie. Sie können es nach Belieben im Datumsbereich des Folienmasters bezüglich Schriftart, -größe oder Position nachformatieren.

INFO   **→ 484**

Neue Textrahmen einfügen

▶ Über die Schaltfläche *Allen zuweisen* erhalten alle Foli-en der Präsentation in der Fußzeile das aktuelle Datum.

INFO   **→ 560**

Textrahmen kopieren

Hintergrundfarbe in einer Entwurfsvorlage ändern

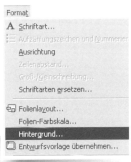 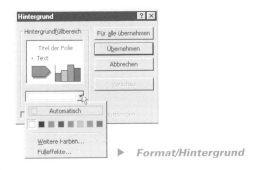

▶ *Format/Hintergrund*

WO? WOMIT?

Hintergrundfarbe ändern

Sie können sich sowohl in der Ansicht *Folienmaster* als auch in der gewöhnlichen Folienansicht befinden, um eine einheitliche Hintergrundfarbe zuzuweisen.

▶ Rufen Sie den Menübefehl *Format/Hintergrund*... auf.

▶ Die Hintergrundfarbe wird in einem Feld angezeigt. Klicken Sie auf den Listenpfeil rechts, um in die Farbauswahl zu gelangen.

▶ Wählen Sie eine der direkt angebotenen Farben mit Klick auf das entsprechende Farbfeld aus, oder klicken Sie *Weitere Farben*... an, um eine eigene zu definieren.

Standardfarbe wählen

▶ Über den Menübefehl *Format/Hintergrund,* Klick auf Listenpfeil neben der aktuellen Farbe, Befehl *Weitere Farben...*, Register *Standard* gelangen Sie zu einer Farbauswahl, auf der »fertig gemischte« Farben angeboten werden. Diese Farben sind bereits auf die Gestaltungselemente der Präsentation abgestimmt.

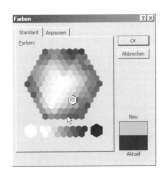

▶ Klicken Sie in die von Ihnen gewünschte Farbe.

▶ Im Feld *Neu* sehen Sie eine Farbdarstellung Ihrer Wahl im Vergleich zur aktuellen Farbe.

▶ Mit Klick auf *OK* bestätigen Sie Ihre Wahl.

▶ Klicken Sie im Dialog *Hintergrund* auf die Schaltfläche *Vorschau*, um das Gesamtergebnis zu überprüfen. Wenn Sie nicht zufrieden sind, wiederholen Sie die Farbauswahl.

▶ Mit Klick auf *Für alle übernehmen* weisen Sie die neue Farbe allen Folien Ihrer Präsentation zu. Ein Klick auf *Abbrechen* beendet ohne Auswirkung auf die aktuelle Präsentation die Aktion.

Hintergrundfarbe selbst »mischen«

▶ Rufen Sie den Menübefehl *Format/Hintergrund...* auf.
▶ Klicken Sie auf den Listenpfeil neben der Hintergrund-
farbe.
▶ Wählen Sie *Weitere Farben...*
▶ Klicken Sie das Register *Anpassen an.*

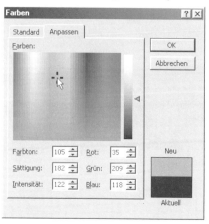

Es gibt drei verschiedene Methoden, um eine eigene Farbe
zu mischen.

1. Sie ziehen das Kreuz im Farbraster an die ungefähre Stelle
   Ihrer Wunschfarbe. Die gewählte Farbe können Sie im
   Feld *Neu* feststellen. Ein Klick mit der Maus fixiert die
   Auswahl.
2. Geben Sie manuell oder durch Klick auf die Pfeile neue
   Werte bei den Feldern *Farbton*, *Sättigung* oder *Intensität*
   ein.
3. Wenn Sie eine ganz bestimmte Farbe (zum Beispiel eine
   Logofarbe) wünschen, besteht die zuverlässigste Metho-
   de darin, Werte für Rot, Grün und Blau einzugeben.

Hintergrundfarbe auf einzelner Folie ändern

▶ Aktivieren Sie die Folienansicht, sofern Sie
sich noch nicht darin befinden.
▶ Wechseln Sie in der Gliederungsleiste mit einem Mausklick auf die Folie, deren Hintergrundfarbe Sie ändern möchten.
▶ Wählen Sie den Menübefehl *Format/Hintergrund,* und gehen Sie vor, wie weiter oben erläutert. Allerdings bestätigen Sie Ihre Auswahl nicht mit *Für alle übernehmen*,
sondern mit Klick auf die Schaltfläche *Übernehmen*.

TIP
*Die Bildschirmdarstellung der
gewählten Farbe ist nicht
zuverlässig. Je nach Art der
Präsentation – ob Folienprä-
sentation oder Beamer-
präsentation – werden die
Farben verfälscht dargestellt.
Der Farbdrucker druckt die
Farben unter Umständen
dunkler auf die Folie, bei der
Projektion werden die Farben
wieder viel heller dargestellt.
Viele Beamer stellen Farben
oft dunkler dar. Prüfen Sie –
nach Möglichkeit – frühzeitig
das tatsächliche Ergebnis des
Präsentationsdesigns.*

INFO
*In die Folienansicht wech-
seln: Klicken Sie unten links
am Fensterrand auf dieses
Symbol. Damit wird auto-
matisch die Masteransicht
geschlossen.*

INFO
*Obgleich im Master eine
andere Farbe definiert ist,
können Sie sie für einzelne
Folien auf diese Weise
ändern.*

Fülleffekte für den Hintergrund

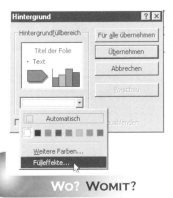

Wo? Womit?

Dialog *Fülleffekte* aufrufen

▶ Wählen Sie den Menübefehl *Format/Hintergrund...*

▶ Klicken Sie auf den Pfeil neben dem Farbfeld.

▶ Wählen Sie *Fülleffekte...*

▶ Es erscheint ein Dialog, in dem Sie Farbverläufe, Muster, Strukturen und Hintergrundgrafik festlegen können.

Farbverläufe

▶ Sie haben im Register *Graduell* des Dialogs *Fülleffekte* die Wahl zwischen den Optionen *Einfarbig* (Verlauf von definierter Füllfarbe zu Schwarz), *Zweifarbig* (Verlauf zwischen zwei selbst definierten Farben) und *Voreinstellung*. Wählen Sie eine Option.

▶ Über die Listenpfeile wählen Sie per Mausklick → 478 die gewünschten Farben aus. Über *Weitere Farben...* erhalten Sie jeweils eine größere Auswahl.

▶ Je nach gewählter Option regulieren Sie über den Schieberegler die Helligkeit, wählen eine zweite Farbe für den Verlauf oder suchen sich einen vorgefertigten Verlauf aus der Liste aus.

▶ Wählen Sie die Verlaufsrichtung im Feld *Schattierungsarten* und im Feld *Varianten.*

▶ Klicken Sie auf *OK*.

▶ Im Dialog *Hintergrund* können Sie wählen, ob Sie allen Folien der Präsentation diesen Verlauf zuweisen *(Für alle übernehmen)* oder nur der aktuellen *(Übernehmen)*.

Mit diesem Schieberegler (mit der Maus anklicken und ziehen) regeln Sie die Helligkeit.

Legen Sie die beiden ineinander verlaufenden Farben fest.

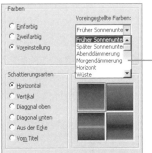

Die Liste vorbereiteter Verläufe, aus denen Sie mit Mausklick auswählen. Wählen Sie eine Schattierungsart und danach eine der jeweils vier angebotenen Varianten.

Strukturen

▶ Rufen Sie den Dialog *Fülleffekte* auf. **→ 479**

▶ Wechseln Sie auf das Register *Struktur*.

▶ Wählen Sie aus dem Angebot an Strukturen eine aus, indem Sie auf das entsprechende Feld klicken.

▶ Falls Ihnen keine aus dem Angebot zusagt, rufen Sie *Weitere Strukturen* auf.

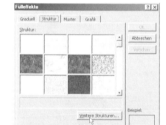

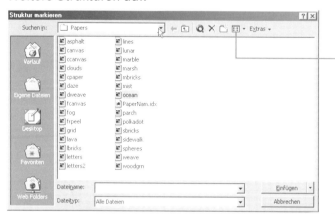

Wählen Sie die Ansicht Vorschau, um in die Dateien vor dem Öffnen zu spicken.

INFO

Sie können jede beliebige Grafikdatei auswählen. Allerdings ordnet Sie sich je nach Proportion und Größe auf dem Hintergrund (ganzflächig oder gekachelt).

▶ Suchen Sie die gewünschte Datei, und klicken Sie auf *Einfügen*. **→ 539**

▶ Bestätigen Sie die Auswahl mit *OK*, und klicken Sie anschließend auf *Für alle übernehmen* oder *Übernehmen*.

INFO **→ 575**

Bilder neu berechnen

Muster für Hintergrund festlegen

▶ Rufen Sie im Dialog *Fülleffekte* das Register *Muster* auf. **→ 479**

▶ Wählen Sie die Vorder- und Hintergrundfarbe für das Muster.

▶ Klicken Sie auf das Muster, das Ihnen zusagt.

▶ Bestätigen Sie mit Klick auf *OK*.

▶ Weisen Sie dieses Muster allen Folien der Präsentation zu *(Für alle übernehmen)* oder lediglich der aktuellen *(Übernehmen)*.

Hintergrundgrafik einfügen

▶ Wechseln Sie im Dialog *Fülleffekte* auf *Grafik*.

▶ Klicken Sie auf die Schaltfläche *Grafik auswählen*...

▶ Suchen Sie im Auswahldialog die Grafik aus, die Sie einfügen möchten. **→ 539**

▶ Klicken Sie auf *Einfügen*.

▶ Bestätigen Sie Ihre Auswahl mit Klick auf *OK*.

▶ Weisen Sie diesen Hintergrund allen Folien der Präsentation zu *(Für alle übernehmen)*, oder klicken Sie auf *Übernehmen*, damit diese Einstellung lediglich für die aktuelle Folie gilt.

ACHTUNG

Eine optisch dominierende Musterung kann vom Inhalt ablenken oder doch zumindest die Lesbarkeit erschweren.

INFO

Die Grafik wird den Folienproportionen entsprechend vergrößert und verzerrt.

Bilder im Folienmaster

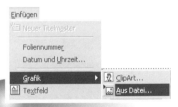

WO? WOMIT?

▶ Wechseln Sie gegebenenfalls in das Folienmaster über den Menübefehl *Ansicht/Master/Folienmaster*.

▶ Wählen Sie den Menübefehl *Einfügen/Grafik/Aus Datei....*

→ 539

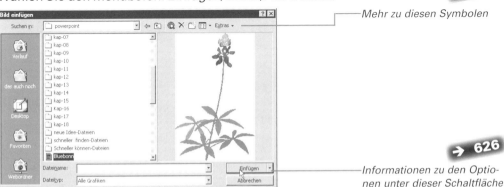

—*Mehr zu diesen Symbolen*

→ 626

—*Informationen zu den Optionen unter dieser Schaltfläche*

▶ Über den Pfeil neben dem Feld *Suchen in:* verschaffen Sie sich eine Übersicht über die Laufwerke und Ordner auf Ihrem Computer. Wählen Sie den Ordner, in dem sich das einzufügende Bild befindet, durch Anklicken mit der Maus aus.

▶ Markieren Sie die gewünschte Datei.

▶ Klicken Sie auf die Schaltfläche *Einfügen*.

▶ Das Bild erscheint auf Ihrem Folienmaster an einer zufälligen Stelle.

→ 567

INFO
Grafikbearbeitung im Detail

Bild auf dem Folienmaster löschen

▶ Klicken Sie auf das zu löschende Bild.

▶ Daß das Bild markiert ist, erkennen Sie an kleinen, weißen Feldern, die die Grafik umgeben.

▶ Betätigen Sie die Taste ⌴Entf⌴, um das Bild vom Master zu löschen.

Bild auf dem Folienmaster positionieren

▶ Klicken Sie das Bild an. Die Grafikmarkierung erscheint.

▶ Halten Sie die linke Maustaste gedrückt, und verschieben (Drag) Sie das Bild an die neue Position. Dabei wird der Mauszeiger zu einem Pfeil, und die neue Position wird mit einem gestrichelten Kasten angezeigt.

▶ Lassen Sie die Maustaste an der Zielposition los (Drop).

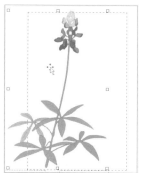

Bildgröße verändern

▶ Klicken Sie die Grafik an, bis die weißen Markierungspunkte erscheinen.

▶ Markieren Sie einen Punkt am Rand der Grafikmarkierung. Der Mauszeiger verwandelt sich in einen Doppelpfeil. Ziehen mit der Maus verändert Bildbreite oder -höhe. Dabei wird das Motiv – vielleicht unerwünschterweise – verzerrt.

▶ Markieren Sie einen Eckpunkt. Der Mauszeiger wird zu einem diagonalen Doppelpfeil. Ziehen mit der Maus verkleinert oder vergrößert das Bild unter Beibehaltung der Seitenverhältnisse.

Alle Hintergrundbilder im Master ausblenden

▶ Wechseln Sie in die Folienansicht.

▶ Rufen Sie den Menübefehl *Format/Hintergrund...* auf. 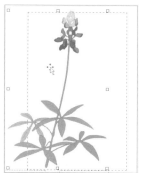 → 479

▶ Aktivieren Sie die Option *Hintergrundbilder aus Master ausblenden*.

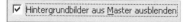

☑ Hintergrundbilder aus Master ausblenden

▶ Klicken Sie auf die Schaltfläche *Für alle übernehmen*.

Die Grafikmarkierung

INFO → 567
Grafikbearbeitung im Detail

INFO
Die Größenänderung wird über einen gestrichelten Kasten angezeigt.

ACHTUNG
Mit dem Ausblenden sind die Bilder nicht aus der Präsentation gelöscht. Wenn Sie das Häkchen vor dieser Option später wieder entfernen, werden alle Bilder erneut angezeigt.

Neue Farbkombinationen für die Präsentation

Wo? Womit?

▶ Um das Farbschema einer Entwurfsvorlage allgemein zu verändern, wählen Sie den Menübefehl *Format/Folien-Farbskala...* Dabei ist es egal, ob Sie sich in der Folienansicht oder auf dem Folienmaster etc. befinden.

▶ Im Dialog *Farbskala* werden Ihnen auf der Registerkarte *Standard* bereits einige Farbskalen angeboten. Suchen Sie die passende aus, indem Sie sie anklicken. Sie erscheint umrandet.

▶ Über die Schaltfläche *Für alle übernehmen* wird allen Folien die geänderte Farbskala verpaßt.

Abwandeln einer Farbskala

▶ Falls Sie die Farbkombination einer angebotenen Farbskala nicht völlig zufriedenstellt, wechseln Sie im Dialog *Farbskala* in das Register *Benutzerdefiniert* – nachdem Sie allerdings die abzuwandelnde Skala im Register *Standard* markiert haben.

INFO

Neues Farbschema speichern: Klicken Sie nach Zusammenstellung des Farbschemas auf die Schaltfläche Das Schema wird in die Liste

| Als Standardskala hinzufügen |

der Farbskalen im Register Standard *aufgenommen. Über die Schalfläche* Skala löschen *entfernen Sie ein Schema wieder.*

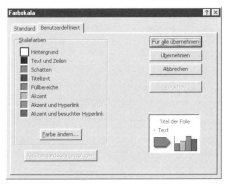

▶ Wählen Sie das Element, dessen Farbe Sie ändern wollen, mit Mausklick aus.

▶ Klicken Sie auf die Schaltfläche *Farbe ändern...*

▶ Bestimmen Sie eine neue Farbe.

▶ Bestätigen Sie alles mit Klick auf *Für alle übernehmen*.

→ 478

INFO

Der Farbauswahldialog funktioniert immer gleich. Hier ist er im Detail beschrieben

Text in die Vorlage schreiben

Das aufgezogene Textfeld erscheint als einfaches Viereck.

Das fertige Textfeld nach dem Loslassen. Ein blinkender Einfügebalken signalisiert, daß mit der Texteingabe begonnen werden kann.

Wo? Womit?

▶ Wechseln Sie auf das Folienmaster.

▶ Rufen Sie den Menübefehl *Einfügen/Textfeld* auf.

▶ Positionieren Sie den Mauszeiger ungefähr an der Stelle, an der der Text eingefügt werden soll.

▶ Ziehen Sie mit der linken gedrückten Maustaste ein Feld auf, das ungefähr der einzufügenden Textmenge gerecht wird.

▶ Lassen Sie die Maustaste los.

▶ Geben Sie den Text ein.

▶ Klicken Sie außerhalb des Textfeldes, um die Eingabe zu beenden. ⏎ würde eine weitere Zeile einfügen.

Drag&Drop mit dem Textfeld. Der Mauspfeil wird zum Kreuz.

Position und Größe des Textfeldes modifizieren

▶ *Textfeld verschieben:* Klicken Sie das Feld an, und ziehen Sie es mit der Maus an eine neue Position. Lassen Sie das Textfeld an der Zielposition mit erneutem Mausklick wieder los.

▶ *Textfeldgröße ändern:* Klicken Sie das Feld an. Klicken Sie einen der Markierungspunkte an, halten Sie die Maustaste gedrückt, und ziehen Sie in die gewünschte Richtung, um das Feld zu verkleinern oder zu vergrößern. Dabei wie die Schriftgröße selbst nicht geändert. Der Text wird gegebenenfalls neu umbrochen (einzeilig, zweizeilig etc.)

Der Mauszeiger wird zum Doppelpfeil. Ziehen mit der Maus ändert die Textfeldgröße.

Eingefügter Text in Folienansicht nicht erkennbar

Das liegt daran, daß es neben dem Folienmaster **→ 469** noch das Titelmaster gibt. Solange Sie noch keine weiteren Folien der Präsentation hinzugefügt haben, sehen Sie das Ergebnis Ihrer Änderungen auf dem Folienmaster unter Umständen (noch) nicht. Die erste Folie der Präsentation ist in der Regel nämlich die Titelfolie. Änderungen für die Titelfolie müssen Sie entweder direkt auf dieser Folie oder im Titelmaster vornehmen.

ACHTUNG

| Folienmaster |
| Titel-Master |

Nicht verwechseln: Titelmaster und Folienmaster. Das Titelmaster beschränkt sich auf die Titelfolie (die erste Folie einer Präsentation), das Folienmaster ist die Basis für alle folgenden Folien der Präsentation.

Effekte für den Folienübergang für alle Folien festlegen

WO? WOMIT?

▸ Wählen Sie den Menübefehl *Bildschirmpräsententation/ Folienübergang...*

▸ Klicken Sie auf den Listenpfeil, um einen Effekt auszusuchen.

▸ Markieren Sie den gewünschten Effekt. Er wird im oberen Vorschaufeld vorgeführt.

▸ Klicken Sie eine der Optionen *Langsam*, *Mittel* oder *Schnell* an.

▸ Bestimmen Sie im Feld *Nächste Folie*, wie der Übergang zur nächsten Folie initiiert werden soll: *Bei Mausklick* oder *Automatisch nach* einer bestimmten Anzahl von Minuten.

▸ Geben Sie für den automatischen Wechsel die Sekundenzahl an (manuell oder mit Klick auf die Pfeile).

▸ Suchen Sie eventuell noch einen den Übergang begleitenden Klangeffekt mit Klick auf den Listenpfeil im Feld *Klang* aus.

▸ Klicken Sie auf *Für alle übernehmen*. Damit erhalten alle Folien den gleichen Übergangseffekt.

→ 549

INFO
Zuweisen von Effekten zu einzelnen Elementen auf dem Folienmaster

→ 489

TIP
Den automatischen Wechsel für alle Folien festzulegen, könnte etwas riskant werden, wenn sich Ihr Vortrag nicht wie geplant entwickelt. Praktisch ist aber diese Einstellung für die Titelfolie.

TIP
Klangeffekte sind nicht unbedingt sinnvoll, auch dann nicht, wenn der Präsentationsrechner mit einer großen Anlage verbunden ist, und vielleicht doch noch in der letzten Reihe vernommen wird. Überlegen Sie, welcher Effekt erreicht werden soll: Auflockerung des Vortrags? Aufwecken der Zuhörenden?

Elemente des Masters auf einzelnen Folien unterdrücken

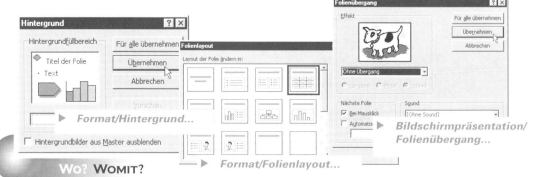

Wo? Womit?

Format/Hintergrund...

Format/Folienlayout...

Bildschirmpräsentation/
Folienübergang...

Hintergrundfarbe einer einzelnen Folie ändern

▶ Begeben Sie sich in der Folienansicht auf die **→ 473** Folie, deren Hintergrundfarbe Sie anders definieren wollen.

▶ Wählen Sie den Befehl *Format/Hintergrund...*

▶ Bestimmen Sie eine andere Hintergrundfarbe.

▶ Klicken Sie auf die Schaltfläche *Übernehmen*. Damit wird nur der aktuellen Folie die neue Farbe zugewiesen. Ein Klick auf *Für alle übernehmen* würde die Hintergrundfarbe für alle Folien der Präsentation festlegen.

Das Folienlayout einer einzelnen Folie aussuchen

▶ Begeben Sie sich in der Folienansicht auf die Folie, deren Layout Sie neu festlegen wollen.

▶ Rufen Sie den Menübefehl *Format/Folienlayout...* auf.

▶ Suchen Sie aus den angebotenen Layouts das passende durch einfachen Mausklick aus. Wenn Sie eine leere Folie wünschen, steht auch dafür eine »Vorlage« bereit.

▶ Klicken Sie auf *Übernehmen*. Damit wird ein neues Layout, aber im Standarddesign der Präsentation, auf der aktuellen Folie zur Verfügung gestellt.

Folienübergang für eine bestimmte Folie definieren

▶ Wählen Sie in der Folienansicht den Menübefehl *Bildschirmpräsentation/Folienübergang...* **→ 485**

▶ Legen Sie einen Folienübergang fest.

▶ Klicken Sie auf *Übernehmen*, um diesen Effekt nur auf der aktuellen Folie einzustellen. *Für alle übernehmen* würde ihn bei allen Folien der Präsentation einrichten.

BEGRIFFE **→ 472**

Folienlayout: Bestimmt die Anordnung von Textelementen (Aufzählungen, Spalten, Überschriften), Bildern, Diagrammen. Siehe auch AutoLayout.

INFO **→ 529**

Verschiedene Präsentationen verknüpfen

TIP

Das Standardlayout wiederherstellen: Wenn Sie sich bei der Bearbeitung einer einzelnen Folie mit der Textanordnung vertan haben, können Sie über den Menübefehl Format/Folienlayout... *den Standard wiederherstellen. Bestätigen Sie mit Klick auf die Schaltfläche* Erneut übernehmen *das bereits markierte Layout.*

Eigenes Design als Vorlage speichern

WO? WOMIT?

▶ Optimieren Sie Ihre Präsentation, die Sie als Entwurfs-
vorlage abspeichern möchten.
▶ Wählen Sie den Befehl *Datei/Speichern unter...*
▶ Geben Sie im Feld *Dateiname* einen Namen für die Datei
ein. Dieser Name kann frei gewählt werden. Folgende
Zeichen sind jedoch nicht erlaubt: : / ? \ *; ,
Der Dateiname kann bis zu 256 Zeichen umfassen.
▶ Klicken Sie neben dem Feld *Dateityp* auf den Listenpfeil,
und wählen Sie *Entwurfsvorlage* aus. PowerPoint wech-
selt automatisch den Ordner und bietet den Standard-
ordner für Entwurfsvorlagen an.
▶ Suchen Sie gegebenenfalls mit Klick neben das Feld *Su-
chen in:* einen neuen Ordner aus.
▶ Klicken Sie auf die Schaltfläche *Öffnen*.
▶ Bestätigen Sie anschließend mit Klick auf *Speichern*.

Selbst erstellte Entwurfsvorlage öffnen
▶ Wählen Sie den Menübefehl *Datei/Neu...*
▶ Wechseln Sie auf das Register *Allgemein*. → 20
▶ Suchen Sie die von Ihnen erstellte Vorlage aus, indem
Sie sie mit der Maus markieren und auf *OK* klicken.

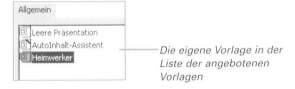

Die eigene Vorlage in der
Liste der angebotenen
Vorlagen

ACHTUNG
*Sie können jede Präsentation
als Entwurfsvorlage spei-
chern. Achten Sie dabei
darauf, daß alle wichtigen
Folien mitgespeichert
werden. Optimieren Sie Ihr
Master so weit, daß eine
Überarbeitung möglichst
einfach und schematisch
ohne Übernahme uner-
wünschter Inhalte vorgenommen werden kann.*

INFO
Speichern im Detail

NOCH SCHNELLER
*Speichern in einem anderen
Ordner: Doppelklicken Sie auf
den Ordner, anstatt zwischen-
durch auf die Schaltfläche
Öffnen zu klicken.*

Elemente für alle Folien definieren

▶ Für die Folien: *Ansicht/ Master/Folienmaster*.

▶ Für die Titelfolie: *Ansicht/ Master/Titelmaster*

Kopf- und Fußzeile eingeben

▶ *Ansicht/Kopf- und Fußzeile...*

Datum und Uhrzeit

▶ Für alle Folien: *Ansicht/Kopf- und Fußzeile...*

▶ Auf einzelnen Folien: Text- feld aufziehen, Menübefehl *Einfügen/Datum und Uhrzeit...*

Foliennummer einfügen

▶ Auf allen Folien: *Ansicht/ Kopf- und Fußzeile...*, Option *Foliennummer* aktivieren.

▶ Auf einzelner Folie: Textfeld aufziehen, Menübefehl *Einfügen/Foliennummer*.

Hintergrundfarbe, - füllmuster, -struktur oder -bild festlegen

▶ *Format/Hintergrund...*

▶ Wählen zwischen *Für alle übernehmen* und *Überneh- men*.

Folienübergang festlegen

▶ Menübefehl *Bildschirm- präsentation/Folienüber- gang...*

▶ Wählen zwischen *Für alle übernehmen* und *Überneh- men*.

Folienlayout wählen

▶ *Format/Folienlayout...*

Folien-Farbskala bearbeiten

▶ *Format/Folien-Farbskala...*, Register *Benutzerdefiniert*, Schaltfläche *Farbe ändern...*

Eigene Vorlage speichern

▶ Menübefehl *Datei/Speichern unter...*

▶ Als Dateityp *Entwurfsvorlage* wählen.

Das fertige Textfeld nach dem Loslassen. Ein blinkender Einfügebalken signalisiert, daß mit der Texteingabe begonnen werden kann.

Das aufgezogene Textfeld erscheint als einfaches Viereck.

Der Mauszeiger wird zum Doppel- pfeil. Ziehen mit der Maus ändert die Textfeldgröße.

Drag&Drop mit dem Textfeld. Der Mauspfeil wird zum Kreuz.

28 KAPITEL

Tabellen in
PowerPoint erstellen

tempo

Tabelle anlegen

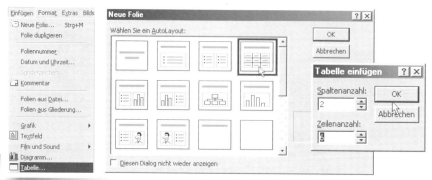

WO? WOMIT?

Neue Folie mit Tabelle in die Präsentation einfügen

▶ Wählen Sie den Menübefehl *Einfügen/Neue Folie*.

▶ Im Dialog *Neue Folie* wählen Sie den Folientyp *Tabelle* und bestätigen die Wahl mit *OK*.

▶ Folgen Sie – nachdem Sie einen *Tabellentitel* eingegeben haben – der Anweisung auf der Folie, und klicken Sie doppelt auf die Tabellenschaltfläche.

▶ Der Dialog *Tabelle einfügen* erscheint. Geben Sie die voraussichtliche Spalten- und Zeilenzahl Ihrer Tabelle ein. Beides läßt sich nachträglich reduzieren oder erweitern.

▶ Bestätigen Sie die Einstellungen mit Klick auf *OK*. Ein Tabellenraster erscheint im Textfeld, in das Sie Ihre Tabellendaten direkt eingeben können.

In bestehende Folie Tabelle einfügen

▶ Wählen Sie den Menübefehl *Einfügen/Tabelle*.

▶ Der Dialog *Tabelle einfügen* erscheint, in dem Sie Spalten- und Zeilenanzahl festlegen und mit Klick auf *OK* bestätigen.

E Automatisch wird auf der Folie ein Tabellenraster in ein Textfeld eingefügt. In dieses Raster können Sie Ihre Daten eingeben.

Größe der Tabelle einstellen

▶ Behandeln Sie die Tabelle wie andere Textfelder auch: Klicken Sie auf den Rand der Tabelle und anschließend auf einen der Eckpunkte oder einen anderen Markierungspunkt auf dem Rand.

▶ Der Mauszeiger wird zum Doppelpfeil, und Sie können die Textfeld- bzw. Tabellengröße variieren, indem Sie mit der Maus ziehen.

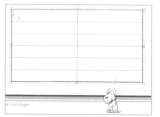

Das Tabellenraster

Markierungspunkte als »Anfasser« für die Maus.

Die Tabellenfelder verteilen sich gleichmäßig in den neuen Proportionen.

Text in die Tabelle eingeben

WO? WOMIT?

▶ Klicken Sie in die jeweiligen Zellen, in die Sie Text eingeben möchten.
▶ Ein Einfügebalken beginnt zu blinken.
▶ Wechseln Sie mit der ⇥-Taste oder mit der Maus in die nächste Zelle.

Sie brauchen mehr Zeilen?

▶ Wenn Sie am Ende der Tabelle angelangt sind und feststellen, daß Ihre Liste noch kein Ende nimmt, betätigen Sie einfach ein weiteres Mal die Taste ⇥. Automatisch wird am Ende eine weitere leere Zeile eingefügt.

Der Textumbruch in den Zellen ist eine Katastrophe?

▶ Prüfen Sie die Spaltenbreiten, und stellen Sie sie gegebenenfalls neu ein.
▶ Klicken Sie mit der rechten Maustaste in die Tabelle.
▶ Wählen Sie den Befehl *Tabelle auswählen*. Die gesamte Tabelle ist nun markiert.
▶ Bestimmen Sie eine neue Schriftart und einen anderen Schriftgrad.
▶ Um die Textausrichtung festzulegen (zum Beispiel, wenn Sie Zahlenspalten rechtsbündig **➔ 493** ausrichten möchten), markieren Sie entweder über *Tabelle auswählen* die gesamte Tabelle oder mit der Maus einzelne Spalten oder Zeilen.
▶ Eine Silbentrennung müssen Sie manuell durchführen, indem Sie an den jeweiligen Trennungsstellen Trennzeichen eingeben.

INFO **➔ 494**
Zwischen Zeilen eine Leerzeile einfügen

INFO **➔ 494**
Zu wenig Spalten?

INFO **➔ 50**
Die Textformatierung funktioniert ähnlich wie in Word. Manche Funktionen sind abgespeckter, aber die Menüs sind genauso angeordnet.

Text in der Zelle einer Tabelle ausrichten

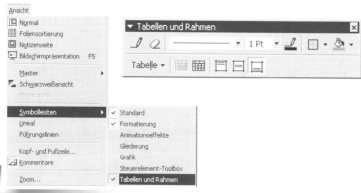

WO? WOMIT?

Die Leiste Tabellen und Rahmen aufrufen

▶ Rufen Sie den Menübefehl *Ansicht/Symbolleisten* auf, und aktivieren Sie *Tabellen und Rahmen*.

▶ Sie können die Leiste als Fenster auf den Bildschirm stellen oder nach oben in die übrigen Symbolleisten schieben. → 636

Text oben, unten oder vertikal ausrichten

▶ Stellen Sie den Mauszeiger in die betreffende Zelle, oder markieren Sie mehrere Zellen, Spalten oder Zeilen.

▶ Klicken Sie in der Leiste *Tabellen und Rahmen* auf die jeweiligen Symbole *Oben ausrichten*, *Vertikal zentrieren* oder *Unten ausrichten*.

Ausrichtung im Detail definieren

▶ Klicken Sie in der Leiste *Tabellen und Rahmen* auf die Schaltfläche *Tabelle*.

▶ Es klappt ein Menü auf, aus dem Sie den Befehl *Rahmen und Ausfüllen...* wählen.

▶ Klicken Sie auf das Register *Textfeld*.

▶ Stellen Sie die Abstände zu den Zellen- bzw. Tabellenbegrenzungen, dem Innenrand, ein.

▶ Bestimmen Sie, ob Sie den Text um 90° in der Zelle drehen wollen.

INFO

Tabellen und Rahmen: Diese Leiste enthält die wichtigsten Werkzeuge zum Arbeiten mit Tabellen in PowerPoint. Sie taucht beim Erstellen einer Tabelle standardmäßig auf dem Bildschirm auf, kann aber auch wieder »weggeklickt« werden, so daß Sie sie manuell aufrufen müssen.

Das oberste Listenfeld bietet einige relative Ausrichtungen. Über die Schaltfläche Vorschau *können Sie das Ergebnis prüfen, bevor Sie den Dialog wieder schließen.*

Spaltenbreite und Zeilenhöhe

WO? WOMIT?

Das Prinzip

▶ Stellen Sie den Mauszeiger auf eine Spalten- oder Zeilen-
linie, die die Zelle der Tabelle begrenzt, die Sie breiter,
höher, enger oder niedriger gestalten möchten.

▶ Der Mauszeiger ändert seine Form. Drücken Sie die linke Maustaste, und ziehen Sie mit der Maus in die gewünschte Richtung.

Schwi	19,78
ngschle	
ifer	
Bands	99,95
chleife	
r	
Winke	69,98
lschlei	
fer	

Doppelschleifer	29,90
Schwingschleifer	19,78
Bandschleifer	99,95
Winkelschleifer	69,98
Multiformschleifer	149,00
Dekupiersäge	79,99

INFO
Spalte markieren: Stellen Sie
den Mauszeiger an den
oberen Rand der Spalte. Der
Mauszeiger verwandelt sich
in einen nach unten gerich-
teten Pfeil. Wenn Sie dann
klicken, wird die gesamte
Spalte markiert.

Der Mauszeiger beim Ziehen.
Hier wird eine Spaltenbe-
grenzung nach rechts ge-
schoben.

Auswahl der Tabellenteile

Ganze Spalte	▶ Ohne Markierung die Spalten- begrenzung verschieben.
Breite einer einzelnen Zelle	▶ Die Zeile markieren, indem Sie mit der Maus über die Zellen fahren. ▶ Maus auf die Spaltenlinie stellen und diese verschieben.
Höhe einer ganzen Zeile	▶ Mauszeiger auf eine Zeilenbegrenzung stellen und diese mit der Maus verschieben.

INFO
Eine einzelne Zelle wird
schmaler:

| Bandschleifer | 99,95 |

Eine ganze Zeile wird
schmaler:

| Schwingschleifer | 19,78 |
| Bandschleifer | 99,95 |

Spalten und Zeilen einfügen oder löschen

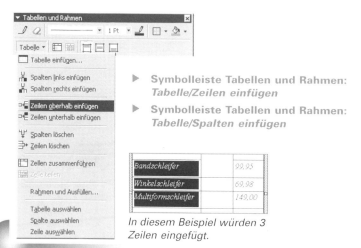

▷ Symbolleiste Tabellen und Rahmen:
   Tabelle/Zeilen einfügen

▷ Symbolleiste Tabellen und Rahmen:
   Tabelle/Spalten einfügen

Bandschleifer	99,95
Winkelschleifer	69,98
Multiformschleifer	149,00

*In diesem Beispiel würden 3
Zeilen eingefügt.*

WO? WOMIT?

Zeilen einfügen

Klicken Sie in die Zelle, vor oder nach der Sie eine Zeile einfügen möchten – oder markieren Sie zuvor mit der Maus mehrere Zeilen, dann wird beim Einfügen die gleiche Anzahl von Zeilen eingefügt. Die Zeilen müssen nicht bis zum Zeilenende markiert sein.

▶ Klicken Sie in der Leiste *Tabellen und Rahmen* **→ 492** auf die Schaltfläche *Tabelle*.

▶ Wählen Sie aus dem Menü *Zeilen oberhalb einfügen* oder *Zeilen unterhalb einfügen*. Die Leerzeilen werden in der gleichen Höhe wie die zuvor angeklickte(n) eingefügt.

Spalten einfügen

▶ Markieren Sie die Spalte, vor der Sie links oder **→ 493** rechts eine Spalte einfügen möchten. Wenn Sie mehrere Spalten markieren, wird eine entsprechende Anzahl Leerspalten eingefügt.

▶ Klicken Sie in der Leiste *Tabellen und Rahmen* **→ 492** auf die Schaltfläche *Tabelle*.

▶ Wählen Sie entweder den Befehl *Spalten links einfügen* oder *Spalten rechts einfügen*. Die Leerspalten werden eingefügt, und zwar in der gleichen Breite wie die zuvor markierten.

INFO
*Spalten und Zeilen löschen:
Dies funktioniert genauso wie
Einfügen mit Klick mit der
rechten Maustaste in die
jeweiligen Markierungen. Im
Kontextmenü stehen die
Befehle* Zeilen löschen *und*
Spalten löschen *zur Verfügung. Die angrenzenden
Zeilen und Spalten »rücken«
nach und schließen die
Lücke.*

BEGRIFFE **→ 495**
Zellen zusammenführen:
*Diese Funktion faßt die
Inhalte der zuvor markierten
Zellen in einer einzigen
zusammen. Dies gilt für
Spalten und für Zeilen.*

Zellen beliebig aufteilen: Tabellen zeichnen

WO? WOMIT?

▶ Klicken Sie auf das Malstift-Symbol in der Lei- → 492
ste *Tabellen und Rahmen*.

▶ Auf der Arbeitsfläche auf der Folie erscheint der
Mauszeiger als Malstift. Setzen Sie ihn auf, um
einen Rahmen aufzuziehen. Dieser Rahmen stellt
den Außenumriß Ihrer Tabelle dar. Der Rahmen
kann nachträglich variiert werden.

▶ Setzen Sie Ihre Malaktion mit den vertikalen und horizontalen Spalten- bzw. Zeilenbegrenzungen fort. Sie können Ihre Zellen beliebig auf- und unterteilen.

▶ Beenden oder unterbrechen Sie das Zeichnen, indem Sie
wieder den Malstift, der während seiner Aktivierung eingedrückt erscheint, anklicken.

Linien radieren

▶ Wenn Sie die Zellenaufteilung doch noch einmal
verändern möchten, steht Ihnen dafür eine Radier-
funktion zur Verfügung. Klicken Sie in der Leiste *Tabellen und Rahmen* auf den Radierer.

▶ Der Mauszeiger nimmt die Form eines Radiergummis an.
Klicken Sie damit auf eine Linie, die Sie entfernen möchten. Sie verschwindet umgehend, und die nebeneinan-
derliegenden Zellen werden verbunden.

Zellen verbinden und Zellen teilen

▶ Markieren Sie die aneinandergrenzenden Zellen, die Sie
zusammenfassen wollen.

▶ Klicken Sie in der Leiste *Tabellen und Rahmen* auf
das Symbol *Zellen zusammenführen*.

▶ Beim Teilen von Zellen kann man nie sicher sein,
ob PowerPoint vertikal oder horizontal teilt. Hier ist
der Einsatz der Funktion *Tabelle zeichnen* sehr hilfreich.

▶ Schalten Sie den Zeichenstift – wie oben beschrieben –
ein, und teilen Sie Ihre Zellen manuell, indem Sie eine
Linie einfügen.

▶ Die Tabelle wird dann automatisch reformatiert, so daß
keine Brüche zwischen den Linien entstehen.

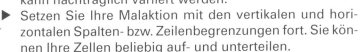

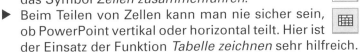

Diese Zelle wurde mit zwei leeren Zellen verbunden.

Nachträglich wurde eine neue Linie eingefügt.

Rahmen und Gitternetz der Tabelle gestalten

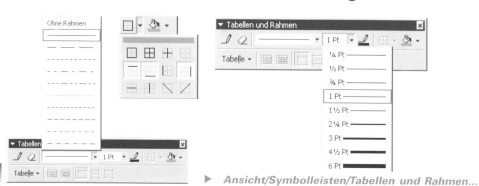

▶ *Ansicht/Symbolleisten/Tabellen und Rahmen...*

WO? WOMIT?

Rahmen für die gesamte Tabelle
▶ Klicken Sie mit der rechten Maustaste in die Tabelle.
▶ Wählen Sie den Befehl *Tabelle auswählen*.

Rahmen für einzelne Zellen
▶ Klicken Sie in die einzelne Zelle, deren Rahmen Sie ändern möchten, oder markieren Sie mehrere.

Linienart, Linienstärke, Linienfarbe
▶ In der Symbolleiste *Tabellen und Rahmen* klicken Sie auf den Listenpfeil neben dem Feld, in dem die aktuelle Linienart angezeigt wird.
▶ Markieren Sie in dieser Liste die gewünschte Art.
▶ Im Feld rechts daneben legen Sie die Linienstärke in Punkt fest.
▶ Zur Einstellung der Linienfarbe klicken Sie auf das entsprechende Feld.
▶ Aus der Farbskala können Sie direkt auswählen. Falls Ihnen diese Skala nicht ausreicht, klicken Sie auf *Mehr Rahmenfarben...* Im folgenden Dialog können Sie dann weitere Standardfarben aussuchen oder sich selbst Farben »mischen«. → 478

Linien für diese Einstellungen festlegen
▶ PowerPoint muß nun explizit erfahren, ob die Rahmeneinstellungen für alle Linien, nur für die Innenlinien, nur für die horizontalen bzw. vertikalen, für die obere, untere, rechte oder linke Begrenzungslinie, für Querlinien etc.

INFO
Tabelle auswählen: Dieser Befehl steht auch in dem Menü zur Verfügung, das aufklappt, wenn Sie in der Leiste Tabellen und Rahmen auf die Schaltfläche Tabelle klicken.

INFO
Die Farbskala für Rahmenfarben:

gelten sollen. Diese Optionen können Sie im Rahmenfeld festlegen. Klicken Sie auf den Listenpfeil neben dem Rahmenfeld, und es klappt eine Auswahl herunter.

▶ Klicken Sie die gewünschten Rahmenkategorien an.

▶ Die angeklickte Rahmenform erhält die gewünschten Einstellungen.

Arbeiten mit Vorschaufunktion

▶ Markieren Sie entweder die zu formatierenden Zellen oder die gesamte Tabelle.

▶ Klicken Sie mit der rechten Maustaste in die Markierung, und wählen Sie den Befehl *Rahmen und Ausfüllen.*

▶ PowerPoint stellt Ihnen im folgenden Dialog die gleichen Bearbeitungsfunktionen wie in der Symbolleiste *Tabellen und Rahmen...* zur Verfügung. Arbeiten Sie Ihre Einstellungen wie beschrieben ab, und wählen Sie dann die Rahmenkategorie im rechten Feld.

▶ Klicken Sie zur Kontrolle auf die Schaltfläche *Vorschau.*

▶ Die Änderungen werden in der Tabelle angezeigt. Sie können mit Ihren Einstellungen fortfahren oder die Bearbeitung mit Klick auf die Schaltfläche *Abbrechen* ohne Änderung beenden.

Beim Anlegen einer Tabelle Rahmeneinstellungen festlegen

▶ Nehmen Sie in der Symbolleiste *Tabellen und Rahmen...* die Rahmeneinstellungen für die Linien, die Sie als nächstes zeichnen wollen, vor.

▶ Der Mauszeiger verwandelt sich automatisch in den Zeichenstift. Zeichnen Sie die gewünschten Linien. Bedenken Sie dabei, daß automatisch immer mit dem Außenrahmen begonnen wird.

INFO

Die eingedrückt erscheinenden Schaltflächen signalisieren, daß diese Linienkategorie aktiviert ist. Erneutes Anklicken deaktiviert die Linienkategorie wieder. Eine QuickInfo erläutert ebenfalls die Rahmenlinienkategorie.

INFO

Mit dem Ergebnis nicht zufrieden? Dann klicken Sie auf die Schaltfläche Rückgängig.

INFO

Linien unsichtbar machen: Deaktivieren Sie durch Anklicken die Felder der Linienkategorien, die nicht sichtbar sein sollen.

Zellen mit Farben und Mustern ausfüllen

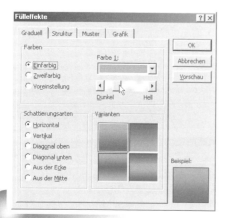

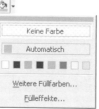

▶ *Ansicht/Symbolleisten/*
Tabellen und Rahmen...

WO? WOMIT?

Zellen oder der gesamten Tabelle eine Hintergrund-farbe zuordnen

▶ Markieren Sie die gesamte Tabelle oder nur **→ 493** einzelne Zellen.

▶ Klicken Sie in der Symbolleiste *Tabellen und Rahmen...* auf das Feld *Füllfarbe*.

▶ Wählen Sie aus der angebotenen Farbskala **→ 478** eine mit Mausklick aus.

▶ Wenn Ihnen das Farbangebot nicht genügt, wählen Sie *Weitere Füllfarben...*

▶ Wählen Sie eine neue Standardfarbe, oder wechseln Sie in das Register *Anpassen*, um sich eine eigene Mischung zu erstellen.

▶ Klicken Sie auf die Schaltfläche *Vorschau*, um sich das Ergebnis in der Tabelle anzusehen.

▶ Ist das Ergebnis in Ordnung, bestätigen Sie dies mit Klick auf *OK*. Wollen Sie doch keine Änderungen vornehmen, klicken Sie auf *Abbrechen*.

Farbverlauf zuweisen

▶ Markieren Sie die Zellen der Tabellen, denen **→ 493** Sie einen Verlauf zuordnen wollen.

▶ Klicken Sie auf das Feld *Füllfarbe* in der Symbolleiste *Tabellen und Rahmen...*

▶ Klicken Sie auf *Fülleffekte...*

▶ Auf der Registerkarte *Graduell* können Sie einfarbige (von der Füllfarbe zu Schwarz) oder zweifarbige Verläufe, die Verlaufsrichtung und Intensitäten einstellen. Auch vor-gefertigte Farbverläufe können Sie bei aktivierter Option

TIP   **→ 555**
Das Symbol Füllfarbe *finden Sie standardmäßig auch in der Symbolleiste* Zeichnen.

INFO
Farbe entfernen: Klicken Sie auf das Feld Füllfarbe *in der Tabellen-Symbolleiste. Wählen Sie* Kein Füllbereich, *und die Tabelle erhält die Farbe des Folienhintergrunds.*

ACHTUNG
Farbverläufe werden immer zellenweise zugeordnet. Sie erstrecken sich nicht über die ganze Tabelle. Wenn Sie diese Formatierungsmög-lichkeit zu oft einsetzen, kann das Ergebnis schnell überfrachtet wirken.

Voreinstellung aussuchen. Dieser Dialog ist identisch mit dem, der beim Thema »Hintergrundfarben« behandelt wird. → 477

Tabelle mit Hintergrundstruktur füllen

▶ Markieren Sie die Bereiche der Tabelle, die eine Hintergrundstruktur erhalten sollen. → 493

▶ Klicken Sie in der Symbolleiste *Tabellen und Rahmen...* auf das Feld *Füllfarbe.*

▶ Wählen Sie *Fülleffekte...*

▶ Wechseln Sie im Dialog *Fülleffekte* auf das Register *Struktur.*

▶ Wählen Sie mit einfachem Mausklick auf das entsprechende Feld eine Struktur aus.

▶ Klicken Sie auf *Vorschau*, um sich die Wirkung der Struktur zu betrachten. Anders als beim Farbverlauf wird die Tabelle gleichmäßig mit Struktur gefüllt.

▶ Bestätigen Sie Ihre Wahl mit *OK.*

Füllmuster für die Tabelle festlegen

▶ Rufen Sie den Dialog *Fülleffekte* auf (siehe oben).

▶ Wechseln Sie in das Register *Muster.*

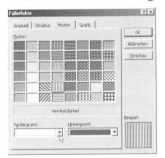

Es gibt verschiedene Grundmuster, deren Hell-/Dunkelwerte sehr variieren. In Tabellen sind Füllmuster oft störend, da sie den Lesefluß behindern.

▶ Wählen Sie über die jeweiligen Listenpfeile die Vorder- und Hintergrundfarbe aus. Falls Ihnen keine Farbe der angebotenen Farbskala zusagt, wählen Sie *Weitere Farben...* → 478

▶ Testen Sie den Effekt über die Schaltfläche *Vorschau.*

▶ Bestätigen Sie mit *OK*, wenn Ihnen das Ergebnis zusagt

Grafik einfügen

▶ Wechseln Sie im Dialog *Fülleffekte* (siehe oben) auf das Register *Grafik.*

▶ Klicken Sie auf die Schaltfläche *Grafik auswählen...* Sie gelangen in einen Auswahldialog, über den Sie eine Bilddatei aussuchen. → 539

▶ Markieren Sie die gewünschte Datei, und klicken Sie auf *Einfügen.*

▶ Bestätigen mit Klick auf *OK* das Einfügen.

INFO
Eigene Struktur hinterlegen: Klicken Sie im Dialog Fülleffekte, Register Struktur (siehe oben) auf die Schaltfläche Weitere Strukturen... Es erscheint ein Dialog, aus dem Sie eigene Grafikdateien aussuchen können. Je nach Bildgröße legt sich die Struktur gekachelt oder in ganzer Größe hinter die Tabelle. Ist die Datei zu groß erhalten Sie eine Fehlermeldung.

INFO → 575
Bilder neu berechnen

ACHTUNG
Grafiken werden – wie auch Farbverläufe – zellenweise eingesetzt. Deshalb ist dies eher ein Effekt für einzelne Zellen. Außerdem werden Grafiken dabei verzerrt, was etwas unglücklich wirken kann. Sobald Sie wieder eine Füllfarbe zuweisen, ersetzt diese die Grafik in der Zelle. Der Text in dieser Zelle liegt über dem Bild.

Tabelle einfügen

▶ Menübefehl *Einfügen/ Tabelle.*

▶ Oder: *Format/Folien- layout...*, Layout *Tabelle* aussuchen.

Tabelle verschieben und Größe einstellen

▶ Mausklick in Tabelle.

▶ An Markierungspunkten ziehen, um die Tabellen- größe einzustellen.

▶ Am Rahmen ziehen, um die Tabelle zu bewegen.

Tabellenbearbeitung über eigene Symbolleiste

▶ Über *Ansicht/Symbol- leisten...* die Leiste *Tabel- len und Rahmen* aufrufen.

Spalten und Zeilen einfügen

▶ In die Tabelle im Bereich der Einfügezeile oder - spalte klicken.

▶ Klick auf die Schaltfläche *Tabelle* in der Leiste *Tabel- len und Rahmen.*

▶ Hier stehen folgende Befehle bereit: *Spalten links einfügen, Spal- ten rechts einfügen, Zeilen oberhalb einfügen, Zeilen unterhalb einfügen*

Zeilen und Spalten löschen

▶ In die zu löschende Spalte oder Zeile klicken.

▶ In der Leiste *Tabellen und Rahmen* auf die Schalt- fläche *Tabelle* klicken.

▶ Befehl *Spalten löschen* oder Befehl *Zeilen löschen* wählen.

Rahmen bearbeiten, Hintergrundfarbe und -effekte festlegen, Text- ausrichtung

▶ In der Leiste *Tabellen und Rahmen* auf Tabelle klik- ken.

▶ Befehl *Tabelle auswählen.*

▶ Erneuter Klick auf *Tabelle.*

▶ *Rahmen und Ausfüllen...* aus dem Menü wählen.

▶ Im Register *Rahmen* legen Sie Rahmeneinstellungen fest, Farben, Verläufe, Fülleffekte und Hinter- grundfarbe werden im Register *Ausfüllen* defi- niert, und im Register *Textfeld* stehen Optionen zur Textausrichtung in der jeweiligen Zelle bereit.

NOCH SCHNELLER

Formatieren: Über diese Symbole in der Leiste Tabellen und Rahmen *können Sie fast alles regeln.*

29 KAPITEL

Video und Sound in der Präsentation

tempo

Film einfügen

Film einfügen

▶ Wählen Sie auf der Folie den Menübefehl *Einfügen/Film und Sound.*

▶ Wählen Sie *Film aus Datei...*

▶ Im Dialog *Film einfügen* ist als Dateityp standardmäßig *Filmdateien* eingetragen.

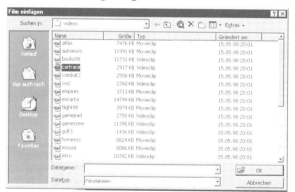

▶ Markieren Sie die gewünschte Datei.

▶ Bestätigen Sie mit Klick auf *OK* Ihre Auswahl.

▶ Es erscheint die folgende Nachfrage, die Sie mit Klick auf *Ja* oder *Nein* beantworten.

Video mit neuer Folie einfügen

▶ Wählen Sie beim Einfügen einer neuen Folie über *Einfügen/Neue Folie* oder über *Format/ Folienlayout* die Vorlage *Text und Medienclip.*

INFO → 580

Das Einfügen eines Films aus der Gallery funktioniert genauso wie bei den ClipArts, ebenso das Suchen von Videoclips im Internet.

INFO → 539

Der Dialog zum Suchen von Dateien ist hier beschrieben.

INFO

Dateiformate für Videos: Gängige Formate für Videos sind AVI und MPEG. Im Windows Explorer werden diese Formate durch die Angabe von Movieclip (MPEG) oder Videoclip (AVI) angezeigt.

ACHTUNG

Ein Video ohne Sound ist nur der halbe Spaß. Deshalb bedenken Sie, daß der vorführende Computer eine Soundkarte haben sollte. Zur Soundwiedergabe sollte möglichst auch eine Anlage zur Verfügung stehen, die dem Vortragsraum gerecht wird.

▶ Folgen Sie auf der Folie der Anweisung, auf das Video-symbol doppelzuklicken, um den Medienclip einzufügen.
▶ Sie werden in die Clip Gallery geführt. Wechseln Sie in das Register *Videoclips*. Das weitere Vor-gehen entspricht dem beim Einfügen von  → 580 ClipArts.

Medienclip durch
Doppelklicken
hinzufügen

Video positionieren

▶ In der Folie erscheint nach dem Einfügen entweder ein schwarzer Kasten oder ein Bildchen, in dessen Ausma-ßen bci der Präsentation das Video abgespielt wird. Zie-hen Sie also den Kasten per Drag&Drop an den Eckmar-kierungspunkten in die passende Größe.
▶ Markieren Sie das zu verschiebende Videofenster, füh-ren Sie den Mauszeiger – ohne die Maustaste zu drük-ken – über das Fenster. Er wird zu einem Kreuzpfeil. Drük-ken Sie die Maustaste, und ziehen Sie das Objekt an die gewünschte Position.

INFO
Video aus der Präsentation löschen: Markieren Sie das Videofenster, und betätigen Sie die Taste Entf *.*

Video testen

▶ Klicken Sie mit der rechten Maustaste auf das Video-fenster.
▶ Wählen Sie den Kontextmenübefehl *Movie abspielen*.

Wiedergabeeinstellungen

▶ Klicken Sie mit der rechten Maustaste auf das Video-fenster.
▶ Wählen Sie den Menübefehl *Filmobjekt bearbeiten*.
▶ Mit Aktivierung der Option *Endlos weiterspielen* sorgen Sie dafür, daß der Film immer wieder von vorne beginnt, wenn er einmal abgelaufen ist. Erst, wenn Sie das Ab-spielen manuell beenden, hat die Sache ein Ende.
▶ Aktivieren Sie gegebenenfalls die Option *Film nach dem Abspielen zurückspulen*.
▶ Bestätigen Sie Ihre Einstellungen mit Klick auf *OK*.

TIP
Abspielen des Videos unter-brechen: Betätigen Sie die Taste Esc *.*

Wiedergabe steuern

▶ Mit einem Mausklick auf das Videofenster unterbrechen Sie die Wiedergabe.
▶ Ein weiterer Mausklick setzt die Wiedergabe fort.
▶ Während der Bildschirmpräsentation selbst wird – an-ders als im Folienentwurf – das Video immer wieder von vorne abgespielt, wenn es unterbrochen worden ist.

Sound einfügen und bearbeiten

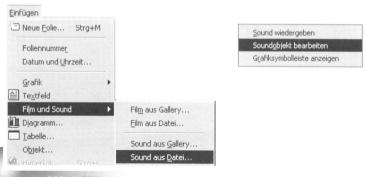

Sound einfügen

▶ Stellen Sie den Mauszeiger auf die Folie, auf der Sie den Sound einfügen möchten.

▶ Wählen Sie den Menübefehl *Einfügen/Film und Sound.*

▶ Wählen Sie zwischen *Sound aus Gallery...*, wenn Sie die Sound-Datei über die Gallery verwalten, oder *Sound aus Datei*, wenn Sie die Sound-Datei direkt einfügen möchten. → 580

▶ Wenn Sie *Sound aus Gallery* gewählt haben, öffnet sich die Gallery. Vergewissern Sie sich, daß Sie sich im Register *Sounds* befinden. Das weitere Vorgehen entspricht dem Einfügen von ClipArts aus der Gallery.

▶ Wenn Sie den Sound direkt aus einer Datei einfügen, öffnet sich der Dialog *Sound einfügen*. Öffnen Sie den Ordner, in dem sich die Sound-Datei befindet. Als Dateityp ist bereits *Audiodateien* voreingestellt.

▶ Markieren Sie die gewünschte Datei, und klicken Sie auf *OK*.

▶ Beantworten Sie die folgende Nachfrage entweder mit Klick auf *Ja* oder *Nein.*

Medienclip durch Doppelklicken hinzufügen

→ 469

INFO

Wie auch bei Filmen besteht für Sound die Möglichkeit, über Einfügen/Neue Folie *oder* Format/Folienlayout *die Folienvorlage* Medienclip und Text *auszusuchen. Mit Doppelklick auf das* Medienclip*-Symbol auf der Folie gelangen Sie schließlich ebenfalls in die Gallery.*

→ 539

INFO

Der Auswahldialog ist hier beispielhaft beschrieben.

Soundsymbol auf der Folie positionieren

▶ Es erscheint ein kleines Lautsprechersymbol auf der Folie.

▶ Wenn Sie mit der Maus an einem der Eckmarkierungspunkte ziehen, können Sie das Symbol vergrößern.

▶ Sie verschieben das Symbol, indem Sie den Mauszeiger über das markierte Symbol führen – der Mauszeiger wird zu einem Kreuzpfeil –, mit der Maus darauf klicken und das Symbol bei gedrückter Maustaste verschieben.

Sound bearbeiten

▶ Klicken Sie mit der rechten Maustaste auf das Lautsprechersymbol auf der Folie.

▶ Wählen Sie den Befehl *Soundobjekt bearbeiten*.

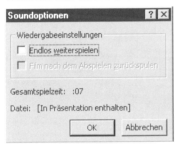

▶ Aktivieren Sie die Option *Endlos weiterspielen*, wenn die Sound-Datei während der Präsentation immer wieder von vorne abgespielt werden soll.

▶ Bestätigen Sie die Einstellung mit Klick auf die Schaltfläche *OK*.

Wiedergabesteuerung

▶ Sie starten das Abspielen des Sounds mit einem Mausklick auf das Lautsprechersymbol – sofern Sie beim Einfügen nicht festgelegt haben, daß der Sound automatisch starten soll.

▶ Sie unterbrechen die Wiedergabe, indem Sie die Taste Esc betätigen.

▶ Erneutes Aktivieren der Wiedergabe per Mausklick startet das Abspielen von vorne.

Sounddatei aus der Folie entfernen

▶ Markieren Sie das Lautsprechersymbol per Mausklick.

▶ Betätigen Sie die Taste Entf, um die Datei wieder zu entfernen.

CD-Audiospur

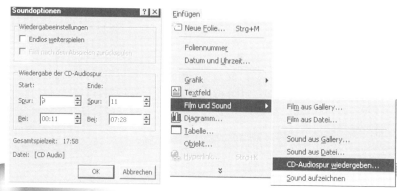

WO? WOMIT?

Audiospur zum Abspielen einrichten

▶ Legen Sie eine Audio-CD in Ihr CD-ROM-Laufwerk.

▶ Wählen Sie den Menübefehl *Einfügen/Film und Sound/ CD-Audiospur wiedergeben...*

▶ Es erscheint der Dialog *Film- und Soundoptionen.* Geben Sie im Feld *Start:* die Start-Spur an.

▶ Im Feld *Bei:* geben Sie die Zeit an.

▶ Machen Sie die entsprechenden Angaben im Feld *Ende:*.

▶ Wenn das gewählte Sound-Segment ständig wiederholt werden soll, während die Präsentationsfolie aktiv ist, aktivieren Sie die Option *Endlos weiterspielen.*

▶ Beantworten Sie die Nachfrage, ob der Sound automatisch in der Bildschirmpräsentation wiedergegeben werden soll, oder ob Sie das Abspielen manuell per Mausklick auslösen möchten, mit Klick auf *Ja* oder *Nein*.

▶ Ein kleines CD-Symbol erscheint auf der Folie.

Wie finden Sie die benötigte Spur heraus?

▶ Wenn Sie eine Audio-CD in Ihr CD-ROM-Laufwerk legen, startet automatisch die CD-Wiedergabe. Falls dies nicht der Fall ist, öffnen Sie nach dem Einlegen der CD den Windows Explorer (rechter Mausklick auf die *Start*-Schaltfläche, Befehl *Explorer.*

▶ Klicken Sie auf das Symbol Ihres CD-Laufwerks.

▶ Ein Doppelklick auf einen der angezeigten Tracks öffnet ebenfalls die CD-Wiedergabe, der Sie die genauen Angaben entnehmen können.

ACHTUNG
Hardware: Für diese Funktion müssen Soundkarte und Lautsprecher angeschlossen sein.

INFO
CD-Symbol positionieren: Klicken Sie auf das Symbol, dann zeigt es vier Markierungspunkte. Wenn Sie an einem der Markierungspunkte mit der Maus ziehen, können Sie die Größe des Symbols verändern. Um es zu verschieben, führen Sie den Mauszeiger über das Symbol. Sobald der Kreuzpfeil erscheint, können Sie das Symbol bewegen.

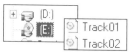

BEGRIFFE
Spur: *Jedes Musikstück belegt eine sogenannte Spur oder neudeutsch: einen Track. Die Track-Nummer zusammen mit der Angabe der Spielzeit geben genaue Auskunft über die gewünschte Stelle auf der CD. CD-Player zeigen zum Beispiel diese Angaben.*

Sound aufzeichnen

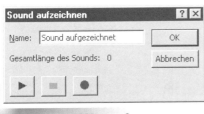

WO? WOMIT?

Sound aufzeichnen

▶ Wählen Sie in PowerPoint den Menübefehl *Einfügen/Film und Sound/Sound aufzeichnen*. Der Dialog *Sound aufzeichnen* öffnet sich.

▶ In das Feld *Name:* geben Sie einen Namen für die Aufnahme ein. Dazu markieren Sie zuvor *Sound aufgezeichnet*.

▶ Klicken Sie auf die Schaltfläche mit dem roten Kreis, um mit der Aufnahme zu beginnen.

▶ Mit Klick auf das blaue Viereck beenden Sie die Aufnahme.

▶ Um die Aufnahme abzuhören, klicken Sie auf das blaue Dreieck.

▶ Sie können mit erneutem Klick auf den roten Kreis mit der Aufnahme fortfahren. Die Angabe *Gesamtlänge des Sounds* hält Sie über die Abspieldauer in Sekunden auf dem laufenden.

▶ Wenn was schiefgeht, brechen Sie mit Klick auf *Abbrechen* die Aktion ab. Ansonsten bestätigen Sie die Aufnahme mit *OK*.

▶ Ein kleines Lautsprechersymbol auf der Folie zeigt an, daß Sie einen Sound eingefügt haben.

▶ Klicken Sie es mit der rechten Maustaste an, und wählen Sie den Befehl *Soundobjekt bearbeiten...*, um eine Endlos-Wiedergabe einzustellen.

Sound komfortabler aufnehmen

▶ Klicken Sie auf die Start-Schaltfläche.

▶ Wählen Sie *Programme/Zubehör/Unterhaltungsmedien/Audiorecorder*.

▶ Speichern Sie die aufgenommene Datei über ➜ 24 *Datei/Speichern*.

▶ In den Menüs *Effekte* und *Bearbeiten* stehen Ihnen einige Nachbearbeitungsmöglichkeiten zur Verfügung.

INFO

Die Hardware zusammen-stöpseln: Eine Soundkarte sollte in Ihrem PC eingebaut und installiert sein. Die Soundkarte muß mit Aktiv-boxen verbunden sein. Dazu stöpseln Sie das entspre-chende Kabel in die dafür vorgesehene Buchse der Soundkarte. Je nach Sound-karte ist die Buchse markiert. Schließen Sie ein Mikrophon an die Soundkarte an, indem Sie das Kabel in die dafür vorgesehene Buchse stöpseln.

TIP

Musikalische Untermalung: Sie können gleichzeitig mit der Aufnahme über das Mikrophon eine Audio-CD im CD-ROM-Laufwerk abspielen, so daß Ihre Aufnahme mit Musik unterlegt wird.

➜ 484

INFO

Positionieren des Symbols per Drag&Drop wie bei Text-feldern

Präsentationseffekte mit Multimedia

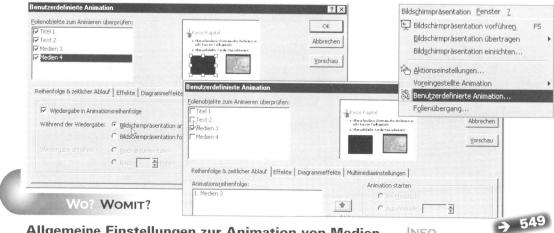

WO? WOMIT?

Allgemeine Einstellungen zur Animation von Medien

▶ Wählen Sie den Menübebefehl *Bildschirmpräsentation/ Benutzerdefinierte Animation...*

▶ Im Dialog *Benutzerdefinierte Animation* legen Sie im Register *Reihenfolge & zeitlicher Ablauf* zuerst fest, wann welches Element auf der Folie präsentiert werden soll. Markieren Sie dazu im Feld oben links zuerst die zu animierenden Objekte; Film und Sound werden als Medien bezeichnet.

▶ Im Feld *Animationsreihenfolge:* sehen Sie die Reihenfolge des Erscheinens der animierten Objekte. Nicht animierte Objekte sind statisch auf der Folie sichtbar. Über die Pfeile verschieben Sie das in der Liste markierte Objekt nach oben oder unten.

▶ Im Feld *Animation starten* definieren Sie für jedes Objekt der Folie, ob es erst nach Mausklick oder automatisch animiert werden soll.

▶ Im Register *Effekte* legen Sie die Art der Animation und das, was danach passieren soll, fest. Außerdem können Sie einen begleitenden Soundeffekt einfügen.

INFO

Das Zuweisen von Animationseffekten und das Einrichten der Präsentation funktioniert genauso wie bei Text und anderen Objekten.

ACHTUNG

Stellen Sie für Filme keinen Sound ein. Dieser unterdrückt dann nämlich die Soundausgabe des Videos. Behalten Sie die Standardeinstellung [Ohne Sound] bei.

INFO

In der Liste der Sounds sind auch diejenigen enthalten, die Sie über Einfügen/Film und Sound/Sound aufzeichnen aufgenommen haben. Wenn es mehrere Sound-Objekte auf der Folie gibt, ist die Option Vorherigen Sound anhalten sinnvoll, sofern das aktuelle Sound-Objekt als nachfolgendes animiert wird.

➔ 549

Wiedergabe von Sound und Film regeln

▶ Wechseln Sie zum Register *Multimediaeinstellungen*.

▶ Die Aktivierung der Option *Wiedergabe in Animations-reihenfolge* bewirkt, daß der Film oder der Sound abgespielt wird, wenn er auf der Folie auftaucht – was entweder automatisch oder durch Mausklick geschieht, je nachdem wie Sie dies im Register *Reihenfolge & zeitlicher Ablauf* eingestellt haben. Erst nach dem Abspielen werden die weiteren Animationen fortgesetzt. Wenn Sie diese Option deaktivieren, werden Film oder Sound erst abgespielt, wenn alle anderen Folienanimationen stattgefunden haben.

▶ Falls Sie die Option *Wiedergabe in Animationsreihenfolge* aktiviert haben, blenden zwei weitere Optionen auf, die sich auf das Verhalten der Bildschirmpräsentation während der Wiedergabe beziehen. Sie können diese fortsetzen oder anhalten lassen. Entscheiden Sie sich für die Option *Bildschirmpräsentation fortsetzen*, werden die Optionen für das Anhalten der Wiedergabe aktiviert.

▶ Wählen Sie entweder *Nach aktueller Folie*, oder entscheiden Sie sich für eine längere Spieldauer, zum Beispiel bis zum Ende der Präsentation.

Soundsymbol abblenden

▶ Aktivieren Sie im Register *Multimediaeinstellungen* des Dialogs *Benutzerdefinierte Animation* die Option *Nur bei Wiedergabe anzeigen*.

Spezielle Aktivierungsoptionen für OLE-Objekte

▶ Das Feld *Objektaktion:* ist nur aufgeblendet, wenn es sich bei dem zu bearbeitenden Objekt um ein OLE-Objekt handelt, also um ein verknüpftes oder eingebettetes Objekt, das in einer eigenen Anwendung startet und als Symbol in die Folie eingefügt wurde. Wählen Sie aus der Liste die Option *Nicht wiedergeben*, wenn Sie  ein Öffnen der Anwendung mit der entsprechenden Datei unterbinden möchten. Ein Mausklick auf das OLE-Objekt während der Präsentation ist daraufhin wirkungslos. Allerdings ist es dann auch sinnvoll, die Option *Nur bei Wiedergabe anzeigen* zu aktivieren.

→ 626

▶ Wählen Sie *Inhalt aktivieren*, wenn die Datei in seiner Anwendung geöffnet werden soll. Einen Hinweis auf mögliche Computerviren bestätigen Sie mit Klick auf *Ja*.

INFO

Animation von OLE-Objekten: Diese Einstellungen lassen sich nicht nur für Sound und Film vornehmen, sondern auch für OLE-Objekte, das heißt, eingebettete oder verknüpfte Objekte, die mit einer Anwendung starten.

ACHTUNG

Überlagerungen: Passen Sie auf, daß sich die Medien in der Präsentation nicht überlagern – da kann ein ziemlich wirres Zeug aus den Lautsprechern kommen.

Effekte in der Bildschirmpräsentation testen

Vorschaufunktionen

▶ In der Leiste *Animationseffekte* steht dieses Symbol zur Verfügung, um eine Vorschau zu den eingestellten Animationen zu erhalten.

▶ Im Dialog *Benutzerdefinierte Animation* steht die Schaltfläche *Vorschau* zur Verfügung. Nachdem Sie sie angeklickt haben, sehen Sie im Feld links daneben die eingestellten Animationen in der festgelegten Reihenfolge.

▶ Die Vorschaufunktionen zeigen keine Sound- oder Videoeffekte, weshalb Sie die Bildschirmpräsentation starten.

Bildschirmpräsentation

▶ Wählen Sie den Menübefehl *Bildschirmpräsentation vorführen*. Die Menüleisten verschwinden, und die Titelfolie wird angezeigt. Wenn für den Titeltext eine Animation eingestellt ist, sehen Sie nur das Folienlayout.

▶ Mit einem einfachen Mausklick irgendwo auf den Bildschirm erscheint die erste Texteinheit oder das erste Objekt auf dem Bildschirm.

▶ Ein erneuter Mausklick läßt den weiteren Text oder andere Objekte der Folie erscheinen. Sind alle Elemente der Folie bereits angezeigt, findet der Folienwechsel statt. Weitere Mausklicks führen Sie bis zum Ende der Präsentation.

▶ Mausklicks auf laufende Videos oder Sounddateien unterbrechen die Darbietung, und es findet ein Wechsel zur Anzeige des Folgeobjekts statt.

▶ Nach dem letzten Objekt springt die Anzeige wieder zu PowerPoint selbst um.

Unterbrechen der Präsentation

▶ Klicken Sie in der Windows-Taskleiste auf die Anwendungsschaltfläche der Präsentation selbst.

▶ Sie gelangen wieder zu Ihren Folien, und auf dem Bildschirm erscheint eine Schaltfläche *Bildschirmpräsentation fortsetzen*.

NOCH SCHNELLER
Bildschirmpräsentation vorführen: Betätigen Sie die Funktionstaste ⌗ auf Ihrer Tastatur.

TIP
Foliennummer sichtbar: Es ist hilfreich, wenn Sie die Foliennummer im Folienlayout unterbringen. Das erleichtert Ihnen beim Präsentieren die Orientierung.

INFO
Textanimation

INFO → 513
Einrichtung, Bearbeitung und Ablauf der Präsentation steuern

INFO
Vorzeitiges Beenden: Mit der Taste Esc beenden Sie die Präsentation vorzeitig.

▶ Klicken Sie auf diese Schaltfläche, um wieder in die Präsentation zu wechseln.

Navigation in der Bildschirmpräsentation

▶ Klicken Sie mit der rechten Maustaste in die Folie.

▶ Wählen Sie den Menübefehl *Gehe zu*.

▶ Klicken Sie auf *Foliennavigator*.

▶ Markieren Sie den gewünschten Folientitel, und klicken Sie auf *Gehe zu.*

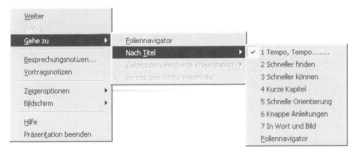

INFO
Der Befehl Nach Titel hält ebenfalls eine Auflistung bereit, in der Sie durch Anklicken die gewünschten Folien direkt aufrufen können.

▶ Wählen Sie im Kontextmenü *Zurück*, um sich in der Folie elementweise rückwärts zu bewegen.

Weitere Navigationstricks

Elementweise rückwärts oder vorwärts	
Foliennummer tippen, anschließend die Taste ⏎	Springt zu der jeweiligen Folie
Beide Maustasten 2 Sekunden gedrückt halten	Zur Anfangsfolie zurück springen

INFO
Eigene Navigationsleisten einbauen

Folien ausblenden und wieder einblenden

▶ Falls Sie eine Folie in der Präsentation selbst nicht mehr benötigen, sie aber nicht löschen möchten, können Sie sie ausblenden. Wechseln Sie über den Menübefehl *Ansicht/Foliensortierung* in die Folienübersicht.

▶ Markieren Sie die auszublendende Folie, indem Sie sie anklicken.

▶ Klicken Sie auf die Schaltfläche *Folie ausblenden*. Das Symbol erscheint unterhalb der Folie und markiert diese als ausgeblendet.

▶ Sie blenden dauerhaft die Folie wieder ein, indem Sie diese Aktion genauso wiederholen.

▶ In der Bildschirmpräsentation blenden Sie die Folie für den Zeitraum der Präsentation ein, indem Sie während der Anzeige der Folie, die vor der ausgeblendeten liegt, die Taste ⏎ betätigen.

TIP
*Was geht? Betätigen Sie während der Bildschirmpräsentation die Taste,
dann erhalten Sie eine Übersicht über alle möglichen Benutzeraktionen während der Bildschirmpräsentation.*

ACHTUNG
Das Einblenden während der Bildschirmpräsentation ändert nichts an der Grundeinstellung, daß die Folie ausgeblendet ist. Bei einer erneuten Präsentation ist sie wieder ausgeblendet.

Film einfügen

▶ Wählen Sie auf der Folie den Menübefehl *Einfügen/Film und Sound.*

▶ Wählen Sie *Film aus Datei...*

▶ Im Dialog *Film einfügen* ist als Dateityp standardmäßig *Filmdateien* eingetragen.

INFO

Das Einfügen eines Films aus der Gallery funktioniert genauso wie bei den ClipArts, ebenso das Suchen von Videoclips im Internet.

Video testen

▶ Klicken Sie mit der rechten Maustaste auf das Videofenster.

▶ Wählen Sie den Kontextmenübefehl *Movie abspielen.*

INFO

Vorzeitiges Beenden: Mit der Taste Esc beenden Sie die Präsentation vorzeitig.

Sound einfügen

▶ Menübefehl *Einfügen/Film und Sound* aufrufen.

▶ Wählen Sie *Sound aus Gallery.*

▶ Wenn Sie *Sound aus Gallery* gewählt haben, öffnet sich die Gallery. Wenn Sie den Sound direkt aus einer Datei einfügen, öffnet sich der Dialog *Sound einfügen.*

TIP

Abspielen des Videos unterbrechen: Betätigen Sie die Taste Esc.

Sound aufzeichnen

▶ Den Menübefehl *Einfügen/Film und Sound/Sound aufzeichnen* aufrufen..

▶ In das Feld *Name:* des folgenden Dialogs geben Sie einen Namen für die Aufnahme ein. Dazu markieren Sie zuvor *Sound aufgezeichnet.*

▶ Klick auf den roten Kreis startet die Aufnahme.

▶ Klick auf das blaue Viereck beendet die Aufnahme.

▶ Klick auf das blaue Dreieck spielt die Aufnahme ab.

Bildschirmpräsentation

▶ Wählen Sie den Menübefehl *Bildschirmpräsentation vorführen.*

▶ Mit jeweils einem Mausklick erscheinen die animierten Elemente oder die Folie wird gewechselt, sobald die aktuelle komplett dargestellt wird.

▶ Mausklicks auf laufende Videos oder Sounddateien unterbrechen die Darbietung, und es findet ein Wechsel zur Anzeige des Folgeobjekts statt.

▶ Nach dem letzten Objekt springt die Anzeige wieder zu PowerPoint selbst um.

30 KAPITEL

Bildschirmpräsentation einrichten

tempo

Vortragspräsentation

WO? WOMIT?

Grundeinstellungen

▶ Wählen Sie den Menübefehl *Bildschirmpräsentation/Bildschirmpräsentation einrichten.*

▶ Aktivieren Sie die Option *Präsentation durch einen Redner (volle Bildschirmgröße).*

▶ Deaktivieren Sie gegebenenfalls die Option *Wiederholen, bis "Esc" gedrückt wird,* da Sie ja keine automatische Präsentation vorführen wollen.

▶ Aktivieren Sie *Präsentation ohne Erzählung. Erzählung* bezieht sich hier auf das Abspielen einer Sound-Datei, die durch die Präsentation führt. Sie wollen ja selbst reden.

▶ Falls Ihnen an Animationen nichts liegt, können Sie die Option *Präsentation ohne Animation* aktivieren.

▶ Suchen Sie noch eine Stiftfarbe zum Malen auf der Folie während der Präsentation aus.

▶ Im rechten Feld, stellen Sie ein, ob Sie alle Folien präsentieren wollen – Option *Alle* – oder ob Sie einen Teil verwenden möchten. Aktivieren Sie in diesem Fall die Option *Von:,* und geben Sie die Foliennummern an.

▶ Wenn Sie selbst reden, ist im Feld *Nächste Folie* die Option *Manuell* am geeignetsten. Eine festgelegte Anzeigedauer kann sich in der Praxis als Problem erweisen.

▶ Bestätigen Sie alles mit Klick auf *OK.*

Der Mausstift in der Präsentation

▶ Klicken Sie während der Bildschirmpräsentation mit der rechten Maustaste auf die Folie.

▶ Wählen Sie *Zeigeroptionen/Stift.* Der Mauszeiger erhält die Form eines Zeichenstifts, und Sie können in die Folie malen, während Sie vortragen.

▶ Die Farbe ändern Sie über *Zeigeroptionen/Stiftfarbe* und Klick auf die gewünschte Farbe.

INFO → 519
Automatische Präsentation

INFO → 511
Nicht benötigte Folien ausblenden

INFO → 519
Die Folienabfolge verändern: Per Drag&Drop in der Foliensortierung.

INFO → 520
Festlegung einer automatischen Anzeigedauer

TIP
Zeichnungen löschen: Klicken Sie mit der rechten Maustaste, und wählen Sie Bildschirm/Stift löschen aus dem Kontextmenü.

Präsentation am Arbeitsplatzrechner

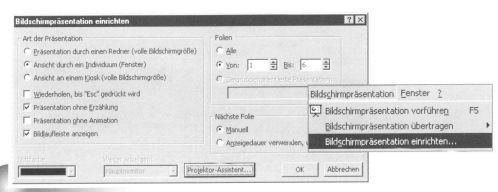

Wo? Womit?

▶ Wählen Sie den Menübefehl *Bildschirmpräsentation/Bildschirmpräsentation einrichten...*
▶ Aktivieren Sie die (schön formulierte) Option *Ansicht durch ein Individuum (Fenster).*
▶ Wählen Sie, ob Sie die Präsentation automatisch ablaufen lassen wollen. Wenn dies der Fall ist, aktivieren Sie die Option *Wiederholen, bis "Esc" gedrückt wird.*
▶ Haben Sie dazu eine digitale Vortragsaufnahme zu bieten, deaktivieren Sie *Präsentation ohne Erzählung.*
▶ Wollen Sie, daß die Präsentation ohne Animation abläuft, dann müssen Sie die entsprechende Option ankreuzen.
▶ *Bildlaufleiste anzeigen* ist ganz nützlich, da die Bildlaufleiste das Blättern vereinfacht.

INFO
Erzählung aufnehmen

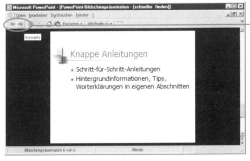

▶ Bestimmen Sie im Feld rechts oben, ob Sie alle Folien oder nur einen Teil der Folien zeigen möchten.
▶ Wählen Sie zwischen manueller Vortragsführung durch den Betrachter, oder bieten Sie ➔ 519 ein automatisches Timing an.
▶ Bestätigen Sie Ihre Einstellungen mit Klick auf *OK*.

Der Betrachter blättert mit Klick auf diese Pfeile durch die Präsentation, wenn eine Bildlaufleiste vorhanden ist. Ist eine automatische Wiederholung eingestellt, beginnt die Vorführung so lange von vorne, bis der Betrachter die Taste Esc betätigt.

Erzählung aufzeichnen

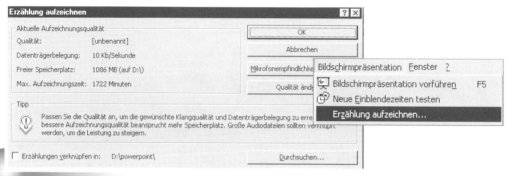

WO? WOMIT?

▶ Wählen Sie den Menübefehl *Bildschirmpräsentation/Erzählung aufzeichnen*...

▶ Es öffnet sich der Dialog *Erzählung aufzeichnen*, der Ihnen im Feld *Aktuelle Aufzeichnungsqualität* einige Informationen bietet. Prüfen Sie vor allem die Angaben zum freien Speicherplatz und zur maximalen Aufzeichnungszeit. Überlegen Sie, ob Sie damit zurechtkommen. Falls nicht, müssen Sie einige Änderungen zur Qualität oder zum Speicherort vornehmen.

BEGRIFFE
Erzählung: Damit ist der elektronische Vortragstext gemeint, der während der Präsentation das Abspielen der Folien begleitet. Wird in manchen Dialogen auch Sprechtext genannt.

Wechseln des Speicherorts für die Sound-Datei der Erzählung

▶ Klicken Sie auf *Durchsuchen*...

▶ Wählen Sie im folgenden Dialog *Verzeichnis wählen* ein anderes Speichermedium oder nur einen anderen Ordner aus.

▶ Bestätigen Sie mit Klick auf *Auswählen*.

▶ Kontrollieren Sie erneut die Angaben zum freien Speicherplatz.

ACHTUNG
Hardware-Voraussetzungen: Eingebaute und installierte Soundkarte, angeschlossene Lautsprecher, angeschlossenes Mikrophon, genügend Speicherkapazität für die Sound-Datei.

Qualität ändern

▶ Die Qualität bestimmt die Eigenschaften der Sound-Datei (Frequenz, Bit-Breite) und damit auch die Anforderung an Speicherplatz. Klicken Sie auf die Schaltfläche *Qualität ändern*...

BEGRIFFE
PCM: Pulse Code Modulation, ein Verfahren, mit dem analoge Signale in digitale umgewandelt werden.

▶ Es öffnet sich der Dialog *Audiodatei wählen*. Suchen Sie aus der Liste *Name:* ein anderes vorgegebenes Audioformat aus.

▶ Die Angaben im Feld *Attribute:* zeigen die Spezifikation der PCM. Suchen Sie gegebenenfalls eine eigene aus, die Sie anschließend mit Klick auf die Schaltfläche *Speichern unter:* unter einem eigenen Namen speichern können.

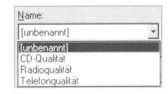

▶ Bestätigen Sie die Qualitätsänderung mit Klick auf *OK*.

▶ Prüfen Sie die Angabe zur maximalen Aufzeichnungszeit. Diese reduziert sich, je mehr Speicherplatz der aufgenommene Sound aufgrund seiner höheren Qualitätsmerkmale beansprucht.

Mikrophonempfindlichkeit einstellen

▶ Klicken Sie im Dialog *Erzählung aufzeichnen* auf die Schaltfläche *Mikrofonempfindlichkeit einstellen...*

▶ Sprechen Sie in normaler Lautstärke den angegebenen Text ins Mikrophon.

▶ Wenn Sie damit fertig sind, klicken Sie auf *OK* und gehen davon aus, daß jetzt alles bestens funktioniert.

Die Aufnahme managen

▶ Bestätigen Sie alle Einstellungen zum Speicherort der Datei, zur Qualität und zur Mikrophonempfindlichkeit mit Klick auf *OK* im Dialog *Erzählung aufzeichnen*.

▶ Suchen Sie sich in der folgenden Leiste aus, ob Sie bei der aktuell in PowerPoint angezeigten Folie oder bei der ersten Folie mit der Kommentierung beginnen möchten. Klicken Sie auf die entsprechende Schaltfläche.

▶ Den Folienwechsel lösen Sie manuell per Mausklick aus.

▶ Klicken Sie mit der rechten Maustaste, und wählen Sie den Befehl *Sprechtext anhalten*, um die Aufnahme zu unterbrechen.

▶ Rechter Mausklick und der Befehl *Sprechtext fortsetzen* führen die Aufnahme fort.

INFO
Anzeigedauer der Folien bei automatischer Präsentation: Diese werden mit der jeweiligen Sprechdauer – bis Sie den Folienwechsel einleiten – neu definiert. Sie können diese neuen Zeiten für die Anzeigen zusammen mit den Sprechtexten speichern. Bestätigen Sie dann den Hinweis mit Klick auf Ja.

▶ Nach der letzten Folie wird automatisch die Aufnahme beendet.

▶ Prüfen Sie das Ergebnis mit ⌨, womit Sie die Bildschirmpräsentation starten.

Aufnahme zu einer einzelnen Folie mißlungen?

Sie können die Sounddateien auch einzeln neu aufnehmen. Wenn Sie sich während der Aufnahme der Erzählung verhaspeln, ignorieren Sie dies und fahren bis zum Ende der Präsentation mit der Aufnahme fort.

▶ Öffnen Sie mit Klick auf die Schaltfläche *Start* und *Programme/Zubehör/Unterhaltungsmedien* den *Audiorecorder*.

▶ Klicken Sie auf den roten Kreis zum Start der Neuaufnahme. Wenn Sie sich wieder vertun, spulen Sie erst an den Anfang zurück, bevor Sie erneut beginnen.

▶ Wenn das Ergebnis o.k. ist, wählen Sie den Menübefehl *Datei/Speichern unter...*

▶ Suchen Sie das Verzeichnis, in das Sie Ihre Erzählung zuvor über PowerPoint aufgenommen haben.

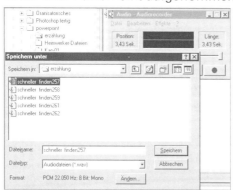

▶ Zählen Sie ab, welche Datei ausgetauscht werden muß, um die richtige Folie zu erwischen, und wählen Sie sie als Dateinamen per Doppelklick aus.

▶ Bestätigen Sie die Nachfrage bezüglich des Überschreibens dieser Datei mit Klick auf *Ja.*

→ 515

ACHTUNG

Selbst wenn Sie einen Erzähltext aufgenommen haben, heißt dies nicht, daß er automatisch verwendet wird. Sie müssen ihn für die Bildschirmpräsentation einrichten.

INFO

Die Schaltflächen des Dialogs Audio-Audiorecorder funktionieren wie bei einem CD-Spieler oder Cassettenrecorder. Wie bei einem Cassettenrecorder müssen Sie sich auch das Aufnehmen einer neuen Sound-Datei vorstellen.

INFO

Texte als Dateien auffinden: Der Vortragstext wird von PowerPoint je Folie in eine einzelne Datei gepackt. Diese werden in der Folienchronologie durchnumeriert, allerdings sind die Nummern in der Datei nicht identisch mit den Foliennummern. Folie 3 ist in diesem Beispiel 259, »schneller finden« ist der Titel der Präsentation.

TIP

Zur Sound-Nachbearbeitung gibt es auf dem Markt ausgefeilte und günstige Programme, deren Möglichkeiten bei weitem über die des Audiorecorders hinausgehen.

Automatische Bildschirmpräsentationen

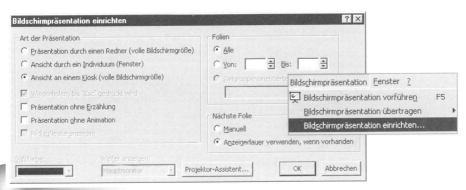

Automatische Präsentation einrichten
▶ Wählen Sie den Menübefehl *Bildschirmpräsentation/ Bildschirmpräsentation einrichten...*
▶ Im Dialog *Bildschirmpräsentation einrichten* aktivieren Sie die Option *Ansicht an einem Kiosk (volle Bildschirmgröße).* Diese Option bewirkt, daß die Präsentation in voller Bildschirmgröße automatisch abläuft. Nach fünf Minuten der Inaktivität startet der Vortrag erneut. Der Betrachter kann sich zwar durch die Folien oder er kann auf Hyperlinks klicken, nicht aber die Präsentation bearbeiten. Die Option *Wiederholen, bis "Esc" gedrückt wird* ist automatisch aktiviert und kann von Ihnen nicht mehr geändert werden.
▶ Legen Sie mit der Option *Präsentation ohne Erzählung* fest, ob Sie einen elektronischen Vortragstext verwenden oder nicht.
▶ Sie können noch *Präsentation ohne Animation* anklicken, wenn Sie auf Animationen verzichten wollen.
▶ Legen Sie im Feld rechts fest, ob Sie alle oder nur bestimmte Folien präsentieren wollen.
▶ Im Feld *Nächste Folie* bestimmen Sie, ob der Betrachter per Mausklick den Folienwechsel ausführen soll oder ob die Folien automatisch wechseln.
▶ Bestätigen Sie Ihre Angabe mit Klick auf *OK*.

Information über Anzeigedauer
▶ Sie finden die Information über alle eingestellten Anzeigedauern in der Foliensortierung unterhalb der Folien neben dem Symbol *Folienübergang* (im Beispiel rechts 16 Sekunden).

INFO
Foliensortierung umstellen: Begeben Sie sich in die Ansicht Foliensortierung. *Markieren Sie die zu verschiebende Folie, indem Sie sie anklicken. Per Drag&Drop ziehen Sie sie an eine neue Position.*

Anzeigedauer für alle Folien neu einstellen

▶ Wählen Sie den Menübefehl *Bildschirmpräsentation/Folienübergang...*

▶ In das Feld *Nächste Folie* geben Sie bei *Automatisch nach* die Anzeigedauer ein. Diese Option können Sie auch zusammen mit *Bei Mausklick* aktivieren. So hat der Anwender die Wahlmöglichkeit.

▶ Klick auf *Für alle übernehmen* stellt die Anzeigedauer für alle Folien gleich ein. *Übernehmen* stellt Sie nur für die aktuelle oder in der Folien- oder Gliederungsansicht markierte ein.

Anzeigedauer für jede Folie nachbearbeiten

▶ Begeben Sie sich über *Ansicht/Foliensortierung* in die Foliensortierung.

▶ Klicken Sie auf die Schaltfläche *Neue Einblendezeiten testen*. Die Bildschirmpräsentation startet mit einer Leiste *Probelauf*.

▶ Die Folie wird so lange angezeigt, bis Sie auf die Schaltfläche *Weiter* – der Pfeil nach rechts – in der Leiste *Probelauf* drücken. Danach wird die nächste Folie angezeigt. Die im weißen Feld angezeigten Sekunden bzw. Minuten ist die Anzeigezeit, die je nach Zeitdauer, in der Sie die Folie auf dem Bildschirm haben, neu erfaßt wird. Tippen Sie gegebenenfalls manuell eine Anzeigezeit in das Feld. Passen Sie jedoch dabei auf, daß Sie nicht Sekundenangaben mit Stundenangaben verwechseln.

▶ Mit der Schaltfläche *Wiederholen* – gebogener Pfeil – können Sie die Aktion von vorne beginnen.

▶ Unterbrechen Sie die Einstellung der Anzeigedauer mit Klick auf *Anhalten*. Über *Weiter* oder *Wiederholen* setzen Sie die Sache fort.

▶ Das Einstellen der Anzeigedauer endet automatisch mit dem Ende der Präsentation. Vorzeitig beenden Sie dies mit Klick auf die *Schließen*-Schaltfläche der Leiste *Probelauf* – das Kreuz oben rechts.

▶ Beantworten Sie die Nachfrage, ob die neuen Zeiten gespeichert werden sollen, mit Klick auf *Ja*. Falls Sie sie nicht ändern möchten, klicken Sie auf *Nein*, und die alten Einstellungen werden beibehalten.

TIP
Die Anzeigedauer variiert in der Regel nach der Menge der Information, die eine Folie enthält. Für den live gesprochenen Vortrag sollten Sie auf einen automatischen Folienwechsel verzichten. Es können immer Zwischenfragen etc. auftauchen, die das Verweilen auf einer Folie in die Länge ziehen können.

Hilfe beim Einrichten des Projektors

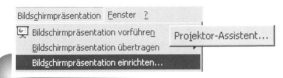

WO? WOMIT?

Hardware zusammenstöpseln

▶ Wählen Sie in PowerPoint den Menübefehl *Bildschirm-präsentation/Bildschirmpräsentation einrichten...*

▶ Klicken Sie im Dialog *Bildschirmpräsentation einrichten* auf die Schaltfläche *Projektor-Assistent...*

▶ Der Projektor-Assistent startet und gibt ein paar Anweisungen:

> **Bevor Sie fortfahren:**
>
> 1. Schalten Sie den Projektor aus.
> 2. Verbinden Sie Ihren Projektor mit dem Computer.
> 3. Schalten Sie den Projektor ein.
> 4. Warten Sie 45 Sekunden, in denen der Computer versucht, die benutzte Hardware zu ermitteln, und ein Bild zu projizieren.

▶ Folgen Sie diesen Anweisungen, um den Projektor anzuschließen.

▶ Beantworten Sie danach die Frage, ob der Projektorbildschirm den Inhalt des Computerbildschirms wiedergibt oder nicht.

Der Projektor zeigt den Computerbildschirm an

▶ Klicken Sie auf *Ja* und anschließend auf *Weiter*.

▶ Suchen Sie aus der Liste im Dialog *Projektorauswahl* das verwendete Gerät aus. Falls keiner der richtige Typ ist, wählen Sie eine der Angaben zu *Allgemein*. Beginnen Sie mit *Allgemein SVGA 800x600*.

▶ Klicken Sie auf *Weiter*.

▶ Falls Sie Sound einsetzen, klicken Sie auf die Schaltfläche *Sound testen*. Das löst ein wenig Wartezimmermusik aus dem Lautsprecher aus. Nutzen Sie die Gelegenheit, um die Lautstärke zu regulieren. Falls Sie nichts hören, prüfen Sie die Anschlüsse zu den Lautsprechern.

▶ Klicken Sie erneut auf die Schaltfläche, die jetzt *Sound anhalten* heißt.

▶ Klicken Sie auf *Weiter*, nicken Sie zu der Bestätigung, und klicken Sie auf *Fertig stellen*.

INFO
Der Projektor zeigt nichts an? Dann teilen Sie dies dem Projektor-Assistenten mit Klick auf Nein *mit und klicken auf* Weiter. *Wählen Sie aus der folgenden Liste Ihren Computer-Hersteller aus, und lesen Sie die zugehörigen Anweisungen im Feld darunter. Merken Sie sich die Funktionstasten, die Sie verwenden sollen. Wenn das Ergebnis positiv ist, geht es weiter wie links beschrieben – sonst müssen Sie mit dem Computer-Hersteller telefonieren.*

Schaltflächen zur Navigation

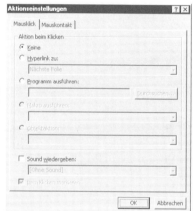

Wo? Womit?

▶ Wählen Sie den Menübefehl *Bild-schirmpräsentation/Interaktive Schaltflächen*.

▶ Es klappt ein Menü mit Schaltflächen, die verschiedene Symbole aufweisen, aus. Klicken Sie eine Schaltfläche an. Die Symbole weisen bereits auf vordefinierte Aktionen hin. Sie können diese jedoch jederzeit ändern.

▶ Setzen Sie den Mauszeiger, der die Form eines einfachen Kreuzes hat, auf der Folie auf, und ziehen Sie, bis die Schaltfläche Ihren Vorstellungen entspricht.

▶ Wenn Sie die Maustaste loslassen, erscheint automatisch der Dialog *Aktionseinstellungen*.

▶ Wählen Sie, ob eine Aktion bei Mausklick auf die Schaltfläche stattfinden soll oder bei Mauskontakt, wenn der Mauszeiger zum Beispiel über die Schaltfläche fährt, indem Sie eines der beiden Register anklicken.

▶ Wählen Sie eine der Aktionen aus. Wenn Sie *Hyperlink zu:* aktivieren, müssen Sie bestimmen, wohin eine Verknüpfung erfolgen soll.

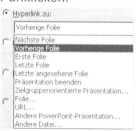

▶ Bei *Programm ausführen:* müssen Sie den Pfad der ausführenden Datei (.exe) angeben. Klicken Sie dazu auf *Durchsuchen*...

▶ *Makro ausführen:* Falls Sie Makros erstellt haben, sind diese in der Liste aufgeführt.

▶ Objektaktionen sind für interaktive Schaltflächen deaktiviert.

▶ Bestätigen Sie Ihre Einstellungen mit Klick auf *OK*.

→ 474

TIP
Schaltfläche auf jeder Folie der Präsentation? Legen Sie die Schaltflächen im Folienmaster an.

◁ *Mit der Maus eine Schaltfläche aufziehen. Diese führt zum Beispiel zur vorherigen Folie, wenn Sie die Voreinstellung belassen.*

INFO
Aktionseinstellungen nachträglich aufrufen: Klicken Sie das Objekt mit der rechten Maustaste an. Wählen Sie aus dem Kontextmenü Aktionseinstellungen...

→ 642

INFO
Makros aus anderen Präsentationen importieren

→ 567

INFO
Interaktive Schaltfläche neu gestalten: Das funktioniert genauso wie bei ClipArts oder sonstigen Grafiken.

Vorbereitung: Notizen für den Redner

WO? WOMIT?

Notizen erfassen

▶ In der Normalansicht steht ein Bereich unterhalb der Folie für Notizen zur Verfügung. Klicken Sie hinein, und geben Sie den Text ein, den Sie als Gedächtnisstütze in Ihrem Vortrag benötigen. Für jede Folie werden die Notizen gesondert erfaßt.

Notizen drucken

▶ Wählen Sie den Menübefehl *Datei/Drucken*.
▶ Im Feld *Drucken:* suchen Sie aus der Liste *Notizenseiten* aus.
▶ Bestätigen Sie mit Klick auf *OK*.

Seitenformat einstellen

▶ Rufen Sie den Menübefehl *Datei/Seite einrichten...* auf.
▶ Bestimmen Sie im Feld *Notizen, Handzettel und Gliederung,* ob Sie Hoch- oder Querformat wünschen. Dieses Format gilt dann auch für die Handouts an die Zuhörer. **→ 525**
▶ Bestätigen Sie dies mit *OK*.

Kopf- und Fußzeile festlegen

▶ Eine homogene Formatierung aller Notizen stellen Sie im Folienmaster ein. Wählen Sie den Menübefehl *Ansicht/Master/Notizenmaster*.

INFO

Vortragsnotizen in der Ansicht Foliensortierung: *Hier steht diese Schaltfläche zur Verfügung, mit der sich ein Fenster zur Bearbeitung der Vortragsnotizen öffnet. Formatierungen können Sie hier nicht durchführen.*

INFO **→ 31**
Das Thema Drucken *ausführlich*

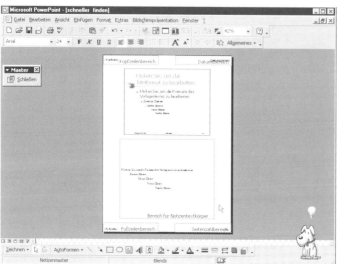

INFO **→ 474**
Bearbeitung eines Masters

▶ Wählen Sie *Ansicht/Kopf- und Fußzeile*.

▶ Das Register *Notizblätter und Handzettel* ist bereits aktiv. Legen Sie fest, welche Elemente Sie auf Ihren Notizblättern wünschen.

INFO **→ 475**
Datum, Kopf- und Fußzeile im Detail

▶ Bestimmen Sie das Datum.

▶ Geben Sie den Text für die Kopf- und die Fußzeile ein.

▶ Klicken Sie auf die Schaltfläche *Für alle übernehmen.*

INFO **→ 50**
Textformatierung im Detail

▶ Verschieben oder formatieren Sie die Textfelder für die definierten Elemente, falls Sie die Gestaltung verändern möchten.

Textformatierungen

▶ Klicken Sie im Notizenmaster die Textfelder an.

▶ Wählen Sie Schriftart, -farbe, -schnitt, Textausrichtung und sonstige Formatierungen in der Formatierungsleiste.

▶ Schließen Sie das Master mit Klick auf *Schließen* in der Masterleiste.

INFO

Im Notizenbereich der Normalansicht können Sie die Notizentexte auch Folie für Folie direkt formatieren.

Folienwiedergabe

▶ Klicken Sie den Folienrahmen im Notizenmaster an. Er erhält Markierungspunkte.

▶ Ziehen Sie mit der Maus an den Eckpunkten, um die Folienfläche – und damit auch die Schriften und sonstigen Folienelemente – zu reduzieren.

INFO

Die Textrahmen und Texte selbst können Sie ebenso gestalten und positionieren, wie dies in den Folien der Fall ist.

▶ Ein Klick in den Folienrahmen und Ziehen mit der Maus verschieben die Folienabbildung an eine andere Position.

Vorbereitung: Handouts für die Zuhörer

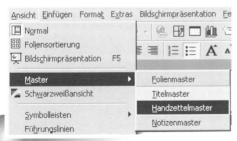

WO? WOMIT?

Handzettel einrichten

▶ Wählen Sie den Menübefehl *Ansicht/Master/Handzettelmaster*.

▶ Das Master wird mit einer Leiste *Handzettelmaster* angezeigt. Klicken Sie auf eines der Symbole, um eine Blattaufteilung vorzunehmen. Die Kästchen symbolisieren die Abbildung der Folien in Rahmen.

▶ Kopf- und Fußzeile sowie Seitenzahlen und Datum (*Ansicht/Kopf- und Fußzeile...*) legen Sie wie für den Notizenmaster fest. Diese Angaben teilen sich Handzettelmaster und Notizenmaster. Ändern Sie etwas beim einen, gilt das auch für das andere.

▶ Das Formatieren der Schrift, der Textfeldausrichtung etc. wirkt sich ebenfalls auf die Notizzettel aus. Sie führen die Gestaltung wie auf den Folien durch.

Handzettel drucken

▶ Wählen Sie den Menübefehl *Datei/Drucken*.

▶ Wählen Sie im Feld *Drucken:* aus der Liste *Handzettel*.

▶ Rechts im Feld *Handzettel* können Sie die Anzahl der Folien pro Seite einstellen – falls Sie von den Einstellungen im Master abweichen wollen.

▶ Wählen Sie bei der Reihenfolge der Anordnung zwischen *Horizontal* und *Vertikal* (von oben nach unten oder von links nach rechts).

▶ Definieren Sie, ob Sie die Folien in einem Rahmen gedruckt wünschen.

▶ Starten Sie den Druckvorgang mit Klick auf *OK*.

→ 474

INFO
Umgang mit Master

INFO
Leiste Handzettelmaster *nicht vorhanden? Wählen Sie* Ansicht/Symbolleisten/Handzettelmaster.

INFO
Hoch- oder Querformat? Einige Angaben werden für Handzettel und für Notizzettel gemeinsam gemacht. Dazu gehört auch die Seiteneinrichtung.

INFO
Gliederungsansicht drucken: Wählen Sie Datei/Drucken..., *und stellen Sie im Feld* Drucken: *die Option* Gliederungsansicht *ein. Bestätigen Sie mit OK. Gedruckt wird das, was Sie im Gliederungsbereich links sehen, nämlich die Inhalte der Folien.*

Nachbereitung: Besprechungsnotizen

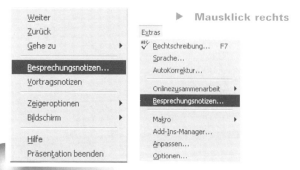

▶ **Mausklick rechts**

WO? WOMIT?

Besprechungsnotizen während der Präsentation

▶ Klicken Sie mit der rechten Maustaste in die Präsentation.

▶ Wählen Sie *Besprechungsnotizen...* aus dem Kontextmenü.

INFO
*Die Besprechungsnotizen
werden nicht für jede Folie
einzeln angezeigt. Sie
sammeln alle zu einer
Präsentation gehörigen
Notizen in einer Liste.*

▶ Geben Sie im Register *Besprechungsnotizen* eine Anmerkung in das weiße Textfeld ein.

Aufgaben fixieren und Zeitplan buchen

▶ Wechseln Sie in das Register *Aufgaben*.

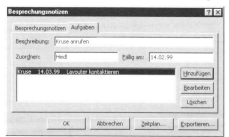

▶ In das Feld *Beschreibung:* geben Sie einen Aufgabentext ein.

▶ Den Ausführenden geben Sie im Feld *Zuordnen:* ein.

▶ Das Fälligkeitsdatum fixieren Sie im Feld *Fällig am:*.

▶ Klicken Sie auf *Hinzufügen*, damit die Aufgabe in die Liste unten aufgenommen wird.

▶ Sie können weitere Aufgaben im Zusammenhang mit Ihren Notizen hinzufügen.

▶ Aufgaben bearbeiten oder entfernen Sie aus der Liste, indem Sie sie markieren und auf die entsprechende Schaltfläche klicken.

▶ Klicken Sie auf *Zeitplan*, um den Termin in Ihrem MS Outlook-Kalender zu buchen.

INFO

Termine und Aufgaben nach der Präsentation selbst festlegen: Öffnen Sie die Präsentation, und wählen Sie den Menübefehl Extras/Besprechungsnotizen...

INFO

Über Microsoft Outlook erfahren Sie mehr in »Tempo – MS Outlook 2000«

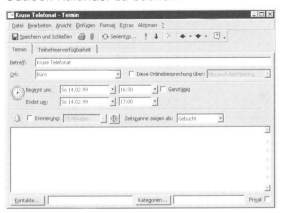

▶ Tragen Sie den *Termin* ein, und klicken Sie auf die Schaltfläche *Speichern und Schließen* oben links. **➜ 452**

Besprechungsnotizen nach Word exportieren

▶ Öffnen Sie die Notizen zu Ihrer Präsentation über *Extras/ Besprechungsnotizen...*

▶ Klicken Sie auf die Schaltfläche *Exportieren...*

▶ Aktivieren Sie *Besprechungsnotizen und Aufgaben an Microsoft Word senden*.

▶ Klicken Sie auf die Schaltfläche *Jetzt exportieren*. Word startet automatisch und legt ein Dokument mit Ihren Notizen und Aufgaben an. **➜ 35**

INFO

Heimlich neue Folie angelegt: Die definierten Aufgaben tauchen in Form einer neuen Folie, die ans Ende der Präsentation gehängt wird, auf. Löschen der Folie löscht auch die definierten Aufgaben im Dialog Besprechungsnotizen.

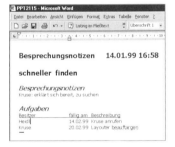

INFO

Mit der anderen Option Aufgaben für Microsoft Outlook bereitstellen *können Sie die Aufgaben automatisch gleichzeitig nach Outlook exportieren.*

Auswahl aus einer großen Präsentation zusammenstellen

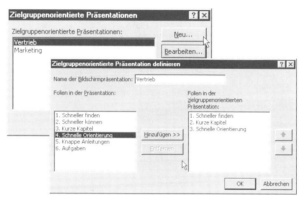

WO? WOMIT?

▶ Öffnen Sie die Präsentation, die Sie für eine bestimmte Zuhörerschaft neu »mixen« wollen.

▶ Wählen Sie den Menübefehl *Bildschirmpräsentation/ Zielgruppenorientierte Präsentation...*

▶ Wählen Sie eine Präsentation aus der Liste – die allerdings leer ist, wenn Sie dies zum ersten Mal probieren –, und klicken Sie auf *Bearbeiten*... Falls die Liste leer ist, klicken Sie auf die Schalfläche *Neu*...

▶ Geben Sie einen Namen für die Präsentation ein.

▶ Im linken Feld sind alle Folien der Präsentation nach ihrem Titel aufgelistet. Markieren Sie eine Folie, die Sie in die zielgruppenorientierte aufnehmen möchten, und klicken Sie auf die Schaltfläche *Hinzufügen*. Der Folientitel erscheint im rechten Feld.

▶ Wiederholen Sie dies so oft, bis Sie die benötigten Folien beisammen haben.

▶ Über die Pfeilschaltflächen verändern Sie die Reihenfolge der gewünschten Folien.

▶ Bestätigen Sie die Auswahl mit *OK*.

▶ Klicken Sie auf die Schaltfläche *Vorführen*, um das Ergebnis zu testen.

▶ Über die Schaltfläche *Bearbeiten*... können Sie die Präsentation noch einmal in Angriff nehmen. Mit Klick auf *Schließen* beenden Sie die Bearbeitung.

Zusammenstellung kopieren und wiederverwenden

▶ Wählen Sie aus der Liste eine zielgruppenorientierte Präsentation aus.

▶ Klicken Sie auf *Kopieren*.

▶ Klicken Sie anschließend auf *Bearbeiten*..., um sie zu modifizieren.

INFO

Um eine Zielgruppenorientierte Präsentation vorzuführen, rufen Sie ebenfalls diese Präsentation auf, wählen Bildschirmpräsentation/Zielgruppenorientierte Präsentation..., *suchen aus der Liste die gewünschte Präsentation aus und klicken auf* Vorführen. *Die Auswahl wird nicht in einer gesonderten Datei gespeichert.*

INFO

Zielgruppenorientierte Präsentation aus der Liste löschen: Markieren Sie die zu löschende Präsentation in der Liste, und klicken Sie auf die Schaltfläche Entfernen.

Einzelne Folien einer Präsentation in eine andere übernehmen

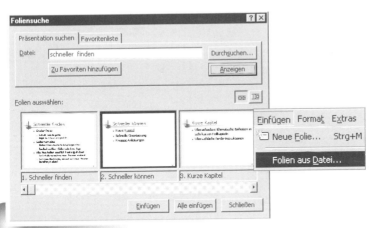

Wo? Womit?

▶ Öffnen Sie die Präsentation, in die Sie Folien aus einer anderen Präsentation aufnehmen möchten.

▶ Wählen Sie den Menübefehl *Einfügen/Folien aus Datei...*

▶ Es öffnet sich der Dialog *Foliensuche*. Klicken Sie auf die Schaltfläche *Durchsuchen...*

▶ Wählen Sie im folgenden Auswahldialog die Präsentation aus, der Sie einzelne Folien entnehmen möchten.  → 539

▶ Markieren Sie die gewünschte Präsentation, und klicken Sie auf *Öffnen*.

▶ Der Dateiname wird in das Feld *Datei:* eingetragen. Klicken Sie auf *Anzeigen*.

▶ In den Kästchen im unteren Teil des Dialogs werden die einzelnen Folien der gewählten Präsentation in Miniaturansicht dargestellt (siehe Bild oben). Wenn Sie die Folientitel sehen möchten, klicken Sie auf die rechte der beiden Schaltflächen, die oberhalb der Ansichtsfelder liegen.

▶ Markieren Sie die einzufügenden Folien, indem Sie sie jeweils anklicken. Mit Hilfe des Rollbalkens klicken Sie bis zum Ende der Präsentation.

▶ Klicken Sie auf die Schaltfläche *Einfügen*. Alle Folien auf einmal können Sie über *Alle Einfügen* in die aktuelle Präsentation aufnehmen. Die Folien werden hinter der aktuell geöffneten eingefügt, und zwar in deren Entwurfsdesign, das heißt grafischem Aufbau, Schriften, Schriftgrößen etc.

→ 464

INFO
Die Reihenfolge der Folien können Sie in der Gliederungsansicht oder in der Foliensortierung per Drag& Drop verändern.

▶ Wenn Sie fertig sind, klicken Sie auf *Schließen*.

Bildschirmpräsentation einrichten

▶ Menübefehl *Bildschirmpräsentation/Bildschirmpräsentation einrichten.*
  ▶ Legen Sie die Art der Präsentation fest.
  ▶ Legen Sie fest, ob die Präsentation endlos wiederholt werden soll, ob Sie von einem aufgenommenen Vortragstext begleitet wird und ob sie ohne Animation ablaufen soll.
  ▶ Im rechten Feld stellen Sie ein, ob Sie alle Folien präsentieren wollen oder nur einen Teil verwenden möchten.
  ▶ Legen Sie die Art des Folienwechsels fest.
▶ Bestätigen Sie alles mit Klick auf *OK.*

Vortragstext aufzeichnen

▶ Menübefehl *Bildschirmpräsentation/Erzählung aufzeichnen...*

Hilfe beim Einrichten des Projektors

▶ Menübefehl *Bildschirmpräsentation/Bildschirmpräsentation einrichten...*
  ▶ Schaltfläche *Projektor-Assistent...*
▶ Folgen Sie den Anweisungen des *Projektor-Assistenten.*

Eigene Navigationsschaltflächen

▶ Menübefehl *Bildschirmpräsentation/Interaktive Schaltflächen.*

Notizen

▶ In den Notizenbereich unterhalb der Folie Text eingeben.

Handzettel

▶ Menübefehl *Ansicht/Master/Handzettelmaster* und Master einrichten.

Besprechungsnotizen

▶ Rechter Mausklick auf die Folie während der Präsentation.
▶ *Besprechungsnotizen* aus dem Menü wählen.

Zielgruppenorientierte Präsentation

▶ Menübefehl *Bildschirmpräsentation/Zielgruppenorientierte Präsentation.*

31 KAPITEL

Besondere Texteffekte und WordArt

tempo

Rahmen für Textfelder

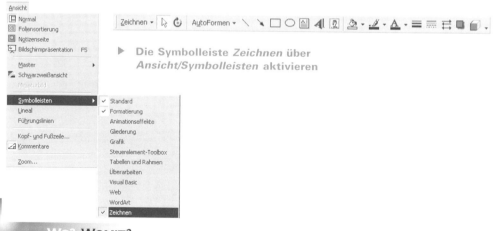

▷ Die Symbolleiste *Zeichnen* über
Ansicht/Symbolleisten aktivieren

WO? WOMIT?

Symbolleiste Zeichnen aktivieren

▶ Klicken Sie auf den Menübefehl *Ansicht/Symbolleisten*. Es klappt ein Menü mit bereits standardmäßig zusammengestellten Symbolleisten auf.

▶ Klicken Sie auf *Zeichnen*, so daß ein Häkchen davor erscheint.

▶ Standardmäßig taucht die Symbolleiste am unteren Bildschirmrand auf; Sie können sie jedoch wie alle anderen Symbolleisten auch an einen anderen Ort verschieben. → 636

Textfeld einfügen

▶ Klicken Sie auf dieses Symbol, und ziehen Sie einen Rahmen auf.

▶ Das Textfeld hat die Farbe des Hintergrundes und kommt in PowerPoint und Word ohne, in Excel mit Rahmen. Wenn Sie auf das Textfeld klicken, sehen Sie einen schraffierten Rahmen, der signalisiert, daß Sie nun Text eingeben können.

▶ Ein zweiter Mausklick markiert das Textfeld so, daß Sie es verschieben oder mit Effekten versehen können.

Textfeld mit Rahmen versehen

▶ Klicken Sie in der Symbolleiste *Zeichnen* auf das Symbol *Linienart*.

▶ Es werden verschiedene Linienarten und -stärken angeboten. Wählen Sie eine durch Anklicken mit der Maus aus. Falls Ihnen alle Linien zu dünn sind, klicken Sie auf *Weitere Linien...*

INFO → 637
Symbolleisten selbst zusammenstellen

ACHTUNG → 50
Rahmen in Word: In Word liegt noch ein Absatzrahmen im Textfeld, Sie sehen also unter Umständen zwei Rahmen. Den Absatzrahmen entfernen Sie über das Rahmensymbol in der Formatierungsleiste, während der Cursor im Absatz steht.

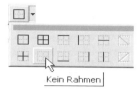

TIP
Je nach Anwendung zeigt der Dialog Textfeld formatieren leicht verschiedene Register und Optionen. In PowerPoint aktivieren Sie die Option Standard für neue Objekte, um alle nachfolgenden Textfelder mit diesen Festlegungen zu erstellen.

▶ Im Dialog *Textfeld formatieren* stehen Ihnen alle Formatierungsoptionen für das Textfeld zur Verfügung. Bei *Stärke:* geben Sie einen Wert für die Linienstärke an.

Strichart festlegen

▶ Markieren Sie das Textfeld mit einem Mausklick darauf.
▶ Klicken Sie in der Symbolleiste *Zeichnen* auf das Feld *Strichart*.
▶ Wählen Sie die gewünschte Linienart aus, indem Sie sie mit der Maus anklicken.

Farbe des Rahmens bestimmen

▶ Markieren Sie das Textfeld.
▶ Klicken Sie in der Symbolleiste *Zeichnen* auf den Pfeil neben dem Symbol *Linienfarbe*.
▶ Sie bekommen einige Farben in einer Palette angeboten. Wenn Ihnen keine davon zusagt, klicken Sie auf *Weitere Linienfarben...* und wählen im Dialog *Farben* eine andere Standardfarbe aus oder mischen sich eine eigene.

→ 478

Rahmen mit Füllmuster

▶ Klicken Sie zum Markieren das Textfeld an.
▶ Klicken Sie in der Symbolleiste *Zeichnen* auf den Pfeil neben dem Symbol *Linienfarbe*.
▶ Wählen Sie *Linien-Füllmuster...*
▶ Markieren Sie das gewünschte Musterfeld.
▶ Wählen Sie Vordergrund- und Hintergrundfarbe für das Muster.
▶ Kontrollieren Sie im Feld *Beispiel:* das Ergebnis.
▶ Bestätigen Sie mit *OK*.

Textfeldrahmen entfernen

▶ Klicken Sie auf das Textfeld, dessen Rahmen Sie entfernen möchten.
▶ Klicken Sie in der Symbolleiste *Zeichnen* auf den Pfeil neben dem Symbol *Linienfarbe* (siehe oben).
▶ Wählen Sie *Keine Linie* aus dem ausklappenden Menü. Der Rahmen verschwindet.

Es ist soweit!

INFO
Ein Rahmen mit Füllmuster

Es ist soweit!

TIP
Stellen Sie die Rahmenstärke mit Klick auf das Symbol Linienart *in der Symbolleiste* Zeichnen *hoch ein, sonst können Sie von dem Muster nichts erkennen.*

TIP
Der Farbkontrast beim Muster sollte stark sein, sonst verschwimmen die Formen. Bei der Präsentation selbst werden helle Farben in der Regel noch heller dargestellt. Verwenden Sie also besser kräftige Farben.

3D-Effekte für Textfelder und andere Objekte

Wo? Womit?

▶ Markieren Sie das Textfeld.
▶ Weisen Sie ihm einen Rahmen zu.
▶ Klicken Sie auf das Symbol *3D* in der Symbolleiste *Zeichnen*. Dazu muß das Textfeld noch markiert sein, sonst ist das folgende Menü inaktiv.
▶ Es klappt ein Menü auf, in dem verschiedene 3D-Effekte (Fluchtpunkte) auszuwählen sind. Klicken Sie den gewünschten Effekt an. Der Rahmen erhält den entsprechenden Effekt.

3D-Effekt nachbearbeiten – Leiste 3D-Einstellungen
▶ Wenn Sie mit dem Ergebnis des Effekts nicht einverstanden sind, die Grundform im Prinzip aber in Ordnung finden, klicken Sie noch einmal auf das Symbol *3D* in der Symbolleiste *Zeichnen*.
▶ Wählen Sie *3D-Einstellungen*... Eine neue Symbolleiste taucht auf der Arbeitsoberfläche auf.

3D-Effekt ausschalten
▶ Klicken Sie auf das Symbol ganz links in der Symbolleiste *3D-Einstellungen*. Der 3D-Effekt verschwindet und kann auf Wunsch durch erneuten Klick wiederhergestellt werden.
▶ Wenn Sie in der Symbolleiste *Zeichnen* auf *3D* klicken, können Sie über diese Schaltfläche den 3D-Effekt ebenfalls ausschalten.

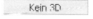

INFO → 536
Text drehen

INFO → 65

Schatten für Textfeldrahmen: Schatten ordnen Sie genauso wie bei der Textformatierung zu. Geben Sie jedoch zuvor dem Textfeld einen Rahmen, damit der Schatteneffekt auf das Feld und nicht auf den Text selbst angewendet wird. Markieren Sie vor der Schattenzuweisung nur das Textfeld, nicht den Text darin. Klicken Sie anschließend in der Symbolleiste Zeichnen *auf das Symbol* Schatten.

Das Symbol Schatten. *Über* Schatteneinstellungen... *legen Sie die Schattenfarbe fest.*

TIP
Wenn Sie mit 3D-Effekten und Schrift arbeiten, ist es günstiger, diese auf ein Zeichenobjekt anzuwenden und den Text in einem gesonderten Textfeld hinzuzufügen.

3D-Form stufenweise kippen

▶ Klicken Sie auf eines dieser vier Symbole aus der Leiste *3D-Einstellungen* (siehe oben), um den 3D-Effekt in eine beliebige Richtung zu drehen. Dazu muß das Textfeld natürlich markiert sein.

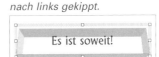

Der 3D-Effekt von Seite 534 nach links gekippt.

Tiefe des 3D-Effekts regulieren

▶ Klicken Sie in der Symbolleiste *3D-Einstellungen* auf das Symbol *Tiefe*. Ein Menü klappt auf.

▶ Wählen Sie aus den angebotenen Punktgrößen aus, oder geben Sie einen eigenen Wert im Feld *Anpassen:* ein. Die Urform Ihres 3D-Effekts basiert auf der eingestellten Linienstärke des Rahmens.

Richtung für den 3D-Effekt

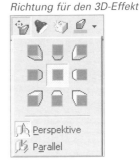

Neue Richtung für den 3D-Effekt wählen

▶ Markieren Sie das Textfeld mit dem 3D-Effekt, und klicken Sie in der Symbolleiste *3D-Einstellungen* auf das Symbol *Richtung*.

▶ Wählen Sie eine neue Perspektive. Der gedachte Fluchtpunkt liegt dabei immer im Zentrum des Objekts (Textfelds). Oder Sie wählen die Parallel-Perspektive, in der die Linien sich nicht nach hinten fokussieren.

Schattenwurf einstellen

▶ Klicken Sie in der Symbolleiste *3D-Einstellungen* auf das Symbol *Licht*. Ein Menü klappt auf.

▶ Wählen Sie die Richtung, aus der das Licht kommen soll, indem Sie auf das jeweilige Lämpchensymbol klicken.

▶ Legen Sie fest, wie intensiv der Schattenkontrast sein soll: *Hell*, *Normal* oder *Abblenden*.

TIP
Die Parallelperspektive wird auf die zuletzt eingestellte Form angewendet. Hier ein Objekt in Parallelperspektive.

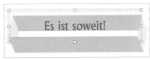

Wirkung der Oberfläche festlegen

▶ Klicken Sie in der Leiste *3D-Einstellungen* auf das Symbol *Oberfläche*.

▶ Wählen Sie einen Effekt aus der Liste.

Farbe der 3D-Form ändern

▶ Klicken Sie in der Leiste *3D-Einstellungen* auf 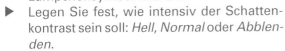 den Pfeil neben *3D-Farbe*.

▶ Wählen Sie eine Farbe aus der angebotenen Skala, oder klicken Sie auf *Weitere 3D-Farben*.

Die Auswahl ist nicht so üppig, dafür aber übersichtlich. Allerdings ist die optische Wirkung nicht offensichtlich.

Textfelder in PowerPoint drehen

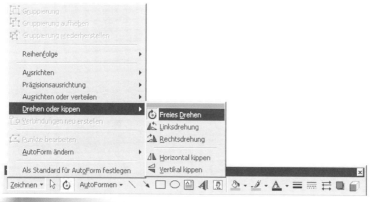

WO? WOMIT?

Textfeld frei drehen

▶ Aktivieren Sie gegebenenfalls die Symbolleiste *Zeichnen*.

▶ Markieren Sie das Textfeld, das Sie drehen möchten.

▶ Klicken Sie in der Symbolleiste *Zeichnen* auf das Symbol *Freies Drehen*.

▶ Am Textrahmen erscheinen runde, farbige Markierungspunkte an den Ecken. Der Mauszeiger wird zum *Drehen*-Symbol. Klicken Sie auf einen der Markierungspunkte, und halten Sie die Maustaste gedrückt.

▶ Ziehen Sie in die Richtung, in die Sie drehen möchten.

Rotation manuell eingeben und wieder zurücksetzen

▶ Markieren Sie das Textfeld.

▶ Wählen Sie den Menübefehl *Format/Textfeld...*

▶ Wechseln Sie ins Register *Größe*.

▶ Geben Sie in das Feld *Drehung* über die Listenpfeile den Rotationsgrad ein. Wenn Sie diesen Wert auf Null setzen, wird ein bereits gedrehtes Objekt wieder in seine Ursprungsausrichtung zurückgesetzt. Negativwerte geben eine Drehung gegen den Uhrzeigersinn an, Positivwerte rotieren mit dem Uhrzeigersinn.

INFO

In Word und Excel können Sie Textfelder nicht frei drehen.

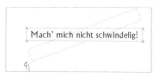

TIP

Textrahmen um je 90° drehen: Klicken Sie in der Symbolleiste Zeichnen *auf die Schaltfläche* Zeichnen. *Wählen Sie aus dem Menü* Drehen oder kippen. *Es stehen Ihnen neben dem freien Drehen vier weitere Drehoptionen zur Verfügung.*

Vertikal gekippter Text steht auf dem Kopf – für Präsentationszwecke zweifelhaft, aber gut für einen Lacher.

Text im Textfeld ausrichten

 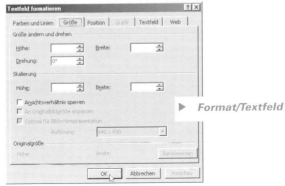

▶ *Format/Textfeld*

WO? WOMIT?

Textfeldgröße fest einstellen

In PowerPoint paßt sich der Textfeldrahmen dem Text an, der sich darin befindet, in Excel und Word bleibt der Rahmen in den aufgezogenen Abmessungen.

Automatische Anpassung in PowerPoint abstellen

▶ Rufen Sie den Menübefehl *Format/Textfeld* auf.

▶ Im Register *Textfeld* des Dialogs *Textfeld formatieren* deaktivieren Sie die Option *Größe der AutoForm dem Text anpassen*.

▶ Ziehen Sie mit der Maus das Textfeld auf die gewünschte Größe.

Textfeldabmessungen genau definieren

▶ Wechseln Sie im Dialog *Textfeld formatieren* auf das Register *Größe*.

▶ Geben Sie bei *Höhe:* und *Breite:* Ihre Werte ein (in cm), oder wählen Sie sie über die Listenpfeile.

Text im Textfeld positionieren – nur in PowerPoint

▶ Wählen Sie im Dialog *Textfeld formatieren* (siehe oben) im Register *Textfeld* bei *Textverankerungspunkt:* die Positionierung im Textfeld.

Abstand zum Rahmen

▶ Gerade wenn Sie viel Text im Textfeld haben, ist es schöner, wenn der Abstand zum Textfeldrahmen größer als der Standard ist. Rufen Sie den Dialog *Textfeld formatieren* auf, und wechseln Sie gegebenenfalls auf das Register *Textfeld*.

▶ Im Feld *Innerer Seitenrand* wählen Sie die Abstände zum unteren, rechten, oberen und linken Rand.

→ 626

INFO

Einstellungen übernehmen: Beim nächsten Textfeld, das Sie kreieren, müssen Sie diese Einstellungen wieder vornehmen. Arbeiten Sie hier mit den Funktionen Kopieren und Einfügen.

INFO

Platzhalter: Textfelder, die mit den AutoLayouts von Power-Point kommen, werden auch Platzhalter genannt. Sie müssen den Befehl Format/Platzhalter bzw. Platzhalter formatieren aufrufen.

Fülleffekte für Textrahmen

▶ *Das Symbol* Füllfarbe

WO? WOMIT?

Text mit Farbe, Farbverlauf, Struktur und Muster unterlegen

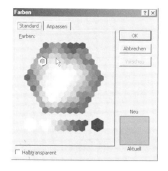

▶ Markieren Sie das Textfeld mit Mausklick auf das Feld.
▶ Klicken Sie in der Symbolleiste *Zeichnen* auf den Pfeil neben dem Symbol *Füllfarbe*.
▶ Es klappt ein Menü auf, in dem Ihnen die Farbskala angeboten wird. Wählen Sie eine Farbe durch Anklicken aus, oder lassen Sie sich über *Weitere Füllfarben* zusätzliche Farben anzeigen.
▶ Wollen Sie einen Farbverlauf kreieren, klicken Sie auf *Fülleffekte...*
▶ Im Register *Graduell* haben Sie eine große **➔ 479** Auswahl an Verlaufsarten.
▶ Wechseln Sie in das Register *Struktur*, um eine Hintergrundstruktur für den Text auszusuchen, und im Register *Muster* können Sie zwischen verschiedenen Füllmustern wählen.

Wie suchen Sie nach Dateien? – Grafik in ein Textfeld einfügen

▶ Markieren Sie das Textfeld.
▶ Klicken Sie in der Symbolleiste *Zeichnen* auf den Pfeil neben dem Symbol *Füllfarbe*.
▶ Wählen Sie *Fülleffekte...*
▶ Wechseln Sie in das Register *Grafik*.
▶ Klicken Sie auf die Schaltfläche *Grafik auswählen...*

INFO **➔ 478**
Die weiterführende Farbauswahl im Detail erläutert

INFO **➔ 479**
Register Graduell

INFO **➔ 480**
Register Struktur

INFO **➔ 480**
Register Muster

Datei auswählen

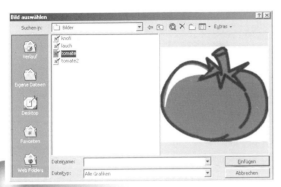

INFO
Dieser Dialog begegnet Ihnen immer wieder, deshalb wird er hier ausführlich erklärt.

WO? WOMIT?

▷ Klicken Sie auf den Listenpfeil neben dem Feld *Suchen in:* ganz oben links. Die Übersicht über Ihre Festplatte und sonstige angeschlossene Speichermedien klappt auf. Um eine Festplatte oder einen Ordner zu öffnen, doppelklicken Sie ihn an. Im Feld darunter erscheint der Inhalt des Ordners.

▷ Doppelklicken Sie so lange auf die Ordner, bis die gewünschte Datei im unteren Feld angezeigt wird. Rechts sehen Sie eine Vorschau.

Desktopsymbol
Arbeitsplatzsymbol
Festplatte

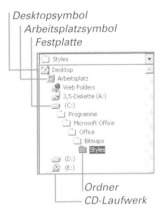

Ordner
CD-Laufwerk

Mehr Dateiinformationen

▷ Klicken Sie oben rechts in dem Auswahldialog auf das Symbol *Ansichten*.

Liste	Listet Dateien und Ordner mit Namen und Dateityp-Symbol ohne zusätzliche Information auf.
Details	Sie erhalten Infos über Name, Größe, Typ und das letzte Änderungsdatum.
Eigenschaften	Listet Dateien und Ordner auf und zeigt rechts im Fenster die Dateieigenschaften, die allerdings beim Speichern ausgefüllt sein müssen.
Vorschau	Ist standardmäßig aktiviert und zeigt die Dateiliste ohne Zusatzinfos sowie eine Vorschau des Bildes.

➜ 26

▷ Wählen Sie eine Ansicht per Mausklick.
▷ Über *Symbole anordnen* können Sie darüber hinaus die Sortierreihenfolge festlegen.

INFO ⇐ 🗁
Den Weg wieder zurück: Über den Pfeil können Sie wieder in die zuvor angeklickten Ordner »zurücklaufen«. Dieses Symbol lässt Sie in den jeweils übergeordneten Ordner springen.

Datei suchen

▶ Wenn Sie nicht mehr wissen, in welchem Ordner die Datei abgelegt worden ist, wählen Sie rechts oben im Dialog den Befehl *Extras/Suchen...*

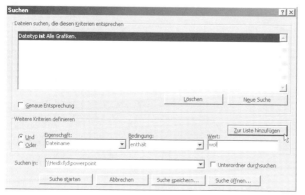

▶ Suchen Sie nach einem Klick auf den Listenpfeil bei *Eigenschaft*: aus, nach welcher Eigenschaft Sie suchen möchten.

▶ Wählen Sie eine Bedingung im gleichnamigen Feld.

▶ Geben Sie den entsprechenden Wert ein. Ein Wert ist zum Beispiel die Anzahl der Folien oder eine Zeichenfolge, die die Datei enthält.

▶ Klicken Sie auf *Zur Liste hinzufügen*. Die definierten Kriterien werden oben in das große Feld eingetragen.

INFO

Suchoptionen: Sie können nach einem Dateityp suchen, nach Teilen des Inhalts, nach Inhalt und nach bestimmten Dateieigenschaften, die beim Speichern festgelegt werden müssen. Der Dateityp »Alle Grafiken« ist bereits voreingestellt.

Beispiele

Eigenschaft	Bedingung	Wert
Dateiname	enthält	Quartal
Autor	enthält Wörter	Karen Heidl
Inhalt	enthält nahe zusammen	Weihnachten 1999

▶ Sie können mehrere Suchkriterien sammeln. Geben Sie bei den Optionen *Und* oder *Oder* an, ob alle Kriterien *(Und)* oder nur ein Kriterium *(Oder)* erfüllt sein muß.

▶ Werfen Sie auch einen Blick auf die Option *Genaue Entsprechung*. Ist diese aktiviert, muß Ihre Schreibweise im Feld *Wert* identisch sein mit dem tatsächlich Gespeicherten.

▶ Bei *Suchen in:* wählen Sie aus, welche Ordner/Speichermedien durchsucht werden sollen. Beachten Sie, daß die Option *Unterordner durchsuchen* möglichst aktiviert sein sollte.

▶ Die Suche wird über die Schaltfläche *Suche starten* initiiert.

TIP

Zuletzt angezeigte Dateien und Ordner anzeigen lassen: Klicken Sie in der linken Leiste auf das Symbol Verlauf. *Die zuletzt aufgesuchten Dateien und Ordner werden aufgelistet.*

▶ Das Ergebnis wird im Dialog *Bild auswählen* angezeigt. Hier müssen Sie unter Umständen zwischen mehreren Ergebnissen auswählen.

▶ Klicken Sie die gewünschte Datei an, so daß sie markiert erscheint.

▶ Klicken Sie auf die Schaltfläche *Einfügen*.

▶ Im folgenden Dialog können Sie das Ergebnis der Einfügeaktion mit Klick auf die Schaltfläche *Vorschau* betrachten.

▶ Klicken Sie auf *OK*, wenn Sie mit dem Ergebnis zufrieden sind. Wenn Sie nicht zufrieden sind, betätigen Sie erneut die Schaltfläche *Grafik auswählen...*

→ 626

INFO

Unterschied zwischen Einfügen *und* Verknüpfung zu Datei

Suche speichern

▶ Wenn Sie eine Suche durchgeführt haben, können Sie die definierten Suchkriterien speichern (meistens verliert man ja immer wieder dieselben Sachen). Prüfen Sie, ob im Feld mit den Suchkriterien die richtigen eingetragen sind.

▶ Klicken Sie auf die Schaltfläche *Suche speichern...*

▶ Tippen Sie den Namen für den Suchlauf ein.

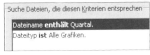

Die definierten Suchkriterien

Gespeicherte Suche aufrufen

▶ Klicken Sie im Dialog *Suchen* auf die Schaltfläche *Suche öffnen...*

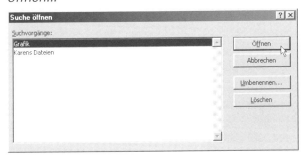

▶ Markieren Sie die gewünschte Suche.

▶ Klicken Sie auf *Öffnen*.

▶ Die unter diesem Namen definierten Suchkriterien erscheinen in der Liste, und mit *Suche starten* beginnen Sie den Suchlauf.

▶ Fügen Sie die gewünschte Datei ein.

INFO  → 737

Mit diesem Symbol suchen Sie Bilder aus dem Internet.

Textfelder in Word bearbeiten

→ 120

Die Symbolleiste Textfeld

▶ Sobald Sie ein Textfeld in Word erstellen, erscheint die Symbolleiste *Textfeld* auf dem Bildschirm. Ist sie nicht sichtbar, wählen Sie den Menübefehl *Ansicht/Symbolleisten/Textfeld*.

TIP

Rechtschreibprüfung, Silbentrennung etc. werden im gesamten Text der verknüpften Textfelder durchgeführt.

Text über mehrere Textfelder fließen lassen

▶ Schreiben Sie einen Text in ein Textfeld.

▶ Sobald Sie in einem zweiten Textfeld mit der Eingabe fortfahren möchten, erstellen Sie ein zweites Textfeld oder klicken in ein bereits bestehendes leeres Textfeld.

▶ Klicken Sie in der Symbolleiste Textfeld auf das Symbol *Textfeld verknüpfen*.

▶ Der Mauszeiger wird zum Gießkannensymbol. Klicken Sie mit diesem Zeiger in das leere Textfeld. Der Text, der nicht mehr in das erste Textfeld paßt, fließt im zweiten Textfeld weiter.

Zwei verknüpfte Textfelder in Word

Verknüpfung zwischen Textfeldern aufheben

▶ Klicken Sie auf des Textfeld, von dem aus die Verknüpfung zu einem anderen Feld eingeleitet wurde.

▶ Klicken Sie auf das Symbol *Textfeldverknüpfung aufheben* in der *Textfeld*-Leiste. Der Text verschwindet aus dem gelösten Textfeld, ist aber noch verdeckt im ersten Textfeld vorhanden. Wenn Sie dieses weiter aufziehen, sehen Sie ihn.

Springen von einem Textfeld zum nächsten

▶ Klicken Sie auf diese Schaltflächen in der Leiste *Textfeld*, um von einem verknüpften Textfeld zum nächsten zu gelangen. Sind die Felder nicht verknüpft, sind diese Schaltflächen inaktiv.

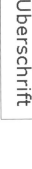

Text im Textfeld um 90° drehen

▶ Mit einem Klick auf dieses Symbol in der Symbolleiste *Textfeld* wird der Text in einem markierten Textfeld jeweils um 90° gedreht. Wiederholen Sie dies so oft, bis der Text die gewünschte Ausrichtung hat.

Textfeld in Positionsrahmen umwandeln

▶ Wählen Sie den Menübefehl *Format/Textfeld...*

▶ Wechseln Sie zum Register *Textfeld*.

▶ Klicken Sie auf die Schaltfläche *Zu Positionsrahmen umwandeln...*

▶ Bestätigen Sie den Hinweis darauf, daß Formatierungen verschwinden könnten, mit Klick auf *OK*.

▶ Der Text erscheint in einem Positionsrahmen. Um ihn zu formatieren, müssen Sie den Dialog *Positionsrahmen* aufrufen.

→ 685

Textfeld für bereits bestehenden Text erstellen

▶ Markieren Sie den Text, der nachträglich in ein Textfeld aufgenommen werden soll.

▶ Klicken Sie in der Symbolleiste *Zeichnen* auf das Symbol *Textfeld*. Ein Rahmen erscheint um dem Text.

ACHTUNG

Das funktioniert nur bei nicht verknüpften Textrahmen. Gegebenenfalls müssen Sie zuvor die Verknüpfung wieder aufheben.

→ 573

INFO

Textfelder skalieren, positionieren und Umfließen einstellen: Dies funktioniert genauso wie bei Bildern in Word.

WordArt einfügen und bearbeiten

▶ Das WordArt-Symbol

WO? WOMIT?

▶ Klicken Sie auf das WordArt-Symbol in der → 532
Symbolleiste *Zeichnen*.

▶ Der Katalog, in dem unterschiedliche Stile angeboten
werden, öffnet sich. Wählen Sie einen aus, indem Sie
ein Feld anklicken und anschließend mit *OK* Ihre Auswahl bestätigen.

▶ Es erscheint der Textbearbeitungsdialog. Tippen Sie den
Text ein, der in dem gewählten Stil erscheinen soll.

▶ Über den Listenpfeil neben dem Feld *Schriftart:* wählen
Sie den Schrifttyp aus.

▶ Stellen Sie im Feld *Schriftgrad* die Größe ein.

▶ Um den Text fett oder kursiv zu formatieren, stehen
ebenfalls zwei Schaltflächen zur Verfügung.

▶ Bestätigen Sie Ihre Eingaben mit Klick auf *OK*.

▶ Der Text erscheint im gewählten Stil auf der Arbeitsoberfläche.

*Der Dialog WordArt-Text
bearbeiten*

Ein fertiges WordArt-Objekt

WordArt nachträglich bearbeiten

▶ Gleichzeitig mit dem WordArt-Objekt erscheint die
WordArt-Leiste auf dem Bildschirm. Falls der Text noch
einmal überarbeitet werden muß, klicken Sie dort auf
die Schaltfläche *Text bearbeiten*... Der Dialog *WordArt-
Text bearbeiten* erscheint (siehe oben).

NOCH SCHNELLER
*Text bearbeiten: Doppel-
klicken Sie auf das WordArt-
Objekt.*

Stil wechseln

▶ Klicken Sie in der Leiste *WordArt* erneut auf das WordArt-
Symbol, um den Katalog erneut angeboten zu bekom-
men. Wählen Sie wie oben beschrieben einen anderen
Stil aus.

Farben für WordArt definieren

▶ Klicken Sie in der Leiste *WordArt* auf das Symbol *WordArt formatieren*.

▶ Wechseln Sie in das Register *Farben und Linien*.

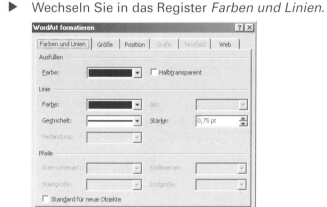

Fülleffekte *auswählen*

▶ Über den Listenpfeil neben dem Symbol *Farbe:* wählen Sie eine Farbe aus.

▶ Mit *Linie* ist die Konturlinie des WordArt-Textes bezeichnet. Wählen Sie auch hier eine Farbe oder ein Füllmuster aus. Über *Keine Linie* unterbinden Sie die Anzeige einer Konturlinie. Diese ist bei dunklen Schriftfarben auch nicht notwendig.

▶ Im Feld *Stärke* legen Sie die Dicke der Konturlinie fest, und zwar in Punkt.

▶ *Gestrichelt* bezeichnet die Linienart.

▶ Klicken Sie auf *Vorschau*, um das Ergebnis zu betrachten. (Ist nur in PowerPoint verfügbar).

Die Größe des WordArts einstellen

▶ Markieren Sie das WordArt-Objekt.

▶ Klicken Sie mit der Maus auf einen Markierungspunkt, und ziehen Sie ihn zum Skalieren in die gewünschte Richtung. Ziehen an den Eckpunkten behält die Seitenverhältnisse bei, während das Ziehen an den seitlichen Markierungspunkten das WordArt verzerrt.

WordArt drehen

▶ Klicken Sie in der Leiste *WordArt* auf das Symbol *Freies Drehen*.

▶ Es erscheinen farbige Markierungspunkte. Ziehen Sie an diesen Punkten, um das Objekt zu drehen.

▶ Erneuter Klick auf das Symbol beendet die Funktion *Rotieren*.

INFO
Über Gemusterte Linien… *legen Sie ein Füllmuster für die Linie fest. Damit ein Muster auch wirken kann, müssen Sie die Linienstärke sehr hoch einstellen.*

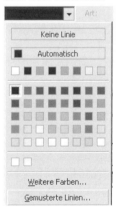

INFO
Die Größe und Position des WordArts können Sie auch über den Dialog WordArt formatieren *in den jeweiligen Registern einstellen. Den Dialog rufen Sie über das Symbol in der WordArt-Leiste auf.*

WordArt-Form variieren

▶ Markieren Sie das WordArt.
▶ Klicken Sie in der Leiste *WordArt* auf das Symbol *WordArt-Form*.
▶ Klicken Sie auf die Form, die Sie ausprobieren möchten. Das WordArt wird sofort in der veränderten Form dargestellt.

Zwei Varianten der WordArt-Form

WordArt-Text vertikal anordnen

▶ Markieren Sie das WordArt.
▶ Klicken Sie in der Leiste *WordArt* auf das Symbol *WordArt als vertikaler Text*.

Alle Buchstaben in gleicher Höhe

▶ Mit dieser Funktion werden Kleinbuchstaben genauso groß wie die Großbuchstaben. Das kann unter Umständen die Lesbarkeit behindern, bei sehr kurzen Text aber interessante Effekte hervorrufen (zum Beispiel bei Abkürzungen). Klicken Sie in der Leiste *WordArt* auf das Symbol *WordArt-Buchstaben mit gleicher Höhe*.

Der Text ist gut lesbar.

WordArt als vertikaler Text

Text ausrichten in WordArt-Objekten

▶ Markieren Sie das WordArt.
▶ Klicken Sie in der Leiste *WordArt* auf das Symbol *WordArt-Ausrichtung*.
▶ Wählen Sie eine der Ausrichtungsoptionen mit Mausklick.

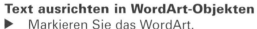

Zeichenabstand in WordArt-Objekten festlegen

▶ Markieren Sie das WordArt.
▶ Klicken Sie in der Leiste WordArt auf das Symbol *WordArt-Zeichenabstand*.
▶ Wählen Sie eine Einstellung, oder geben Sie in das Feld *Anpassen:* einen Wert in Prozent ein. Werte über 100% erhöhen den Zeichenabstand. *Zeichenpaare unterschneiden* bedeutet, daß zum Beispiel tt enger aneinander gesetzt werden, so daß das Buchstabenbild gleichmäßiger erscheint.

TIP
WordArt-Form manuell bearbeiten: Mit der farbigen Rautenmarkierung, die neben den weißen Markierungspunkten zu sehen ist, können Sie per Drag&Drop die WordArt-Form variieren. Gestrichelte Linien zeigen die neuen Formen an. Die Bearbeitung ist jedoch beschränkt. Ganz neue Formen müssen Sie mit der Funktion WordArt-Form festlegen.

Text in Sprechblasen und anderen Formen

WO? WOMIT?

AutoForm zeichnen

▶ Klicken Sie in der Symbolleiste *Zeichnen* auf *Auto-Formen*.

▶ Wählen Sie aus der Liste der angebotenen Formen *Standardformen*, *Blockpfeile*, *Sterne* und *Banner* oder *Legende*. Jede dieser Kategorien stellt eine Auswahl zur Verfügung.

▶ Wählen Sie eine gewünschte Form aus. Der Mauszeiger wird zu einem Kreuz.

▶ Klicken Sie auf die Position in der Folie, in der Sie mit dem Aufziehen der AutoForm beginnen möchten. Halten Sie die Maustaste gedrückt.

▶ Ziehen Sie, bis Sie die gewünschte Größe erreicht haben, und lassen Sie die Maustaste los. Die Auto-Form erscheint mit den in der Leiste *Zeichnen* eingestellten Farben und Linien. → 532

Text in die Form eingeben und formatieren

▶ Markieren Sie die AutoForm durch einmaliges Anklicken.

▶ In PowerPoint beginnen Sie einfach zu tippen. Es erscheint automatisch der Textfeldrahmen. In Excel und Word klicken Sie erst mit der rechten Maustaste und wählen dann *Text hinzufügen* aus dem Kontextmenü.

▶ Markieren Sie den Text, und formatieren Sie ihn über die Formatierungsleiste. In Excel können Sie auch über *Format/AutoForm* die Schrift nachgestalten.

▶ Über den Befehl *Format/AutoForm* rufen Sie den Dialog *AutoForm formatieren* auf, der genauso aufgebaut ist wie ein Textfeld. Sie können die gleichen Schatten, Fülleffekte, Muster, Strukturen, 3D-Effekte etc. einstellen. Auch die Textausrichtung im Objekt → 478

BEGRIFFE → 555
AutoForm: *Vorgegebene Formen, ähnlich wie ClipArts. In einige Formen können Sie Text eingeben. AutoFormen werden wie Textfelder formatiert und bewegt.*

INFO → 563
Flußdiagramme

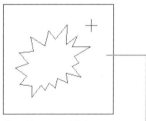

AutoForm aufziehen

Text formatieren

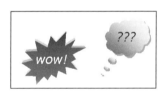

(Register *Textfeld*) nehmen Sie in diesem Dialog vor. Und mit Hilfe des Werkzeugs *Freies Drehen* aus der Symbolleiste *Zeichnen* drehen Sie die AutoForm.  → 532

→ 532

AutoForm verändern

▶ Je nach AutoForm erscheinen rautenförmige gelbe Markierungen auf der Arbeitsoberfläche. Klicken Sie eine Markierung an, und verschieben Sie sie mit der Maus.

▶ Es erscheint eine gestrichelte Markierungslinie, die die neue Form anzeigt. Innerhalb des Textrahmens können Sie die AutoForm verändern. Lassen Sie die Maustaste los, wenn Sie mit dem Ergebnis zufrieden sind.

Vorgabe für weitere AutoFormen

▶ Wenn Sie eine AutoForm formatiert haben und diese Einstellungen auf folgende AutoFormen übertragen wollen, klicken Sie die fertige AutoForm mit der rechten Maustaste an.

▶ Wählen Sie aus dem Kontextmenü *Als Standard für AutoForm festlegen*. Alle neuen AutoFormen kommen mit den gewünschten Einstellungen auf die Folie.

Alle AutoFormen in der gleichen Größe und Ausrichtung – Objekt kopieren

▶ Markieren Sie die fertige AutoForm.

▶ Drücken Sie die Taste ⁔Strg⁔. Der Mauszeiger erhält ein Pluszeichen, sobald Sie in die Markierung klicken.

▶ Ziehen Sie mit gedrückter Maustaste die AutoForm an eine neue Zielposition. Dabei erscheint ein gestrichelter Umriß der Form.

▶ Lassen Sie an der Zielposition die Maustaste los, und eine Kopie der AutoForm erscheint.

▶ Überarbeiten Sie gegebenenfalls den Text in der neuen Form, indem Sie ihn markieren und überschreiben.

TIP

Aktion rückgängig: Klicken Sie auf dieses Symbol, wenn Ihnen die neue Form doch nicht zusagt.

NOCH SCHNELLER

Format übertragen: Klicken Sie in das Objekt, dessen Format Sie auf eine andere AutoForm übertragen möchten. Anschließend klicken Sie auf das Pinselsymbol in der Standardsymbolleiste, und schließlich auf das Zielobjekt, da die Formatierung der zuvor angeklickten AutoForm annimmt.

ACHTUNG

Größe der AutoForm verändern: Wenn Sie mit der Maus durch Ziehen an den Markierungspunkten eine AutoForm in der Größe verändern, wird der enthaltene Text nicht mitskaliert. Sie müssen die Schriftgröße nachträglich manuell regulieren.

TIP

AutoFormen ausrichten: Über den Menübefehl Ansicht/ Führungslinien *können Sie in PowerPoint ein Fadenkreuz einblenden, dessen Achsen per Drag&Drop frei beweglich sind. In Excel steht das Gitternetz zur Verfügung, und in Word können Sie ebenfalls ein Gitternetz einblenden.*

Animationen in PowerPoint

➔ 510

BEGRIFF
Animation: Jede Text-
bewegung – blinken, ins Bild
sausen, ins Bild fallen etc.
Animationen können auch
anderen Objekten als Texte
zugeordnet werden.

WO? WOMIT?

Welcher Text in eigene Felder?

INFO
Die Reihenfolge der Animationen ergibt sich durch die
Chronologie der Zuweisung.
Wenn Sie die Reihenfolge
ändern wollen, markieren Sie
das Objekt und wählen aus
dieser Liste eine »Start-
nummer«.

Im linken Bild ist der gesamte Text in einem Textfeld untergebracht. Dies erleichtert die regelmäßige Ausrichtung der
Blockpfeile. Sie können Text eines Textfeldes zwar absatz-
oder wortweise animieren, allerdings können Sie diesen
Ablauf nicht mit anderen animierten Objekten unterbrechen.
Im rechten Bild sehen Sie – neben den Führungslinien –
die Markierungen der einzelnen Textfelder und
der Blockpfeile, die abwechselnd animiert wer- ➔ 548
den können.

Animation zuweisen

▶ Markieren Sie das zu animierende Objekt.
▶ Klicken Sie auf das Symbol *Animationseffekte* in
der Symbolleiste *Format*.
▶ Wählen Sie einen Animationseffekt aus der Symbolleiste
Animationseffekte.
▶ Klicken Sie auf das Symbol *Animationsvorschau*. Es erscheint ein Fenster im Bild, in dem Sie die Animation
nachvollziehen können. Erneutes Anklicken des Symbols wiederholt die Vorschau.

Mehrere Objekte animieren – Gruppieren

▶ Markieren Sie die Objekte, die gemeinsam animiert werden sollen, während Sie die Taste ⇧ gedrückt halten.
▶ Klicken Sie in der Symbolleiste *Zeichnen* auf
die Schaltfläche *Zeichnen*. ➔ 532

▶ Wählen Sie *Gruppierung* aus dem Menü. Die beiden Objekte haben nun gemeinsame Markierungspunkte und verhalten sich wie ein einziges Objekt, obgleich Sie Text, der sich darin befindet, noch individuell nachbearbeiten können.

▶ Weisen Sie dem gruppierten Objekt den Animationseffekt zu.

INFO
Gruppierung aufheben *befindet sich im Menü der Schaltfläche* Zeichnen *in der* Zeichnen-*Symbolleiste. Markieren Sie die Objektgruppe, und wählen Sie diesen Befehl.*

Mehr Übersicht über den zeitlichen Ablauf

▶ Klicken Sie in der Animationsleiste auf das Symbol *Benutzerdefinierte Animation.*

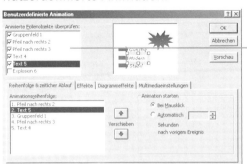

Alle Elemente der Folie sind hier aufgeführt. Die mit Häkchen versehenen Elemente sind als animiert aktiviert.

▶ Aktivieren Sie jeweils das Element, die Sie animieren möchten, indem Sie es im Feld oben links anklicken. Jedes Element muß einzeln bearbeitet werden. Wenn Sie mit einem fertig sind, wechseln Sie zum nächsten, indem Sie dieses markieren.

▶ Im Register *Reihenfolge & zeitlicher Ablauf* markieren Sie das Objekt, das im chronologischen Ablauf der Animation an eine andere Position gebracht werden soll.

▶ Klicken Sie auf die Pfeiltaste, um es entsprechend nach oben (früher) oder nach unten (später im Ablauf) zu verschieben.

▶ Rechts im Feld *Animation starten* legen Sie fest, ob das jeweils markierte Objekt/Textfeld bei Mausklick – das ist die Standardeinstellung – oder automatisch nach einer festgelegten Zeitspanne erscheinen soll. Aktivieren Sie die gewünschte Option, und tragen Sie gegebenenfalls die Sekundenzahl ein, die nach einem Ereignis (einer Animation, einem *Folienwechsel*) verstreichen soll, bis die nächste Animation in der festgelegten Reihenfolge eintritt.

▶ Mit einem Klick auf die Schaltfläche *Vorschau* stellen Sie fest, ob das Ergebnis in Ordnung ist.

▶ Schließen Sie die Bearbeitung mit Klick auf *OK* ab, oder wechseln Sie auf ein anderes Register.

TIP
Bei Mausklick aktiviert lassen: Wenn Sie die Einstellung Automatisch *wählen, können Sie während Ihrer Präsentation ganz schön ins Schwitzen geraten, falls Sie bei einem Textabschnitt doch einmal länger als erwartet brauchen.*

Zusätzliche Effekte

▶ Wechseln Sie im Dialog *Benutzerdefinierte Animation* auf das Register *Effekte*.

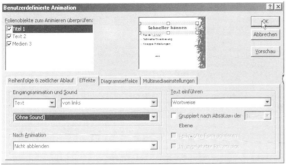

▶ Markieren Sie im Feld *Animierte Folienobjekte überprüfen* das Objekt, dem Sie Sondereffekte zuweisen möchten.

▶ Für die Eingangsanimation können Sie aus einer Reihe von Effekten wählen, wenn Sie auf den Listenpfeil neben dem linken Feld klicken.

▶ Über den Listenpfeil neben dem Feld rechts daneben wählen Sie eine für den Effekt mögliche Richtung aus.

▶ Ordnen Sie gegebenenfalls einen Klang zu, indem Sie einen aus der Angebotsliste auswählen. Die Auswahl *Anderer Sound...* führt Sie zu einem Auswahldialog, über den Sie eigene Klangdateien auswählen können.

→ 539

Festlegungen für die Textanimation

▶ Im Register *Effekte* des Dialogs *Benutzerdefinierte Animation* legen Sie im Feld *Text einführen* fest, wie die Wörter, Zeichen oder Absätze eines Textfelds in der Präsentation animiert werden sollen. Wählen Sie im obersten Feld zwischen *Alle gleichzeitig* (das gesamte Textfeld ist damit gemeint), *Wortweise* und *Zeichenweise* (was ein zeitintensiver Spaß werden kann).

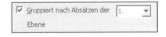

▶ Die Option darunter läßt den Text absatzweise gruppiert nach der von Ihnen anzugebenden Gliederungsebene – sofern Sie mit mehreren Ebenen arbeiten, – »einschweben«.

▶ Die Aktivierung der Option *In umgekehrter Reihenfolge* kann einen spannungssteigernden Effekt haben. Aktivieren Sie sie gegebenenfalls mit Klick in das Kontrollfeld.

▶ Überprüfen Sie Ihre Einstellungen über die Vorschaufunktion, oder bestätigen Sie sie mit Klick auf die Schaltfläche *OK*.

INFO
Nach Animation: In diesem Feld legen Sie einen Effekt fest, der sich nach Beendigung der Animation einstellt, aber nach Vervollständigung der Folie wieder verschwindet – zum Beispiel kurzzeitiges Verschwinden von Textteilen.

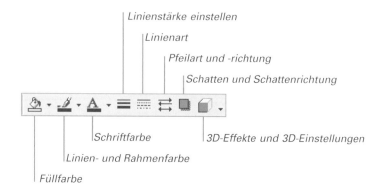

Linienstärke einstellen

Linienart

Pfeilart und -richtung

Schatten und Schattenrichtung

Schriftfarbe

3D-Effekte und 3D-Einstellungen

Linien- und Rahmenfarbe

Füllfarbe

Zeichnungsobjekte und Textfelder über die Symbolleiste Zeichnen bearbeiten

▶ Menübefehl *Ansicht/ Symbolleisten/Zeichnen*.

Rahmen, Füllfarbe, Schatten und 3D-Effekte

▶ In der Symbolleiste Zeichnen die entsprechende Schaltfläche anklicken:

Objekte drehen

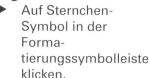

▶ In der Leiste *Zeichnen* Drehwerkzeug anklicken.

▶ Mit der Maus an grünen Markierungspunkten ziehen.

Textfeld formatieren

▶ Rechter Mausklick in Textfeld.

▶ *Textfeld formatieren* auswählen.

Datei suchen

▶ Im *Öffnen*-Dialog oder *Einfügen*-Dialog auf *Extras* klicken

▶ *Suchen...* auswählen.

WordArt einfügen

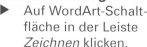

▶ Auf WordArt-Schaltfläche in der Leiste *Zeichnen* klicken.

▶ WordArt-Form aussuchen und mit *OK* bestätigen.

▶ Text eingeben und mit Klick auf *OK* bestätigen.

Leiste WordArt aufrufen

▶ Auf WordArt-Objekt klicken.

AutoForm zeichnen

▶ In Leiste *Zeichnen* auf *AutoFormen* klicken.

▶ Kategorie und Form auswählen.

▶ Form mit der Maus aufziehen.

Animationen für Folienelemente festlegen

▶ Auf Sternchen-Symbol in der Formatierungssymbolleiste klicken.

32

KAPITEL

Zeichnungen und Flußdiagramme

tempo

Mehrere Zeichnungsobjekte als eine Einheit

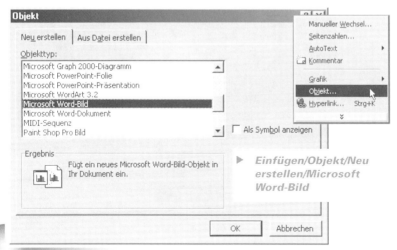

> Einfügen/Objekt/Neu
> erstellen/Microsoft
> Word-Bild

WO? WOMIT?

Microsoft-Word-Bild aufrufen

▶ Wählen Sie in der Menüzeile *Einfügen/Objekt*.

▶ Das Dialogfenster *Objekt* wird geöffnet.

▶ Wählen Sie die Registerkarte *Neu erstellen* aus.

▶ Blättern Sie mit Hilfe der Bildlaufleiste weiter nach unten.

▶ Markieren Sie *Microsoft Word-Bild*.

▶ Bestätigen Sie mit *OK*. Sie sehen einen gerasterten Rahmen und eine eigene kleine Symbolleiste.

▶ Zeichnen Sie die Grafik in den Rahmen.

Rahmen der Grafik anpassen

▶ Sollte die Grafik größer werden als der Rahmen, klicken Sie einfach in der Symbolleiste *Grafik bearbeiten* auf *Begrenzungen wiederherstellen*. Der Rahmen wird der Größe der Grafik angepaßt.

Grafikmodus (Microsoft-Word-Bild) beenden

▶ Klicken Sie in der Symbolleiste *Grafik bearbeiten* auf *Grafik schließen*. Die Grafik erscheint als einheitliches Bild im Text. Die gezeichnete Grafik kann skaliert sowie beschnitten und es können die Bildeigenschaften geändert werden. **→ 567**

→ 532

ACHTUNG
Grafiken können auch einfach über die Symbolleiste Zeichnen direkt im Text erstellt werden. Allerdings hängt dann jedes einzelne Element an einem eigenen Absatz. Die erstellte Grafik ist keine zusammenhängende Einheit. Jedes einzelne Element wird bei Änderungen im Text verschoben.

TIP
Mit Doppelklick auf das gezeichnete Bild landen Sie wieder in Microsoft-Word-Bild und können es hier weiter bearbeiten.

Objekte zeichnen

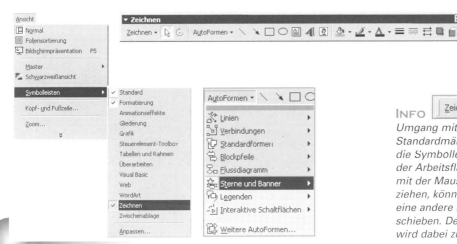

INFO | Zeichnen **→ 636**

Umgang mit Symbolleisten: Standardmäßig befindet sich die Symbolleiste unterhalb der Arbeitsfläche. Wenn Sie mit der Maus am Leistenkopf ziehen, können Sie sie an eine andere Position verschieben. Der Mauszeiger wird dabei zum Doppelpfeil.

Wo? Womit?

Symbolleiste Zeichnen aufrufen

▶ Falls Sie die Symbolleiste nicht auf dem Bildschirm sehen, klicken Sie auf den Menübefehl *Ansicht/Symbolleisten/Zeichnen.* **→ 532**

INFO **→ 533**

Linienstärken und Pfeilformen bestimmen

Vierecke, Ellipsen, Linien und Pfeile

▶ Klicken Sie in der Symbolleiste *Zeichnen* auf das Werkzeug *Linie, Pfeil, Rechteck* oder *Ellipse.* Die Schaltfläche erscheint eingedrückt zum Zeichnen, daß sie aktiviert ist.

INFO **→ 478**

Farbfüllung

▶ Setzen Sie den Mauszeiger auf der Folie an der Stelle auf, wo Sie mit dem Zeichnen beginnen möchten.

▶ Ziehen Sie mit der Maus, bis Sie die gewünschte Objektgröße erreicht haben.

▶ Wenn Sie die Maustaste loslassen, wird die Schaltfläche wieder deaktiviert. Sie können die Objektgröße jedoch durch Ziehen an einem der Markierungspunkte des Objekts verändern.

TIP

Halten Sie die Taste ⇧ gedrückt, während Sie das Objekt zeichnen. Dann erhalten Sie quadratische bzw. kreisrunde Formen, Linien und Pfeile werden in 15°-Schritten ausgerichtet, bzw. im korrekten 180°- oder 90°-Winkel.

Vorgefertigte Standardformen zeichnen

▶ Klicken Sie in der Symbolleiste Zeichnen *auf Auto-Formen.*

▶ Fahren Sie mit der Maus über das Menü. Zu jedem Menüpunkt klappt ein Untermenü aus, das eine Reihe von Formen zeigt. Klicken Sie mit der Maus auf eine gewünschte Form. Sie ist damit aktiviert.

INFO **→ 547**

Einige AutoFormen zeigen eine gelbe Raute zwischen den Markierungspunkten: AutoFormen werden auch im Zusammenhang mit Texteffekten erläutert.

▶ Stellen Sie den Mauszeiger auf die Folie, und ziehen Sie mit gedrückter Maustaste die Form bis zur gewünschten Größe auf.

Objekte positionieren, drehen und kippen

Objekt mit der Maus verschieben
▶ Klicken Sie mit der Maus auf das Objekt, bis die Markierungspunkte erscheinen.
▶ Klicken Sie noch einmal, und halten Sie die Maustaste gedrückt. Der Mauszeiger wird zum Vierfachpfeil.
▶ Ziehen Sie das Objekt an eine andere Stelle.

Objektgröße mit der Maus verändern
▶ Markieren Sie das Objekt durch Anklicken.
▶ Klicken Sie mit der Maus auf einen seitlichen Markierungspunkt oder auf einen Eckpunkt. Halten Sie die Maustaste gedrückt.
▶ Ziehen Sie den Punkt in die Richtung zum Vergrößern oder Verkleinern des Objekts. Ein gestrichelter Rahmen zeigt die neue Größe an. Ziehen an einem Eckpunkt (Mauszeiger auf dem Markierungspunkt als waagerechter Doppelpfeil) ändert die Objektgröße proportional, Ziehen an einem seitlichen Punkt (Mauszeiger auf dem Markierungspunkt als diagonaler Doppelpfeil) verzerrt die Seitenverhältnisse des Objekts.

Objekt mit der Maus drehen
▶ Markieren Sie das Zeichnungsobjekt.
▶ Klicken Sie in der Symbolleiste *Zeichnen* auf das Symbol *Freies Drehen*.
▶ Am Objekt zeigen sich grüne runde Anfasser. Der Mauszeiger zeigt das Symbol für freies Drehen. Klicken Sie auf einen der Anfasser.
▶ Halten Sie die Maustaste gedrückt, und ziehen Sie den Anfasser in Drehrichtung. Das gedrehte Objekt wird mit einem gestrichelten Umriß während der Aktion angezeigt.
▶ Wenn Sie die Maustaste loslassen, zeigt sich die Zeichnung in der neuen Position.

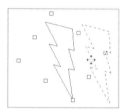

Verschieben mit der Maus. Der gestrichelte Umriß zeigt die neue Position.

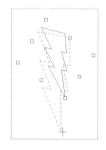

INFO
Zeichnungsobjekt löschen: Zeichnung mit der Maus anklicken, Entf *betätigen.*

Zeichnung kippen

▶ Markieren Sie die Zeichnung.

▶ Klicken Sie in der Symbolleiste *Zeichnen* auf  die Schaltfläche *Zeichnen*.

▶ Wählen Sie den Befehl *Drehen oder kippen*.

▶ Wählen Sie *Horizontal kippen* oder *Vertikal kippen*.

Größe, Position und Drehung genau festlegen

▶ Markieren Sie das Zeichnungsobjekt.

▶ Klicken Sie mit der rechten Maustaste in die Markierung.

▶ Wählen Sie den Menübefehl *AutoForm formatieren...* Der Dialog *AutoForm formatieren* öffnet sich.

▶ Wechseln Sie vom standardmäßig aktiven Register *Farben und Linien* auf das Register *Position*.

▶ Geben Sie im Feld *Horizontal:* und *Vertikal:* die genauen Maße an. Sie müssen sich das wie ein Koordinatenkreuz vorstellen, in dem die horizontale Ausrichtung die Position auf der X-Achse, die vertikale Ausrichtung die Position auf der Y-Achse und die Angaben im Feld *Von:* den imaginären Ursprung oder Nullpunkt des Kreuzes darstellen.

▶ Kontrollieren Sie die eingegebenen Werte mit Klick auf die Schaltfläche *Vorschau*.

▶ Mit *OK* bestätigen Sie die Einstellungen, um die Bearbeitung abzuschließen, oder wechseln Sie in das Register *Größe*.

▶ Geben Sie Höhe und Breite in cm ein, oder wählen Sie eine prozentuale Größenveränderung im Feld *Skalierung*.

▶ Aktivieren Sie die Option *Ansichtsverhältnis sperren*, um zu verhindern, daß das Objekt verzerrt wird. So bleiben die Seitenverhältnisse bestehen. Eine Änderung der Höhe oder Breite bewirkt automatisch eine Änderung des jeweils anderen Wertes.

▶ Klicken Sie zur Überprüfung der Aktion auf *Vorschau*, oder bestätigen Sie die Bearbeitung mit *OK*.

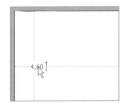

INFO

Viele verschiedene Methoden mit dem gleichen Effekt – das ist typisch für Windows- oder Office-Anwendungen. Es gibt für jedes Vorgehen immer mehrere Wege, die das gewünschte Ergebnis bringen.

INFO

Alternative: Markieren Sie das Objekt, und wählen Sie den Menübefehl Format/Auto-Form...

TIP

Führungslinien in Power-Point: Die Positionierung eines Objekts nehmen Sie einfacher manuell vor. Setzen Sie zur Unterstützung Führungslinien ein: Menübefehl Ansicht/Führungslinien. *Es erscheint ein gepunktetes Fadenkreuz auf der Folie, das in der Präsentation nicht sichtbar sein wird. Sie können die Fadenkreuzlinien per Drag&Drop an bestimmte Positionen verschieben, um dann an den Linien Objekte auszurichten.*

Neue Formen zeichnen

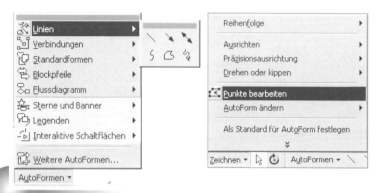

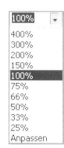

Freie Form zeichnen

▶ Klicken Sie in der Symbolleiste *Zeichnen* auf **→ 532** *AutoFormen*.

▶ Wählen Sie *Linien* aus dem Menü.

▶ Aus dem ausklappenden Untermenü wählen Sie den Formentyp, den Sie herstellen möchten: eine Kurve, eine geschlossene Form, eine andere Freihandform.

▶ Setzen Sie den Mauszeiger, der die Form eines Kreuzes hat, auf der Folie auf, halten Sie die Maustaste gedrückt, und zeichnen Sie die Form. Der Mauszeiger erscheint nun als Malstift. Wenn Sie die Maustaste wieder loslassen und an einer anderen Position klicken, wird eine Verbindungslinie von dem bisher Gezeichneten zum angeklickten Punkt erstellt.

▶ Mit einem Doppelklick beenden Sie das Malen, und die Form wird geschlossen, wenn Sie eine geschlossene Freihandform gewählt haben.

Punkte einer Freihandform verändern

▶ Markieren Sie die Form.

▶ Klicken Sie in der Symbolleiste *Zeichnen* auf die Schaltfläche *Zeichnen*.

▶ Wählen Sie aus dem Menü *Punkte bearbeiten*.

▶ Auf den Umriß der Form erscheinen mehrere kleine schwarze Punkte. Diese Punkte bestimmen den Umriß. Stellen Sie den Mauszeiger über einen Punkt. Er erhält eine spezielle Markierung.

▶ Klicken Sie mit der rechten Maustaste.

▶ *Eckpunkte glätten und Punkttyp ändern:* Falls der Punkt als Eckpunkt definiert ist (Häkchen vor Eckpunkt), was zu

TIP

Die Zoom-Funktion: Die Punkte sind nicht immer gut voneinander zu unterscheiden. Sie können die Darstellung größer zoomen. Wählen Sie einen Wert in der Standardsymbolleiste des Office-Programms. Die Größeneinstellung betrifft nur die Bildschirmdarstellung, nicht die Folie selbst.

INFO

Auf dem Bildschirm richtig gut malen zu können, setzt einige Übung voraus. Über die Nachbearbeitungsmöglichkeiten können Sie jedoch mißratene Formen relativ einfach verschönern.

spitzen Ausformungen führt, klicken Sie auf *AutoPunkt, Übergangspunkt* oder *Punkt glätten.* Dann wird aus ihm ein Kurvenpunkt. Ebenso können Sie einen Kurvenpunkt zu einem Eckpunkt machen. Probieren Sie die jeweilige Wirkung auf die Umrißform aus.

▶ *Punkte löschen:* Wenn Sie auf einer Strecke zu viele unnötige Punkte produziert haben, klicken Sie die zu löschenden jeweils mit der rechten Maustaste an.

▶ Wählen Sie *Punkt löschen* aus dem Kontextmenü.

▶ *Punkte hinzufügen:* Neue Punkte setzen Sie, indem Sie auf eine Stelle des Umrisses klicken, die rechte Maustaste betätigen und *Punkt hinzufügen* wählen.

Form eines Abschnitts ändern

▶ Klicken Sie mit der rechten Maustaste zwischen die beiden Punkte, die den zu bearbeitenden Abschnitt begrenzen.

▶ Wählen Sie *Gerades Segment*, um ein gebogenes Segment zu begradigen, oder *Bogensegment*, um einen geraden Abschnitt in eine Kurvenform zu bringen.

▶ Mit der Maus verändern Sie die Kurvenform, indem Sie einen Punkt mit gedrückter linker Maustaste verschieben. Mit der neuen Position des Punktes ändert sich auch die Umrißform.

▶ Punkte, die nicht AutoPunkte sind, bieten eine weitere Möglichkeit. An den Punkten befinden sich blaue Tangenten mit Endpunkten an beiden Seiten. An diesen Tangenten richtet sich der Kurvenabschnitt aus. Klicken Sie auf einen Endpunkt einer Tangente, verändern Sie die Tangentenlänge, oder positionieren Sie den Punkt neu. Dies hat Auswirkungen auf die Kurvenform.

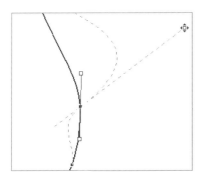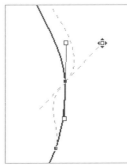

ACHTUNG
Wenn Sie während der Punktebearbeitung außerhalb des Objekts klicken, bricht die Bearbeitung ab. Sie müssen dann erst die Zeichnung erneut markieren und in der Zeichnen-Symbolleiste über die Schaltfläche Zeichnen *die Funktion* Punkte bearbeiten *wieder aktivieren.*

INFO
Umrißlinie öffnen: Klicken Sie mit der rechten Maustaste an die Stelle auf der Umrißlinie, wo Sie die Verbindung unterbrechen wollen. Wählen Sie Kurve öffnen *aus dem Kontextmenü.*
Umrißlinie schließen: Klicken Sie auf den Endpunkt der Linie, klicken Sie mit der rechten Maustaste, und wählen Sie Kurve schließen *aus dem Kontextmenü. Es wird ein Zwischensegment zum anderen Endpunkt der Linie eingefügt.*

> Punkt hinzufügen
> Abschnitt löschen
> Kurve öffnen
>
> Gerades Segment
> ✓ Bogensegment

Die neue Bogenform wird von einer gestrichelten Linie dargestellt, ebenso die verschobene Tangente. Dies ist die Position des ziehenden Mauszeigers. Sobald Sie die Maus loslassen, erhält die Linie die neue Form. Links: Eine weit gezogene Tangente erzeugt eine starke Krümmung der Umrißlinie.

Objekte duplizieren, gruppieren und anordnen

Objekte duplizieren
▶ Markieren Sie das Objekt, das Sie kopieren möchten.
▶ Wählen Sie die Tastenkombination Strg+D.

Objekte mit der Maus kopieren
▶ Markieren Sie das Objekt.
▶ Drücken Sie die Taste Strg, und ziehen Sie die Zeichnungen.
▶ Ein markierter Rahmen zeigt an, wo die Kopie positioniert wird.
▶ Lassen Sie die Maustaste los, um das Objekt an die Zielposition zu kopieren.

Reihenfolge der Objekte bestimmen
▶ Objekte werden in der Reihenfolge Ihrer Erstellung übereinandergelegt. Was zuletzt erzeugt wurde, liegt oben. Markieren Sie die Zeichnung, die nach oben, nach hinten, ganz nach oben oder ganz nach hinten soll.
▶ Klicken Sie in der Symbolleiste *Zeichnen* auf die Schaltfläche *Zeichnen*.
▶ Wählen Sie den Befehl *Reihenfolge*.
▶ Wählen Sie eine der Optionen, mit der Sie die Zeichnung neu anordnen.

Objekte gruppieren
▶ Markieren Sie die Objekte, die Sie gruppieren möchten.
▶ Klicken Sie in der Symbolleiste *Zeichnen* auf die Schaltfläche *Zeichnen*.
▶ Wählen Sie *Gruppierung*. Danach erhält die Gruppe eine gemeinsame Markierung und wird wie ein Objekt behandelt.

Das duplizierte Objekt

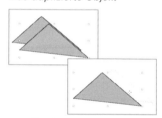

Kopieren mit der Taste Strg

INFO
Gruppierung aufheben: Klicken Sie mit der rechten Maustaste auf die markierte Gruppe, und wählen Sie aus dem Kontextmenü Gruppierung/Gruppierung aufheben. Über das Kontextmenü kann eine Gruppierung natürlich ebenfalls vorgenommen werden.

Objekte ausrichten

WO? WOMIT?

Am Raster oder an anderen Linien ausrichten

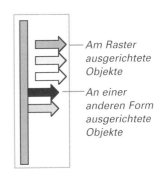

▶ Klicken Sie vor dem eigentlichen Ausrichten → 532 in der Symbolleiste *Zeichnen* auf die Schaltfläche *Zeichnen*.

→ *Am Raster ausgerichtete Objekte*

→ *An einer anderen Form ausgerichtete Objekte*

▶ Wählen Sie in Excel und PowerPoint den Befehl *Ausrichten*. In Word wählen Sie *Gitternetz...* aus dem Menü.

▶ Aktivieren Sie *Am Raster* bzw. die Option *Objekte am Raster ausrichten*, wenn Sie wollen, daß die Objekte sich am imaginären Raster ausrichtet. Die Rasterlinien wirken dabei »magnetisch«, ziehen das Objekt an. Ebenso können andere vertikale oder horizontale Formen mit Klick auf *An Form* »magnetisiert« werden.

▶ Erneutes Anklicken der jeweiligen Option deaktiviert diese wieder.

Objekte präzise anordnen

▶ Markieren Sie das Objekt oder die Objektgruppe, die Sie präzise an einem anderen Objekt ausrichten wollen.

▶ Klicken Sie in der Symbolleiste *Zeichnen* auf die Schaltfläche *Zeichnen*.

▶ Wählen Sie *Präzisionsausrichtung*.

▶ Klicken Sie je nach gewünschter Richtung auf das jeweilige Symbol.

▶ Wiederholen Sie diesen letzten Klick so oft, bis Ihr Objekt richtig ausgerichtet ist. Dabei wird das Objekt entweder pixelweise oder in imaginären Rasterabständen ausgerichtet. Das Objekt wird pixelweise verschoben, wenn *Ausrichten/am Raster* (siehe oben) oder *Ausrichten/An Form* nicht aktiviert ist. Ist dies der Fall, greift die Funktion auf das imaginäre Ausrichtungsraster zurück.

NOCH SCHNELLER
Präzise ausrichten: Markieren Sie das auszurichtende Objekt. Bewegen Sie es mit den Cursortasten in die gewünschte Richtung. Dabei bewegt es sich in Rasterschritten. Drücken Sie gleichzeitig die Taste Strg, um das Objekt pixelweise zu verschieben.

⊞ Oben
⊞ Unten
⊞ Links
⊞ Rechts

Objekte verteilen

WO? WOMIT?

Objekte an der Position eines bestimmten Objekts ausrichten

→ 531

INFO
Die Ausführungen, die Zeichnungsobjekte betreffen, gelten ebenso für Textfelder.

▶ Bringen Sie ein Objekt in die gewünschte Position.
▶ Markieren Sie dieses und alle weiteren Objekte, die ebenfalls bündig an dieser Position ausgerichtet werden sollen – beispielsweise alle Objekte, die an derselben imaginären Linie oben, links, rechts etc. liegen sollen.
▶ Klicken Sie in der Symbolleiste *Zeichnen* auf die Schaltfläche *Zeichnen*.
▶ Wählen Sie den Befehl *Ausrichten oder verteilen*.
▶ Wählen Sie einen der Befehle.

INFO
Die Objekte werden standardmäßig im Verhältnis zueinander ausgerichtet.

INFO
Hier wurden die Objekte aus dem linken Bild linksbündig ausgerichtet. Alle Objekte haben sich an dem Pfeil ganz links orientiert und sich in ihren bisherigen Abständen bündig an der imaginären Linie links ausgerichtet. Unten die Objekte nach der vertikalen Ausrichtung.

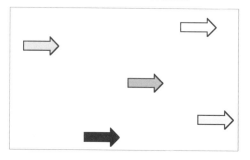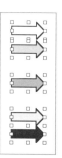

▶ Die Abstände zwischen Objekten werden über die Funktionen *Horizontal verteilen* und *Vertikal verteilen* des Menüs *Ausrichten oder verteilen* geregelt. Dabei werden zwischen den beiden äußeren Objekten von oben nach unten (vertikal) oder von links nach rechts (horizontal) die Abstände gleichmäßig berechnet.
▶ Horizontal auf der Folie können Sie ausrichten, wenn Sie die Option *Relativ zur Folie* aktiviert haben. Dann werden allerdings auch zum Beispiel linksbündige Objekte am linken Folienrand ausgerichtet.

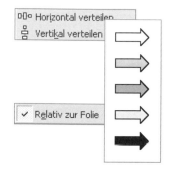

Objekte verbinden

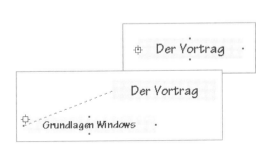

WO? WOMIT?

Verbindungslinien zeichnen

▶ Zeichnen Sie die Objekte mit Freihand- oder anderen AutoFormen, oder erstellen Sie die Textfelder, die Sie anschließend mit Linien oder Pfeilen verbinden möchten.

▶ Öffnen Sie gegebenenfalls die Symbolleiste *Zeichnen*. → 532

▶ Klicken Sie auf die Schaltfläche *AutoFormen*.

▶ Wählen Sie aus dem Menü *Verbindungen*.

▶ Es klappt ein Untermenü mit verschiedenen Verbindungstypen auf.

▶ Wählen Sie einen Typ aus, indem Sie ihn mit der Maus anklicken.

▶ Der Mauscursor wird zu einem Viereck. Führen Sie ihn über das Objekt, an dem die Verbindungslinie beginnen soll. Das Objekt zeigt blaue Markierungspunkte, an denen Sie die Linie ansetzen können. Klicken Sie einmal auf einen Markierungspunkt.

▶ Führen Sie den Mauszeiger über das Zielobjekt. Eine gestrichelte Linie stellt die Verbindungslinie dar. Das Zielobjekt zeigt ebenfalls blaue Markierungspunkte, von denen Sie sich einen aussuchen können, indem Sie ihn anklicken.

▶ Eventuell sehen Sie danach erst einmal nicht viel, außer zwei rote, quadratische Markierungen an den angeklickten Markierungspunkten.

▶ Klicken Sie in der Symbolleiste *Zeichnen* auf die Schaltfläche *Linie*, suchen Sie eine Linienstärke aus, und klicken Sie anschließend auf *Linienfarbe*. Danach ist die Verbindungslinie sichtbar.

INFO

Verbindungstypen: Dabei handelt es sich um Pfeile – deren Spitzen immer in Zeichenrichtung weisen –, um einfache Linien, Doppelpfeile, Kurven oder Linien, die über Eck gehen.

Verbindungspfeile nachbearbeiten

▶ Klicken Sie den Verbindungspfeil an.

▶ Sie erkennen die aktive Markierung daran, daß die roten, quadratischen Markierungspunkte wieder auftauchen. Klicken Sie in der Symbolleiste *Zeichnen* auf das Werkzeug *Pfeil*.

▶ Wählen Sie eine andere Pfeilform, oder wechseln Sie die Richtung des Pfeils, indem Sie auf die entgegengesetzte Form klicken.

▶ Klicken Sie auf *Weitere Pfeile*, um den Dialog *AutoForm formatieren* mit dem Register *Farben und Linien* zu öffnen.

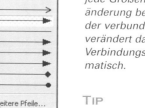

Weitere Pfeile...

Form einer gewinkelten oder gekrümmten Verbindung ändern

▶ Kurven weisen eine gelbe, rautenförmige Markierung an ihrer Linie auf.

▶ Ziehen Sie mit der Maus an dieser Markierung, um den Linienverlauf zu verändern. Dieser wird mit einer gestrichelten Linie angezeigt.

Verbindungslinientyp ändern

▶ Klicken Sie mit der rechten Maustaste auf die Verbindungslinie.

▶ Wählen Sie einen anderen Verbindungstyp aus diesen drei Optionen, indem Sie die gewünschte anklicken.

> Gerade Verbindung
> Gewinkelte Verbindung
> ✓ Gekrümmte Verbindung

Verbindung selbst ändern

▶ Markieren Sie die Verbindungslinie.

▶ Klicken Sie auf den roten Markierungspunkt, den Sie versetzen möchten.

▶ Ziehen Sie ihn mit gedrückter Maustaste an eine neue Zielposition.

▶ Eine gestrichelte Linie zeigt den veränderten Linienverlauf an. Der zu versetzende Punkt wird grün dargestellt.

▶ Lassen Sie die Maus an der neuen Zielposition los.

INFO

Eine Verbindungslinie hat den Vorteil, daß sie sich dynamisch mit einem Objekt verknüpfen läßt, das heißt, jede Größen- oder Positionsänderung beider oder eines der verbundenen Objekte verändert dazu passend die Verbindungslinie automatisch.

→ 547

TIP

Verbindungslinien lassen sich wie alle anderen AutoFormen formatieren. Markieren Sie die Linie durch Anklicken, und wählen Sie Format/AutoForm. Außerdem können Sie ihnen wie Textfeldern Animationen zuordnen.

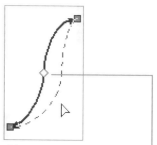

Die gelbe Markierungsraute

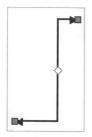

Aus der gekrümmten Verbindung ist eine gewinkelte geworden.

INFO

Verbindungslinie löschen: Markieren Sie die Linie mit einem Mausklick darauf, und drücken Sie die Taste [Entf].

Pfeile gestalten

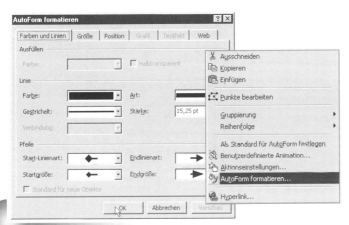

→ 478

INFO

Zeichnungsobjekte mit Farbe füllen, Linienfarben und -stärken, 3D-Effekte, Füll-effekte etc. werden über die Symbole in der Symbolleiste Zeichnen angeboten. Die Vorgehensweisen werden in den Abschnitten über die Formatierung von Textfeldern besprochen.

→ 549

INFO

Auch benutzerdefinierte Animationen können wie bei Textfeldern vorgenommen werden.

TIP

Transparenz bei Zeichnungs-objekten: Markieren Sie das Objekt, und wählen Sie Format/AutoForm. Im Register Farben und Linien wählen Sie eine Füllfarbe und aktivieren die Option Halb-transparent. Bestätigen Sie mit OK. Unten ein Beispiel:

WO? WOMIT?

▶ Markieren Sie den Pfeil.
▶ Wählen Sie den Menübefehl *Format/AutoForm...*
▶ Rufen Sie im Dialog *AutoForm formatieren* das Register *Farben und Linien* auf.
▶ Im Feld *Linie* stellen Sie Linienform und -farbe → 478 ein. Klicken Sie auf den Listenpfeil neben dem Feld *Farbe:*, und suchen Sie eine Farbe aus der Palette aus. Über *Weitere Farben...* erweitern Sie das Farbange-bot, oder klicken Sie *Gemusterte Linien* an, um karierte, gestreifte, gepunktete etc. Linien zu kreieren.
▶ In der Liste, die sich hinter *Gestrichelt:* verbirgt, können Sie die Linienart bestimmen: gepunktet, gestrichelt, ge-mischt oder durchgehend.
▶ Im Feld *Art:* bestimmen Sie im Prinzip die Linienstärke, die Sie im Feld *Stärke:* allerdings – im wahrsten Sinne des Wortes – einfacher auf den Punkt bringen können.
▶ Das Feld *Pfeile:* bietet Formen für den Pfeilfuß *(Start-Linienart:)* und Pfeilkopf *(Endlinienart:)* zur Auswahl. Wählen Sie die Formen aus.
▶ Die beiden Felder zu Angabe der Größen: definieren die Proportionen der Kopf- oder Fußform zur Pfeillinie. Su-chen Sie diese aus den Listen aus.
▶ Überprüfen Sie das Ergebnis mit Klick auf die Schaltfläche *Vorschau*.
▶ Sie können Ihre Eingabe zum Standard für neue Objekte definieren, indem Sie die entsprechende Option an-klicken.
▶ Bestätigen Sie mit Klick auf *OK*.

Objekte zeichnen

Alle »Werkzeuge« finden Sie in der Symbolleiste *Zeichnen*.

Symbolleiste Zeichnen auf die Arbeitsfläche bringen

▶ Wählen Sie den Menübefehl *Ansicht/Symbolleisten/Zeichnen.*

Zeichnungsobjekte positionieren

▶ Mit der Maus anklicken und verschieben.

Zeichnungsobjekte drehen oder kippen

▶ Objekt mit einfachem Mausklick markieren.
  ▶ In der Symbolleiste *Zeichnen* auf *Zeichnen* klicken.
▶ Menübefehl *Drehen oder kippen* und aus dem Untermenü *Option* wählen.

Mehrere Zeichnungsobjekte markieren und gruppieren

▶ Taste ⇧ gedrückt halten.
  ▶ Nacheinander die gewünschten Zeichnungsobjekte anklicken.
▶ In Symbolleiste *Zeichnen* auf die Schaltfläche *Zeichnen* klicken.
▶ Aus dem Menü *Gruppierung* wählen.

Gruppierung aufheben

▶ Gruppe anklicken und damit markieren.
▶ In Symbolleiste *Zeichnen* auf *Zeichnen klicken.*
▶ Im Menü *Gruppierung aufheben* wählen.

Reihenfolge von Zeichnungsobjekten festlegen

▶ Objekt markieren.
▶ In Symbolleiste *Zeichnen* auf *Zeichnen* klicken.
▶ Aus dem Menü *Reihenfolge* und im Untermenü die gewünschte Option anklicken.

Einfache Formen zeichnen

▶ Auf eines dieser Symbole klicken.
▶ Den Mauszeiger auf der Folie aufsetzen.
▶ Die Form aufziehen.

33

KAPITEL

Bilder scannen und nachbearbeiten

tempo

Bilder einfügen und positionieren

WO? WOMIT?

▶ Öffnen Sie ein Office-Dokument. → 20

▶ Wählen Sie den Menübefehl *Einfügen/Grafik*.

▶ Liegt das einzufügende Bild bereits auf einem Datenträger vor, wählen Sie *Aus Datei...*

▶ Durchsuchen Sie Ihren Computer oder angeschlossene Datenträger im folgenden Auswahldialog *Bild einfügen* nach der Datei. → 539

▶ Markieren Sie sie mit einem Mausklick.

▶ Klicken Sie auf die Schaltfläche *Einfügen*, um das Bild in das Dokument einzubetten. Wenn Sie das Bild verknüpfen wollen, klicken Sie auf den Listenpfeil neben *Einfügen* und wählen *Verknüpfung zu Datei.*

▶ Das Bild erscheint im Dokument; falls das Bild jedoch sehr groß ist, kann das einige Sekunden dauern. Derweil wird eine Sanduhr als Cursor angezeigt.

Bildposition und Darstellungsgröße ändern

▶ *Bild verschieben:* Klicken Sie das Bild an, und verschieben Sie es mit gedrückter Maustaste. Dabei erscheint der Mauscursor als Pfeilkreuz; die neue Position wir von einem gestrichelten Rahmen markiert.

▶ *Bildgröße unter Beibehaltung der Seitenverhältnisse reduzieren*: Ziehen Sie mit der Maus an einem Eckpunkt – klicken Sie dazu das Bild an, so daß die Markierungspunkte erscheinen, und ziehen Sie mit gedrückter linker Maustaste an einem Eckpunkt. Der Mauszeiger wird erst zum diagonalen Doppelpfeil, dann zu einem einfachen Kreuz. Ein gestrichelter Rahmen zeigt die neuen Bildmaße an.

INFO → 750

Dateitypen: Im Dialog Bild einfügen *ist als Dateityp* Alle Grafiken *voreingestellt. Dies umfaßt alle möglichen Dateitypen. Wenn Ihnen der Dateityp – also das Grafikdateiformat – bekannt ist, können Sie gezielt mit Klick auf den Listenpfeil den gesuchten Typ aussuchen, zum Beispiel: Windows Metafile (WMF), JPEG, Bitmap (BMP), Graphics Interchange Format (GIF) etc.*

INFO → 626

Verknüpfen oder Einbetten?

INFO

Bild nichtproportional verändern: Ziehen Sie an einem der seitlichen Markierungspunkte. Das Bild wird bei dieser Aktion verzerrt.

Bildteile herausarbeiten

WO? WOMIT?

Grafiksymbolleiste aufrufen

▶ Sobald ein Bild eingefügt wurde, erscheint auf der Arbeitsfläche die Grafiksymbolleiste. Mit einem Mausklick auf das Kreuzchen rechts oben schließen Sie diese Symbolleiste, wenn Sie sie nicht benötigen.

▶ Klicken Sie auf eine Grafik, wird die Symbolleiste automatisch wieder auf den Bildschirm gebracht.

Das Werkzeug zum Zuschneiden eines Bildes

▶ Markieren Sie das zu bearbeitende Bild, indem Sie es anklicken.

▶ Aktivieren Sie in der Symbolleiste *Grafik* das Werkzeug *Zuschneiden* mit einem weiteren Mausklick. Die *Zuschneiden*-Schaltfläche erscheint eingedrückt.

▶ Der Mauszeiger erhält die Form, die auch auf der Schaltfläche abgebildet ist.

▶ Klicken Sie mit der Maus auf einen Markierungspunkt des Bildes, von dem aus Sie das Bild »abschneiden« wollen.

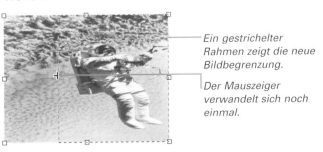

Ein gestrichelter Rahmen zeigt die neue Bildbegrenzung.

Der Mauszeiger verwandelt sich noch einmal.

▶ Halten Sie die Maustaste gedrückt, und ziehen Sie zum Bildzentrum.

▶ Lassen Sie die Maustaste los, wenn Sie genug »abgeschnitten« haben.

▶ Setzen Sie gegebenenfalls noch einmal an einem anderen Markierungspunkt an, um weitere Flächen abzuschneiden.

INFO
Die Grafiksymbolleiste bringen Sie manuell über den Menübefehl Ansicht/Symbolleisten/Grafik *wieder an die Oberfläche.*

ACHTUNG
Es funktioniert nicht? Wenn Sie zwischendurch auf eine Stelle klicken, die keinen Markierungspunkt darstellt, wird das Zuschneiden-Werkzeug deaktiviert. Die Schaltfläche in der Grafiksymbolleiste erscheint dann nicht mehr eingedrückt.

TIP
Grafik wieder in den Ursprungsformaten: Wiederholen Sie die Bearbeitung wie beim Zuschneiden, ziehen Sie nur in die entgegengesetzte Richtung. Die Grafik wird dadurch nicht verzerrt – solange das Werkzeug zum Zuschneiden aktiviert ist. Wenn die Ursprungsgröße erreicht ist, wächst zwar der Markierungsrahmen weiter, nicht aber das Bild selbst.

INFO
Bild zentimetergenau zuschneiden: Schaltfläche Grafik formatieren *in der Grafikleiste anklicken, im Register* Grafik *im Feld* Zuschneiden *die Werte festlegen und mit Klick auf* OK *bestätigen.*

Farbigkeit, Helligkeit und Kontrast des Bildes bearbeiten

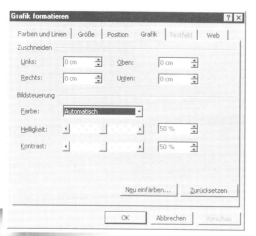

Graustufen   Schwarzweiß   Wasserzeichen

WO? WOMIT?

Bild in Graustufen, schwarzweiß oder als Wasserzeichen darstellen

▶ Markieren Sie das Bild.

▶ Klicken Sie in der Symbolleiste *Grafik* auf das Symbol *Bildsteuerung*.

▶ Wählen Sie eine Darstellungsart aus.

▶ Änderungen werden sofort angezeigt.

Kontrast regulieren

▶ Schrittweise frei einstellen: Klicken Sie in der Symbolleiste *Grafik* auf die Schaltflächen zum Reduzieren und Erhöhen des Kontrasts, um die Einstellung frei vorzunehmen.

→ 636

▶ Genaue Einstellung: Klicken Sie auf die Symbolschaltfläche *Grafik formatieren* in der Grafikleiste. Der Dialog *Grafik formatieren* öffnet sich.

▶ Im Register *Grafik* wird im Bereich *Kontrast* eine Art »Rollbalken« oder »Schieber« angeboten. Ziehen Sie mit der Maus an dem Schieber, oder stellen Sie über die Pfeile neben den Prozentangaben den gewünschten Kontrast ein.

TIP
Mit Doppelklick auf ein Bild öffnen Sie den Dialog Grafik *formatieren.*

INFO
Die Option Automatisch *nimmt Änderungen der Darstellungsart wieder zurück.*

▶ Klicken Sie auf die Schaltfläche *Vorschau*, um das Ergebnis zu kontrollieren.

▶ Mit Klick auf *OK* bestätigen Sie Ihre Einstellung.

Helligkeit verändern

▶ *Schrittweise Helligkeit regulieren:* Klicken Sie
in der Grafikleiste auf die Symbolschaltflächen
für mehr oder weniger Helligkeit.

▶ *Helligkeit in Prozent einstellen:* Klicken Sie in der Grafikleiste auf das Symbol *Grafik formatieren*, um den gleichnamigen Dialog zu öffnen.

▶ Im Register *Grafik* stellen Sie die Helligkeit über den
Schieberegler oder die Pfeile neben den Prozentangaben
ein (siehe Erläuterungen zum Kontrast).

▶ Kontrollieren Sie das Ergebnis mit Klick auf die Schaltfläche *Vorschau*.

▶ Bestätigen Sie Ihre Einstellung mit Klick auf *OK*.

Bild neu einfärben

▶ Markieren Sie das Bild, und klicken Sie in der
Grafikleiste auf das Symbol *Bild neu einfärben*.

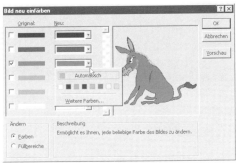

▶ Legen Sie im Feld *Ändern* fest, ob Sie *Farben* (umfaßt
alle Farben) oder nur *Füllbereiche* (Linien sind ausgenommen) bearbeiten wollen.

▶ Aktivieren Sie mit Klick in das Kontrollfeld die Farben,
die Sie ändern möchten. Ein Häkchen zeigt die Aktivierung an.

▶ Klicken Sie in der Spalte *Neu:* auf die jeweiligen Listenpfeile neben den Farben, um neue Farben auszuwählen.

▶ Ein Klick auf *Weitere Farben*... bietet Ihnen die Möglichkeit, eine Standardfarbe außerhalb der Palette festzulegen oder eine eigene zu mischen.

▶ Prüfen Sie das Ergebnis über die Vorschaufunktion.

▶ Bestätigen Sie die Farbänderungen mit Klick auf *OK*.

 → 470

TIP
Genaue Einstellungen: Über
den Dialog Grafik formatieren
können Sie auch Position,
Bildgröße, Zuschneiden und
andere Einstellungen
genauer vornehmen als über
freies Drag&Drop mit der
Maus.

INFO
Helligkeits- und Kontrast-
einstellungen wieder rückgängig machen: Klicken Sie auf
das Symbol Bildsteuerung in
der Grafikleiste, und wählen
Sie die Option Automatisch.

INFO
Das Einfärben funktioniert
nur mit ClipArts. Bei aus
Dateien eingefügten Bildern
wird darauf hingewiesen, daß
ein Bitmap lediglich in einem
Bildbearbeitungsprogramm
wie zum Beispiel PhotoDraw
oder PhotoEditor bearbeitet
werden kann.

→ 478

 → 580

INFO
ClipArts einfügen

Bildrahmen

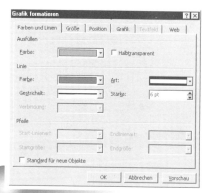

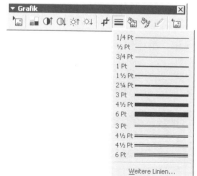

WO? WOMIT?

▶ Markieren Sie das einzurahmende Bild.
▶ Klicken Sie in der Symbolleiste *Grafik* auf das Symbol *Linienart*.
▶ Wählen Sie eine Linienstärke aus.

ACHTUNG → 580
Mit ClipArts funktioniert das nicht.

Linienfarbe und -form einstellen

▶ Klicken Sie im ausgeklappten Linienmenü auf *Weitere Linien....* Der Dialog *Grafik formatieren* öffnet sich und bietet das Register *Farben und Linien*.
▶ Im Feld *Linie* legen Sie bei *Farbe:* mit Klick auf den Listenpfeil eine Linienfarbe fest. Wählen Sie eine Farbe aus den angebotenen Farbmischungen, oder bestimmen Sie eine andere Farbe mit Klick auf → 478 *Weitere Farben...*
▶ Ein Linienmuster können Sie aussuchen, wenn Sie den Dialog *Gemusterte Linien...* aufrufen.
▶ Die Linienform definieren Sie über das Menü, das über den Listenpfeil bei *Gestrichelt:* aufklappt. Markieren Sie mit der Maus die gewünschte Strichart.
▶ Die Felder *Art:* und *Stärke:* sind beide für die Linienstärke zuständig. Suchen Sie entweder eine Linienstärke im Feld *Art:* aus, oder stellen Sie sie im Feld *Stärke:* nach Belieben ein.
▶ Kontrollieren Sie Ihre Einstellungen mit Klick auf die Schaltfläche *Vorschau*, und bestätigen Sie sie gegebenenfalls mit Klick auf *OK*.

ACHTUNG
In Word müssen Sie erst den Textfluß für das Bild festlegen, um über das Linienmenü einen Rahmen zuzuweisen. Sonst verwenden Sie das Symbol Rahmen.

→ 554

Neben verschiedenen Linienstärken werden Ihnen noch weitere Linienartvarianten angeboten.

Bildposition und Textfluß in einem Word-Dokument

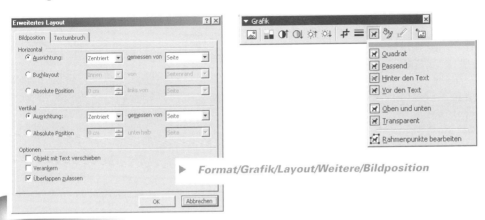

▶ *Format/Grafik/Layout/Weitere/Bildposition*

WO? WOMIT?

Grafik zentriert auf der Seite positionieren

▶ Aktivieren Sie im Bereich *Horizontal* die Option *Ausrichtung*.

▶ Wählen Sie aus dem Feld daneben *Zentriert*.

▶ Markieren Sie unter *Abmessen von* den Punkt *Seite*.

▶ Aktivieren Sie im Bereich *Vertikal* die Option *Ausrichtung*.

▶ Wählen Sie aus dem Feld daneben *Zentriert*.

▶ Markieren Sie im Feld *Abmessen von* den Punkt *Seite*.

▶ Klicken Sie auf *OK*, das Bild wird auf der Seite zentriert positioniert.

Grafik mit dem Text verschieben

▶ Aktivieren Sie die Option *Objekt mit Text verschieben*. Die Grafik wird mit dem Absatz nach oben oder unten verschoben, mit dem sie verankert ist.

▶ Verschieben Sie die Grafik, wird das Verankerungszeichen ebenfalls verschoben.

Die Grafik fest am Absatz verankern

▶ Aktivieren SIe die Option *Verankern*. Die Grafik ist fest mit einem Absatz verbunden.

▶ Die Grafik kann verschoben werden, das Ankerzeichen bleibt am gleichen Absatz, das heißt, die Grafik bleibt immer auf derselben Seite des verankerten Absatzes.

Textfluß um ein Bild festlegen

▶ Klicken Sie in der Grafik-Symbolleiste auf *Textfluss*.

▶ Wählen Sie die Option *Quadrat*, um das Bild in Form eines Vierecks umfließen zu lassen, oder klicken Sie auf die Option *Passend*.

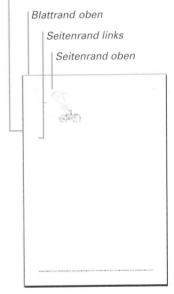

Blattrand links

Blattrand oben

Seitenrand links

Seitenrand oben

INFO
Sofern Sie ein ClipArt eingefügt haben, wird der Text automatisch dem Bild angepaßt. Sollten Sie eine eigene Grafik eingefügt haben, müssen Sie den Textfluß nachbearbeiten.

Textfluß nachbearbeiten

▶ Klicken Sie in der Grafik-Symbolleiste auf *Textfluss*.

▶ Wählen Sie die Option *Passend*.

▶ Wählen Sie erneut *Zeichnen/Textfluß,* und klicken Sie auf *Rahmenpunkte bearbeiten*. Die Grafik wird mit einem roten Rahmen umgeben. Dieser Rahmen wird nicht gedruckt.

▶ Bewegen Sie die Maus auf einen der vier schwarzen Markierungspunkte.

▶ Ziehen Sie den Markierungspunkt bei gedrückter linker Maustaste auf eine neue Position. Der Text wird neu angeordnet und paßt sich dem roten Rahmen an.

▶ Fügen Sie einen neuen Markierungspunkt ein, indem Sie mit gedrückter Strg-Taste auf die rote Rahmenlinie klikken.

▶ Der neu eingefügte Markierungspunkt kann ebenfalls an eine neue Stelle gezogen werden.

▶ Fügen Sie so viele Markierungspunkte ein, bis Sie die Form der Grafik »nachzeichnen« können.

▶ Bewegen Sie die Maus auf einen Markierungspunkt.

▶ Klicken Sie auf den Markierungspunkt mit gedrückter Strg-Taste. Der Markierungspunkt wird gelöscht.

Textfluß nachbearbeiten

Bild hinter dem Text

n Flug von Hasensta
Fest wird um 10.0(
en. Für Verpflegung
lediglich Ihren Schla
es Erscheinen Freu

Textfluß: Neue Markierungspunkte einfügen

amilie hat einen **Flugdienst** ein(
n zu uns reisen können. Setzen
ly, die   für Ihre
in   Verbindu
I   Hasensta
Sie   bucher
Uhr   Vorm
en   star
Unterkunft ist gesorgt. Bringen
; mit. Wir freuen uns auf Ihr zal

Bild hinter bzw. vor den Text legen

▶ Klicken Sie in der Grafik-Symbolleiste auf *Textfluss*.

▶ Wählen Sie die Option *Hinter den Text* bzw. *Vor den Text*.

Text läuft oberhalb und unterhalb des Bildes

▶ Klicken Sie in der Grafik-Symbolleiste auf *Textfluss*.

▶ Wählen Sie die Option *Oben und unten.* Der Text läuft bis zur Grafik und unter dem Bild weiter. Links und rechts neben der Grafik wird ein unbeschriebener Raum freigelassen.

Bilder mit dem Photo-Editor reduzieren und nachbearbeiten

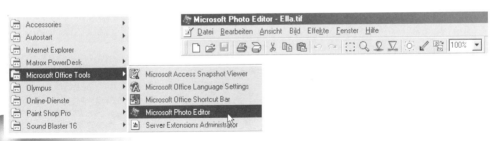

WO? WOMIT?

Photo Editor starten

▶ Klicken Sie auf die Windows-Start-Schaltfläche.

▶ Fahren Sie mit der Maus auf *Programme*, auf *Microsoft Office Tools*, und klicken Sie auf *Microsoft Photo Editor*.

▶ Rufen Sie den Menübefehl *Datei/Öffnen* auf, um ein Bild zu bearbeiten.

Bildabmessungen reduzieren

▶ Wählen Sie den Menübefehl *Bild/Größe ändern...*

▶ Geben Sie direkt neue Maßzahlen oder eine Größenänderung in Prozent in die Felder ein. Die Beibehaltung der Seitenverhältnisse ist bereits standardmäßig eingestellt. Wenn Sie also den ersten Wert eingegeben haben, verändern sich automatisch alle anderen Werte in diesem Verhältnis.

▶ Aktivieren Sie die Option *Verzerrung zulassen*, wenn Sie das Seitenverhältnis verändern möchten.

▶ Bestätigen Sie die Einstellungen mit Klick auf *OK*.

Auflösung und Farbtiefe einstellen

▶ Wählen Sie den Menübefehl *Datei/Eigenschaften*.

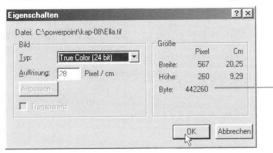

→ 769

INFO
Photo Editor nicht vorhanden? Dann ist das Programm nicht mitinstalliert worden. Sie müssen es nachträgich installieren.

INFO
Glätten: Die Aktivierung dieser Option sorgt dafür, daß störende Pixel gelöscht oder körnige Flächen mit Pixeln aufgefüllt werden, so daß die Optik etwas verbessert wird.

Hier können Sie nach jeder Bearbeitung die Bildgröße überprüfen.

▶ Klicken Sie auf den Listenpfeil neben dem Feld *Typ:*.

▶ Wählen Sie eine Farbigkeit aus: Grauskalierung (Graustufen), Monochrom (Schwarzweiß) oder eine höhere Vierfarbigkeit.

▶ Geben Sie gegebenenfalls eine niedrigere Auflösung ein.

▶ Bestätigen Sie alle Einstellungen mit Klick auf *OK*.

Bild konvertieren in anderes Format – Speicheroptionen

▶ Wählen Sie den Menübefehl *Datei/Speichern unter...*

▶ Tippen Sie den Dateinamen ein.

▶ Wählen Sie den Dateityp.

▶ Klicken Sie auf die Schaltfläche *Weitere*. Je nach Dateityp können Sie Spezifikationen für das Format festlegen. Beim JPG die Qualität, beim TIF ob eine LZW-Komprimierung durchgeführt werden soll.

▶ Im Feld *Konvertieren* legen Sie mit Klick auf den Listenpfeil die Farbtiefe für das zu speichernde Bild fest.

▶ Mit Klick auf die Schaltfläche *Speichern* wird das Bild im festgelegten Format gespeichert. Sie können es jederzeit nachbearbeiten.

INFO

Zurück zur zuletzt gespeichertern Version: Wählen Sie den Menübefehl Datei/ Zurück. *Das Bild wird so wiederhergestellt, wie es vor der letzten Speicheraktion definiert war.*

INFO

Effekte: Im Menü Effekte *wird eine Reihe einfacher Effekte angeboten. Nachdem Sie einen Effekt aus der Liste per Mausklick ausgewählt haben, öffnet sich ein weitere Dialog, in dem Sie Details für diesen Effekt einstellen können.*

Bilder scannen und speichern

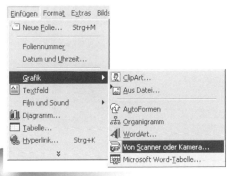

WO? WOMIT?

▶ Wechseln Sie gegebenenfalls in das Doku- → 20
ment.

▶ Legen Sie Ihre Scan-Vorlage auf den Scanner.

▶ Wählen Sie den Menübefehl *Einfügen/Grafik/Von Scanner oder Kamera...*

▶ In der Liste *Gerät* ist die auf Ihrem PC installierte Software zum Scannen oder zum Laden von Bildern von der DigiCam aufgeführt. Wählen Sie Ihre Scan-Software aus.

▶ Klicken Sie auf *Benutzerdefiniertes Einfügen*, um Einstellungen zum Scannen vorzunehmen.

▶ Nach einer mehrere Sekunden dauernden Aufwärmphase wird Ihr gewähltes Scan-Programm angezeigt. Folgende Schritte führen durch den Scan-Vorgang, wobei dieser im Detail je nach verwendeter Software abweichen kann:

▶ Legen Sie per Drag&Drop an dem gestrichelten Markierungsrahmen die Größe des Bildausschnitts fest.

▶ Bestimmen Sie die Farbigkeit des Bildes. Je mehr Farben Sie wählen, desto mehr Speicherkapazität beansprucht das Bild. Für eine Präsentation reicht RGB für Farbbilder. Je nach Scan-Programm werden hier unterschiedliche Optionen angeboten.

▶ Definieren Sie die Auflösung Ihres Scans. Damit die Größe Ihres Bildes in Kbyte nicht zu groß wird, wählen Sie für die Präsentation ca. 150 dpi.

ACHTUNG
Scanner oder digitale Kamera sollten am PC angeschlossen sein. Die zugehörige Software muß ebenfalls fertig installiert und einsatzbereit sein. Wie das funktioniert, können Sie der Dokumentation zum Scanner oder zur DigiCam entnehmen. Weitere Hinweise erhalten Sie im Kapitel: »Hardware einrichten und analysieren« im Buch »Tempo – Windows 98«.

BEGRIFFE
RGB, 256 Farben, Webpalette: *RGB beschreibt ein Farbmodell (Rot, Grün, Blau), aus dem jede beliebige Farbe gemischt werden kann. 256 Farben beschreibt eine Farbtiefe von 8 Bit. Das ist die Anzahl darzustellender Farben. Je höher die Farbtiefe, um so höher der Speicherbedarf. Bei der Webpalette handelt es sich um eine Farbpalette, die im Internet verwendet und vom Webbrowser dargestellt wird.*

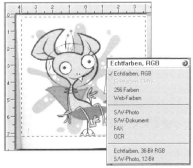

▶ Wählen Sie gegebenenfalls die Bildgröße und die Anwendung eines Filters, um Schwächen der Vorlage auszugleichen.

▶ Prüfen Sie das Ergebnis mit Klick auf die Schaltfläche *Vorschau*, deren Funktion in jedem Scan-Programm in der einen oder anderen Form angeboten wird.

▶ Wenn Sie zufrieden sind, starten Sie den Scan-Vorgang mit Klick auf die Schaltfläche *Scannen*, die ebenfalls in verschiedenen Varianten angeboten wird.

▶ Das gescannte Bild erscheint nach einigen Sekunden in Ihrem Office-Dokument. Das Scan-Programm hat sich verabschiedet. Unter Umständen können Sie aber erst weiterarbeiten, wenn Sie den Scanner über eine Schaltfläche deaktiviert haben.

BEGRIFFE

Auflösung und dpi: dpi bedeutet »dots per inch« oder Punkte je Zoll. Dies ist die Maßgröße der Auflösung. Die Aulösung beschreibt die Zahl der Bildpunkte je Längeneinheit (Zoll). Je mehr Bildpunkte, um so schärfer die Darstellung und um so höher die Kbyte-Größe.

→ 626

TIP

Der eingefügte Scan ist wie jede andere Grafik zu bearbeiten; allerdings ist das Bild eingebettet, weshalb eine Nachbearbeitung in einem anderen Bildbearbeitungsprogramm, wie zum Beispiel PhotoDraw, nicht ohne weiteres möglich ist. Empfehlenswert ist deshalb, das Bild nicht aus PowerPoint heraus zu scannen, sondern das Scan-Programm gesondert aufzurufen. Scannen Sie Ihr Bild in eine Datei, und fügen Sie dann in PowerPoint die Datei ein. Diese Datei können Sie jederzeit bearbeiten.

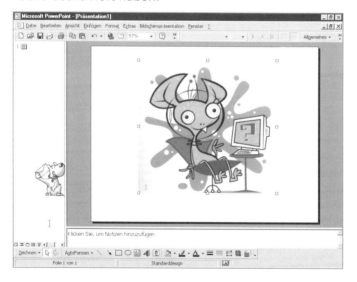

Bilder aus anderen Dokumenten

- ▶ Öffnen Sie das Dokument, in dem sich das Bild befindet, das Sie in Ihr Office-Dokument aufnehmen möchten.
- ▶ Klicken Sie die eingefügte Grafik mit der rechten Maustaste an.
- ▶ Wählen Sie den Menübefehl *Kopieren*.
- ▶ Wechseln Sie in das Dokument, in das Sie das Bild einfügen möchten.
- ▶ Wählen Sie den Menübefehl *Bearbeiten/Einfügen*.
- ▶ Das Bild erscheint und läßt sich wie jede andere Grafik bearbeiten.

Als Grafikdatei speichern

- ▶ Kopieren Sie das Bild wie oben beschrieben.
- ▶ Wechseln Sie in ein Bildbearbeitungsprogramm.
- ▶ Je nach Programm steht dort entweder die Möglichkeit zu Verfügung, erst ein leeres Bild, dessen Maße Sie zuvor angeben, zu öffnen, um dann über *Bearbeiten/Einfügen* Ihr kopiertes Bild aus der Zwischenablage einzufügen, oder es gibt einen Befehl *Bcarbeiten/Einfügen/Als neues Bild....* Damit kommt das Bild aus der Zwischenablage gleich in den richtigen Abmessungen auf den Bildschirm.
- ▶ Speichern Sie das Bild in einem Bildformat unter einem eigenen Namen.

INFO
Verknüpfte und eingebettete Daten

INFO → 626
Zwischenablage

INFO
Dieses Vorgehen ist zum Beispiel hilfreich, wenn Sie nicht wissen, wie die Original-Bilddatei heißt, so daß Sie sie nicht aus der Datei einfügen können.

ClipArt Gallery

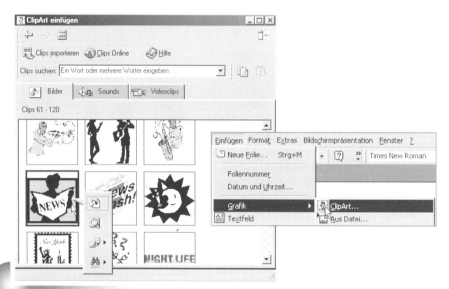

WO? WOMIT?

ClipArt-Katalog öffnen
▶ Wählen Sie den Menübefehl *Einfügen/Grafik.*
▶ Im ausklappenden Untermenü rufen Sie *ClipArt...* auf.
  Es öffnet sich die ClipArt Gallery, und Sie sehen einen
  Bildkatalog.

Bild in allen Kategorien suchen
▶ Geben Sie in das Feld *Clips suchen:* einen Suchbegriff
  ein, und drücken Sie die Taste ⏎. Das Suchergebnis wird
  im Katalog unten angezeigt.

Bild einfügen
▶ Klicken Sie einmal auf das gewünschte Bild. Es erscheint
  eine Symbolleiste. Lassen Sie die Maustaste los.
▶ Klicken Sie auf das Symbol mit der Lupe, um eine Vor-
  schau auf das Bild zu erhalten.
▶ Schließen Sie die Vorschau mit Klick auf das Kreuzchen
  oben rechts (*Schließen*-Schaltfläche).
▶ Klicken Sie auf das erste Symbol mit dem Pfeil, um das
  ClipArt auf der Folie einzufügen.
▶ Danach bleibt die Gallery geöffnet, so daß Sie mehrere
  ClipArts hintereinander einfügen können.
▶ Wechseln Sie in der Task-Leiste wieder zu PowerPoint.
  Schließen Sie gegebenenfalls die Gallery mit Klick auf
  die *Schließen*-Schaltfläche.

➜ 769

ACHTUNG
*Es kann sein, daß die Gallery
nicht mit Ihren übrigen
Programmen mitinstalliert ist.
Eine Meldung macht Sie
darauf aufmerksam. Legen
Sie die erste Microsoft-Office-
CD ins Laufwerk, und beant-
worten Sie die Meldung mit
Ja, um die ClipArt Gallery
nachzuinstallieren.*

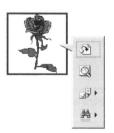

ClipArts verwalten

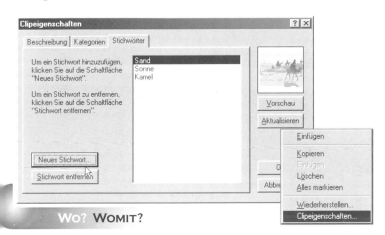

ClipArt eine Kategorie zuweisen

▶ Klicken Sie im Katalog auf das ClipArt, das Sie bearbeiten möchten.

▶ Wählen Sie das dritte Symbol von oben.

▶ Klicken Sie auf den Listenpfeil am Feld *Den Clip zu der folgenden Kategorie hinzufügen:*.

▶ Wählen Sie eine Kategorie aus.

▶ Klicken Sie auf die Schaltfläche *Hinzufügen*.

Stichwörter vergeben

▶ Klicken Sie mit der rechten Maustaste auf das ClipArt.

▶ Wählen Sie *Clipeigenschaften*... aus dem Kontextmenü.

▶ Geben Sie im *Clipeigenschaften*-Dialog gegebenenfalls eine Beschreibung ein.

▶ Wechseln Sie auf das Register *Stichwörter*.

▶ Klicken Sie auf *Neues Stichwort*.

▶ Tippen Sie im folgenden Dialog ein Wort ein.

▶ Bestätigen Sie es mit Klick auf *OK*. Das Stichwort erscheint in der Liste.

▶ Bestätigen Sie die Bearbeitung mit Klick auf *OK*, wenn Sie fertig sind.

Kategorien löschen

▶ Wechseln Sie im Dialog *Clipeigenschaften* auf das Register *Kategorien*.

▶ Klicken Sie in die Kategorie, in die das ClipArt aufgenommen werden soll. Es erscheint ein Häkchen. Erneutes Anklicken entfernt das Häkchen wieder. Sie können das ClipArt auch mehreren Kategorien zuordnen.

▶ Eine ganz neue Kategorie richten Sie ein, indem Sie auf *Neue Kategorie* klicken.

TIP

Navigation in der Gallery: Mit diesen drei Symbolen »hangeln« Sie sich bequem durch alle Kategorien: Zurück zu zuvor aufgerufenen Ansichten, Vorwärts *und* Alle Kategorien ansehen.

TIP

Suchen: Die Beschreibung sollte kurz sein und möglichst einem Schema folgen. Alle Merkmale eines ClipArts können zum Suchen eines Bildes eingesetzt werden: Klicken Sie dazu auf ein Clip-Art, das zwar nach einer Suche gefunden wurde, aber nicht ganz den Kriterien entspricht. Benutzen Sie zur weiteren Suche eine der beiden Schaltflächen, oder klicken Sie auf eines der Stichwörter, um danach eine weitere Suche einzuleiten.

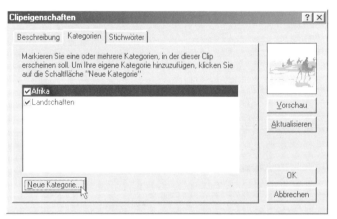

 → 626

INFO

Kopieren und einfügen: Mit diesen Schaltflächen können Sie entweder ein Clip in die Zwischenablage kopieren, oder Sie können ein Bild, das Sie zuvor in einer anderen Anwendung in die Zwischenablage kopiert hatten, in die Gallery einfügen.

▶ Tippen Sie im folgenden Dialog den neuen Kategorienamen ein, und bestätigen Sie ihn mit Klick auf *OK*. Er wird umgehend in der Liste als aktiviert angezeigt.

▶ Bestätigen Sie Ihre Bearbeitung mit Klick auf *OK*, oder wechseln Sie in ein anderes Register.

ClipArts importieren

▶ Klicken Sie auf die Schaltfläche *Clips importieren* in der obersten Symbolleiste des Dialogs *ClipArt einfügen*.

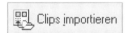

▶ Suchen Sie im Auswahldialog nach dem Verzeichnis auf einer CD oder Ihrer Festplatte, in dem sich weitere ClipArts befinden.

▶ Markieren Sie die gewünschten ClipArts.

▶ Aktivieren Sie die Option *In die Clip Gallery verschieben*, um die ClipArts nicht nur temporär zur Verfügung zu haben. Das ClipArt wird dann von seinem ursprünglichen Speicherort in die ClipArt verschoben. Wählen Sie die letzte Option, merkt sich die ClipArt-Gallery den Speicherort der Datei und sucht das Bild automatisch dort.

▶ Klicken Sie auf *Importieren*.

▶ Es erscheint beim Importieren für jedes ClipArt der Dialog *Clipeigenschaften*, in dem Sie eine Beschreibung, eine Kategorie und Stichwörter vergeben können (siehe oben). Sie können die Bearbeitung aber auch überspringen und das ClipArt importieren, indem Sie einfach auf *OK* klicken.

INFO

ClipArt aus der Gallery löschen: Klicken Sie das Clip-Art mit der rechten Maustaste an. Wählen Sie den Befehl Löschen *aus dem Kontextmenü. Bestätigen Sie mit OK, um das ClipArt aus allen Kategorien zu löschen.*

Clip überspringen	☐ Alle Clips mit den gleichen Eigenschaften markieren.

Diese Option steht nur zur Verfügung, wenn Sie mehrere ClipArts auf einmal importieren.

Bilder aus dem Internet

Einfügen/Grafik/ClipArt...

Wo? Womit?

ClipArt über die ClipArt Gallery suchen

▶ Wählen Sie den Menübefehl *Einfügen/Grafik/ClipArt*.
▶ Klicken Sie in der ClipArt Gallery auf die Schaltfläche *Clips Online*.
▶ Bestätigen Sie die folgende Meldung mit Klick auf *OK*.
▶ Sofern Sie Ihre Internet-Verbindung vollautomatisch konfiguriert haben, wählt sich der Internet Explorer auf eine Microsoft-Adresse ein, auf der Ihnen jede Menge ClipArts angeboten werden.
▶ Bestätigen Sie mit Klick auf *Accept* die Lizenzverein-barungen.
▶ Links wird Ihnen eine Suchmöglichkeit zur Verfügung gestellt. Geben Sie in das Feld *Search* ein Suchwort ein, oder wählen Sie im Feld darunter eine Kategorie.
▶ Klicken Sie auf Start, um sich die Bilder anzeigen zu lassen.
▶ Im rechten Rahmen werden Ihnen die Bilder mit Grö-ßenangabe angezeigt. Klicken Sie in das Kontrollfeld, um es in den »Korb« zu legen.
▶ Kontrollieren Sie den Inhalt des Korbs,  indem Sie auf seinen Link oben rechts klicken.
▶ Klicken Sie auf *Download*, um die gewünschten Bilder direkt in Ihre ClipArt Gallery herunterzuladen.

How To: Click Download after confirming selections, or click Empty to clear the Selection Basket.

▶ Bestätigen Sie den Download noch einmal mit Klick auf den Link *Download Now!*.

→ 742

INFO
Bilder aus einer Webseite

→ 582

INFO
Bilder in die ClipArt Gallery nachträglich importieren.

Über dieses Symbol laden Sie das ClipArt sofort herunter.

TIP
Auf dieser Website werden neben ClipArts auch Bilder, Sounds und Filme angeboten, die sich genauso wie ClipArts in die ClipArt-Gallery herunterladen und dort verwalten lassen.

Die unterstrichenen Textteile sind Links.

Bilder einfügen

▶ Menübefehl *Einfügen/
Grafik/Aus Datei...*

ClipArt einfügen

▶ Menübefehl *Einfügen/
Grafik/ClipArt...*

Bildabmessungen reduzieren

▶ Starten Sie PhotoEditor.
▶ Wählen Sie den Menü-
befehl *Bild/Größe
ändern...*
▶ Geben Sie direkt neue
Maßzahlen oder eine
Größenänderung in
Prozent in die Felder
ein.
▶ Aktivieren Sie die
Option *Verzerrung
zulassen*, wenn Sie das
Seitenverhältnis verän-
dern möchten.
▶ Bestätigen Sie die
Einstellungen mit Klick
auf *OK*.

Farbigkeit, Helligkeit und Kontast

▶ Grafik markieren mit
Mausklick.
▶ Die Bearbeitungs-
werkzeuge befinden
sich alle in der Symbol-
leiste *Grafik*. Klick auf
die Schaltfläche und
Einstellung vornehmen.

Symbolleiste *Grafik* aktivieren

▶ Grafiksymbolleiste über
*Ansicht/Symbolleisten/
Grafik* aufrufen, falls
diese nicht bei Klick auf
die Grafik erscheint.

Bild zuschneiden

▶ *Zuschneiden*-Schalt-
fläche anklicken.
▶ An den Rändern die
Bildbegrenzung in die
gewünschte Richtung
ziehen.

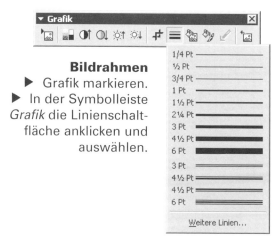

Bildrahmen

▶ Grafik markieren.
▶ In der Symbolleiste
Grafik die Linienschalt-
fläche anklicken und
auswählen.

34 KAPITEL

Diagramme erstellen
und bearbeiten

tempo

Die Tabelle zum Diagramm erstellen

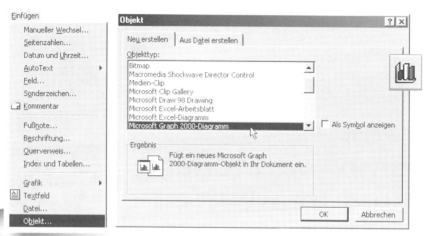

Wo? Womit?

Diagramm in Word oder PowerPoint einfügen

▶ Wählen Sie den Menübefehl *Einfügen/Objekt...*

▶ Im Register *Neu erstellen* wählen Sie aus der Liste den Eintrag *Micorsoft Graph 2000-Diagramm*.

▶ Lassen Sie die Option *Als Symbol anzeigen* **→ 627** inaktiv, und klicken Sie auf OK. Auf dem Bildschirm erscheint eine Mustertabelle zusammen mit dem zugehörigen Diagramm.

▶ Bearbeiten Sie die die Daten in der Mustertabelle. Die Daten werden in die Diagrammdarstellung übernommen.

Diagramm-Folienlayout in PowerPoint aktivieren

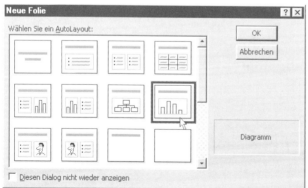

▶ Wählen Sie den Menübefehl *Einfügen/Neue Folie...*

▶ Wählen Sie das AutoLayout *Diagramm*, *Diagramm und Text* oder *Text und Diagramm*.

NOCH  SCHNELLER **→ 637**

Diagramm einfügen: Klicken Sie auf dieses Symbol. In Word ist es standardmäßig nicht in der Standardsymbolleiste enthalten. Über Ansicht/Symbolleisten/ Anpassen..., Register Befehle, Kategorie Einfügen können Sie es aufspüren und in Ihre Standardsymbolleiste oder eine andere Leiste ziehen.

INFO

Falls Ihnen dieser Dialog beim Einfügen einer neuen Folie nicht gezeigt wird, können Sie auch einer bestehenden Folie nachträglich ein Folienlayout über Format/ Folienlayout... zuweisen. Sie erhalten die gleiche Auswahlmöglichkeit wie beim Auto-Layout. Klicken Sie nach der Auswahl auf die Schaltfläche Übernehmen.

▶ Die neue Folie erscheint mit einem Textfeld für den Titel der Folie und einer Schaltfläche. Doppelklicken Sie auf das Diagrammsymbol. Es erscheint ein Musterdiagramm auf der Folie, dessen Daten und Aussehen nichts mit dem von

Diagramm durch Doppelklicken hinzufügen

Ihnen gewünschten zu tun hat. Gleichzeitig startet das Programm Microsoft Graph und zeigt die zum Diagramm gehörige Ursprungstabelle, die Sie mit Ihren eigenen Daten »füttern« müssen.

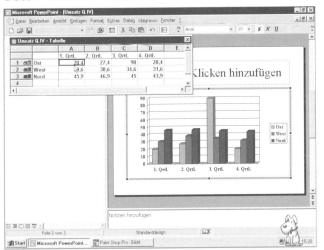

INFO

Diagramm einer bestehenden Folie hinzufügen: Wenn Sie nicht mit einem AutoLayout arbeiten wollen, sondern statt dessen ein Diagramm anderen Elementen einer bestehenden Folie hinzufügen möchten, wählen Sie den Menübefehl Einfügen/Diagramm. *Es wird ebenfalls ein Musterdiagramm auf der Folie plaziert und Microsoft Graph mit der zugehörigen Tabelle gestartet.*

Es besteht bereits eine Tabelle in PowerPoint

▶ Wechseln Sie auf die Folie mit der Tabelle.
▶ Markieren Sie die Tabelle.
▶ Wählen Sie den Menübefehl *Bearbeiten/Kopieren*.
▶ Wechseln Sie in die Microsoft Graph-Tabelle zurück (gegebenenfalls müssen Sie noch einmal auf das Musterdiagramm doppelklicken; das öffnet immer die zugehörige Tabelle).
▶ Klicken Sie in die erste Zelle oben links, und wählen Sie den Menübefehl *Bearbeiten/Einfügen*.
▶ Löschen Sie gegebenenfalls Daten, die Sie nicht benötigen.

Es besteht bereits eine Tabelle in Word

▶ Markieren Sie die Tabelle.
▶ Fügen Sie über das Diagramm-Symbol in der Standardsymbolleiste oder über den Menübefehl *Einfügen/Objekt*, Register *Neu erstellen*, Eintrag *Microsoft Graph 2000-Diagramm* das Diagramm ein. In der zugeordneten Tabelle wurden automatisch die Daten übernommen.
▶ Bestätigen Sie die mit Klick auf *OK*.

→ 592

INFO

Ebenso können Sie Tabellendaten aus Word oder Excel einfügen, allerdings ist es bei Excel sinnvoller, das Diagramm erst in Excel zu erzeugen und zu bearbeiten und dann nach PowerPoint zu exportieren.

Eine Excel-Tabelle importieren

▶ Klicken Sie in die Mustertabelle, und wählen Sie den Menübefehl *Bearbeiten/Datei importieren*...

▶ Voreingestellt wird nach Microsoft Excel-Dateien gesucht. Wählen Sie die gewünschte Datei aus, und klicken Sie auf die Schaltfläche *Öffnen*.

▶ Markieren Sie, aus welcher Tabelle der Excel-Arbeitsmappe die Daten importiert werden sollen.

▶ Bestätigen Sie die mit Klick auf *OK*.

▶ Die Daten werden in die Microsoft Graph-Tabelle eingefügt.

Textdateien importieren

▶ Bestimmen Sie beim Speichern der Ursprungstabelle als Textdatei mit Zeilenwechsel die Trennzeichen zwischen den Datenfeldern – den späteren Zellen der Tabelle.

▶ Prüfen Sie die Textdatei in einem Editor – WordPad oder Word – auf einheitliche Systematik. Speichern Sie sie gegebenfalls nach einigen Änderungen wieder als Textdatei mit Zeilenwechsel ab.

▶ In PowerPoint leiten Sie das Einfügen des Diagramms ein. In der Mustertabelle wählen Sie den Menübefehl *Bearbeiten/Datei importieren*... (siehe oben).

▶ Wählen Sie im Auswahldialog als Dateityp *Textdateien*.

▶ Markieren Sie die gewünschte Datei, und klicken Sie auf die Schaltfläche *Öffnen*.

▶ Der Textassistent startet. Die Voreinstellungen im Schritt 1 sind meistens o.k. Der Dateiursprung ist beim Textformat mit Zeilenwechsel Windows (ANSI), der Import beginnt meistens bei Zeile 1, und Trennzeichen sollten Sie möglichst eingerichtet haben (Option *Getrennt*).

▶ Klicken Sie auf die Schaltfläche *Weiter*.

NOCH SCHNELLER
Datei importieren: Klicken Sie auf diese Schaltfläche in der Standardmenüliste von Microsoft Graph.

INFO
Fast alle Programme stellen – wenn Sie auch sonst noch so inkompatibel sind – die Möglichkeit bereit, Daten als Textdatei zu speichern. Damit ist nicht das Word-Format (.doc) gemeint, sondern ein einfacheres Textformat mit Zeilenwechsel (Dateiendung .txt).

Sägen;	13000;	15000¶
Schleifer;	25000;	34000¶
Sauger;	14000;	18000¶

Hier sind die Trennzeichen Semikola.

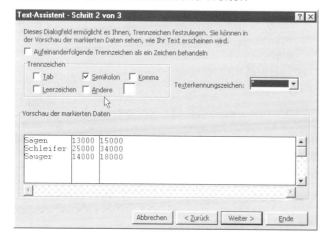

▶ Schritt 2: Definieren Sie das Trennzeichen, kontrollieren Sie das Ergebnis im Vorschaufeld, und klicken Sie auf *Weiter*, wenn es gut aussieht.

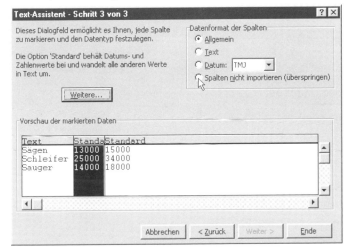

➔ 237

▶ Im letzten Schritt des Assistenten können Sie Zahlenformate (die Sie aber auch noch nachträglich einrichten können) und zu überspringende Spalten bestimmen. Markieren Sie für diese Einstellungen die jeweilige Spalte durch Anklicken, und wählen Sie die gewünschte Option.

▶ Mit Klick auf *Ende* bestätigen Sie Ihre Aktionen. Die Tabelle erscheint im Microsoft Graph-Fenster.

Zahlenformat einstellen

▶ Markieren Sie die Daten, deren Zahlenformat Sie einstellen möchten.

▶ Wählen Sie den Menübefehl *Format/Zahlen...*

▶ Wählen Sie im folgenden Dialog die Kategorie und im Feld *Typ*: bzw. *Symbol:* die jeweilige Notationsweise. In der Kategorie *Zahl* legen Sie die Schreibweise negativer Zahlen, die Verwendung des Tausendertrennzeichens (z.B. 5.000) und die Anzahl dargestellter Dezimalstellen (Rundungsstelle) fest.

▶ Um ein eigenes Format festzulegen, wählen Sie die Kategorie *Benutzerdefiniert* und legen im Feld *Typ* eine Schreibweise auf Basis bereits vorhandener Typen fest.

▶ Bestätigen Sie Ihre Festlegungen mit Klick auf *OK*.

➔ 237

TIP
Überlegen Sie vor Erstellung eines Diagramms, welche Daten der Tabelle in der Diagrammdarstellung verglichen werden sollen. Löschen Sie die überflüssigen Daten gegebenenfalls. Alternativ können Sie Zeilen oder Spalten aussparen, ohne sie zu löschen.

BEGRIFFE
Zahlenformat: Umschreibt zwei Eigenschaften der in der Tabelle enthaltenen Daten: die Kategorie (Text, Zahl, Währung, Datum etc.) und den zu dieser Kategorie gehörenden Typ. Zum Beispiel kann man ein Datum unterschiedlich notieren: Montag, den 25.09.1999 oder 25. September 1999 etc. Die Festlegung eines Zahlenformats erleichtert in Tabellen Rechen- und Formatierungsoperationen.

Die wichtigsten Arbeitstechniken in der MS-Graph-Tabelle

Umsatz Q.IV - Tabelle		A	B	C	D
	Artikel	Stückpreis	Q.III	Q.IV	Umsatz Q.IV
1	Dekupiers	79,99 DM	7.000	12.000	#########
2	Schwingso	19,78 DM	8.000	14.000	#########
3	Bandschle	99,95 DM	5.000	6.000	#########
4	Winkelsch	69,98 DM	45.000	8.000	#########

Diese Zeichen werden angezeigt, wenn die Spalte für die darin enthaltenen Wert zu schmal ist. Die Werte sind dennoch vorhanden. Um sie sichtbar zu machen, verändern Sie die Spaltenbreite.

Aktion	Wie funktioniert es?
Markieren einer Spalte	Auf den Spaltenkopf klicken (A, B, C...)
Eine Zeile markieren	Auf die Zeilennummer links klicken.
Löschen einer Spalte/Zeile mit Inhalt	Spalte/Zeile markieren und Taste Entf drücken.
Löschen einer leeren Spalte/Zelle	Spalte/Zelle markieren und Menübefehl *Bearbeiten/Zellen löschen.*
Spaltenbreite variieren	Den Mauszeiger im Spaltenkopf auf eine Spaltenbegrenzung stellen, bis ein Doppelpfeil erscheint, dann die Begrenzung per Drag&Drop verschieben. Alternativ: Menübefehl *Format/Spaltenbreite...* und einen Wert eingeben. Die Zeilenhöhe richtet sich automatisch nach der Schriftgröße und ist nicht extra einzustellen.
Zeilen oder Spalten einfügen	Markieren Sie die Zeile oder die Spalte, vor der jeweils eine weitere eingefügt werden soll. Wählen Sie den Menübefehl *Einfügen/Zellen.*
Text eingeben	Klicken Sie in die jeweilige Zelle, und beginnen Sie mit der Texteingabe.
Text löschen	In die Zelle klicken und Taste Entf drücken.

INFO
Die Gestaltung des Textes in der Tabelle wirkt sich nicht auf die Darstellung im Diagramm selbst aus. Ist das Diagramm in den Grundzügen richtig erstellt, können Sie nachträglich optisch aufpolieren.

Daten aus der Datentabelle für das Diagramm auswählen und anordnen

WO? WOMIT?

Einzelne Zeilen/Spalten nicht im Diagramm anzeigen

▶ Markieren Sie in der MS Graph-Tabelle die jeweilige Zeile oder Spalte, die Sie nicht im Diagramm darstellen möchten. → 590

▶ Wählen Sie den Menübefehl *Daten/Zeile/Spalte ausschließen*.

▶ Die jeweilige Spalte oder Zeile wird grau dargestellt. Wiederholen Sie diese Aktion so oft, bis Sie alle Ausnahmen bestimmt haben.

▶ Die Änderungen im Diagramm werden sofort dargestellt.

Welche Daten sollen in den Säulen dargestellt werden?

▶ Prüfen Sie in der Tabelle und gegebenenfalls im Diagramm selbst, welche Daten in den Säulen (oder anderen Visualisierungselementen des jeweiligen Diagrammtyps) abgebildet werden. → 594

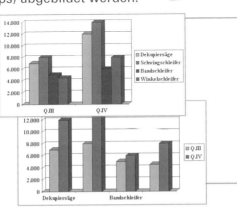

▶ Wählen Sie in MS Graph über die Menübefehle *Daten/ Datenreihen in Zeilen* und *Daten/Datenreihen in Spalten*, welche Darstellungsart Sie bevorzugen.

INFO
Ein ausgeschlossene Spalte/ Zeile wieder ins Diagramm aufnehmen: Markieren Sie die ausgeschlossene Spalte oder Zeile, und wählen Sie den Menübefehl Daten/Zeile/ Spalte einschließen.

NOCH SCHNELLER
In Excel Daten aus Spalten/ Zeilen tauschen: Klicken Sie jeweils auf diese Schaltflächen in der Symbolleiste Diagramm.

In diesem Diagramm werden in den Säulen die Quartalsumsätze der verschiedenen Werkzeuge im jeweiligen Quartal gegenübergestellt (links die Darstellung in der Tabelle, rechts die Umsetzung im Diagramm). Hier geht es um die Quartalsumsätze insgesamt.

Hier werden die Quartalsumsätze für jede Produktgruppe (für jedes Werkzeug) verglichen. Steigerungen beim einzelnen Produkt werden sichtbar gemacht.

Diagramm in Excel erstellen

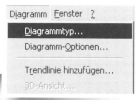

Diagramm Fenster ?

Diagrammtyp…
Diagramm-Optionen…

Trendlinie hinzufügen…
3D-Ansicht…

WO? WOMIT?

Assistent starten

▶ Markieren Sie in der Tabelle die Bereiche, die als Diagramm dargestellt werden sollen. Oder zeigen Sie diese Bereiche als Gruppe an.

▶ Klicken Sie auf das Symbol *Diagramm-Assistent* in der Standardsymbolleiste oder wählen Sie den Menübefehl *Einfügen/Diagramm…* Der Diagramm-Assistent startet und führt Sie in vier Schritten durch die Diagramm-Erstellung. Schritt 1 erwartet die Festlegung des Diagrammtyps. **→ 594**

▶ Legen Sie den gewünschten Diagrammtyp fest, und klicken Sie auf *Weiter*.

Quelldaten und Anordnung im Diagramm festlegen

▶ Im Feld *Datenbereich:* sind die zuvor in der Tabelle markierten Zellbereiche eingetragen.

Datenbereich: =Tabelle1!$A$1:$A$4;Tabelle1!$C$1:$F$4

Reihe in: ⦿ Zeilen
            ○ Spalten

▶ Entscheiden Sie sich, ob die in den Säulen dargestellten Daten aus den Zeilen oder aus Spalten stammen sollen. Wechseln Sie die Option und testen Sie das voraussichtliche Ergebnis oben im Vorschaufeld. Lassen Sie die gewünschte Option eingestellt.

▶ Wechseln Sie zum Register *Reihe*. Hier können Sie eine Feinauswahl der darzustellenden Daten vornehmen.

▶ Wählen Sie im Feld *Datenreihe* eine bestehende aus, die Sie löschen möchten. Kicken Sie dazu auf *Entfernen*. Über *Hinzufügen* ergänzen Sie eine Reihe, die sich zum Beispiel in einer anderen Tabelle oder in einer anderen geöffneten Arbeitsmappe befindet.

→ 267

INFO
Gliederungen und Gruppierungen in Excel.

INFO
Zurück: Diese Schaltfläche läßt Sie immer wieder zum vorherigen Schritt des Assistenten zurückkehren, um Einstellungen zu revidieren.

INFO
Nachträglich Datenbereich neu definieren: Klicken Sie auf diese Schaltfläche, und markieren Sie die gewünschten Tabellenbereiche neu, um diese Angaben zu verändern. Die Tabellenbereiche müssen nicht aneinandergrenzen. Verwenden Sie beim Markieren nicht aneinandergrenzender Tabellenbereiche die Taste Strg*.*

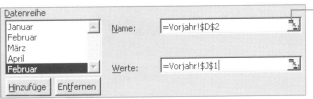

Bearbeiten-Symbol

▶ Überprüfen Sie die Beschriftung der Rubrikenachse (Angaben an der X-Achse; das ist die waagerechte Achse des Koordinatenkreuzes, in dem sich das Diagramm befindet). Diese können Sie ebenfalls durch Angabe eines anderen Zellbereiches ändern.

▶ Klicken Sie auf *Weiter*.

Diagrammoptionen

▶ Der Schritt 3 führt Sie zu den Diagrammoptionen. Hier können Sie Einstellungen für die Diagrammtitel, die Achsen, die Gitternetzlinien, die Legende, die Datenbeschriftungen und die Datentabelle vornehmen.

▶ Nehmen Sie Ihre Einstellungen vor, und klicken Sie auf *Weiter*.

Diagrammplazierung

▶ Sie haben die Wahl, das Diagramm auf dem aktuellen Tabellenblatt neben der Tabelle einzufügen *(Als Objekt in:)* oder ein eigenes Blatt in der Arbeitsmappe für das Diagramm anzulegen *(Als neues Blatt)*. Das eigenständige Diagrammblatt benötigt einen Namen, den Sie in das Feld eingeben. Der Name des aktuellen Tabellenblatts ist bereits eingetragen.

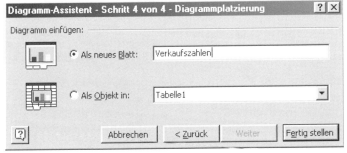

▶ Klicken Sie auf *Fertig stellen*.

INFO
Hinzufügen von Datenreihen aus anderen Tabellen: Klicken Sie auf Hinzufügen. *Aktivieren Sie das* Bearbeiten-*Symbol im Feld* Name: *Markieren Sie in der Tabelle, die die Daten für die neuen Datenreihe enthält, die Zelle mit der Datenreihenbeschriftung. Im Feld* Werte: *geben Sie den Zellbereich der Daten selbst an. Der Tabellenname wird mit einem Ausrufezeichen von der Angabe der absoluten Zellbezüge abgetrennt.*

INFO
Formatierungen und andere Einstellungen: Alle Einstellungen, die der Assistent im Schritt 3 von Ihnen erwartet, können Sie zu einem späteren Zeitpunkt nachbearbeiten.

→ 597
INFO
Diagramm formatieren

→ 601
INFO
Einstellungen zu den Achsen

→ 626
INFO
Objekte einbetten oder verknüpfen?

Den Diagrammtyp bestimmen

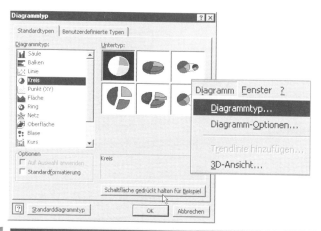

Diagrammtyp: MS Graph stellt die Daten anfangs mit der eingestellten Standard-formatierung (meistens das Säulendiagramm) dar. Da je nach Datenbasis und Ziel der Diagrammpräsentation ein anderer Diagrammtyp die bessere Wirkung erzielen kann, werden viele verschie-dene Diagrammtypen ange-boten.

Diagramm-Assistent - Schritt 1 von 4 - Diagrammtyp

WO? WOMIT?

▶ In Word oder PowerPoint klicken Sie doppelt auf das ein-gefügte Balkendiagramm, um MS Graph 2000 zu akti-vieren. In Excel stoßen Sie beim Erstellen eines Dia-gramms mit dem Diagramm-Assistenten au- → **592** tomatisch im ersten Schritt auf die Definition des Diagrammtyps.

▶ Wählen Sie in MS Graph den Menübefehl *Diagramm/ Diagrammtyp...*

▶ Im Feld *Diagrammtyp:* werden verschiedene Diagramm-klassen angeboten. Rechts im Feld *Untertyp:* gibt es ei-nige Differenzierungen dieser Kategorie. Wählen Sie den Diagrammtyp durch Anklicken mit der Maus aus.

▶ Klicken Sie rechts im Feld *Untertyp:* auf eine Variation.

▶ Prüfen Sie das Ergebnis mit Klick auf die Schaltfläche *Schaltfläche gedrückt halten für Beispiel*. (Solche selbst-erklärenden Schaltflächen findet man selten.)

▶ Wenn Ihnen der Diagrammtyp zusagt, klicken Sie auf *OK*.

Einen anderen Diagrammtyp als Standard einstellen

▶ Wählen Sie – wie oben beschrieben – einen Diagramm-typ aus.

▶ Klicken Sie auf die Schaltfläche *Standarddiagrammtyp*.

▶ Beantworten Sie die folgende Nachfrage Ihres aufmerk-samen Assistenten mit Klick auf *Ja*.

Die Vorschau auf ein Kreisdia-gramm – in einem Kreisdia-gramm können allerdings nicht die Umsätze pro Produkt quartalsweise aufgeschlüsselt werden, wohl aber zum Bei-spiel der Anteil verschiedener Produkte am Gesamtumsatz.

3D-Ansicht bearbeiten: Einige Diagrammtypen bieten 3D-Untertypen (zum Beispiel Flächendiagramme). Für diese Diagramme können Sie Draufsichtperspektive, Tiefe, Betrachtungshöhe und Drehung einstellen. Wählen Sie dazu den Befehl Dia-gramm/3D-Ansicht...

Legenden modifizieren

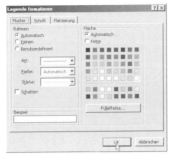

WO? WOMIT?

Legende markieren

▶ Doppelklicken Sie in die Diagrammlegende, und zwar so, daß die Legende insgesamt vom Markierungsrahmen umrahmt ist, nicht einzelne Wörter der Legende.

▶ Der Dialog *Legende formatieren* erscheint. Er enthält die Register *Muster*, *Schrift* und *Anordnung*.

Hintergrundfarbe, Rahmen und Schatten bearbeiten

▶ Rufen Sie im Dialog *Legende formatieren* das Register *Muster* auf.

▶ Im linken Feld legen Sie die Rahmen-Optionen fest. Die Option *Automatisch* setzt einen einfachen schwarzen Rahmen um das Feld, die Option *Keinen* entfernt ihn, und über die Option *Benutzerdefiniert* legen Sie in den jeweiligen Listenfeldern die Art, die Farbe und die Stärke des Rahmens fest. Durch Aktivierung der Option *Schatten* wird ein Schatten hinter das Legendenfeld gelegt.

▶ Im rechten Bereich *Fläche* definieren Sie die Farbigkeit der Legendenfläche. Wählen Sie mit Klick auf ein Farbfeld eine Farbe aus, oder klicken Sie auf *Fülleffekte*, um einen Farbverlauf, eine Struktur, ein Muster oder eine Hintergrundgrafik auszusuchen.

→ 478

Legendensymbol ändern

▶ Klicken Sie nur das kleine Farbfeld vor dem Legendentext an, um dieses zu markieren.

▶ Doppelklicken Sie, und es stehen Ihnen die gleichen Formatierungsmöglichkeiten wie für die Legendenfläche zur Verfügung (siehe oben). Sie könne über *Fülleffekte*, Register *Grafik*, auch kleine Bildchen als Legendensymbole auswählen.

→ 479

INFO

Der Dialog Fülleffeffekte *mit seinen Registern ist in allen Anwendungsumgebungen gleich aufgebaut.*

NOCH SCHNELLER

Legende in Excel ein- und ausblenden: Klicken Sie in der Leiste Diagramm auf dieses Symbol.

Schrift des Legendentextes formatieren

▶ Wechseln Sie im Dialog *Legende formatieren* → **595**
auf das Register *Schrift*.

▶ Im Feld *Schriftart:* wählen Sie die Schriftart. Durchsuchen Sie die Liste über den Rollbalken, und markieren Sie die gewünschte Schriftart.

▶ Verfahren Sie ebenso beim Schriftschnitt und Schriftgrad in den gleichnamigen Feldern.

▶ Das Feld *Unterstreichung*: bietet die drei Auswahlmöglichkeiten *Ohne*, *Einfach* und *Doppelt*.

▶ Die Schriftfarbe definieren Sie im Feld *Farbe:*, indem Sie auf den Listenpfeil und anschließend auf das gewünschte Farbfeld klicken.

▶ Im Feld *Hintergrund:* werden Ihnen *Undurchsichtig*, *Automatisch* und *Unsichtbar* angeboten.

▶ Einzelne Textteile der Legende können Sie im Feld *Darstellung Durchgestrichen*, *Hochgestellt* oder *Tiefgestellt* formatieren.

▶ Die Aktivierung der Option *Automatisch Anpassen* sorgt dafür, daß sich die Aufteilung der Textteile an die Legendenfeldgröße anpaßt.

Anordnung der Legende im Diagrammfeld ändern

▶ Sie schieben das Legendenfeld per Drag&Drop manuell herum, indem Sie es markieren und mit gedrückter Maustaste an eine neue Position schieben.

▶ Eine automatische Anordnung nehmen Sie vor, indem Sie auf das markierte Legendenfeld doppelklicken.

▶ Wechseln Sie im Dialog *Legende formatieren* auf das Register *Platzierung*.

▶ Wählen Sie eine der Optionen.

▶ Das Legendfeld wird automatisch ausgerichtet und der Text darin entsprechend positioniert.

TIP → **50**

Schriftformatierung in der Legende: Die Formatierung sollte möglichst einheitlich und gut lesbar sein. Wenn Sie den einen oder anderen Bestandteil der Legende besonders durch Unterstreichung oder Farbigkeit hervorheben wollen, müssen Sie das jeweilige Textfeld gesondert doppelt anklicken – so daß nur die Markierungspunkte um den jeweiligen Legendtext aktiviert sind.

TIP → **556**

Größe des Legendenfeldes ändern: Dies funktioniert genauso wie bei allen Zeichnungselementen. Markieren Sie das Feld, und ziehen Sie mit der Maus an einem der Markierungspunkte. Ziehen an einem der Eckpunkte skaliert das Feld proportional.

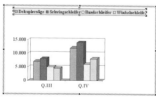

Anordnung Oben

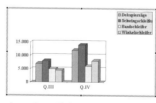

Anordung Ecke

Farben und Form der Datenreihendarstellung

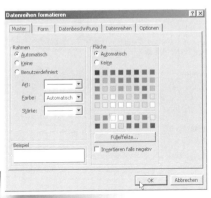 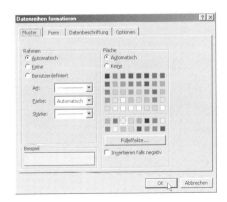

WO? WOMIT?

Diagrammflächen markieren

▶ Klicken Sie einfach im Diagramm auf eine Säule oder ein »Tortenstück« – je nachdem wie Sie Ihre Datenreihen darstellen lassen.

▶ Kontrollieren Sie die Markierungspunkte. Wenn diese richtig sind, doppelklicken Sie.

▶ Der Dialog *Datenreihen formatieren* erscheint. Dieser Dialog unterscheidet sich je nach Diagrammtyp und bietet unterschiedliche Register zur Bearbeitung der Datenreihen. In Excel ist dieser Dialog etwas umfangreicher (vgl. Abbildungen oben zum Säulen- → 594 diagramm).

Elemente eines Diagramms in Excel markieren

▶ Dies funktioniet wie in MS Graph mit der Maus. Darüber hinaus bietet Excel die Symbolleiste *Diagramm*. Mit Hilfe der Liste *Diagrammobjekte* können Sie die Liste aller enthaltenen Elemente ausklappen und durch Markieren auswählen.

Farbe der Diagrammfläche neu definieren

▶ Wechseln Sie im Dialog *Datenreihen formatieren* in das Register *Muster*. Wie bei der Legende können Sie hier Rahmenfarbe, -form und -stärke, einen Schatten, eine andere Farbe oder weitere Fülleffekte fest- → 478 legen.

Form der Diagrammflächen eines Säulendiagramms festlegen

▶ Wechseln Sie im Dialog *Datenreihen formatieren* auf das Register *Form.*

▶ Wählen Sie eine Sonderform durch Anklicken aus.

ACHTUNG
Je Datenreihe müssen Sie die Bearbeitung wiederholen.

Diagrammobjekte

→ 479

INFO
Der Dialog Fülleffekte *im Detail*

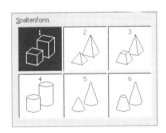

Reihenfolge der Datenreihen in Excel ändern

▶ Aktivieren Sie die Datenreihenformatierung mit Doppelklick auf eine Datenreihe.

▶ Wechseln Sie zum Register *Datenreihen.*

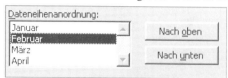

▶ Klicken Sie die zu verschiebende Datenreihe mit der Maus
an.

▶ Klicken Sie auf die Schaltflächen *Nach oben* oder *Nach
unten*, um die markierte Datenreihe zu verschieben.

Trendlinie einfügen

▶ Wählen Sie den Menübefehl *Diagramm/Trendlinie hinzufügen...*

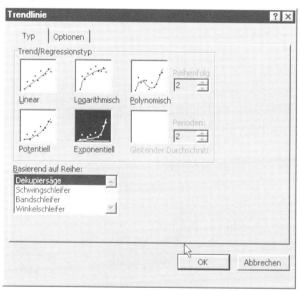

▶ Wählen Sie aus, auf Basis welchen mathematischen Ver-
fahrens die Trendlinie berechnet werden soll. Die ein-
fachste Trendlinie ist die lineare.

▶ Im Feld *Basierend auf Reihe*: geben Sie die Datenreihe
an, deren Trend besonders hervorgehoben werden soll.

▶ Bestätigen Sie Ihre Einstellungen mit Klick auf *OK*.

NOCH SCHNELLER
In Excel Daten aus Spalten/
Zeilen tauschen *(Symbol-
leiste* Diagramm)

Trendlinie formatieren und neu benennen

▶ Doppelklicken Sie auf die Trendlinie.

▶ Der Dialog *Trendlinie formatieren* öffnet sich.

▶ Im Register *Muster* legen Sie Linienstärke, -art und -farbe der Trendlinie fest. Dazu aktivieren Sie erst die Option *Benutzerdefiniert* und suchen dann aus den Listenfeldern die gewünschten Einstellungen heraus.

▶ Wechseln Sie ins Register *Optionen,* und geben Sie in das Feld *Benutzerdefiniert* eine Bezeichnung für die Trendlinie ein, sofern Sie nicht die Vorgabe akzeptieren wollen.

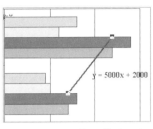

Eine markierte Trendlinie mit zugehöriger Formel

Weitere optische Festlegungen für das gesamte Diagramm

▶ Wechseln Sie im Dialog *Datenreihen formatieren* in das Register *Optionen*, das je nach Diagrammtyp verschiedene Optionen bietet.

▶ *Gruppierung und Überlappung:* Ein Thema bei Säulen- und Balkendiagrammen. Die Überlappung stellt ein, wie dicht die einzelnen Säulen oder Balken aneinanderstoßen bzw. wie weit sie übereinanderliegen.

Negativwerte bei der Überlappung erzeugen einen Abstand zwischen den Säulen.

▶ *Abstand:* Ebenfalls für Säulen- und Balkendiagramme relevant. Bezeichnet den Abstand der Säulen-/Balkengruppen voneinander.

▶ *Zwischenraum:* Definiert den Abstand von den »Wänden« des imaginären 3D-Diagrammraums.

Diese Optionen werden beim 3D-Säulendiagramm angeboten.

▶ *Diagrammtiefe:* Dies ist die Tiefe des imaginären 3D-Raums.

▶ *Winkel des ersten Segments:* Eine Option, die Kreis- und Ringdiagramme betrifft. Sie können das Kreisdiagramm quasi »drehen«.

▶ *Rubrikenachsenbeschriftung:* Im Netzdiagramm können Sie einstellen, ob Sie eine Achsenbeschriftung wollen oder nicht.

▶ *Innenringgröße:* Dies ist eine Option der Ringdiagramme. Über die Innenringgröße legen Sie fest, wie stark der Ring wird.

▶ *Blasenfläche* oder *Blasendurchmesser:* In einem Blasendiagramm legen Sie fest, ob der Durchmesser oder der Flächeninhalt die Größenverhältnisse der repräsentierten Werte widerspiegelt.

▶ *Blasengröße anpassen an...% des Standard:* Sie verändern über diese Einstellung die Skalierung des Diagramms insgesamt.

▶ *Negative Blasen anzeigen:* Negativwerte werden eben-falls dargestellt.

▶ *Bezugslinien:* In einem Linien- oder Flächendiagramm werden Verbindungslinien von den Datenpunkten zur X-Achse gezogen. Dies erleichtert die Wertzuordnung für den Betrachter.

▶ *Spannweitenlinien*: In 2D-Liniendiagrammen oder Börsendiagrammen werden die höchsten und die nied-rigsten Werte einer Rubrik mit Linien verbunden.

▶ *Pos./Neg. Abweichung:* Eine Liniendiagramm-Option, mit der die positive/negative Abweichung eines Eröffnungs-wertes (Aktienkurse) zu einem Schlußwert dargestellt wird.

▶ Bearbeiten Sie die Werte über die Listenpfeile, und kon-trollieren Sie die Auswirkungen in der Vorschau.

▶ Bestätigen Sie Ihre Einstellungen mit Klick auf *OK*.

Farbe der Zeichnungsfläche ändern

▶ Klicken Sie doppelt in die Zeichenfläche – nicht in die Diagrammfläche. Wo Sie sich befinden, erkennen Sie an der QuickInfo, die erscheint, wenn Sie den Mauszeiger in eine der Flächen stellen.

▶ Der Dialog *Zeichnungsfläche formatieren* öffnet sich. Er enthält lediglich das Register *Muster*. Aktivieren Sie hier links die Option *Benutzerdefiniert*, wenn Sie eine Rahmenart, -farbe und -stärke einstellen wollen, oder wählen Sie *Ohne*, wenn Sie auf einen Rahmen verzich-ten möchten.

▶ Im rechten Feld *Fläche* legen Sie die Füllfarbe mit Klick auf das entsprechende Farbfeld fest. Sie können über die Schaltfläche *Fülleffekte* auch einen Farbverlauf, eine Struktur, ein Muster oder eine Grafik als Hintergrund-füllung wählen.

▶ Bestätigen Sie Ihre Einstellungen mit *OK*.

Hintergrund der Diagrammfläche bearbeiten

▶ Doppelklicken Sie in die Diagrammfläche.

▶ Der Dialog *Diagrammfläche formatieren* öff-net sich. Er bietet zwei Register: *Muster* und *Schrift*. Das Register *Muster* ist genauso aufgebaut wie für die For-matierung der Zeichenfläche. Legen Sie die Rahmen und Füllfarbe bzw. Fülleffekte fest.

→ 597

Achsenbeschriftungen ausschalten

▶ Wählen Sie den Menübefehl *Diagramm/Diagrammoptio-nen...*

▶ Wechseln Sie auf das Register *Achsen*. → 601

Diagrammgröße verändern: Klicken Sie auf die Zeich-nungsfläche, wenn Sie nur das Diagramm skalieren wollen, und auf die Dia-grammfläche, wenn Sie alles skalieren möchten. Ziehen Sie mit der Maus an den Markierungspunkten.

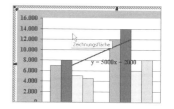

Wände von 3D-Diagrammen bearbeiten: Funktioniert ge-nauso wie bei der Diagramm- oder Zeichnungsfläche.

Schrift im gesamten Dia-gramm neu formatieren: Wenn Sie im Register *Schrift* des Dialogs *Diagrammfläche formatieren Einstellungen für die Schrift* vornehmen, gelten diese für alle Elemente des Diagramms.

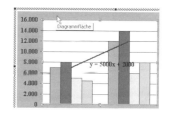

Skalierung der Achsen, Achsenbeschriftung und Gitternetzlinien einstellen

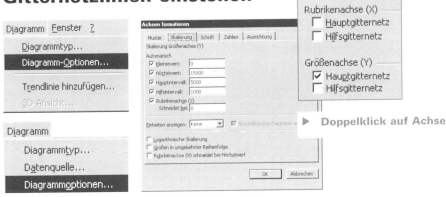

▶ **Doppelklick auf Achse**

▶ Deaktivieren Sie das Kontrollfeld *Rubrikenachse*, um die Anzeige der X-Achsenbeschriftung (horizontale Achse) zu unterdrücken. Durch Deaktivierung des Kontrollfelds *Größenachse* vermeiden Sie die Anzeige der Y-Achsenbeschriftung (vertikale Achse).

▶ Bestätigen Sie mit Klick auf *OK*.

Haupt- und Hilfsgitternetz festlegen

▶ Rufen Sie über *Diagramm/Diagrammoptionen...* das Register *Gitternetzlinien* auf.

▶ Sie legen hier für X- und Y-Achse fest, ob ein Hauptgitternetz und jeweils zusätzlich ein Hilfsgitternetz eingeblendet werden soll. Aktivieren Sie die entsprechenden Kontrollfelder (siehe oben).

▶ Bestätigen Sie Ihre Einstellungen mit Klick auf *OK*.

Skalierung der Achsen einstellen

▶ Doppelklicken Sie auf die Y-Achse.

▶ Der Dialog *Achsen formatieren* öffnet sich. Wechseln Sie auf das Register *Skalierung*.

▶ Legen Sie den niedrigsten und den höchsten Wert Ihrer Datenskala fest.

▶ Definieren Sie das Hauptintervall, in dem auch das Hauptgitternetz dargestellt wird. Wird es zum Beispiel mit dem Wert 5000 auf der Y-Achse eingestellt, werden dort die Intervalle 0, 5000, 10000, 15000 usw. angezeigt.

▶ Bei der Option *Hilfsintervall* legen Sie die Dichte des Hilfsgitternetzes und das Zwischenintervall fest. Deshalb ist es natürlich kleiner als das Hauptintervall.

▶ Bestätigen Sie diese Einstellungen mit Klick auf *OK*.

Diese Option zeigt die Rubrikenachse als Zeitachse an, auch wenn eigentlich kein Zeitformat für die Rubriken ausgewiesen ist.

BEGRIFFE
Hilfsgitternetz: *Ein weiteres Gitternetz auf Basis einer feineren Skalierung, hilfreich, wenn Höchst- und Tiefstwerte auf der Y-Achse weit auseinanderliegen.*

BEGRIFFE
Skalierung: *die Unterteilung der Achsen, die Definition des höchsten und des tiefsten Wertes und wie fein das Zahleninintervall dargestellt werden soll. Das Intervall wird bei der Diagrammerstellung automatisch festgelegt; Sie können es jedoch nachbessern.*

Nullen »eliminieren«

▶ Bei Tausender- oder Millionenwerten ist die Darstellung mit Nullen unübersichtlich. Um dies zu ändern, doppelklicken Sie auf die Achse, auf der Sie die Darstellung ändern möchten.

▶ Im Register *Skalierung* finden Sie die Option *Einheiten anzeigen:*

▶ Suchen Sie die passende Einheit aus.

▶ Aktivieren Sie die Option *Beschriftung im Diagramm anzeigen*, dann weiß der Betrachter, wie viele Nullen er sich hinzudenken muß.

Achsenbeschriftungen drehen und formatieren

▶ Doppelklicken Sie auf die Achse, auf der Sie Schriftformatierungen ändern möchten.

▶ Wechseln Sie in das Register *Schrift*.

▶ Nehmen Sie alle Einstellungen zu Schriftart, -farbe, Schriftschnitt und -grad vor. Diese Formatierungen betreffen nur die Beschriftungen an der angeklickten Achse.

▶ Zum Drehen der Achsenbeschriftung doppelklicken Sie dazu auf die Achse, an der das Problem besteht.

▶ Wechseln Sie auf das Register *Ausrichtung*.

▶ Ändern Sie die Textausrichtung, indem Sie mit der Maus wie an einem Uhrzeiger an dem Mustertext drehen. Oder geben Sie eine Gradzahl manuell ein.

Gitternetzlinien formatieren

▶ Klicken Sie in das Gitternetz, und überprüfen Sie die Markierungspunkte, die sich an allen Enden des horizontalen Gitternetzes befinden müssen.

▶ Doppelklicken Sie in die Markierung.

▶ Wechseln Sie im Dialog *Gitternetzlinien formatieren* auf das Register *Muster*.

▶ Aktivieren Sie die Option *Benutzerdefiniert,* und legen Sie Linienart, -farbe und -stärke fest.

▶ Bestätigen Sie mit *OK*:

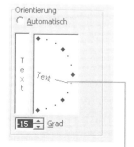

Achsenlinien formatieren

▶ Doppelklicken Sie auf die Achse, für die Sie Einstellungen vornehmen möchten. Sie müssen dies für jede Achse gesondert erledigen.

▶ Wechseln Sie im Dialog *Achsen formatieren* in das Register *Muster*.

▶ Legen Sie im linken Feld Linienart, -farbe und -stärke der Achsenlinien fest.

▶ In den rechten Feldern bestimmen Sie, wie die Teilstriche aussehen sollen. Die Option *Ohne* unterdrückt eine Darstellung dieser Markierungen.

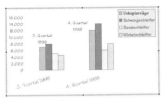

Hier wurden folgende Teilstrichfestlegungen vorgenommen: Hauptstriche: Innen und Außen, Hilfsstriche: Ohne, Teilstrichbeschriftungen: Ohne.

▶ Bestätigen Sie Ihre Einstellungen mit Klick auf *OK*.

Größen oder Rubriken in umgekehrter Reihenfolge darstellen

▶ Doppelklicken Sie auf die Größenachse (Y) oder auf die Rubrikenachse (X). Der Dialog *Achsen formatieren* öffnet sich.

▶ Aktivieren Sie das Register *Skalierung*.

▶ Aktivieren Sie die Option *Rubriken in umgekehrter Reihenfolge*, wenn Sie auf die → 596 Rubrikenachse doppelgeklickt, oder die Option *Größen in umgekehrter Reihenfolge*, sofern Sie auf die Größenachse geklickt haben.

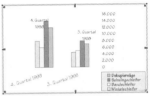

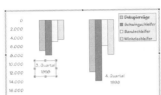

Ausgangsdiagramm

Umgekehrte Rubriken. Die Diagrammlegende mußte verschoben werden.

Umgekehrte Größen. Beschriftungen müssen Sie ggf. neu ausrichten.

Weitere Beschriftungen

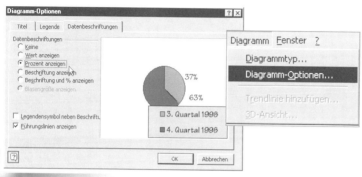

Wo? Womit?

▶ Doppelklicken Sie auf das Diagramm, um MS Graph zu starten. Wenn in Excel das Diagramm als Objekt in die Tabelle eingefügt ist, genügt ein einfacher Mausklick, um die spezifischen Menüs auf die Arbeitsfläche zu bekommen.

▶ Wählen Sie den Menübefehl *Diagramm/Diagramm-Optionen*.

Datenbeschriftungen und Prozentangaben anzeigen

▶ Wählen Sie im Dialog *Diagramm-Optionen* das Register *Datenbeschriftungen*. Je nach Diagrammtyp unterscheiden sich die zu aktivierenden Optionen.

▶ Klicken Sie die Option *Wert anzeigen* an, wenn Sie die Daten aus der Wertetabelle am jeweiligen Datenpunkt bzw. in der Diagrammfläche angezeigt haben möchten.

▶ *Prozent anzeigen* errechnet automatisch den prozentualen Anteil vom Gesamten – allerdings ist diese Option logischerweise nur in Kreisdiagrammen erhältlich.

▶ *Beschriftung anzeigen* ordnet die Beschriftungen aus der Legende den jeweiligen Säulen, Kreissegmenten etc. im Diagramm zu.

▶ *Beschriftung und % anzeigen* vereinigt die letzten beiden Optionen.

▶ *Legendensymbol neben Beschriftung:* Diese Option aktiviert die Anzeige des jeweiligen Symbols aus der Legende neben der Datenpunktbeschriftung.

Diagrammtitel und Titel für die Achsen vergeben

▶ Klicken Sie im Dialog *Diagramm-Optionen* (siehe oben) auf das Register *Titel*. Je nach Diagrammtyp sind verschiedene Felder aktiviert.

▶ Geben Sie in die Felder der zu benennenden Elemente den Titeltext ein.

TIP

Datentabelle mit dem Diagramm abbilden: Wählen Sie im Dialog Diagrammoptionen *das Register* Datentabelle. *Aktivieren Sie die Option* Datentabelle anzeigen. *In Excel klicken Sie in der Symbolleiste* Diagramm *auf dieses Symbol. Die Tabelle erscheint einschließlich der Legendensymbole in der Diagrammfläche angeordnet. Gegebenenfalls müssen Sie die Schriftgrößen reduzieren: Doppelklick auf die Tabelle öffnet den Dialog* Datentabelle formatieren.

INFO

Die Vorschauansicht zeigt die Positionierung der Elemente nicht exakt an.

INFO

Diagrammelemente neu anordnen: Klicken Sie auf das Element, bis ein Markierungsrahmen erscheint, und schieben Sie es mit der Maus an eine neue Position.

Diagrammkombinationen

▶ Aktivieren Sie MS Graph mit Doppelklick auf das Diagramm. In einem Excel-Diagrammobjekt **→ 592** genügt ein einfacher Klick.

▶ Markieren Sie in einem Säulendiagramm beispielsweise die Säule, deren Werte Sie mit einer anderen Diagrammart darstellen möchten, indem Sie einmal darauf klicken.

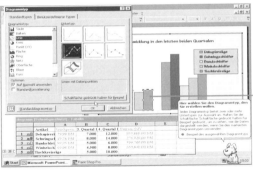

▶ Wählen Sie den Menübefehl *Diagramm/Diagrammtyp...* In Excel klicken Sie schneller auf das Symbol *Diagrammtyp* in der Symbolleiste *Diagramm*.

▶ Wählen Sie einen zum ersten Diagrammtyp passenden Diagrammtyp, z.B. zu einem Säulendiagramm eine Linie oder eine Fläche.

▶ Bestätigen Sie Ihre Wahl mit Klick auf *OK*.

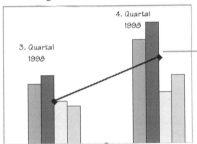

TIP

Diagrammkombinationen eignen sich besonders, wenn Sie einen bestimmten Werteverlauf hervorheben oder gesondert darstellen möchten, weil der Werteverlauf eine eigene Aussage hat – zum Beispiel das Umsatzverhalten eines neuen Produkts im Verhältnis zu bereits eingeführten Produkten.

—*Aktivierte Datenreihe*

INFO

Unpassende Diagrammarten verbinden: Falls Sie zum Beispiel versuchen, ein 2D-Diagramm mit einem dreidimensionalen Diagramm zu verbinden, erscheint eine Fehlermeldung.

—*Die Linie verläuft über den Säulen.*

→ 597

INFO

Die Farbe, Form und Größe der Datenpunkte, die Farbe und Stärke der Linie, Datenbeschriftung etc. können Sie mit Doppelklick auf die Linie bearbeiten.

Excel-Diagramm in ein Word-Dokument oder eine Folie einfügen

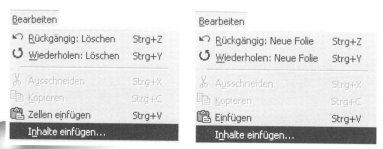

WO? WOMIT?

▶ Erstellen Sie das Diagramm in Excel.

▶ Kopieren Sie das gesamte Diagramm einschließlich seiner Beschriftungen, indem Sie das Datenblatt markieren und den Menübefehl *Bearbeiten/Kopieren* wählen. Das Diagramm befindet sich nun in der Zwischenablage. → 626

▶ Wechseln Sie nach PowerPoint.

▶ Wählen Sie den Menübefehl *Bearbeiten/Inhalte einfügen*.

INFO → 626
Zwischenablage

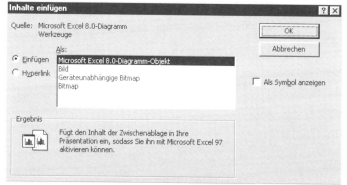

INFO → 627
Informationen zu den weiteren Optionen dieses Dialogs

INFO → 628
Hyperlinks

▶ Lassen Sie im Dialog *Inhalte einfügen* die standardmäßig aktivierte Option *Einfügen* aktiviert. Wählen Sie aus der Liste *Microsoft-Excel-8.0-Diagramm-Objekt*.

▶ Bestätigen Sie diese Wahl mit Klick auf die Schaltfläche *OK*. Das Diagramm erscheint in der Folie.

▶ Änderungen an der Schriftgröße der Beschriftung, an den Daten, an den Farben, am Diagrammtyp nehmen Sie direkt in Excel vor. Dazu doppelklicken Sie auf das eingefügte Diagramm. Excel startet mit der Arbeitsmappe, in der Sie das Diagramm erstellt haben. Die Bearbeitung eines Diagramms in Excel erfolgt mit leichten Abweichungen prinzipiell wie in MS Graph. → 592

TIP → 626
Die Bearbeitung eines mit Excel verknüpften Diagramms ist Ihnen zu umständlich? Dann wählen Sie das AutoLayout-Diagramm, und fügen Sie in die MS-Graph-Datentabelle die Daten aus der Excel-Datentabelle ein.

Pivot-Diagramme in Excel

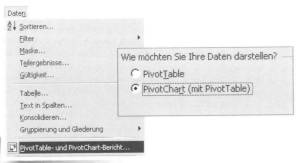

WO? WOMIT?

▶ Rufen Sie die Tabelle auf, aus der Sie eine Pivot-Tabelle erstellen möchten.

▶ Wählen Sie den Menübefehl *PivotTable- und PivotChart-Bericht....*

▶ Im ersten Schritt des Assistenten lassen Sie die erste Option *MS Excel-Liste oder -Datenb*ank aktiviert und stellen dann unten die Option *PivotChart (mit PivotTable)* ein. Bestätigen Sie dies mit Klick auf *Weiter*.

▶ Geben Sie im zweiten Schritt den Zellenbereich Ihrer Tabelle ein, und klicken Sie auf *Weiter*.

▶ Lassen Sie im dritten Schritt die Pivot-Tabelle in einem neuen oder dem bestehenden Blatt erstellen. Schließen Sie den Assistenten mit Klick auf *Fertig stellen*.

INFO
Pivot-Tabellen

INFO
Formatieren und Diagramm-typ festlegen: Dies funktio-niert wie bei gewöhnlichen Diagrammen auch (siehe weiter vorne im Kapitel). Die Leiste Diagramm hat sich ebenfalls automatisch ein-geblendet.

INFO
Das Diagramm wird angelegt: Sie müssen die Schaltflächen der Wertkategorien in die jeweilen Felder (Datenfeld, Seitenfeld, Reihenfeld) zie-hen, um die Daten im Dia-gramm anzuordnen. Auf diese Weise können Sie wie in Pivot-Tabellen den Daten-bestand sehr flexibel selek-tieren oder filtern.

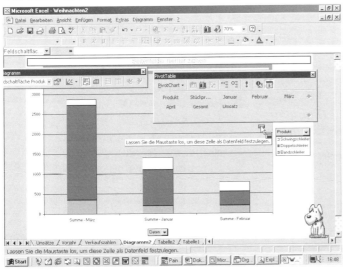

INFO
Daten aus Bereichen entfer-nen: Ziehen Sie die zugehöri-gen Schaltflächen aus der Diagrammfläche heraus.

▶ Ziehen Sie die Daten in die gewünschten Bereiche des Diagramms.

Diagramm in Word oder PowerPoint einfügen

▶ Wählen Sie den Menübefehl *Einfügen/Objekt...*

▶ Im Register *Neu erstellen* wählen Sie aus der Liste den Eintrag *Microsoft-Graph 2000-Diagramm.*

▶ Lassen Sie die Option *Als Symbol anzeigen inaktiv*, und klicken Sie auf OK. Auf dem Bildschirm erscheint eine Mustertabelle zusammen mit dem zugehörigen Diagramm.

▶ Bearbeiten Sie die Daten in der Mustertabelle. Die Daten werden in die Diagrammdarstellung übernommen.

Diagrammtyp wählen

▶ In Word oder PowerPoint klicken Sie doppelt auf das eingefügte Balkendiagramm, um MS Graph 2000 zu aktivieren. In Excel stoßen Sie beim Erstellen eines Diagramms mit dem Diagramm-Assistenten automatisch im ersten Schritt auf die Definition des Diagrammtyps.

▶ Wählen Sie in MS Graph den Menübefehl *Diagramm/Diagrammtyp...*

Haupt- und Hilfsgitternetz festlegen

▶ Rufen Sie über *Diagramm/Diagrammoptionen...* das Register *Gitternetzlinien* auf.

▶ Sie legen hier für X- und Y-Achse fest, ob ein Hauptgitternetz und jeweils zusätzlich ein Hilfsgitternetz eingeblendet werden soll. Aktivieren Sie die entsprechenden Kontrollfelder (siehe oben)

▶ Bestätigen Sie Ihre Einstellungen mit Klick auf *OK.*

Nullen »eliminieren«

▶ Bei Tausender- oder Millionenwerten ist die Darstellung mit Nullen unübersichtlich. Um dies zu ändern, doppelklicken Sie auf die Achse, auf der Sie die Darstellung ändern möchten.

▶ Im Register *Skalierung* finden Sie die Option *Einheiten anzeigen:*

Diagrammtitel und Titel für die Achsen vergeben

▶ Klicken Sie im Dialog *Diagramm-Optionen* (siehe oben) auf das Register *Titel*. Je nach Diagrammtyp sind verschiedene Felder aktiviert.

▶ Geben Sie in die Felder der zu benennenden Elemente den Titeltext ein.

35 KAPITEL

Organigramme

tempo

MS Organisationsdiagramm starten

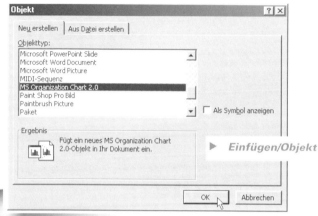

▶ *Einfügen/Objekt*

WO? WOMIT?

Organigramm in PowerPoint einfügen

▶ Wählen Sie den Menübefehl *Einfügen/Neu Folie*.

▶ Wählen Sie im Dialog *Neue Folie* als Folientyp *Organigramm*.

▶ Bestätigen Sie mit *OK*.

▶ Folgen Sie der Anweisung auf der Folie, und doppelklicken Sie auf das Symbol. Es erscheint das Programmfenster von *MS Organisationsdiagramm*.

Organigramm in Word, Access, Excel einfügen

▶ Wählen Sie den Menübefehl *Einfügen/Objekt...*

▶ Wählen Sie mit Mausklick im Register *Neu erstellen* aus der Liste den Eintrag *MS Organization Chart 2.0*.

▶ Klicken Sie auf *OK*. Das Programmfenster von MS Organisationsdiagramm erscheint.

Organigramm durch Doppelklicken hinzufügen

ACHTUNG
Nachinstallation: Möglicherweise werden Sie gebeten, diese Funktion nachzuinstallieren. Bestätigen Sie mit Klick auf Ja den Hinweis, und legen Sie die Mircrosoft-Office-CD 1 ein.

INFO
Organigramm im Folienlayout: Die gleiche Funktionalität wird aufgerufen, wenn Sie den Menübefehl Format/Folienlayout..., und dann den Folientyp Organigramm wählen. Allerdings wird dadurch das Folienlayout verändert, da mit der Schaltfläche zum Einfügen des Organigramms auch bereits eine Titelzeile und die Position des Organigramms vorgegeben sind.

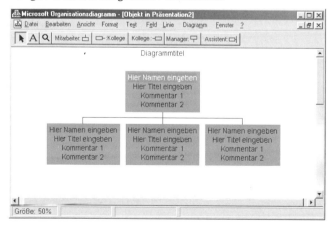

Organigramm erstellen

Mitarbeiter: | ⬜–:Kollege | Kollege :–⬜ | Manager: | Assistent:

WO? WOMIT?

▶ Markieren Sie *Diagrammtitel* mit der Maus, indem Sie mit gedrückter linker Maustaste über den Text fahren.

▶ Geben Sie einen Text ein.

▶ Klicken Sie einmal in das oberste Feld, und geben Sie Name und Position, zum Beispiel der Geschäftsführung, ein.

▶ Klicken Sie neben das Feld, wenn Sie fertig sind mit der Texteingabe. Das Feld paßt sich automatisch dem eingegebenen Text an. Der »Blindtext« in den spitzen Klammern verschwindet.

▶ Klicken Sie in die weiteren Felder, und verfahren Sie ebenso.

Feld hinzufügen

▶ Klicken Sie in der Schaltflächenleiste oben im Programmfenster auf eine der Schaltflächen, die bestimmte Positionen im Organigramm repräsentieren. Damit ist die entsprechende Zeichenfunktion aktiviert.

▶ Klicken Sie in das Feld, dem der Kollege »angehängt« werden soll. Bei den Mitarbeitern wird rechts und links unterschieden. Kollegen sind diejenigen, die auf gleicher Ebene arbeiten und an denselben Vorgesetzten reporten. Dabei richtet sich das Organigramm automatisch selbst aus.

A. Hammer
Geschäftsführung
Kommentar 1
Kommentar 2

A. Hammer
Geschäftsführung

INFO

Zeichenmodus abbrechen: Wenn Sie die Schaltfläche angeklickt haben, ist die Zeichenfunktion für den entsprechenden Feldtyp aktiviert. Drücken Sie die Taste Esc, *wenn Sie es sich doch noch anders überlegen sollten. Die Funktion wird automatisch deaktiviert, wenn ein Feld im Organigramm eingefügt wurde.*

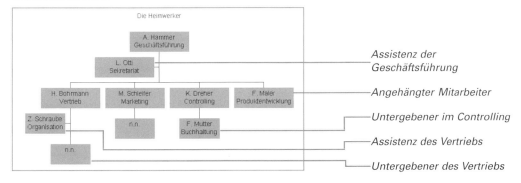

Die Heimwerker

A. Hammer
Geschäftsführung

L. Otti
Sekretariat — *Assistenz der Geschäftsführung*

H. Bohrmann
Vertrieb | M. Schleifer
Marketing | K. Dreher
Controlling | F. Maler
Produktentwicklung — *Angehängter Mitarbeiter*

Z. Schraube
Organisation | n.n. | F. Mutter
Buchhaltung — *Untergebener im Controlling*

n.n. — *Assistenz des Vertriebs*

Untergebener des Vertriebs

Feld löschen

▶ Klicken Sie in das betreffende Feld.

▶ Betätigen Sie die Taste Entf.

Gruppen beim Markieren zusammenfassen

▶ Wählen Sie den Menübefehl *Bearbeiten/Markieren*.

▶ Im ausklappendem Menü wird eine Reihe von Markierungsoptionen, die bestimmte Gruppen zusammenfassen, die Sie beim Zeichnen durch Auswahl der Feldart definiert haben, angeboten.

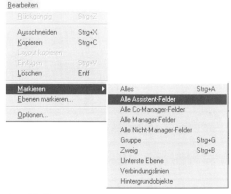

Markieren mit der Maus

▶ Setzen Sie in einem freien Bereich der Arbeitsfläche die Maus auf, und halten Sie die linke Maustaste gedrückt.

▶ Ziehen Sie einen Rahmen über die zu markierenden Teile des Organigramms. Die entsprechenden Felder müssen vollständig innerhalb des aufgezogenen Rahmens liegen, um markiert zu werden.

Text in den Feldern nachträglich ändern

▶ Klicken Sie erneut in den Text, und geben Sie zusätzlichen Text ein, oder überschreiben Sie den vorhandenen, den Sie zuvor jedoch löschen müssen.

Felder verschieben

▶ Klicken Sie in das Feld, und lassen Sie danach die Maustaste nicht los. Der Text erscheint negativ auf schwarzem Untergrund dargestellt.

▶ Ziehen Sie mit gedrückter Maustaste das Feld auf die neue Position. Das neue Nachbarfeld des neu zu positionierenden Feldes erscheint ebenfalls markiert. Bewegen Sie das Feld, das als gestrichelte Linie dargestellt wird, in die Nähe des neuen Nachbarfeldes.

▶ Je nach Mausposition werden verschiedene Symbole während des Verschiebens angezeigt.

▶ Lassen Sie die Maus an der Zielposition des Feldes los. Das Organigramm richtet sich neu aus.

Zu verschiebendes Feld
Controlling

Das Feld Produktentwicklung *ist farblich unterlegt*

Dieses Symbol zeigt, daß das Feld neben der Produktentwicklung *auf gleicher Ebene eingefügt wird*

Dieses Symbol zeigt, daß das Feld Controlling *dem Feld* Produktentwicklung *untergeordnet wird*

Anordnung des Organigramms ändern

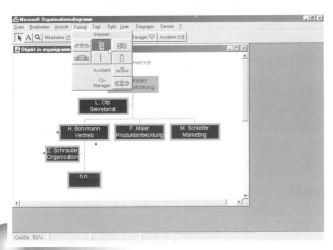

WO? WOMIT?

▶ Markieren Sie den Bereich des Organigramms, dessen Linienführung Sie verändern möchten.

▶ Wählen Sie den Menübefehl *Format*.

▶ Wählen Sie aus dem Untermenü eine Anordnung aus. Allerdings müssen Sie darauf achten, daß es sich um eine für Ihre Markierung gültige Variante handelt. Manche Formate können nur auf Assistenten oder Mitarbeiter angewandt werden, andere nicht auf einzelne Positionen, sondern nur auf die gesamte Ebene.

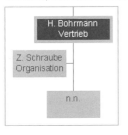 

Seitlich ausgerichtetes Organigramm

Links wird das Feld eines Managers einer Abteilung markiert, um die gesamte Abteilung in einem Rahmen einzufassen

Ansicht einstellen

▶ Klicken Sie in der Symbolleiste auf die Schaltfläche *Zoom*, auf der sich je nach aktuell eingestellter Ansicht ein Organigramm-Icon oder ein Lupensymbol befindet.

▶ Der Mauszeiger nimmt die Form des Schaltflächensymbols an. Klicken Sie damit in die Arbeitsfläche.

▶ Der Menübefehl *Ansicht* bietet weitere Optionen, z.B. 50% Verkleinerung, Fenstergröße oder 200% Vergrößerung.

INFO

Das Organigrammsymbol macht das gesamte Organigramm sichtbar. Die Lupe vergrößert die Ansicht, so daß Details besser bearbeitet werden können.

Manuell Zeichenobjekte einfügen

INFO
Zeichenwerkzeuge nicht sichtbar? Wählen Sie den Menübefehl Ansicht/Zeichenmittel einblenden.

▶ Wählen Sie eines der Zeichenwerkzeuge, die in der Symbolleiste von MS Organization Chart angeboten werden:

▶ Mit Klick auf das Pluszeichen aktivieren Sie das Werkzeug, das waagerechte und senkrechte Linien zeichnet. Setzen Sie die Maus in einem freien Bereich des Organigramms auf.

▶ Ziehen Sie bis zur Zielposition.

▶ Lassen Sie die Maustaste los.

▶ Die Linie ist gezeichnet und das Zeichenwerkzeug deaktiviert. Zum Erstellen eines neuen Zeichenobjekts müssen Sie wieder ein Werkzeug aktivieren.

INFO
Länge der Linie nachbearbeiten: Klicken Sie die Linie an, um sie zu markieren. Es erscheinen quadratische Markierungspunkte. Klicken Sie auf einen Markierungspunkt, und ziehen Sie mit der Maus, um das Objekt zu verkleinern oder zu vergrößern.

▶ Mit Klick auf das Zeichenwerkzeug, das von einem Schrägstrich symbolisiert wird, können Sie schräge Linien erstellen.

▶ Der gepunktete Winkel symbolisiert das Zeichenwerkzeug, mit dem Sie Verbindungswinkel zwischen zwei Feldern des Organigramms zeichnen können. Klicken Sie das Werkzeug an.

→ 616

TIP
Linienstil der Winkellinie ändern: Die Winkellinie ist standardmäßig gepunktet. Den Linienstil können Sie jedoch nachträglich ändern.

▶ Klicken Sie auf die Startposition der Winkellinie an dem Rand eines Feldes, und halten Sie die Maustaste gedrückt.

▶ Ziehen Sie an die Zielposition zu einem anderen Feld. Lassen Sie vorher die Maustaste los, erscheint ein Hinweis, und Sie können die Aktion wiederholen.

→ 613

INFO
Wenn Sie den Stil des Organigramms verändern, es also anders anordnen, werden die manuell gezeichneten Winkellinien, die ja mit den Feldern des Organigramms verbunden sind, »mitgenommen«. Die anderen Objekte bleiben an ihrer alten Position.

▶ Ein Feld zeichnen Sie mit dem Zeichenwerkzeug, das mit einem Viereck symbolisiert wird. Aktivieren Sie das Werkzeug.

▶ Setzen Sie die Maus auf eine freie Fläche des Organigramms, und halten Sie die Maustaste gedrückt.

▶ Ziehen Sie ein Viereck auf. Es erscheint in der vorgegebenen Formatierung.

▶ Geben Sie Text in das Feld ein, indem Sie auf das Textwerkzeug in der Symbolleiste klicken.

▶ Klicken Sie auf das Feld, und geben Sie Text ein.

▶ Sie verschieben das Textfeld per Drag&Drop.

Text formatieren

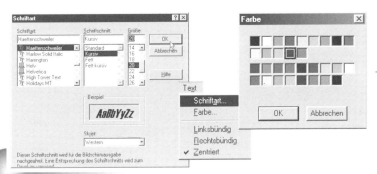

WO? WOMIT?

Schriftart und -größe ändern

▶ Klicken Sie auf das Feld, in dem Sie den Text formatieren möchten, oder markieren Sie mehrere Felder.

▶ Wählen Sie den Menübefehl *Text/Schriftart...*

▶ Suchen Sie aus der Liste *Schriftart:* einen anderen Schrifttyp aus.

▶ Im Feld *Schriftschnitt:* bestimmen, Sie ob der Text standardmäßig, fett, kursiv oder fett und kursiv erscheinen soll.

▶ Im Feld *Größe:* geben Sie die Schriftgröße in Punkt an.

▶ Bestätigen Sie Ihre Einstellungen mit Klick auf *OK.*

Schriftfarbe

▶ Markieren Sie die Textfelder, in denen die Schriftfarbe geändert werden soll.

▶ Wählen Sie den Menübefehl *Text/Farbe...*

▶ Die Auswahl im Farbkasten ist nicht sehr groß. Suchen Sie mit Klick in ein Farbfeld eine neue Farbe aus.

▶ Bestätigen Sie dies mit Klick auf *OK.*

Ausrichtung der Schrift im Textfeld

▶ Markieren Sie die zu bearbeitenden Textfelder.

▶ Wählen Sie den Menübefehl *Text/Linksbündig* für Textausrichtung am linken Rand, *Text/Rechtsbündig* für Ausrichtung am rechten Rand und *Text/Zentriert* für die Textanordnung in der Mitte des Kastens.

Text in manuell erstellten Feldern formatieren

▶ Klicken Sie in das manuell erstellte Textfeld. Es erscheinen Markierungspunkte.

▶ Verwenden Sie die oben beschriebenen Funktionen im Menü *Text.*

ACHTUNG

Voreinstellung für neuen Text: Wenn Sie die Schriftformatierung einmal festgelegt haben und danach ein neues Feld erzeugen, werden diese Formatierungen übernommen.

TIP

Beachten Sie, daß der Kontrast zwischen Feldhintergrundfarbe und Textfarbe relativ kräftig sein muß, damit der Leser aus der Distanz den Text auch noch lesen kann.

TIP

Per Drag&Drop verschieben Sie das markierte Textfeld an jede beliebige Position auch außerhalb des Kastens, in dem es sich im Bild befindet.

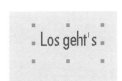

Das markierte, manuell erstellte Textfeld

Linienform, -art und -farbe im Organigramm

WO? WOMIT?

Linien zur Bearbeitung markieren

▶ *Alle Linien markieren:* Ziehen Sie einen Markierungs-rahmen über das gesamte Organigramm. Setzen Sie dazu die Maus in einem freien Bereich neben dem Or-ganigramm auf, halten Sie die Maustaste gedrückt, und ziehen Sie über das Organigramm.

▶ *Einzelne Linien markieren:* Klicken Sie auf die Linie. Sie erscheint heller gerastert, was bei schmalen Linien nur schwer erkennbar ist.

Linienstärke einstellen

▶ Markieren Sie die zu bearbeitenden Linien.

▶ Wählen Sie den Menübefehl *Linien/Stärke*.

▶ Wählen Sie aus dem ausklappenden Menü eine Stärke. *Keine* macht die Linie unsichtbar, löscht sie aber nicht. Sie können sie wieder markieren und ihr eine andere Stärke zuweisen.

Linienart verändern

▶ Markieren Sie die Linien, die Sie bearbeiten möchten.

▶ Wählen Sie den Menübefehl *Linien/Art*.

▶ Wählen Sie aus dem ausklappenden Menü einen Stil durch einfaches Anklicken: eine durchgezogene, gepunk-tete oder gestrichelte Linie.

Linienfarbe

▶ Markieren Sie die zu bearbeitenden Linien.

▶ Wählen Sie den Menübefehl *Linien/Farbe*...

▶ Es klappt ein Fenster mit verschiedenen Farbfeldern auf. Klicken Sie die gewünschte Farbe mit der Maus an.

▶ Bestätigen Sie Ihre Wahl mit *OK*.

TIP
Linien sollten nicht zu zart sein, sonst erkennt der Leser aus der Distanz die Linien nicht mehr.

TIP
Hintergrundfarbe des Organigramms einstellen: Wählen Sie den Menübefehl Diagramm/Hintergrund-farbe..., *und klicken Sie auf das Farbfeld, dessen Farbe Ihnen zusagt. Bestätigen Sie mit Klick auf* OK.

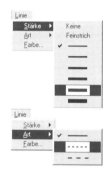

Felder des Organigramms bearbeiten

WO? WOMIT?

Farbe der Textfelder ändern

▶ Markieren Sie die Felder, die Sie bearbeiten möchten.

▶ Wählen Sie den Menübefehl *Feld/Farbe*...

▶ Klicken Sie eine Farbe aus dem Angebot an.

▶ Bestätigen Sie mit *OK*.

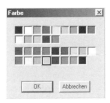

Felder mit Schatten versehen

▶ Markieren Sie die zu bearbeitenden Felder.

▶ Wählen Sie den Menübefehl *Feld/Schatten*.

▶ Wählen Sie aus dem ausklappendem Menü durch Anklicken eine Schattenart aus.

Art des Feldrahmens festlegen

▶ Markieren Sie die zu bearbeitenden Felder.

▶ Wählen Sie den Menübefehl *Feld/Rahmenart*

▶ Wählen Sie mit einem Mausklick aus dem ausklappendem Menü eine Linienform für die Umrißlinie des Feldes.

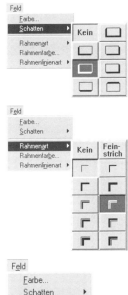

Farbe des Feldrahmens aussuchen

▶ Markieren Sie die Felder, deren Umrißfarbe Sie neu definieren möchten.

▶ Wählen Sie den Menübefehl *Feld/Rahmenfarbe*...

▶ Klicken Sie auf ein Farbfeld, dessen Farbe Sie für die
Umrißlinie übernehmen möchten.

▶ Bestätigen Sie mit Klick auf *OK* Ihre Wahl.

Linienart des Feldrahmens

▶ Markieren Sie die Felder, deren Umrißlinienart Sie ändern möchten.

▶ Wählen Sie den Menübefehl *Feld/Rahmenlinienart*.

▶ Klicken Sie im ausklappenden Menü die Linienart an,
die Ihnen zusagt: durchgezogen, fein gestrichelt, gro-
ber gestrichelt.

Organigramm auf einer PowerPoint-Folie plazieren

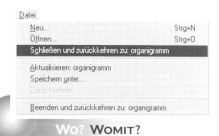

Von der Bearbeitung des Organigramms zurück zu PowerPoint

▶ Wenn Sie mit der Bearbeitung des Organigramms fertig sind, wählen Sie den Menübefehl *Datei/Schließen und zurückkehren zu: <Name des Office-Dokuments>*.

▶ Sie werden in einer Meldung darauf hingewiesen, daß Änderungen am Organigramm vorgenommen worden seien, und gefragt, ob Sie diese in Ihre Präsentation übernehmen möchten. Klicken Sie auf *Ja*.

▶ Das Organisation erscheint als eine Art Zeichenkrümel auf der Folie. Ziehen Sie mit gedrückter linker Maustaste an den Eckpunkten, um daraus ein ausgewachsenes Organigramm zu machen.

Organigramm nachbearbeiten

▶ Doppelklicken Sie auf der Folie in den Bereich des Organigramms.

▶ Automatisch öffnet sich Microsoft Organization Chart mit dem Organigramm, und Ihnen stehen alle Bearbeitungsmöglichkeiten zur Verfügung.

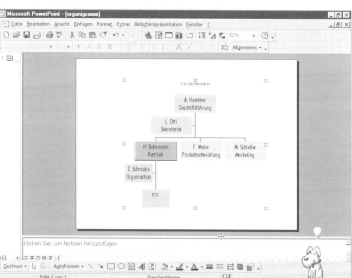

Organigramm in anderen Office-Dokumenten aufrufen

Wo? Womit?

Organigramm unter einem eigenen Namen speichern

▶ Öffnen Sie das Organigramm in MS Organization Chart, indem Sie es doppelt anklicken. MS Organization Chart startet.

▶ Wählen Sie den Menübefehl *Datei/Speichern unter...*

▶ Bestimmen Sie den Ordner, in dem die Datei abgelegt werden soll.

▶ Geben Sie einen Dateinamen an.

▶ Klicken Sie auf die Schaltfläche *Speichern*.

Organigramm in einem anderen Dokument öffnen

▶ Öffnen Sie die Office-Anwendung mit dem Dokument, in das Sie das Organigramm einfügen möchten.

▶ Wählen Sie den Menübefehl *Einfügen/Objekt*.

▶ Aktivieren Sie die Option *Aus Datei erstellen,* oder wechseln Sie in das entsprechende Register.

▶ Klicken Sie auf *Durchsuchen*, und wählen Sie die gespeicherte Datei aus.

▶ Klicken Sie auf *Einfügen*.

▶ Das Organigramm wird eingefügt. Ein Doppelklick auf das Objekt startet MS Organization Chart wieder, und es stehen Ihnen alle Bearbeitungsmöglichkeiten für das Organigramm zur Verfügung.

→ 626

Noch schneller
Organigramm-Objekt einfügen: Öffnen Sie das Dokument, zum Beispiel die Präsentation, mit dem Organigramm. Markieren Sie es mit einfachem Klick, und kopieren Sie es mit der Tastenkombination Strg + C *in die Zwischenablage. Wechseln Sie in das Dokument, in das das Organigramm eingefügt werden soll. Bestätigen Sie* Strg + V *. Ein Doppelklick auf das Chart öffnet MS Ogranization Chart zur Bearbeitung.*

Organigramm einfügen

▶ Wählen Sie den Menübefehl *Einfügen/Objekt*.

▶ Wählen Sie im im Register *Neu erstellen* aus der Liste *MS Organization Chart 2.0*.

▶ Bestätigen Sie mit *OK*.

Feld hinzufügen

▶ Klicken Sie in der Schaltflächenleiste oben im Programmfenster auf eine der Schaltflächen, die bestimmte Positionen im Organigramm repräsentieren. Damit ist die entsprechende Zeichenfunktion aktiviert.

▶ Klicken Sie in das Feld, dem der Kollege »angehängt« werden soll. Bei den Mitarbeitern wird rechts und links unterschieden. Kollegen sind diejenigen, die auf gleicher Ebene arbeiten und an denselben Vorgesetzten reporten. Dabei richtet sich das Organigramm automatisch selbst aus.

Text in den Feldern nachträglich ändern

▶ Klicken Sie erneut in den Text, und geben Sie zusätzlichen Text ein, oder überschreiben Sie den vorhandenen, den Sie zuvor jedoch löschen müssen.

Anordnung des Organigramms ändern

▶ Markieren Sie den Bereich des Organigramms, dessen Linienführung Sie verändern möchten.

▶ Wählen Sie den Menübefehl *Format*.

▶ Wählen Sie aus dem Untermenü einen Stil aus. Allerdings müssen Sie darauf achten, daß es sich um einen für Ihre Markierung gültige Variante handelt. Manche Stile können nur auf Assistenten oder Co-Manager angewandt werden, andere nicht auf einzelne Positionen, sondern nur auf die gesamte Ebene.

36 KAPITEL

Datenaustausch zwischen Dokumenten und Webseiten

tempo

Word-Text in einer PowerPoint-Folie

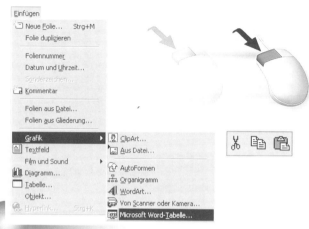

WO? WOMIT?

PowerPoint- und ein weiteres Programmfenster sichtbar auf dem Bildschirm

▶ Öffnen Sie Word oder eine andere Anwendung mit dem Dokument, aus dem Sie einen Text oder ein Bild in PowerPoint übertragen möchten.

▶ Um beide Fenster gleichmäßig aufgeteilt auf dem Bildschirm zu sehen, klicken Sie mit der rechten Maustaste in einen freien Bereich der Taskleiste, also nicht auf ein Anwendungssymbol.

▶ Wählen Sie *Untereinander* oder *Nebeneinander* aus dem Kontextmenü. Beide Anwendungsfenster sind auf dem Bildschirm sichtbar.

Text per Drag&Drop von Word auf eine Folie ziehen

▶ Markieren Sie den Text in Word.

▶ Klicken Sie mit der Maustaste auf die Markierung. Halten Sie die Maustaste gedrückt.

▶ Ziehen Sie den Text in das PowerPoint-Textfeld.

▶ Lassen Sie die Maustaste los.

▶ Der Word-Text erscheint in einem eigenen Feld, das von Markierungspunkten umrahmt ist.

▶ Ziehen Sie an diesen Punkten, um den Text zu vergrößern oder zu verkleinern.

▶ Zum Verschieben stellen Sie den Mauszeiger über den schraffierten Feldrahmen; er wandelt sich zu einem Doppelkreuz. Ziehen Sie den Textblock an eine andere Position.

TIP

Alternative Methode: Mit Klick auf dieses Symbol rechts oben im obersten Titelbalken von PowerPoint oder einer anderen Anwendung reduziert sich das Programmfenster von Vollbilddarstellung auf eine kleinere. Sie können nun manuell durch Ziehen mit der Maus am Fensterrand die Fenstergröße beliebig einstellen. Das Vollbild erhalten Sie mit Klick auf dieses Symbol zurück.

INFO

Ohne Drag&Drop: Den gleichen Effekt – das Einfügen von Daten aus einer anderen Office-Anwendung unter Beibehaltung der Möglichkeit, diese mit den Mitteln der Ursprungsanwendung zu bearbeiten – erzielen Sie mit dem Menübefehl Inhalte einfügen.

▶ Zum Bearbeiten des Textes doppelklicken Sie in den eingefügten Textbereich. Es erscheint ein grauer Rahmen um den eingefügten Text. Außerdem sehen Sie die Word-Lineale am Rand des Feldes. In den Menüs oben stehen Ihnen nun alle Word-Bearbeitungsmöglichkeiten zur Verfügung, zum Beispiel die Verwendung von Formatvorlagen, die Silbentrennung usw.

→ 626

NOCH SCHNELLER
Text aus anderen Anwendungen in PowerPoint transferieren: Markieren Sie den Text oder die Tabelle, die Sie in PowerPoint einfügen möchten. Betätigen Sie Strg+C zum Kopieren oder Strg+X zum Ausschneiden. Wechseln Sie im PowerPoint-Fenster in das Zieltextfeld. Betätigen Sie Strg+V zum Einfügen aus der Zwischenablage. Diese Methode funktioniert auch innerhalb von PowerPoint, ebenso wie Drag&Drop mit rechter Maustaste.

Dieser graue Rahmen signalisiert, daß Sie jetzt mit den Funktionen der Ursprungsanwendung – dem Programm, aus dem der Text ursprünglich stammt – arbeiten können.

▶ Bearbeiten Sie den Text, wie Sie es in Word gewohnt sind.

▶ Klicken Sie außerhalb des grauen Rahmens auf die Folie, um die Textbearbeitung zu beenden und mit den PowerPoint-Funktionen fortzufahren. Sie können problemlos zwischen den beiden Anwendungswelten hin- und herschalten.

→ 101

INFO
Tabellen aus Word einfügen: Dies funktioniert genauso wie bei gewöhnlichem Text.

Neu anzulegende Word-Tabelle einfügen

▶ Wählen Sie auf einer leeren Folie den Befehl *Einfügen/ Grafik/Microsoft Word Tabelle...* (merkwürdigerweise verbirgt sich dieser Befehl im Menü zum Einfügen von Grafiken).

▶ Geben Sie im folgenden Dialog die voraussichtliche Zeilen- und Spaltenzahl ein.

▶ Bestätigen Sie dies mit Klick auf *OK*.

INFO
Sie können hier – wie in Word üblich – die Tabelleninhalte eingeben und die Tabelle formatieren. Dazu müssen Sie nur in die Tabellenfläche doppelklicken. Danach haben Sie im Menü Tabelle diese Funktionen zur Verfügung.

Es wird ein Rahmen mit einem leeren Tabellenraster eingefügt.

INFO
Zum Ausschneiden, Kopieren und Einfügen stehen in der Standardsymbolleiste auch diese Symbole bereit.

Word-Gliederung als Präsentationsstruktur verwenden

WO? WOMIT?

Gliederung in Word erstellen

▶ Erstellen Sie eine Textsammlung in Word.

▶ Schalten Sie vor oder während der Texteingabe um in die Gliederungsansicht, und zwar mit dem Menübefehl *Ansicht/Gliederung.*

▶ Es erscheint die Symbolleiste *Gliederung* auf der Arbeitsoberfläche, die zur Einrichtung der Gliederungsebenen verschiedene Pfeilschaltflächen bietet. Damit ein Stichpunkt als Folientitel erscheint – und damit eine neue Folie erstellt wird –, müssen Sie die Texte für die Folientitel so weit wie möglich hochstufen.

▶ Speichern und schließen Sie das Dokument mit der Gliederung.

Gliederung in PowerPoint übernehmen

▶ Wählen Sie den Menübefehl *Datei/Neu.*

▶ Wählen Sie aus dem Register *Entwurfsvorlagen* eine Designvorlage aus.

▶ Wählen Sie ein *AutoLayout* – sofern Sie das Auftauchen dieses Dialogs nicht deaktiviert haben; dann müssen Sie ihn über den Menübefehl *Einfügen/Neue Folie* aussuchen. Das AutoLayout richtet sich nach der grundlegenden Struktur Ihrer Gliederung. Meistens fährt man mit dem AutoLayout *Aufzählung* ganz gut.

▶ Wählen Sie *Einfügen/Folien aus Gliederung...*

▶ Im Dialog *Gliederung einfügen* werden automatisch als Dateityp *Alle Gliederungen*, wobei es sich um Word-Dokumente handelt, angezeigt. Suchen Sie die Gliederungsdatei, markieren Sie sie, und klicken Sie **→ 539** auf die Schaltfläche *Einfügen*.

▶ Die Folien werden automatisch erstellt, wobei die Gliederungsebenen so formatiert werden, wie dies im Folienmaster vordefiniert ist.

INFO Höherstufen
Die jeweilige Funktion der Schaltflächen entnehmen Sie der QuickInfo, die erscheint, wenn Sie den Mauszeiger über das Symbol stellen.

→ 72

ACHTUNG
Erst schließen, dann einfügen: Wenn Sie das Word-Dokument nicht zuvor schließen, können Sie es später nicht einfügen.

TIP
Sie sehen in Word keine QuickInfo? Rufen Sie den Menübefehl Extras/ Optionen... *auf. Wechseln Sie auf das Register* Ansicht, *und aktivieren Sie die Option* QuickInfo *im Feld* Ansicht.

INFO
Nachträglich bearbeiten: Sie können die Gliederungsebenen, die Abfolge der Folien etc. auch nachträglich in PowerPoints Gliederungsleiste bearbeiten.

Diagramme oder Tabellen aus Excel

WO? WOMIT?

Einfügen der Tabelle in PowerPoint oder Word

▶ Markieren Sie in Excel die Tabelle oder den Teil der Tabelle, den Sie in die PowerPoint-Folie einfügen möchten.

▶ Betätigen Sie die Tastenkombination Strg+C, oder wählen Sie den Menübefehl *Bearbeiten/Kopieren*. Beide Vorgehensweisen bewirken das Kopieren der markierten Tabelle.

▶ Wechseln Sie nach PowerPoint auf die Präsentationsfolie, in die die Tabelle eingefügt werden soll.

▶ Wählen Sie den Menübefehl *Bearbeiten/Inhalte einfügen...*

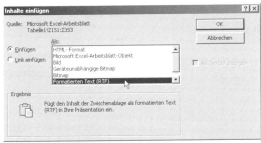

▶ Wählen Sie beim Einfügen einer Tabelle im Dialog *Inhalte einfügen* die Option *Formatierten Text (RTF)*.

▶ Die Tabelle wird als eigener Text eingefügt. Sie können den Text formatieren wie sonst auch.

▶ Wenn beim Nachformatieren die Spalten verrutschen, richten Sie sie mit Hilfe der Tasten ⎵ oder ⎵ wieder aus.

Als HTML-Format einfügen

▶ Wählen Sie im Dialog *Inhalte einfügen* (siehe oben) *HTML-Format* statt *Formatierten Text (RTF)*. Die eingefügte Tabelle ist zumindest in PowerPoint etwas umständlich zu formatieren.

INFO

Unsortierten Text als Tabelle in Excel einfügen: Klicken Sie in die erste Zelle für die einzufügenden Daten. Klicken Sie auf das Symbol Einfügen in der Symbolleiste. Wählen Sie den Menübefehl Daten/Text in Spalten..., *und legen Sie die Spalten fest.*

ACHTUNG

Die Art des Einfügens bringt Ihnen die Tabelle als Text, jedoch können Sie keine Berechnungen mehr darin vornehmen. Wollen Sie sich diese Option offenhalten, müssen Sie die Tabelle im Originalformat einfügen.

Doppelschleifer	29,12 DM
Schwingschleifer	19,78 DM
Bandschleifer	99,95 DM

Die eingefügte Tabelle in der Textfeldmarkierung

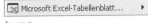

INFO

Leere Excel-Tabelle einfügen: Wählen Sie Extras/Anpassen, *Register* Befehle, *Kategorie* Einfügen. *Suchen Sie aus der rechten Liste* Microsoft Excel-Tabellenblatt *aus. Öffnen Sie das Menü* Einfügen, *und ziehen Sie den Befehl aus der Liste in dieses Menü.*

Tabelle oder Diagramm im Originalformat einfügen

▶ Markieren Sie in Excel das Diagramm oder die Tabelle, die Sie in ein anderes Office-Dokument einfügen möchten.

▶ Kopieren Sie die gewünschten Inhalte in die Zwischenablage.

▶ Wechseln Sie in das Office-Dokument, in das Sie die Tabelle oder das Diagramm einfügen möchten.

▶ Wählen Sie den Menübefehl Be*arbeiten/Inhalte einfügen...*

▶ Bestimmen Sie im Feld *Als:* das Format *Microsoft Excel-Arbeitsblatt-Objekt,* sofern es sich um eine Excel-Tabelle handelt, und *Microsoft Excel-Diagramm-Objekt,* wenn Sie ein Diagramm kopiert haben.

▶ Bestätigen Sie mit Klick auf *OK.*

▶ Die Tabelle oder das Diagramm wird in der Originalformatierung eingefügt. Sie können sie wie ein gezeichnetes Objekt skalieren und verschieben. **→ 556**

Excel-Tabelle oder -Diagramm bearbeiten

▶ Doppelklicken Sie auf die als Excel-Objekt (siehe oben) eingefügte Tabelle oder das eingefügte Diagramm.

▶ Es erscheint die Tabelle in einem eigenen Fenster mit Rollbalken. Die Symbolleisten zeigen die Excel-Werkzeuge zum Berechnen und Formatieren der Tabelle oder des Diagramms an. Bearbeiten Sie die Tabelle. **→ 210**

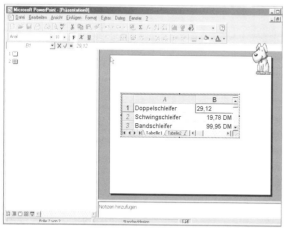

▶ Nach Beendigung der Formatierung klicken Sie auf einen freien Bereich der Arbeitsfläche; der Markierungsrahmen und die Rollbalken verschwinden.

▶ Sie skalieren die Tabelle oder das Diagramm per Drag&Drop an den Markierungspunkten – allerdings verändern Sie, anders als bei Textfeldern, hierbei auch die Schriftgröße.

BEGRIFFE

Zwischenablage: Speicher, der nach dem Ausschneiden oder Kopieren die jeweiligen Objekte aufnimmt. Vor Office 2000 und Internet Explorer 5 konnte man nur jeweils ein Objekt in der Zwischenablage aufbewahren. Dieses Objekt wurde verworfen, sobald ein anderes Objekt in die Zwischenablage aufgenommen wurde. Das ist inzwischen anders; es werden inzwischen 12 Objekte aufgenommen. Sobald sich mehr als ein Objekt in der Zwischenablage befindet, wird diese in einer eigenen Leiste angezeigt. Klicken Sie auf das einzufügende Objekt. Sie können über eine Schaltfläche auch alle eingesammelten Objekte einfügen. Der Befehl Bearbeiten/Inhalte einfügen *setzt immer nur das zuletzt in die Zwischenablage transferierte Objekt ein. Ausschalten des Rechners leert auch die Zwischenablage.*

BEGRIFFE

Einbetten und Verknüpfen: auch OLE oder Object Linking and Embedding. Diese Tabelle ist eingebettet. Sie ist als Excel-Objekt Bestandteil des Office-Dokuments. Daneben gibt es die Möglichkeit, Objekte zu verknüpfen. Die verknüpfte Tabelle wird zwar dargestellt, jedoch nicht mit dem Office-Dokument gespeichert, sondern gesondert als Excel-Tabelle.

Aus einem Dokument eine Anwendung starten

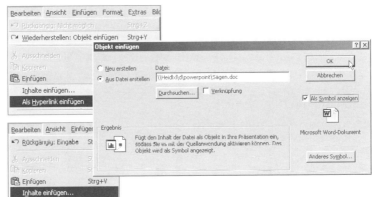

WO? WOMIT?

Kopiertes als Symbol einfügen

▶ Kopieren Sie die markierten Daten.

▶ Wechseln Sie in das Dokument, in dem das Symbol untergebracht werden soll.

▶ Wählen Sie den Menübefehl *Bearbeiten/Inhalte einfügen...*

▶ Wählen Sie das Originalformat der kopierten Daten im Feld *Als:* und klicken Sie im Dialog *Inhalte einfügen* die Option *Als Symbol anzeigen* an.

▶ Falls Sie ein anderes Symbol wünschen, klicken Sie auf die Schaltfläche *Anderes Symbol...*

▶ Bestätigen Sie mit Klick auf *OK.*

▶ Ein Symbol wird in das Dokument eingefügt.

Bestehendes Objekt in eigener Anwendung starten

▶ Wählen Sie den Menübefehl *Einfügen/Objekt.*

▶ Klicken Sie die Option *Aus Datei erstellen* an.

▶ Klicken Sie im Dialog *Objekt einfügen* auf die Schaltfläche *Durchsuchen...,* wählen Sie die einzufügende Datei aus, und klicken Sie auf *OK.*

▶ Aktivieren Sie die Option *Als Symbol anzeigen.*

▶ Über die Schaltfläche *Anderes Symbol...* suchen Sie gegebenenfalls ein anderes Symbol aus.

▶ Bestätigen Sie mit *OK.*

▶ Das Symbol erscheint im Dokument.

Objekt neu erstellen

▶ Wählen Sie *Bearbeiten/Objekt einfügen.*

▶ Aktivieren Sie die Option *Neu erstellen.*

INFO

Freie Methodenwahl: Wählen Sie Bearbeiten/Kopieren *aus der Menüleiste, die Tastenkombination* Strg + C *oder das Symbol aus der Standardsymbolleiste.*

INFO

Daten direkt einfügen: Natürlich können Sie über diesen Weg auch Dateien direkt einfügen und nicht als Symbol.

→ 626

INFO

Verknüpfung erstellen: Beachten Sie hier die Option Verknüpfung. *Deren Aktivierung führt dazu, daß Änderungen in der Ursprungsdatei, in dem das Objekt eingefügt wurde, dargestellt werden, sobald diese aktualisiert wird (manuell oder durch erneutes Öffnen des Dokuments).*

▶ Wählen Sie einen Objekttyp aus der Liste.
▶ Ist *Als Symbol anzeigen* aktiv, wird das entsprechende Symbol in der Folie angezeigt. Ein Doppelklick darauf öffnet die Anwendung des Objekttyps, und Sie können die entsprechenden Daten im Originalformat erfassen. Ist die Symbolanzeige nicht aktiviert, öffnet sich die Anwendung direkt. Wählen Sie die 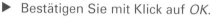 Einstellung.
▶ Bestätigen Sie mit Klick auf *OK*.

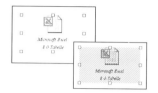

Oben: Symbol einer Excel-Tabelle. Unten: Das Symbol erscheint schraffiert, während die Tabelle geöffnet ist.

Anwendung über das Symbol starten
▶ Doppelklicken Sie auf das eingefügte Symbol.
▶ Die dem Objekttyp zugeordnete Anwendung startet und zeigt die Tabelle, das Word-Dokument etc.

Dokument über Hyperlink starten
▶ Öffnen Sie die Anwendung mit dem Dokument (Word-Datei, Excel-Tabelle, Excel-Diagramm, PowerPoint-Folie etc.), das Sie aufrufen möchten.
▶ Markieren den Bereich des Dokuments, den Sie als Hyperlink-Text auf dem Bildschirm sehen möchten. Beachten Sie dabei, daß bei der Aktivierung des Hyperlinks während einer Präsentation in PowerPoint die markierte Stelle direkt angezeigt wird. Wenn ein Dokument länger ist, können Sie so präzise eine bestimmte Position ansteuern, ohne danach suchen zu müssen.
▶ Wechseln Sie in Ihr Dokument, in dem Sie den Hyperlink einfügen möchten.
▶ Wählen Sie den Menübefehl *Bearbeiten/Als Hyperlink einfügen*.
▶ Der zuvor markierte Text erscheint als Hyperlink-Text. Sie können ihn wie ein normales Textfeld bewegen, die Schriftgröße und andere Formatierungen wie bei normalem Text vornehmen.

BEGRIFFE
Hyperlink: eine Art Querverweis auf eine andere Datenquelle, die sich im selben oder in einem anderen Dokument oder einer Web-Seite befinden kann. Text-Hyperlinks werden oft unterstrichen dargestellt. Daß ein Hyperlink aufgerufen worden ist, wird durch einen Wechsel der Farbigkeit signalisiert. Ein Hyperlink kann sich aber auch unter einer Grafik verbergen. Daß ein Element »verlinkt« ist, erkennen Sie auch daran, daß der Mauszeiger zur Hand wird.

Hyperlink testen
▶ Klicken Sie mit der rechten Maustaste auf den Hyperlink.
▶ Wählen Sie aus dem Kontextmenü *Hyperlink*.
▶ Wählen Sie aus dem Untermenü *Öffnen*.
▶ Die Anwendung startet mit dem Dokument, und die verknüpfte Textstelle wird auf den Bildschirm gebracht.

Hyperlink bearbeiten
▶ Klicken Sie mit der rechten Maustaste in den Hyperlink.
▶ Wählen Sie den Befehl *Hyperlink*.
▶ Im Untermenü wählen Sie *Hyperlink bearbeiten...*

INFO → 510
Funktionieren des Links im PowerPointvortrag selbst testen

→ 627

Eine andere Datei verknüpfen

▶ Rufen Sie den Dialog *Hyperlink bearbeiten* auf.

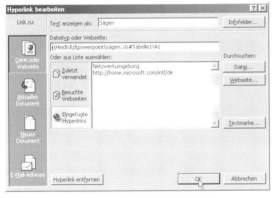

▶ Klicken Sie ganz links in der Liste *Link zu:* auf *Datei oder Webseite*.

▶ Haben Sie die zu verknüpfende Datei erst kürzlich verwendet, klicken Sie auf *Zuletzt verwendet*. Im Feld rechts daneben wird eine Reihe von Dateien, Ordnern und Webseiten aufgelistet, mit denen Sie zuletzt zu tun hatten.

▶ Markieren Sie die gewünschte Datei. Sie wird im Feld *Dateityp oder Webseite:* angezeigt.

▶ Wenn Sie mit der Datei noch nicht gearbeitet haben, klicken Sie rechts auf die Schaltfläche *Datei...* Im folgenden Dialog können Sie im Feld *Suchen:* die gewünschte Datei auswählen.

▶ Über die Schaltfläche *OK* übernehmen Sie sie → 539 in das Feld *Dateityp oder Webseite:*.

▶ Bestätigen Sie mit Klick auf *OK* die geänderte Verknüpfung.

Links zwischen Seiten, Tabellen oder Folien

▶ Klicken Sie mit der rechten Maustaste auf einen bestehenden Hyperlink, den Sie bearbeiten wollen, oder auf einen markierten Text, der den Hyperlink repräsentieren soll.

▶ Rufen Sie den Dialog *Hyperlink bearbeiten* bzw. *Hyperlink einfügen* auf.

▶ Klicken Sie auf das Symbol *Aktuelles Dokument.*

▶ Es erscheint im weißen Auswahlfeld eine Übersicht über vorhandene Überschriften, Tabellen oder Folien.

▶ Wenn Sie die Sprungstelle des Hyplinks näher differenzieren wollen, klicken Sie auf das Pluszeichen, um anhand der Inhaltsübersicht an eine bestimmte Stelle zu »verlinken«.

▶ Markieren Sie das Element, das angezeigt werden soll, wenn Sie auf den Hyperlink klicken.

▶ Bestätigen Sie mit Klick auf *OK.*

Auf ein noch nicht erstelltes Dokument linken

▶ Klicken Sie mit der rechten Maustaste auf einen bestehenden Hyperlink, den Sie bearbeiten wollen, oder auf einen markierten Text, der den Hyperlink repräsentieren soll.

▶ Rufen Sie den Dialog *Hyperlink bearbeiten* → 628 bzw. *Hyperlink einfügen* auf.

▶ Klicken Sie auf das Symbol *Neues Dokument.*

▶ Tippen Sie in das Feld *Name des neuen Dokuments:* einen Namen. Denken Sie an die Angabe des Dateityps, um klarzustellen, in welcher Anwendung Sie die Datei erstellen wollen.

▶ Wechseln Sie gegebenenfalls den Speicherort mit Klick auf die Schaltfläche *Wechseln.* → 539

▶ Wählen Sie zwischen den beiden Optionen, ob Sie das neue Dokument jetzt oder später bearbeiten möchten.

▶ Erledigen Sie dies sofort, öffnet sich die Anwendung mit einem leeren Dokument und erwartet Ihre Eingaben, sobald Sie auf die Schaltfläche *OK* geklickt haben. Eine spätere Bearbeitung nehmen Sie vor, indem Sie entweder die Datei in ihrer Anwendung öffnen und Daten eingeben, oder indem Sie aus dem Kontextmenü zum Hyperlink *Öffnen* auswählen.

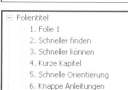

TIP

QuickInfos, die Aufschluß über den Inhalt des verknüpften Dokuments geben: Klicken Sie im Dialog Hyperlink einfügen *oder* Hyperlink bearbeiten *auf die Schaltfläche* Infofelder... *(auch QuickInfo – je nach Sprachversion). Es erscheint ein Eingabefeld, in das Sie einen kurzen Text eintippen. Schließen Sie die Bearbeitung mit Klick auf* OK *ab.*

INFO

Dateitypen

Excel	*.xls*
Word	*.doc*
Webseite	*.htm*
PowerPoint	*.ppt*
Access	*.mdb*

INFO

Hyperlink-Text ändern: Geben Sie in das Feld Text anzeigen als: *einen anderen Text ein (Dialog* Hyperlink bearbeiten *oder* Hyperlink einfügen*).*

Verknüpfungen bearbeiten

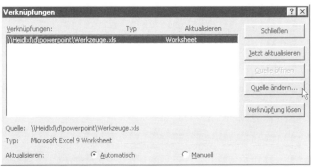

WO? WOMIT?

Bearbeiten der verknüpften Datei

▶ Doppelklicken Sie auf das verknüpfte Objekt – zum Beispiel eine Tabelle oder ein Bild.

▶ Die zum Objekttyp gehörige Anwendung startet mit der verknüpften Datei, die Sie in Ihrer Ursprungsanwendung bearbeiten können.

▶ Die Änderungen sind sofort im eingefügten Objekt in der Folie sichtbar. Falls nicht, markieren Sie das Objekt.

▶ Wählen Sie den Menübefehl *Bearbeiten/Verknüpfungen*...

▶ Markieren Sie die verknüpfte Datei in der Liste.

▶ Klicken Sie auf *Jetzt aktualisieren*.

Das Office-Programm findet die Quelldatei nicht mehr oder Quelle ändern

▶ Es erscheint nach dem Doppelklick auf das verknüpfte Objekt diese Meldung.

▶ Klicken Sie auf *OK*.

▶ Wählen Sie den Menübefehl *Bearbeiten/Verknüpfungen*... Es erscheint ein Dialog *Verknüpfungen,* in dem alle Verknüpfungen des aktuellen Dokuments aufgelistet sind. Markieren Sie die zu bearbeitende Verknüpfung in der Liste.

▶ Klicken Sie auf die Schaltfläche *Quelle ändern*.

▶ Im folgenden Auswahldialog suchen Sie die zu verknüpfende Datei mit Mausklick aus.

▶ Klicken Sie im Auswahldialog auf die Schaltfläche *Öffnen*. Die neue Datei ist in der Liste  *Verknüpfungen*: eingetragen.

▶ Bestätigen Sie dies mit Klick auf die Schaltfläche *Schließen*.

→ 626

INFO

Objekt als Verknüpfung einfügen: Funktioniert genauso wie das Einbetten. Allerdings müssen Sie die Option Verknüpfung *im Dialog* Objekt einfügen, *Option* Aus Datei erstellen, *aktivieren.*

INFO

Dateinamen der Quelldatei geändert oder Datei in einen anderen Ordner verschoben? Falls Sie versehentlich die Quelldatei verschieben oder umbenennen, ist dies kein Problem, denn Office sucht automatisch nach der Verknüpfung und startet dann die umbenannte oder verschobene Datei in ihrer Anwendung.

INFO

Verknüpfung lösen: Klicken Sie im Dialog Verknüpfungen *auf die Schaltfläche* Verknüpfung lösen. *Das verknüpfte Element ist von nun an als Grafik in das Dokument eingebunden. Sie kann nur mit den Grafikfunktionen bearbeitet werden, nicht mehr mit denen der Quellanwendung.*

Elemente aus einer Webseite in ein Dokument einfügen

▶ *Bearbeiten/Kopieren*
▶ *Bearbeiten/Einfügen*

WO? WOMIT?

Webseite aus einem Dokument aufrufen

▶ Öffnen Sie die gewünschte Webseite im Internet Explorer.
▶ Bringen Sie die beiden Anwendungsfenster (das Office-Programm mit einem Dokument und Internet Explorer) auf den Bildschirm.
▶ Klicken Sie mit der rechten Maustaste im Feld *Adresse* auf das Explorer-Symbol, und halten Sie die Maustaste gedrückt.
▶ Ziehen Sie das Symbol in das aktuelle Dokument. Es erscheint beim Loslassen der Maus ein Menü.
▶ Wählen Sie *Hyperlink hier erstellen*. Die Adresse wird als Hyperlink auf der Folie eingefügt. Ein Mausklick während der Präsentation öffnet den Internet Explorer, der die Verbindung zum Internet aufnimmt und die Seite anzeigt.

Grafiken oder Text von einer Webseite in ein Dokument ziehen

▶ Klicken Sie mit der Maustaste auf die Grafik, oder markieren Sie mit der Maus den gewünschten Text.
▶ Ziehen Sie das Bild oder den Text mit gedrückter Maustaste in das Dokument. Der Mauszeiger erhält dabei ein Pluszeichen.
▶ Lassen Sie die Maus an der Zielposition los. Sie können nun die Grafik oder den Text wie gewohnt nachbearbeiten.

Grafiken oder Text aus einer Webseite über Menübefehle kopieren

▶ Klicken Sie im Internet Explorer das Bild oder den markierten Text mit der rechten Maustaste an.
▶ Wählen Sie *Kopieren* aus dem Kontextmenü.
▶ Wechseln Sie in das Zieldokument.
▶ Wählen Sie den Menübefehl *Bearbeiten/Einfügen*, um das Bild oder den Text aus der Webseite zu transferieren.

TIP
Webseiten während des Vortrags starten: Speichern Sie die zu öffnende Webseite im Internet Explorer über Datei/Speichern auf dem PC, und legen Sie einen Hyperlink zu dieser lokal gespeicherten Seite an. So muß bei der Vorführung keine Internet-Verbindung aufgebaut werden. Allerdings ist die Seite dann eventuell nicht mehr so aktuell wie die Seite im Internet.

PowerPoint-Präsentation nach Word exportieren

▶ **Gliederungsansicht**
Foliensortierung

Wo? Womit?

Eine Präsentation in Word einfügen

▶ Wechseln Sie in die Ansicht *Foliensortierung*, indem Sie unten links im Bildschirm auf das entsprechende Symbol klicken.

▶ Markieren Sie eine oder mehrere Folien, die Sie kopieren möchten.

▶ Wählen Sie den Menübefehl *Bearbeiten/Kopieren*. **→ 626**

▶ Wechseln Sie nach Word in das Dokument, in das die Folie eingefügt werden soll.

▶ Klicken Sie an die Einfügestelle in Ihrem Word-Dokument.

▶ Wählen Sie den Menübefehl *Bearbeiten/Einfügen*.

PowerPoint-Präsentation als Word-Gliederung

▶ Wechseln Sie in Ihrer Präsentation auf die Gliederungsansicht, indem Sie in die entsprechende Leiste oder auf das Symbol unten links im PowerPoint-Fenster klicken.

▶ Markieren Sie die Textteile oder den gesamten Text, den Sie in Word weiterbearbeiten möchten.

▶ Wählen Sie den Menübefehl *Bearbeiten/Kopieren*.

▶ Wechseln Sie nach Word in das Dokument, das den PowerPoint-Text aufnehmen soll.

▶ Klicken Sie an die Einfügestelle für den PowerPoint-Text.

▶ Wählen Sie den Menübefehl *Bearbeiten/Einfügen*.

▶ Der Text wird ohne grafisches Beiwerk in Word als bearbeitbarer Text eingefügt. Die Schriften, die Schriftfarben, die Blickfangpunkte und Verknüpfungen sind erhalten geblieben, ebenso die Überschriftenhierarchien.

INFO

Die Folie wird in Word als Präsentationsobjekt eingefügt. Sie können die Präsentation mit Doppelklick oder über das Kontextmenü starten (anzeigen). Es wird dann die Bildschirmpräsentation, soweit sie die kopierten Folien betrifft, vorgeführt. Der Befehl Öffnen zeigt die eingefügten Folien in PowerPoint, wo Sie sie bearbeiten können. In Word ist immer nur die erste Folie der Auswahl sichtbar.

→ 158

Jeder ehemalige Folientitel hat das Format Überschrift 1, die folgenden Textteile sind ebenfalls entsprechend den Gliederungsebenen in PowerPoint formatiert.

Texte aus Word in eine Folie

▶ Die Programmfenster von Word und PowerPoint gleichzeitig sichtbar auf den Bildschirm bringen.

▶ Text im Word-Dokument markieren.

▶ Markierten Text aus Word in die PowerPoint-Folie ziehen.

Leere Word-Tabelle einfügen

▶ Menübefehl *Einfügen/ Grafik/Microsoft Word Tabelle...*

▶ Zeilen- und Spaltenzahl eingeben und auf *OK* klicken.

▶ Daten in Tabelle eingeben.

Diagramme oder Tabellen aus Excel einfügen

▶ Diagramm oder Tabelle in Excel kopieren *(Bearbeiten/Kopieren).*

▶ In die PowerPoint-Folie oder ins Word-Dokument wechseln.

▶ Menübefehl *Bearbeiten/ Einfügen.*

Word-Texte oder Excel-Tabelle als PowerPoint-Text einfügen

▶ Text oder Tabellen in Word beziehungsweise Excel kopieren *(Bearbeiten/Kopieren).*

▶ In die PowerPoint-Folie wechseln.

▶ Befehl *Inhalte einfügen...*

▶ In der Liste *Als:* den Eintrag *Formatierten Text (RTF)* aussuchen und mit *OK* bestätigen.

Inhalte aus einer Webseite in ein Office-Dokument

▶ Internet Explorer mit Webseite und PowerPoint mit Folie beide sichtbar auf den Bildschirm bringen.

▶ Text der Webseite im Internet Explorer markieren oder Bild anklicken.

▶ Text oder Bild mit der Maus in die PowerPoint-Folie ziehen.

Link zu einer Webseite

▶ Internet Explorer mit Webseite und Office-Dokument beide sichtbar auf den Bildschirm bringen.

▶ Im Feld *Adresse:* des Internet Explorer mit der rechten Maustaste auf das Explorer-Symbol klicken.

▶ Maustaste gedrückt halten und in das Dokument ziehen.

▶ Maustaste an der Zielposition loslassen und aus dem Kontextmenü *Als Hyperlink einfügen* wählen.

37

KAPITEL

Makros und Symbolleisten

temp

Symbolleisten anordnen

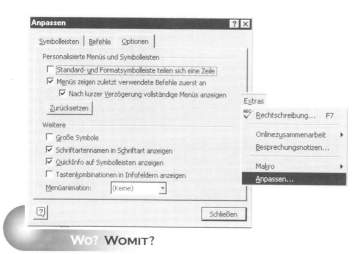

WO? WOMIT?

Anordnung von Standardsymbolleiste und Formatsymbolleiste

▶ Führen Sie den Mauszeiger über den Kopf der Format-Symbolleiste. Er wird zum Pfeilkreuz.

▶ Drücken Sie die linke Maustaste, und ziehen Sie die Leiste an eine neue Position – irgendwo auf den Bildschirm oder direkt unter die Standardsymbolleiste.

Symbolgröße

▶ Wählen Sie den Menübefehl *Extras/Anpassen...*

▶ Wechseln Sie auf das Register *Optionen*.

▶ Aktivieren Sie im Feld *Weitere* die Option *Große Symbole*.

Info über die Funktion der Symbole anzeigen

▶ Wählen Sie den Menübefehl *Extras/Anpassen...*

▶ Wechseln Sie auf das Register *Optionen*.

▶ Aktivieren Sie im Bereich *Weitere* die Option *QuickInfo auf Symbolleisten anzeigen*.

▶ Bestätigen Sie Ihre Einstellungen mit Klick auf *Schließen*.

INFO

Die Standardsymbolleiste und die Leiste Formatierung *liegen standardmäßig nebeneinander, weshalb sie nicht ihren gesamten Inhalt anzeigen.*

Ein Klick auf diese Pfeile klappt Symbolleisten und Menüs vollständig auf.

INFO

Alternative: Wählen Sie den Menübefehl Extras/Anpassen... *Deaktivieren Sie im Register* Optionen *den Punkt* Standard- und Formatsymbolleiste teilen sich eine Zeile.

Die großen Symbole sind allerdings sehr groß

INFO

Wenn Sie den Mauszeiger über ein Symbol führen, erscheint gelb unterlegt eine Kurzinformation über die Funktion des Symbols. Dies nennt man QuickInfo.

Neue Symbolleisten definieren

WO? WOMIT?

Weitere Symbolleisten auf den Bildschirm bringen

▶ Wählen Sie den Menübefehl *Ansicht/Symbolleisten*. Es klappt ein Untermenü auf, aus dem Sie durch Anklicken weitere Symbolleisten aufrufen können. Darüber hinaus können Sie das Angebot erweitern.

▶ Klicken Sie auf *Anpassen...* Es öffnet sich der Dialog *Anpassen* mit dem Register *Symbolleisten*. Hier finden Sie weitere Leisten wie zum Beispiel *Schatteneinstellungen*.

▶ Setzen Sie mit der Maus ein Häkchen vor die gewünschten Leisten.

▶ Klicken Sie auf *Schließen*.

Neue Symbolleisten kreieren

▶ Wählen Sie den Menübefehl *Ansicht/Symbolleisten/Anpassen...*

▶ Klicken Sie im Dialog *Anpassen* auf die Schaltfläche *Neu...*

▶ Tippen Sie einen Namen für die Symbolleiste ein.

▶ Der Name wird in die Liste der Symbolleisten als aktiviert eingefügt. Sie müssen der Symbolleiste nun noch Funktionen zuordnen. Sie befindet sich jetzt leer auf der Arbeitsfläche.

▶ Markieren Sie die Symbolleiste in der Liste.

▶ Wechseln Sie zum Register *Befehle*.

→ 638

INFO
Weitere Befehle in die Symbolleiste aufnehmen

INFO
In den Anpassen-Dialog gelangen Sie auch über Extras/Anpassen.

INFO
Symbolleiste wieder in Ihren Urspurngszustand versetzen: Wenn Sie in einer Symbolleiste Änderungen vorgenommen haben, können Sie diese mit Klick auf die Schaltfläche Zurücksetzen... *wieder rückgängig machen. Markieren Sie zuvor die betreffende Leiste in der Liste der Symbolleisten.*

▶ Klicken Sie im linken Feld *Kategorie:* auf diejenige, aus der Sie Befehle in die Symbolleiste schieben möchten.

▶ Im rechten Feld *Befehl:* blättern Sie durch die zugehörigen Funktionen, für die es zum Teil auch Symbole gibt. Markieren Sie den gewünschten Befehl.

● Halten Sie die Maustaste gedrückt, und ziehen Sie den Befehl oder das Symbol in die neue, leere Symbolleiste.

INFO

Symbol aus Leiste entfernen: Markieren Sie bei aktivem Anpassen-Dialog das Symbol in der Leiste, und ziehen Sie es mit der Maus auf einen freien Bereich der Arbeitsfläche. Das Symbol verschwindet im Nirgendwo.

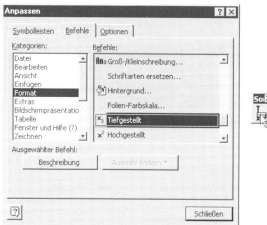

▶ Wiederholen Sie dies so oft, bis Sie alle gewünschten Befehle in der neuen Symbolleiste gesammelt haben.

Symbole als Text und umgekehrt

▶ Öffnen Sie den Dialog *Anpassen* über *Extras/Anpassen* mit dem Register *Befehle*.

▶ Klicken Sie in der Symbolleiste auf das Symbol, das Sie lieber als Text in der Leiste haben möchten. → 639

▶ Klicken Sie im Dialog *Anpassen* auf die Schaltfläche *Auswahl ändern*.

▶ Wählen Sie *Nur Text (immer)*. Der Befehl wird in der Symbolleiste über seinen Text dargestellt. Die Option *Standard* zeigt das Symbol an und die Funktion *Schaltflächensymbol und Text* beides.

Schaltflächensymbol neu gestalten

▶ Aktivieren Sie die Symbolleiste, die das zu verändernde Symbol enthält.

▶ Rufen Sie den *Anpassen*-Dialog über *Extras/Anpassen* oder *Ansicht/Symbolleisten/Anpassen* auf.

▶ Wechseln Sie in das Register *Befehle*.

▶ Markieren Sie in der Symbolleiste das zu verändernde Symbol.

▶ Klicken Sie auf die Schaltfläche *Auswahl ändern*.

▶ Wählen Sie *Schaltflächensymbol ändern*. Es klappt ein Untermenü mit verschiedenen Symbolen auf.

▶ Klicken Sie das gewünschte Symbol an. Es wird sofort in der Leiste ausgetauscht.

▶ Wenn Sie das Symbol nachbearbeiten wollen, klicken Sie erneut auf *Auswahl ändern* im Dialog *Anpassen*.

▶ Wählen Sie den Befehl *Schaltfläche bearbeiten*...

▶ Das angeklickte Farbfeld ist die aktuelle Bearbeitungsfarbe. Jeder Klick in ein Rasterfeld des Bildes setzt diese Farbe in das Feld. Mit den Pfeilen können Sie das Motiv insgesamt neu positionieren. Die Schaltfläche *Löschen* läßt das Motiv ganz verschwinden.

▶ Bestätigen Sie die Bearbeitung mit Klick auf *OK*.

Text des Eintrags in der Symbolleiste ändern

▶ Öffnen Sie die Symbolleiste.

▶ Wählen Sie *Extras/Anpassen*, und wechseln Sie zum Register *Befehle*.

▶ Markieren Sie die zu ändernde Schaltfläche. **→ 638**

▶ Klicken Sie auf *Auswahl ändern*.

▶ In das Feld *Name:* tippen Sie einen neuen Text ein.

▶ Betätigen Sie mit der Taste ⏎.

Hyperlink in eine Symbolleiste aufnehmen

▶ Öffnen Sie den Dialog *Anpassen* mit dem Register *Befehle*.

▶ Markieren Sie die zu ändernde Schaltfläche.

▶ Klicken Sie auf *Auswahl ändern*.

▶ Rufen Sie *Hyperlink zuweisen* auf.

▶ Im Untermenü haben Sie die Wahl zwischen *Öffnen...* und *Grafik einfügen...* Der Unterschied **→ 628** ist folgender: Wenn Sie dem Hyperlink über *Öffnen...* eine Bilddatei zuweisen, wird diese in einem anderen Programm geöffnet. *Grafik einfügen...* plaziert das Bild im Dokument, sobald Sie auf die Schaltfläche klicken. Wählen Sie eine der Optionen.

▶ Bestimmen Sie einen Hyperlink zu einem Dokument, zu einer Webseite oder zu einer E-Mail-Adresse.

▶ Suchen Sie die Zieldatei aus, und bestätigen Sie dies mit Klick auf *OK*.

INFO
Die alte Schaltfläche war doch nicht so übel? Aktivieren Sie den Dialog Anpassen, *markieren Sie die Schaltfläche, klicken Sie auf* Auswahl ändern, *und wählen Sie* Schaltfläche zurücksetzen.

INFO
Gruppierungslinien in eine Leiste einfügen: Öffnen Sie den Dialog Anpassen. *Markieren Sie das Symbol, vor dem die senkrechte Gruppierungslinie erscheinen soll. Klicken Sie auf* Auswahl ändern *im Dialog* Anpassen. *Aktivieren Sie* Guppierung beginnen. *Erneuter Klick auf diese Option löscht die Linie wieder.*

→ 405

INFO
Wenn Sie als Hyperlink E-Mail-Adresse *wählen, erscheint ein Dialog, in den Sie die E-Mail-Adresse eingeben. Wenn Sie später auf die Hyperlink-Schaltfläche klicken, startet Ihr E-Mail-Client (Outlook) zur Erstellung einer Mail an die gewünschte Adresse.*

Menüs anpassen

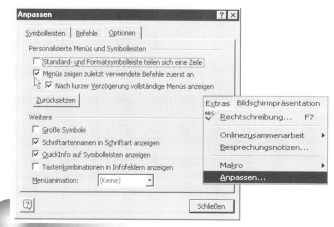

Menüeinträge fixieren

▶ Wählen Sie den Menübefehl *Extras/Anpassen...*

▶ Wechseln Sie auf das Register *Optionen*.

▶ Deaktivieren Sie die voreingestellte Option *Menüs zeigen zuletzt verwendete Befehle zuerst an*, indem Sie in
das Kontrollfeld mit dem Häkchen klicken.

▶ Klicken Sie auf *Schließen*, um die Bearbeitung zu beenden.

Menüs animieren

▶ Öffnen Sie den Dialog *Anpassen* mit dem Register *Optionen* (siehe oben).

▶ Wählen Sie unten im Feld *Menüanimation* eine Animationsart aus.

▶ Beenden Sie die Bearbeitung mit Klick auf *Schließen*.

Menübefehle in eine Leiste schieben

▶ Erstellen Sie eine neue Symbolleiste oder suchen Sie sich eine bestehende aus. → 637

▶ Wechseln Sie im Dialog *Anpassen* auf das Register
Befehle.

▶ Wählen Sie die Kategorie, unter der sich der gewünschte Menübefehl verbirgt.

▶ Blättern Sie im Feld rechts daneben durch die verschiedenen Befehle. Darunter sind Befehle, deren Funktion es
ist, wiederum neue Dialoge zur Bearbeitung zu öffnen.

▶ Schieben Sie den benötigten Befehl mit der Maus in die
Leiste.

▶ Den Text des Menüs können Sie nachträglich → 638
bearbeiten.

INFO

*Die Option darunter, Nach
kurzer Verzögerung voll-
ständige Menüs anzeigen,
wird damit automatisch
ebenfalls deaktiviert.*

Makro aufzeichnen und ausführen

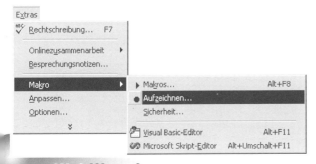

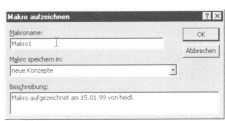

WO? WOMIT?

Makro aufzeichnen

▶ Rufen Sie den Menübefehl *Extras/Makro/Aufzeich-nen* auf.

▶ Geben Sie einen Makronamen ein, und klicken Sie auf *OK*.

▶ Eine Mini-Leiste erscheint auf dem Bildschirm. Führen Sie die Aktionen aus, die später automatisch erfolgen sollen.

▶ Wenn Sie fertig sind, klicken Sie auf das kleine, blaue Quadrat, um die Aufzeichnung zu beenden.

Makro zum Test ausführen

▶ Wählen Sie *Extras/Makro/Makros*...

▶ Wählen Sie aus der Liste der Makros das gewünschte aus.

▶ Klicken Sie auf *Ausführen*.

▶ Falls es nicht klappt, können Sie die Aufzeichnung unter dem gleichen Namen wiederholen, Sie müssen dann nur zuvor das Überschreiben mit Klick auf *Ja* bestätigen.

Makro während einer PowerPoint-Bildschirm-präsentation über Symbol ausführen

▶ Fügen Sie in die Folie – nicht im Master – eine ➜ 580 Grafik oder ein ClipArt ein.

▶ Klicken Sie es mit der rechten Maustaste an.

▶ Wählen Sie *Aktionseinstellungen* aus dem Kontextmenü.

▶ Aktivieren Sie auf einem der beiden Register *Makro aus-führen:*, und suchen Sie ein Makro aus der Liste aus.

▶ Bestätigen Sie mit Klick auf *OK* die Bearbeitung.

Makro über Schaltfläche ausführen

▶ Öffnen Sie im Menü *Extras* den Dialog *Anpassen,* dann das Register *Befehle*.

▶ Wählen Sie aus den Kategorien *Makros*. Alle ➜ 638 Makros sind rechts in der Liste aufgeführt.

INFO ➜ 643

Ausnahme Access: In Access werden Makros grundsätzlich anders erstellt.

BEGRIFFE

Makro: *Ein Makro ist eine automatisch ablaufende Routine, in der bestimmte Arbeitsschritte beschrieben sind. Makros sind in VBA nachzubearbeiten.*

INFO ➜ 155

Makro in Word speichern: Das Makro wird normaler-weise in der Normal.dot *(Dokumentvorlage) gespei-chert. Wählen Sie die* Normal.dot *aus, wenn das Makro immer verfügbar sein soll. Wählen Sie eine spe-zielle Dokumentvorlage, wenn das Makro nur für Dokumente abrufbar sein soll, die mit dieser Doku-mentvorlage verbunden sind.*

NOCH SCHNELLER

Makro ausführen: Betätigen Sie die Taste Alt + F8 *und wählen Sie das Makro aus.*

▶ Ziehen Sie die Makros per Drag&Drop in die Symbolleiste.

Makros aus anderen Dokumenten verwenden

▶ Öffnen Sie das Dokument, in dem Sie das Makro verwenden wollen.

▶ Wählen Sie *Datei/Öffnen*, und öffnen Sie das Dokument, aus der Sie das Makro holen wollen, um es in Ihr anderes Dokument einzusetzen.

▶ Sie erhalten einen allgemeinen Hinweis auf mögliche Viren. Um später auch an das gewünschte Makro heranzukommen, klicken Sie auf *Makros aktivieren*.

▶ Wechseln Sie wieder in das Ausgangsdokument über den Menübefehl *Fenster*.

▶ Wählen Sie *Extras/Makro/Makros...*

▶ Sie sehen im Makrofenster die Liste der im aktuellen Dokument enthaltenen Makroliste. Über den Listenpfeil neben dem Feld *Makro in:* können Sie zu den Makrolisten aller gleichzeitig geöffneten Dokumente wechseln.

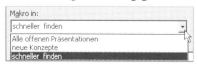

▶ Wählen Sie das gewünschte Makro aus der Liste.

▶ Klicken Sie auf *Ausführen*.

Makro direkt in VBA schreiben

▶ Wechseln Sie über die Tastenkombination ⌨Alt+F11 von der Folienansicht nach VBA.

▶ Wählen Sie den Menübefehl *Einfügen/Modul*.

▶ Geben Sie im Codefenster die erste Zeile ein. Beginnen Sie mit dem Wort »sub«, und schreiben Sie dann den Makronamen. Dieser kann 80 Zeichen lang sein und darf keine Leer-, Satz oder Sonderzeichen enthalten.

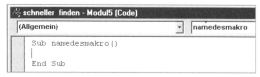

▶ Drücken Sie ⌨. VBA setzt automatisch die Klammer am Ende der Zeile und eine weitere Zeile, *End Sub*.

▶ Geben Sie den Makrocode zwischen dieser ersten Zeile und der automatisch gesetzten letzten Zeile ein.

▶ Wechseln Sie mit Klick auf das Anwendungssymbol Ihres Office-Programms oben links in der Symbolleiste zurück zur Folie.

Makros in Access

Makros erstellen

▶ Klicken Sie in der Objektleiste des Access-Datenbankfensters auf *Makros*. 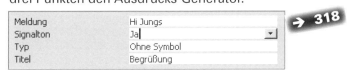 → 294

▶ Klicken Sie in der Symbolleiste des Datenbankfensters auf die Schaltfläche *Neu*. Das Makrofenster öffnet sich.

▶ Klicken Sie in das erste Feld der Spalte *Aktion*. Ein Listenpfeil erscheint.

▶ Klicken Sie auf den Listenpfeil, und blättern Sie durch die Liste der bereits vorgefertigten Makromodule.

▶ Informationen zum jeweiligen Makro erhalten Sie, wenn Sie es in der Liste der Makroaktionen markieren. Dann erscheint im unteren Bereich des Makrofensters eine Erläuterung dazu.

▶ Wählen Sie die erste Aktion aus.

▶ In der breiten Kommentarspalte neben der Aktionsspalte können Sie eigene Erläuterungen zum Makro schreiben.

▶ Nachdem Sie in der Aktionsspalte ein Makro gewählt haben, erscheinen neben den Erläuterungen dazu im Bereich *Aktionsargumente* weitere Eingabefelder, die sich in der Zusammensetzung nach der gewählten Makroaktion richten. Diese Eingaben spezifizieren die Aktion. Wählen Sie aus den Listen die gewünschten Werte, geben Sie Daten ein, oder starten Sie über die Schaltfläche mit den drei Punkten den Ausdrucks-Generator.

> Bricht ein Microsoft Access-Ereignis ab, das das Makro, das diese Aktion enthält, ausführt. Wenn z.B. die Eigenschaft 'Vor Aktualisierung' ein Gültigkeitsmakro aufruft und die Gültigkeit nicht gegeben ist, kann hiermit das Aktualisieren der Daten abgebrochen werden.

INFO → 318
Ausdrucks-Generator

Meldung	Hi Jungs
Signalton	Ja
Typ	Ohne Symbol
Titel	Begrüßung

→ 318

INFO
Bedenken Sie, daß sich ein Makro meistens aus mehreren Teilen zusammensetzt.

▶ Wenden Sie sich nun der nächsten Makroaktion zu, die Sie in das Makro aufnehmen möchten. Klicken Sie dazu in das Feld unter der ersten Aktion, und wiederholen Sie die beschriebenen Schritte.

▶ Wenn die Aktionsfolge fertiggestellt ist, klicken Sie auf dieses Symbol, um das Makro zu testen.

▶ Spätestens jetzt werden Sie zum Speichern aufgefordert. Geben Sie in den Dialog *Speichern unter* einen Namen für das Makro ein.

▶ Wenn Sie fertig sind, schließen Sie den Makro-Editor über die *Schließen*-Schaltfläche im Titelbalken.

Makro mit einer Befehlsschaltfläche verbinden

▶ Öffnen Sie das Formular in der Entwurfsansicht. → 299

▶ Fügen Sie aus der Toolbox eine Befehlsschaltfläche ein. Aktivieren Sie dazu vorher den Steuerelementassistenten.

▶ Im ersten Schritt des Assistenten wählen Sie *Diverse* aus der Liste *Kategorien:*, aus der Liste *Aktionen* wählen Sie dann *Makro ausführen*.

▶ Nachdem Sie auf *Weiter* geklickt haben, wird Ihnen die Liste der erstellten Makros angezeigt. Wählen Sie das gewünschte aus, und fahren Sie mit der Erstellung der Befehlsschaltfläche fort.

Makro beim Start eines Formulars ausführen

▶ Öffnen Sie das Objekt in der Entwurfsansicht.

▶ Klicken Sie mit der rechten Maustaste auf den Titelbalken, oder klicken Sie auf das Symbol *Eigenschaften* in der Symbolleiste. Wichtig ist, daß Sie die Eigenschaften des Formulars öffnen, nicht die eines einzelnen Objekts im Formular.

▶ Wechseln Sie zum Register *Ereignis*.

▶ Klicken Sie in das Feld des Ereignisses, bei dem das Makro starten soll.

▶ Wählen Sie aus der ausklappenden Liste das gewünschte Makro.

▶ Schließen Sie die *Eigenschaften* über die *Schließen*-Schaltfläche im Titelbalken.

▶ Speichern Sie das Formular mit den Änderungen.

INFO
Falls die Ausführung fehl schlägt, beachten Sie die Hinweise des Assistenten. Sie erhalten ein paar Tips zur Korrektur. Klicken Sie auf OK. Es erscheint ein Fenster, in dem die fehlgeschlagene Aktion angezeigt wird. Klicken Sie dort auf die Schaltfläche Anhalten.

INFO
Reihenfolge der Aktionen in der Aktionsliste ändern: Markieren Sie die zu verschiebende Aktion. Klicken Sie auf das Dreieck vor dem Feld, halten Sie die Maustaste gedrückt, und ziehen Sie das Feld an die neue Position.

TIP
Über diese Methode können Sie jedem Steuerelement ein Makro zuweisen.

Befehlsschaltflächen in Word, PowerPoint und Excel

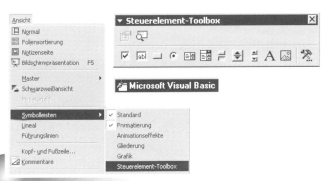

→ 636

→ 358

INFO

VB in Access: In Access wird Code in sogenannten Standard- oder Klassenmodulen organisiert.

INFO

Unübersichtliche Leiste? Durch Ziehen mit der Maus an den Leistenrändern können Sie die Symbolleiste in die gewünschten Proportionen bringen.

Befehlsschaltfläche plazieren

▶ Rufen Sie über *Ansicht/Symbolleisten/Steuerelement-Toolbox* die Steuerelement-Leiste auf.

▶ Begeben Sie sich in das Dokument, in dem Sie eine Schaltfläche kreieren wollen.

▶ Klicken Sie in der Steuerelement-Toolbox auf das Symbol für die Befehlsschaltfläche.

▶ Der Mauszeiger wird zu einem Kreuz. Setzen Sie den Mauszeiger auf der Folie auf, und ziehen Sie, bis Sie die gewünschte Größe für die Schaltfläche erreicht haben. Dies funktioniert wie bei Zeichnungsobjekten. Bei Word wird´s einfach eingefügt.

Eigenschaften der Schaltfläche gestalten

▶ Markieren Sie die Schaltfläche.

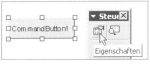

▶ Wählen Sie in der Steuerelement-Toolbox die Schaltfläche *Eigenschaften*. Es erscheint das Eigenschaften-Fenster aus der Visual-Basic-Umgebung.

▶ Geben Sie bei *(Name)* in der rechten Spalte den Namen der Schaltfläche an.

▶ Bei *Caption* geben Sie den Text ein, der auf der Schaltfläche selbst erscheinen wird.

▶ *AutoSize* regelt die automatische Anpassung des Schaltflächenumrisses an die Textmenge und Schriftgröße. Klicken Sie in das Feld, ein Pfeil erscheint; wählen Sie *True* aus der Liste.

▶ Bei *Font* erscheint eine Schaltfläche mit drei Pünktchen in der rechten Spalte. Klicken Sie auf diese Schaltfläche.

▶ Der Dialog *Schriftart* erscheint, in dem Sie Schriftart und -größe einstellen können. Bestätigen Sie Ihre Einstellungen mit Klick auf *OK*.

▶ Bei *BackColor* stellen Sie die Hintergrundfarbe aus einer Farbskala ein.

▶ Werfen Sie einen Blick auf die übrigen Eigenschaften, zum Beispiel regelt *MousePointer* das Aussehen des Mauszeigers, wenn dieser über der Schaltfläche steht; *ForeColor* betrifft die Schriftfarbe. Wählen Sie gegebenenfalls weitere Einstellungen.

▶ Wenn Sie alle Eigenschaften zugeordnet haben, schließen Sie das *Eigenschaften*-Fenster mit Klick auf die *Schließen*-Schaltfläche im Titelbalken (das Kreuzchen).

INFO
Je nach gewähltem Steuerelement können Sie zum Teil unterschiedliche Eigenschaften zuweisen.

Was soll passieren?

▶ Lassen Sie die Schaltfläche markiert, oder holen Sie das Markieren nach.

▶ Klicken Sie in der Leiste der Steuerelemente auf das Symbol *Code anzeigen*. Sie gelangen zu Visual Basic ins Code-Fenster der Schaltfläche.

```
Private Sub cmdAnregung_Click()

End Sub
```

▶ Geben Sie zwischen der ersten und der letzten Zeile den Code ein.

▶ Eine Übersicht über alle zur Verfügung stehenden Objekte, Formulare und Module erhalten Sie, wenn Sie auf das Symbol *Projekt-Explorer* ganz oben in der Symbolleiste von Visual Basic klicken.

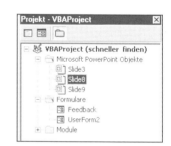

▶ Zur Bearbeitung des Codes eines Elements klicken Sie es doppelt an. Die Minus- und Pluszeichen signalisieren, ob die Ordner weitere Elemente enthalten oder nicht.

▶ Sie wechseln zwischen den verschiedenen geöffneten Fenstern über den Menübefehl *Fenster*.

▶ Die Eigenschaften eines Objekts können Sie über das *Eigenschaften*-Fenster nachbearbeiten. In Visual Basic öffnen Sie es über das Symbol in der Symbolleiste. Es werden jeweils die Eigenschaften zu dem im Projektfenster markierten Element angezeigt.

→ 645

```
Private Sub cmdAnregung_Click()
frmhi.Show
End Sub
```

Hier wird eine Dialogbox aufgerufen, die zuvor ebenfalls in Visual Basic erstellt worden ist (Einfügen/ UserForm).

Prozeduren testen

▶ In der VB-Symbolleiste stehen Ihnen drei Schaltflächen zum Testen Ihrer Codes zur Verfügung. Klicken Sie auf den Pfeil, um mit der Ausführung zu starten.

▶ Wenn ein Fehler auftaucht, bleibt die Ausführung stehen, und es erscheint eine Information auf dem Bildschirm.

▶ Bestätigen Sie die Meldung mit Klick auf *OK*.

▶ Mitunter wird die Ausführung automatisch unterbrochen. Bringen Sie die Sache in Ordnung.

▶ Klicken Sie erneut auf den Pfeil.

▶ Die mittlere Schaltfläche unterbricht die Ausführung, und die letzte Schaltfläche, das Quadrat, beendet sie.

»Stillstand« bei der Ausführung

▶ Wenn Sie zum Beispiel vergessen haben, eine Funktion in eine Dialogbox einzubauen, die diese wieder vom Bildschirm entfernt – was ja gewöhnlich der Fall ist, wenn man auf *Abbrechen* oder *OK* klickt –, bleibt VB bei der Ausführung stehen, ohne weitere Fehlerhinweise zu erzeugen. Wechseln Sie über die Windows-Taskleiste wieder zu  Visual Basic.

▶ Klicken Sie dort auf die Schaltfläche zum Beenden der Ausführung.

Office reagiert bei Ausführung eines Codes nicht mehr

▶ Falls dies während einer Vorführung passiert, müssen Sie die Anwendung »gewaltsam« beenden. Betätigen Sie die Tasten Alt + Strg + Entf gleichzeitig.

▶ Markieren Sie im Dialog *Anwendung schließen Microsoft PowerPoint...* (oder ein anderes Office-Programm).

▶ Klicken Sie auf *Task beenden*.

▶ Starten Sie Office mit dem Dokument erneut, und vermeiden Sie die Ausführung des Codes, bis Sie ihn korrigieren konnten.

Anordnung von Standard- und Format-symbolleiste

▶ Führen Sie den Maus-zeiger über den Kopf der Format-Symbolleiste. Er wird zum Pfeilkreuz.

▶ Drücken Sie die linke Maustaste, und ziehen Sie die Leiste an eine neue Position – irgendwo auf den Bildschirm oder direkt unter die Standardsymbolleiste.

Weitere Symbolleisten auf den Bildschirm bringen

▶ Menübefehl *Ansicht/ Symbolleisten* aufrufen

▶ Auf *Anpassen...* klicken. Es öffnet sich der Dialog *Anpassen* mit dem Register *Symbolleisten*. Setzen Sie mit der Maus ein Häkchen vor die gewünschten Leisten.

▶ Klicken Sie auf *Schließen*.

Neue Symbolleisten

▶ Menübefehl *Ansicht/ Symbolleisten/Anpas-sen...* aufrufen.

▶ Auf die Schaltfläche *Neu...* klicken.

▶ Eingabe eines Namens für die Symbolleiste.

▶ Die neue Symbolleiste in der Liste markieren.

▶ Zum Register *Befehle* wechseln.

▶ Im Feld *Kategorie:* Befehlsgruppe wählen.

▶ Im Feld *Befehl:* die jeweiligen Funktionen anklicken und in die neue, leere Symbolleiste auf dem Bildschirm ziehen.

Menüeinträge fixieren

▶ Menübefehl *Extras/ Anpassen...* aufrufen.

▶ Auf das Register *Optio-nen* wechseln.

▶ Deaktivieren der vorein-gestellten Option *Menüs zeigen zuletzt verwende-te Befehle zuerst an* mit Klick in das Kontrollfeld mit dem Häkchen.

▶ Klick auf *Schließen*, um die Bearbeitung zu beenden.

Makro aufzeichnen

▶ Den Menübefehl *Extras/ Makro/Aufzeichnen* aufrufen.

▶ Die Aktionen ausführen, die später automatisch erfolgen sollen.

▶ Die Aufzeichnung mit Klick auf das blaue Quadrat beenden.

38

KAPITEL

Druckreife Layouts

Der Publisher-Katalog

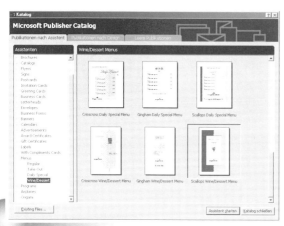

WO? WOMIT?

▶ Nach dem Start von Publisher wird der Publisher-Katalog eingeblendet. Wählen Sie eine Publikation aus, indem Sie unter Assistenten beispielsweise die Option *Menüs* markieren.

▶ Markieren Sie wiederum eine der neu eingeblendeten Optionen z.B. *Wein/Dessert*.

▶ Klicken Sie in der rechten Fensterhälfte auf das gewünschte Layout.

▶ Klicken Sie auf die Schaltfläche *Assistent starten*.

Durch den Assistenten führen lassen

▶ Geben Sie in das erste Fenster alle Informationen ein, die für das gewählte Layout benötigt werden.

▶ Klicken Sie auf die Schaltfläche *Aktualisieren*. Das Publisher-Fenster wird eingeblendet.

▶ Noch ist der Assistent mit seiner Arbeit nicht ganz am Ende. Klicken Sie in der linken Fensterhälfte auf die Schaltfläche *Weiter*. Unterschiedliche Farbschemen werden angezeigt.

▶ Wählen Sie ein Farbschema aus.

▶ Klicken Sie wieder auf *Weiter,* um eventuelle Änderungen zu Ihren Angaben einzugeben.

▶ Mit der Schaltfläche *Fertig* wird Ihnen das Layout präsentiert.

Ein anderes Layout wählen

▶ Markieren Sie im Assistenten die Option *Design*.

▶ Unter dem Assistenten werden die unterschiedlichen Layouts angezeigt. Wählen Sie ein anderes als das vorher gewählte Layout aus.

INFO

Manche Layouts sind nicht installiert, so daß sie unter Umständen nicht angezeigt werden können. Der Publisher benötigt die Publisher- bzw. Office-CD, um die fehlenden Komponenten nachinstallieren zu können. Bestätigen Sie den Installationshinweis mit Ja.

INFO

Die persönlichen Informationen nachträglich ändern: Markieren Sie im Assistenten die Option Persönliche Informationen. Aktivieren Sie unter dem Assistenten die gewünschte Option. Klicken Sie auf die Schaltfläche Aktualisieren. Korrigieren Sie im folgenden Dialog Ihre Eingaben.

→ 769

ACHTUNG

Unter Umständen muß das gewählte Layout von CD nachinstalliert werden.

Eine leere Publikation öffnen

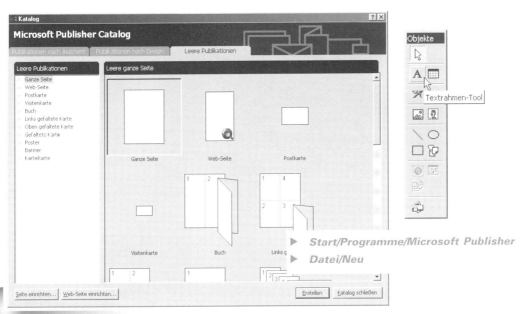

▶ *Start/Programme/Microsoft Publisher*
▶ *Datei/Neu*

WO? WOMIT?

Eine leere Seite auf den Bildschirm holen
▶ Nach dem Start von Publisher wird automatisch der Publisher-Katalog geöffnet.
▶ Klicken Sie hier auf das Register *Leere Publikationen*.
▶ Markieren Sie in der rechten Fensterhälfte *Ganze Seite*.
▶ Klicken Sie auf die Schaltfläche *Erstellen*.

Textrahmen für Texteingabe erstellen
▶ Klicken Sie in der Objekte-Leiste auf das Textrahmen-Tool.
▶ Klicken Sie an die Position, an der der Textrahmen beginnen soll, und ziehen Sie mit gedrückter **→ 655** linker Maustaste einen Rahmen.
▶ Lassen Sie die Maus los.
▶ Tippen Sie den gewünschten Text in den Textrahmen.

Einen neuen Textrahmen erstellen
▶ Wählen Sie aus der Objekte-Leiste wieder das **→ 655** Textrahmen-Tool.
▶ Ziehen Sie bei gedrückter linker Maustaste einen neuen Textrahmen.

INFO
Der Publisher muß nicht immer neu gestartet werden, um in den Publisher-Katalog zu gelangen. Wählen Sie statt dessen einfach Datei/Neu.

ACHTUNG
Ohne Textrahmen kann kein Text eingegeben werden. Das ist anders als zum Beispiel in Word; hier kann nach dem Start einfach losgeschrieben werden.

Neue Seiten einfügen

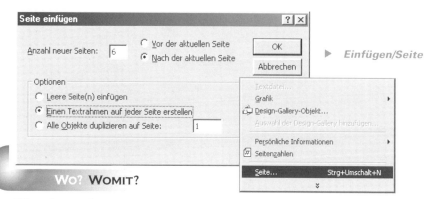

▶ *Einfügen/Seite*

WO? WOMIT?

Eine leere Seite einfügen
▶ Wählen Sie aus der Menüzeile den Befehl *Einfügen/Seite*.
▶ Aktivieren Sie die Option *Leere Seite(n) einfügen*.
▶ Klicken Sie auf *OK*. Nach der vorhandenen Seite wird eine neue leere Seite eingefügt.

Mehrere Seiten einfügen
▶ Wählen Sie den Befehl *Einfügen/Seite*.
▶ Geben Sie in das Eingabefeld *Anzahl neuer Seiten* ein, wie viele Seiten Sie einfügen möchten, z.B. die Ziffer *6*.
▶ Klicken Sie auf *OK*.
▶ Sechs neue Seiten werden hinter der ersten Seite eingefügt. Das heißt, Sie haben jetzt insgesamt sieben Seiten.

Seiten mit Textrahmen einfügen → 655
▶ Wählen Sie aus dem Menü *Einfügen/Seite*.
▶ Aktivieren Sie *Einen Textrahmen auf jeder Seite erstellen*.
▶ Klicken Sie auf *OK*.

Das Design bzw. die eingefügten Objekte auf die anderen Seiten kopieren
▶ Wählen Sie den Befehl *Einfügen/Seite*.
▶ Aktivieren Sie *Alle Objekte duplizieren auf Seite*.
▶ Lassen Sie den Wert *1* im Eingabefeld stehen, werden die Objekte der ersten Seite auf alle anderen Seiten kopiert.
▶ Geben Sie beispielsweise *2* ein, werden alle Objekte der Seite eins und zwei auf die neu eingefügten Seiten kopiert.

INFO
Sie können auch Seiten vor der aktuellen Seite einfügen. Markieren Sie dazu die entsprechende Seite. Wählen Sie aus dem Menü Einfügen/ Seite, *und aktivieren Sie die Option* Vor der aktuellen Seite. Klicken Sie auf OK.

INFO
Mit Ansicht/Gehe zu Seite *kann im Dialogfenster eingegeben werden, welche Seite Sie sich anzeigen lassen möchten.*

ACHTUNG
Wenn Sie eine Seite mit Bearbeiten/Seite löschen *entfernen, wird auch der gesamte Inhalt gelöscht.*

Papiergröße und -typ wählen

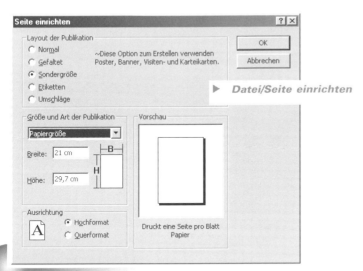

Seite einrichten

Layout der Publikation
- ○ Normal
- ○ Gefaltet   ~Diese Option zum Erstellen verwenden
- ● Sondergröße   Poster, Banner, Visiten- und Karteikarten.
- ○ Etiketten
- ○ Umschläge

Größe und Art der Publikation
Papiergröße

Breite: 21 cm

Höhe: 29,7 cm

Ausrichtung
- ● Hochformat
- ○ Querformat

Druckt eine Seite pro Blatt Papier

▷ *Datei/Seite einrichten*

WO? WOMIT?

Eine eigene Papiergröße einstellen
▶ Wählen Sie aus dem Menü *Datei/Seite einrichten*.
▶ Aktivieren Sie unter *Layout der Publikation* die Option *Sondergröße*.
▶ Markieren Sie unter *Größe und Art der Publikation* die Option *Papiergröße*.
▶ Geben Sie einen Wert für die *Breite* und einen für die *Höhe* ein.

Hoch- oder Querformat
▶ Aktivieren Sie im Dialogfenster *Seite einrichten* die Option *Hochformat* bzw. *Querformat*.

Visitenkartengröße einstellen
▶ Aktivieren Sie im Dialogfenster *Seite einrichten* die Option *Sondergröße*.
▶ Wählen Sie unter *Größe und Art der Publikation* den Eintrag *Visitenkarte* aus.
▶ Verändern Sie gegebenenfalls die *Breite* und *Höhe* der Visitenkarte.

Eine gefaltete Karte auswählen
▶ Aktivieren Sie im Dialogfenster *Seite einrichten* die Option *Gefaltet*.
▶ Wählen Sie aus dem Listenfeld unter *Größe und Art der Publikation* die Option *Gefaltete Karte* aus.
▶ Geben Sie die Größe unter *Breite* und *Höhe* ein.

INFO

Im Vorschau-Fenster werden die von Ihnen gewählten Formate, wie z.B. Gefaltete Karte, angezeigt.

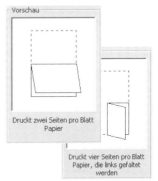

Vorschau

Druckt zwei Seiten pro Blatt Papier

Druckt vier Seiten pro Blatt Papier, die links gefaltet werden

→ 202

INFO

Etiketten können ganz einfach erstellt werden. Aktivieren Sie dazu die Option Etiketten *im Dialogfenster* Seite einrichten. *Wählen Sie aus den angebotenen Etiketten die richtigen aus.*

Seitenrand und Hilfslinien einrichten

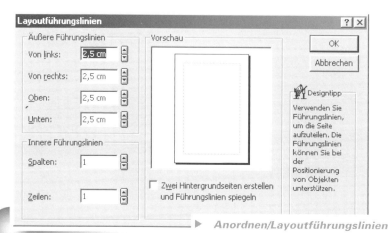

▶ *Anordnen/Layoutführungslinien*

WO? WOMIT?

Seitenrand einstellen
▶ Klicken Sie im Menü auf *Anordnen/Layoutführungslinien*.
▶ Stellen Sie unter *Äußere Führungslinien* den linken Seitenrand *Von links,* den rechten Seitenrand *Von rechts,* den oberen Seitenrand *Oben* und den unteren Seitenrand *Unten* ein.

Spalten einrichten
▶ Geben Sie im Dialogfenster *Layoutführungslinien* in das Eingabefeld *Spalten* einen Wert, z.B. *2,* ein.
▶ Ihr Layout wird *zweispaltig* eingerichtet.

Horizontale Hilfslinien einrichten
▶ Geben Sie im Dialogfenster *Layoutführungslinien* in das Eingabefeld *Zeilen* einen Wert, z.B. *3,* ein.
▶ Ihr Layout wird in drei gleich hohe Zeilen eingeteilt.

Doppelseite einrichten
▶ Aktivieren Sie im Dialogfenster *Layoutführungslinien* das Kontrollkästchen *Zwei Hintergrundseiten erstellen und Führungslinien spiegeln*.
▶ Sie erhalten eine Doppelseite mit dem gleichen Grundlayout.

Hilfslinien ein- bzw. ausblenden
▶ Klicken Sie im Menü auf *Ansicht/Hilfslinien ein-* bzw. *ausblenden*.

Zweispaltig eingerichtete Doppelseite

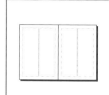

Zweispaltig eingerichtete Doppelseite mit dreizeiliger Unterteilung

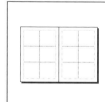

NOCH SCHNELLER
Hilfslinien ein- bzw. ausblenden: Strg + ⇧ + O

Textrahmen erstellen und bearbeiten

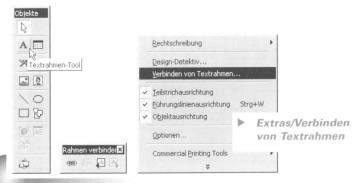

WO? WOMIT?

Erstellen eines Textrahmens

▶ Klicken Sie in der Objekte-Leiste auf das Textrahmen-Tool.

▶ Ziehen Sie mit gedrückter linker Maustaste einen Textrahmen.

→ 555

Erstellen eines zweiten Textrahmens

▶ Klicken Sie wieder in der Objekte-Leiste auf das Textrahmen-Tool.

▶ Ziehen Sie mit gedrückter linker Maustaste einen zweiten Textrahmen an einer neuen Position.

Textrahmen verknüpfen

▶ Klicken Sie in den ersten Textrahmen, und schreiben Sie den gewünschten Text.

▶ Wenn die geschriebene Geschichte mehr Platz benötigt, als der Textrahmen bietet, wird ein Textüberlaufzeichen *(Text im Überlauf)* angezeigt.

▶ Wählen Sie aus dem Menü *Extras/Verbinden von Textrahmen*.

▶ Hinter der Formatierungssymbolleiste wird eine neue Symbolleiste namens *Rahmen verbinden* eingefügt.

→ 656

▶ Klicken Sie in dieser Rahmen-verbinden-Symbolleiste auf das Symbol *Textrahmen verbinden*.

▶ Der Mauszeiger verwandelt sich in einen Eimer.

▶ Bewegen Sie die Maus auf den Textrahmen, in dem der restliche Text weiterfließen soll.

▶ Klicken Sie mit der »Eimer-Maus« in den gewählten Textrahmen.

Lu's Rettung

Seit Tagen, nein eigentlich seit Wochen hatte sich keiner mehr um Lu gekümmert. Aber heute regte sich irgendetwas vor seiner Box. Lu hob vorsichtig den Kopf, spitzte seine Ohren und sah über die Boxentür hinaus.

Text im Überlauf

Verknüpfung zum nächsten Rahmen herstellen

Zwei verbundene Textrahmen

Lu's Rettung

Seit Tagen, nein eigentlich seit Wochen hatte sich keiner mehr um Lu gekümmert. Aber heute regte sich irgendetwas vor seiner Box. Lu hob vorsichtig den Kopf, spitzte seine Ohren und sah über die Boxentür hinaus.

Da standen eine Frau und ein Mann, die Lu beide nicht kannte. Sie schauten mitleidig zu Lu in den Stall. Lu wieherte leise und begrüßte sie freundlich. Der Mann näherte sich Lu vorsichtig und kraulte ihn am Kopf. Ah, war das schön. Lu schloss genüsslich die Augen.

▶ Der restliche Text läuft nun vom ersten in den zweiten Textrahmen.

Von einem zum nächsten Textrahmen bewegen

▶ Klicken Sie in einen verknüpften Textrahmen.

▶ Eine Schaltfläche am unteren bzw. oberen Textrahmen-rand wird angezeigt *(Gehe zum nächsten Rahmen* bzw. *Gehe zum vorigen Rahmen)*.

▶ Klicken Sie auf diese Schaltfläche.

▶ Der nächste bzw. vorherige verknüpfte Textrahmen wird angezeigt und markiert.

Verknüpfungen der Textrahmen über mehrere Seiten erstellen

▶ Erstellen Sie einen Textrahmen beispielsweise auf Seite 3.

▶ Erstellen Sie einen weiteren Textrahmen auf der näch-sten (Seite 4).

▶ Klicken Sie in den Textrahmen von Seite 3.

▶ Wählen Sie aus dem Menü *Extras/Verbinden von Text-rahmen.*

▶ Klicken Sie in der Symbolleiste *Rahmen verbinden* auf *Textrahmen verbinden.*

▶ Blättern Sie über die Seiten-Anzeige (Seiten-Navigation) auf Seite 4.

▶ Bewegen Sie den Mauszeiger (Eimer-Symbol) in den Textrahmen, und klicken Sie.

▶ Der Text fließt jetzt vom ersten Textrahmen (Seite 3) in den nächsten Textrahmen (Seite 4).

▶ Im ersten Textrahmen wird ein Verweis auf Seite vier ein-gefügt: (Fortsetzung auf Seite 4).

Verknüpfung der Textrahmen aufheben

▶ Klicken Sie in einen verknüpften Textrahmen.

▶ Klicken Sie in der Rahmen-verbinden-Symbolleiste auf das Symbol *Textrahmen trennen.*

▶ Die Verknüpfung wird aufgehoben und der Rahmen mit einem Textüberlauf-Symbol dargestellt.

Verknüpfung zu einem neuen Textrahmen erstellen

▶ Klicken Sie in den Textrahmen, der mit einem neuen Text-rahmen verknüpft werden soll.

▶ Lösen Sie die alte Textverknüpfung.

▶ Erstellen Sie eine neue Verknüpfung der Text-  rahmen.

→ 655

INFO

Mit den beiden Symbolen Zum vorhergehenden Rahmen wechseln *und* Zum nächsten Rahmen wechseln *aus der Symbolleiste* Rahmen verbinden, *können Sie sich von einem zum anderen Textrahmen bewegen.*

Textrahmen mit Verknüpfung zu einem vorigen und einem nächsten Textrahmen

spitzte seine Ohren und sah über die Boxentür hinaus. Da standen eine Frau und ein Mann, die Lu beide nicht kannte. Sie schauten mitleidig zu Lu in den Stall. Lu wieherte leise und

ACHTUNG

Verweis des Textrahmens von Seite 3 auf Seite 4. Der Verweis wird gedruckt.

tig den Kopf,

(Fortsetzung auf Seite 4)

Abstand zwischen Text und Rahmen verändern

▶ Markieren Sie den Textrahmen.

▶ Klicken Sie in der Formatierungssymbolleiste auf das Symbol *Textrahmeneigenschaften.*

▶ Das Textrahmeneigenschaften-Dialogfenster wird geöffnet.

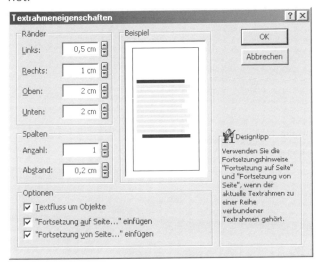

▶ Geben Sie für den Rand zwischen Text und Rahmen in die Eingabefelder *Links, Rechts, Oben* und *Unten* einen Wert ein.

Den Textrahmen in Spalten einteilen

▶ Markieren Sie den Textrahmen.

▶ Klicken Sie in der Formatierungssymbolleiste auf das Symbol *Textrahmeneigenschaften.*

▶ Geben Sie im Eingabefeld *Anzahl* an, in wie viele Spalten der Textrahmen aufgeteilt werden soll.

▶ Bestimmen Sie im Eingabefeld *Abstand,* wie breit der Abstand zwischen den Spalten sein soll.

Den Text um Objekte bzw. Bilder herumfließen lassen

▶ Markieren Sie den Textrahmen.

▶ Klicken Sie in der Formatierungssymbolleiste auf das Symbol *Textrahmeneigenschaften.*

▶ Aktivieren Sie das Kontrollkästchen *Textfluß um Objekte.*

▶ Der Text dieses Textrahmens fließt um die ein- **→ 568** gefügten Objekte herum.

Textrahmen in zwei Spalten aufgeteilt:

seit Wochen hatte sich keiner mehr um Lu gekümmert. Aber heute regte sich irgendetwas vor seiner Box. Lu hob vorsichtig den

Kopf, spitzte seine Ohren und sah über die Boxentür hinaus. Da standen eine Frau und ein Mann, die Lu beide nicht kannte. Sie

ACHTUNG

Die Optionen Fortsetzung auf Seite einfügen und Fortsetzung von Seite einfügen setzen einen Verweis auf den verknüpften Textrahmen mit der Seitenzahl in den Textrahmen oben bzw. unten ein. Dieser Verweis wird mit ausgedruckt und ist im Vorschau-Fenster (Beispiel) als schwarzer Balken dargestellt.

Text, der um ein Bild herumfließt: **→ 656**

(Fortsetzung von Seite 2)
seit Wochen hatte sich keiner mehr um Lu gekümmert. Aber heute regte sich irgendetwas vor seiner Box. Lu hob vorsichtig den Kopf, spitzte seine Ohren und sah über die Boxentür hinaus. Da standen eine Frau und ein Mann,

Text aus einem anderen Programm importieren

▶ *Einfügen/Text*

WO? WOMIT?

Text importieren

▶ Ziehen Sie einen Textrahmen auf. → 655

▶ Wählen Sie aus dem Menü *Einfügen/Textdatei*.

▶ Bestimmen Sie das richtige Laufwerk und den richtigen Ordner.

▶ Markieren Sie die zu importierende Datei.

▶ Wählen Sie unter Umständen unter Dateityp aus, welches Dateiformat Sie importieren möchten.

▶ Klicken Sie auf OK.

Text in einen anderen Rahmen automatisch weiterfließen lassen

▶ Wenn der Textrahmen für den importierten Text zu klein ist, meldet sich der Office-Assistent.

▶ Sollten Sie den verbleibenden Text in einem bereits gezeichneten Textrahmen weiterfließen lassen, dann bestätigen Sie mit *Ja*.

▶ Publisher sucht einen Textrahmen und möchte von Ihnen wissen, ob dieser Textrahmen der richtige ist. Klicken Sie auf *Ja*.

Textrahmen automatisch erstellen lassen

▶ Klicken Sie bei der Frage, ob der Text in diesen Textrahmen fließen soll, auf *Nein*.

▶ Publisher möcht von Ihnen wissen, ob es selbständig einen Textrahmen erstellen soll.

▶ Klicken Sie auf *Ja*.

> **Publisher**
>
> Der eingefügte Text passt nicht in diesen Rahmen. Möchten Sie ihn automatisch in den nächsten Textrahmen fließen lassen?
>
> Wenn Publisher Text in Ihrer Publikation automatisch in den nächsten Rahmen fliessen lassen soll, klicken Sie auf "Ja". Sie werden um Bestätigung gebeten, bevor Text in bereits vorhandene Rahmen fließt. Wenn Sie die Rahmen selbst verbinden möchten, klicken Sie auf "Nein". Drücken Sie jetzt F1, um Informationen zum Verbinden von Textrahmen zu erhalten.
>
> Ja   Nein

→ 718

> **Publisher**
>
> Soll der Text automatisch in diesen Textrahmen fließen?
>
> Um Text automatisch in den ausgewählten Rahmen fließen zu lassen, klicken Sie auf "Ja". Um den ausgewählten Rahmen zu überspringen, klicken Sie auf "Nein". Um das automatische Fließen auszuschalten, klicken Sie auf "Abbrechen". Drücken Sie jetzt F1, um Informationen zum Verbinden von Textrahmen zu erhalten.
>
> Ja   Nein   Abbrechen

> **Publisher**
>
> Soll Publisher automatisch Textrahmen erstellen?
>
> WennPublisher automatisch Textrahmen und Seiten für den restlichen Text erstellen soll, klicken Sie auf "Ja". Um das automatische Fließen in Textrahmen auszuschalten, klicken Sie auf "Nein". Drücken Sie jetzt F1, um Informationen über das Einfügen von Textdateien zu erhalten.
>
> Ja   Nein

Rahmen, Rahmen, Rahmen ...

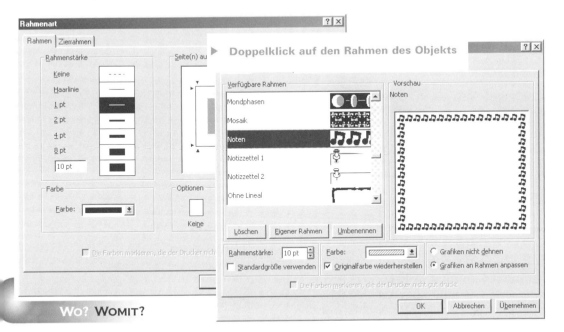

WO? WOMIT?

Ein Objekt mit einer einfachen Linie einrahmen

▶ Zeichnen Sie einen Textrahmen, ein Rechteck → 555
oder einen Grafikrahmen.

▶ Bewegen Sie die Maus auf den Rahmen, so daß sie sich
in ein Auto verwandelt.

▶ Doppelklicken Sie auf den Rahmen.

▶ Klicken Sie unter *Rahmenstärke* auf die gewünschte Linie.

▶ Klicken Sie auf das Listenfeld *Farbe* und wählen Sie eine
Farbe aus dem Farbschema aus.

▶ Oder mischen Sie eine eigene Farbe, indem Sie auf *Weitere Farben* klicken.

Objekt mit einem Zierrahmen versehen

▶ Doppelklicken Sie auf den Textrahmen, das Rechteck usw.

▶ Wechseln Sie im Dialogfenster *Rahmenart* auf die Registerkarte *Zierrahmen*.

▶ Wählen Sie unter *Verfügbare Rahmen* den gewünschten
Rahmen aus.

▶ Verändern Sie die Breite der Rahmen im Listenfeld
Rahmenstärke.

▶ Wählen Sie eine andere Farbe aus dem Farbschema unter *Farbe* aus.

INFO

Objekte können Sie von ihrem Rahmen befreien. Klicken Sie dazu im Rahmenart-Dialogfenster unter der Registerkarte Rahmen *auf Keine.*

INFO

Aktivieren Sie das Kontrollkästchen Standardgröße verwenden; *die Rahmenstärke springt auf 33pt zurück.*

INFO

Haben Sie Änderungen an der Farbe der Zierrahmen vorgenommen, können Sie die Grundeinstellung mit Aktivieren des Kontrollkästchens Originalfarbe wiederherstellen *zurückholen.*

Eine Musterseite einrichten

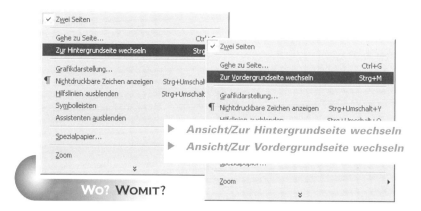

▶ *Ansicht/Zur Hintergrundseite wechseln*

▶ *Ansicht/Zur Vordergrundseite wechseln*

Wo? Womit?

Auf Hintergrundseiten werden Elemente eingefügt, die auf jeder Seite erscheinen sollen. Dabei kann es sich um Texte (z.B. Kopf- oder Fußzeilen), Grafiken oder Rahmen handeln. Die Seiten werden in linke und rechte Seiten unterschieden. D.h. es können unterschiedliche Elemente für gerade und ungerade Seiten eingerichtet werden.

Zierrahmen für alle Seiten einrichten

▶ Wählen Sie aus dem Menü *Ansicht/Zur Hintergrundseite wechseln*.

▶ Ziehen Sie ein Rechteck über die ganze linke Seite.

▶ Doppelklicken Sie auf das Rechteck, und suchen Sie den gewünschten Rahmen aus.

▶ Wiederholen Sie den Vorgang für die rechte Seite.

Automatische Seitennumerierung einfügen

▶ Wählen Sie aus dem Menü *Ansicht/Zur Hintergrundseite wechseln*.

▶ Ziehen Sie einen Textrahmen, an der Stelle, an der die Seitenzahl erscheinen soll (z.B. links unten auf der linken Seite). → 655

▶ Wählen Sie aus dem Menü *Einfügen/Seitenzahl*.

▶ Anstelle einer Seitenzahl wird ein Rautezeichen eingefügt. Die Raute wird als Platzhalter für die Seitenzahlen benutzt.

▶ Formatieren Sie die Seitenzahl (Raute) nach Ihren Wünschen.

▶ Wiederholen Sie das Ganze für die rechte Seite.

▶ Wechseln Sie wieder über *Ansicht* zur Vordergrundseite.

INFO

Auf der Vordergrundseite können die Elemente, die auf der Hintergrundseite eingefügt wurden, nicht bearbeiten werden. Publisher weist Sie darauf hin, wenn Sie auf ein solches Element klicken.

Dieses Objekt befindet sich auf der Hintergrundseite. Um zur Hintergrundseite zu wechseln, drücken Sie STRG+M.

INFO

Auf der Hintergrundseite verschwinden die Seiten-zahlen der Seiten-Navigation und werden durch die Buchstaben L und R ersetzt. L steht für linke Seite und R für rechte Seite.

Tabellen erstellen und bearbeiten

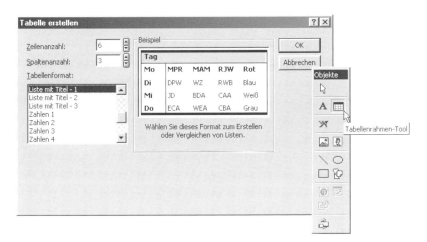

Tabelle einfügen
▶ Klicken Sie in der Objekte-Leiste auf das Tabellen-Tool.
▶ Der Mauscursor wandelt sich in ein Kreuz.
▶ Zeichnen Sie eine Tabelle, als ob Sie ein Recht-
eck zeichnen würden.
▶ Das Dialogfenster *Tabelle erstellen* wird geöffnet.

→ 555

Die Größe der Tabelle definieren
▶ Geben Sie in das Eingabefeld *Zeilenzahl* ein, wie viele
Zeilen die Tabelle erhalten soll.
▶ Geben Sie in das Eingabefeld *Spaltenzahl* ein, in wie viele
Spalten die Tabelle aufgeteilt werden soll.

Einen Tabellentyp bestimmen
▶ Markieren Sie einen Tabellentyp unter *Tabellenformat*.
▶ Im Beispiel-Fenster wird die Gestaltung der Tabelle an-
gezeigt.
▶ Suchen Sie sich die entsprechende Gestaltung aus, be-
vor Sie auf *OK* klicken.
▶ Eine leere Tabelle wird eingefügt.

Text in die Tabelle eingeben
▶ Klicken Sie in die Zelle, in die Sie Text eingeben wollen.
▶ Springen Sie mit der ⑤-Taste in die nächste Zelle.
▶ Drücken Sie am Ende der Tabelle wieder die ⑤-Taste,
wird eine neue Zeile hinzugefügt.

INFO
*Den Inhalt der Tabelle
löschen Sie, indem Sie die
gesamte Tabelle markieren
und die Entf-Taste drücken.
Die Tabelle selbst wird
gelöscht, wenn Sie die rechte
Maustaste klicken und im
Kontextmenü Objekt löschen
wählen.*

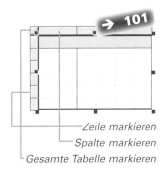

→ 101

Zeile markieren
Spalte markieren
Gesamte Tabelle markieren

Neue Spalte bzw. Zeile einfügen

▶ Klicken Sie in die Spalte bzw. Zeile, neben der Sie eine neue Spalte bzw. Zeile einfügen möchten.

▶ Wählen Sie aus dem Menü *Tabelle/Spalten oder Zeilen einfügen*.

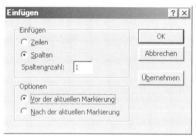

▶ Aktivieren Sie die Option Spalten bzw. Zeilen.

▶ Geben Sie bei Spalten- bzw. Zeilenanzahl ein, wie viele Spalten bzw. Zeilen Sie einfügen möchten.

▶ Wählen Sie aus, ob sie *Vor der aktuellen Markierung* (links neben der markierten Spalte bzw. oberhalb der markierten Zeile) oder *Nach der aktuellen Markierung* (rechts neben der markierten Spalte bzw. unterhalb der markierten Zeile) eine neue Spalte bzw. Zeile einfügen möchten.

Den Abstand einer Zelle zum Text beeinflussen

▶ Klicken Sie in die Zelle, deren Abstand zum Text Sie einstellen möchten, oder markieren Sie die ganze Tabelle.

▶ Wählen Sie aus der Formatierungssymbolleiste *Tabellenzelleneigenschaften*.

▶ Das entsprechende Dialogfenster wird eingeblendet.

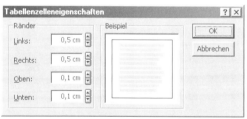

▶ Geben Sie unter *Ränder Links, Rechts, Oben, Unten* den Abstand des Zellenrands zum Text ein.

Die Zeilenhöhe und Spaltenbreite einstellen

▶ Bewegen Sie die Maus auf einen Spalten- bzw. Zeilenrand.

▶ Der Mauszeiger wird zu einem Doppelpfeil.

▶ Vergrößern oder verkleinern Sie die Spalten- bzw. Zeilenbreite bei gedrückter linker Maustaste.

INFO

Genauere Informationenen zum Bearbeiten von Tabellen

ACHTUNG

Haben Sie im Dialogfenster Einfügen *die Option* Zeilen *aktiviert, wird automatisch* Zeilenanzahl *angegeben. Haben Sie hingegen* Spalten *aktiviert, wird als Eingabefeld* Spaltenanzahl *angegeben.*

ACHTUNG

Beim Vergrößern und Verkleinern der Tabelle vergrößern und verkeinern sich die Zellen mit.

INFO

Über das Menü Tabelle / Tabelle AutoFormat *kann die Gestaltung der Tabelle im nachhinein nochmal geändert werden.*

Spaltenbreite verändern

Zeilenhöhe verändern

Clipart-Gallery-Objekte und Bilder einfügen

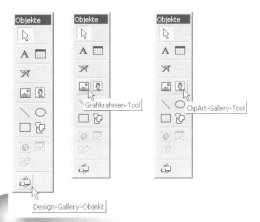

WO? WOMIT?

Clipart-Gallery-Objekte einfügen

→ 568

▶ Klicken Sie in der Objekte-Leiste auf *Design-Gallery-Objekt*.

▶ Die *Publisher Design Gallery* wird geöffnet.

▶ Wählen Sie die gewünschte Kategorie aus.

▶ Markieren Sie in der rechten Fensterhälfte das Objekt, das Sie einfügen möchten.

▶ Bestätigen Sie mit *Objekt einfügen*.

Der Assistent wird nach dem Klicken auf die Schaltfläche des Assistenten eingeblendet

Clipart-Gallery-Objekt bearbeiten

▶ Bei den meisten eingefügten Objekten wird ein Assistent zum Bearbeiten des Objekts angeboten.

▶ Klicken Sie auf diese Schaltfläche.

▶ Der entsprechende Assistent wird geöffnet.

▶ Wählen Sie ein anderes Design für das Element aus.

▶ Beschriften Sie das Element, und positionieren Sie es auf der Seite.

Eigene Grafik und Cliparts einfügen

▶ Klicken Sie in der Objekte-Leiste auf das Grafikrahmen-Tool.

▶ Zeichnen Sie einen Rahmen an der Position, an der Ihre Grafik eingefügt werden soll.

▶ Wählen Sie aus dem Menü *Einfügen/Grafik/Aus Datei*.

▶ Wählen Sie das richtige Laufwerk und den richtigen Ordner aus.

▶ Markieren Sie die einzufügende Grafik.

▶ Klicken Sie auf *Einfügen*.

▶ Die Grafik wird in den Grafikrahmen eingepaßt.

INFO

Clipart einfügen: Klicken Sie in der Objekte-Leiste auf das ClipArt-Gallery-Tool. Zeichnen Sie einen Rahmen an der Position, an der Sie das ClipArt einfügen möch- ten. Wählen Sie aus dem Menü Einfügen/Grafik/ ClipArt. Klicken Sie auf das gewünschte ClipArt, und wählen Sie Clip einfügen. Das ClipArt wird in den ClipArt- Rahmen eingefügt.

Eine leere Seite auf den Bildschirm holen

▶ Nach dem Start von Publisher wird automatisch der Publisher-Katalog geöffnet.

▶ Klicken Sie hier auf das Register *Leere Publikationen*.

▶ Markieren Sie in der rechten Fensterhälfte *Ganze Seite*.

▶ Klicken Sie auf die Schaltfläche *Erstellen*.

Seitenrand einstellen

▶ Klicken Sie im Menü auf *Anordnen/Layoutführungslinien*.

▶ Stellen Sie unter *Äußere Führungslinien* den linken Seitenrand *Von links,* den rechten Seitenrand *Von rechts,* den oberen Seitenrand *Oben* und den unteren Seitenrand *Unten* ein.

Hoch- oder Querformat

▶ Aktivieren Sie im Dialogfenster *Seite einrichten* die Option *Hochformat* bzw. *Querformat*.

Hilfslinien ein- bzw. ausblenden

▶ Klicken Sie im Menü auf *Ansicht/Hilfslinien ein-* bzw. *ausblenden*.

Erstellen eines Textrahmens

▶ Klicken Sie in der Objekte-Leiste auf das Textrahmen-Tool.

▶ Ziehen Sie mit gedrückter linker Maustaste einen Textrahmen.

Textrahmen verknüpfen

▶ Klicken Sie in den ersten Textrahmen, und schreiben Sie den gewünschten Text.

▶ Wenn die geschriebene Geschichte mehr Platz benötigt, als der Textrahmen bietet, wird ein Textüberlaufzeichen *(Text im Überlauf)* angezeigt.

▶ Wählen Sie aus dem Menü *Extras/Verbinden von Textrahmen*.

▶ Hinter der Formatierungssymbolleiste wird eine neue Symbolleiste namens *Rahmen verbinden* eingefügt.

▶ Klicken Sie in dieser Rahmen-verbinden-Symbolleiste auf das Symbol *Textrahmen verbinden*.

▶ Der Mauszeiger verwandelt sich in einen Eimer.

▶ Bewegen Sie die Maus auf den Textrahmen, in dem der restliche Text weiterfließen soll.

▶ Klicken Sie mit der »Eimer-Maus« in den gewählten Textrahmen.

▶ Der restliche Text läuft nun vom ersten in den zweiten Textrahmen.

39

Eigene Layouts weiterbearbeiten

KAPITEL

tempo

Zeichnen im Publisher

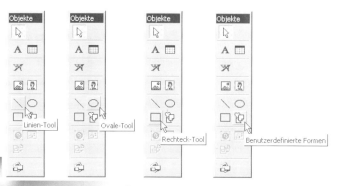

WO? WOMIT?

➔ 555

Eine Linie zeichnen

▶ Klicken Sie in der Objekte-Leiste auf das Linien-Tool.
▶ Klicken Sie einmal mit der Maus auf die Arbeitsfläche. Publisher fügt automatisch eine Linie ein.

INFO
Genaue Informationen zum Zeichnen von Linien, Rechtecken, Ellipsen und benutzerdefinierten Formen.

Linie verändern

▶ Packen Sie mit der Maus einen der schwarzen Markierungspunkte an.
▶ Bewegen Sie ihn bei gedrückter linker Maustaste.

Einen Pfeil zeichnen

▶ Zeichnen Sie eine Linie.
▶ Doppelklicken Sie auf die Linie, und bestimmen Sie im Dialogfenster *Linie* unter *Typ,* welche Pfeilart Sie verwenden möchten.
▶ Klicken Sie auf *Rechts, Links* oder *Beide Seiten,* um dem entsprechenden Linienende die ausgesuchte Pfeilspitze zuzuweisen.

INFO
Eine Linie kann auch gezeichnet werden, indem Sie die linke Maustaste gedrückt halten und vom Anfangs- zum Endpunkt ziehen.

Eine Ellipse zeichnen

▶ Klicken Sie in der Objekte-Leiste auf das Oval-Tool.
▶ Zeichnen Sie eine Ellipse.
▶ Mit Doppelklick auf die Ellipse läßt sich das Fenster *Rahmenstärke* öffnen.
▶ Stellen Sie die *Linienstärke* und *Farbe* ein.

INFO
Wenn Sie eine Linie an eine andere Position bewegen möchten, dann dürfen Sie keinen der schwarzen Markierungspunkt erwischen. Fassen Sie die Linie irgendwo in der Mitte an, und ziehen Sie sie mit gedrückter linker Maustaste an ihre neue Position.

Ein Rechteck zeichnen

▶ Klicken Sie in der Objekte-Leiste auf das Rechteck-Tool.
▶ Zeichnen Sie ein Rechteck.
▶ Doppelklicken Sie auf das Rechteck, und stellen Sie die Rahmenart oder auch den Zierrahmen ein.

Eine benutzerdefinierte Form (Auto-Formen) zeichnen

▶ Klicken Sie in der Objekte-Leiste auf *Benutzerdefinierte Formate*.

▶ Zeichnen Sie die Form, als ob Sie ein Rechteck zeichnen würden.

▶ Bewegen Sie die Maus auf die kleine Raute, und verändern Sie die Form bei gedrückter linker Maustaste.

▶ Mit Doppelklick auf das Element können Sie die *Rahmenstärke* und *Farbe* verändern.

Objekte verschieben

▶ Bewegen Sie die Maus auf das Objekt.

▶ Wenn der Mauszeiger sich in ein Auto-Symbol verwandelt, verschieben Sie das Objekt bei gedrückter linker Maustaste an seine neue Position.

Objekte in ihrer Größe verändern

▶ Markieren Sie ein Objekt.

▶ Bewegen Sie die Maus auf einen schwarzen Markierungspunkt.

▶ Wenn die Maus zu einem Doppelpfeil wird, vergrößern oder verkleinern Sie das Objekt bei gedrückter linker Maustaste.

Objekte gruppieren

▶ Markieren Sie zwei Objekte.

▶ Die zwei Objekte werden komplett eingerahmt. Eine Schaltfläche *(Objekte gruppieren)* wird am unteren Rahmenrand angezeigt.

▶ Klicken Sie auf die Schaltfläche *Objekte gruppieren*.

Ein Objekt im anderen zentrieren

▶ Markieren Sie die zwei Objekte, die Sie zueinander ausrichten wollen.

▶ Wählen Sie den Menübefehl *Anordnen/Objekte ausrichten*.

▶ Das Dialogfenster *Objekte ausrichten* wird geöffnet.

▶ Aktivieren Sie die Option *Rahmenmittelpunkte* bei *Waagerechter* und *Senkrechter Ausrichtung*.

Objekte am unteren Seitenrand ausrichten

▶ Markieren Sie die Objekte, die Sie ausrichten möchten.

▶ Wählen Sie im Menü *Anordnen/Objekte ausrichten*.

▶ Aktivieren Sie die Option *Untere Begrenzung* unter *Senkrechter Ausrichtung*.

▶ Klicken Sie in das Kontrollkästchen *An Seitenrändern ausrichten*.

INFO

*Objekte um einen bestimmten Wert verschieben:
Markieren Sie das Objekt, das Sie verschieben möchten. Wählen Sie aus dem Menü Anordnen/Präzisionsausrichtung. Aktivieren Sie das Kontrollkästchen Verschieben um, und geben Sie den gewünschten Wert ein. Verschieben Sie das Objekt anhand der Pfeile.*

ACHTUNG

Gruppierte Objekte können nicht einzeln bearbeitet werden. Dazu muß die Gruppierung wieder aufgehoben werden. Text in gruppierten Textrahmen kann allerdings bearbeitet werden.

INFO

Nachdem Sie die Objekte gruppiert haben, wandelt sich die Schaltfläche in Gruppierung aufheben um.

ACHTUNG

Objekte können nicht ausgerichtet werden, wenn Sie nicht markiert sind.

Rund ums Lineal

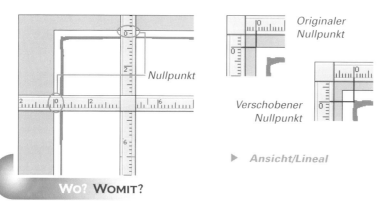

Nullpunkt

Originaler Nullpunkt

Verschobener Nullpunkt

▶ *Ansicht/Lineal*

Wo? Womit?

Das Lineal einblenden
▶ Falls die Lineale ausgeblendet sind, wählen Sie aus dem Menü *Ansicht/Linieale*.

Horizontales oder vertikales Lineal verschieben
▶ Bewegen Sie die Maus ins horizontale oder vertikale Lineal.
▶ Halten Sie die linke Maustaste gedrückt, und ziehen Sie es in den Bildschirm.
▶ Das Lineal bleibt an der Position liegen, an der Sie die Maus loslassen.

Beide Lineale verschieben
▶ Bewegen Sie die Maus in den Schnittpunkt des horizontalen und vertikalen Lineals.
▶ Der Mauszeiger wird zu einem Doppelpfeil.
▶ Ziehen Sie die beide Lineale bei gedrückter Maustaste auf die Arbeitsfläche.

Nullpunkt verschieben
▶ Bewegen Sie die Maus in den Schnittpunkt des horizontalen und vertikalen Lineals.
▶ Halten Sie die ⇧-Taste gedrückt.
▶ Ziehen Sie mit gedrückter rechter Maustaste den Nullpunkt an die gewünschte Position.
▶ Die Nullpunktverschiebung ist für das ganze Dokument und nicht nur für die aktive Seite gültig.
▶ Alle Abmessungen werden von der neuen Position des Nullpunkts vorgenommen.

INFO
Der Nullpunkt sitzt normalerweise in der linken oberen Ecke des Blatt Papiers.

INFO
Die beiden Lineale können ganz einfach mit der Maus wieder zurückgeschoben werden.

TIP
Der Nullpunkt kann mit Doppelklick in den Schnittpunkt der beiden Lineale an seine Originalposition zurückgeholt werden.

Die Abmessungsleiste

WO? WOMIT? ▶ *Ansicht/Symbolleisten/Abmessung*

Objekte positionieren

▶ Wählen Sie aus dem Menü *Ansicht/Symbolleisten/Abmessung*.

▶ Markieren Sie das zu positionierende Objekt.

▶ Geben Sie bei x ein, an welche Position das Objekt in der Senkrechten gesetzt werden soll. Hierbei wird vom Nullpunkt (normalerweise linker Blattrand) bis zum linken Rand des Objekts gemessen.

▶ Geben Sie bei y ein, an welche Postion das Objekt in der Horizontalen gesetzt werden soll. Hierbei wird vom Nullpunkt (normalerweise oberer Blattrand) bis zum oberen Objektrand gemessen.

INFO → 556

Mit positiven Werten wird das Objekt gegen den Uhrzeigersinn gedreht. Mit negativen Werten können Sie das Objekt in Uhrzeigerrichtung drehen.

Die genaue Größe eines Objekts festlegen

▶ Markieren Sie das Objekt.

▶ Geben Sie einen Wert für die Breite ein.

▶ Geben Sie darunter einen Wert für die Höhe ein.

▶ Drücken Sie die ⏎-Taste.

INFO → 51

Genauere Informationen zur Formatierung von Zeichen

Objekte drehen

▶ Markieren Sie das zu drehende Objekt.

▶ Geben Sie einen Wert ein.

▶ Drücken Sie die ⏎-Taste.

INFO → 56

Genauere Informationen zur Absatzformatierung (Zeilenabstand usw.)

Den Buchstabenabstand ändern (Laufweite)

▶ Markieren Sie Text.

▶ Ändern Sie den Abstand der Buchstaben, indem Sie den Wert bei Text skalieren, verkleinern oder vergrößern.

Zeichenabstand zweier Buchstaben ändern

▶ Markieren Sie die Zeichen, deren Abstand Sie ändern möchten.

▶ Geben Sie einen Wert ein, und drücken Sie die ⏎-Taste.

Original
Buchstabenabstand
vergrößert

Magazin
M a g a z i n
Maga**z**in
Magazin

Die Buchstaben zi verbreitert

Der Abstand zwischen den Buchstaben Maga verkleinert

Den Zeilenabstand vergrößern oder verkleinern

▶ Markieren Sie die Zeilen, deren Abstand Sie ändern möchten.

▶ Ändern Sie den Wert, und drücken Sie die ⏎-Taste.

Eingefügte Grafiken bearbeiten

▶ *Format/Grafik neu einfärben*

▶ *Format/vergrößern/verkleinern*

▶ *Format/Grafik zuschneiden*

▶ Kontextmenü: *Grafik ändern*

WO? WOMIT?

Eine Grafik einfärben

▶ Zeichnen Sie einen Grafik- bzw. Clipart-Rahmen.

▶ Fügen Sie eine Grafik ein.

▶ Klicken Sie mit der rechten Maustaste auf die Grafik, die Sie neu einfärben möchten.

▶ Wählen Sie aus dem Kontextmenü *Grafik än-dern/Grafik neu einfärben*. **→ 570**

▶ Wählen Sie unter *Farbe* eine neue Farbe für die Grafik aus. Wählen Sie hierbei eine Farbe aus dem vorhandenen Farbschema, oder erstellen Sie selbst eine Farbe unter *Weitere Farben*.

→ 570

Grafik vergrößern bzw. verkleinern

▶ Markieren Sie die Grafik, die Sie verkleinern oder vergrößern möchten.

▶ Wählen Sie aus dem Menü *Format/Grafik vergrößern/ verkleinern*.

▶ Geben Sie unter *Höhe* und *Breite* den gewünschten Wert ein.

Grafiken zuschneiden

▶ Wählen Sie aus dem Menü *Format/Grafik zuschneiden*.

▶ Bewegen Sie die Maus auf einen der schwarzen Markierungspunkte.

▶ Der Mauszeiger verwandelt sich in eine Schere.

▶ Ziehen Sie mit gedrückter linker Maustaste den Markierungspunkt nach innen.

▶ Die Grafik wird gerade abgeschnitten.

Den Textfluß um die Grafik bestimmen

▶ Markieren Sie die Grafik.

▶ Klicken Sie in der Formatierungssymbolleiste auf *Grafik-rahmeneigenschaften*.

▶ Aktivieren Sie die Option *Grafikrahmen*.

▶ Tragen Sie unter *Links*, *Rechts*, *Oben* und *Unten* den Abstand zwischen Text und Grafikrahmen ein.

TIP
Möchten Sie die Originalfarbe Ihrer Grafik wiederherstellen, klicken Sie im Dialogfenster Grafik neu einfärben *auf die Schaltfläche* Originalfarben wiederherstellen.

INFO
Grafiken können mit der Maus vergrößert oder verkleinert werden. Halten Sie dabei noch die ⇧*-Taste gedrückt, wird Ihre Grafik proportional vergrößert oder verkleinert.*

Farbschema bearbeiten

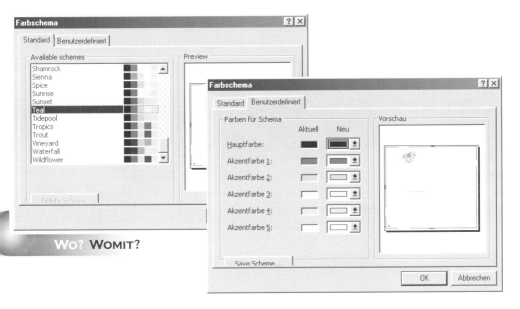

Anderes Farbschema auswählen
▶ Wählen Sie aus der Menüleiste *Format/Füllfarbe Weitere Farbschemata*.
▶ Im Dialogfenster *Farbschemata* werden Ihnen unter *Available Schemes* unterschiedliche Farbvarianten angeboten.
▶ Wählen Sie das gewünschte Farbschema aus.

Farbschema bearbeiten
▶ Wählen Sie aus der Menüleiste *Format/Füllfarbe Weitere Farbschemata*.
▶ Wechseln Sie auf die Registerkarte *Benutzerdefiniert*.
▶ Stellen Sie unter Akzentfarben 1–5 neue Farben für das Farbschema ein.

Neues Farbschema speichern
▶ Klicken Sie im Dialogfenster *Farbschemata* unter der Registerkarte *Benutzerdefiniert* auf die Schaltfläche *Schema speichern*.
▶ Geben Sie für das neue Farbschema einen Namen ein.
▶ Dieses Farbschema ist ab jetzt für Sie verfügbar.

INFO
Das neu gespeicherte Farbschema wird in den Assistenten Farbschema aufgenommen.

Der Design-Detektiv

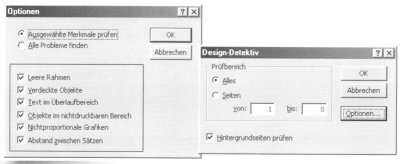

WO? WOMIT?

Seiten vor dem Druck überprüfen

▶ Wählen Sie aus dem Menü *Extras/Design-Detektiv.*

▶ Aktivieren Sie im gleichnamigen Dialogfenster die Option *Seiten.*

▶ Geben Sie im Eingabefeld *von* die Seitenzahl an, auf der der Design-Detektiv seine Suche starten soll.

▶ Geben Sie in das Eingabefeld *bis* das Ende der Suche ein.

Nach Unstimmigkeiten im Layout suchen (z.B. nichtproportionale Grafiken)

▶ Klicken Sie im Design-Detektiv-Dialogfenster auf die Schaltfläche *Optionen.*

▶ Aktivieren Sie die Option *Ausgewählte Merkmale prüfen.*

▶ Deaktivieren Sie alle Kontrollkästchen außer *Nichtproportionale Grafiken.*

▶ In der Publikation wird die Grafik gefunden und markiert und ein weiteres Dialogfenster geöffnet.

▶ Klicken Sie auf die Schaltfläche *Weiter,* um keine Änderungen vorzunehmen.

→ 663

INFO
Der Design-Detektiv sucht beispielsweise nach überlappten Rahmen, verdeckten Rahmen, verzerrten Grafiken usw.

→ 660

INFO
Aktivieren Sie im Design-Detektiv-Dialogfenster das Kontrollkästchen Hintergrundseiten überprüfen. Die Hintergrundseiten werden in die Suche nach Unstimmigkeiten im Layout miteinbezogen.

→ 721

INFO
Wenn Sie im Design-Detektiv-Dialogfenster auf die Schaltfläche Erklären klicken, landen Sie in der Office-Hilfe.

WordArt-Objekt einfügen

▶ *Einfügen/Objekt/Microsoft WordArt*

WO? WOMIT?

WordArt-Rahmen zeichnen

▶ Klicken Sie in der Objekte-Leiste auf das WordArt-Rahmen-Tool.
▶ Ziehen Sie einen Rahmen an der Stelle, an der das WordArt-Objekt eingefügt werden soll.
▶ WordArt wird automatisch geöffnet.
▶ Geben Sie einen Text in das geöffnete Dialogfenster ein.
▶ Verändern Sie das Aussehen Ihres Textes mit Hilfe der WordArt-Symbolleiste.
▶ Klicken Sie auf die Schaltfläche *Ansicht aktualisieren,* um die Gestaltung Ihres Textes zu sehen.
▶ Fügen Sie unter Umständen ein Sonderzeichen mit der Schaltfläche *Sonderzeichen einfügen* ein. **→ 61**

WordArt ausblenden und wieder in den Publisher zurückkehren

▶ Klicken Sie einfach neben das WordArt-Objekt irgendwo in die Arbeitsfläche von Publisher.
▶ Die WordArt-Symbolleiste verschwindet, WordArt wird geschlossen, und Sie landen wieder im Publisher.
▶ Klicken Sie auf die Schaltfläche *Ändern,* hüpft die Grafik in ihre Proportionen zurück.

→ 544

INFO
Genauere Informationen zum Umgang mit WordArt

INFO
Der Textfluß um ein WordArt-Objekt kann über Format/Objektrahmeneigenschaften *beeinflußt werden. Außerdem kann dieser Rahmen über* Format/Unregelmäßigen Textfluß *bearbeitet weiterbearbeitet werden.*

Formatvorlagen nutzen

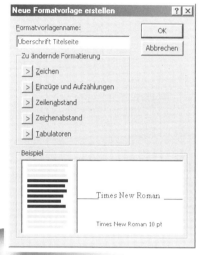

▶ *Format/Formatvolage*

WO? WOMIT?

Neue Formatvorlage erstellen

▶ Wählen Sie in der Menüzeile *Format/Formatvorlage.*

▶ Das Dialogfenster *Neue Formatvorlage erstellen* wird geöffnet.

▶ Geben Sie für die Formatvorlage einen Namen ein.

▶ Klicken Sie beispielsweise auf *Zeichen,* um die Schriftart der Formatvorlage einzustellen.

BEGRIFF → 140

*Eine **Formatvorlage** ist eine Sammlung aus Zeichen-formatierungen, Einzügen und Aufzählungen, Zeilen-abstand, Zeichenabstand und Tabulatoren. Diese Einstellungen können unter einem Namen abgespeichert werden, der sogenannten Formatvorlage.*

INFO → 51
Zeichenformatierungen ausführlich

▶ Schließen Sie das Fenster mit *OK*.
▶ Wählen Sie als nächstes Einzüge und Aufzählungen.
▶ Stellen Sie für die Formatvorlage die gewünschten Absatzeinstellungen ein.

INFO
Aktivieren Sie die Option
Aufzählung, *so können Sie*
Ihre Absätze mit Aufzäh-
lungszeichen versehen.

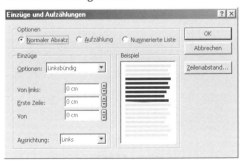

INFO
Aktivieren Sie die Option
Numerierte Liste, *um eine*
Numerierung zu erstellen.

▶ Schließen Sie das Dialogfenster mit *OK*.
▶ Als nächsten Schritt stellen Sie den *Zeilenabstand* ein.
▶ Das Dialogfenster *Zeilenabstand* wird geöffnet.

INFO
Mit den Optionen Vor dem
Absatz *und* Nach dem Absatz
können die Abstände
zwischen den Absätzen
geregelt werden.

▶ Schließen Sie das Dialogfenster mit *OK*.
▶ Stellen Sie nun für die Formatvorlage den *Zeichenabstand* ein.
▶ Klicken Sie auf *Zeichenabstand*.
▶ Das gleichnamige Dialogfenster wird geöffnet.

INFO
Mit Skalierung *erreichen Sie,*
daß die Buchstabenbreite
verändert wird. Setzen Sie
dies nur für gestalterische
Zwecke, z.B. bei einer
Überschrift, ein und nicht bei
Fließtext. Der Fließtext kann
hierbei unleserlich werden.

TIP
Kerning wirkt sich für Format-
vorlagen ungünstig aus, da
sich die Einstellung für den
ganzen Absatz auswirkt.
Kerning wird aber meist nur
für die Feinabstimmung
zwischen zwei Buchstaben
verwendet.

▶ Schließen Sie das Dialogfenster mit *OK*.
▶ Legen Sie nun die Tabulatoren für die Formatvorlage fest (natürlich nur, wenn Sie gebraucht werden).

INFO → 98
Tabulatoren festgelegen

▶ Schließen Sie das Fenster mit *OK*.
▶ Sind alle Einstellungen erledigt, wird die neue Formatvorlage, z.B. *Überschrift Titelseite,* in die Liste der auszuwählenden Formatvorlagen mit aufgenommen.
▶ Schließen Sie das Formatvorlagenfenster mit *Schließen*.

INFO
Formatvorlage über die Formatierungssymbolleiste zuweisen:

Markiertem Text die Formatvorlage zuweisen

▶ Markieren Sie den Text, dem Sie die neue Formatvorlage zuweisen möchten.
▶ Klicken Sie in der Formatierungssymbolleiste auf *Formatvorlage*.
▶ Wählen Sie aus dem aufgeklappten Listenfeld die gewünschte Formatvorlage aus.
▶ Der markierte Text übernimmt die Texteigenschaften, die in der ausgewählten Formatvorlage festgelegt wurden.

Festgelegte Formatvorlage ändern

▶ Wählen Sie aus dem Menü *Format/Formatvorlage*.
▶ Markieren Sie die Formatvorlage, die Sie ändern möchten.
▶ Klicken Sie auf *Diese Formatvorlage*.
▶ Das Dialogfenster *Formatvorlage ändern* wird geöffnet.
▶ Bearbeiten Sie die ausgewählte Formatvorlage.

INFO → 143
Gehen Sie beim Ändern einer Formatvorlage genauso vor wie beim Erstellen einer neuen Formatvorlage.

TIP → 146
Verwenden Sie Formatvorlagen, wenn Sie mit einem großen Dokument arbeiten, das immer wiederkehrende, gleich aussehende Textabschnitte aufweist.

Formatvorlage umbenennen

▶ Wählen Sie aus dem Menü *Format/Formatvorlage.*
▶ Markieren Sie die Formatvorlage, die Sie umbenennen möchten.
▶ Klicken Sie auf *Diese Formatvorlage umbenennen.*
▶ Geben Sie einen neuen Namen im Eingabefeld *Neuer Formatvorlagenname* ein.

Formatvorlage löschen

▶ Wählen Sie aus dem Menü *Format/Formatvorlage.*
▶ Markicren Sie die Formatvorlage, die Sie löschen möchten.
▶ Klicken Sie auf *Formatvorlage löschen.*
▶ Die Formatvorlage wird aus der Liste der festgelegten Formatvorlagen gelöscht.

Formatvorlagen aus einer anderen Publikation kopieren

▶ Wählen Sie aus dem Menü *Format/Formatvorlage.*
▶ Klicken Sie auf die Option *Formatvorlagen.*
▶ Das Dialogfenster *Formatvorlagen importieren* wird geöffnet.
▶ Wählen Sie das richtige Laufwerk und den richtigen Ordner aus.
▶ Markieren Sie die Publisher-Publikation, aus der Sie die Formatvorlagen kopieren möchten.
▶ Klicken Sie auf *OK.*

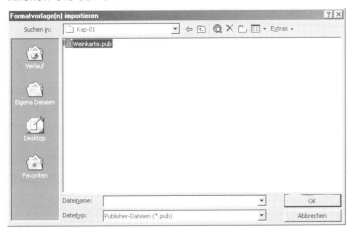

▶ Die Formatvorlagen aus der ausgewählten Publikation werden in die Liste der Formatvorlagen des aktiven Dokuments mit aufgenommen.

INFO
Formatvorlagenname umbenennen:

TIP
Wenn Sie eine neue Publikation mit einem neuen Layout erstellen, aber die Formatvorlagen aus einer alten Publikation übernehmen möchten, kopieren Sie die Formatvorlagen einfach über Format/Formatvorlage/Formatvorlagen importieren.

INFO
Vergrößern oder verkleinern Sie Ihre Ansicht im Publisher ganz schnell mit den beiden Symbolen der Formatierungssymbolleiste Verkleinern und Vergrößern.

INFO
Informationen zum genaueren Umgang mit Formatvorlagen

Eine Linie zeichnen

▶ Klicken Sie in der Objekte-Leiste auf das Linien-Tool.
▶ Klicken Sie einmal mit der Maus auf die Arbeitsfläche. Publisher fügt automatisch eine Linie ein.

Ein Rechteck zeichnen

▶ Klicken Sie in der Objekte-Leiste auf das Rechteck-Tool.
▶ Zeichnen Sie ein Rechteck.
▶ Doppelklicken Sie auf das Rechteck, und stellen Sie die Rahmenart oder auch den Zierrahmen ein.

Das Lineal einblenden

▶ Falls die Lineale ausgeblendet sind, wählen Sie aus dem Menü *Ansicht/Linieale*.

Objekte verschieben

▶ Bewegen Sie die Maus auf das Objekt.
▶ Wenn der Mauszeiger sich in ein Auto-Symbol verwandelt, verschieben Sie das Objekt bei gedrückter linker Maustaste an seine neue Position.

Objekte in ihrer Größe verändern

▶ Markieren Sie ein Objekt.
▶ Bewegen Sie die Maus auf einen schwarzen Markierungspunkt.
▶ Wenn die Maus zu einem Doppelpfeil wird, vergrößern oder verkleinern Sie das Objekt bei gedrückter linker Maustaste.

Formatvorlage über die Formatierungssymbolleiste zuweisen

Neue Formatvorlage erstellen

▶ Wählen Sie in der Menüzeile *Format/Formatvorlage.*
▶ Das Dialogfenster *Neue Format-vorlage erstellen* wird geöffnet.
▶ Geben Sie für die Formatvorlage einen Namen ein.
▶ Klicken Sie beispielsweise auf *Zeichen,* um die Schriftart der Formatvorlage einzustellen.

INFO

Vergrößern oder verkleinern Sie Ihre Ansicht im Publisher ganz schnell mit den beiden Symbolen der Formatierungssymbolleiste Verkleinern *und* Vergrößern.

40

KAPITEL

Formulare mit Word und Publisher

temp

Formular in einem Word-Dokument

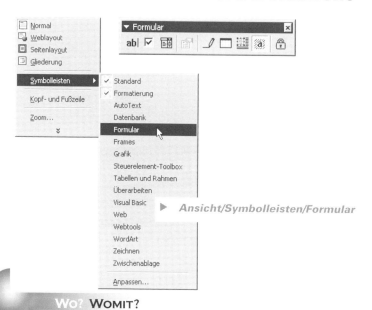

> Ansicht/Symbolleisten/Formular

abl	Textformularfeld
☑	Kontrollkästchen-Formularfeld
📑	Dropdown-Formularfeld
📑	Formularfeld Optionen
✏	Tabelle zeichnen
▦	Tabelle einfügen
📑	Positionsrahmen einfügen
🄰	Formularfeld-Schattierung
🔒	Formular schützen

WO? WOMIT?

Grundgerüst aufbauen
▶ Erstellen Sie für ein Formular ein Grundgerüst.
▶ Verwenden Sie dazu eine Tabelle.
▶ Fügen Sie die Tabelle mit *Tabelle einfügen* oder *Tabelle zeichnen* ein. → 101
▶ Geben Sie den fixen Text in die Tabelle ein.

Formular-Symbolleiste einblenden
▶ Klicken Sie in der Menüleiste auf *Ansicht/Symbolleisten*.
▶ Markieren Sie *Formular*. Die Formular-Symbolleiste erscheint auf dem Bildschirm.

Textformularfeld einfügen
▶ Klicken Sie an die Position in der Tabelle, an der ein *Textformularfeld* eingefügt wird.
▶ Klicken Sie in der Formular-Symbolleiste auf *Textformularfeld*.

→ 328

INFO
Formulare in Access und Excel: Um Daten in einer Datenbank zu erfassen, arbeiten Sie mit Access-Formularen. In Excel müssen Sie über den Add-in-Manager die Formular-Vorlagen nachinstallieren und dann über Datei/Neu aufrufen. Sie können eine Vorlage nach eigenen Wünschen modifizieren, das kürzt die mühselige Erstellung ab.

Leeres Textformularfeld | Ausgefülltes Text-Formularfeld | Grundgerüst

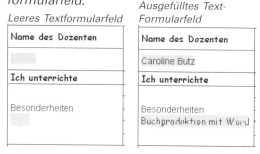

Optionen für das Textformularfeld

▶ Nach dem Einfügen des Textformularfelds klicken Sie auf das Symbol *Formularfeld-Optionen* in der Formular-Symbolleiste. Das Dialogfenster *Optionen für Text-formularfelder* wird geöffnet.

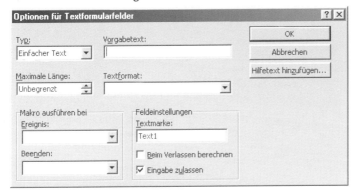

Textformularfeld-Typ und Vorgabetext bestimmen

▶ Schränken Sie mit dem Listenfeld *Typ* ein, was der Benutzer des Formulars eintippen darf (beispielsweise nur Zahlen).

▶ In das Eingabefeld *Vorgabetext* kann Text eingegeben werden, der im Formular erscheint. Der Text kann vom Benutzer überschrieben werden.

Textormularfeld-Länge und -Formatierung

▶ Legen Sie die *Maximale Länge* für die Texteingabe fest.

▶ Bestimmen Sie mit *Textformat*, wie der Text nach der Eingabe aussehen soll (z.B. Großbuchstaben).

Felder berechnen und Eingabe zulassen

▶ Sollten Sie Berechnungen in der Tabelle eingebaut haben, können diese mit dem aktivierten Kontrollkästchen *Beim Verlassen berechnen* automatisch ausgerechnet werden.

▶ Aktivieren Sie *Eingabe zulassen*, damit der Benutzer des Formulars Text eingeben kann.

Auswahlliste mit Kontrollfeldern zum Anklicken

▶ Klicken Sie an die Position, an der ein *Kontrollkästchen-Formularfeld* eingefügt wird.

▶ Klicken Sie in der Formular-Symbolleiste auf *Kontrollkäst-chen-Formularfeld*.

TIP
Mit Doppelklick auf das eingefügte Textformularfeld wird das Dialogfenster Optionen für Textformularfelder geöffnet.

INFO
Jedem Textformularfeld wird eine Textmarke zugewiesen. Sie werden normalerweise mit Text1, Text2 usw. numeriert.

INFO
Sollten Sie ein Makro gespeichert haben, und Sie möchten es in das Text-Formularfeld einbauen, dann wählen Sie es unter Makro ausführen bei aus.

INFO
Alle Formularkästchen sind im Grunde nichts anderes als Word-Felder.

| Name des Dozenten |
| { FORMULARTEXT } |

Optionen für ein Kontrollkästchen-Formularfeld

▶ Klicken Sie auf *Formularfeld-Optionen,* nachdem Sie das *Kontrollkästchen-Formularfeld* eingefügt haben.

▶ Das Dialogfenster *Optionen für Kontrollkästchen-Formularfelder* wird geöffnet.

Optionen für Kontrollkästchen-Formularfelder ? ×

Größe des Kontrollkästchens
- ● Automatisch
- ○ Genau: 10 pt

Standardwert
- ● Deaktiviert
- ○ Aktiviert

OK
Abbrechen
Hilfetext hinzufügen...

Makro ausführen bei
Ereignis:
Beenden:

Feldeinstellungen
Textmarke:
Kontrollkästchen1
☐ Beim Verlassen berechnen
☑ Markierung zulassen

TIP
Doppelklicken Sie auf das eingefügte Kontrollkästchen-Formularfeld. Das Dialogfenster Optionen für Kontrollkästchen-Fourmularfelder wird geöffnet.

Größe des Kontrollkästchens

▶ Aktivieren Sie *Automatisch,* wird das Kontrollkästchen der Länge des Textes, der später in das Formular eingegeben wird, angepaßt.

▶ Aktivieren Sie *Genau,* müssen Sie eine Größe in *pt* für das Kontrollkästchen angeben. Das Kontrollkästchen wird nicht der Länge des Textes angepaßt.

INFO
Kontrollkästchen-Formularfelder funktionieren wie Kontrollkästchen in Dialogfenstern.

Standardeinstellung für das Kontrollkästchen einrichten

▶ Mit der Option *Deaktiviert* erscheint das Kontrollkästchen im Formular leer. Der Anwender des Formulars aktiviert das Kontrollkästchen (Kreuz erscheint) mit einem Klick.

▶ Mit der Option *Aktiviert* wird das Kontrollkästchen mit einem Kreuz dargestellt. Der Anwender des Formulars deaktiviert das Kontrollkästchen (Kreuz verschwindet) mit einem Klick.

→ 180

INFO
Für die Kontrollkästchen werden Textmarken zugewiesen.

Kontrollkästchen »anklickbar« machen

▶ Aktivieren Sie *Markierung zulassen,* kann das Kontrollkästchen angeklickt werden.

▶ Deaktivieren Sie *Markierung zulassen,* kann das Kontrollkästchen nicht angeklickt werden.

Ausklappbare Liste einfügen

▶ Klicken Sie in der Formular-Symbolleiste auf *Dropdown-Formularfeld.*

▶ Ein *Dropdown-Formularfeld* wird an der Stelle, an der Ihr Cursor blinkt, eingefügt.

TIP
Lassen Sie Markierung zulassen aktiviert, damit der Benutzer entscheiden kann, ob er sein Kreuz in das Kontrollkästchen setzt oder nicht.

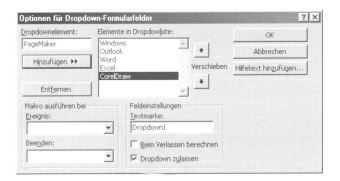

Optionen für Dropdown-Formularfeld festlegen

▶ Nach dem Einfügen eines Dropdown-Formularfelds klik-
ken Sie auf *Formularfeld-Optionen*.

▶ Das Dialogfenster *Optionen für Dropdown-Formularfelder* wird geöffnet.

Listeneinträge zusammenstellen

▶ Geben Sie im Eingabefeld *Dropdownelement* den Namen des auszuwählenden Dropdown-Elements ein.

▶ Klicken Sie auf die Schaltfläche *Hinzufügen*.

▶ Das neue Element wird den *Elementen in Dropdownliste*
hinzugefügt.

Dropdown-Element löschen

▶ Markieren Sie ein Dropdown-Element.

▶ Klicken Sie auf die Schaltfläche *Entfernen*.

▶ Das Dropdown-Element wird gelöscht.

Dropdown-Elemente sichtbar machen

▶ Aktivieren Sie *Dropdown zulassen*, um die Dropdown-
Elementenliste dem Benutzer zugänglich zu machen.

Hilfe hinzufügen

▶ Bringen Sie dem Benutzer Ihres Formulars die auszufüllenden Bereiche näher. Fügen Sie einen Hilfetext hinzu.

▶ Alle drei Dialogfenster *Optionen für Text-Formularfeld*,
Optionen für Kontrollkästchen-Formularfeld und *Optio-
nen für Dropdown-Formularfeld* bieten die Schaltfläche
Hilfe hinzufügen.

▶ Klicken Sie auf *Hilfe hinzufügen*, um einen Text
zur Information des Benutzers einzugeben. → 721

AutoText-Eintrag als Info benutzen

▶ Klicken Sie auf *AutoText-Eintrag*, und wählen Sie aus der
nebenstehenden Liste einen AutoText aus.

▶ Als Hilfetext wird der AutoText-Eintrag angezeigt. → 130

TIP
*Legen Sie mit den beiden
Pfeilen* Verschieben *die
Reihenfolge der Dropdown-
Liste fest.*

TIP
*Doppelklicken Sie auf das
Dropdown-Formularfeld, wird
das Dialogfenster* Optionen
für Dropdown-Formularfelder
geöffnet.

→ 180

INFO
*Jedes Dropdown-Element
erhält einen Textmarken-
Namen. Dieser Name kann im
Feld* Texmarke: *geändert
werden.*

Dropdown-
Element

Hilfe hin_zufügen... → 721

TIP
*Aktivieren Sie im Dialog-
fenster* Formularfeld-Hilfetext
die Option Ohne, *um einen
Hilfetext zu löschen.*

Eigenen Hilfetext eingeben

▶ Aktivieren Sie im Dialogfenster *Formularfeld-Hilfetext* die Option *Benutzerdefiniert*.

▶ Geben Sie in das Feld darunter den gewünschten Hilfetext ein.

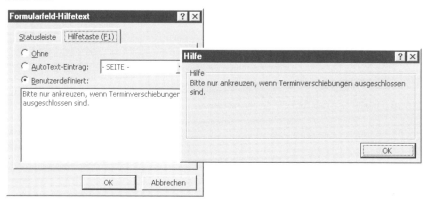

Bitte nur ankreuzen, wenn Terminverschiebungen ausgeschlossen sind.

Formularfelder anzeigen

▶ Klicken Sie auf das Symbol *Formularfeld-Schattierung* in der Formular-Symbolleiste.

▶ Die eingefügten Formularfelder werden grau angezeigt.

Formularfelder nicht anzeigen

▶ Mit einem weiteren Klick auf das Formularfeld-Schattierungs-Symbol werden die Formularfelder nicht mehr grau unterlegt.

Formular fertigstellen und anwenden

▶ Klicken Sie auf *Formular schützen* in der Formular-Symbolleiste. Alle eingefügten Formularfelder werden aktiv. Der Benutzer kann das Formular ausfüllen.

Grundgerüst – Rohes Formular

Fertiges Formular

INFO

Die graue Schattierung der Formularfelder wird nicht ausgedruckt.

ACHTUNG

Das Formular muß geschützt werden, bevor es zum Ausfüllen bereitgestellt werden kann. Zum Bearbeiten muß der Schutz wieder aufgehoben werden.

TIP

Mit der ⤒-Taste läßt sich ein Formularfeld nach dem anderen anspringen und ausfüllen.

Positionsrahmen in Word

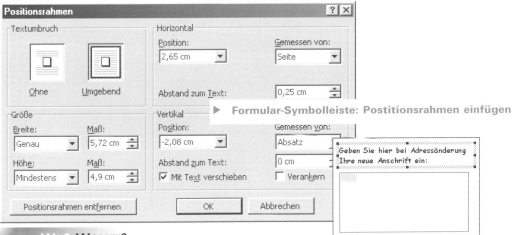

▶ Formular-Symbolleiste: Positionsrahmen einfügen

WO? WOMIT?

Positionsrahmen einfügen

▶ Klicken Sie auf *Postionsrahmen einfügen* in der Formular-Symbolleiste. Der Cursor wird zu einem Kreuz.

▶ Zeichnen Sie ein Rechteck. Ein Positionsrahmen ist eingefügt. **→ 555**

Dialogfenster *Positionsrahmen* öffnen

▶ Markieren Sie den Positionsrahmen.

▶ Wählen Sie aus dem Menü *Format/Postionsrahmen*.

▶ Das Dialogfenster *Positionsrahmen* wird geöffnet.

Horizontale Position des Rahmens bestimmen

▶ Wählen Sie unter *Position* die Optionen *Links, Rechts, Zentriert, Innen* oder *Außen* aus. Oder geben Sie einen Wert ein.

▶ Die gewählte Position bezieht sich auf den *Seitenrand*, die *Seite* (Blattrand) oder *Spalte* (Spaltenrand). Wählen Sie die gewünschte Einstellung unter *Gemessen von*.

▶ Mit *Abstand zum Text* wählen Sie den Abstand zwischen Positionsrahmen und Text.

Vertikale Position des Rahmens bestimmen

▶ Wählen Sie unter *Position* die Optionen *Oben, Unten* oder *Zentriert* aus. Oder geben Sie einen Wert ein.

▶ Die gewählte Position bezieht sich auf den *Seitenrand*, die *Seite* oder den verankerten *Absatz*.

INFO
Horizontal: Gemessen wird immer von links, beispielsweise vom linken Seitenrand.

TIP
Der Postionsrahmen kann mit der Schaltfläche Positionsrahmen entfernen gelöscht werden.

Positionsrahmen entfernen

INFO
Vertikal: Gemessen wird immer von oben, beispielsweise vom oberen Blattrand.

Web-Formulare in Word

WO? WOMIT?

Anklickbare Optionsfelder bzw. Kontrollkästchen einfügen

▶ Erstellen Sie eine Webseite mit dem Webseiten-Assistenten, und geben Sie den gewünschten ➜ 698
Text ein.

▶ Wählen Sie den Menübefehl *Ansicht/Symbolleisten/ Webtools.* Die Symbolleiste *Webtools* wird eingeblendet.

▶ Stellen Sie den Cursor an die Stelle, an der ein Optionsfeld oder ein Kontrollkästchen eingefügt werden soll.

▶ Klicken Sie auf das Symbol *Kontrollkästchen* bzw. *Optionsfeld*. Das Kontrollkästchen bzw. Optionsfeld wird eingefügt.

▶ Schreiben Sie daneben den gewünschten Text.

Eingabefelder einfügen

▶ Stellen Sie den Cursor an die Stelle, an der das Eingabefeld eingefügt werden soll.

▶ Klicken Sie in der Webtools-Symbolleiste auf das Symbol *Textfeld*. Das Textfeld wird eingefügt.

▶ Ziehen Sie das Textfeld in die benötigte Breite und Höhe an den schwarzen Markierungspunkten.

▶ Geben Sie davor, danach bzw. oberhalb oder unterhalb den zugehörigen Text ein.

➜ 742

ACHTUNG
Das Word-Dokument muß zuvor als Webseite gespeichert worden sein.

INFO
Bei den Kontrollkästchen können mehre gleichzeitig angeklickt werden. Bei den Optionsfeldern läßt sich immer nur eines anklicken.

ACHTUNG
Die Optionsfelder und Kontrollkästchen sind erst im Internet Explorer anklickbar.

BEGRIFF
Browser: *Mit Hilfe eines Browsers (Programm) können Sie Web-Seiten anschauen. Der Internet Explorer ist beispielsweise ein Browser.*

Die Schaltfläche Zurücksetzen einfügen

▶ Stellen Sie den Cursor an die richtige Position.
▶ Klicken Sie auf das Symbol *Zurücksetzen* in der Webtools-Symbolleiste. Die gleichnamige Schaltfläche wird eingefügt.

Eine Dropdownfeld einfügen und beschriften

▶ Klicken Sie in der Webtools-Symbolleiste auf das Symbol *Dropdownfeld* einfügen. Das Dropdownfeld wird in den Text eingefügt.
▶ Ziehen Sie das Dropdownfeld an den schwarzen Markierungspunkten in die richtige Größe.
▶ Doppelklicken Sie auf das Dropdownfeld. Das Eigenschaftsfenster der Dropdownfeldes wird geöffnet.
▶ Geben Sie neben *DisplayValues* ein, zwischen welchen Eintragungen der Leser auswählen kann. Die Eintragungen müssen durch ein Semikolon getrennt werden.
▶ Schließen Sie das Eigenschaften-Fenster.

Eine Schaltfläche für die Datenübermittlung einfügen

▶ Klicken Sie in der Webtools-Symbolleiste auf *Übermitteln*. Die Schaltlfäche *Übermitteln* wird eingefügt.
▶ Doppelklicken Sie auf die Schaltfläche, wird das Eigenschaften-Fenster geöffnet. Verändern Sie neben *Caption* den Text der Schaltfläche. Geben Sie hier zum Beispiel *Reservierung senden* ein. Im Internet Explorer erscheint als Schaltfläche *Reservierung senden*.
▶ Klickt der Leser auf diese Schaltfläche, werden alle Daten übermittelt.

→ 695

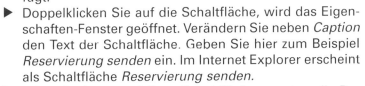

Web-Formulare mit Publisher gestalten

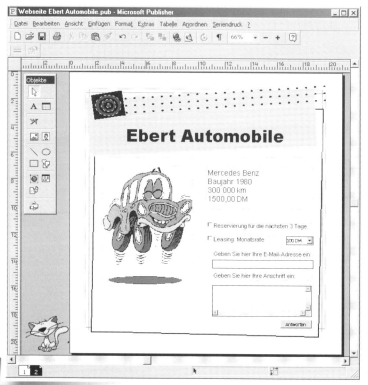

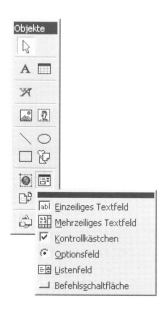

WO? WOMIT?

Textfeld, in das der Leser der Webseite schreiben kann, einfügen

▶ Klicken Sie in der Objekte-Leiste auf *Formular-Steuerelement*.

▶ Markieren Sie *Einzeiliges* oder *Mehrzeiliges Textfeld*.

▶ Ziehen Sie an der Stelle, an der Sie dieses Textfeld haben möchten, einen Rahmen.

➔ 555

▶ Geben Sie in einem Textfeld eine Anweisung, was in das Textfeld eingetragen werden soll.

Eigenschaften für das Textfeld festlegen

▶ Doppelklicken Sie auf das einzeilige bzw. mehrzeilige Textfeld.

▶ Das Dialogfenster *Eigenschaften für einzeiliges Textfeld* bzw. *mehrzeiliges Textfeld* wird geöffnet.

Einzeiliges Textfeld

Mehrzeiliges Textfeld

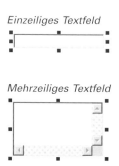

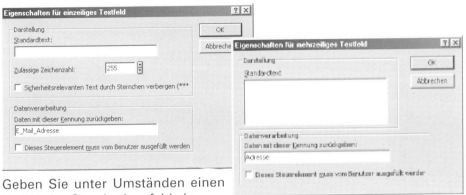

▶ Geben Sie unter Umständen einen Text in das Standardtextfeld ein.

▶ Beschränken Sie beim einzeiligen Textfeld die zulässige Zeichenzahl.

▶ Soll der Kunde in das Textfeld ein Paßwort eingeben, aktivieren Sie die Option *Sicherheitsrelevanten Text durch Sternchen verbergen*.

Ein Listenfeld einfügen

▶ Klicken Sie in der Objekte-Leiste auf *Formular-Steuerelement*.

▶ Wählen Sie aus dem Popup-Menü *Listenfeld* aus.

▶ Ziehen Sie einen Rahmen an der Position, an der das Listenfeld erscheinen soll.

Eigenschaften für das Listenfeld festlegen

▶ Doppelklicken Sie auf das Listenfeld.

▶ Geben Sie einen Namen für das Listenfeld ein.

▶ Klicken Sie auf die Schaltfläche *Hinzufügen*, um einen neuen *Eintrag* festzulegen.

▶ Geben Sie in das Eingabefeld *Eintrag* den gewünschten Text ein.

▶ Wiederholen Sie diesen Schritt, bis alle Einträge gemacht sind.

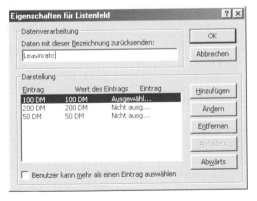

INFO
Fügen Sie Kontrollkästchen-Felder über die Objekte-Leiste Formular-Steuerelement/Kontrollkästchen *ein*.

☐ Hier Beschriftung eingeben.

○ Hier Beschriftung eingeben.

INFO
Fügen Sie Optionsfelder über die Objekte-Leiste Formular-Steuerelement/Optionsfeld *ein*.

INFO
Mit Hilfe der Befehlsschalt-flächen legen Sie die Eigen-schaften fest, wenn ein Kunde auf Ihre Webseite antwortet. Klicken Sie dazu auf Formular-Steuerelement/Befehlsschaltfläche. *Zeichnen Sie die Befehlsschaltfläche. Doppelklicken Sie auf die gezeichnete Befehlsschalt-fläche. Das Befehlsschalt-flächeneigenschaften-Fenster wird geöffnet.*

Grundgerüst

Fragebogen			
Name des Dozenten		Schulungscenter LernDichLeicht Leicht-und-Lern-Allee 456 79685 Munchen	
Ich unterrichte	am liebsten		
Besonderheiten	gern		
	wenn´s sein muß		
Tage			
Montag	Nie	OK	nach Absprache
Dienstag	Nie	OK	nach Absprache
Mittwoch	Nie	OK	nach Absprache
Donnerstag	Nie	OK	nach Absprache
Freitag	Nie	OK	nach Absprache
Samstag	Nie	OK	nach Absprache
Sonntag	Nie	OK	nach Absprache

Fertiges Formular

Fragebogen			
Name des Dozenten		Schulungscenter LernDichLeicht Leicht-und-Lern-Allee 456 79685 Munchen	
Ich unterrichte	am liebsten		
	Word ▾		
Besonderheiten	Word Windows Excel Quark/Press CorelDraw Freehand PageMaker Outlook Photoshop	sein muß	
Tage			
Montag			☐ nach Absprache
Dienstag			☐ nach Absprache
Mittwoch			☐ nach Absprache
Donnerstag			☐ nach Absprache
Freitag	☐ Nie	☐ OK	☐ nach Absprache
Samstag	☐ Nie	☐ OK	☐ nach Absprache
Sonntag	☐ Nie	☐ OK	☐ nach Absprache

Formular im Word-Dokument

▶ Erstellen Sie für ein Formular ein Grundgerüst.

▶ Verwenden Sie dazu eine Tabelle.

▶ Fügen Sie die Tabelle mit *Tabelle einfügen* oder *Tabelle zeichnen* ein.

▶ Geben Sie den fixen Text in die Tabelle ein.

▶ Klicken Sie im Menü auf *Ansicht/Symbolleisten*.

▶ Markieren Sie *Formular*.

▶ Die Formular-Symbolleiste erscheint auf dem Bildschirm.

▶ Klicken Sie an die Position in der Tabelle, an der z.B. ein *Text-Formularfeld* eingefügt wird.

▶ Klicken Sie in der Formular-Symbolleiste auf *Text-Formularfeld*.

▶ Bestimmen Sie die Eigenschaften mit Formularfeld-Optionen.

Publisher: Textfeld, in das der Leser der Webseite schreiben kann, einfügen

▶ Klicken Sie in der Objekte-Leiste auf *Formular-Steuerelement*.

▶ Markieren Sie *Einzeiliges* oder *Mehrzeiliges Textfeld*.

▶ Ziehen Sie an der Stelle, an der Sie dieses Textfeld haben möchten, einen Rahmen.

Geben Sie hier Ihre E-Mail-Adresse ein:

▶ Geben Sie in einem Textfeld eine Anweisung, was in das Textfeld eingetragen werden soll.

Einzeiliges Textfeld

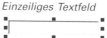

Mehrzeiliges Textfeld

41

KAPITEL

Office in Internet und Intranet einsetzen

tempo

Webseitenvorschau

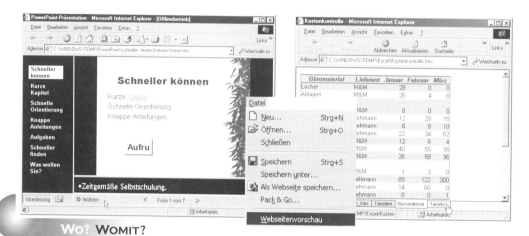

Webseitenvorschau aufrufen

▶ Wählen Sie im geöffnete Dokument den Menübefehl *Datei/Webseitenvorschau*. Es entsteht eine Wartezeit von einigen Sekunden, in denen das Dokument in das Format HTML konvertiert wird. Danach öffnet sich automatisch der Internet Explorer, sofern der als Standardbrowser eingerichtet worden ist.

▶ Der Aufbau ist ähnlich wie im ursprünglichen Office-Programm. In drei Bereichen werden von einer Präsentation die Gliederung, die Notizen und die Folien selbst angezeigt. Eine Excel-Tabelle hat seine Register dabei. Prüfen Sie, welche Elemente noch »funktionieren« und was Sie verändern müssen. Da HTML ein anderes Format mit begrenzteren Gestaltungsmitteln ist, kann es passieren, daß bestimmte Elemente nicht ihre volle Wirkung entfalten.

Ein- und Ausblenden von Bereichen einer Präsentation

▶ Klicken Sie unten links im Explorer-Fenster auf die Schaltfläche *Gliederung*, um den Frame mit der Gliederung ein- oder auszublenden.

▶ Ein Klick auf die Schaltfläche rechts neben *Gliederung* bringt die Unterpunkte der Folientitel zum Vorschein.

▶ Ein Klick auf *Notizen* läßt den Frame mit den Anmerkungen zur Präsentationen verschwinden oder wieder auftauchen.

BEGRIFFE

HTML: Engl., »Hypertext Markup Language«, bedeutet Auszeichnungssprache. Es handelt sich um Zeichencodes, den sogenannten Quellcode, die dem Browser mitteilen, wie die Web-Seite angezeigt werden soll.

BEGRIFFE

Frame: Englisch für Rahmen. Bezeichnet einen Teil einer Web-Seite, in dem eigenständiges Scrollen ermöglicht wird. Sie erkennen Frames an den Rahmenlinien und – je nach Größe – an den Rollbalken.

Im Internet Explorer durch das Dokument

▶ *Schaltflächen zum Blättern:* Am unteren Fensterrand stehen bei einer Präsentation Pfeilschaltflächen zur Verfügung, über die Sie nach vorne oder nach hinten durch die Präsentation klicken können. Dabei sehen Sie immer die aktuelle Foliennummer.

▶ *Register:* Durch eine Excel-Arbeitsmappe wandern Sie wie gewohnt über die Tabellenregister.

▶ *Schaltflächen* Vorwärts *und* Zurück*:* Im Internet Explorer stehen oben links zwei Pfeilschaltflächen bereit, mit denen Sie vorwärts oder rückwärts durch zuvor aufgerufene Seiten blättern können.

▶ *Hyperlinks:* Die Titel und Texte in der Gliederungsansicht einer Präsentaton sind »verlinkt«. Wenn Sie einen Link einmal anklicken, wird die entsprechende Web-Seite oder Stelle auf einer Seite angezeigt. Sie erkennen Hyperlinks an Unterstreichungen und daran, daß der Mauszeiger zur Hand wird.

ACHTUNG:
Kommentare ausblenden: Falls Sie mit der Überarbeiten-Funktion Kommentare gearbeitet haben, blenden Sie diese vor Einschalten der Webseitenvorschau aus. Die Kommentare bleiben sonst im Explorer sichtbar.

INFO
Links ein Folientitel, der automatisch verlinkt worden ist. Ein Klick darauf ruft die zugehörige Folie auf. Rechts ein Hyperlink, der in PowerPoint schon angelegt wurde. Ein Klick darauf öffnet die gewünschte Web-Seite, ruft das verlinkte Dokument im Explorer auf (nach einer HTML-Konvertierung) oder springt auf die Stelle in der Präsentation, die verknüpft wurde.

Funktionsweise aller Elemente des Office-Dokuments testen

▶ *Sounddateien*: Werden automatisch abgespielt. Darüber hinaus können Sie mit Klick auf das Soundsymbol, oder auf das Lautsprechersymbol am unteren Rand des Explorer-Fensters den Sound erneut abspielen.

▶ Videos müssen Sie gegebenenfalls einmal anklicken, bevor sie starten – jenachdem welche Option Sie beim Einfügen gewählt haben. ➜ 697

▶ *VBA-Routinen:* funktionieren nicht, und Steuerelemente werden auch nicht immer ganz richtig interpretiert:

Links das Original, rechts das gleiche Element im Explorer.

Als Webseite speichern und aufrufen

WO? WOMIT?

▶ Öffnen Sie ein Office-Dokument.
▶ Wählen Sie den Menübefehl *Datei/Als Webseite spei-chern...*

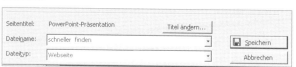

▶ Geben Sie einen Dateinamen an, falls Sie einen ande-ren als den des Office-Dokuments wünschen. Die Originaldatei wird durch Vergabe des gleichen Namens beim Speichern als Webseite nicht überschrieben.
▶ Als *Dateityp* ist bereits *Webseite* voreingestellt.
▶ Mit Klick auf die Schaltfläche *Titel ändern...* können Sie einen aussagekräftigeren Titel für die spätere Web-Site, die ja durch das Konvertieren in HTML erstellt wird, wählen.
▶ Klicken Sie auf *Speichern*.
▶ Beim Speichern werden ein Ordner und eine HTML-Datei angelegt. Die HTML-Datei ist die Startseite der Präsen-tation, des Dokuments, der Arbeitsmappe. Alle weite-ren Dateien finden Sie in einem Ordner, der im selben Verzeichnis liegt und denselben Namen hat wie die Datei.

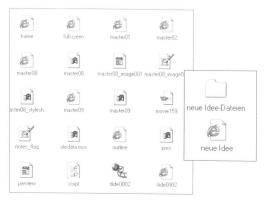

ACHTUNG

Öffnen einer HTML-Datei in Office: *Sie können ein Office-Dokument, das im Format HTML gespeichert worden ist, in Office 2000 über Datei/ Öffnen ebenfalls öffnen. Dabei werden Funktionen, die auf dem Weg ins HTML-Format verlorengingen, sauber wiederhergestellt. Wenn Sie allerdings eine Datei aus Office 2000, die Sie in HTML umgewandelt haben, in Office 97 öffnen, bekommen Sie einen Quell-code-Salat serviert. Dies ist ein Unterschied zur Vorgän-gerversion von Office 2000.*

INFO

Im Ordner des Web-Doku-ments befinden sich alle Elemente: in diesem Beispiel-bild die Folien im HTML-Format, die zugehörigen Bilder im Format GIF, die Sounddateien und die Videos.

Office-Dokument direkt im Internet Explorer öffnen

WO? WOMIT?

▶ Starten Sie den Internet Explorer – entweder mit Doppelklick auf das Programmsymbol oder über die Start-Schaltfläche von Windows, Menü *Programme/Internet Explorer*.

▶ Stellen Sie über *Datei/Offlinebetrieb* den Offline-Modus her. Alternativ unterbinden Sie beim Start die Herstellung einer Verbindung zum Provider.

▶ Wählen Sie den Menübefehl *Datei/Öffnen...*

▶ Klicken Sie auf *Durchsuchen*.

▶ Im folgenden Dialog stellen Sie als Dateityp *Alle Dateien* ein, sonst bekommen Sie nur HTML-Dateien angezeigt, Sie suchen jedoch nach einer Office-Datei.

▶ Suchen Sie den Ordner, in dem sich die zu → **539** öffnende Datei befindet.

▶ Markieren Sie die gewünschte Datei.

▶ Klicken Sie auf die Schaltfläche *Öffnen*. Das Dokument wird im Explorer geöffnet.

Dokument bearbeiten

▶ Wählen Sie den Menübefehl *Datei/Bearbeiten mit Microsoft.....* Danach zeigt sich der gewohnte Programm-Bildschirm mit Elementen des Internet-Explorer-Bildschirms.

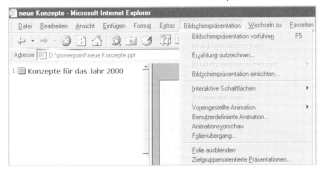

BEGRIFFE

Offline-Modus: *Der Explorer arbeitet, ohne daß eine Online-Verbindung zu Ihrem Internet-Provider besteht.*

→ **733**

INFO

Das Öffnen eines Office-Dokuments im Explorer funktioniert aber nur, wenn die jeweilige Anwendung, wie zum Beispiel PowerPoint, auf Ihrem Computer installiert ist. Sonst ist der Exlorer nur in der Lage, in HTML konvertierte Office-Dokumente (Dateierweiterung .htm) zu öffnen. Das Konvertieren nehmen Sie dann beispielsweise in PowerPoint selbst vor.

Als Webseite veröffentlichen

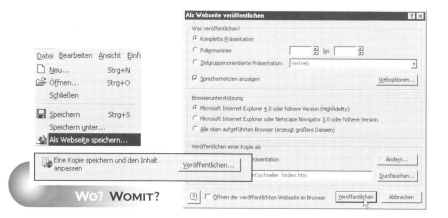

▶ Wählen Sie den Menübefehl *Datei/Als Webseite speichern...*

▶ Klicken Sie auf die Schaltfläche *Veröffentlichen...*

▶ Im Feld *Was veröffentlichen?* legen Sie fest, welche Elemente des Dokuments berücksichtigt werden sollen. Je nach Ursprungsanwendung sind die Auswahlmöglichkeiten unterschiedlich.

▶ Im Feld *Browserunterstützung* legen Sie fest, für welche Browsergenerationen die Web-Darstellung optimiert werden soll. Die Versionen 3.0 von Internet Explorer oder Netscape Navigator sind die ältesten, die Ihnen angeboten werden.

▶ Im untersten Feld *Veröffentlichen einer Kopie als* bestimmen Sie den Dateinamen.

▶ Klicken Sie auf die Schaltfläche *Durchsuchen...*, um den Speicherort zu ändern.

▶ Klicken Sie auf das Symbol *Webordner*.

▶ Suchen Sie einen Ordner aus, oder legen Sie über die Schaltfläche *Neuen Ordner erstellen* einen an. Dazu geben Sie URL Ihres Web-Servers zusammen mit dem Ordner ein, zum Beispiel *http://webservername/ordner*.

▶ Den Seitentitel können Sie über die Schaltfläche *Ändern...* neu formulieren.

▶ Aktivieren Sie noch *Öffnen der veröffentlichten Webseite im Browser*.

▶ Klicken Sie auf die Schaltfläche *Veröffentlichen*.

▶ Der Betrachter kann durch Angabe der URL der Datei im Internet Explorer das Dokument aufrufen, ohne sie jedoch überarbeiten zu können.

ACHTUNG

In Word steht die Schaltfläche Veröffentlichen nicht bereit.

TIP

Ein Web Publishing Assistent steht im Windows Explorer über Datei/Senden an/Web Publishing Assistent zur Verfügung. Damit können Sie Ihre zuvor markierte Datei auf einen Web-Server stellen.

INFO

Speicherort: *Da es sich um eine Veröffentlichung im Web handelt, wird das Dokument im Web-Ordner auf Ihrem Web-Server gespeichert. Die URL teilt Ihnen gegebenenfalls Ihr Webmaster mit.*

HTML-Datei nachbearbeiten

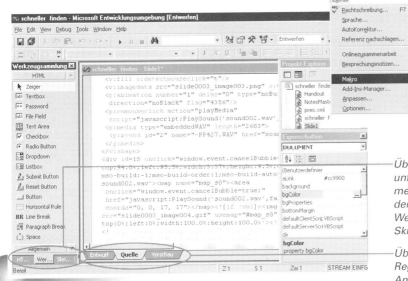

Über diese drei Register unter der linken Leiste bekommen Sie die HTML-Gliederung der aktuellen Folie, die Werkzeugleiste und die Skriptgliederung angeboten.

Über diese ersten beiden Register wechseln Sie die Ansichten, und über Vorschau überprüfen Sie das Resultat.

WO? WOMIT?

▶ Öffnen Sie das HTML-Dokument, die Sie aus einem Office-Dokument konvertiert haben, wieder in seinem Ursprungsprogramm, also Excel, Word etc.

▶ Wählen Sie den Menübefehl *Extras/Makro/Microsoft Skript-Editor*. Sie gelangen in die Microsoft-Entwicklungsumgebung.

▶ Zur Bearbeitung des Codes aktivieren Sie das Register *Quelle*.

▶ Stellen Sie den Mauszeiger an die Stelle im Dokument, wo Sie eine Bearbeitung vornehmen möchten.

▶ Wählen Sie für die linke Leiste die HTML-Gliederung, die Skriptgliederung oder die Werkzeugsammlung aus.

▶ Doppelklicken Sie auf das Element oder das Ereignis, das Sie definieren möchten.

▶ Geben Sie die benötigten Argumente oder Codes ein.

```
Sub Aufruf_Click

End Sub
```

```
Sub Aufruf_Click
msgbox "Hi Jungs!"
End Sub
```

▶ Kontrollieren Sie das Ergebnis im Register *Vorschau*.
▶ Speichern Sie die geänderte Datei.

BEGRIFFE

Microsoft-Skript-Editor: *Ein Programm, mit dem Sie HTML-Tags in HTML-Dokumenten und Active-Server-Page-Dateien bearbeiten können. Darüber hinaus können Sie Skript-Sprachen wie Visual Basic, VBScript und Jscript einsetzen. Office 2000 codiert in HTML 4.*

Der Webseiten-Assistent in Word

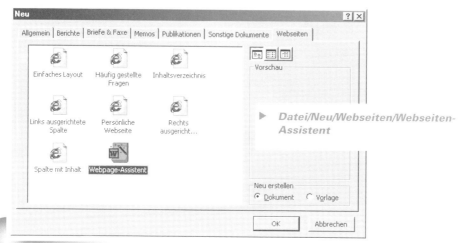

▶ *Datei/Neu/Webseiten/Webseiten-Assistent*

WO? WOMIT?

Den Webseiten-Assistenten aufrufen

▶ Wählen Sie aus dem Menü *Datei/Neu*.

▶ Wechseln Sie auf das Register *Webseiten*.

▶ Markieren Sie den *Webseiten-Asstistenten* und klicken Sie auf *OK*. Der Webseiten-Assistent wird gestartet.

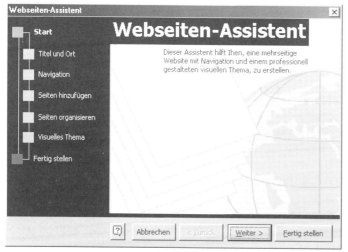

▶ Klicken Sie auf die Schaltfläche *Weiter*, um auf die Eingabeseite für Titel und Ort zu gelangen.

INFO

Lassen Sie sich durch den Webseiten-Assistenten führen, indem Sie so lange auf Weiter klicken, bis diese Schaltfläche nicht mehr aktivierbar ist.

INFO

Sollten Sie genau wissen, was Sie ausfüllen möchten und was nicht, können Sie sich mit einem Klick auf die grünen Rechtecke, zum Beispiel Seiten hinzufügen, im Assistenten fortbewegen. Die dazwischenliegenden Seiten werden dabei übersprungen.

Webseitentitel bestimmen

▶ Betiteln Sie Ihre Webseite im Eingabefeld *Webseitentitel*.
▶ Geben Sie einen *Speicherort für die Webseite* ein.
▶ Klicken Sie auf die Schaltfläche *Weiter*.

Webseite vertikal oder horizontal teilen

▶ Wählen Sie *Vertikaler Frame* oder *Horizontaler Frame*. Ein Bereich der Seite wird abgeteilt.
▶ Die Option *Separate Seite* richtet für das Inhaltsverzeichnis oder für die sogenannte Startseite eine eigene Webseite ein, die mit den folgenden Seiten »verlinkt« wird.
▶ Klicken Sie auf die Schaltfläche *Weiter*.

Leere Seiten hinzufügen

▶ Klicken Sie auf die Schaltfläche *Neue leere Seite hinzufügen*. Eine neue Seite wird hinzugefügt und erscheint als *Leere Seite 1, 2, 3* usw. unter *Aktuelle Seiten auf der Web-Site*.

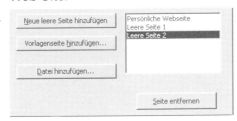

Seiten benennen

▶ Markieren Sie die Seite, der Sie einen Namen geben möchten.
▶ Klicken Sie auf die Schaltfläche *Umbenennen*.
▶ Geben Sie einen neuen Namen ein.

Webseitengestaltung auswählen

▶ Klicken Sie auf die Schaltfläche *Weiter* oder auf *Visuelles Thema*.
▶ Aktivieren Sie die Option *Visuelles Thema hinzufügen*.
▶ Klicken Sie auf die Schaltfläche *Themen durchsuchen*. Das Dialogfenster *Webdesign* wird geöffnet.
▶ Schauen Sie sich im Fenster *Design auswählen* die angebotenen Layouts an.
▶ Entscheiden Sie sich mit Mausklick für ein Layout.
▶ Klicken Sie auf *OK*.

→ 539

INFO
Klicken Sie auf die Schaltfläche Durchsuchen. Es wird ein Dialogfenster geöffnet, in dem Sie einen anderen Speicherort auswählen können.

INFO
Die Option Separate Seite muß nur angeklickt werden, wenn Browser eingesetzt werden, die keine Frames unterstützen, oder wenn Sie keine Frames mögen.

INFO
Klicken Sie auf die Schaltfläche Vorlagenseite hinzufügen. Eine leere, aber gestaltete Seite wird hinzugefügt.

INFO
Mit der Option Kein visuelles Thema wird die Webseite ohne jegliche Gestaltung wie Hintergrund, andere Schriftart, Farbe usw. dargestellt.

INFO
Falls die Layouts der Webseiten noch nicht installiert wurden, werden Sie jetzt aufgefordert, die Installation nachzuholen. Legen Sie Ihre Word- bzw. Office-CD ein.

INFO
Das Kontrollkästchen Leben-
dige Farben *ändert die
Schriftfarbe passend zum
Layout.*

INFO
Mit Aktive Grafik *bestimmen
Sie, ob die Aufzählungs-
zeichen und die Linien leben-
dig oder einfach wirken
sollen.*

Webseite fertigstellen

▶ Alle Einstellungen sind gemacht, der Webseiten-Assistent
fordert Sie auf, die Webseite fertigzustellen.

▶ Klicken Sie auf die Schaltfläche *Fertig stellen*.

INFO
Blenden Sie mit Hintergrundbild *den Hintergrund ein bzw.
aus.*

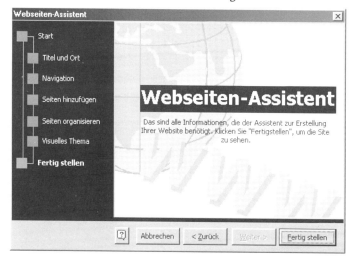

INFO
*Zurück erlaubt Ihnen, vor der
Fertigstellung der Webseite
im Webseiten-Assistent nochmal die vorherigen Einstellungen zu kontrollieren und
gegebenenfalls zu ändern.*

Die Webseiten beschriften

▶ Markieren Sie zum Beispiel den Text *Fügen Sie hier die Hauptüberschrift ein,* und überschreiben Sie ihn mit dem gewünschten Text.

▶ Verfahren Sie mit dem übrigen Text genauso.

TIP

Verwenden Sie als Schriftart am besten die Times New Roman oder die Arial. Diese Schriftarten können von den meisten Browsern gelesen werden.

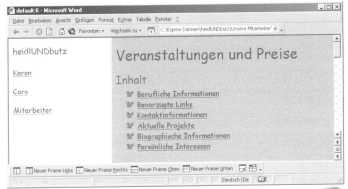

INFO

Sie können auch Text löschen, indem Sie ihn markieren und dann auf die Entf *-Taste drücken.*

▶ Im linken Teil des Fensters werden die Hyper- 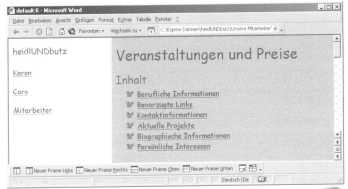 **→ 628** links auf weitere Webseiten, zum Beispiel *Mitarbeiter,* angezeigt.

▶ Klicken Sie auf so einen Hyperlink, wird im rechten Teil (Frame) der Inhalt dieser Seite angezeigt. Im Moment sind die Seiten noch leer.

→ 636

INFO

Die beiden Symbolleisten Web *und* Frames *werden eingeblendet. Mit diesen Symbolleisten werden die Webseiten weiterbearbeitet.*

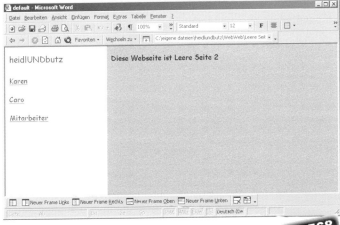

TIP

Bevor Sie Ihre Webseite ins Internet stellen, sollten Sie sie im Explorer anschauen. Manchmal werden kleine Überraschungen sichtbar. Ein Gegencheck im Netscape Navigator ist ebenfalls empfehlenswert.

▶ Fügen Sie hier Ihren Text und Ihre Bilder ein. **→ 568**

Eine Präsentation im Netzwerk zum Besten geben

WO? WOMIT?

Einrichtung starten und Beschreibung eingeben

▶ Öffnen Sie die zu übertragende Präsentation.

▶ Speichern Sie die Präsentation mit dem Menübefehl *Datei/Speichern.*

▶ Wählen Sie den Menübefehl *Bildschirmpräsentation/ Bildschirmpräsentation übertragen/Einrichten und planen...*

▶ Bei der erstmaligen Einrichtung ist im folgenden Fenster *Zeitplan für eine neue Übertragung festlegen* voreingestellt. Belassen Sie es dabei, und klicken Sie auf *OK.*

▶ Im folgenden Dialog ist das Register *Beschreibung* standardmäßig aktiv. Ändern Sie hier gegebenenfalls den Titel, geben Sie eine Beschreibung zur Präsentation ein, und ändern Sie den Kontakt. In das Feld *Kontakt* soll eine Telefonnummer oder E-Mail-Adresse eingetragen werden, die auf der Ankündigungsseite zu dieser Präsentation gezeigt wird.

→ 417

INFO
Um sich mit den Feinheiten der Übertragung vertraut zu machen, klicken Sie im Dialog Übertragungszeitplan *auf die Schaltfläche* Tipps für die Übertragung...

INFO
Die Präsentation wird nach Einrichtung der Übertragung im Internet Explorer vorgeführt.

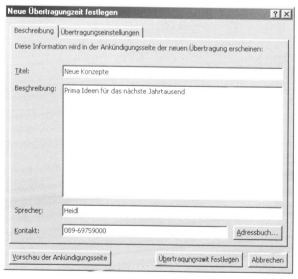

→ 24

INFO
Speicherort festlegen: Wenn Sie an dieser Stelle auf die Schaltfläche Übertragungszeit festlegen *klicken, werden Sie erst einmal aufgefordert, einen Speicherort für die Vorführung festzulegen.*

Einstellungen zur Übertragung

▶ Wechseln Sie in das Register *Übertragungseinstellungen*.

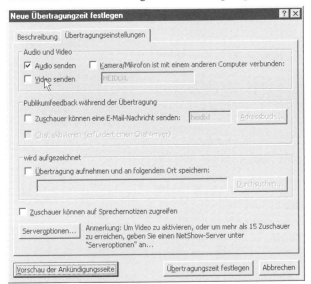

Welche Multimedia-Komponenten verwenden Sie?

▶ Klicken Sie im Feld *Audio und Video* die gewünschten Kontrollkästchen an, und reflektieren Sie dabei die technischen Gegebenheiten Ihres Netzwerkes (siehe Info). Kamera und Mikrophon können sich auch an einem anderen Computer befinden. Sie müssen die Übertragung nicht von Ihrem eigenen PC durchführen.

Zuhörer/Zuschauer einbinden

▶ Aktivieren Sie die Option *Zuschauer können eine E-Mail-Nachricht senden*.

▶ Falls Ihr Name im Netzwerk nicht identisch ist mit Ihrer E-Mail, klicken Sie auf *Adressbuch*.

▶ Wählen Sie eine E-Mail-Adresse aus, oder geben Sie eine neue ein.

▶ Eine andere Form der Zuschauereinbindung besteht in der Aktivierung der Option *Zuschauer können auf Sprechernotizen zugreifen* zur Verfügung.

Übertragungsquelle festlegen

▶ Falls Sie nicht vom eigenen PC übertragen wollen – was durchaus zu Leistungseinbußen des Computers führen kann – aktivieren Sie *Übertragung aufnehmen und an folgendem Ort speichern:*

▶ Suchen Sie den Speicherort der zu übertragenden Präsentation aus dem Auswahldialog. → 539

INFO

NetShow-Server: Wenn Sie die Übertragung in einem Netzwerk, das mehr als 15 Teilnehmer verwaltet, vornehmen möchten oder wenn Sie Video einbinden wollen, benötigen Sie einen NetShow-Server. Die Informationen dazu bekommen Sie vom System-Administrator.

NetShow-Server spezifizieren

▶ Falls Sie einen NetShow-Server einsetzen, geben Sie die Spezifikationen nach einem Klick auf die Schaltfläche *Server-optionen...* ein. Diese teilt Ihnen Ihr System-Administrator mit, falls sie nicht voreingestellt sind.

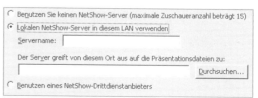

▶ Bestätigen Sie die Einstellungen mit Klick auf *OK*, um zu den Übertragungseinstellungen zurückzukehren.

Übertragungszeit festlegen

▶ Klicken Sie auf die Schaltfläche *Übertragungszeit festlegen*.
▶ Bestimmen Sie spätestens jetzt den Speicherort für die Übertragung (siehe Info). Danach landen Sie wieder im Register *Übertragungseinstellungen* und dürfen noch einmal auf *Übertragungszeit festlegen* klicken.
▶ Die Einstellungen für die Übertragung werden validiert, das heißt überprüft und gespeichert. Ist etwas nicht in Ordnung, werden Sie darauf hingewiesen, und es wird automatisch die Überarbeitung durch Anzeige des benötigten Dialogs angeboten.
▶ Wenn Sie keinen NetShow-Server spezifiziert haben, bestätigen Sie die Sicherheitsnachfrage des Assistenten mit Klick auf *Ja*.
▶ Danach öffnet sich *Microsoft Outlook*. Geben Sie die Adressaten der Einladung zur der Präsentation im Feld *An:* ein.

INFO

Gemeinsamen Speicherort festlegen: Ein Dialog Server-optionen *wird eingeblendet. Klicken Sie auf die Schaltfläche* Durchsuchen..., *und übernehmen Sie mit Doppelklick das gemeinsam von Ihnen und Ihrem Publikum genutzte Verzeichnis im Netzwerk in das Eingabefeld.*

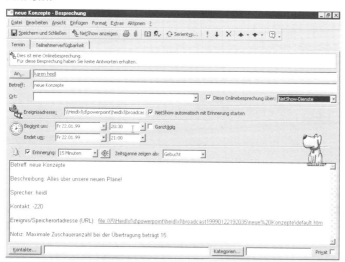

▶ Zur Aktivierung eines automatischen Starts von NetShow aktivieren Sie neben der Ereignisadresse *NetShow automatisch mit Erinnerung starten*.

▶ Aktivieren Sie gegebenenfalls eine Erinnerung an die Besprechung. Die Nachricht enthält die Beschreibungsdaten, die Sie während der Einrichtung festgelegt haben. Ergänzen Sie hier, falls diese Informationen nicht ausreichen. In der Mitteilung enthalten ist auch der Speicherort als URL.

▶ Schließen Sie den Dialog mit Klick auf die *Schließen*-Schaltfläche im Titelbalken oben links.

▶ Bestätigen Sie die Nachfrage des Assistenten mit *Ja*. Und das war's.

Übertragung starten

▶ Öffnen Sie die Präsentation, und wählen Sie den Menübefehl *Bildschirmpräsentation/Bildschirmpräsentation übertragen/Übertragung beginnen...* Die Präsentation wird nun zur Vorführung als NetShow codiert.

▶ Klicken Sie auf *Starten*, wenn alles funktioniert hat.

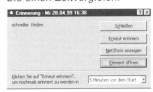

Empfang der Vorführung

▶ Der Empfänger der Einladung klickt bei Erhalt der Erinnerung auf die Schaltfläche *NetShow anzeigen*. Falls der Empfänger nicht Outlook benutzt, klickt er in der Einladungsnachricht auf die URL des Speicherorts.

▶ Die Vorschauseite öffnet sich im Internet Explorer. Sie enthält Informationen über den Zeitraum, bis die Vorführung beginnt.

ACHTUNG
Sie haben die Vorführung verpaßt, obgleich Sie pünktlich waren? Das kann daran liegen, daß die Systemuhren des vorführenden Rechners und Ihres eigenen Computers nicht synchron sind. Machen Sie einen Zeitvergleich.

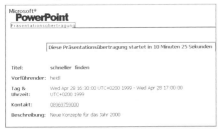

▶ Die Vorführung startet automatisch, wenn der geplante Zeitpunkt gekommen ist.

Verspätungen...

▶ Der Vortragende kann mit Klick auf die Schaltfläche *Publikumsmitteilung* eine Nachricht bezüglich einer Verspätung versenden. Diese erscheint auf der Vorschauseite der Präsentation.

▶ Falls der Betrachter zu spät ist, gibt es die Schaltfläche *Vorherige Folien anzeigen,* über die er die bereits präsentierten Folien anschauen kann.

ACHTUNG
Software-Voraussetzung: Der Betrachter benötigt mindestens Internet Explorer 4 auf seinem Rechner. Einige Komponenten müssen eventuell nachinstalliert werden. Diese werden aber automatisch angefordert.

Webseitenvorschau aufrufen

▶ Wählen Sie in der geöffneten Office-Datei den Menübefehl *Datei/ Webseitenvorschau.*

Als Webseite speichern und aufrufen

▶ Öffnen Sie das Office-Dokument.

▶ Wählen Sie den Menübefehl *Datei/Als Webseite speichern...*

▶ Geben Sie einen Dateinamen an, falls Sie einen anderen als den der aktuell geöffneten Datei wünschen. Die Datei wird durch Vergabe des gleichen Namens beim Speichern als Webseite nicht überschrieben.

▶ Klicken Sie auf *Speichern.*

Dokument aus dem Internet Explorer öffnen

▶ Starten Sie den Internet Explorer – entweder mit Doppelklick auf das Programmsymbol oder über die Start-Schaltfläche von Windows, Menü *Programme/ Internet Explorer.*

▶ Stellen Sie über *Datei/ Offlinebetrieb* den Offline-Modus her. Alternativ unterbinden Sie beim Start die Herstellung einer Verbindung zum Provider.

▶ Wählen Sie den Menübefehl *Datei/ Öffnen...*

▶ Im folgenden Dialog stellen Sie als Dateityp *Alle Dateien* ein, sonst bekommen Sie nur HTML-Dateien angezeigt, Sie suchen jedoch nach einer Ofifce-Datei.

▶ Suchen Sie den Ordner, in dem sich die zu öffnende Datei befindet.

▶ Markieren Sie die gewünschte Datei.

▶ Klicken Sie auf die Schaltfläche *Öffnen.* Die Datei wird im Explorer geöffnet.

Office-Dokument bearbeiten

▶ Wählen Sie den Menübefehl *Datei/ Bearbeiten in Microsoft...* Danach zeigt sich der gewohnte Dokument-Bildschirm mit Elementen des Internet-Explorer-Bildschirms

HTML-Code bearbeiten

▶ Öffnen Sie die HTML-Datei.

▶ Wählen Sie den Menübefehl *Makro/ Microsoft Skript-Editor.* Sie gelangen in die Microsoft-Entwicklungsumgebung.

42

KAPITEL

Online-Meetings mit Office-Anwendungen

tempo

Online-Meeting ansetzen und starten

Teilnehmer über Online-Meeting informieren

→ 406

▶ Wählen Sie in Ihrem Office-Dokument den Menübefehl *Extras/Onlinezusammenarbeit/Meeting ansetzen...*

▶ Es öffnet sich beim ersten Mal ein Dialog des Programms NetMeeting. Geben Sie Ihre persönlichen Informationen in die entsprechenden Felder ein.

▶ In das Feld *Servername:* geben Sie den Server ein, über den in der Regel das Meeting stattfindet. → 711

▶ Nachdem Sie sich mit Klick auf *OK* von diesem Dialog verabschiedet haben, öffnet sich automatisch Outlook, was von nun an immer sofort erledigt wird. Geben Sie in den jeweiligen Feldern die Adressaten/Teilnehmer der Online-Konferenz und einen Betreff ein.

▶ Lassen Sie die Option *Diese Onlinebesprechung über: Microsoft NetMeeting* aktiviert.

▶ Die folgenden Feldeinträge werden bereits automatisch vorgenommen, sofern NetMeeting bereits konfiguriert wurde. Der Verzeichnisdienstserver ist aus einer Liste von Microsoft-Servern auszuwählen. Gegebenenfalls arbeiten Sie in Ihrer Firma mit einem eigenen Verzeichnisdienstserver. In diesem Fall erhalten Sie alle notwendigen Informationen von Ihrem Systemadministrator.

▶ Im Feld *E-Mail-Planung:* steht Ihre E-Mail-Adresse, wie sie in NetMeeting eingerichtet wurde.

INFO

Sie benutzen Outlook nicht als E-Mail-Programm? Falls Sie zum Beispiel mit AOL arbeiten, können Sie mit Outlook nicht viel anfangen, da AOL die Einrichtung von Outlook als E-Mail-Client nicht zuläßt. In diesem Fall müssen Sie AOL manuell starten und per E-Mail eine Einladung an die Teilnehmer versenden.

BEGRIFFE

Microsoft NetMeeting: *Das Programm, über das Windows Online-Meetings übers Internet oder auch im lokalen Netzwerk abwickelt. Gegebenenfalls werden Sie aufgefordert, dieses Tool von Ihrer Office-CD nachzuinstallieren. Sie können es auch von einer Internet-Explorer-CD oder von einer Windows-Installations-CD einrichten. Es wird immer mit dem Internet Explorer mitgeliefert.*

▶ Der Pfad der aktuellen Office-Datei ist bereits im Feld *Office-Dokument:* eingetragen.

▶ Wenn Sie wollen, daß NetMeeting bereits automatisch mit der Meeting-Erinnerung durch Outlook startet, aktivieren Sie die Option *NetMeeting automatisch mit Erinnerung starten.*

▶ Die Erinnerung selbst geben Sie ganz unten vor dem Feld für den Mail-Text ein. Sie können sie mit Klick auf das Lautsprecher-Symbol mit einem Sound verbinden.

▶ Geben Sie die Daten des Online-Meetings ein.

▶ Schreiben Sie den eigentlichen Benachrichtigungstext in das Textfeld.

▶ Versenden Sie die Nachricht.

Online-Besprechung starten

▶ Wählen Sie den Menübefehl *Extras/Onlinezusammenarbeit/Besprechung beginnen.*

▶ Wählen Sie einen Teilnehmer aus der Liste der zuletzt angerufenen Teilnehmer, oder suchen Sie einen Server aus, um einen bereits eingeloggten Teilnehmer dort auszusuchen. Wenn Sie einen Server auswählen, wird dessen Verzeichnis eingeloggter Benutzer auf Ihren PC übertragen, und Sie können den gewünschten Teilnehmer markieren.

▶ Klicken Sie auf die Schaltfläche *Anrufen...* oder *Neuer Anruf....*

Was macht der Empfänger? – Anmeldung beim Verzeichnisdienstserver

▶ Stellen Sie die DFÜ-Verbindung zu Ihrem Internet-Provider mit Doppelklick auf das Symbol der Verbindung im Ordner *DFÜ-Verbindung*, der sich im Ordner *Arbeitsplatz* befindet, her, sofern diese Verbindung noch nicht besteht – wenn Sie im lokalen Netzwerk mit einem Mail-Server arbeiten, entfällt dieser Schritt.

ACHTUNG
Erreichtbarkeit eines Teilnehmers: Sie können nur einen Teilnehmer anrufen, der ebenfalls bereits online ist und bei einem Verzeichnisserver angemeldet ist.

INFO
Outlook 2000

INFO
AOL-Benutzer müssen erst die Verbindung zu AOL herstellen, bevor sie die Online-Zusammenarbeit starten.

INFO
NetMeeting hinterläßt nach der Installation sein Symbol neben der Systemzeit-Anzeige in der Taskleiste. Mit Doppelklick auf dieses Symbol starten Sie NetMeeting ebenfalls.

▶ Der Empfänger wird sich ebenfalls beim ILS-Server anmelden müssen. Dazu ruft er NetMeeting direkt auf. Klicken Sie auf die Windows-Start-Schaltfläche.

▶ Im Untermenü *Programme* ist *Microsoft NetMeeting* aufgelistet. Klicken Sie es zum Starten an.

▶ Wählen Sie den Menübefehl *Anruf/Bei xxxxx.com-Benutzerstandortdienst anmelden*. Eingetragen ist dort Ihr Standard-Verzeichnisserver.

TIP
Verzeichnisanzeige aktualisieren: Klicken Sie auf diese Schaltfläche in der Net-Meeting-Symbolleiste, um das Verzeichnis »aufzufrischen«.

▶ Die Verbindung wird hergestellt, und Sie werden angemeldet. Eine Information dazu erhalten Sie in der Statusleiste des NetMeeting-Fensters.

▶ Sie können auf den Anruf des Konferenzleiters warten.

▶ Klicken Sie im Mitteilungsfenster auf *Annehmen*.

Überblick über laufende Konferenzen

▶ Öffnen Sie NetMeeting.

▶ Klicken Sie in der linken Leiste des Fensters auf *Verzeichnis*.

▶ Im Feld *Teilnehmende:* wählen Sie *in einer Konferenz (in der geschäftlichen Kategorie).* Die Liste laufender Konferenzen wird zusammengestellt.

▶ Doppelklicken Sie auf die Konferenz, an der Sie teilnehmen möchten.

Teilnehmerinformationen bearbeiten

Bei der Erstinstallation wurden Name des Benutzers, Standort, E-Mail-Adresse, Benutzerstandortdienst etc. bereits abgefragt. Diese Einstellungen können Sie jedoch im nachhinein überarbeiten.

▶ Starten Sie NetMeeting.

▶ Wählen Sie den Menübefehl *Extras/Optionen...*

▶ Im Register *Teilnehmerinformationen* geben Sie die Daten ein, die andere Anwender in der Verzeichnisliste sehen: Ihren Namen, Ihre E-Mail-Adresse, den Wohnort, das Land und Kommentare.

TIP
Dateiübertragung via Net-Meeting: Wählen Sie während der Konferenz Extras/Dateiübertragung/Datei senden..., *um eine Datei an einen Konferenzpartner zu versenden. Bei dem Empfänger öffnet sich automatisch NetMeeting, um die Datei zu empfangen. Der Empfänger lokalisiert die Datei über* Extras/Dateiübertragung/Ordner »Empfangene Dateien« *öffnen.*

▶ Wählen Sie eine Kategorie, in der Sie in den Verzeichnissen auftauchen. Diese sind ebenfalls in *geschäftlich* und *privat* kategorisiert. Wechseln Sie zum Register *Verzeichnis*.

Verzeichnisdienstserver einstellen und Kurzwahleinträge verwalten

▶ Wählen Sie in NetMeeting den Menübefehl *Extras/Optionen...*
▶ Wechseln Sie zum Register *Verzeichnis*.

▶ Aktivieren Sie die Option *Beim Start von NetMeeting am Verzeichnisdienstserver anmelden*, wenn Sie in der Regel mit einem Standardserver arbeiten.
▶ Im Feld *Servername:* geben Sie entweder einen eigenen Server an (zum Beispiel der vom Netzadministrator genannte), oder Sie wählen einen aus der Liste.
▶ Wenn Sie die Option *Nicht in die Verzeichnisliste aufnehmen. ...* aktiviert haben, sind Sie für andere Teilnehmer auf dem Server nicht sichtbar. Sie können Sie dann über Ihre E-Mail-Adresse erreichen.
▶ Über das Kurzwahlverzeichnis legen Sie sich so etwas wie ein persönliches Adreßbuch Ihrer Konferenzkontakte an. Wählen Sie zwischen *Nie, Bei jedem Anruf bestätigen* und *Immer*. Weitere Einstellungen zum Kurzwahlverzeichnis können Sie im letzten Feld vornehmen.

Audio und Video

▶ Wenn Ihr Computer eine Soundkarte, ein Mikrofon und eine Kamera angeschlossen hat, wird das bei der Installation von NetMeeting automatisch registriert und im Verzeichnis durch Symbole angezeigt. Einstellungen nehmen Sie im Optionen-Dialog von NetMeeting vor. Wählen Sie dazu *Extras/Optionen...*
▶ In den beiden Registern *Audio* und *Video* können Sie Soundwiedergabe und Videohandling einstellen.

INFO

In diesem Verzeichnis können Sie ebenfalls verfolgen, wer angemeldet ist und wer nicht. Dies ist unter Umständen übersichtlicher als das Gesamtverzeichnis.

An einem Office-Dokument online arbeiten

WO? WOMIT?

Nachdem Teilnehmer erfolgreich angerufen worden sind, sehen diese nach einer Weile das Programmfenster mit dem aktuellen Dokument auf dem Bildschirm. Zusätzlich ist die Leiste *Onlinebesprechung* auf der Arbeitsoberfläche positioniert. Die anderen Teilnehmer hören (falls Soundkarte und Lautsprecher vorhanden) und sehen (falls Videoausstattung vorhanden) alle Ihre Aktionen. Alle Aktionen im Dokument-Fenster sehen alle Teilnehmer ebenfalls. Zum interaktiven Arbeiten an einem Dokument muß eine Freigabe erfolgen.

Dokument zur Bearbeitung durch Teilnehmer freigeben

▶ Wählen Sie im linken Feld aus der Liste der Teilnehmer denjenigen aus, für den Sie das Dokument freigeben möchten.

▶ Klicken Sie auf die Schaltfläche *Anderen das Bearbeiten ermöglichen* in der Symbolleiste *Onlinebesprechung*.

▶ Bestätigen Sie die folgende Meldung mit Klick auf *OK*. Der andere Teilnehmer hat nun die Möglichkeit, die Datei im Rahmen seiner Software-Installation zu bearbeiten. Er kann zum Beispiel durch Klick auf das *Speichern*-Symbol Änderungen auf dem Computer des Besitzers speichern. Der Besitzer entzieht dem Benutzer mit der Taste [Esc] die Bearbeitungsmöglichkeit wieder.

Teilnehmer entfernen oder anrufen

▶ Hierfür stehen in der Leiste *Onlinebesprechung* diese Symbole zur Verfügung.

Konferenz beenden

▶ Wenn der Konferenzleiter »auflegt«, ist die Konferenz beendet. Legt ein Teilnehmer auf, wirkt sich dies nicht auf die anderen Teilnehmer der Konferenz aus. Sowohl in NetMeeting als auch in der Symbolleiste *Onlinebesprechung* stehen hierfür Symbolschaltflächen zur Verfügung. In welcher Umgebung Sie die Teilnahme beenden, ist egal.

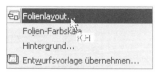

An den eingeblendete Initialen sehen die Teilnehmer, wer gerade welche Aktion vornimmt.

INFO
Das Programm muß nicht überall installiert sein. Durch den Besitzer des installierten Programms erfolgt eine Freigabe, damit die Teilnehmer ebenfalls Änderungen vornehmen können. Sie können dann nur die Funktionen ausführen, die auf dem eigenen Rechner installiert sind. Fehlen also Komponenten, bleiben diese auch nach einer Freigabe inaktiv. An den eingeblendeten Initialen erkennen die Teilnehmer, wer gerade welche Aktion vornimmt.

INFO
Der Benutzer kann die Datei des Besitzers nicht freigeben. Er erhält dann einen Hinweis. Wenn Sie in NetMeeting auf Aktueller Anruf klicken, können Sie sehen, an wen welche Freigaben gegangen sind.

Chat-Funktion aufrufen und einsetzen

WO? WOMIT?

▶ Klicken Sie in der Symbolleiste *Onlinebesprechung* auf die Schaltfläche *Chat-Fenster anzeigen*.

▶ Geben Sie Ihren Text im Feld *Nachricht:* ein.

▶ Im Feld *Senden an:* ist *Jeder in Chat* voreingestellt. Wollen Sie einzelne Teilnehmer adressieren, wählen Sie diese über den Listenpfeil aus.

▶ Klicken Sie auf die *Senden*-Schaltfläche.

▶ Die Empfänger sehen Ihren Namen mit der Nachricht im automatisch startenden Chat-Fenster. Antworten werden später darunter aufgelistet, so daß der Verlauf der Konversation nachverfolgt werden kann, falls sich Beiträge überschneiden.

Einstellungen zur Schriftart

▶ Wählen Sie den Menübefehl *Optionen/Schriftart...*

▶ Legen Sie Schriftart, Schriftschnitt, Schriftgröße und -farbe fest. Eine farbliche Unterscheidung macht das Chat-Fenster übersichtlicher.

▶ Bestätigen Sie Ihre Festlegungen mit Klick auf *OK*.

Datum und Uhrzeit anzeigen und Umbruch festlegen

▶ Wählen Sie den Menübefehl *Optionen/Chat-Format*.

▶ Aktivieren Sie die Optionen *Datum* und *Uhrzeit*.

▶ Im Feld *Nachrichtenformat* können Sie Textumbrüche festlegen.

▶ Bestätigen Sie Ihre Einstellungen mit Klick auf *OK*.

Chat-Datei speichern

▶ Wählen Sie den Menübefehl *Datei/Speichern*.

▶ Vergeben Sie einen Namen für die Datei.

▶ Wählen Sie den Speicherort.

▶ Bestätigen Sie mit Klick auf *Speichern*.

 → 24

BEGRIFFE

Chat: Ein Chat ist ein Online-Austausch von getippten Äußerungen. Anders als bei der E-Mail sind die Teilnehmer zu einem Zeitpunkt auf einem gemeinsamen Server angemeldet und tauschen »in Echtzeit« Nachrichten aus.

INFO

Die Chat-Funktion ermöglicht die Kommunikation auch ohne Soundkarte. Allerdings verläuft die Konferenz dann etwas mühseliger. Greifen Sie dann vielleicht besser zum Telefon.

INFO

Das Chat-Fenster wird nicht automatisch mit dem Ende der Konferenz geschlossen. Es hat seinen eigenen Platz in der Taskleiste.

Das Whiteboard starten und verwenden

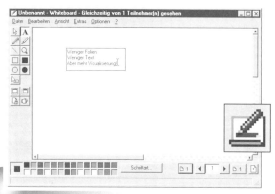

WO? WOMIT?

▶ Klicken Sie auf die Schaltfläche *Whiteboard anzeigen* in der Symbolleiste *Onlinebesprechung*.

Elemente vom Bildschirm in das Whiteboard

▶ Es stehen in der Werkzeugleiste links zwei Symbole für den Transport von Elementen auf das Whiteboard zur Verfügung. Mit dem linken erwischen Sie das komplette Fenster, mit dem rechten einen zu markierenden Bereich. Klicken Sie auf das gewünschte Symbol.

▶ Bestätigen Sie das Hinweisfenster mit Klick auf *OK*. Das Whiteboard-Fenster verschwindet.

▶ Klicken Sie in das gewünschte Fenster, oder ziehen Sie einen Markierungsrahmen für die zu kopierenden Elemente auf.

▶ Wenn Sie die Maustaste wieder loslassen, erscheinen die gewählten Elemente auf dem Whiteboard.

Text eingeben

▶ Klicken Sie auf das Textwerkzeug. Es erscheint ein Rahmen auf dem Whiteboard.

▶ Wählen Sie in den Farbfeldern unten im Fenster eine Schriftfarbe.

▶ Zur Auswahl der Schriftart und -größe klicken Sie auf *Schriftart...*

▶ Bestätigen Sie Ihre Einstellungen zur Schriftart mit Klick auf *OK*.

▶ Beginnen Sie mit der Texteingabe.

▶ Klicken Sie anschließend wieder auf den Pfeil, um zum gewöhnlichen Mauszeiger zurückzukehren.

BEGRIFFE

Whiteboard: Wie bei einer Besprechung im Konferenz-raum eine Tafel, an der von allen Beteiligten Zusammen-hänge visualisiert, Inhalte fixiert und Ideen niederge-schrieben werden können.

INFO

Die Elemente kommen als Bild, nicht als nachzubear-beitender Text oder als Ein-zelobjekte ins Whiteboard.

INFO

Whiteboard sperren: Klicken Sie auf dieses Symbol, dann kann nur noch der Teilnehmer das Whiteboard bearbeiten, der es gesperrt hat. Damit verhindern Sie ein großes Durcheinander beim Überarbeiten. Ein erneuter Klick hebt die Sperrung wieder auf.

INFO

Whiteboard speichern: Sie werden beim Verlassen automatisch danach gefragt. Bestätigen Sie dies mit Klick auf Ja, und vergeben Sie einen Namen.

Textmarker und Stift

▶ Der Unterschied zwischen diesen beiden Werkzeugen ist der, daß der Stift über den Text malt, der Textmarker hingegen die Linie unter dem Text zieht. Wählen Sie eines der beiden Werkzeuge.

▶ Klicken Sie in den Farbfeldern unten im Fenster auf eine Zeichenfarbe, indem Sie ein Feld anklicken.

▶ Setzen Sie den Mauszeiger auf, und beginnen Sie mit dem Zeichnen.

Formen zeichnen

▶ Als Formen stehen Linien, gefüllte Viereckc und Ellipsen sowie nicht gefüllte Vierecke und Ellipsen zur Auswahl. Pfeile müssen Sie selbst kreieren, dafür gibt es kein eigenes Werkzeug. Klicken Sie auf das gewünschte Element.

▶ Wählen Sie eine Farbe.

▶ Suchen Sie eine Linienstärke aus (nicht bei gefüllten Objekten).

▶ Setzen Sie den Mauszeiger auf der Arbeitsfläche auf, und ziehen Sie die Form in die richtige Größe und Richtung.

Element löschen

▶ Klicken Sie auf das Symbol zum Löschen. Der Mauszeiger wird mit einem Minussymbol versehen.

▶ Klicken Sie auf das zu löschende Element. Es verschwindet daraufhin.

Mehrere Seiten anlegen und blättern

▶ Über diese Schaltfläche navi- gieren Sie durch die verschiedenen Seiten des Whiteboards. Klicken Sie auf das ganz rechte Symbol mit dem Pluszeichen, um eine Seite einzufügen.

▶ In dem weißen Feld in der Mitte sehen Sie die aktuell geöffnete Seite. Mit den Pfeilschaltflächen nach rechts und links blättern Sie durch die Seiten.

▶ Das erste Symbol mit der 1 blättert auf die erste Seite, die Symbolschaltfläche, auf der sich im Beispielbild die 2 befindet, blättert ganz zum Schluß des Whiteboards und zeigt als Zahl immer die letzte Seitennummer an.

Die Formenwerkzeuge

Die angebotenen Linienstärken

INFO
Element verschieben: Zum Markieren eines Elements klicken Sie auf das Pfeilsymbol. Klicken Sie dann auf das Element. Es erscheint ein gestrichelter Markierungsrahmen. Sie können es nun verschieben.

INFO
Eine Hand zum Zeigen: Klicken Sie auf das Hand-Symbol. Sie erhalten eine Zeigehand, die Sie per Drag&Drop auf dem Whiteboard bewegen.

Online-Besprechung starten

▶ Wählen Sie den Menübefehl *Extras/Onlinezusammenarbeit/ Besprechung beginnen*.

▶ Wählen Sie einen Teilnehmer aus der Liste der zuletzt angerufenen Teilnehmer, oder suchen Sie einen Server aus, um einen bereits eingeloggten Teilnehmer dort auszusuchen. Wenn Sie einen Server auswählen, wird dessen Verzeichnis eingeloggter Benutzer auf Ihren PC übertragen, und Sie können den gewünschten Teilnehmer markieren.

▶ Klicken Sie auf die Schaltfläche *Anrufen...* oder *Neuer Anruf....*

Anmeldung beim Verzeichnisdienstserver

▶ Stellen Sie die DFÜ-Verbindung zu Ihrem Internet-Provider mit Doppelklick auf das Symbol der Verbindung im Ordner *DFÜ-Verbindung*, der sich im Ordner *Arbeitsplatz* befindet, her, sofern diese Verbindung noch nicht besteht – wenn Sie im lokalen Netzwerk mit einem Mail-Server arbeiten entfällt dieser Schritt.

▶ Der Empfänger wird sich ebenfalls beim ILS-Server anmelden müssen. Dazu ruft er NetMeeting direkt auf. Klicken Sie auf die Windows-Start-Schaltfläche.

▶ Im Untermenü *Programme* ist *Microsoft NetMeeting* aufgelistet. Klicken Sie es zum Starten an.

▶ Wählen Sie den Menübefehl *Anruf/Bei xxxxx.com-Benutzerstandortdienst anmelden*. Eingetragen ist dort Ihr Standard-Verzeichnisserver.

▶ Die Verbindung wird hergestellt, und Sie werden angemeldet. Eine Information dazu erhalten Sie in der Statusleiste des NetMeeting-Fensters.

▶ Sie können auf den Anruf des Konferenzleiters warten.

▶ Klicken Sie im Mitteilungsfenster auf *Annehmen*.

Chat-Fenster aufrufen

▶ In der Symbolleiste *Onlinebesprechung* klicken Sie auf *Chat-Fenster anzeigen*.

Whiteboard aufrufen

▶ In der Symbolleiste *Onlinebesprechung* klicken Sie auf das Symbol *Whiteboard anzeigen*.

ACHTUNG

Erreichtbarkeit eines Teilnehmers: Sie können nur einen Teilnehmer anrufen, der ebenfalls bereits online und bei einem Verzeichnisserver angemeldet ist.

43 *KAPITEL*

Hilfefunktionen in Office

tempo

Die Assistenten

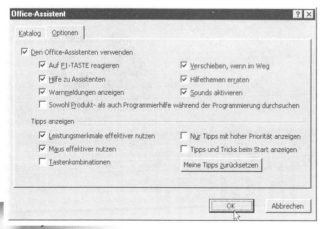

WO? WOMIT?

Assistenten ausblenden
▶ Standardmäßig ist ein Assistent nach der Office-Installation aktiviert. Um ihn loszuwerden, klicken Sie ihn mit der rechten Maustaste an.
▶ Wählen Sie *Ausblenden* aus dem Kontextmenü.

Assistenten einblenden
▶ Klicken Sie in der Standardmenüleiste auf *?*.
▶ Wählen Sie *Office-Assistenten anzeigen*. Der zuletzt aktivierte Assistent erscheint auf dem Bildschirm.

Assistenten aussuchen
▶ Klicken Sie Ihre Assistentenfigur mit der rechten Maustaste an.
▶ Wählen Sie *Assistent auswählen*... aus dem Kontextmenü.
▶ Über die Schaltflächen *Zurück* und *Weiter* blättern Sie durch den Katalog.
▶ Klicken Sie auf *OK*, wenn Sie den richtigen Assistent gefunden haben.

Assistent aus dem Weg räumen
▶ Klicken Sie ihn mit der Maustaste an, und schieben Sie ihn an eine andere Position

Tips anzeigen
▶ Ab und zu bekommt der Assistent eine Erleuchtung in Form einer Glühbirne, die zusätzlich erscheint.

INFO
*Animationen anzeigen lassen:
Klicken Sie mit der rechten
Maustaste auf Ihre Assistentenfigur, und wählen Sie
Animation!. Die Animationen
erscheinen in zufälliger
Reihenfolge. Wiederholen Sie
diese Aktion so oft, bis Sie
keine Lust mehr haben.*

▶ Klicken Sie auf den Assistenten. Ein Textkasten wird eingeblendet, der einen Hinweis zur Ihren – vermuteten – Absichten oder Problemen enthält.

▶ Falls Ihnen der Tip lästig ist, aktivieren Sie die Option *Diesen Tipp nicht wieder anzeigen*.

▶ Klicken Sie auf *Ok*, um die Anzeige zu beenden.

Sie wissen nicht weiter?

▶ Klicken Sie auf den Assistenten.

▶ Ein Dialog *Was möchten Sie tun?* erscheint. Geben Sie Ihre Frage so ein, wie Sie sie sonst auch stellen würden. Es genügt aber auch ein Stichwort.

▶ Klicken Sie auf *Suchen*.

▶ Es wird Ihnen eine Reihe von Themen angeboten. Klicken Sie das gewünschte an, oder blättern Sie mit Klick auf *Siehe auch...* weiter nach unten in die Liste.

▶ Falls nichts Passendes dabei ist, wandeln Sie Ihre Anfrage noch einmal ab und klicken auf *Suchen*.

▶ Es öffnet sich ein Hilfe-Fenster, in dem Sie einen erläuternden Text zum Thema finden.

▶ Unterstrichene Textteile signalisieren Hyperlinks zu weiterführenden Erläuterungen. Klicken Sie diese Links an, wenn Sie das Thema interessiert.

Druckersymbol

Der Mauszeiger über einem Hyperlink wird zur Hand.

▶ Klicken Sie auf der Symbolleiste des Fensters auf das Druckersymbol, um das Hilfethema zu drucken.

▶ Über die Pfeilschaltflächen blättern Sie rückwärts und vorwärts durch bereits aufgerufene Hilfethemen.

INFO
Tip-Funktion bearbeiten:
Welche Tips Ihnen angeboten werden, hängt davon ab, was Sie eingestellt haben: Klicken Sie den Assistenten mit der rechten Maustaste an, und wählen Sie Optionen *aus dem Kontextmenü. Im Feld* Tipps anzeigen *können Sie zwischen verschiedenen Kategorien wählen oder alle deaktivieren.*

INFO
Rockys Geklopfe mit dem Schwanz können Sie über sein Kontextmenü, Befehl Optionen*, Sounds aktivieren abstellen.*

Direkthilfe aufrufen und drucken

▷ **Klick mit rechter Maustaste**

WO? WOMIT?

Bei der Arbeit im Dokument Hilfe anfordern

▷ Klicken Sie in der Standardmenüleiste auf ?.

▷ Wählen Sie *Direkthilfe* aus dem Menü.

▷ Der Mauszeiger bekommt als Begleiter ein Fragezeichen. Klicken Sie damit auf den Befehl oder das Symbol, zu dem Sie eine Erklärung benötigen.

▷ Es erscheint in einem gelben Feld eine kurze Erklärung zur Funktion der Schaltfläche oder des Befehls.

> **Nachster Kommentar**
> Springt zum nächsten Kommentar in der aktiven Datei.

▷ Ein erneuter Mausklick läßt die Erklärung wieder verschwinden.

Direkthilfe in einem Dialog anfordern

▷ Klicken Sie im Titelbalken des Dialogs auf das Fragezeichen.

▷ Der Mauszeiger bekommt wieder ein Fragezeichen zur Seite gestellt. Klicken Sie damit auf das Wort oder Feld, zu dem Sie Informationen benötigen.

▷ Sie erhalten eine gelbe Meldung mit einer Erklärung zur Funktionsweise. Mitunter ist auch kein Hilfethema zugeordnet.

Direkthilfe drucken

▷ Klicken Sie mit der rechten Maustaste in das Erklärungsfeld der Direkthilfe.

▷ Wählen Sie *Thema drucken*... Es wird der Inhalt des Feldes ausgedruckt.

INFO
Die Direkthilfe ist etwas ausführlicher als die QuickInfo.

Ausführliche Hilfe

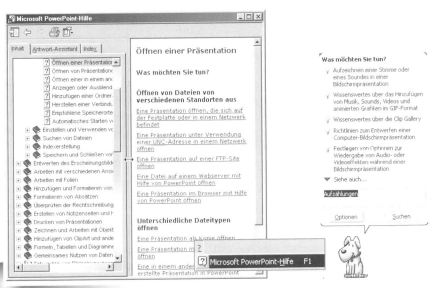

WO? WOMIT?

Thema suchen

▶ Klicken Sie auf den Assistenten. Falls dieser abgeblendet ist, wählen Sie den Menübefehl *?/Microsoft Power-Point-Hilfe* bzw. *?/Microsoft Word-Hilfe* usw. Dann erscheint ebenfalls ein Assistent mit einer Suchanfrage.

▶ Geben Sie das gesuchte Thema über eine ausformulierte Frage oder ein Stichwort ein.

▶ Klicken Sie auf *Suchen*.

Mehr Informationen zu einem Thema suchen

▶ Klicken Sie auf dieses Symbol, um die Themenleiste der Hilfe aufzublättern.

▶ Links erscheint eine Leiste mit einer Themenliste, die Büchersymbole enthält.

▶ Mit Klick auf die Pluszeichen vor diesen Symbolen öffnen Sie die einzelnen »Kapitel« der Bücher, also die Unterthemen, die mit einem Fragezeichensymbol gekennzeichnet sind.

▶ Klicken Sie auf eines der Fragezeichen bzw. Unterthemen. Im Feld rechts erscheint ein Erläuterungstext, der hier und da Hyperlinks enthält.

▶ Ein Klick auf einen Hyperlink führt Sie zu weiteren Themen.

INFO

Breite der Felder variieren: Ziehen Sie mit der Maus an der Rahmenlinie zwischen den Feldern. Der Mauszeiger wird zum Doppelpfeil, wenn er erkannt hat, was gezogen werden soll (siehe Bild oben).

Über Stichwörter suchen

▶ Wechseln Sie in der Hilfe zum Register *Index*.

▶ Geben Sie ein oder mehrere Suchbegriffe ein, oder wählen Sie einen aus der Liste darunter. Während Sie tippen, »läuft« die Liste der Begriffe quasi mit.

▶ Doppelklicken Sie in der Schlüsselwort-Liste auf einen Begriff. Im Feld *Thema auswählen* sehen Sie die dem Oberbegriff zugeordneten Themen.

▶ Klicken Sie auf *Suchen*, um Ihrer manuellen Eingabe eines Schlüsselworts nachzuspüren.

▶ Es wird in den Unterthemen nach einem passenden Zusammenhang gesucht. Das gefundene Thema wird im Feld *Themen auswählen* markiert. Rechts im Feld erscheint der Erläuterungstext.

Über frei formulierte Fragen suchen

▶ Wechseln Sie im Hilfe-Fenster auf das Register *Antwort-Assistent*.

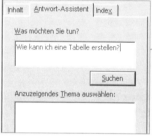

▶ Geben Sie in das Feld *Was möchten Sie tun?* Ihre Frage ein.

▶ Klicken Sie auf die Schaltfläche *Suchen*.

▶ Im Feld *Anzuzeigendes Thema auswählen:* werden die zu der Frage gefundenen Themen aufgelistet. Markieren Sie das gewünschte mit Mausklick. Im rechten Feld erscheinen die Ausführungen dazu.

Nicht vergessen: telefonischer Support von Microsoft

▶ Für 0,48 DM pro Minute können Sie den technischen Support von Microsoft anrufen:

Deutschland: (0180)-567-2255
Österreich: (01)-50222-2255
Schweiz: (0848)-802255

Online-Lernprogramm für PowerPoint

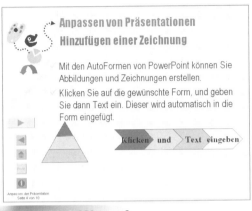

▶ Klicken Sie auf den Assistenten, oder wählen Sie den Menübefehl *?/Microsoft PowerPoint-Hilfe*.

▶ Geben Sie als Suchwort *Lernprogramm* ein.

▶ Sie erhalten eine Information zum Online-Lernprogramm. Folgen Sie den Anweisungen in diesem Hilfetext, legen Sie die Office-CD ein, und klicken Sie auf den Link.

INFO
Die Navigationsschaltflächen im Online-Lernprogramm:

Weiterblättern

Zurück

Zur ersten Seite

Online-Lern-programm beenden

▶ Klicken Sie im folgenden Dialog auf die Schaltfläche *Makros aktivieren*.

▶ Eine kleine Einführung in PowerPoint startet. Blättern Sie über die Navigationsschaltflächen durch den Lehrgang. Diese Einführung ist ebenfalls mit PowerPoint erstellt worden, so daß Sie bereits einen optischen Eindruck einer gut gemachten Präsentation erhalten.

Assistenten aussuchen

▶ Klicken Sie Ihre Assistentenfigur mit der rechten Maustaste an.

▶ Wählen Sie *Assistent auswählen...* aus dem Kontextmenü.

▶ Über die Schaltflächen *Zurück* und *Weiter* blättern Sie durch den Katalog.

▶ Klicken Sie auf *OK*, wenn Sie den richtigen Assistent gefunden haben.

Direkthilfe in einem Dialog anfordern

▶ Klicken Sie im Titelbalken des Dialogs auf das Fragezeichen.

▶ Der Mauszeiger bekommt wieder ein Fragezeichen zur Seite gestellt. Klicken Sie damit auf das Wort oder Feld, zu dem Sie Informationen benötigen.

▶ Sie erhalten eine gelbe Meldung mit einer Erklärung zur Funktionsweise. Mitunter ist auch kein Hilfethema zugeordnet.

Assistenten ausblenden

▶ Standardmäßig ist ein Assistent nach der Office-Installation aktiviert. Um ihn loszuwerden, klicken Sie ihn mit der rechten Maustaste an.

▶ Wählen Sie *Ausblenden* aus dem Kontextmenü.

Über Stichwörter suchen

▶ Wechseln Sie in der Hilfe zum Register *Index*.

▶ Geben Sie ein oder mehrere Suchbegriffe ein, oder wählen Sie einen aus der Liste darunter. Während Sie tippen, »läuft« die Liste der Begriffe quasi mit.

▶ Doppelklicken Sie in der Schlüsselwort-Liste auf einen Begriff. Im Feld *Thema auswählen* sehen Sie die dem Oberbegriff zugeordneten Themen.

▶ Klicken Sie auf *Suchen*, um Ihrer manuellen Eingabe eines Schlüsselworts nachzuspüren.

▶ Es wird in den Unterthemen nach einem passenden Zusammenhang gesucht. Das gefundene Thema wird im Feld *Themen auswählen* markiert. Rechts im Feld erscheint der Erläuterungstext.

44

KAPITEL

Große Datenvolumen auf andere Computer schaffen

tempo

Pack&Go in PowerPoint und Publisher

WO? WOMIT?

▶ Wählen Sie in PowerPoint den Menübefehl *Datei/Pack & Go*. Im Publisher legen Sie noch einen Umweg ein, wählen Sie *Datei/Pack&Go/Auf einen anderen Computer*.

▶ Der Pack&Go-Assistent startet. Klicken Sie auf die Schaltfläche *Weiter*.

Was wird eingepackt?

▶ Während Publisher sofort nach dem Speicherort fragt, wählen Sie bei PowerPoint erst einmal, ob Sie die gerade geöffnete, die aktive, Präsentation zusammenfassen wollen, oder andere Präsentationen, die Sie auf Ihrem Computer gespeichert haben – Option *Weitere Präsentation(en)*, Schaltfläche *Durchsuchen* zum Auswählen der zusätzlichen Präsentationen. Sie können auch beide Optionen anklicken.

▶ Klicken Sie auf *Weiter*.

Wohin speichern?

▶ Wählen Sie entweder Ihr Diskettenlaufwerk *(A:\Laufwerk* oder manchmal auch *B:\Laufwerk)*, **→ 24** oder aktivieren Sie *Ziel wählen:*, und klicken Sie auf die Schaltfläche *Durchsuchen*, um ein anderes Laufwerk oder einen Ordner auf Ihrer Festplatte oder im Netzwerk auszuwählen.

Schriften und verknüpfte Dateien einbetten

▶ Klicken Sie auf *Weiter*, um zum Schritt *Verknüpfungen* des Assistenten zu gelangen.

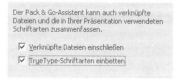

INFO
Sie benötigen Pack&Go nur, wenn Sie die Präsentation von einem anderen Rechner laufen lassen wollen. Der Assistent paßt auf, daß alle verknüpften Elemente und Schriften eingebettet werden, so daß auf dem Weg zum anderen PC nichts verloren geht. Außerdem ist Pack&Go in der Lage, Daten, die nicht auf eine Diskette passen, automatisch auf mehrere aufzuteilen und auf dem Zielcomputer wieder richtig »auszupacken«.

ACHTUNG
Verwenden Sie möglichst keine Umlaute oder ß im Dateinamen der Präsentation. Damit kommt der Assistent nicht zurecht. Er fragt Sie irgendwann, ob Sie die Datei umbenennen könnten.

▶ Falls Sie Elemente wie Excel-Tabellen, Bilder, Sounds, Videos etc. nicht eingebettet, sondern verknüpft haben, sollten Sie die Option *Verknüpfte Dateien einschließen* anklicken. Das garantiert, daß diese Dateien nicht vergessen werden und dann während der Präsentation auf einem anderen Computer nicht angezeigt werden können.

▶ Aktivieren Sie auch die Option *TrueType-Schriftarten einbetten*. Dann bleiben diese auch auf dem Zielcomputer erhalten.

▶ Bestätigen Sie alles mit Klick auf *Weiter*.

Ist auf dem präsentierenden Computer PowerPoint installiert oder nicht?

▶ Wenn PowerPoint nicht installiert ist, aktivieren Sie im Schritt *Projektor* des Pack&Go-Assistenten *Projektor für Windows 95 oder NT* – damit ist natürlich auch Windows 98 eingeschlossen. Falls Ihnen PowerPoint auf dem Zielcomputer zur Verfügung steht, aktivieren Sie die Option *Projektor nicht hinzufügen*.

▶ Klicken Sie auf *Weiter*.

▶ Sie erhalten noch ein paar informative Hinweise. Klicken Sie auf *Fertigstellen*.

▶ Das Fenster *Pack & Go-Status* erscheint.

Verknüpfungen aktualisieren

▶ Nachdem Sie alle Einstellungen mit Hilfe des Pack&Go-Assistenten vorgenommen und das Zusammenfassen gestartet haben, werden alle Verknüpfungen aktualisiert. Zu Verknüpfungen zählen auch über Hyperlinks verknüpfte Dateien.

▶ Falls eine verknüpfte Datei nicht gefunden werden kann, zum Beispiel weil Sie die CD, auf der sich diese Datei befand, nicht mehr im Laufwerk haben, erscheint eine Meldung. Mit Klick auf *OK* überspringen Sie diese Datei – sie kann dann in der Präsentation oder im Publisher-Layout nicht angezeigt werden. Oder beenden Sie das Packen mit Klick auf *Abbrechen*.

▶ Richten Sie danach den Assistenten neu ein, stellen Sie alle benötigten Dateien bereit, und versuchen Sie es noch einmal.

Präsentation auf mehreren Disketten

▶ Falls Sie Ihre Präsentation(en) auf Disketten zusammenfassen wollen, legen Sie die erste in das Laufwerk.

ACHTUNG
Welche Programmversion? Wenn Ihnen zugesichert worden ist, daß sich auf dem Vorführ-Computer Power-Point befindet, fragen Sie nach der Programmversion. Gegebenenfalls müssen Sie Ihre Präsentation in ein PowerPoint 95- oder Power-Point 4.0-Format konvertieren.

INFO
PowerPoint-Projektor: Muß gegebenfalls nachinstalliert werden, wenn Sie diesen beim Zusammenpacken der Präsentation mit aufnehmen wollen. Sie benötigen dann wieder mehr Speicherplatz. Makros und Hyperlinks gehen beim Vorführen im Projektor verloren.

ACHTUNG
Kontrollieren: Disketten sind nicht sehr zuverlässig. Sie können beschädigt sein, ohne daß Sie es merken. Probieren Sie zuvor die Installation von Diskette(n) einmal aus, um sicherzugehen, daß sie funktioniert.

ACHTUNG
Speicherplatz auf Festplatte C: Der Pack&Go-Assistent speichert die Präsentation vorübergehend auf der Festplatte C: im temporären Verzeichnis. Falls Sie dort zu wenig Platz haben, müssen Sie Ihre Festplatte aufräumen. Dazu startet automatisch ein Dialog, in dem Sie die zu löschenden Dateien angeboten bekommen und auswählen können.

▶ Der Assistent fordert Sie selbständig auf, die volle Diskette gegen eine neue, leere auszutauschen, wenn die erste voll ist. Numerieren Sie die Disketten-Labels sorgfältig.

Präsentation wieder auspacken

▶ Schieben Sie die erste Diskette der Präsentation in das Laufwerk.

▶ Klicken Sie mit der rechten Maustaste auf die Windows-Start-Schaltfläche.

▶ Wählen Sie den Befehl *Explorer*, um den Windows-Explorer zu öffnen.

▶ Klicken Sie auf das Diskettensymbol in der Ordnerliste des Explorer.

▶ Die Diskette enthält zwei Dateien. Doppelklicken Sie auf das Symbol der Datei *Pngsetup*.

▶ Es startet ein Fenster, in dem Sie nach dem Zielordner für die Präsentation gefragt werden.

▶ Geben Sie das Laufwerk, gefolgt von einem Doppelpunkt und einem Backslash, und den Zielordner ein. Unterordner trennen Sie wiederum durch Backslashes von einander ab.

▶ Klicken Sie auf *OK*.

▶ Falls der Ordner noch nicht existiert, klicken Sie beim folgenden Hinweisfenster auf *Ja*, um einen neuen anzulegen. Falls er existiert und bereits Inhalte enthält, werden Sie ebenfalls darauf hingewiesen. Entscheiden Sie, ob Sie diesen Ordner verwenden wollen, oder ob Sie einen anderen auswählen möchten.

▶ Die Installation dauert ein paar Sekunden. Sie werden gegebenenfalls zwischendurch gebeten, die nächste Diskette einzulegen – die Numerierung beziehungsweise Reihenfolge müssen Sie dabei selbst kontrollieren, das übernimmt der Entpacker nicht für Sie.

▶ Sie werden über die Beendigung der Installation informiert. Wechseln Sie zu PowerPoint, und öffnen Sie die Präsentation.

ACHTUNG

Namenskonventionen: Dieser Entpacker ist anscheinend sehr lange nicht einem Update unterzogen worden – jedenfalls können Sie keinen Ordnernamen eingeben, der mehr als acht Zeichen enthält. Das Beispiel d:\power-point funktioniert so nicht. Statt dessen muß es heißen: d:\powerp~1. Die Tilde (auf der Tastatur beim Pluszeichen und zusammen mit der Taste Alt Gr zu erzeugen) steht an vorletzter Stelle und die 1 an letzter. Am einfachsten geben Sie für die Präsentation einen eigenen Ordnernamen an.

INFO

Präsentation, die Projektor enthält, auspacken und vorführen: Die Einrichtung der Präsentation erfolgt genauso wie ohne Projektor; Sie doppelklicken im Windows-Explorer auf die Setup-Datei. Nach dem Entpacken befinden sich im Zielverzeichnis, in das Sie im Explorer nach Abschluß der Aktion wechseln müssen, eine ganze Reihe von Dateien. Doppelklicken Sie auf die Anwendungsdatei Ppwiew32. Daraufhin erscheint ein Dialog, in dem Ihre Präsentationen mit Ihrem DOS-Namen aufgeführt sind. Markieren Sie die gewünschte, und klicken Sie auf Vorführen.

Funktioniert immer: PC-Direktverbindung

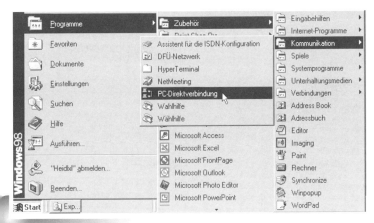

WO? WOMIT?

Datei- und Druckerfreigabe-Dienst für Microsoft-Netzwerke einrichten

▶ Doppelklicken Sie auf dem Desktop auf das Symbol *Arbeitsplatz*.

▶ Im Ordner *Arbeitsplatz* öffnen Sie mit Doppelklick die *Systemsteuerung*.

▶ Doppelklicken Sie auf das Dienstprogramm *Netzwerk*. Der Dialog *Netzwerk* öffnet sich.

▶ Klicken Sie auf die Schaltfläche *Hinzufügen*.

▶ Wählen Sie im folgenden Dialog *Dienst* aus der Liste.

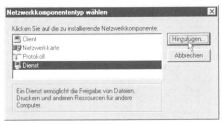

▶ Klicken Sie auf *Hinzufügen...*

▶ Wählen Sie im folgenden Dialog *Datei- und Drucker-freigabe für Microsoft-Netzwerke*.

▶ Legen Sie Ihre Windows-CD in das CD-ROM-Laufwerk.

▶ Klicken Sie auf *OK*. Windows besorgt sich die benötig-ten Dateien von der CD. Der Dienst ist nun im Dialog *Netzwerk* eingetragen.

Die Einrichtung der Direktverbindung

▶ Beginnen Sie mit der Einrichtung beim Gastcomputer, von dem aus Sie auf den anderen Computer zugreifen wollen. Starten Sie das Dienstprogramm *PC-Direktverbindung* aus der Programmgruppe *Zubehör/Kommunikation* (siehe Bild oben).

INFO
Anschlüsse: Sie müssen nicht denselben Anschluß (COM1 oder COM2), aber denselben Anschlußtyp (seriell oder parallel) einstellen.

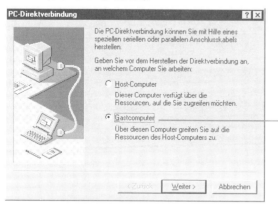

Auf dem einen PC stellen Sie diese Option ein, auf dem anderen PC wiederholen Sie die gesamte Routine, stellen dann aber die andere Option ein.

▶ Wählen Sie eine der beiden Optionen (siehe Anmerkung dazu), und klicken Sie auf *Weiter*.

INFO
Host-Computer und Gast-Computer: Einer der beiden PCs muß als Host-Computer (der Computer, auf den Sie zugreifen wollen) und einer als Gastcomputer, (der Computer von dem aus Sie auf den Host-Computer zugreifen) eingestellt werden.

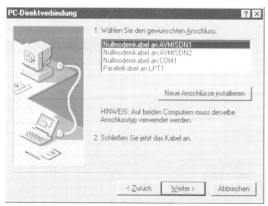

▶ Wählen Sie einen der Anschlüsse, die Windows in einer Liste zusammengefaßt hat.
▶ Schließen Sie die PCs bzw. Laptop und PC mit dem Kabel zusammen.
▶ Klicken Sie auf *Weiter*. Windows meldet die fertige Einrichtung der Direktverbindung.
▶ Richten Sie den anderen Computer über das Dienstprogramm ein. Beachten Sie dabei aber, daß Sie diesmal den Computer als Host-Computer konfigurieren müssen, da der andere als Gastcomputer angemeldet worden ist.
▶ Windows verlangt gegebenenfalls nach dem Benutzernamen und dem Kennwort (die Kennworteingabe kön-

INFO
Immer dieser Umstand? Windows merkt sich die Konfigurationseinstellungen nach der Einrichtung. Wenn Sie die PCs erneut zusammenschließen und die Dienstprogramme starten, wird die Konfiguration übersprungen. Über die Schaltfläche Verbinden *auf dem Gastcomputer (beim Hostcomputer wählen Sie* Überwachen) *starten Sie die Verbindungsaufnahme.*

nen Sie überspringen, sofern Sie ohne Kennwort arbeiten). Bestätigen Sie dies.

▶ Nach der Einrichtung nimmt Windows über *Weiter* die Verbindung zum anderen PC auf.

Sie arbeiten auf dem Gastcomputer. Über *Host anzeigen* lassen Sie sich – ähnlich wie in einem Netzwerk – die freigegebenen Ordner anzeigen.

Einen »Rollentausch« von Host- und Gastcomputer initiieren Sie über die Schaltfläche Ändern, *sofern bereits einmal eine Direktverbindung eingerichtet worden ist.*

Freigaben für Laufwerke, Ordner und Drucker

▶ Klicken Sie mit der rechten Maustaste auf die *Start*-Schaltfläche von Windows.

▶ Wählen Sie den Befehl *Explorer*. Der Windows-Explorer startet.

▶ Klicken Sie mit der rechten Maustaste auf ein Ordner-, Laufwerk- oder Druckersymbol.

▶ Wählen Sie aus dem Kontextmenü *Freigabe*...

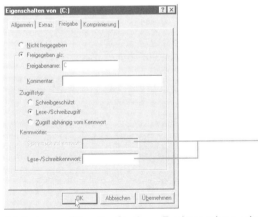

Wenn Sie einen Kennwortschutz einstellen, geben Sie dieses Kennwort in diesen Feldern ein.

▶ Aktivieren Sie die Option *Freigegeben als:*.

▶ Füllen Sie gegebenenfalls die Felder *Freigabename:* und *Kommentar:* aus.

▶ Bestimmen Sie im Feld *Zugriffstyp*, welche Zugriffsart Sie erlauben.

▶ Bestätigen Sie dies mit Klick auf *OK*.

Daten einpacken und auf mehrere Disketten verteilen

▶ Wählen Sie den Menübefehl *Datei/Pack&Go.* Im Publisher wählen Sie den Menübefehl *Datei/Pack&Go/Auf einen anderen Computer.*

▶ Der Pack&Go-Assistent startet. Klicken Sie auf die Schaltfläche *Weiter.*

▶ Geben Sie an, was eingepackt werden soll, die aktuelle Präsentation oder eine andere? Klicken Sie danach auf *Weiter.*

▶ Wählen Sie entweder ein Diskettenlaufwerk (A:\Laufwerk oder manchmal auch B:\Laufwerk), oder einen Ordner auf Ihrer Festplatte.

▶ Aktivieren Sie auch die Option *TrueType-Schriftarten einbetten.* Dann bleiben diese auch auf dem Zielcomputer erhalten. Bestätigen Sie alles mit Klick auf *Weiter.*

▶ Wenn PowerPoint auf dem vorführenden PC nicht installiert ist, aktivieren Sie im Schritt *Projektor des Pack&Go-Assistenten Projektor für Windows 95 oder NT*, und klicken Sie auf *Weiter.*

▶ Legen Sie danach auf Anfrage jeweils eine leere Diskette ins Laufwerk.

Daten auspacken

▶ Erste Diskette ins Laufwerk schieben.

▶ Diskette öffnen.

▶ Doppelklick auf *Pngsetup.exe* startet das Entpacken.

Die Einrichtung der Direktverbindung

▶ Beginnen Sie mit der Einrichtung beim Gastcomputer, von dem aus Sie auf den anderen Computer zugreifen wollen. Starten Sie das Dienstprogramm *PC-Direktverbindung* aus der Programmgruppe *Zubehör/Kommunikation.*

▶ Wählen Sie eine der beiden Optionen, und klicken Sie auf *Weiter.*

▶ Wählen Sie einen der Anschlüsse, die Windows in einer Liste zusammengefaßt hat.

▶ Schließen Sie die PCs bzw. Laptop und PC mit dem Kabel zusammen.

▶ Klicken Sie auf *Weiter.* Windows meldet die fertige Einrichtung der Direktverbindung.

▶ Richten Sie den anderen Computer über das Dienstprogramm ein. Beachten Sie dabei aber, daß Sie diesmal den Computer als Host-Computer konfigurieren müssen, da der andere als Gastcomputer angemeldet worden ist.

1 ANHANG

Internet Explorer 5
auf die Schnelle

temp

Mit dem Internet Explorer ins Internet

▷ **Doppelklick auf das Desktop-Symbol**

Wo? Womit?

Wenn das Internet-Konto eingerichtet ist → 406
▶ Starten Sie den *Internet Explorer* auf Ihrem Desktop.
▶ Der Internet Explorer öffnet sich. Gleichzeitig erscheint der Dialog *DFÜ-Verbindung* auf dem Bildschirm.
▶ Ihr Benutzername und die Rufnummer zum Internet Provider sind bereits eingegeben. Tippen Sie Ihr Kennwort ein.
▶ Klicken Sie auf die Schaltfläche *Verbinden*.
▶ Falls Sie die Verbindung zukünftig nicht mehr manuell bestätigen wollen, aktivieren Sie das Kontrollfeld *Kennwort speichern*.
▶ Die Option *Verbindung automatisch herstellen* ist nun eingeblendet. Aktivieren Sie sie.

DFÜ-Verbindung soll automatisch hergestellt werden
▶ Internet Explorer startet dann offline. Um dies zu ändern, wählen Sie den Menübefehl *Extras/Internetoptionen...*
▶ Wechseln Sie zum Register *Verbindungen*.
▶ Aktivieren Sie die Option *Immer Standardverbindung wählen* mit Mausklick.

Internet-Verbindung über Online-Dienst, der nicht über Outlook konfiguriert wurde
▶ Starten Sie Ihren Online-Dienst.
▶ Geben Sie Benutzername und Kennwort ein. → 407
▶ Sobald Sie online sind, öffnen Sie den Internet Explorer auf dem Deskop. Der IE erkennt automatisch, daß bereits eine Online-Verbindung besteht, und ruft die eingestellte Startseite auf.

ACHTUNG
Wenn Sie Ihr Kennwort speichern, kann jeder, der Zugang zum Computer hat, mit Ihrem Internet-Account surfen oder Ihre E-Mails abrufen.

INFO
Automatisches Erkennen: Der Internet Explorer merkt selbst, daß das Modem eingeschaltet ist und Sie bereits online sind, selbst wenn Sie einen anderen Internet Provider als Voreinstellung eingerichtet haben.

INFO
Über den Menübefehl im Internet Explorer 5 Extras/Internetoptionen, Register Verbindungen, können Sie das zu verwendende Modem und die gewünschte DFÜ-Verbindung manuell auswählen.

Verbindungsaufnahme im Griff

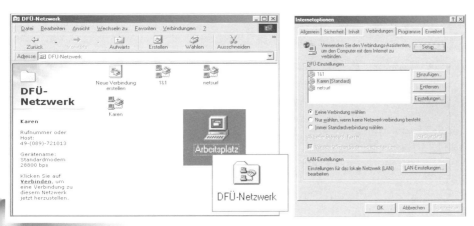

Verbindung soll nicht automatisch gestartet werden

▶ Wählen Sie den Menübefehl *Extras/Internetoptionen*.

▶ Wechseln Sie zum Register *Verbindungen*.

▶ Aktivieren Sie die Option *Keine Verbindung wählen*.

▶ Bestätigen Sie alles mit Klick auf *OK*. Wenn Sie danach im Internet Explorer eine Seite aufrufen, sehen Sie diese Information:

> **i** Die Seite kann nicht angezeigt werden.
>
> Die gewünschte Seite ist zurzeit nicht verfügbar. Möglicherweise sind technische Schwierigkeiten aufgetreten oder Sie sollten die Browsereinstellungen überprüfen.

INFO

In diesem Register können Sie den Internet Assistenten über die Schaltfläche Setup... *erneut starten. Auch Ihre DFÜ-Verbindungen sind über die Schaltflächen* Hinzufügen..., Entfernen *und* Einstellungen... *dirket zu verwalten.*

Verbindung zum Internet-Provider manuell herstellen

▶ Möglichweise ist bereits ein Desktop-Symbol zur Verbindungsaufnahme bei der Einrichtung Ihres Internet-Kontos erstellt worden. Falls Sie eines finden, doppelklicken Sie darauf. Danach wählt das Modem oder die ISDN-Karte Ihren Provider an, und Sie müssen noch gegebenenfalls Ihr Kennwort angeben. Rufen Sie den Internet Explorer auf, und sofort sind Sie online.

▶ Anderenfalls doppelklicken Sie auf das Desktop-Symbol *Arbeitsplatz*, dann auf *DFÜ-Netzwerk*.

▶ Ein Ordner öffnet sich, in dem alle eingerichteten DFÜ-Verbindungen aufgeführt sind. Ziehen Sie mit der Maus das Verbindungssymbol Ihres Providers auf den Desktop.

▶ In Zukunft stellt ein Doppelklick auf das DFÜ-Symbol eine Verbindung manuell her.

TIP

Verbindung kontrollieren und trennen: Unten rechts am Bildschirmrand sehen Sie in der Taskleiste von Windows ein grünes Bildschirmsymbol, wenn eine Verbindung besteht. Zum schnellen Trennen der Verbindung, klicken Sie es mit der rechten Maustaste an und wählen Trennen *aus.*

Internet-Adressen eingeben

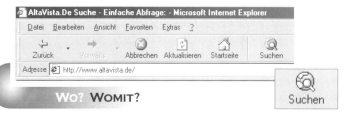

▶ Der Internet Explorer startet in der Regel mit einer vor-eingestellten Startseite, die unterschiedlich sein kann, je nach dem wo Sie den Internet Explorer erworben haben oder wo Sie ihn einsetzen. Sie sehen also schon kurz nach dem Start eine Internet-Seite auf dem Bildschirm. Deren Adresse ist oben in der Leiste *Adresse* zu sehen. Klicken Sie in diese Leiste. Die Adresse erscheint sofort markiert.

▶ Tippen Sie eine andere Adresse ein. Wenn es sich um eine Adresse im World Wide Web handelt, können Sie *http://* weglassen, zum Beispiel: *www.film.de*. Der Internet Explorer fügt die Angabe des Protokolls eigenständig hin-zu. Das erspart Ihnen eine Menge Tipparbeit.

▶ Drücken Sie ⏎, um den Browser zu bewegen, die Seite zu laden.

Automatische Ergänzung der Adresse

▶ Wenn Sie eine Adresse schreiben, zeigt der Internet Ex-plorer Vorschläge zur Vervollständigung an. Diese Vor-schläge angelt sich der Browser aus dem Verlaufsordner, also der Liste der bisher angesurften Sites. Wenn der Adreßvorschlag in Ordnung ist, klicken Sie ihn einfach an, und die Adresse wird in die Adressenleiste übernom-men.

Informationen in der Statusleiste

▶ Das Laden der Site können Sie in der Statusleiste verfol-gen. Dort sehen Sie die Zieladresse und einen Status-balken, der Ihnen einen ungefähren Eindruck vermittelt, wie lang das Laden dauert und ob ein Ende in Sicht ist.

▶ Die Statusleiste blenden Sie über den Menübefehl *An-sicht/Statusleiste* ein.

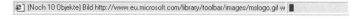

INFO
Wenn Sie Adressen im World Wide Web aufrufen, genügt die Eingabe www.domäne. seite, zum Beispiel www.mut.com. Das Kürzel »de« steht für Deutschland. Darüber hinaus gibt es andere Länderkennungen wie für die Schweiz: www.mut.ch usw. »com« steht für kom-merzielle Firmenseiten, »edu« für Web-Seiten im Bereich Bildung und Erziehung, »gov« für öffentliche Ein-richtungen (Government), »org« für Organisationen. Diese Kategorien sind aber nicht bindend. Oft genügt es, auf gut Glück www.firmen-name.com einzugeben.

BEGRIFFE
Link: *Eine Verknüpfung mit einer Web-Adresse. Ist meist daran zu erkennen, daß Text unterstrichen ist. Bilder können ebenfalls Links dar-stellen. Man erkennt einen Link immer daran, daß sich der Mauszeiger in eine Hand verwandelt.*

Suchen im Internet

WO? WOMIT?

▶ Falls Ihnen Ihre Startseite nicht mit Links auf eine Such-maschine weiterhilft, klicken Sie auf die Schaltfläche *Suchen* in der Menüleiste des Internet Explorer.

▶ Links erscheint ein Rahmen (Frame). Die Option *Eine Webseite suchen* ist standardmäßig aktiviert. Tippen Sie in das Eingabefeld einen oder mehrere Suchbegriffe ein.

▶ Klicken Sie auf die Schalfläche *Suchen*. Nach einigen Sekunden finden Sie in der Leiste eine Auflistung von Links.

▶ Wenn nichts Passendes dabei ist, klicken Sie auf den Link *Nächste*, um sich die nächsten gefundenen Adressen anzeigen zu lassen. In dieser Leiste finden Sie auch eine Angabe über die Zahl der Treffer. Falls diese sehr hoch ist, müssen Sie die Suche verfeinern.

Suche verfeinern

▶ Klicken Sie in der *Suchen*-Leiste auf *Anpassen*.

▶ Standardmäßig sind drei Suchmaschinen im Angebot. Deaktivieren Sie *Excite* und *Fireball*, und lassen Sie *msn Web Search* aktiv.

▶ Mit Klick auf *OK* wechseln Sie wieder in die Suchleiste.

▶ Geben Sie Ihren Suchbegriff ein, und klicken Sie auf *Suchen*.

▶ msn Web Search zeigt nun die Schaltfläche *Erweiterte Suche anwenden*. Hier können Sie ein paar Eingrenzungen vornehmen.

▶ Mit Klick auf *Suchen* starten Sie den Suchlauf erneut.

BEGRIFFE

Site oder **Web-Site**: zu deutsch »Bereich«. Eine Webscite oder Page ist ein einzelnes HTML-Dokument. Durch Links auf andere Dokumente entstehen zusammengehörige Seiten, sogenannte Sites. Ein Internet-Auftritt einer Firma umfaßt in der Regel mehrere Seiten, eben eine Website.

Andere Suchmaschinen zur Suche einsetzen

▶ Geben Sie in die Adressenleiste die Adresse einer Suchmaschine ein, zum Beispiel:
   ▶ www.web.de
   ▶ www.lycos.de
   ▶ www.altavista.de
   ▶ www.yahoo.de
   ▶ www.fireball.de
   ▶ www.crawler.de
   ▶ www.netguide.de
   ▶ www.infoseek.com
   ▶ www.allesklar.de
▶ Mit der Taste ⏎ wird die Suchmaschine geladen.
▶ Wie in der Suchleiste auch stehen ein Eingabefeld für
   die Suchbegriffe und eine Schaltfläche *Suchen* bereit.

Fortgeschrittene Suche bei anderen Suchmaschinen

Je nach Suchmaschine unterscheiden sich die Funktionen
für fortgeschritte Suche:

▶ Klicken Sie auf die Schaltfläche *Search* oder *Suchen* oder
   Suche starten bei deutschen Suchmaschinen (zum Beispiel ist yahoo.com die internationale englischsprachi-
   ge Suchmaschine, yahoo.de ist die deutschsprachige –
   dies ist bei anderen Suchmaschinen ähnlich).
▶ Spezifizieren Sie Ihre Suchoptionen. Alle Suchmaschinen
   bieten einen Link zu einer Hilfestellung an, wenn Ihnen
   die Optionen nicht auf Anhieb verständlich sein sollten.

INFO

*Eine erweiterte Suche wird
über die Und-/Oder-Ver-
knüpfungen vorgenommen.
Allerdings unterscheiden sich
die Optionen in jeder Suchmaschine etwas. Hilfe-
stellungen dazu werden aber
in der Regel gegeben.*

INFO

*Je nach Suchmaschine
werden verschiedene Optionen angeboten, zum Beispiel,
daß nur Wortanfänge
berücksichtigt werden, daß
Groß- und Kleinschreibung
eine Rolle spielen etc. Mitunter wird ausgewählt, ob
nur deutsch- oder anders-
sprachige Seiten gesucht
werden sollen, aus welchem
Zeitraum die aufgerufenen
Seiten stammen sollen etc.*

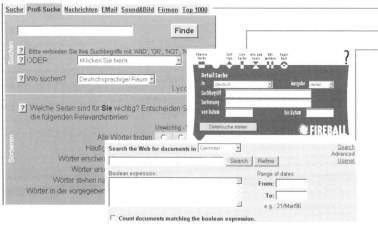

Profi-Suche bei Lycos.de

Detailsuche bei fireball.de

Advanced search bei
altavista.de

Schnelle Navigation im Internet

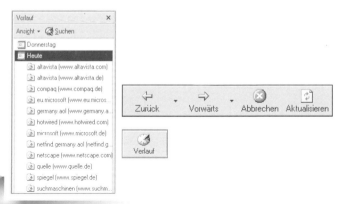

Wo? Womit?

Zurück und vor, abbrechen und aktualisieren

▶ In der Standardsymbolleiste befinden sich zwei Pfeilschaltflächen, mit denen Sie sich durch die bereits aufgerufenen Webseiten vor- und wieder zurückbewegen.

▶ Die Schaltfläche *Abbrechen* steht zur Verfügung, wenn
sich das Laden einer Seite endlos zieht. Wenn Sie dann
die Geduld verlieren, klicken Sie einfach auf *Abbrechen*.

▶ Der Internet Explorer speichert bereits aufgesuchte Seiten in einem Ordner namens *Temporary Internet Files*.
Wenn Sie innerhalb einer Explorer-Sitzung eine Seite erneut aufrufen, holt der Explorer sie aus diesem Zwischen-
lager. Das reduziert die Ladezeit. Wenn Sie Ihre Seite lieber frisch auf den Bildschirm bekommen möchten, klik-
ken Sie auf die Schaltfläche *Aktualisieren*. Danach lädt
der Internet Explorer die Seite aus dem Internet.

Den Surfverlauf einsehen und bearbeiten

▶ Klicken Sie in der Symbolleiste des Internet Explorer auf
das Symbol *Verlauf*.

▶ Links am Bildschirm erscheint eine Verlaufsleiste. Hier
können Sie durch die Surfaktionen der letzten zwanzig
Tage blättern. Ein Mausklick auf einen Eintrag öffnet die
Webseite.

Verlauf leeren oder angezeigten Zeitraum ändern

▶ Wählen Sie den Menüeintrag *Extras/Internetoptionen...*

▶ Im Register *Allegemein* klicken Sie auf die Schaltfläche
"Verlauf" leeren.

Info

*Temporäre Internet-Dateien
löschen: Wählen Sie den
Menübefehl* Extras/Inter-
netoptionen... *Im Register*
Allgemein *gibt es bei* Temporäre Internetdateien *die
Schaltfläche* Dateien
löschen... *Ein Klick darauf
leert den Ordner aus.*

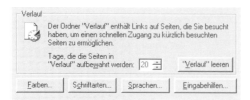

▶ Im Feld links daneben können Sie einen anderen Zeitraum in Tagen einstellen.

▶ Mit Klick auf *OK* werden die Einstellungen wirksam.

Ansicht in der Verlaufsleiste einstellen

▶ Klicken Sie auf die Schaltfläche *Ansicht* oben im Leistenkopf.

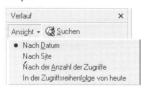

▶ Wählen Sie mit Mausklick eine der Sortieroptionen aus. Danach werden die Einträge in der Verlaufsleiste umgruppiert.

Verlaufsleiste verschieben

▶ Fahren Sie mit dem Mauszeiger auf die rechte Rahmenlinie der Leiste. Der Mauszeiger wird zum Doppelpfeil.

▶ Drücken Sie die linke Maustaste, und ziehen Sie den Rahmen breiter oder schmaler.

Im Verlauf nach Webseiten, die bestimmte Schlüsselbegriffe enthalten, suchen

▶ Klicken Sie im Kopf der Verlaufsleiste auf die Schaltfläche *Suchen*.

▶ Geben Sie in das Eingabefeld einen Suchbegriff ein.

▶ Klicken Sie auf *Jetzt suchen*. Die Ergebnisse werden unterhalb des Eingabefeldes aufgelistet.

Verlauf schließen

▶ Klicken Sie oben in der Verlaufsleiste auf die *Schließen*-Schaltfläche. Die Verlaufsleiste verschwindet aus dem Bildschirm, und Sie können sie jederzeit über die Schaltfläche *Verlauf* wieder aufrufen.

Links und Lieblingsadressen verwalten

WO? WOMIT?

Wichtige Web-Adressen zusammenfassen und verwalten

▶ Wenn Sie eine Web-Adresse aufgestöbert haben, die Sie keinesfalls wieder vergessen wollen, klicken Sie auf das Symbol *Favoriten*.

▶ Es öffnet sich eine Leiste am linken Bildschirmrand. Klicken Sie auf die Schaltfläche *Hinzufügen*.

▶ Hier ist bereits ein Name eingetragen, den Sie aber ändern können.

▶ Klicken Sie auf die Schaltfläche *OK*, und die Web-Adresse wird in die Favoritenleiste aufgenommen.

Favoriten verwalten

▶ Ein Klick auf die Schaltfläche *Verwalten* in der Favoritenleiste öffnet einen Dialog, der Ihnen alle in Windows üblichen Dateiverwaltungsoptionen bietet: das Umbenennen, Löschen, Erstellen eines Ordner und Verschieben in andere Ordner. Wählen Sie die entsprechende Option, und legen Sie los.

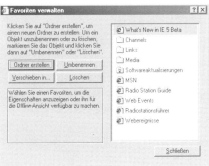

INFO
Die Favoritenleiste läßt sich wie die Verlaufsleiste verbreitern oder verkleinern sowie schließen.

INFO
Who knows? Jedenfalls können Sie per Drag&Drop Web-Adressen, also Links, in diese Leiste schieben und dann aus dieser Leiste wieder aufrufen. Dazu einfach auf den Link in einer Web-Seite klicken und ziehen. Oder am Explorer-Symbol anpacken und ziehen.

INFO
Webseite auf den Computer speichern: Die Option Offline verfügbar machen sorgt dafür, daß die Webseite auf Ihrem Rechner gespeichert wird. Klicken Sie auf die Schaltfläche Anpassen, um einen Assistenten zu starten, der Sie dabei unterstützt. Sie können zum Beispiel Links einbeziehen. Auch ein Zeitplan für eine regelmäßige Aktualisierung kann festgelegt werden.

Grafiken und Webseiten speichern und drucken

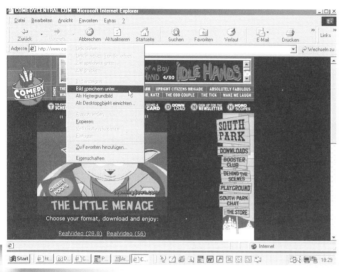

Wo? Womit?

Webseite auf Festplatte speichern

▶ Rufen Sie die gewünschte Webseite auf.

▶ Wählen Sie den Menübefehl *Datei/Speichern unter*.

▶ Geben Sie einen Namen ein, und wählen Sie den Speicherort.

▶ Klicken Sie auf *Speichern*.

Grafik auf die Festplatte speichern

▶ Klicken Sie mit der rechten Maustaste auf das Bild.

▶ Wählen Sie den Befehl *Bild speichern unter...*

▶ Wählen Sie ein Zielverzeichnis und gegebenenfalls einen anderen Namen. → 24

▶ Ein ganz schneller Datei-Download beginnt. Die Bilddatei wird mit der Endung .GIF gespeichert und kann jederzeit im Internet Explorer geöffnet werden.

INFO

Dateierweiterung bei Webseiten: Die Datei wird mit der Erweiterung .htm gespeichert. Sie kann jederzeit im Internet Explorer im Offline-Modus aufgerufen werden.

BEGRIFF → 686

HTML: Hypertext Markup Language. Auszeichnungssprache. Es handelt sich um Zeichencodes, die dem Browser mitteilen, wie die Webseite auf dem Bildschirm aussehen soll.

INFO

GIF und JPG: GIFs aus dem Internet sind mit sehr niedriger Auflösung und in Minimalabmessungen abgespeichert. Deshalb können Sie sie nur begrenzt einsetzen. Heruntergeladene JPG-Bilder sind qualitativ hochwertiger.

Webseite drucken

▶ Wählen Sie den Menübefehl *Datei/Drucken*.

▶ Wählen Sie aus, ob Sie alles oder einzelne Seiten drucken möchten.

▶ Bestimmen Sie, ob Sie auch die Dokumente drucken wollen, die über Links mit dem Dokument verbunden sind (das kann sehr umfangreich werden), oder ob Sie lediglich eine Liste der Links ausgedruckt haben möchten.

▶ Wählen Sie gegebenenfalls noch den Drucker aus.

▶ Bestätigen Sie mit *OK*.

Gespeicherte Webseiten und Grafiken offline aufrufen

▶ Doppelklicken Sie auf das Symbol des Internet Explorer auf dem Desktop.

▶ Stoppen Sie gegebenenfalls die automatische Verbindungsaufnahme, indem Sie im Dialog *DFÜ-Verbindung* auf *Offlinebetrieb* klicken oder die Verbindung nachträglich trennen.

▶ Rufen Sie *Datei/Öffnen* auf.

▶ Klicken Sie auf die Schaltfläche *Durchsuchen*.

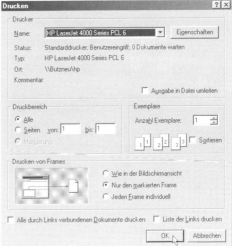

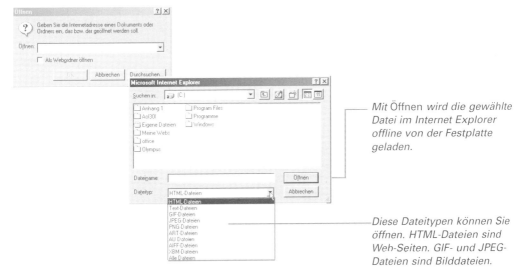

Mit Öffnen wird die gewählte Datei im Internet Explorer offline von der Festplatte geladen.

Diese Dateitypen können Sie öffnen. HTML-Dateien sind Web-Seiten. GIF- und JPEG-Dateien sind Bilddateien.

Startseite einstellen

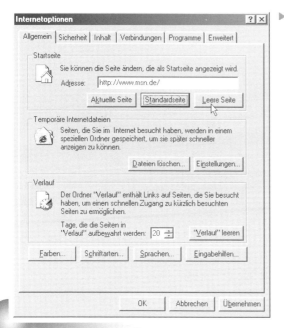

▶ *Extras/Internetoptionen...*

Wo? Womit?

Die Microsoft-Standard-Startseite verdient zwar Beachtung, da sie eine Menge interessanter Links und sonstigen Service bereithält, aber vielleicht haben Sie ja andere Wünsche, oder es sind Ihnen andere Informationen wichtiger.

▶ Rufen Sie die Webseite, die Sie als Startseite einrichten möchten, auf.

▶ Wählen Sie im Internet Explorer den Menübefehl *Extras/ Internetoptionen*.

▶ Im Register *Allgemein* ist die Startseite aufgeführt.

▶ Klicken Sie auf die Schaltfläche *Aktuelle Seite*, wenn Sie die aufgerufene Seite einstellen möchten.

Keine Startseite

▶ Wählen Sie den Menübefehl *Extras/Internetoptionen...*

▶ Klicken Sie im Bereich *Startseite* auf die Schaltfläche *Leere Seite*.

▶ In der Adressenleiste des Internet Explorer erscheint jetzt bei jedem Start *about:blank*, und das Fenster bleibt leer, bis Sie eine Seite aufrufen.

BEGRIFF

Startseite: *die Webseite, die standardmäßig aufgerufen wird, sobald der Internet Explorer geöffnet wird.*

Webseiten weiterbearbeiten

WO? WOMIT?

Web-Inhalt in Word weiterbearbeiten
▶ Klicken Sie in der Menüleiste auf das Word-Symbol. Falls es nicht sichtbar ist, verbirgt es sich nur. Klicken Sie auf die Doppelpfeile am Ende der Symbolleiste.
▶ Nach einem Klick auf das Word-Symbol wird die Webseite in der Word-Umgebung dargestellt.

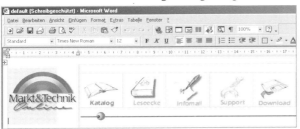

INFO
Web-Dokumente werden erst vom Browser nach bestimmten Anweisungen des Quelltextes zusammengesetzt. Deshalb kann das Aussehen je nach Browser unterschiedlich sein.

▶ Die Datei ist in diesem Zustand noch schreibgeschützt. Speichern Sie sie an einem eigenen Speicherort über den Menübefehl *Datei/Speichern unter...*
▶ Bearbeiten Sie die Datei, wie Sie es gewohnt sind. Die Elemente sind in der Regel in sehr verschachtelte Tabellen konvertiert.

Im Editor Quelltext anzeigen lassen
▶ Öffnen Sie im Internet Explorer eine Webseite.
▶ Klicken Sie auf den Pfeil neben dem Word-Symbol in der Standardsymbolleiste.
▶ Wählen Sie den Menübefehl *Bearbeiten mit Windows Editor. D*er Editor öffnet sich mit dem Quelltext der Seite.

In Word HTML-Code anschauen
▶ Wählen Sie in Word den Menübefehl *Ansicht/HTML-Quelle*.
▶ Die komfortable Microsoft -Entwicklungumgebung öffnet sich mit dem Quellcode. Sie können den Code direkt bearbeiten.

Öffnet eine Liste mit einer Übersicht über mehrere Wochen.

Grafiken und Webseiten speichern

Grafik: Rechter Mausklick auf das Bild, Befehl: *Bild speichern unter...*
Seite: *Datei/Speichern unter...*

Startseite ändern

Befehl *Extras/Internetoptionen*, im Feld *Adresse* neue Seite eingeben oder Schaltfläche *Leere Seite* anklicken.

Favoriten hinzufügen

Klick mit rechter Maustaste auf die Seite oder ein Objekt der Seite und Befehl *Zu Favoriten hinzufügen* wählen.

Inhaltsratgeber aufrufen

Befehl *Extras/Internetoptionen...*, Register *Inhalt*.

Quelltext einer Seite aufrufen

Klick mit rechter Maustaste auf Seite bzw. Frame, Befehl *Quelltext anzeigen*.

Internet-Adresse aufrufen

▶ Internet Explorer aufrufen, im Feld *Adresse* Web-Adresse eintippen und Taste ↵.

Suchen im Internet

▶ Auf Symbol *Suchen* klicken.
▶ In die linke Leiste Suchbegriff eintippen.
▶ Auf die Schaltfläche *Suchen* klicken.

Einstellungen zur Anzeige von Webseiten

▶ Befehl *Extras/Internetoptionen*, Register *Allgemein*.

Zu früher aufgerufenen Seiten zurückspringen

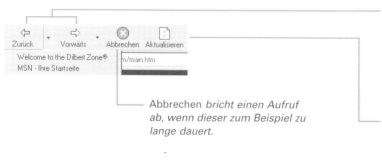

Die Schaltflächen zum Vor- und Zurückschalten auf die bisher aufgerufenen Seiten. Mit Ausklappliste, über die Sie die Chronologie überspringen können.

Abbrechen *bricht einen Aufruf ab, wenn dieser zum Beispiel zu lange dauert.*

Aktualisieren *ruft eine Seite erneut auf, wenn deren Quellcode zum Beispiel zwischenzeitlich bearbeitet wurde.*

2

ANHANG

Windows-Grundlagen:
Dateien und Ordner

tempo

Ordner und Dateien im Windows-Explorer

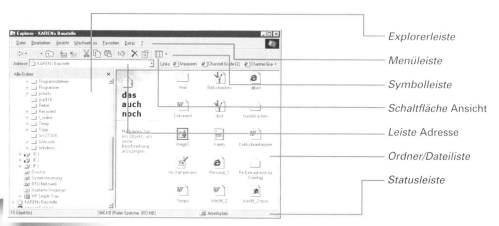

Explorerleiste

Menüleiste

Symbolleiste

Schaltfläche Ansicht

Leiste Adresse

Ordner/Dateiliste

Statusleiste

Wo? Womit?

▶ Klicken Sie mit der rechten Maustaste auf die Startschalt-
fläche.
▶ Wählen Sie aus dem Kontextmenü *Explorer*.
▶ Das Programm Windows-Explorer wird geöffnet.

Verschiedene Ansichten

▶ Klicken Sie rechts oben in der Symbolleiste auf die Schalt-
fläche *Ansicht*.
▶ Es stehen vier Ansichten zur Verfügung, die Sie mit jedem
Klick wechseln können:
Große Symbole (gut zu erkennen, siehe Abbildung),
Kleine Symbole (es passen mehr Ordner und Dateien in
ein Fenster), *Liste* (ähnlich den kleinen Symbolen) und
Details (ist mit Informationen über Dateigröße, Dateityp
und Änderungsdatum versehen).

Die wichtigsten Symbole auf einen Blick

Zubehör

Programmgruppe
mit dem Namen
Zubehör

Neuer Ordner

Ordnersymbol mit
dem Namen
Neuer Ordner

WordPad

Programm-
symbol, je nach
Programm
anders, hier die
Textverarbeitung

Charlie

WordPad
Dokument, hier in
WordPad oder Word
erstelltes Text-
dokument mit dem
Namen *Charlie*

HP DeskJet 870C
Series

Druckersymbol, hier
für den Typ HP Deskjet

(C:)

Laufwerke, hier
Festplatte C:

→ 539

INFO
*Mit dem Windows-Explorer
werden die meisten Aktionen
mit Dateien, Ordnern, Laufwerken oder Verknüpfungen
durchgeführt. Sie können
auch Programme oder
Dateien aus dem Explorer
heraus starten, nach Dateien
suchen oder Disketten bzw.
Laufwerke formatieren.*

TIP
*Die Ansicht können Sie
ebenso über den Menübefehl
Ansicht wechseln.*

→ 752

TIP
Und noch eine Ansicht: als
Webseite

Ordnerstruktur im Windows-Explorer

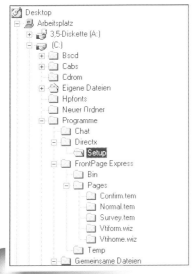

WO? WOMIT?

Ordner und Dateien sind hierarchisch geordnet. Ein Ordner kann andere Ordner oder einzelne Dateien enthalten. (Sie können natürlich auch leer sein, das ist aber nicht sehr sinnvoll).

▶ Pluszeichen zeigen an, daß sich unter einem Ordner eine weitere Ebene befindet. Kicken Sie darauf, um weitere Dateien, Ordner etc. zu sehen.

▶ Das Minuszeichen vor einem Objekt zeigt an, daß dieses in der jeweiligen Ebene übergeordnet ist. Klicken Sie auf das Minuszeichen, um die Anzeige untergeordneter Elemente zu reduzieren.

▶ Mit Doppelklick auf die vertikalen Linien, die die Ebenen symbolisieren, schließen Sie alle nachgeordneten Ebenen auf einmal.

Die Schaltflächen Zurück, Vorwärts und Aufwärts

▶ Klicken Sie auf *Zurück*, um zum vorherigen Ordner zu gelangen; analog klicken Sie auf *Vorwärts*, wenn Sie wiederholt ein bestimmtes Objekt ansteuern möchten.

▶ Klicken Sie auf *Aufwärts* – so gelangen Sie in die nächsthöhere Ebene.

▶ Über die kleinen Pfeile neben diesen Schaltflächen werden Listen mit den bisherigen Zwischenstops angezeigt. Sie können darüber ein Objekt direkt ansteuern.

INFO
Die Hierarchie: Über allem steht der Desktop, der standardmäßig den Arbeitsplatz, den Papierkorb, Programme wie Internet Explorer und Outlook Express und – falls Sie im Netzwerk arbeiten – den Ordner Netzwerkumgebung enthält. Darüber hinaus können in diesen Ordner nach Belieben weitere Ordner, Programme, Dateien, Geräte oder Verknüpfungen gelegt werden.

INFO
Unter dem Desktop verzweigt wiederum zum Beispiel der Arbeitsplatz auf alle zur Verfügung stehenden Laufwerke und einige spezielle Ordner, wie den Drucker-Ordner. Auf den Laufwerken wiederum verzweigen weitere Ordner und Dateien.

ACHTUNG
Über Ansicht/Explorerleiste/ Keine können Sie die Ansicht der Ordnerhierarchie auch ausschalten. Wenn Sie sie also nicht sehen, könnte es daran liegen, daß sie ausgeschaltet ist. Über Alle Ordner können Sie die Ansicht der Explorerleiste wieder einschalten.

BEGRIFF
Wurzel-Verzeichnis: das Hauptverzeichnis einer Ordnerstruktur, zum Beispiel C:. Dem Wort liegt die Baum-Analogie zugrunde.

Dateitypen und -eigenschaften

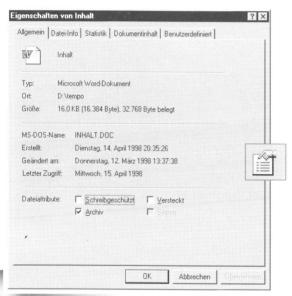

Wo? Womit?

▶ Markieren Sie im Windows-Explorer eine Datei oder einen Ordner durch Anklicken. Das Element erscheint farbig unterlegt.

▶ Klicken Sie auf die Schaltfläche *Eigenschaften*.

▶ Klicken Sie auf die Registerkarte *Allgemein,* falls diese noch nicht aktiv ist.

Dateityp

Der Dateityp wird klassifiziert als Dateiordner, als Anwendung, als Textdatei, als Grafikdatei oder präziser – wenn Windows das Format kennt – zum Beispiel als Microsoft-Word-Datei oder Excel-Datei.

Dateien, von denen Windows nicht weiß, in welchem Programm sie geöffnet werden können, werden mit Ihrer Dateierweiterung, zum Beispiel in der Form Datei BAK oder Datei DAT, angegeben.

Einige wichtige Dateierweiterungen:

exe	Programme	sys	Systemdatei
txt	Textdokumente	drv	Treiberdatei
doc	Textdokumente	htm	HTML-Datei
bmp	Bitmap-Grafikdatei	gif	Grafikdatei

TIP
Die Eigenschaften eines Objekts sind immer auch über das Kontextmenü aufzurufen. Klicken Sie mit der rechten Maustaste auf das Objekt, und wählen Sie den Befehl Eigenschaften.

BEGRIFF
Dateierweiterung: Ein Relikt aus DOS-Zeiten. Der Dateiname selbst wird mit einem Punkt von der sogenannten Erweiterung getrennt. Die Erweiterung enthält drei Zeichen, die bestimmten Anwendungsprogrammen zugeordnet sind, z.B. XLS für Microsoft-Excel-Dateien. Im Windows-Explorer sieht man in der Regel die Erweiterung nicht. Man erkennt meistens den Dateityp am Dateisymbol.

MS-DOS-Name von Dateien

▶ Dateien kann man seit Windows 95 sehr lange Namen, bis 256 Zeichen, geben. Unter Windows 3.x und dem Betriebssystem MS-DOS war das nicht möglich, hier standen lediglich acht Zeichen für den Namen und – abgetrennt durch einen Punkt – weitere drei Zeichen für die Dateierweiterung zur Verfügung.

▶ Windows 98 reduziert diese langen Dateinamen wieder auf einen DOS-Namen, der der alten Namenskonvention entspricht. Die ist bei einigen Prozessen, die sich in einer DOS-Umgebung abspielen, notwendig.

DOS reduziert lange Dateinamen

▶ Diese Datei hat den DOS-Namen CHARLI~1.DOC. Dies entspricht den ersten sechs Zeichen des ursprünglichen Namens plus Tilde plus eine laufende Nummer für den Fall, daß es mehr als eine Datei geben sollte, die mit CHARLI beginnt.

Dateiattribute Schreibgeschützt und Versteckt

▶ Zum Aktivieren oder Deaktivieren klicken Sie in das weiße Kontrollkästchen. Ein Häkchen symbolisiert die Aktivierung.

▶ *Schreibgeschützt* verhindert das Überschreiben einer Datei. Sie kann nur gelesen werden.

▶ *Versteckt* verhindert die Ansicht der Datei oder des Ordners im Windows-Explorer.

Änderungsdatum, Größe und Typ anzeigen

▶ Öffnen Sie in der Menüleiste des Windows-Explorer das Menü *Ansicht*.

▶ Wählen Sie *Details*.

▶ Der Inhalt des aktuellen Ordners erscheint im rechten Fenster des Explorer mit allen gewünschten Angaben.

Dateiname	Größe	Typ	Geändert am
Kapitel 1		Dateiordner	14.04.98 20:37
Kapitel 2		Dateiordner	14.04.98 20:38
~WRL3368.tmp	78 KB	Datei TMP	14.04.98 16:50
Bewegt2	86 KB	TIF-Bilddokument	25.03.98 11:02
Index	16 KB	Microsoft Word-Dok...	12.03.98 13:37
Inhalt	16 KB	Microsoft Word-Dok...	12.03.98 13:37
Klicklin	42 KB	TIF-Bilddokument	25.03.98 11:04
Klickrec	41 KB	TIF-Bilddokument	25.03.98 11:03
Mausbewe	86 KB	TIF-Bilddokument	25.03.98 11:02
Rechtskl	44 KB	TIF-Bilddokument	25.03.98 11:05
Tempo	17 KB	Microsoft Word-Dok...	19.08.96 02:28
tempo	208 KB	Datei ZIP	12.03.98 13:41
Tpo-beis	61 KB	Microsoft Word-Dok...	12.03.98 13:37
Tpo-info	2.807 KB	Microsoft Word-Dok...	12.03.98 13:37
Tpo-tast	16 KB	Microsoft Word-Dok...	12.03.98 13:37

ACHTUNG

In Dateinamen sind folgende Zeichen nicht zu verwenden:
*? * " / \ | , ; :*

Charlie hat mal
wieder Ärger

INFO

Systemdateien sind standardmäßig nicht sichtbar. Dies können Sie ändern. Wählen Sie den Menübefehl Ansicht/ Ordneroptionen... *Wechseln Sie zum Register* Ansicht. *Klicken Sie in das Feld vor der Option* Alle Dateien anzeigen.

Das Menü Ansicht *im Windows-Explorer*

Ordner und Dateien sortieren

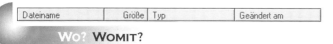

WO? WOMIT?

Wenn Sie im Windows-Explorer nach einer Datei suchen, ist es hilfreich, sich die Ordnerinhalte sortiert nach Datum, Typ, Dateiname oder Änderungsdatum anzeigen zu lassen.

▶ Klicken Sie so lange auf die Symbolschaltfläche *Ansicht*, bis im rechten Explorerfenster die oben abgebildete Kopfzeile sichtbar ist.

▶ Klicken Sie auf *Dateiname*.

▶ Die Ordnerinhalte werden alphabetisch sortiert angezeigt.

INFO
Über das Kontextmenü des rechten Explorer-Fensters kann die Ansicht ebenfalls eingestellt werden.

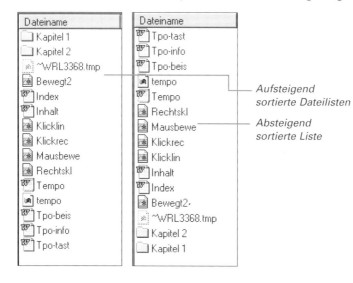

Aufsteigend sortierte Dateilisten

Absteigend sortierte Liste

TIP
Erstellungsdatum und Datum des letzten Zugriffs erfahren Sie über das Kontextmenü (rechte Maustaste auf das Objekt), Befehl Eigenschaften, *Registerkarte* Allgemein.

▶ Ein erneuter Klick dreht die alphabetische Sortierung um.

▶ Der Schalter *Größe* sortiert die Objekte nach Dateigröße, erneutes Klicken dreht die Sortierung um.

▶ *Typ* sortiert nach Dateityp und innerhalb dieser Sortierung alphabetisch.

▶ *Geändert am* zeigt die Objekte aufsteigend oder absteigend nach ihrem letzten Änderungsdatum.

Große Symbole plus Detailinformation

Wenn Sie die Ansicht *Große Symbole* vorziehen und dennoch auf den ersten Blick die wichtigsten Informationen über Dateien und Ordner erhalten wollen, stellen Sie die Ansicht *Als Webseite* ein.

▶ Wählen Sie den Menübefehl *Ansicht/Als Webseite*.

Im Windows-Explorer Dateien markieren

Ansicht: Große Symbole

Markierte Ordner

Symbole beim Verschieben

WO? WOMIT?

Einzelnes Objekt markieren
▶ Klicken Sie einmal auf das Objekt.
▶ Das Objekt erscheint farbig unterlegt.

Mehrere hintereinanderfolgende Objekte markieren
Hier ist die Ansicht *Liste* am besten geeignet, weil sonst beim Markieren die Sortierung der Objekt berücksichtigt wird, und die erschließt sich einem nicht sogleich in den übrigen Ansichten.
▶ Halten Sie die Taste ⇧ gedrückt.
▶ Klicken Sie mit der Maus auf das erste Objekt der zu markierenden Gruppe.
▶ Klicken Sie dann auf das letzte Objekt der gewünschten Gruppe, ohne die Maustaste loszulassen.
▶ Alle zwischen dem ersten und letzten Objekt angezeigten Objekte sind farbig unterlegt und damit markiert.

Mehrere einzelne Objekte markieren
Die Markierungsweise ist in allen Ansichten geeignet.
▶ Halten Sie die Taste Strg gedrückt.
▶ Klicken Sie auf das erste gewünschte Objekt.
▶ Klicken Sie auf alle weiteren Objekte, ohne die Taste loszulassen.
▶ Ist alles markiert, können Sie die Taste Strg wieder lösen.

ACHTUNG
Doppelklick auf ein Objekt öffnet den Ordner, startet eine Programmdatei oder eine Datei, sofern sie einer Anwendung zugeordnet ist.

INFO
In der Web-Ansicht genügt es, den Mauszeiger auf das Objekt zu stellen. Doppelklick wird durch Einfachklick ersetzt.

TIP
Der Trick mit dem Rahmen: Ziehen Sie einen Rahmen über die gewünschten Objekte. Dazu klicken Sie mit der Maus in die Nähe des ersten gewünschten Objekts, halten die Maustaste gedrückt und ziehen über die weiteren Objekte. Dabei wird ein Rahmen gezeigt. Alle Elemente in dem Rahmen werden als markiert dargestellt.

Einzelne markierte Elemente

Neuen Ordner anlegen

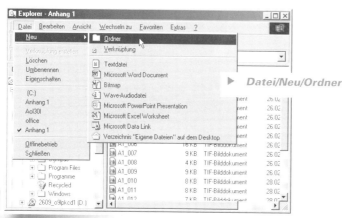

▶ *Datei/Neu/Ordner*

Wo? Womit?

▶ Wählen Sie in der Explorerleiste des Windows-Explorer, dem linken Explorer-Fenster, den Ordner, in dem Sie wiederum einen neuen Ordner anlegen wollen.

▶ Klicken Sie auf diesen Ordner.

▶ Wählen Sie den Befehl *Datei/Neu/Ordner*.

▶ Ein neues Ordnersymbol erscheint im rechten Fenster.

▶ Klicken Sie zweimal hintereinander auf den Ordnernamen *Neuer Ordner* (kein Doppelklick!).

▶ Der Ordnername wird markiert, und es blinkt ein Schreibcursor in dem Rahmen.

▶ Geben Sie einen Ordnernamen ein.

▶ Solange Sie keinen Namen eingegeben haben, heißt der Ordner vorläufig *Neuer Ordner*. Er kann im nachhinein neu benannt werden.

▶ Klicken Sie auf eine freie Fläche neben den Ordner, um die Bearbeitung zu beenden.

▶ Es ist jetzt ein leerer Ordner angelegt, in den Sie wiederum andere Ordner oder Dateien kopieren oder verschieben können.

➜ 756

INFO

Ordner können innerhalb eines anderen Ordners, auf der Festplatte, auf einer Diskette oder einem anderen Wechselmedium – sofern es eingelegt ist – oder auf dem Desktop angelegt werden. Der Arbeitsplatz steht allerdings nicht für neue Ordner zur Verfügung, auch die Systemsteuerung und einige andere Ordner sind tabu. In diesen Fällen kann der Befehl Neu/Ordner gar nicht aktiviert werden oder ist durch andere Optionen ersetzt.

TIP

Der Trick mit dem Kontextmenü: Klicken Sie mit der rechten Maustaste auf einen freien Bereich des rechten Explorer-Fensters. Ihnen steht im Kontextmenü ebenfalls der Befehl Neu/Ordner zur Verfügung.

➜ 751

INFO

Dateinamen können bis zu 256 Zeichen lang sein. Wählen Sie trotzdem etwas Kurzes und Prägnantes. Beachten Sie problematische Zeichen in Dateinamen.

Dateien und Ordner umbenennen

▶ **Klick mit rechter Maustaste auf Datei- oder Ordnersymbol, Befehl** *Umbenennen*

WO? WOMIT?

→ 756

Sie können Programme, Dokumente, Ordner und sogar Drucker nach Belieben umbenennen. Es gibt allerdings ein paar wenige Ausnahmen, wie die Laufwerke oder die Elemente der Systemsteuerung.

▶ Öffnen Sie den Windows-Explorer.

▶ Markieren Sie die Datei oder den Ordner, den Sie umbenennen möchten, mit der rechten Maustaste.

▶ Es öffnet sich das Objektmenü zu dieser Datei.

▶ Wählen Sie den Befehl *Umbenennen*.

▶ Das Objektmenü verschwindet, der Dateiname erscheint markiert, und eine Schreibmarke blinkt.

▶ Geben Sie einen neuen Namen ein. Der alte wird dabei überschrieben.

▶ Zum Abbrechen oder Fertigstellen klicken Sie in einen freien Bereich des Explorer-Fensters.

Schreibgeschützten Ordner umbenennen

▶ Markieren Sie den schreibgeschützten Ordner.

▶ Rufen Sie über das Kontextmenü den Befehl *Umbenennen* auf.

▶ Geben Sie einen neuen Namen ein.

ACHTUNG

Beim Umbennen ist vorher zu überlegen, ob es eventuell Anwendungen oder Verknüpfungen gibt, die automatisch nach dem bestehenden Dateinamen suchen und die neu benannte Datei gegebenenfalls nicht finden.

TIP

Das Umbenennen können Sie über die Schaltfläche Rückgängig *widerrufen. Es muß gleich im Anschluß an die Umbenennung geschehen.*

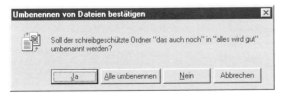

Ordner und Dateien kopieren und verschieben

Wo? Womit?

▶ Öffnen Sie den Explorer. → 20

▶ Markieren Sie eine oder mehrere Dateien oder Ordner.

▶ Klicken Sie in der Menüleiste des Explorers auf *Kopieren*.

▶ Markieren Sie den neuen Ordner oder das Laufwerk, in das Sie die kopierten Objekte einfügen möchten.

▶ Klicken Sie auf *Einfügen*.

▶ Die Kopie erscheint in der neuen Position.

Zum Verschieben der Datei verwenden Sie anfangs statt *Einfügen* die Schaltfläche *Ausschneiden*.

Verschieben und Kopieren mit Drag&Drop

▶ Öffnen Sie im rechten Explorer-Fenster den Ordner, aus dem Sie Dateien oder Ordner kopieren wollen.

▶ Im linken Explorer-Fenster sollte der Zielordner oder das Ziellaufwerk sichtbar sein. Arbeiten Sie dazu mit den Plus- und Minussymbolen. Wenn Sie Ordner anklicken, würden Sie sie im rechten Fenster öffnen und könnten dann die zu kopierenden Objekte nicht mehr markieren.

▶ Markieren Sie die zu kopierenden Objekte im rechten Explorer-Fenster.

▶ Halten Sie die linke Maustaste gedrückt, und ziehen Sie die Objekte an die neue Position.

▶ Während des Ziehens erscheinen für jede Datei Rahmensymbole. Pluszeichen signalisieren dabei das Kopieren.

▶ Werden mehrere Objekte kopiert, wird der Verlauf über ein Fenster angezeigt.

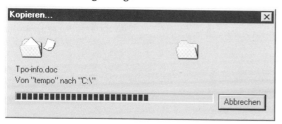

▶ Zum Verschieben halten Sie während des Ziehens die Taste ⬆ gedrückt.

INFO
Zum Kopieren steht auch das Kontextmenü zur Verfügung. Öffnen Sie es mit einem Klick der rechten Maustaste auf das Objekt.

BEGRIFF
Ausschneiden: *Diese Funktion entfernt die Originalobjekte an der Ursprungsposition. Über* Einfügen *positionieren Sie die Ordner an anderer Stelle.*

INFO
Beim Kopieren bleiben die Originalobjekte an der Ursprungsposition erhalten.

TIP
Beim Ziehen rechte Maustaste statt der linken drücken: Dieses Menü erscheint, mit dem Sie die gewünschte Aktion festlegen oder abbrechen können:

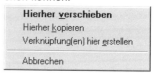

Dateien und Ordner löschen

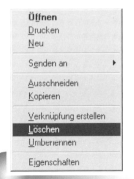

▶ **Klick mit rechter Maustaste auf markierte Datei/Ordner, Befehl *Löschen***

WO? WOMIT?

▶ Öffnen Sie den Windows-Explorer.
▶ Markieren Sie die Dateien oder Dateigruppen, → **753** die Sie löschen möchten.
▶ Klicken Sie mit der rechten Maustaste.
▶ Wählen Sie den Befehl *Löschen*.

INFO
Zum Löschen können Sie auch die Symbolschaltfläche verwenden.

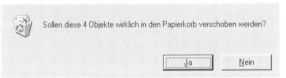

▶ Beantworten Sie die Sicherheitsabfrage mit *Ja*. *Nein* bricht den Vorgang ab.

Löschen rückgängig machen
▶ Über die Schaltfläche *Rückgängig* können Sie nachträglich die Aktion widerrufen.

Ohne Umweg in den Papierkorb löschen
▶ Markieren Sie die zu löschenden Objekte.
▶ Öffnen Sie mit der rechten Maustaste das Kontextmenü.
▶ Halten Sie die Taste ⇧ gedrückt.
▶ Wählen Sie den Befehl *Löschen*.

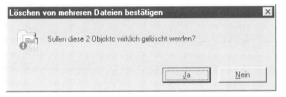

→ **758**

INFO
Das Löschen verschiebt die Dateien in den Papierkorb. Sie können jederzeit an ihre alte oder an eine neue Position zurückkopiert werden.

▶ In der Sicherheitsabfrage wird der Papierkorb nicht erwähnt.
▶ Wählen Sie *Ja*, um fortzusetzen, oder *Nein*, um abzubrechen.

Gelöschte Dateien wiederherstellen

▶ **Doppelklick auf Desktop-Symbol** *Papierkorb*

Wo? Womit?

▶ Klicken Sie doppelt auf das Papierkorb-Symbol auf dem Desktop (in der Webseiten-Ansicht klicken Sie einmal).

▶ Der Papierkorb öffnet sich.

Wiederherzustellende Datei aussuchen

▶ Klicken Sie mehrmals auf die Schaltfläche *Ansicht*, um nacheinander die Darstellungen *Große Symbole*, *Kleine Symbole*, *Liste* und *Details* auszuwählen.

▶ Wählen Sie die Ansicht *Details*. Diese Ansicht eignet sich am besten zum Auffinden der gewünschten Datei, besonders wenn der Papierkorb sehr voll ist.

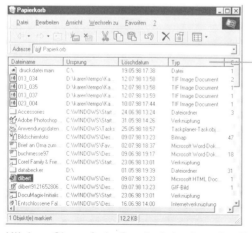

▶ Klicken Sie auf ein Sortierkriterium im Spaltenkopf.

INFO

Im Papierkorb werden gelöschte Dateien zwischengelagert.

INFO

Der Papierkorb ist in vielen Funktionen und im Aussehen dem Windows-Explorer sehr ähnlich. Die Ansicht können Sie ebenso verändern wie im Explorer.

Schaltflächen, über die die Sortierkategorien Dateiname, Ursprungsordner, Lösch- *datum,* Typ *und* Größe *gewählt werden.*

INFO

Wiederholtes Klicken auf eine Sortierschaltfläche dreht die Sortierung um.

Datei im Ursprungsordner wiederherstellen

▶ Wählen Sie eine Datei oder mehrere Dateien aus.
▶ Rufen Sie mit der rechten Maustaste das Kontextmenü auf.

→ 753

▶ Wählen Sie *Wiederherstellen*.
▶ Die Objekte werden in ihrem Ursprungsordner wiederhergestellt.

Datei in einem anderen Ordner wiederherstellen

▶ Klicken Sie mit der rechten Maustaste auf die Startschaltfläche auf dem Desktop, und wählen Sie *Explorer*.
▶ Klicken Sie im linken Explorer-Fenster auf *Papierkorb*.
▶ Im rechten Explorer-Fenster erscheint der Inhalt des Papierkorbs.
▶ Wählen Sie eine Datei aus dem rechten Explorer-Fenster, und verschieben Sie sie in den gewünschten Zielordner.

Dateien endgültig aus dem Papierkorb löschen

▶ Öffnen Sie den Papierkorb.
▶ Markieren Sie die endgültig zu löschenden Objekte im Papierkorb.
▶ Klicken Sie auf die Schaltfläche *Löschen*.

INFO
Wählen Sie den Menübefehl Ansicht/Als Webseite. *In dieser Darstellung können Sie eine Datei mit Klick im linken Fenster auf* Wiederherstellen *ebenfalls in den Ursprungsordner zurückholen.*

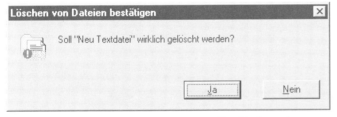

▶ Bestätigen Sie mit *Ja*. *Nein* bricht die Aktion ab.
▶ Alle Dateien löschen Sie über *Datei/Papierkorb leeren.*
▶ Aus dem Papierkorb gelöschte Dateien sind nicht wiederherstellbar.

Dateien und Ordner auf dem Computer suchen

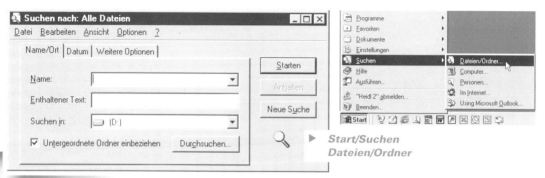

Start/Suchen
Dateien/Ordner

WO? WOMIT?

▶ Klicken Sie auf *Start*, und wählen Sie den Befehl *Suchen/ Dateien/Ordner...*
▶ Geben Sie in das Feld *Name* den Dateinamen ein.
▶ Wissen Sie den Namen nicht, geben Sie in der Datei enthaltenen Text in das Feld *Enthaltener Text:* ein.
▶ Wissen Sie nur den Dateityp, rufen Sie die → 750 Registerseite *Weitere Optionen* auf.
▶ Klicken Sie neben dem Feld *Typ* auf den Pfeil, und wählen Sie den Dateityp aus der Liste.

TIP
Ein Klick auf den Listenpfeil neben dem Feld Name: *zeigt eine Liste zuvor durchgeführter Suchaktionen. Sie können aus dieser Liste auswählen und die Suche erneut durchführen.*

▶ Auf der Registerseite *Datum* spezifizieren Sie das Datum.

INFO
Anstatt den Dateityp aus der Liste zu wählen, können Sie auch in das Feld Name *der Registerseite* Name/Ort *die Dateierweiterung zusammen mit einem Sternchen, das als Platzhalter für den Dateinamen fungiert, eintragen, also zum Beispiel für eine Text-Datei: *.doc. Es werden dann alle Dateien mit der Endung .doc aufgelistet.*

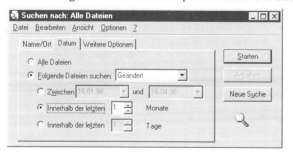

Suchordner auswählen und Suche starten

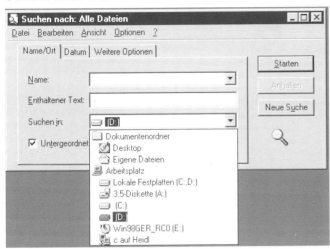

▶ Auf der Registerkarte *Name/Ort* klicken Sie neben dem Feld *Suchen in*: auf den Pfeil.

▶ Eine Verzeichnisliste klappt auf, die alle Laufwerke, Netzcomputer und Ordner enthält, die Ihnen zur Verfügung stehen. In dieser Liste können Sie keine Unterordner anwählen.

▶ Aktivieren Sie die Option *Untergeordnete Ordner einbeziehen*, indem Sie in das weiße Kontrollkästchen klicken. Ein Häkchen signalisiert, daß diese Funktion eingestellt ist.

▶ Klicken Sie auf die Schaltfläche *Starten*.

▶ Die Lupe bewegt sich während der Suche.

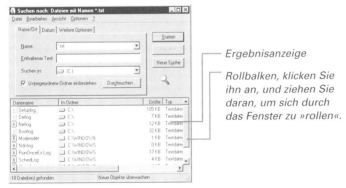

Ergebnisanzeige

Rollbalken, klicken Sie ihn an, und ziehen Sie daran, um sich durch das Fenster zu »rollen«.

▶ Über die Schaltfläche *Neue Suche* können Sie einen neuen Suchlauf, z.B. in einem anderen Laufwerk, starten.

Iɴꜰᴏ
Schaltfläche Durchsuchen: Einen Unterordner wählen Sie gezielt über die Schaltfläche Durchsuchen aus. Klicken Sie sich in diesem Dialogfenster durch die Ordner, bis Sie den gewünschten gewählt haben. Klicken Sie auf OK.

Iɴꜰᴏ
Laden Sie die gefundene Datei, indem Sie in der Ergebnisliste auf den Dateinamen doppelklicken.

Ordner und Dateien auf Desktop ablegen

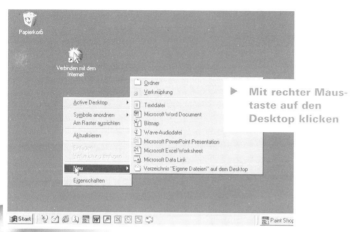

▷ **Mit rechter Maus-taste auf den Desktop klicken**

Wo? Womit?

Bestehende Datei auf den Desktop ziehen

▶ Öffnen Sie den Windows-Explorer oder den Arbeitsplatz-ordner. Öffnen Sie ihn nicht im Vollbildmodus, sondern in einem Fenster, so daß noch der Desktop sichtbar bleibt.

▶ Suchen Sie die Datei, den Ordner, das Programm oder Drucker, der auf den Desktop verschoben werden soll.

▶ Klicken Sie auf die Datei, und ziehen Sie sie mit gedrück-ter linker Maustaste auf den Desktop. Dabei wird die Da-tei kopiert.

BEGRIFF

Verknüpfung: *Eine Ver-knüpfung ist ein Verweis (Link) auf eine Datei. Die Datei selbst bleibt in ihrem ursprünglichen Ordner.*

→ 756

INFO

Halten Sie während des Zie-hens die ⇧-Taste gedrückt, wird die Datei auf den Desktop verschoben und nicht kopiert. Für Programm-dateien wird beim Ziehen in der Regel automatisch eine Verknüpfung erstellt.

INFO

Sie können auch im Explorer die Datei in den Ordner Desktop kopieren oder verschieben. Das hat den gleichen Effekt.

→ 755

INFO

Das Umbenennen einer Datei oder eines Programms auf dem Desktop funktioniert genauso wie im Windows-Explorer.

Sie können nun die Datei direkt vom Desktop aus starten. Alternativ zum Ablegen der Datei auf dem Desktop können Sie eine Verknüpfung einrichten.

Neue Datei auf dem Desktop anlegen
▶ Klicken Sie mit der rechten Maustaste auf den Desktop.
▶ Das Kontextmenü des Desktops (siehe oben) erscheint.
▶ Wählen Sie den Befehl *Neu*.
▶ Entscheiden Sie sich für einen neuen Ordner oder für eine Datei. Es werden – je nachdem welche Anwendungsprogramme auf Ihrem Rechner installiert sind – verschiedene Dateitypen zur Auswahl angeboten.
▶ Das neue Dateisymbol erscheint auf dem Desktop.
▶ Geben Sie einen Namen ein.

Verknüpfung zu einem Objekt auf dem Desktop
Bestimmte Objekte, wie zum Beispiel Laufwerke, können nicht auf den Desktop verschoben werden. Auch Dateien und Ordner, die an ihrer Ursprungsposition bleiben sollen, werden lediglich mit dem Desktop verknüpft.
▶ Öffnen Sie das Kontextmenü des Desktops.
▶ Wählen Sie *Neu/Verknüpfung*.
▶ Klicken Sie auf *Durchsuchen*, um aus der Ordnerliste das Objekt auszusuchen.

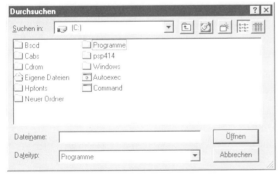

▶ Wählen Sie bei *Dateityp* zwischen *Programme* oder (Klick auf den Pfeil) *Alle Dateien*.
▶ Suchen Sie Ihre Datei aus, und bestätigen Sie mit *Öffnen*.
▶ Die Befehlszeile wird angezeigt. Klicken Sie auf *Weiter*.
▶ Geben Sie den Namen für die Verknüpfung an, und bestätigen Sie mit *Fertig stellen*.
▶ Das Symbol liegt auf dem Desktop, und die Datei oder das Programm kann gestartet werden.

TIP
Der Ordner Eigene Dateien *ist ein von Windows 98 eingerichteter Ordner, in dem Microsoft-Programme standardmäßig – wenn Sie keinen anderen definieren – Ihre Dateien speichern. Daher ist es praktisch, direkten Zugriff vom Desktop zu haben. Er liegt bereits standardmäßig auf dem Desktop.*

→ **762**

TIP
Es ist sinnvoll, besonders häufig benötigte Dateien oder Programme auf den Desktop zu legen. Auch Programme, die sehr verzweigt im Startmenü liegen, kann man auf den Desktop holen – oder woanders im Startmenü plazieren.

Dateien Programme zuordnen

▶ Rechter Mausklick
bei gedrückter ⬚-
Taste, Befehl
Öffnen mit

WO? WOMIT?

Mit Doppelklick auf eine Datei öffnet sich in der Regel automatisch die Anwendung, mit der sie erstellt worden ist – Voraussetzung ist, daß das Programm auf dem PC installiert ist. Mitunter kann ein Dateityp von verschiedenen Anwendungen, die diesen Typ erkennen, geöffnet werden.

Windows kennt kein Programm zum Öffnen der Datei

▶ Öffnen Sie den Windows-Explorer.
▶ Doppelklicken Sie auf eine Datei, zu der Windows keine Anwendung kennt, zum Beispiel eine Datei mit der Endung DOS.

Windows ordnet einer Datei ein falsches Programm zu

▶ Öffnen Sie den Windows-Explorer.
▶ Markieren Sie eine Datei, zum Beispiel mit der Endung .BMP, für die standardmäßig Paint geöffnet wird, was nicht unbedingt das komfortabelste Programm für diesen Dateityp ist.
▶ Halten Sie die Taste ⬆ gedrückt, und klicken Sie mit der rechten Maustaste auf diese Datei.
▶ Das erweiterte Kontextmenü erscheint.
▶ Wählen Sie den Befehl *Öffnen mit...*
Bei beiden Vorgehensweisen erhalten Sie die oben abgebildete Dialogbox, in der Sie die Zuordnung zwischen Dateityp und Startprogramm bei Doppelklick vornehmen.

INFO
Normalerweise ordnet Windows automatisch bestimmten Dateitypen Anwendungen zu. Manchmal wählt Windows dabei nicht das gewünschte Programm, oder es kann nicht feststellen, welches Programm zu einem bestimmten Programmtyp gehört, obwohl das Programm installiert ist.

BEGRIFF
Erweitertes Kontextmenü:
Menü, das Sie erhalten, wenn Sie mit der rechten Maustaste auf ein Objekt klicken und dabei die ⬆-Taste gedrückt halten. Dieses Menü stellt mehr Optionen zur Verfügung als das herkömmliche Kontextmenü, unter anderem den Befehl Öffnen mit...

▶ Geben Sie in das Feld *Beschreibung von Dateien:* eine Beschreibung wie »Textdatei« ein. Dieses Feld wird nur angezeigt, wenn es sich um einen für Windows völlig unbekannten Dateityp handelt. Sie müssen in dieses Feld nicht unbedingt etwas eintragen.

▶ Wählen Sie aus der Liste der Anwendungen die passende. Dazu ziehen Sie den Rollbalken mit der Maus durch die Liste. Klicken auf die Pfeile blättert die Liste schrittweise durch.

▶ Wählen Sie die richtige Anwendung.

▶ Ist das passende Programm nicht in der Liste, wählen Sie die Schaltfläche *Andere*.

TIP

Programme sind normalerweise in C:\Programme *oder in* C:\Windows\Startmenü\Programme *abgelegt.*

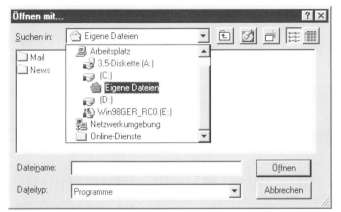

▶ Klicken Sie sich auf der Suche nach dem richtigen Programmnamen durch die Ordner, und bestätigen Sie mit *Öffnen*.

▶ Bestätigen Sie zum Schluß das Kontrollkästchen vor *Diesen Dateityp immer mit diesem Programm öffnen* (Häkchen).

▶ Klicken Sie auf *OK*.

▶ Das Windows-Symbol für die Datei wird durch das Symbol des startenden Programms ausgetauscht.

▶ Mit Doppelklick auf den Dateinamen öffnet sich die neu zugeordnete Anwendung.

INFO

Einen Überblick über installierte Programme erhalten Sie, wenn Sie im Startmenü Einstellungen/Systemmenü/ Software *öffnen. Dort erhalten Sie eine Liste installierter Software. Allerdings tragen sich nicht unbedingt alle Programme in diese Liste ein, zum Beispiel viele Shareware-Programme nicht.*

Schriften installieren

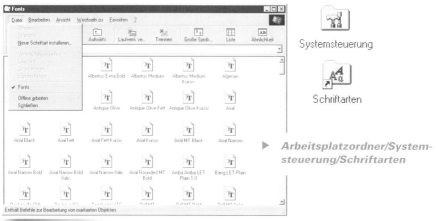

▷ Arbeitsplatzordner/System-
steuerung/Schriftarten

Wo? Womit?

▶ Öffnen Sie den Arbeitsplatzordner.

▶ Doppelklicken Sie auf *Systemsteuerung* und anschließend auf den Ordner *Schriftarten*.

▶ Das Schriftenfenster öffnet sich.

▶ Wählen Sie den Menübefehl *Datei/Neue Schriftart installieren*.

▶ Suchen Sie den Schriftenordner, aus dem Sie die Schrift
installieren wollen. Windows braucht eventuell einige Sekunden zum Lesen des Ordners. Es zeigt die gefundenen Schriften in der Schriftartenliste an.

▶ Markieren Sie die zu installierenden Schriften, und bestätigen Sie mit *OK*.

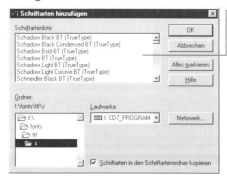

Bei vielen Schriften
gibt es für verschie-
dene Schnitte (fett,
kursiv etc.) eigene
Dateien. Deshalb
muß man für eine
Schriftart mehrere
Schriftdateien in-
stallieren.

▶ Windows zeigt die neuen Schriften anschließend in seinem Schriftenordner unter *C:\Windows\Fonts* an, und sie
stehen in allen Anwendungen zur Verfügung.

→ 748

INFO

*Dieser Ordner verhält sich
wie das Explorerfenster. Es
stehen die entsprechenden
Ansichts-Optionen und Tech-
niken zum Markieren zur
Verfügung. Empfehlenswert
ist die Ansicht* Details*, da Sie
über Klick auf* Schriftenname
*die Schriften alphabetisch
anzeigen lassen können.*

INFO

*Schrift löschen: Klicken Sie
die zu löschende Schrift im
Ordner* Fonts *mit der rechten
Maustaste an, und wählen
Sie den Befehl* Löschen.

Sonderzeichen einfügen

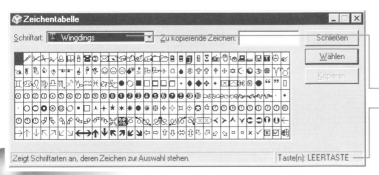

▶ *Start/Programme/*
Zubehör/System-
programme/ Zeichen-
tabelle

Schriftart des Zeichensatzes.

Die Taste, mit der das
Zeichen ebenfalls eingefügt
werden kann, wenn ihm die
obige Schriftart zugewiesen
wird.

WO? WOMIT?

▶ Lassen Sie Ihre Arbeitsanwendung geöffnet, wenn Sie
sich auf die Suche nach einem Sonderzeichen begeben.

▶ Klicken Sie auf *Start,* und rufen Sie die Menükette *Pro-
gramme/Zubehör/Systemprogramme/Zeichentabelle*
auf.

▶ Rufen Sie über den Listenpfeil neben dem Feld *Schriftart* die verschiedenen Zeichensätze auf, und prüfen Sie
den Bestand in den Feldern darunter.

▶ Wenn Sie mit der Maus über die Zeichenfelder fahren,
werden die einzelnen Zeichen vorübergehend größer dargestellt.

▶ Doppelklicken Sie auf die Zeichen, die Sie benötigen. Sie
werden jeweils in das Feld *Zu kopierende Zeichen:* aufgenommen.

Zu kopierende Zeichen: 📞 Σ ◆

▶ Unten rechts bei *Taste(n)* können Sie nachverfolgen, mit
welchem Tastenaufruf das Zeichen generiert werden
kann, vorausgesetzt, es wird ihm die jeweilige Schriftart
zugeordnet.

▶ Klicken Sie abschließend auf die Schaltfläche *Kopieren.*

▶ Klicken Sie auf die Schaltfläche *Schließen.*

▶ Kehren Sie zu Ihrer Anwendung zurück.

▶ Über Strg+V fügen Sie die gewählten Sonderzeichen ein.

▶ Sonderzeichen lassen sich wie alle anderen Schriften
auch formatieren. Sie werden nicht als Grafiken behandelt, sondern wie »normale« Schriftzeichen.

INFO
*Sonderzeichen stammen aus
speziellen Fonts (Schriften).*

INFO
*Das Euro-Zeichen finden Sie
auch auf neueren Tastaturen.
Drücken Sie die Tastenkombination* Alt Gr+E.

INFO
Irrläufer löschen Sie mit der
←-*Taste oder mit* Entf.

→ 623

INFO
Kopieren und Einfügen

Die wichtigsten Symbole auf einen Blick

Programmgruppe mit dem
Namen *Zubehör*

Ordnersymbol mit dem Namen
Neuer Ordner

Programmsymbol, je nach
Programm anders, hier die
Textverarbeitung WordPad

Dokument, hier in WordPad
oder Word erstelltes Text-
dokument mit dem Namen
Charlie

Druckersymbol, hier für den
Typ HP Deskjet

Laufwerke, hier Festplatte C:

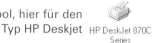

Tabus für Dateinamen

? * " / \ | , ; :

Die wichtigsten Dateitypen auf einen Blick

exe	Programme
txt	Textdokumente
doc	Textdokumente
bmp	Bitmap-Grafikdatei
sys	Systemdatei
drv	Treiberdatei
htm	HTML-Datei
gif	Grafikdatei

Objekte markieren

▶ Einzelnes Objekt: einmal
anklicken.
▶ Mehrere aufeinander-
folgende Objekte:
Taste ⇧, erstes Objekt
und letztes Objekt an-
klicken.
Oder:
▶ Rahmen mit der Maus
über die Dateien oder
Symbole ziehen.
▶ Mehrere unzusammen-
hängende Dateien:
Strg+Mausklick auf das
jeweilige Objekt.
▶ Markierung rückgängig:
Mit der Maus auf eine
leere Fläche neben der
Markierung klicken oder
das jeweilige Objekt
noch einmal anklicken.

Objekte löschen

▶ Markieren und die Taste
Entf drücken.

3

ANHANG

Office installieren

tempo

Die Office-Familien

PowerPoint ist in den Microsoft-Office-Paketen Standard, Professional, Premium und Developer erhältlich. Die abgebildeten Installationsschritte sind der Premium-Version entnommen, funktionieren aber ähnlich in den anderen Paketen.

Installation starten

▶ Legen Sie Ihre Office-CD Nr. 1 in das CD-Laufwerk.

▶ Nach einigen Sekunden taucht automatisch der Setup-Bildschirm auf dem Bildschirm auf. Je nachdem, ob Sie eine Erstinstallation durchführen oder PowerPoint bereits installierten Office-2000-Programmen hinzufügen möchten, unterscheidet sich der Prozeß ein wenig. Eine Erstinstallation wird auch dann durchgeführt, wenn bereits Office 97 oder eine andere Office-Version installiert ist.

Erstinstallation

▶ Der Willkommen-Bildschirm erscheint, während das Setup automatisch prüft, ob bereits Office-2000-Komponenten installiert sind.

▶ Schließlich werden Sie nach Ihren Benutzerdaten gefragt. Tippen Sie diese in die entsprechenden Felder ein. Den CD-Key entnehmen Sie der Office-Verpackung bzw. dem Aufkleber auf der CD-Hülle der Software-CD.

![Willkommen bei Microsoft Office 2000 Bildschirm]

Willkommen bei Microsoft Office 2000

Dies ist der Installations-Assistent für Microsoft Office 2000 Premium Edition. Er wird Sie durch den Installationsvorgang leiten.

SETUP
Kundeninformation
Lizenzierung und Support
Zur Installation bereit
Office wird installiert

Bitte geben Sie Ihre Kundeninformation ein:

Benutzername
heidi

Initialen
kh

Organisation
heidiUNDbutz

Geben Sie unten in die Felder Ihren aus 25 Zeichen bestehenden "CD Key" ein. Sie finden diese Nummer auf dem gelben Aufkleber auf der Rückseite Ihrer CD-Hülle.

CD Key:

Hilfe   Abbrechen   << Zurück   Weiter >>

▶ Klicken Sie auf *Weiter*.

BEGRIFFE

Setup: Bedeutet das gleiche wie Installation. Eine Setup-Datei ist demnach eine Datei, die zur Installation eines Programms benötigt wird. Bei der Installation wird das Programm auf dem Computer eingerichtet.

ACHTUNG

PhotoDraw wird von einer eigenen CD installiert. Beachten Sie die Aufschriften auf den Office-CDs.

INFO

 → 773

Zu installierende Komponenten selbst aussuchen

INFO   Setup

Wenn ein Office-Fenster nicht automatisch nach Einlegen der CD angezeigt wird, müssen Sie diese Funktionalität erst einstellen. Klicken Sie mit der rechten Maustaste auf die Start-Schaltfläche von Windows, und wählen Sie Explorer aus dem Menü. Klicken Sie im Windows-Explorer auf das Symbol Ihres CD-Laufwerks. Im rechten Fenster wird der Inhalt der CD angezeigt. Darunter befindet sich die Setup-Datei, die Sie mit Doppelklick starten. Danach ist der Prozeß identisch mit dem beschriebenen.

Microsoft Office 2000 Lizenzierung und Support

Bitte notieren Sie Ihre "Product ID"-Nummer. Wenn Sie beim Microsoft Software Service anrufen, werden Sie nach dieser Nummer gefragt.

Name	heidl
Initialen	kh
Organisation	heidlUNDbutz
Product ID	

Endbenutzer-Lizenzvertrag

IIIIENDBENUTZER-LIZENZVERTRAG FÜR MICROSOFT-SOFTWARE□□
□□
WICHTIG - bitte sorgfältig lesen: Dieser Microsoft-□□
Endbenutzer-Lizenzvertrag ("EULA") ist ein rechtsgültiger Vertrag C
zwischen Ihnen (entweder als natürliche oder als juristische Person)
und Microsoft Corporation für das oben bezeichnete Microsoft-□□
Softwareprodukt, das Computersoftware sowie möglicherweise □□

Sie müssen den Endbenutzer-Lizenzvertrag entweder akzeptieren oder ablehnen. Wählen Sie eine der zwei folgenden Optionen.

⊙ Ich akzeptiere die Bedingungen des Lizenzvertrags.
○ Ich lehne die Bedingungen des Lizenzvertrags ab (Setup endet).

| Hilfe | Abbrechen | << Zurück | Weiter >> |

INFO

Zu wenig Platz auf der Platte? Sie können sich dann behelfen, daß Sie erst einmal eine Minimalinstallation durchführen und nur die wichtigsten Komponenten installieren. Zuvor ist es aber ratsam, zu überlegen, welche Programme Sie löschen könnten. Danach führen Sie eine Datenträgerbereinigung durch, indem Sie das Programm Datenträgerbereinigung *aus der Programmgruppe* Systemprogramme *in Windows starten. Wiederholen Sie danach das Setup noch einmal. Wenn das alles nicht funktioniert, ist es besser, gleich eine neue Festplatte einzubauen. Die Arbeit mit einer vollen Festplatte ist äußerst mühsam und langsam.*

▶ Die Lizenzvereinbarungen bezüglich der Nutzung dieser Software werden angezeigt. Mit Klick in das Feld vor *Ich akzeptiere die Bedingungen des Lizenzvertrags* wird die Schaltfläche *Weiter* aktiv. Klicken Sie diese an.

Office 2000 nach C:\Programme\Microsoft Office\ installieren

C:\Programme\Microsoft Office\   Durchsuchen...

Verfügbarer Speicher auf lokalen Festplatten:

Laufwerk	Festpla...	Verfügbar	Benötigt	Differenz
C:	1197MB	210MB	289MB	-7:
D:	2927MB	940MB	0KB	94(

Update von Microsoft Internet Explorer durchführen

Microsoft Office 2000 ist optimiert für Versionen von Windows, auf denen die Funktionalität von Microsoft Internet Explorer 5.0 oder höher bereitsteht. Das Setup-Programm hat festgestellt, dass auf Ihrem Computer eine ältere Version von Microsoft Internet Explorer installiert ist.

Update der Microsoft Internet Explorer-Installation mit:

Microsoft Internet Explorer 5.0 - Standard ▼

Standardinstallation von Microsoft Internet Explorer 5.0.

▶ Das Ergebnis der Bestandsaufnahme vorhandener Speicherkapazitäten wird angezeigt. Sie sehen, wieviel Platz Sie auf welchem Laufwerk haben und wieviel Sie für eine Standardinstallation benötigen.

▶ Wenn das Ergebnis nicht zu niederschmetternd ist, lassen Sie sich davon nicht beeindrucken und klicken auf *Weiter*.

▶ Office zeigt Ihnen eine Liste vorhandener Office-Programme aus Vorgängerversionen und weist Sie darauf hin, daß die Office-2000-Installation diese Programme zuvor entfernt. Quittieren Sie dies mit Klick auf *Weiter*.

▶ Mit Office 2000 wird Internet Explorer 5 installiert. Wählen Sie die Standardvariante oder eine andere aus, und klicken Sie auf *Weiter*.

INFO
Fehlende Komponenten können Sie jederzeit nachinstallieren (siehe unten).

▶ Sie erhalten nun alle Komponenten angezeigt. Die fetten Einträge sind die, die installiert werden. Ein Klick auf *Update durchführen* startet die Standardinstallation.

BEGRIFFE
Feature: Bestandteil oder eine Komponente einer Software.

Nachinstallation

▶ Wenn bereits Office-2000-Programme auf Ihrem Computer installiert sind, erscheint dieser Bildschirm nach dem Einlegen der CD:

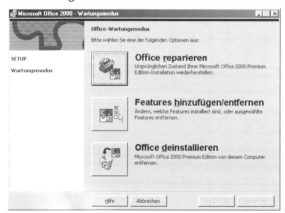

▶ Klicken Sie auf die Schaltfläche vor *Features hinzufügen/ entfernen*.

Zu installierende Komponenten selbst aussuchen

▶ Klicken Sie in der Liste der Office-Komponenten auf ein Pluszeichen, um die jeweiligen Untergruppen aufzuklappen. Die Programmbestandteile sind in Gruppen zusammengefaßt. Wenn kein Pluszeichen mehr vorhanden ist, werden auch keine Untergruppen mehr angeboten. Ein Klick auf ein Minuszeichen schließt die Gruppe wieder.

TIP
Office analysiert sich selbst: Wenn Ihnen irgend etwas fehlerhaft erscheint, wählen Sie den Menübefehl ?/Erkennen und Reparieren... Legen Sie die erste Office-CD ein, und klicken Sie auf Start. Office sucht selbständig nach beschädigten Komponenten und repariert diese wieder.

▶ Wählen Sie eine Komponente aus, und klicken Sie auf das Symbol mit dem Pfeil, das sich vor dem Eintrag befindet.

▶ Es klappt ein Menü auf, das Ihnen eine Liste mit Installationsvarianten präsentiert. Die gewählte Komponente wird fett in der Liste dargestellt.

Installationsvarianten

Vom Arbeitsplatz starten	Die Komponente wird auf dem PC installiert.
Alles vom Arbeitsplatz starten	Die gesamte Gruppe wird auf dem PC installiert.
Von CD starten	Die jeweilige Komponente wird nicht vollständig installiert, sondern läuft nur, wenn sich die CD im Laufwerk befindet.
Alles von CD starten	Die Komponente bzw. die Gruppe wird so installiert, daß Sie aufgefordert werden, die CD einzulegen, wenn Sie sie verwenden wollen. Der Rest funktioniert danach automatisch.
Bei der ersten Verwendung installiert	Wenn Sie bei der Arbeit zum ersten Mal das markierte Feature verwenden wollen, werden Sie gefragt, ob Sie es nachinstallieren wollen. Wenn Sie dies mit Klick auf *Ja* bestätigen, werden Sie aufgefordert, Ihre Office-CD ins Laufwerk zu legen. Die Installation vollzieht sich dann automatisch und sehr schnell. Das geöffnete Programm (PowerPoint, Excel oder Word etc.) wird deswegen nicht geschlossen, und Sie müssen zwischendurch auch keinen Neustart vornehmen. Diese Methode eignet sich besonders bei Komponenten, über deren Nutzen Sie sich noch nicht im klaren sind.
Nicht verfügbar	Deinstalliert eine bereits installierte Komponente.

INFO
Wenn Sie die Installation vorzeitig beenden wollen, klicken Sie auf die Schaltfläche Abbrechen. *Die Schaltfläche* Zurück *führt Sie zu vorherigen Schritten der Installation.*

TIP
Office-Tools: Werfen Sie vor allem einen Blick in die Liste der Office-Tools. Standardmäßig würden diese so installiert werden, daß sie beim ersten Gebrauch automatisch nachinstalliert werden. Das kann ziemlich lästig werden. Markieren Sie deshalb sofort, was Sie mit Sicherheit benötigen werden, und wählen Sie die Installationsvariante Vom Arbeitsplatz starten.

Installation beenden

▶ Klicken Sie auf die Schaltfläche *Update durchführen.* Die Installationsaufgaben werden überprüft, das heißt, daß zum Beispiel der benötigte Speicherplatz gecheckt wird. Falls dieser nicht ausreicht, wird automatisch eine Datenträgerbereinigung angeboten.

▶ Nach der Erstinstallation wird nach einem Neustart des Computers verlangt. Klicken Sie auf Ja, um diesen durchzuführen. Bei einer Nachinstallation wird nur gemeldet, daß das Setup abgeschlossen sei.

Reparatur der vorhandenen Installation

▶ Nach Abstürzen zum Beispiel können Software-Bestandteile beschädigt werden. Um das in Ordnung zu bringen, legen Sie die Office-CD ins Laufwerk.

▶ Entweder startet das Setup automatisch, oder Sie helfen über den Windows-Explorer nach. Klicken Sie auf die Schaltfläche vor der Option *Office reparieren.*

Office reparieren
Ursprünglichen Zustand Ihrer Microsoft Office 2000 Premium Edition-Installation wiederherstellen.

▶ Wählen Sie, ob Sie eine komplette Neuinstallation durchführen oder Ihre installierte Version nur reparieren lassen möchten.

▶ Falls Sie die Reparatur-Option gewählt haben, klicken Sie auch die Option *Meine Verknüpfung wiederherstellen* an, damit Verknüpfungen zum Beispiel auf dem Desktop oder auf der Schnellstartleiste erhalten bleiben.

▶ Klicken Sie auf *Fertig stellen.*

Das Programm deinstallieren

▶ Legen Sie die Office-CD ins CD-Laufwerk.

▶ Klicken Sie im Startbildschirm auf die Schaltfläche *Office deinstallieren.* Damit werden sämtliche Office-Komponenten entfernt.

Office deinstallieren
Microsoft Office 2000 Premium Edition von diesem Computer entfernen.

INFO
*Einzelne Features entfernen:
Klicken Sie im Setup-Dialog
auf die Schaltfläche* Features
hinzufügen/entfernen, *und
wählen Sie als Installationsvariante* Nicht verfügbar.

Schneller finden...

Dieses Stichwortverzeichnis ist nach den in diesem Buch beschriebenen Komponenten

▶ Word
▶ Excel
▶ Access
▶ Outlook
▶ PowerPoint
▶ Publisher

unterteilt. Wenn Sie gezielt nach einer Funktion in diesen Programmen suchen, schauen Sie im entsprechenden Abschnitt des Stichwortverzeichnisses nach.

Im Abschnitt

▶ Office

finden Sie Funktionen, die zum größten Teil anwendungsübergreifend sind, sich also auf mehrere Office-Komponenten beziehen. Wenn Sie im Abschnitt zu Ihrer speziellen Anwendung nicht fündig werden, blättern Sie weiter zum Office-Abschnitt. Hier finden Sie auch alle Verweise zu den Anhängen:

▶ Internet Explorer 5
▶ Windows-Grundlagen: Dateien und Ordner
▶ Office installieren

WORD 2000

Excel 2000

ACCESS 2000

OUTLOOK 2000

POWERPOINT 2000

G

PUBLISHER 2000

A

B

C

D

E

F

Z

OFFICE 2000

Symbole

A